Kalter Krieg um Speer und Heß

Norman J. W. Goda ist Professor für Zeitgeschichte an der Ohio University, USA. Er lehrt dort vor allem zur Geschichte des Nationalsozialismus und des Kalten Krieges. Von 2000 bis 2007 war er Berater der US-Regierung in Zusammenhang mit Akten zu NS-Kriegsverbrechern. 2005 erschien von ihm ein Buch über den US-Geheimdienst und die Nazis.

Norman J. W. Goda

Kalter Krieg um Speer und Heß

Die Geschichte der Gefangenen von Spandau

Aus dem Amerikanischen von Werner Roller und Heike Schlatterer

Campus Verlag
Frankfurt/New York

Die Originalausgabe erschien 2007 bei Cambridge University Press unter dem Titel
Tales from Spandau. Nazi Criminals and the Cold War.
© Cambridge University Press 2007

Bibliografische Information der Deutschen Nationalbibliothek:
Die Deutsche Nationalbibliothek verzeichnet diese Publikation in der
Deutschen Nationalbibliografie. Detaillierte bibliografische Daten
sind im Internet unter http://dnb.d-nb.de abrufbar.
ISBN 978-3-593-38871-7

Das Werk einschließlich aller seiner Teile ist urheberrechtlich geschützt.
Jede Verwertung ist ohne Zustimmung des Verlags unzulässig. Das gilt
insbesondere für Vervielfältigungen, Übersetzungen, Mikroverfilmungen
und die Einspeicherung und Verarbeitung in elektronischen Systemen.
Copyright © 2009 Campus Verlag GmbH, Frankfurt/Main
Umschlaggestaltung: Guido Klütsch, Köln
Satz: Fotosatz L. Huhn, Linsengericht
Druck und Bindung: Druckhaus »Thomas Müntzer«, Bad Langensalza
Gedruckt auf säurefreiem und chlorfrei gebleichtem Papier.
Printed in Germany

Besuchen Sie uns im Internet: www.campus.de

*Für
Gwyneth*

Inhalt

Dank 9

Abkürzungen 11

Einleitung 15

1. Kapitel
»An den Galgen mit allen« 37

2. Kapitel
Eine dauerhafte Institution 74

3. Kapitel
Von Neuraths Asche: Der Kampf um die Erinnerung 122

4. Kapitel
Hitlers Nachfolger: Die Geschichte zweier Admirale 172

5. Kapitel
Die gescheiterte Flucht: Albert Speers zwanzig Jahre 217

6. Kapitel
»Ich bereue nichts«: Das Problem Rudolf Heß 268

Begräbnisse: Ein Epilog 321

Anhang:
Die Gefängnisregeln für das Spandauer Alliierte Militärgefängnis 335

Anmerkungen 354

Literatur 432

Register 454

Dank

Bei der Arbeit an diesem Buch erfuhr ich enorme Unterstützung, für die ich mich beim besten Willen nicht revanchieren kann, daher muss mein aufrichtiger, von Herzen kommender Dank genügen. Aber er kommt wirklich von Herzen.

Wie alle Historiker hätte ich ohne meine fähigen, hilfsbereiten und professionellen Archivare nicht viel tun können. In der National Archives and Records Administration in College Park, Maryland, machten William Cunliffe, David Van Tassel, Dick Myers, Robert Wolfe, Amy Schmidt, Eric Van Slander, Fidel Taperra, Sean Morris und Michael Peterson Unterlagen zum Spandauer Gefängnis für mich ausfindig. In der Abteilung Archive und Sondersammlungen der Amherst College Library fand Peter Nelson für mich wichtige Quellen in den Unterlagen von John J. McCloy. Im Bureau des Archives de l'occupation française en Allemagne et en Autriche des französischen Außenministeriums in Colmar bin ich Nathalie Moreau, Pascal Penot, Valérie Flury, Odile Dufour und vor allem Michel Chauffeton für ihre gründliche Suche in den teilweise nicht zugänglichen Unterlagen zu großem Dank verpflichtet. Und wie immer waren mir die Mitarbeiter der National Archives in Kew eine große Hilfe.

Im Politischen Archiv des Auswärtigen Amtes in Berlin leistete mir mein Freund Knud Piening unschätzbare Hilfe. Manuela Vack unterstützte mich, die umfangreiche Sammlung von Albert Speers persönlichen Papieren im Bundesarchiv Koblenz zu bewältigen. Frau Hartmann half mir mit den ostdeutschen Parteiunterlagen in der Stiftung Archiv der Parteien und Massenorganisationen der DDR im Bundesarchiv Berlin. Im AlliiertenMuseum Berlin war Florian Weiß eine wichtige Hilfe und machte für mich verschollene britische Unterlagen der Kommandantur sowie zahlreiche Fotos von Spandau ausfindig. Die Mitarbeiter des Landesarchivs Berlin waren ebenfalls eine große Unterstützung. Im ThyssenKrupp Konzernarchiv in Duisburg versorgten mich Dr. Manfred Rasch und seine Mitarbeiter großzügig mit Unterlagen zu Walter Rohland. Michael Bing vom Landeskirchlichen Archiv Stuttgart half mir, wichtige Passagen in den Unterlagen von Theophil Wurm zu finden.

Daheim bin ich Dan Olsen von der Ohio University zu Dank verpflichtet, der für mich fünf Jahre lang Mikrofilme beschaffte. Weite Teile des Buchs schrieb ich in der Hannah McCauley Library der Ohio University in Lancaster, deren professionellen Mitarbeitern ich ebenfalls danken möchte: Sharon Huge, Julia Robinson, Tami Walker und Joyce Mohler, die mir freundlicherweise erlaubten, zahlreiche Schreibtische, ihren Drucker und das Mikrofilmlesegerät in Beschlag zu nehmen. Mitglieder der Berlin United States Military Veterans Association, vor allem diejenigen, die als Wachen im Spandauer Gefängnis eingesetzt wurden, ließen mich an ihren Erinnerungen teilhaben, einige wie Don Galuoppo und Joseph Gnoffo stellten mir Fotos des Gefängnisses zur Verfügung. Arsen Djatej von der Ohio University machte russische Quellen zur Geschichte Spandaus für mich ausfindig und übersetzte sie.

Meine Freunde Gerald L. Weinberg, Steven M. Miner, Richard Breitman und Charles Sydnor lasen das Manuskript und gaben mir unschätzbare Ratschläge, ebenso mein Vater Herbert L. Goda. Jeffrey Herf, Frank Buscher, Dick de Mildt, Robert Hertzstein, Peter Hoffmann, Francis Nicosia, Robert Gellately, Ronald Zweig, Michael Marrus, Peter Hayes, Agnes Petersen, Timothy Naftali, Carole Fink, Günther Heydemann, Robert Wolfe, John Brobst, Mark Ruff, Jonathan Wiesen, Geoffrey Megargee und JonDavid Wynecken kommentierten Teile des Manuskripts oder zeigten mir andere Blickwinkel auf. Lewis Bateman und Ciara McLaughlin bei Cambridge University Press glaubten schon früh an mein Projekt, und meine Lektorin Camilla Knapp und meine Korrektorin Sara Black machten das Manuskript deutlich besser, als es ohne ihre Mithilfe gewesen wäre.

Für die deutsche Ausgabe im Campus Verlag möchte ich meiner Lektorin Dr. Tanja Hommen und den wunderbaren Übersetzern Werner Roller und Heike Schlatterer danken. Ihre Arbeit hat es möglich gemacht, dass mein Buch einem deutschen Publikum präsentiert wird.

Dieses Buch wäre ohne die großzügige finanzielle Unterstützung des College of Arts and Sciences der Ohio University, dem International Studies Program und dem Office des Vice President for Research, das meine Reisen nach Europa und die Kopierkosten finanzierte, nicht zustande gekommen. Außerdem danke ich der Ohio University für meine Freistellung im Herbst 2004.

Zu guter Letzt der wichtigste Dank: Meine wunderbaren Jungs Grant und Lucas mussten sich mit meinen Reisen nach Europa, meinen langen Sitzungen in der Bibliothek und auch damit abfinden, dass ich das eine oder andere Hockeyspiel von ihnen versäumte. Und meine geliebte Frau und beste Freundin Gwyneth musste sich mit noch viel mehr abfinden. Für alles, was sie mir gegeben hat, hier und immer, widme ich ihr in Dankbarkeit und Liebe dieses Buch.

Lancaster, Ohio
2006

Abkürzungen

AA	Auswärtiges Amt
AAP-BRD	*Akten zur auswärtigen Politik der Bundesrepublik Deutschland*
AAPS	Archives of the Allied Prison Spandau (NARA, RG 84, Berlin Mission, Records Relating to Spandau Prison, 1947–1987, Microfilm Publication A 33520)
ACA	Alliierte Kontrollbehörde (Allied Control Authority)
ACC	Alliierter Kontrollrat (Allied Control Council)
AEG	Allgemeine Elektrizitäts-Gesellschaft (AEG Aktiengesellschaft)
AFS	American Field Service
AHC	Alliierte Hohe Kommission (Allied High Commission)
BA-B	Bundesarchiv (Berlin) (das nachgestellte »B« bei den Angaben zu Archivquellen steht für »Bestand«)
BA-K	Bundesarchiv (Koblenz) (das nachgestellte »B« bei den Angaben zu Archivquellen steht für »Bestand«)
BASC	Berlin Air Safety Center (Luftsicherheitszentrale Berlin)
DAF	Deutsche Arbeitsfront
DzD	*Dokumente zur Deutschlandpolitik,* hrsg. vom Bundesministerium des Innern
EVG	Europäische Verteidigungsgemeinschaft
FCO	Foreign and Commonwealth Office
FDGB	Freier Deutscher Gewerkschaftsbund
FO	Foreign Office
FRUS	*Foreign Relations of the United States*
GBI	Generalbauinspektorat
GMFB	Gouvernement militaire français de Berlin
GSFG	Group Soviet Forces Germany (Gruppe der sowjetischen Streitkräfte in Deutschland)
HC	Cabinet du Haut-Commissariat de la République française en Allemagne
HFRH	Hilfsgemeinschaft Freiheit für Rudolf Heß

HICOG	Hoher Kommissar der Vereinigten Staaten für Deutschland (U.S. High Commissioner for Germany)
HICOM	Alliierte Hohe Kommission (Allied High Commission)
ICC	International Criminal Court (Internationaler Strafgerichtshof)
ICTR	Internationaler Strafgerichtshof für Ruanda
ICTY	Internationaler Strafgerichtshof für das ehemalige Jugoslawien
IMG	*Der Prozess gegen die Hauptkriegsverbrecher vor dem Internationalen Militärgerichtshof. Nürnberg 14. November 1945–1. Oktober 1946.* 42 Bde. Hrsg. von Lawrence D. Egbert und Paul A. Joosten. Nürnberg 1947–1949.
LAB	Landesarchiv Berlin
LCO	Lord Chancellor's Office (London)
LF	Lot File
LKA-S	Landeskirchliches Archiv Stuttgart
MAE-AOFAA	Ministère des Affaires étrangères, Bureau des Archives de l'occupation française en Allemagne et Autriche (Colmar)
MGFA	Militärgeschichtliches Forschungsamt
NARA	National Archives and Records Administration, College Park, Maryland
NKWD	Volkskommissariat für innere Angelegenheiten (einschließlich der politischen Geheimpolizei)
NL	Nachlass
OCCWC	Office of the Chief of Counsel for War Crimes
OMGUS	Office of Military Government, US-Zone
OPC	Office of Policy Coordination
OSS	Office of Strategic Services
PA-AA	Politisches Archiv des Auswärtigen Amtes (Berlin) (das nachgestellte »B« bei den Angaben zu Archivquellen steht für »Bestand«)
PREM	Records of the Prime Minister's Office
RAF	Royal Air Force
RG	Record Group (Archivbezeichnung; ein Teil der Quellenangabe zu NARA-Archivalien im Anmerkungsteil)
SAPMO	Stiftung Archiv der Parteien und Massenorganisationen der DDR im Bundesarchiv (Berlin)
SD	Sicherheitsdienst des Reichsführers-SS
SIB	Special Investigations Branch
Sig.	Signatur (Archivbezeichnung für den Nachlass von Speer und Wolters)

SMERSH	Sowjetische Organisation für militärische Spionageabwehr (1943–1946), das Akronym bedeutet »Tod den Spionen«
SS	Schutzstaffel; Angaben zu den Dienstgraden: Obergruppenführer – General der Infanterie/Admiral Gruppenführer – Generalleutnant Obersturmbannführer – Oberstleutnant Sturmbannführer – Major Hauptsturmführer – Hauptmann
ST	*Spandauer Tagebücher* (Albert Speer)
TKA	ThyssenKrupp Konzernarchiv (Duisburg)
TNA	The National Archives (Großbritannien), Kew
TWC-CC10	*Trials of War Criminals before the Nuremberg Military Tribunals under Control Council Law No. 10, Nuremberg, October 1946–April 1949.* 13 Bde. Washington, D.C., 1949–1953.
UdSSR	Jochen P. Laufer und Georgij P. Kynin, *Die UdSSR und die deutsche Frage, 1941–1948. Dokumente aus dem Archiv für Außenpolitik der Russischen Föderation*
VdS	Verband deutscher Soldaten

Einleitung

>»Wenn wir je alle draußen sind, wird keiner von uns den anderen wiedersehen; ganz sicher werden wir nie über Spandau lachen.«

Rudolf Heß

Kein Tod wurde je so akribisch geplant wie der von Rudolf Heß, mit dessen Ableben man jeden Moment rechnete, als er im April 1987 93 Jahre alt wurde. In einer anderen Zeit hatte Heß zum engsten Kreis um Adolf Hitler gehört und war der drittwichtigste Mann in Deutschland gewesen. Zusammen mit Hitler hatte er im November 1923 in München versucht, an die Macht zu kommen, war verurteilt worden und hatte 1924 ergeben seine Haftstrafe mit Hitler abgesessen. Als Hitlers Stellvertreter in der NSDAP befand sich seine Unterschrift auf zahlreichen wichtigen Dokumenten vor und nach 1939, als Hitler die Welt in Flammen aufgehen ließ. 1987 war Heß der einzige verbliebene Häftling des Alliierten Kriegsverbrechergefängnisses Spandau im britischen Sektor von West-Berlin. In den vergangenen vier Jahrzehnten hatten die vier Mächte, die den Nationalsozialismus besiegt hatten (die USA, Großbritannien, Frankreich und die Sowjetunion) in diesem stattlichen preußischen Gebäude aus dem 19. Jahrhundert Hitlers engste noch lebende Mitarbeiter inhaftiert, die beim berühmten Prozess gegen die Hauptkriegsverbrecher vor dem Internationalen Militärgerichtshof in Nürnberg zu Haftstrafen verurteilt worden waren. Über zwei Jahrzehnte lang war Heß schließlich der einzige Häftling in Spandau.

Heß wurde als paranoid diagnostiziert und war davon überzeugt, dass die Alliierten ihn vergiften wollten. Er war außerdem ein Hypochonder, der seine Mitgefangenen (und die alliierten Wärter) während der ersten fünf Jahre in Spandau durch sein Stöhnen wegen eingebildeter Magenschmerzen nachts um den Schlaf brachte. In seinen letzten Lebensjahren war er ständig gereizt und immer noch der überzeugte Nationalsozialist, der er schon 1924 gewesen war, als ihm Hitler im Landsberger Gefängnis *Mein Kampf* diktierte. Nur wenige Monate vor seinem Tod gestanden ihm die Amerikaner eine eigene Krankenschwester zu, doch Heß schickte sie wieder weg, weil sie schwarz war.[1] In seinem Testament für die Nachwelt, das die Sowjets 1986 entdeckten, behauptete Heß, Hitler habe nie den Krieg mit den Westmächten gewollt. Irgendwie, so glaubte Heß, wurde Hitler durch eine geheime Macht in seinem Unterbewusstsein dazu gezwungen – eine Macht, die von Deutschlands größter Nemesis, den Juden, kontrolliert wurde. Außerdem sinnierte Heß über die Arbeitslosigkeit in der Bundesrepublik, die seiner Meinung nach den

Nationalsozialismus oder eine ähnliche Bewegung wieder an die Macht bringen würde.[2]

Doch obwohl Heß abgesehen von seinen Phantasien und Klagen nicht viel vorzuweisen hatte, war er in den achtziger Jahren bereits zum Symbol geworden. Sein Dasein als einziger Gefangener in Spandau stand für die unversöhnliche Haltung der Sowjetunion gegenüber dem Nationalsozialismus, ihre Angst, dass der Nationalsozialismus nicht vollständig beseitigt sei, und die Überzeugung, dass die Kommunisten die einzig wahren Gegner des Nationalsozialismus seien. Denn der Kreml verweigerte wieder und wieder eine Entlassung von Heß. Die wiederholten Versuche der Alliierten, Heß in ein Sanatorium zu verlegen oder ihn in die Obhut seiner Familie zu geben, kündeten von der selbstbewussten Überzeugung in den westeuropäischen Hauptstädten, dass der Nationalsozialismus in der Bundesrepublik keine Chance mehr hatte und dass selbst für einen Mann wie Heß humanitäre Überlegungen galten. Für die Regierung der Bundesrepublik und für West-Berlin repräsentierte Heß die Absurdität des Kalten Krieges. Die West-Berliner trugen die finanzielle Last für das Spandauer Gefängnis aufgrund eines Arrangements, das selbst nach den wirren Standards in der Frühzeit des Kalten Krieges kaum durchdacht war. Die Inhaftierung von Heß in Spandau stand außerdem dem Wunsch der Bundesrepublik im Weg, den langen Schatten des Nationalsozialismus hinter sich zu lassen. Und für die Familie von Heß und seine ultrarechten Anhänger symbolisierte der ehemalige Stellvertreter Hitlers all die angeblichen Ungerechtigkeiten der Nürnberger Prozesse – von der Siegerjustiz bis zu Beweismitteln, die angeblich ignoriert worden waren und die Urteile von Nürnberg auf den Kopf gestellt hatten.

Daher musste der Tod von Rudolf Heß mit Sorgfalt gehandhabt werden. Im Oktober 1982, als Heß 88 Jahre alt war, hatten sich die vier Mächte geeinigt, dass sein Leichnam nach einer offiziellen Autopsie heimlich in seine Heimat Bayern geflogen und dort seiner Familie übergeben werden sollte. Das war eine großzügige Geste. Während des 35-jährigen Bestehens des Spandauer Gefängnisses hatten es die Sowjets stets abgelehnt, die sterblichen Überreste eines in Haft verstorbenen Kriegsverbrechers herauszugeben. In Moskau fürchtete man, dass die Freigabe des Leichnams ein öffentlichkeitswirksames politisches Begräbnis oder gar die Errichtung einer Pilgerstätte nach sich ziehen würde. Bis 1982 war vorgesehen gewesen, dass Heß' Leiche unter Aufsicht der Gefängnisverwaltung eingeäschert werden sollte. Nun waren die Sowjets bereit, der Familie die sterblichen Überreste zu überlassen, allerdings nur unter bestimmten Bedingungen. Die westlichen Alliierten mussten ihren Einfluss bei den bundesdeutschen Behörden geltend machen und sicherstellen, dass die Beerdigung nicht zu einer nationalsozialistischen Demonstration wurde. Außerdem durfte das Begräbnis nur im Familienkreis stattfinden. Heß' Besitz, von seiner Luftwaffenuniform über seine Taschenuhr bis zu seinem

Gebiss, sollte vernichtet werden, weil man auch hier verhindern wollte, dass daraus nationalsozialistische Kultobjekte wurden.³ Heß' Sohn Wolf Rüdiger verpflichtete sich schriftlich und bei seiner Ehre, ein stilles Begräbnis im engsten Familienkreis abzuhalten.⁴ Jegliches Aufsehen sollte vermieden werden. Doch am 17. August 1987 tat Rudolf Heß etwas, das die ausgeklügelten Pläne und Vorkehrungen völlig durcheinander brachte: Er erhängte sich.

Sofort verbreiteten sich mit Hilfe der Familie Heß von Bayern aus Gerüchte, Heß sei von den Alliierten ermordet worden. Und während sich die Alliierten noch herauszufinden mühten, wie der weltweit am strengsten bewachte Häftling Selbstmord begehen konnte – und das immerhin im Alter von 93 Jahren –, blieb die Frage, was mit dem Gefängnis Spandau geschehen sollte. Der letzte Häftling war tot. 1982 hatte man vereinbart, dass das Gefängnis nach Heß' Tod sobald wie möglich zerstört werden sollte, damit es nicht zur Pilgerstätte für deutsche Heß-Anhänger oder NS-Nostalgiker werden konnte.⁵ Auch die West-Berliner Stadtverwaltung, die sich Sorgen machte, dass eine Kontroverse um das Spandauer Gefängnis dem Image der Stadt schaden könnte, diskutierte bereits seit Jahren über den Abriss.⁶ Als sich der Abriss aufgrund der Untersuchungen nach dem Selbstmord verzögerte, fragte der Regierende Bürgermeister von Berlin besorgt bei den britischen Behörden an und beklagte, dass »der Widerstand gegen einen Abriss des Gefängnisses täglich wächst, und [...] je länger wir warten, desto schwieriger wird die Situation«.⁷

Die britischen Militärbehörden in West-Berlin hatten ein deutsches Unternehmen mit dem Abriss beauftragt (nach der Prüfung von drei Angeboten). Bis die Bagger und Abrissbirnen anrückten, schickten sie zur Beruhigung des Regierenden Bürgermeisters schon einmal 100 britische Soldaten, die mit Äxten die Fenster und Dächer zerstörten. Damit sollte auf Bitten der Bundesrepublik demonstriert werden, dass das Gefängnis auf keinen Fall stehen bleiben würde.⁸ Außerdem errichteten die Briten eilends einen neuen Sicherheitszaun um das Gelände, damit keine Souvenirs entwendet werden konnten.⁹ Ein britischer Lastwagenkonvoi transportierte Abrissholz und Schrott aus dem Gefängnis zu einem Depot des britischen Militärs in West-Berlin, wo es mit anderem Abrissmaterial gemischt wurde, damit die Herkunft nicht mehr zu erkennen war, und dann im privaten Bausektor weiterverwendet wurde.¹⁰ Der deutsche Unternehmer, der den Zuschlag bekommen hatte, erhielt Drohanrufe, dennoch riss seine Firma das Spandauer Gefängnis im September 1987 unter britischer Aufsicht ab. Die Ziegel wurden zum Luftwaffenstützpunkt Gatow im britischen Sektor transportiert, dort vergraben, mit Erde bedeckt und mit Bäumen bepflanzt, damit sie auch für diejenigen unerreichbar waren, die der Abrissfirma bis zu 800 D-Mark pro Backstein geboten hatten.¹¹ So wurde das Gefängnis kurz nach seinem letzten Insassen begraben.

Und damit endete die Geschichte des bizarrsten Gefängnisses der Geschichte. So etwas wie Spandau hatte es noch nie zuvor gegeben, dennoch existierte bislang keine seriöse geschichtswissenschaftliche Untersuchung über das Gefängnis und die umstrittene Politik der Siegermächte in Zusammenhang mit seinen berüchtigten Häftlingen.[12] Spandau war das einzige Gefängnis für NS-Kriegsverbrecher unter internationaler Verwaltung. Es war die einzige Haftanstalt für Kriegsverbrecher, wo viele Häftlinge ihre volle Haftstrafe absitzen mussten, die von zehn und zwanzig Jahren bis zu lebenslänglich reichte. Spandau war das lebendige Vermächtnis eines Nachkriegsprozesses, von dem die meisten Menschen in der westlichen Welt schon einmal gehört haben, des Prozesses gegen die Hauptkriegsverbrecher vor dem Internationalen Militärgerichtshof in Nürnberg. Dieser Nürnberger Prozess wurde zum Modell für zukünftige internationale Strafverfahren, von den Nachfolgeprozessen vor einem amerikanischen Gerichtshof in Nürnberg über den Prozess gegen Adolf Eichmann 1961 in Jerusalem bis zu den Prozessen gegen jugoslawische Kriegsverbrecher vor dem Internationalen Strafgerichtshof in Den Haag und den Prozessen gegen die Hutu-Mörder von Ruanda Mitte der neunziger Jahre in Arusha, Tansania. Im positiven wie im negativen Sinn war das Spandauer Gefängnis ein Teil des Vermächtnisses von Nürnberg.

Das Gefängnis hatte viele widersprüchliche Facetten, die sich nicht reproduzieren lassen. Nach dem Nürnberger Prozess waren dort nur sieben Gefangene inhaftiert, aus den sieben wurden sechs, dann fünf, dann vier, dann drei, bis schließlich über 20 Jahre lang nur einer übrigblieb. Spandau unterstand der Kontrolle der Alliierten, deren Verhältnis untereinander von Misstrauen geprägt war, vor allem, wenn es um das Schicksal Deutschlands ging. Für die Häftlinge gab es Vorschriften für die Mahlzeiten, ihre Korrespondenz, für Besuche und zur Geheimhaltung, die milde ausgedrückt seltsam waren. Nach 1948 existierte für Spandau keine zuständige obere Verwaltungsinstanz mehr, Anpassungen an die veränderten Zeitumstände waren nur über mühsame internationale Verhandlungen möglich. Es gab keine Regelungen für den reibungslosen Ablauf von Bewährungsmaßnahmen, Begnadigungen, Krankenhausaufenthalten oder den Todesfall eines Gefangenen. Eine Gefängnisverwaltung wie in Spandau könnte heutzutage gar nicht mehr eingerichtet werden.

Daher lohnt sich eine genauere Betrachtung der Geschichte Spandaus und seiner berühmten Gefangenen. Die Möglichkeiten dazu sind gegeben. Zwar sind die offiziellen sowjetischen Unterlagen zum Gefängnis nach wie vor unter Verschluss; die britischen Unterlagen sind erst 30 Jahre nach ihrer Entstehung der Öffentlichkeit zugänglich (das heißt, dass die Dokumente von 1987 erst im Jahr 2017 zur Verfügung stehen werden); einige französische Unterlagen zu Spandau kann man zwar einsehen, doch andere sind bis Mitte des 21. Jahrhunderts gesperrt, aber es gibt eine Vielzahl anderer Quellen. Zu ihnen gehören die Unterlagen der britischen, amerikanischen und französischen Militärverwaltungen aus den Jahren 1945 bis 1949 sowie diplomatische Dokumente aus den fünfziger Jahren bis Mitte der siebziger Jahre. Auch Quellen aus der Bundesrepublik und der DDR sind bis zu der Zeit verfügbar. Seit 2001 sind außerdem die persönlichen Unterlagen Albert Speers zugänglich, des wahrscheinlich umstrittensten und sicher wortgewandtesten Spandauer Häftlings.[13] Speers umfangreiche Papiere sind besonders interessant. Zusammen mit anderen Unterlagen liefern sie das notwendige Gegengewicht zu seinen berühmten *Spandauer Tagebüchern,* die er nach seiner Entlassung 1966 selektiv aus den Tausenden Notizen zusammenstellte, die im Lauf seiner 20-jährigen Haftstrafe aus dem Gefängnis geschmuggelt worden waren. Die *Spandauer Tagebücher* waren über 30 Jahre lang die einzige Quelle, die Einblick ins Spandauer Gefängnisleben gewährten. Trotz der akkuraten Darstellung der tagtäglichen Ereignisse lassen die Tagebücher aufgrund ihrer subjektiven Perspektive vieles unangetastet und stellen zudem Speers berühmte Gewissensqualen bewusst falsch dar.[14]

Seit kurzem sind auch die Unterlagen des Gefängnisses selbst zugänglich, darunter die Protokolle der wöchentlichen Besprechungen der Gefängnisdirektoren, die häufig von Auseinandersetzungen geprägt waren. Mit dem Beschluss zum Abriss des Gefängnisses forderten die Sowjets, dass auch sämtliche Gefängnisunterlagen vernichtet werden sollten. Alle Dokumente aus dem Gefängnis trugen den offiziellen Stempel der Haftanstalt Spandau, und die Regierung in Moskau fürchtete, dass die Dokumente ebenso wie die Habseligkeiten von Heß zu Souvenirs werden könnten. Dennoch einigten sich die vier Mächte darauf, von den Dokumenten Kopien auf Mikrofilm zu fertigen. Nach intensiven Vorarbeiten wurden acht Kopien der Archive des Alliierten Gefängnisses Spandau (fast 84.000 Seiten) auf 36 Rollen Mikrofilm gezogen. Die Mächte erhielten also jeweils zwei Kopien. Die britischen, französischen und russischen Kopien sind noch unter Verschluss, doch die amerikanischen im Nationalarchiv bei Washington stehen Wissenschaftlern zur Verfügung.[15] Und schließlich wurden durch das Gesetz zur Offenlegung der NS-Kriegsverbrechen von 1998, laut dem alle US-Unterlagen zu NS-Kriegsverbrechen der Öffentlichkeit zugänglich gemacht werden müssen, fast 10.000 Seiten bisher unter Verschluss stehender Unterlagen des Außenministeriums aus den siebziger und achtziger Jahren freigegeben, darunter auch Dokumente über internationale Auseinandersetzungen und Abkommen zu Rudolf Heß.[16] Daher muss man in vielerlei Hinsicht gar nicht warten, bis andere Länder ihre Dokumente in einem Jahrzehnt oder später freigeben.

Aber warum ist ein Buch über die Verurteilungen und Haft von sieben Kriegsverbrechern von Bedeutung? Das hat verschiedene Gründe. Spandau ergänzt die Studien, die in den vergangenen 15 Jahren über die Auseinandersetzung der Deutschen mit ihrer nationalsozialistischen Vergangenheit in der Nachkriegszeit und über andere nationale Erinnerungen zum Zweiten Weltkrieg erschienen.[17] Das Urteil zur Vergangenheitsbewältigung in den beiden deutschen Republiken fällt unterschiedlich aus, vor allem was die Aufrichtigkeit und Direktheit betrifft, mit der die Deutschen ihre Verantwortung akzeptierten. Die meisten Deutschen, die den Krieg erlebten, sahen sich lieber als Opfer der Nationalsozialisten, der Bomben der Alliierten oder der Roten Armee anstatt als aktive oder passive Komplizen ihrer eigenen Regierung. Die Reaktion der Deutschen auf ausländische Kriegsverbrechertribunale fiel allgemein negativ aus. Auch die langjährigen Haftstrafen für Deutsche, ob in der Bundesrepublik, in Italien, den Niederlanden, in Polen, Jugoslawien, der UdSSR oder anderswo, stießen in überwältigendem Maße auf Ablehnung. Die Kriegsverbrecher wurden nicht als Kriminelle, sondern als politische Gefangene betrachtet. Über die Reparationszahlungen an Juden, die Abschaffung der Verjährungsfrist für Mord in der Bundesrepublik, die Umgestaltung ehemaliger Konzentrationslager zu Gedenkstätten und in jüngster Zeit über die Ausstellung zu den Verbrechen der Wehrmacht wurde in der deutschen Öffentlichkeit heftig debattiert.[18]

Spandau fügt sich in dieses Bild ein. Die Regierungen der Bundesrepublik verhandelten unermüdlich über die Freilassung Deutscher, die von amerikanischen, französischen, britischen, niederländischen, italienischen und anderen Gerichten für schuldig befunden worden waren und in einem der Länder in Haft saßen. Bei den Häftlingen in Spandau waren sie jedoch vorsichtiger. Die bundesdeutsche Öffentlichkeit, von der Presse über die Kirchen und Veteranenvereinigungen bis zum Roten Kreuz, drängten auf die Freilassung der Kriegsverbrecher von Nürnberg, angetrieben von dem zusätzlichen Argument, sie würden von den Sowjets misshandelt. Doch die Regierung in Bonn erkannte die politische Brisanz der Häftlinge. Zum einen waren sie im Prozess des Jahrhunderts schuldig gesprochen worden. Zum anderen wurden sie nicht von einem Land, sondern von den vier Siegermächten festgehalten. Und eine dieser vier Mächte war die Sowjetunion, die das offizielle Eintreten für die Hauptkriegsverbrecher propagandistisch ausnutzen konnte und die Gesellschaft der Bundesrepublik ohnehin als unverbesserlich revanchistisch und als Abwandlung des Nationalsozialismus betrachtete.

Spandau war ein Sonderfall, weil sich dort nicht nur die Erinnerung der Deutschen an den Krieg fokussierte, sondern auch vieler anderer. Auch nach Nürnberg wurden nur in den britischen und amerikanischen Prozessen Deutsche wegen Verbrechen angeklagt, die sie gegen andere Nationen begangen hatten. Die angloamerikanischen Ankläger gingen den Nürnberger Prozess in der Hoffnung an, eine Vielzahl universaler juristischer und historischer Ansprüche zu erfüllen, doch die Erinnerungen der Briten und Amerikaner an den Zweiten Weltkrieg milderten sich im Lauf der Zeit, und ihre Haltung wurde versöhnlicher.[19] Die meisten deutschen Kriegsverbrechen waren (mit einigen wenigen wichtigen Ausnahmen) nicht gegen angloamerikanische Soldaten gerichtet. England war zwar bombardiert, doch ebenso wenig wie die USA von ausländischen Truppen besetzt worden.[20] In den

Jahren nach dem Krieg konzentrierte sich die britische Erinnerung auf die Heldentaten der Royal-Air-Force-Piloten in der Luftschlacht um England und das Duell in der Wüste zwischen Montgomerys 8. Armee und Rommels Afrikakorps; die Verbrechen gegen britische Gefangene gerieten in den Hintergrund.[21] Für die Amerikaner war und ist der entscheidende Moment des Krieges in Europa die Landung in der Normandie vom Juni 1944. Das Massaker an amerikanischen Kriegsgefangenen in Malmédy im Dezember 1944 durch die Waffen-SS sorgte zwar für Empörung und war im Grunde auch der Anlass für Tribunale gegen Kriegsverbrecher, in das nationale Gedächtnis hatte sich jedoch die hart umkämpfte Landung am D-Day eingegraben. Frankreich hatte unter dem Einfall der Deutschen und der anschließenden Besatzung zu leiden, doch die Erinnerung der Franzosen an deutsche Kriegsverbrechen konzentrierte sich in erster Linie auf die Greueltaten in Frankreich, vorzugsweise ohne Beteiligung französischer Kollaborateure.[22] Zudem betrachteten schon bald alle drei Länder die Sowjetunion als größere Bedrohung als das wiederaufstrebende Deutschland.

Die sowjetischen Erinnerungen an den Krieg waren etwas ganz anderes. Trotz der willkürlichen und paranoiden Brutalität des stalinistischen Systems gegen die eigenen Bürger und trotz Stalins Pakt mit Hitler bis Mitte 1941 war die offizielle Erinnerung an den Krieg vom überraschenden Einmarsch der deutschen Truppen im Juni 1941 und der anschließenden deutschen Politik der Vernichtung geprägt. Aufgrund der Ermordung von Millionen Juden und anderer Zivilisten sowie sowjetischer Kriegsgefangener durch Erschießen, systematisches Verhungern und Vergasen definierte die Sowjetunion den Krieg von Anfang an über die deutschen Greueltaten. Ab Frühjahr 1942 sammelte eine sowjetische Ermittlungskommission, die Außerordentliche Staatliche Kommission, Tausende und Abertausende Dokumente und über eine Viertelmillion Zeugenaussagen und untersuchte forensische Beweise. Gleichzeitig rief die sowjetische Regierung international dazu auf, die Verbrechen juristisch zu ahnden.[23] Bereits im Dezember 1943 wurden in Charkow nach dem Massenmord an Zivilisten (zwischen jüdischen Opfern und sowjetischen Zivilisten wurde im Grunde nicht unterschieden) sowjetische Kriegsverbrechertribunale abgehalten.[24] Trotz sowjetischer Greueltaten an polnischen Zivilisten und Offizieren der polnischen Armee vor dem Einmarsch der Deutschen und trotz sowjetischer Verbrechen gegen die Zivilbevölkerung beim Vormarsch 1944 und 1945 in Polen, Rumänien, Ungarn und Deutschland erinnert man sich an den »Großen Vaterländischen Krieg« als einen gerechten Krieg – einen Befreiungskrieg gegen einen imperialistischen und mörderischen Angreifer. Vergebung war daher unmöglich. Kritiker am Internationalen Militärgerichtshof verwiesen auf die Ironie, dass eine brutale Diktatur zu Gericht über eine andere brutale Diktatur saß. Doch unter Berufung auf das Ausmaß des sowjetischen Leids und die kommunistische Dialektik, laut der alle

Kriege, die von Kommunisten geführt werden, Befreiungskriege sind, gaben die Sowjets vor, keinen Widerspruch zu erkennen.[25]

Die unterschiedliche Wahrnehmung des Krieges und seiner Bedeutung bei den Alliierten prallten im Fall des Spandauer Gefängnisses aufeinander, das zudem direkt zwischen den Fronten des sich anbahnenden Kalten Krieges lag. Spandau kam damit auch eine strategische Bedeutung zu. Das besiegte Deutschland war nach dem Krieg in vier militärische Besatzungszonen aufgeteilt worden, und Berlin, das innerhalb der sowjetischen Zone lag, war ebenfalls in vier Sektoren aufgeteilt. Die Stadt Berlin sollte wie ganz Deutschland von den vier Mächten gemeinsam verwaltet werden. Wenn diese Zusammenarbeit scheiterte, würde auch die gemeinsame Verwaltung Berlins enden, und vielleicht würde dem Westen der Zugang zur Stadt komplett verwehrt, falls sich die Sowjets entschieden, Gewalt einzusetzen. Im Sommer 1948 stellten die Sowjets das Zugangsrecht der westlichen Alliierten zu den Westsektoren Berlins in Frage. Verärgert über die demokratischen und marktwirtschaftlichen Reformen in den Gebieten unter Kontrolle der Westalliierten, verließen die sowjetische Delegationen die Organe des Alliierten Kontrollrats, über die Deutschland und Berlin regiert werden sollten. Dann blockierten sowjetische Truppen die Straßen und Eisenbahnlinien, die durch die sowjetische Besatzungszone nach West-Berlin führten. Mit der Berlin-Blockade war die Zusammenarbeit der vier Mächte in der Stadt am Ende. Es folgten die Luftbrücke der westlichen Alliierten, über die die zwei Millionen Einwohner West-Berlins mit Lebensmitteln und Medikamenten versorgt wurden, und die Gründung von zwei verschiedenen deutschen Staaten 1949. Da die von den Sowjets unterstützte Deutsche Demokratische Republik für ihre Legitimation auf ein vereintes Berlin angewiesen war, versuchten die Sowjets im Kalten Krieg immer wieder, die Präsenz der Westalliierten im Westteil der Stadt zu beenden.

Spandau war in diesem Kampf zwischen Ost und West eine Anomalie. Als die Beziehungen zwischen den vier Mächten in fast jeder Hinsicht abrissen, war Spandau (zusammen mit der Berliner Luftsicherheitszentrale) die einzige Einrichtung, wo die vier Mächte noch zusammenarbeiteten. Besessen von der Bestrafung der Hauptkriegsverbrecher, wollten die Sowjets auf keinen Fall auf ihr Recht verzichten, sie im britischen Sektor von Berlin zusammen mit den anderen Alliierten zu bewachen. Ebenso entschlossen wahrten die westlichen Alliierten ihre Rechte in West-Berlin und waren nicht bereit, ihre Sektoren preiszugeben. Das Spandauer Gefängnis wurde somit zum Symbol für eine vier Jahrzehnte während Erklärung der Alliierten: dass Berlin unter der Verwaltung der vier Mächte bleiben würde, bis alle vier Mächte, und nicht nur die Sowjets, etwas anderes beschlossen. Die Alliierten konnten weder ihre Viermächteverpflichtungen in Spandau aufgeben noch die deutschen Gefangenen an einen anderen Ort verlegen, ohne gleichzeitig weiter gefasste Bemühungen der Sowjets zu legitimieren, die westlichen Mächte aus der Stadt zu drängen. Die Sowjets, die sich jedem Versuch zur Entlassung der Kriegsverbrecher und zur Verbesserung der Haftbedingungen widersetzten, wussten das sehr gut und verwiesen ständig auf die Unantastbarkeit des Viermächteabkommens für Berlin, obwohl Moskau die Viermächteregelung als solche abgelehnt hatte. Auch die Regierung der Bundesrepublik verstand mit der Zeit, dass Spandau im Grunde eine Garantie dafür war, dass die Bürger West-Berlins weiterhin unter dem Schutz der westlichen Alliierten lebten. In bizarrer Weise trug die lange Haft von Hitlers engsten noch lebenden Mitarbeitern dazu bei, die West-Berliner vor der kommunistischen Herrschaft zu schützen. Selbst die langwierigen Verhandlungen über den Tod von Heß in den siebziger und achtziger Jahren wurden aus Angst darum geführt, dass ein Ende der Zusammenarbeit in Spandau eine neue Berlin-Krise heraufbeschwören könnte.

Doch Spandau hat nicht nur eine historische, sondern auch eine aktuelle Bedeutung. Derzeit diskutiert man weltweit, wie man mit den hochrangigen Kriegsverbrechern der jüngsten Konflikte verfahren soll. 1993 und 1994 richteten die Vereinten Nationen zwei Ad-Hoc-Strafgerichtshöfe ein, den Internationalen Strafgerichtshof für das ehemalige Jugoslawien (International Criminal Tribunal for the Former Yugoslavia, ICTY) und den Internationalen Strafgerichtshof für Ruanda (International Criminal Tribunal for Ruanda, ICTR) zur Verurteilung der Täter bei den Konflikten und Völkermorden in der Region. 1998 riefen die Vereinten Nationen den Internationalen Strafgerichtshof (International Criminal Court, ICC) ins Leben, ein ständiges Gericht für aktuelle und zukünftige Vergehen gegen das Völkerrecht. Doch was ist das Ziel solcher Tribunale? Dienen sie nur der Rechtsprechung? Will man damit eine historische Bestandsaufnahme der fraglichen Verbrechen vornehmen? Oder dienen sie dem historischen Gedenken, damit sich solche Verbrechen nicht wiederholen? Sollen zukünftige Diktatoren abgeschreckt werden? Soll die Versöhnung zwischen Gesellschaften, die sich einst bekriegten, gefördert werden? Kann ein Gesetz, das per definitionem eng begrenzt ist, dem schieren Ausmaß eines Völkermords überhaupt gerecht werden? All diese Fragen werden ganz unterschiedlich beantwortet.[26]

Vielleicht steht ein Prozess, wie Hannah Arendt als Beobachterin des Eichmann-Prozesses 1961 in Jerusalem schrieb, dann auf sicherer Grundlage, wenn er nur auf eine strafrechtliche Verurteilung abzielt. Ein Gerichtsverfahren, das über die dramatische Darstellung der Vergangenheit eine nationale Identität formen soll, wie es beim Eichmann-Prozess versucht wurde, riskiert, dass ein juristischer Vorgang in einen Schauprozess ausartet.[27] Oder ist für diesen besonderen Typus des Verbrechers, der das Leben Tausender oder Millionen Menschen zerstört, vielleicht auch eine andere Form des Prozesses angebracht, wie an anderer Stelle argumentiert wurde? Vielleicht wird vor der Anklagebank der Geschichte nichts Geringeres als das verlangt.[28] Vielleicht ist ein Prozess gegen solche Täter eine derart gewaltige Aufgabe, die so vielen Anforderungen genügen muss und so viele Probleme aufwirft (etwa, dass man der Verteidigung ein Podium bietet, oder dass die Angeklagten möglicherweise freigesprochen werden), dass internationale Prozesse berechtigterweise auf Skepsis stoßen.[29] Vielleicht hatte auch der britische Premierminister Winston Churchill recht – es ist viel leichter, die Täter kurzerhand zu erschießen, als mögliche Peinlichkeiten und Fehler bei einem derart umfangreichen juristischen Prozess zu riskieren.[30]

So kompliziert diese Debatten auch sind, berücksichtigen sie doch selten die Rolle der Bestrafung und deren Wirkung. Für viele ist die Strafe irrelevant. Als der SS-Hauptsturmführer Erich Priebke im Alter von 82 Jahren 1995 von Argentinien an Italien ausgeliefert wurde, damit ihm wegen seiner Beteiligung am Massaker bei den Ardeatinischen Höhlen in der Nähe von Rom, bei dem 335 Männer und Jungen erschossen worden waren, der Prozess gemacht werden konnte, sagte Tullia Zevi, die Präsidentin der Union der israelitischen Gemeinden in Italien: »Das Urteil ist in gewisser Weise irrelevant [...] Wichtig ist der Prozess [...] Was kümmert es mich, ob Priebke schließlich Hausarrest oder eine lebenslange Haftstrafe erhält?«[31] Für andere kann die Strafe ohnehin nie dem Verbrechen entsprechen. Wenn ein »normaler« Mörder hingerichtet wird, wie verfährt man dann mit dem Mann, der den Tod Tausender oder Millionen Menschen anordnete? Arendt schrieb anlässlich des Nürnberger Prozesses: »Für diese Verbrechen gibt es keine angemessene Strafe mehr [...] Diese Schuld, im Gegensatz zu aller krimineller Schuld, übersteigt und zerbricht alle Rechtsordnungen.«[32] Entgegen seinen Behauptungen beim Mittagessen während des Nürnberger Prozesses konnte Herman Göring keine zehn Tode sterben.[33] Und wenn schon das Erhängen eines Mannes, der Verbrechen gegen die Menschheit begangen hat, im Vergleich zu diesen Taten abfällt, dann kann eine Haftstrafe erst recht nicht genügen.

Die UN-Tribunale verhängen grundsätzlich keine Todesstrafe. Stattdessen sprechen sie eine Haftstrafe aus, die so weit wie möglich den Taten und dem Format des Angeklagten entspricht. Jean Kambanda, der ehemalige ruandische Hutu-Premierminister, sitzt wegen Völkermords an den ruandischen Tutsi 1994 eine lebenslange Haftstrafe in Mali ab. Der berüchtigte Serbenführer Slobodan Milošević wäre aufgrund der Verbrechen, die er in Kroatien, Bosnien und im Kosovo anordnete, sicher ebenfalls zu einer lebenslangen Haftstrafe verurteilt wurden, wenn er nicht während seines Prozesses in Den Haag im März 2006 verstorben wäre. Viele Kriegsverbrecher aus dem jugoslawischen Bürgerkrieg in den neunziger Jahren wurden bereits zu Haftstrafen verurteilt, die von Jahren bis zu Jahrzehnten reichen. Noch ist es zu früh, die Ergebnisse des irakischen Sondertribunals zu beurteilen, das Saddam Hussein und seine wichtigsten Stellvertreter verurteilte, doch diejenigen, die nicht zum Tode verurteilt werden (das Sondertribunal kann Todesurteile verhängen), werden sicher lange Haftstrafen erhalten.

Wenn diese Strafen vollständig abgesessen werden müssen, werden die Verurteilten mit zunehmendem Alter sicher zu einem regionalen, ja sogar globalen politischen Problemfall.

Für ihre Opfer bleiben die Taten dieser Männer genauso unverzeihlich wie die der NS-Kriegsverbrecher für die Sowjets – die Täter sind lebende Erinnerungen an das enorme Leid, das sie mit angeordnet und dirigiert haben. Für diejenigen, die für sie eintreten, seien es nun unverbesserliche serbische Nationalisten, antiamerikanische Iraker oder andere, die die Vergangenheit in nostalgischem Licht betrachten, werden die Täter zu inhaftierten Märtyrern, deren Verbrechen immer mehr verblassen. Und für die wohlmeinende, jedoch unzureichend informierte Öffentlichkeit werden solche Männer, wenn sie alt und schwach sind, zu humanitären Fällen.[34] Die Nachkriegszeit zeigt, dass die Unterstützer der inhaftierten Kriegsverbrecher vor der erdrückenden Beweislast die Augen verschließen. Wer in den Fällen der deutschen oder japanischen Kriegsverbrecher für einen nationalistischen Revisionismus, für Gnade oder ein Ende der Prozesse unter dem Vorsitz von Ausländern eintrat, übersah entweder die Beweise oder klammerte sich an unbedeutenden Verfahrensmerkmalen fest, die zu einer Revision des Urteils führen sollten. Und wer in Nürnberg Ungerechtigkeiten sah, betrachtete die harten Strafen, die noch dazu von ausländischen Richtern verhängt worden waren, als Bestätigung dieser Ungerechtigkeit.[35] Überraschend schnell galt die »humanitäre« Sorge nicht den Opfern der NS-Verbrechen, sondern den NS-Verbrechern selbst, die nun unter strengen Haftbedingungen fern ihrer Familie alt wurden.

Hier geht es nicht um die Frage, ob Hitlers engste Mitarbeiter lange Haftstrafen verdienten. Sie hätten weit Schlimmeres verdient. Es geht um die Frage, wie sich eine Strafe auf einen Prozess an sich und dessen ursprüngliche Ziele auswirkt. Hermann Göring, der in Nürnberg zum Tod durch den Strang verurteilt wurde, prophezeite, dass die deutschen Städte und Dörfer in 50 Jahren Statuen zum Gedenken an ihn errichten würden. Doch ihm wurde kein Denkmal gesetzt. Allerdings wurde Konstantin von Neurath, der in Nürnberg zu 15 Jahren Haft verurteilt worden war, in den Augen vieler Deutscher zum Märtyrer, ebenso Rudolf Heß. Über diejenigen, die in Nürnberg gehängt wurden, sprach man hinterher nur noch als historische Figuren. Die anderen dagegen wurden zum Thema hitziger Debatten über die Urteile und den Umgang mit der NS-Vergangenheit.

Auch in den internationalen Beziehungen spielte der Umgang mit den Kriegsverbrechern eine Rolle. Prozesse gegen internationale Kriminelle können gar nicht anders als politisch sein und haben damit auch zwangsläufig politische Folgen. So wirkte sich beispielsweise der Abschuss des U-2-Spionageflugzeugs über sowjetischem Territorium mit dem Piloten Francis Gary Powers an Bord darauf aus, wie die Amerikaner auf die Entführung Eichmanns aus Argentinien durch die Israelis im Mai 1960 reagierten. Die USA hatten Verständnis für den Schritt der Israelis, benötigten aber auch die Unterstützung Argentiniens gegen die Sowjets im UN-Sicherheitsrat. Da es sich in beiden Fällen um die Verletzung nationalen Hoheitsgebiets handelte, musste die US-Regierung in Washington die Wogen zwischen Buenos Aires und Tel Aviv glätten.[36] Und die Anklage des Internationalen Strafgerichtshofs gegen Slobodan Milošević im Mai 1999 basierte teilweise auch auf dem Bemühen, die Integrität des Tribunals zu wahren, weil Milošević im Kosovokrieg eine Immunitätsvereinbarung mit den NATO-Mächten ausgehandelt hatte. Miloševićs Übergabe an die UN-Behörden durch die serbische Regierung im Juni 2001 wiederum lässt sich unter anderem auf den Wunsch zurückführen, sich die finanzielle Unterstützung der Amerikaner zu sichern, und sorgte in Belgrad für nachhaltigen Unmut.[37]

Während Eichmann nach seiner Hinrichtung nur noch Geschichte war, wurde Milošević, der während der Beweisaufnahme fast fünf Jahre in Haft verbrachte und mit einer lebenslangen Strafe rechnen musste, zu dem, was seine Ankläger zu vermeiden versucht hatten: ein politischer Gefangener, wie die deutschen und japanischen Kriegsverbrecher, die nach dem Krieg ihre Strafe verbüßten. Gewiss ist ein rechtmäßig verurteilter Kriegsverbrecher niemals ein politischer Gefangener im traditionellen Sinn, also wie beispielsweise Nelson Mandela oder Alexander Solschenizyn, die aufgrund ihrer Haltung oder Politik von repressiven Regimes verhaftet und eingesperrt wurden. Sie sind vielmehr politische Gefangene, die gleichzeitig Überzeugungstäter sind. Die internationale Debatte über die Bedingungen ihrer Haft, die Bedeutung ihrer Strafe, ihr angebliches Martyrium und letztendlich ihre Freilassung ist eine zutiefst politische Diskussion, die sich hinter juristischen Überlegungen versteckt. Politische Gefangene, ob schuldig oder nicht, ob Sympathieträger oder nicht, sind nie ein einfaches Thema. Sie beschäftigen Diplomaten ebenso wie Intellektuelle.

Unter diesem Aspekt war es hilfreich, dass sich Hitler und seine engsten Mitarbeiter 1945 einem Prozess entzogen. Hitler, der Reichsführer-SS Heinrich Himmler und Propagandachef Josef Goebbels begingen alle Selbstmord, um einer Festnahme zu entgehen. Reinhard Heydrich, der rücksichtslose Leiter des Reichssicherheitshauptamtes, wurde im Mai 1942 bei einem Attentat tschechischer Partisanen in Prag getötet. Hitlers Leiter der Parteikanzlei Martin Bormann und der Gestapochef Heinrich Müller starben in Berlin in den letzten Tagen vor der Kapitulation.[38] Alle wären in Nürnberg angeklagt worden, wenn sie noch gelebt hätten, und alle wären gehängt worden. Winston Churchill, dem es von Anfang an lieber gewesen wäre, wenn alle kurzerhand erschossen worden wären, war sicher erleichtert.

Allerdings gab es immer noch genügend hochrangige Nationalsozialisten, die geholfen hatten, die Welt in den Krieg zu stürzen. Diese konnten die Amerikaner in Zusammenarbeit mit den Briten, Sowjets und Franzosen vor ein internationales Kriegsverbrechertribunal stellen – eine nach Ansicht amerikanischer Entscheidungsträger notwendige juristische Neuerung. Die Gefangenen sollten nicht, wie oft vorgeschlagen worden war, einfach erschossen werden. Damit hätten sich die Sieger auf das verbrecherische Niveau der Besiegten herabbegeben. Sie sollten auch nicht in Schauprozessen sowjetischen Stils verurteilt werden, weil diese der westlichen Rechtstradition widersprachen, laut der selbst der verabscheuungswürdigste Kriminelle ein Recht auf Verteidigung hatte. Sie sollten ein Verfahren erhalten, das so weit wie möglich der freiheitlichen Rechtstradition entsprach, die die Nationalsozialisten zu zerstören versucht hatten.[39] So wurden 22 hochrangigen Nationalsozialisten vor dem Internationalen Militärgerichtshof in Nürnberg aufgrund von vier Anklagepunkten der Prozess gemacht. Die Anklagepunkte, definiert bei der Londoner Viermächtekonferenz im August 1945 (bei der das Tribunal beschlossen wurde), lauteten:

Anklagepunkt I – Gemeinsamer Plan oder Verschwörung: Ein gemeinsamer Plan, der darauf abzielte oder mit sich brachte, Verbrechen gegen den Frieden, gegen das Kriegsrecht und gegen die Humanität zu begehen. Die Anklage argumentierte, dass die Vorbereitung solcher Verbrechen an sich schon ein Verbrechen sei und damit alle Verbrechen von der Kriegsvorbereitung bis zur Ermordung von Zivilisten verbunden seien.

Anklagepunkt II – Verbrechen gegen den Frieden: Die Planung und Entfesselung von Angriffskriegen, die gegen internationale Verträge und Abkommen verstießen.

Anklagepunkt III – Kriegsverbrechen: Verletzungen des Kriegsrechts und der Kriegsbräuche, die in internationaler Übereinstimmung von den Haager Abkommen von 1899 und 1907 und in der Genfer Konvention von 1929 festgelegt wurden. Solche Verletzungen umfassen die Ermordung und Misshandlung von Zivilisten, die Deportation von Angehörigen der Zivilbevölkerung von oder in besetzten Gebieten zur Sklavenarbeit oder für irgendeinen anderen Zweck, die Ermordung oder Misshandlung von Kriegsgefangenen oder Personen auf hoher See, die Plünderung öffentlichen oder privaten Eigentums, die frevelhafte Zerstörung von großen und kleinen Städten und Dörfern sowie Verwüstungen ohne militärisch begründete Notwendigkeit.

Anklagepunkt IV – Verbrechen gegen die Menschlichkeit: Ermordung, Ausrottung, Versklavung, Deportation oder andere unmenschliche Handlungen gegen Zivilbevölkerungen vor oder während des Krieges sowie die Verfolgung aus politischen, rassischen oder religiösen Gründen. Dieses neue juristische Konzept ermöglichte es, die Handlungen der deutschen Regierung gegen die Juden innerhalb Deutschlands und in den besetzten Gebieten auch vor Kriegsausbruch für illegal zu erklären.[40]

Von November 1945 bis Oktober 1946 konnte die Welt den Prozess des Jahrhunderts verfolgen. Doch das Verfahren hatte seine Probleme. Der Wunsch der amerikanischen Ankläger, den NS-Staat als Ganzes vor Gericht zu stellen, von der Verfolgung deutscher Juden vor dem Krieg über die Kriegsvorbereitungen bis zum System der Konzentrationslager, brachte es mit sich, dass der Internationale Militärgerichtshof juristische Unzulänglichkeiten aufwies. Die amerikanischen Befürworter des Prozesses hofften, mit dem Anklagepunkt I, der gemeinsamen Verschwörung, ein möglichst breites Feld abzudecken und alle Maßnahmen der Nationalsozialisten ab 1933 als Vorbereitung für einen Angriffskrieg und die begangenen Greueltaten darzustellen. Doch die Anklage wegen Verschwörung hatte in der europäischen Rechtstradition keine rechtliche Grundlage, außerdem konnte man nur schwer beweisen, dass alle Pläne und Handlungen der Nationalsozialisten aufeinander aufbauten. Anklagepunkt II, Verbrechen gegen den Frieden, gründete auf dem Bruch internationaler Verträge durch die Deutschen auf ihrem Weg zur Wiederaufrüstung und in den Krieg, hatte aber ebenfalls keine Grundlage im internationalen Recht und wurde bis heute nicht genau formuliert. Anklagepunkt IV, Verbrechen gegen die Menschlichkeit, nach dem Regierungsmitglieder und Staatsbedienstete für die Verfolgung der eigenen Staatsbürger in Kriegs- wie in Friedenszeiten belangt werden konnten, ist in der heutigen Rechtssprechung ein gängiges Konzept, war aber 1945 völlig neu. Nur Anklagepunkt III – die Kriegsverbrechen per se, wie sie im Haager Abkommen von 1907 und in der Genfer Konvention von 1929 definiert waren – war vor 1945 im internationalen Recht als Tatbestand fest verankert. Dem Tribunal konnte daher vorgeworfen werden, dass es beim besiegten Feind gegen den Grundsatz nulla poena sine lege verstieß und gemäß einer nach geschehener Tat formulierten Rechtsgrundlage urteilte.

Tatsächlich waren deutsche Staatsbürger bereits mehr als zwei Jahrzehnte zuvor wegen Kriegsverbrechen angeklagt worden, die sie im Ersten Weltkrieg an Kriegsgefangenen und Zivilisten begangen hatten. Damit war das Argument, das nach dem Zweiten Weltkrieg vorgebracht wurde, niemand hätte damals die Gesetze gekannt, nichtig. Außerdem konnte anhand von Dokumenten eindeutig nachgewiesen werden, dass Deutschland nach 1933 die Wiederaufrüstung und den Krieg geplant und damit gegen eingegangene Verträge verstoßen hatte. Der Militärgerichtshof begrenzte zudem die Wirkung des Anklagepunkts IV durch die Bestimmung (die auf den komplizierten Formulierungen des Londoner Abkommens gründete), dass staatliche deutsche Verfolgungsmaßnahmen vor Kriegsausbruch im September 1939 rechtlich nicht als strafbar gelten konnten. Mit aus diesem Grund entging dem Militärgerichtshof, dass im Zentrum der deutschen Politik seit 1933 ein tiefverwurzelter Antisemitismus stand, obwohl bei den Verhandlungen viel über die Vernichtung der europäischen Juden gesprochen wurde, und behinderte

Abb. 1: Die Hauptkriegsverbrecher beim Prozess in Nürnberg. © picture-alliance

so ein Jahrzehnt lang das historische Verständnis dafür, welch grundlegende Bedeutung die Vorstellung einer umfassenden jüdischen Verschwörung für Hitler und seine Anhänger hatte. Andererseits blieb der Vorwurf hängen, man urteile aufgrund einer nach geschehener Tat formulierten Rechtsgrundlage. Ob richtig oder falsch oder nur aus der Verwirrung heraus entstanden, wurde dieser Vorwurf in deutschen Juristenkreisen und selbst unter amerikanischen und britischen Rechtsexperten während und nach dem Prozess immer wieder laut.[41]

Auch die Politik sorgte in Nürnberg für Probleme. Die sowjetische Regierung gehörte dem Militärgerichtshof an, obwohl sie sich selbst in allen vier Punkten der Anklage schuldig gemacht hatte. Dieser Widerspruch zog einige durchsichtige Täuschungsmanöver nach sich. Stalin war bestrebt, den Mord an über 20.000 polnischen Offizieren und Zivilisten zu vertuschen, den das für die Staatssicherheit zuständige Volkskommissariat für Innere Angelegenheiten (NKWD) im Jahr 1940 begangen hatte – die deutsche Wehrmacht hatte einen Teil der Massengräber 1943 im Wald von Katyn in der Nähe von Smolensk entdeckt. In Nürnberg bestand Moskau nun darauf, die Deutschen wegen der Ermordung von 11.000 polnischen Offizieren in Katyn anzuklagen.[42] Die Sowjets datierten das Massaker sogar vom Frühjahr 1940 auf den Herbst 1941 um, damit die Deutschen als Täter überhaupt in Frage kamen. Außerdem rang die UdSSR den USA das Zugeständnis ab, belastende Beweise für ihre eigenen Verbrechen gegen den Frieden zu unterdrücken, etwa das geheime Zusatzprotokoll zum deutsch-sowjetischen Nichtangriffspakt vom August 1939, in dem sich Deutschland und die Sowjetunion über die Aufteilung Polens geeinigt hatten.[43] Zusätzlich brachten die Sowjets die Schuldvermutung ein, die typisch für das sowjetische Rechtssystem war. Iona T. Nikitschenko, der sowjetische Richter in Nürnberg, war maßgeblich an den stalinistischen Schauprozessen der dreißiger Jahre beteiligt gewesen; er hatte die sowjetische Anklagevertretung in Nürnberg geleitet, bevor er Richter geworden war, und hatte vor dem Prozess erklärt, dass die Angeklagten aus seiner Sicht »bereits verurteilt« seien.[44]

Dazu kamen prozedurale Probleme. Die deutschen Verteidiger wurden hastig ausgewählt, hatten kaum Zeit zur Vorbereitung der Fälle und erhielten übersetzte Dokumente und eidesstattliche Erklärungen erst, nachdem die Dokumente als Beweismaterial aufgenommen worden waren. Die vier Richter – Sir Geoffrey Lawrence aus Großbritannien, Francis Biddle aus den USA, Henri Donnedieu de Vabres aus Frankreich und Nikitschenko aus der Sowjetunion – handelten die Urteile hinter verschlossenen Türen aus, wodurch die Strafen ganz unterschiedlich ausfielen. Es gab keine Möglichkeit zur Berufung und so gut wie keine für Gnadengesuche, weil die verhängten Todesurteile innerhalb von zwei Wochen vollstreckt wurden. Einige Aspekte in Nürnberg wurden der abendländischen Rechtstradition also nicht gerecht, und diese Mängel bewirkten, dass ein wachsender Anteil der Deutschen den Prozess mit einer gewissen Skepsis betrachtete. Die Sieger, das konnte man so sagen, saßen über die Besiegten zu Gericht. Damit war die Nachkriegsjustiz von ihrer ursprünglichen Anlage her unvollkommen.

Andererseits stützte sich der Nürnberger Prozess auf eine Flut von Beweismaterial – in einer solchen Dokumentenfülle präsentiert, dass viele Journalisten davon gelangweilt waren. Das überzeugte später die israelische Regierung im Eichmann-Prozess, mehr mündliche Aussagen einzusetzen, allein schon wegen der Dramatik.[45] In Nürnberg wurden die Geheimnisse eines der verbrecherischsten Regimes der Geschichte in beklemmenden und furchtbaren Details offengelegt. Die Schuldigen waren, trotz einer mangelhaften und schwerfälligen Prozessführung, auch tatsächlich schuldig. Am Ende des Prozesses am 1. Oktober 1946 wurden zwölf der Angeklagten nach 22 Verhandlungstagen zum Tod durch den Strang verurteilt. Unter ihnen waren Reichsmarschall Hermann Göring, Wilhelm Keitel als Chef des Oberkommandos der Wehrmacht, Alfred Jodl als Chef des Wehrmachtführungsstabes und Alfred Rosenberg als Reichsminister für die besetzten Ostgebiete, die in jedem der vier Anklagepunkte für schuldig befunden worden waren. Ebenfalls zum Tode verurteilt wurden Außenminister Joachim von Ribbentrop, der Chef der Sicherheitspolizei Ernst Kaltenbrunner, der Generalgouverneur in Polen Hans Frank, der Generalbevollmächtigte für den Arbeitseinsatz Fritz Sauckel, Reichsminister des Innern Wilhelm Frick, der Reichskommissar in den Niederlanden Arthur Seyß-Inquart und der judenhetzerische Herausgeber des *Stürmers* Julius Streicher. Der Leiter der Parteikanzlei Martin Bormann wurde in Abwesenheit angeklagt und zum Tode verurteilt (da zu dem Zeitpunkt nicht bekannt war, dass er in den letzten Kriegstagen Selbstmord begangen hatte). Göring zog den Kopf aus der Schlinge, indem er sich in der Nacht vor seiner Hinrichtung in seiner Zelle selbst vergiftete.

Die Todesurteile kamen weder für die Angeklagten noch für die Sowjets überraschend; die Sowjets waren davon ausgegangen, dass alle 22 Angeklagten die Todesstrafe erhielten. Die drei Freisprüche waren dagegen eine Überraschung. Ein erstauntes Raunen ging durch den dicht besetzten Gerichtssaal, als der Freispruch für den ehemaligen Reichsbankpräsidenten und Wirtschaftsminister Hjalmar Schacht, den Hitler 1937 wegen Differenzen bei der Wiederaufrüstung entlassen hatte, verkündet wurde. Ebenso wurde der ehemalige Reichskanzler und Botschafter Franz von Papen freigesprochen, der Hitler 1933 an die Macht verholfen und 1938 den »Anschluss« Österreichs mit vorbereitet hatte. Hans Fritzsche als Mitarbeiter des Propagandaministeriums aus der dritten Reihe war schlicht kein Haupttäter und nur angeklagt worden, weil die Sowjets ihn gefasst hatten, daher wurde auch er freigesprochen. Die Sowjets protestierten gegen alle drei Freisprüche, und auch eine wütende Menge vor dem Nürnberger Justizpalast tat ihren Unmut kund. Schachts anschließende Verhaftung und das Entnazifizierungsverfahren, das die deutschen Behörden gegen ihn anstrengten, konnten die Gemüter nicht beruhigen, zumal Schacht Berufung einlegte und 1948 erneut freigesprochen wurde. Auch Papen musste sich im Rahmen der Entnazifizierung einem Spruchkammerverfahren stellen und eine kurze Haft (von 1947 bis 1949) verbüßen. Fritzsche saß ebenfalls im Gefängnis und wurde 1950 freigelassen.

Auch über die sieben unerwarteten Haftstrafen wurde hitzig debattiert. Drei der Angeklagten erhielten lebenslänglich, darunter Rudolf Heß, Hitlers Stellvertreter in der NSDAP von 1933 bis 1941. Die Sowjets hätten Heß sehr gern hingerichtet, doch er wurde nur in den Anklagepunkten I und II schuldig gesprochen. Der Eindruck, dass er mental aus dem Gleichgewicht geraten war, brachte ihm außerdem die Sympathie von Biddle und Donnedieu de Vabres ein. Ebenfalls lebenslänglich erhielt Erich Raeder, Oberbefehlshaber der Reichs- beziehungsweise Kriegsmarine von 1928 bis 1943, der in den Punkten I, II und III für schuldig befunden wurde. Der dritte war Walther Funk, Schachts Nachfolger als Reichswirtschaftsminister und Reichsbankpräsident von 1938 bis 1945, der in den Anklagepunkten II, II und IV schuldig gesprochen wurde. Das Gericht erließ ein weiteres Urteil, das wie ein viertes »Lebenslänglich« wirkte – 15 Jahre für den 73-jährigen Konstantin von Neurath, Hitlers Außenminister von 1933 bis 1938 und Reichsprotektor von Böhmen und Mähren von 1939 bis 1941. Von Neurath hatte noch Glück. Er war der einzige Angeklagte, der in allen vier Anklagepunkten für schuldig befunden und nicht gehängt wurde.

Des weiteren wurden drei geringere, aber dennoch gewichtige Strafen verhängt. Albert Speer, von 1942 bis 1945 Reichsminister für Bewaffnung und Munition, wurde in den Punkten III und IV für schuldig befunden und zu 20 Jahren Haft verurteilt. Die westlichen Richter waren von Speers inszenierter Reue beim Prozess beeindruckt und schonten deshalb sein Leben. Wenn sämtliche Beweise zu Speer 1946 vorgelegen hätten, wäre er wahrscheinlich gehängt worden. Ebenfalls 20 Jahre Haft erhielt Baldur von Schirach, von 1933 bis 1940 Reichsjugendführer und von 1938 bis 1945 Gauleiter in Wien. Der Militärgerichtshof sprach von Schirach nach Punkt IV schuldig, in erster Linie weil er für die Deportation der Wiener Juden verantwortlich war, und verurteilte ihn zu 20 Jahren Haft. Karl Dönitz, Führer und später Befehlshaber der Unterseeboote von 1935 bis 1943 und Oberbefehlshaber der Kriegsmarine von 1943 bis 1945 sowie nach Hitlers Selbstmord im April 1945 von ihm testamentarisch zu seinem Nachfolger ernannt, erhielt die geringste Haftstrafe. Aufgrund seiner Befehle zur Versenkung unbewaffneter Handelsschiffe ohne Vorwarnung und seines Einsatzes von Zwangsarbeitern beim Schiffsbau erachtete ihn das Gericht für schuldig nach den Anklagepunkten II und III und verurteilte ihn zu zehn Jahren Haft.

Angesichts der Tatsache, dass die rechtlichen Neuerer, Ankläger und Richter ihren Regierungen die Last aufbürdeten, diese Haftstrafen über eine Dauer von letztlich mehr als 40 Jahren umzusetzen, ist es doch erstaunlich, wie wenig Gedanken sie sich über die Haft machten. Das Gericht sprach weder über den Standort des Gefängnisses noch über die Haftvorschriften und stellte nicht einmal die üblichen Einlieferungspapiere aus, mit denen der offizielle Haftbeginn festgehalten wurde. Niemand verschwendete einen Gedanken auf eine mögliche spätere Bewährung oder ein Gnadengesuch, obwohl mehrere Angeklagte bereits alt und krank waren. Ebenso wenig dachte man daran, dass die Gefangenen im Lauf der Jahre und Jahrzehnte für politischen Sprengstoff sorgen würden. Die Richter und Ankläger reisten nach der Urteilssprechung einfach nach Hause und zogen die Möglichkeit von Gnadengesuchen, die jedem Angeklagten zustanden, nicht einmal in Betracht.[46] Deutschland war im Herbst 1946 ein Land in Trümmern mit zahlreichen Problemen, die weitaus dringlicher schienen als das Schicksal von sieben Männern, die zu Haftstrafen verurteilt worden waren.

Damit war die gemeinsame strafrechtliche Verfolgung von NS-Kriegsverbrechern beendet. Das internationale Verfahren in Nürnberg war schwierig gewesen, vor allem, wenn es um Verhandlungen zwischen den westlichen Alliierten und den Sowjets ging, deren Regierungen sich bei ihren Vorstellungen von der Zukunft Deutschlands und Europas immer weiter voneinander entfernten. Von da an hielt jede Besatzungsmacht ihre eigenen Prozesse in der jeweiligen Besatzungszone ab. Die USA führten in Nürnberg noch zwölf Prozesse sowie 489 Verhandlungen in

Dachau, bei denen insgesamt 1.941 deutsche Angeklagte wegen Verbrechen verurteilt wurden, von den NS-Euthanasie-Programmen bis zu Massenerschießungen von Juden auf besetztem sowjetischen Gebiet. 324 Personen wurden zum Tode verurteilt, 247 erhielten lebenslange Haftstrafen, 946 kürzere Haftstrafen.[47] Britische Militärgerichte führten Prozesse gegen Deutsche in ihrer Besatzungszone sowie in Italien und den Niederlanden und klagten zahlreiche Personen an, von deutschen Generalfeldmarschällen (Albert Kesselring, Erich von Manstein) bis zu KZ-Aufsehern. Von 1.085 Angeklagten verurteilten die Briten 240 zum Tode, die meisten anderen erhielten Haftstrafen, darunter auch Kesselring und von Manstein. Französische Militärgerichte in Deutschland verurteilten 2.107 Deutsche und sprachen dabei 104 Todesurteile aus.[48]

Da für die späteren Prozesse immer ein bestimmtes Land zuständig war, konnte der jeweilige Staat bestehende Rechtslücken ausbessern und die Prozessführung den sich verändernden politischen Bedingungen anpassen. Nach 1950 war die Frage der Revisionen besonders drängend. Mittlerweile gab es zwei deutsche Staaten, und vor allem die Regierung der Bundesrepublik sah die Nachkriegsprozesse sehr kritisch und fühlte sich verpflichtet, deutschen Kirchenleuten, großen Veteranenverbänden und anderen Gehör zu schenken, die die Rechtsprechung der Alliierten nach dem Krieg als besonders ungerecht betrachteten. Die Position der Bundesrepublik wurde durch den Angriff Nordkoreas auf Südkorea im Juni 1950 gestärkt, der die Angst vor einem ähnlichen kommunistischen Abenteuer in Mitteleuropa stärkte und Diskussionen über einen bundesdeutschen Verteidigungsbeitrag zum neu geschaffenen Nordatlantikpakt aufkommen ließ. Die Deutschen würden nicht für eine Allianz kämpfen, so die Argumentation der Veteranenverbände in der Bundesrepublik, die ihre ehemaligen Befehlshaber in Haft hielt.[49]

Nach 1949 richteten die Alliierten verschiedene Prüfungskommissionen zur Untersuchung von Fällen ein, in denen Deutsche von amerikanischen, britischen und französischen Militärgerichten verurteilt worden waren. Die schlimmsten Verbrecher, etwa SS-Gruppenführer Otto Ohlendorf, unter dessen Kommando von Juni 1941 bis Juni 1942 90.000 Juden in der südlichen Ukraine erschossen worden waren, und SS-Obergruppenführer Oswald Pohl, Leiter des SS-Wirtschafts- und Verwaltungshauptamtes, das gnadenlos Millionen Zwangsarbeiter in den Konzentrationslagern ausgebeutet hatte, wurden von den US-Behörden im Januar 1951 hingerichtet, trotz eines Proteststurms seitens der jungen Bundesrepublik und Todesdrohungen gegen den amerikanischen Hohen Kommissar John Jay McCloy.[50] Doch bei anderen verurteilten deutschen Kriegsverbrechern wurde das Strafmaß aufgrund guter Führung und verfahrensrechtlicher Widersprüche großzügig reduziert. In den meisten Fällen der amerikanischen, britischen und französischen Militärgerichte wurde das Urteil revidiert. Die Zahl der Häftlinge in den Kriegsverbrechergefängnissen der Alliierten in der Bundesrepublik ging in den fünfziger Jahren drastisch zurück, und zu den ersten, die freigelassen wurden, gehörten die Feldmarschälle Kesselring und von Manstein, weil man in London erkannt hatte, dass ihr Tod im Gefängnis einer politischen Katastrophe gleichkäme.

Zahl der Häftlinge in Kriegsverbrechergefängnissen der Alliierten in der Bundesrepublik[51]

	Landsberg (USA)	Werl (GB)	Wittlich (F)	Gesamt
April 1950	663	379	273	1315
August 1952	338	132	105	575
November 1953	290	79	74	443
Juli 1955	50	25	20	95

1957 und 1958 wurden die letzten Insassen der drei Kriegsverbrechergefängnisse der Alliierten in der Bundesrepublik entlassen. Keiner saß seine Haftstrafe voll ab. So betrug beispielsweise die längste Haftstrafe, die ein Kriegsverbrecher im britischen Gefängnis in Werl verbüßte, nur etwas mehr als zwölf Jahre.

Trotz der bitteren Gefühle gegenüber den Deutschen verstanden auch die Sowjets, dass die vorzeitige Entlassung der von sowjetischen Tribunalen wegen Kriegsverbrechen verurteilten Häftlinge politischen Zwecken dienen konnte. Im Januar 1950 hielten die Sowjets etwa 31.000 deutsche Kriegsgefangene fest, darunter unbelehrbare Kriminelle, andere, die wegen geringer Vergehen verurteilt worden waren, und wieder andere, die gar kein Gerichtsverfahren gehabt hatten.[52] Mit ihrer Freiheit konnte der neuen kommunistischen Regierung in der Deutschen Demokratischen Republik, die bislang wenig Anerkennung gefunden hatte, ein Anschein von Legitimation erkauft werden. Nach einem Aufstand von Ost-Berliner Arbeitern gegen die DDR-Regierung im Juni 1953 erlaubten die Sowjets die Freilassung von Gefangenen, die in der Sowjetunion als Kriegsverbrecher festgehalten worden waren. Man hoffte, mit ihrer Heimkehr der Verbitterung beizukommen, die viele im Osten gegenüber ihren neuen Herrschern empfanden.[53] Teilweise konnten verurteilte Kriegsverbrecher dazu benutzt werden, diplomatische Beziehungen zur Bundesrepublik aufzubauen. Trotz der Erklärung des sowjetischen Ministerpräsidenten Nikolai Bulganin im September 1955, es gebe keine Kriegsgefangenen mehr in der UdSSR, sondern nur noch Kriegsverbrecher, kamen die 9.155 Deutschen nach Adenauers Besuch in Moskau im Austausch für die Aufnahme diplomatischer Beziehungen mit Bonn frei.

Bei den Männern, die vom Internationalen Militärgerichtshof verurteilt worden waren, lag der Fall allerdings anders. Bei ihnen handelte es sich um führende Nationalsozialisten, die beim bekanntesten aller Nachkriegsprozesse schuldig gesprochen worden waren. Im Gegensatz zu kleineren Prozessen war »Nürnberg« zum Synonym geworden für einen einzigartigen internationalen Konsens bei der Verurteilung eines Angriffskriegs und von Verstößen gegen internationales Recht. Gerade für die UdSSR bestätigte der Nürnberger Prozess das sowjetische Leid vor der Weltöffentlichkeit und rechtfertigte gleichzeitig die sowjetische Außenpolitik in Europa und Deutschland. Die Bedeutung dieser Lektionen durfte man nicht schmälern, und die Verurteilten konnte man nicht begnadigen. Trotz der Bedenken der westlichen Alliierten, dass die Häftlinge von Nürnberg zur politischen Belastung werden könnten, wollte niemand im Westen die Sowjets in dieser Frage herausfordern. Im besten Fall konnte der Einsatz für verurteilte Kriegsverbrecher für den Westen peinlich werden, wenn die Sowjets es so darstellen wollten. Und im schlimmsten Fall konnten die Sowjets die Sicherheit West-Berlins gefährden, das zwar das Gefängnis beherbergte, aber mitten in der DDR lag. Und so blieb es vier Jahrzehnte lang.

Spandau wurde zum makabren Symbol für die NS-Vergangenheit und die daraus resultierenden Probleme. Die Diskussion über Kriegsverbrecher und ihren Platz bei der Vergangenheitsbewältigung ist keine nationale, sondern eine internationale. Und das Thema ist nicht während eines Kriegsverbrecherprozesses besonders umstritten, sondern danach. Die Jahre, oft sogar Jahrzehnte der Bestrafung müssen daher von den Vertretern des internationalen Rechts ebenso sorgsam bedacht werden wie die Monate des Prozesses. Sonst kann die Strafe die Fundamente untergraben, auf denen der Prozess aufbaute. Die internationale Justiz muss daher einiges aushalten können.

1. Kapitel
»An den Galgen mit allen«

> »Bravo für die Todesurteile. Aber warum nur zwölf?«
>
> *Neues Deutschland,* 2. Oktober 1946

»Tod! Tod!«, flüsterte Joachim von Ribbentrop in seiner Zelle am Nachmittag des 1. Oktober 1946 vor sich hin. Kurz zuvor hatte Sir Geoffrey Lawrence, der britische Vorsitzende Richter beim Internationalen Militärgerichtshof in Nürnberg, die Urteile der für schuldig befundenen Angeklagten verlesen. »Jetzt«, flüsterte Ribbentrop, »kann ich meine schönen Memoiren nicht mehr schreiben.« Hans Frank, der ehemalige Leiter des Generalgouvernements für die besetzten polnischen Gebiete, wo Millionen Juden vergast worden waren, wirkte gefasster. »Ich verdiene es und erwartete es«, seufzte er. Hitlers Wehrmachtsgeneräle, Generalfeldmarschall Wilhelm Keitel und Generaloberst Alfred Jodl, akzeptierten ihr Todesurteil, jedoch nicht die gewöhnliche Hinrichtungsmethode durch den Strang. Sie baten um die Exekution durch ein Erschießungskommando, wie es sich für einen Offizier gebührte. Ihre Bitte wurde abgelehnt. Hermann Göring, der einst gehofft hatte, Hitlers Nachfolge anzutreten, war bleich. Er bat darum, in seiner Zelle allein zu sein, vielleicht ging er bereits in Gedanken seinen Selbstmord mit einer versteckten Zyankalikapsel durch.

Obwohl das Gericht drei Angeklagte freigesprochen hatte – Franz von Papen, Hjalmar Schacht und Hans Fritzsche –, konnten sich die sieben Männer, die zu Haftstrafen verurteilt worden waren, noch glücklich schätzen, denn sie entgingen der Hinrichtung. Hitlers Stellvertreter Rudolf Heß gab sich gleichgültig. Er hörte nicht zu, als sein Urteil verkündet wurde, und tat später so, als würde er es nicht kennen. Albert Speer, der Reichsminister für Bewaffnung und Munition, hatte seine Haut durch inszenierte Reue vor Gericht gerettet. Während der Generalbevollmächtigte für den Arbeitseinsatz Fritz Sauckel am Galgen enden sollte, weil er Zwangsarbeiter für die deutsche Industrie besorgt hatte, erhielt Speer, der die Zwangsarbeit angeordnet hatte, nur 20 Jahre Haft. Er begann die Inszenierung, an der er für den Rest seines Lebens arbeiten sollte, mit dem Kommentar: »Nun, das ist gerecht genug. Ich kann mich nicht beklagen.«

Die anderen waren weniger erleichtert. Erich Raeder, Oberbefehlshaber der deutschen Marine von 1928 bis 1943, bat darum, allein zu sein. Ihm wäre der Tod am Galgen »gnadenhalber« lieber gewesen als eine lebenslange Haftstrafe. Reichsjugendführer Baldur von Schirach war der gleichen Ansicht. »Lieber ein schneller

Tod als ein langsamer«, meinte er zu seiner Haftstrafe von 20 Jahren. Hitlers testamentarisch bestimmter Nachfolger, Karl Dönitz, erhielt die kürzeste Strafe, zehn Jahre, war jedoch überzeugt, dass er ungerecht behandelt worden sei, und sollte sein Leben lang bei dieser Haltung bleiben. Reichswirtschaftsminister Walther Funk stöhnte, er hoffe, dass seine lebenslange Haftstrafe nicht wirklich ein Leben lang währen würde: »Lebenslänglich Gefängnis! Was bedeutet das? Sie werden mich doch nicht mein ganzes Leben lang im Gefängnis behalten, nicht wahr? Das meinen sie doch nicht damit, oder?« Hitlers erster Außenminister, der aristokratische Konstantin Freiherr von Neurath, konnte nur noch stammeln. Seine Haftstrafe war mit 15 Jahren gnädig ausgefallen. Doch mit seinen 73 Jahren und mit Herzproblemen wusste von Neurath, dass sie quasi einem Lebenslänglich gleichkam.[1]

Ironischerweise machten sich die vier Mächte, die das besetzte Deutschland verwalteten und den Nürnberger Prozess abgehalten hatten, kaum Gedanken über die sieben Männer. Die alliierten Richter verließen nach der Verkündigung der Urteile den Gerichtssaal für immer; auf die Ankläger warteten bereits Flugzeuge, mit denen sie eilig die halbzerstörte Stadt verließen. Die Alliierten Militärbehörden, die für die Umsetzung der Urteile zuständig waren, waren zu beschäftigt mit der Vollstreckung der zwölf Todesurteile, um sich über die Haftstrafen Gedanken zu machen. Ein Gefängnis war nicht vorbereitet worden, ebenso wenig hatte man Haftvorschriften vereinbart. Die Haftbedingungen wurden in den folgenden Monaten improvisiert, ohne zu erkennen, dass die Entscheidungen, die man 1946 und 1947 traf, mehrere Jahrzehnte lang gelten würden. Daher übersahen die Alliierten verschiedene Probleme, die sie in den folgenden Jahren noch beschäftigen sollten.

Die Urteile von Nürnberg

Die Arbeit des Internationalen Militärgerichtshofs endete am 1. Oktober 1946 mit der Urteilsverkündung. Die verurteilten Gefangenen wurden der Militärregierung der vier Mächte in Deutschland übergeben. Von Juni 1945 bis zur Teilung Deutschlands im Oktober 1949 war das die Alliierte Kontrollbehörde der vier Mächte mit Sitz in Berlin. Ausführendes Organ war der Alliierte Kontrollrat, der sich aus den vier Militärgouverneuren der amerikanischen, britischen, französischen und sowjetischen Besatzungszone zusammensetzte. Regiert wurde mit Hilfe der Kontrollratsdirektiven der vier Mächte. Unterstützt wurde der Kontrollrat bei seiner Arbeit von einem Koordinierungsausschuss unter Leitung der vier stellvertretenden Militärgouverneure, die politische Meinungsverschiedenheiten ausdiskutierten, und verschiedenen Direktorien, die für bestimmte Fachbereiche von der Kultur bis zur Wirtschaft zuständig waren.[2]

Die Grundlage für den Internationalen Militärgerichtshof in Nürnberg bildete ein internationales Abkommen, das Londoner Viermächteabkommen vom August 1945, weswegen das Tribunal nicht dem Alliierten Kontrollrat unterstand.[3] Die Militärregierung kümmerte sich nur zögerlich um die Umsetzung der Nürnberger Urteile, da sie 1945 und 1946 vollauf mit den praktischen Fragen des täglichen Lebens in Deutschland beschäftigt war, etwa mit der Demobilisierung, mit Reparationen, dem Aufbau einer Infrastruktur und der Versorgung der deutschen Bevölkerung mit Lebensmitteln und Brennstoffen.

Das schriftliche Abkommen, das die Umsetzung der Nürnberger Urteile regelte, war die Kontrollratsdirektive Nummer 35.[4] Ernsthafte Diskussionen über die Direktive führte der Kontrollrat ab dem 21. Februar 1946 auf Grundlage eines britischen Entwurfs, also fast sieben Monate vor der tatsächlichen Urteilsverkündung des Gerichts. Hauptthema war die Vollstreckung der erwarteten Todesurteile, die entweder durch den Strang oder die Guillotine vollzogen werden sollten, und die möglichen Auswirkungen der Hinrichtungen auf die Öffentlichkeit in Deutschland und der übrigen Welt. Die Diskussionen, die bis September 1946 fortgeführt wurden, zeigen, dass die Haftstrafen in den Überlegungen der alliierten Behörden kaum eine Rolle spielten. Sie zeigen auch, dass sich der Kontrollrat zu Recht nicht als Berufungsinstanz sah, die Urteile aufheben oder interpretieren konnte, sondern als Organ, das die Urteile des Militärgerichtshofs vollstreckte.

Von Anfang an gab es Auseinandersetzungen. Sowjetische und amerikanische Juristen der Behörden erhoben Einwände gegen den ursprünglichen britischen Vorschlag, die Angeklagten erst 30 Tage nach der Urteilsverkündung hinzurichten. Das erachtete man als viel zu großzügig für die verurteilten Nationalsozialisten, vor allem vom Standpunkt der Sowjets aus betrachtet, die in ihren eigenen Prozessen gegen Kriegsverbrecher 1945 und 1946 die Verurteilten normalerweise direkt nach der Urteilsverkündung öffentlich hinrichteten.[5] Nach zweimonatigen Diskussionen kamen neue Vorschläge. Die westlichen Alliierten sprachen sich für ein Intervall von 20 Tagen zwischen Urteilsverkündung und Hinrichtung aus, während die Sowjets nicht mehr als eine Woche zugestehen wollten. Außerdem bestanden die westlichen Alliierten darauf, dass die Verurteilten Gnadengesuche stellen durften. Die Amerikaner und Briten waren bereit, den Anwälten vier bis fünf Tage zu gewähren, in denen sie Gnadengesuche beim Kontrollrat einreichen konnten, die Sowjets und die Franzosen dagegen sahen in dieser Milde das Risiko, dass Urteile revidiert werden könnten, und wollten nicht mehr als 24 Stunden einräumen.[6]

Im Kontrollrat selbst verfügte keiner der vier Militärgouverneure über eine juristische Ausbildung. Das spielte für ihre eigentliche Aufgabe, die Verwaltung eines besiegten Landes, auch keine große Rolle. Tatsächlich hatten weder der britische Gouverneur, der General der Luftwaffe Sir Sholto Douglas, noch der amerikanische Gouverneur General Joseph T. McNarney, Interesse daran, die Urteile des Militärgerichtshofs aufzuheben, der bis zur Verkündung der Urteile über ein Jahr lang Zeugenaussagen angehört und Tausende Dokumente geprüft hatte. Andererseits wollte auch keiner der beiden besonders rachsüchtig wirken. Douglas, der Feldmarschall Bernard Law Montgomery im Mai 1946 abgelöst und die Bedeutung des Nürnberger Prozesses erkannt hatte, sah in der Frage, ob man Milde walten lassen solle, weniger ein juristisches als ein humanitäres Problem, das ernst genommen werden musste. McNarney, seit November 1945 der Nachfolger von General Dwight D. Eisenhower, war der gleichen Ansicht und schlug sogar vor: »[Bei der Frage der Gnadengesuche] wäre es ratsam, sorgsam zu prüfen, ob dem Zweck der Besatzung Deutschlands nicht gedient wäre, wenn man gegenüber einigen, die vom Internationalen Militärgerichtshof verurteilt wurden, Gnade walten ließe.«[7]

Die Sowjets und in geringerem Maße auch die Franzosen hatten in dieser Hinsicht weit weniger Bedenken. Doch wie Charles Fahy, der Leiter der Rechtsabteilung der Militärregierung, dem stellvertretenden Militärgouverneur Lucius D. Clay mitteilte: »Die vorgeschlagenen längeren [Revisions-] Fristen [...] sind unbedingt erforderlich [...] damit Petitionen sorgfältig aufgesetzt werden können [...] und der Kontrollausschuss Zeit hat, sie ohne Hast und ungebührlichen Druck zu prüfen. Die von der sowjetischen Delegation bevorzugte siebentägige Revisionsfrist würde diesen juristischen Vorgang zu einer bloßen Formalie machen.«[8] Der Kontrollrat einigte sich auf einen Kompromiss. Der Anwalt der Verteidigung hatte vier Tage Zeit, ein Gnadengesuch einzureichen, und die Verurteilten erhielten zwischen Urteilsverkündung und -vollstreckung weitere 15 Tage.

Obwohl die Kontrollratsdirektive Nummer 35 am 7. September 1946 offiziell verabschiedet wurde, führte der Kontrollrat bis kurz vor der Urteilsverkündung noch lebhafte Diskussionen über die Frage der Gnadengesuche. Der französische Militärgouverneur Pierre Koenig wollte eine Sonderkommission der vier Mächte einrichten, die den Kontrollrat bei Gnadengesuchen beraten sollte. Doch auf Beharren des sowjetischen Militärgouverneurs Marschall Wassili Sokolowski (dem Sieger von Smolensk und Marschall Schukows Nachfolger in Deutschland) entschied der Kontrollrat ohne die bindenden Vorschläge einer Sonderkommission über Gnadengesuche. Die Verurteilten sollten ihrem Schicksal nicht entkommen. »Ich beabsichtige nicht«, erklärte Sokolowski, »die Verantwortung mit einem anderen Gremium zu teilen.«[9]

Er musste sich keine Sorgen machen. Douglas selbst stand unter dem enormen Druck des britischen Premierministers Clement Attlee und dessen Labour-Kabinett in London, jede vom Kontrollrat vorgeschlagene Milderung oder Verringerung der Strafen abzulehnen.[10] Wie sich zeigen sollte, stieß kein Gesuch (für jeden Angeklagten außer für Ernst Kaltenbrunner und Albert Speer war ein Gnadengesuch eingereicht worden) auf Milde, als der Kontrollrat am 9. und 10. Oktober

1946 darüber beriet. Die Petitionen, die alle möglichen Argumente anführten, von persönlicher Schwäche in Hitlers Gegenwart (Ribbentrop) und soldatischer Pflicht bei der Ausführung von Hitlers Befehlen (Göring, Keitel, Jodl) bis zu der unsinnigen Idee, dass die Zwangsemigration von 90.000 Juden aus Österreich vor dem Krieg das Leben der Juden gerettet habe (Seyß-Inquart), wurden rasch abgelehnt. Alfred Seidl, der Anwalt von Frank und Heß, ignorierte den Zweck eines Gnadengesuchs und die Stimmung im Kontrollrat. Anstatt die Reue seiner Klienten zu übermitteln, ob echt oder vorgetäuscht, stellte Seidl die Legitimation des Militärgerichtshofs und seiner Urteile in Frage. »Ein Nazi ohne Reue«, schrieb der britische Rechtsgutachter über Seidl, »ich kann meinen Unmut kaum zurückhalten. Der Kerl gehört entnazifiziert.«[11] Sokolowski ging noch weiter. »Wenn der Kontrollrat das Recht zur Erhöhung der Strafen hätte«, meinte er in Zusammenhang mit Heß' lebenslanger Haftstrafe, »würde ich für die Erhöhung stimmen.«[12] Noch 35 Jahre später, als Heß einsam im Gefängnis alt wurde, brachte Seidl die gleichen wenig hilfreichen Argumente vor.[13]

Der Kontrollrat hatte bereits am 17. September 1946 eigens eine Viermächtekommission für die Haft der Hauptkriegsverbrecher mit Sitz in Nürnberg eingerichtet, die sich um die Haft nach der Urteilssprechung und den Vollzug der Todesurteile kümmern sollte; ein grausiger Vorgang, der auch die Errichtung der Galgen im Nürnberger Gefängnis umfasste. Doch selbst nach der Ernennung der Kommissionsmitglieder und der Bearbeitung und Ablehnung der Gnadengesuche musste der Kontrollrat noch mehrere Entscheidungen treffen. Die lebhaften Diskussionen über das erlaubte Ausmaß der Berichterstattung in der Presse mündeten in die Entscheidung, eine begrenzte Anzahl von Reportern bei der Hinrichtung zuzulassen. Außerdem sollte die Veröffentlichung offizieller Fotos der Hingerichteten (die möglichst pietätvoll sein sollten) in begrenztem Maße erlaubt werden. Die Kontrollratsdirektive Nummer 35 sollte vor der Öffentlichkeit geheim gehalten werden. Die letzte Entscheidung entbehrte nicht einer gewissen Ironie, da, wie der stellvertretende amerikanische Militärgouverneur Lucius Clay hervorhob, man beim Nürnberger Prozess bislang die Öffentlichkeit gesucht hatte.[14] Angesichts der berechtigten Befürchtung, dass die Hinrichtung ehemaliger führender Nationalsozialisten Unruhen nach sich ziehen könnte, wenn sie falsch gehandhabt wurde, waren solche Diskussionen durchaus verständlich.

Doch damit waren die Probleme noch nicht gelöst. Hermann Görings sensationeller Selbstmord mit einer Zyankalikapsel in seiner Zelle in der Nacht vom 15. Oktober 1946 zog eine ausführliche Untersuchung durch die Viermächtekommission nach sich. Der Selbstmord gab außerdem Anlass zu gegenseitigen Beschuldigungen im Kontrollrat, es sei ein Fehler gewesen, die Häftlinge am 11. Oktober über die Ablehnung ihrer Gnadengesuche zu informieren. Die Franzosen hatten die schlechte Nachricht genau aus diesem Grund erst kurz vor der Hinrichtung bekannt geben wollen und sorgten nun dafür, dass ihre Bedenken, nachdem sie sich als richtig erwiesen hatten, protokollarisch erfasst wurden. Derweil deuteten die Ermittlungen darauf hin, dass Göring es geschafft hatte, die Zyankalikapsel trotz der gründlichen Durchsuchungen durch die Amerikaner seit seiner Verhaftung bei sich zu verstecken.[15]

In den frühen Morgenstunden des 16. Oktober 1946 wurde die Hinrichtung der verbliebenen zehn Todeskandidaten schließlich vollzogen, begleitet von nationalistischem Gehabe der Verurteilten, vor allem von Julius Streicher, der behauptete, er werde von den Juden ermordet. Die Diskussionen im Kontrollrat über die Veröffentlichung der drastischen Fotos zogen sich noch eine weitere Woche hin.[16] Vor diesem Hintergrund ist es verständlich, dass der Kontrollrat die sieben Männer, die vom Militärgerichtshof zu einer Haftstrafe verurteilt worden, als glücklich erachtete. Walther Funk, der lebenslänglich erhalten hatte, »kam ziemlich unbeschadet davon«, wie Sokolowski und Douglas befanden, Douglas fügte noch hinzu, dass Karl Dönitz mit seinen zehn Jahren Haft eine »relativ milde Strafe« erhalten habe.[17] Ironischerweise berücksichtigte der Kontrollrat ausgerechnet die Fälle der Männer am wenigsten, die am längsten leben und die Alliierten noch am meisten beschäftigen sollten.

Das Schicksal der sieben Männer wurde der Alliierten Kommandantur in Berlin überlassen, der aus den vier Mächten bestehenden militärischen Verwaltung für Berlin unter Leitung der vier Kommandanten, einer für jeden der vier Berliner Sektoren. Die Kontrollratsdirektive Nummer 35 schrieb vor, dass die Kommandantur ein Gefängnis in Berlin für die Kriegsverbrecher auswählen sollte, die zu Haftstrafen verurteilt worden waren. Dass alle vier Mächte für die Häftlinge verantwortlich waren, wurde bei den Diskussionen des Kontrollrats während des gesamten Jahres nicht in Frage gestellt. Die Kommandantur machte sich nach Erhalt der fertigen Direktive im September einfach an die Arbeit.

Zunächst mussten die Berliner Stadtkommandanten ein Gefängnisgebäude aussuchen. Es sagt einiges über die schwierigen Verhältnisse in Berlin im Jahr 1946 aus, dass es praktisch keine Diskussion über die Symbolkraft eines solchen Gefängnisses und die mögliche Entwicklung der Gefangenen zu Märtyrern gab, obwohl sich diese Fragen für ein Gefängnis, in dem führende Nationalsozialisten erwartungsgemäß viele Jahre lang einsitzen würden, zwangsläufig stellten. Im Zusammenhang mit den Hinrichtungen waren derartige Probleme offensichtlich, doch bei der Umsetzung der Haftstrafen musste die Kommandantur, als sich das Verfahren in Nürnberg seinem Ende näherte, schlicht so schnell wie möglich ein geeignetes Gefängnis finden. Die wichtigsten Kriterien waren dabei die Verfügbarkeit und Sicherheit des Gebäudes.

Die westalliierten und sowjetischen Behörden beschlossen 1946 und Anfang 1947, dass es sich bei dem Gefängnisgebäude in Berlin um eine Übergangslösung handeln sollte, da man zu der Zeit mit weiteren internationalen Prozessen gegen Kriegsverbrecher rechnete und deshalb ein neues, absolut sicheres Gefängnis bauen wollte. Das vorherrschende Kriterium bei der Suche nach einem geeigneten Gebäude war ein Gefängnis mit einer Kapazität von bis zu 50 Insassen. Anders als der Prozess in Nürnberg, bei dem man die Öffentlichkeit gesucht hatte, sollte das Gefängnis aus dem öffentlichen Bewusstsein verschwinden und jeder Fluchtversuch der Häftlinge mit Hilfe von innen oder von außerhalb unterbunden werden.

Doch die Auswahl an geeigneten Gebäuden war gering. Im Großraum Berlin gab es 13 funktionsfähige Gefängnisse, dazu kamen noch einige kleine Stellen für Personen in Polizeigewahrsam. Vier kleine Gefängnisse befanden sich im amerikanischen Sektor, fünf im britischen, ein großes modernes Gefängnis im französischen Sektor und zwei kleinere Gefängnisse im sowjetischen Sektor. Alle Berliner Gefängnisse waren aufgrund der Entnazifizierungsprogramme und der vielen Deutschen, die wegen geringfügiger Delikte wie Diebstahl, Schwarzmarkthandel und so weiter verurteilt worden waren, hoffnungslos überfüllt. Mitte 1946 waren die sanitären Verhältnisse und die Versorgung mit Lebensmitteln in den Berliner Gefängnissen miserabel. Man wollte daher die Situation nicht zusätzlich verschlimmern, indem man ein funktionierendes Gefängnis für die Kriegsverbrecher requirierte und Hunderte gewöhnlicher Häftlinge in andere Sektoren verlegte.[18]

Bei den ersten Diskussionen kamen Probleme von praktischer und symbolischer Bedeutung zur Sprache. Der Rechtsausschuss der Kommandantur empfahl im September 1946 den teilweise zerstörten Flakturm am Tiergarten in Berlin Mitte als vorübergehende Unterbringungsmöglichkeit für die Kriegsverbrecher, doch die Umbauarbeiten zur Umgestaltung des Turms in ein sicheres Gefängnis hätten Schätzungen zufolge drei Monate gedauert. In der Zwischenzeit schlug der Rechtsausschuss vor, die Häftlinge in amerikanischem Gewahrsam in Nürnberg zu lassen oder sie vielleicht im alten Militärgefängnis Spandau unterzubringen, das im britischen Sektor lag. Hilfsbereit fügte der Rechtsausschuss hinzu, dass Spandau über eine Hinrichtungskammer verfüge, komplett mit einem Fallbeil und Vorrichtungen für die gleichzeitige Strangulierung von acht Todeskandidaten, falls die zum Tode verurteilten Kriegsverbrecher in Berlin hingerichtet werden sollten.[19]

Aber wo sollte der endgültige Standort des Gefängnisses liegen? Plötzensee, wo zahlreiche Beteiligte am Attentat vom 20. Juli auf Hitlers Geheiß hingerichtet worden waren, wurde in Erwägung gezogen, aber schnell wieder verworfen. Der britische Rechtsberater Colonel C. W. Harris lehnte Plötzensee »aufgrund der Assoziation mit den vielen Opfern des Faschismus« ab, »die dort inhaftiert waren«. Harris fügte hinzu, in Plötzensee bestehe außerdem Fluchtgefahr, weil das Gefängnis nahe dem Berliner Stadtzentrum und der Spree liege.[20] Der sowjetische Stadtkommandant Generalmajor Alexander G. Kotikow stimmte zu, dass das Gefängnis abgeschieden liegen und jede Fluchtmöglichkeit ausschließen sollte. Andererseits hatte eine gewisse Symbolkraft durchaus ihren Reiz. Kotikow schlug das ehemalige Gestapogefängnis in Moabit vor (ebenfalls in der Nähe der Spree und in Berlin Mitte gelegen), das ein »Synonym« für den nationalsozialistischen Terror sei. Ernst Thälmann, bis 1933 Vorsitzender der Kommunistischen Partei Deutschlands (KPD), war dort gleich nach seiner Verhaftung 1933 vier Jahre lang inhaftiert gewesen, bevor er 1944 im KZ Buchenwald ermordet wurde. Der Vorschlag wurde von den anderen Kommandanten jedoch nicht aufgegriffen.[21]

Eine weitere Möglichkeit war der zügige Bau eines neuen Gefängnisses ohne symbolische Bedeutung weit außerhalb des Zentrums, dazu fehlte es jedoch an Baumaterial. Der US-Kommandant in Berlin, Generalmajor Frank Keating, dem offenbar eine Art deutsches Alcatraz vorschwebte, sprach sich für einen Neubau auf der Pfaueninsel aus, einer malerischen Havelinsel im Westteil der Stadt und einer der Lieblingsaufenthalte des preußischen Königs Friedrich Wilhelm II. Die Briten schlugen den Umbau eines Schlosses am Rand der sowjetischen Zone vor. Allmählich wurde jedoch die Zeit knapp, da der Militärgerichtshof am 1. Oktober 1946 die Urteile verkündet hatte. Ein neues Gefängnis konnte nicht so schnell gebaut werden, und was Renovierungsvorhaben wie den Umbau des Flakturms oder eines Schlosses anging, so machte Kotikow deutlich, dass er aus Zeit- und Sicherheitsgründen ein Gefängnis vorzog, das bereits existierte, als eines, das erst umgestaltet werden musste.[22] Nachdem die westlichen Alliierten und die Sowjets die meisten in Frage kommenden Gebäude in Berlin inspiziert hatten, einigten sie sich schließlich auf das Militärgefängnis Spandau als Übergangslösung. Nun musste das Gefängnis für die berühmten Häftlinge vorbereitet werden.

Das Spandauer Gefängnis wurde in den Jahren 1878 bis 1881 als preußisches Militärgefängnis in Spandau gebaut, das damals noch nicht zu Berlin gehörte, sondern eine selbständige Garnisonsstadt der preußischen Armee war. Das Gebäude blieb bis 1919 ein Militärgefängnis, danach unterstand es den Zivilbehörden. Im Zweiten Weltkrieg nutzten es die Deutschen sowohl für militärische Gefangene als auch für Zivilisten, die auf den Abtransport ins Konzentrationslager nach Brandenburg oder Sonnenburg warteten. Mitglieder der »Roten Kapelle« wurden dort festgehalten und verhört. Hinrichtungen durch den Strang und das Fallbeil wurden auch während des Krieges fortgesetzt, allerdings kann man nicht sagen, wie viele Opfer in Spandau getötet wurden.[23] In Anbetracht der schweren Kämpfe in und um Berlin in der Endphase des Krieges befand sich Spandau von den Gefängnissen, die noch genutzt wurden, im besten Zustand. Mit seinen insgesamt 132 Zellen, jede mit Toilette ausgestattet, bot das Gefängnis genug Platz, »um den Bedarf für die wahrscheinliche Zahl der Personen zu decken, die noch vom Internationalen Militärgerichtshof verurteilt werden, sowie für das erforderliche Personal und die Wachen«.[24]

Sofort wurde mit den Ausbesserungsarbeiten am Gefängnis begonnen. Das Gefängnis, das in den Außenbezirken des britischen Sektors lag, war wie alle anderen Gefängnisse der Stadt direkt der deutschen Stadtbehörde, dem von den Alliierten im August 1946 eingerichteten Berliner Magistrat, der für die Aufsicht und Finanzierung zuständig war, und vor allem dem Generalstaatsanwalt unterstellt.[25] Im Oktober 1946 befanden sich etwa 665 Häftlinge in Spandau, die fast alle gemeinsam in den Zellen untergebracht waren. Durch Bombardierungen war das Gebäude in einem schlechten Zustand; in den letzten Tagen der NS-Herrschaft waren einige Häftlinge entkommen, indem sie sich einfach aus den Fenstern abseilten.[26] Die Gefängnisse waren 1946 überfüllt, die medizinische Grundversorgung war mangelhaft, und auch die Lebensmittel waren so knapp, dass die Häftlinge ihr eigenes Gemüse anbauten.[27]

Eine Besonderheit des Spandauer Gefängnisses bestand darin, dass sein rechtlicher Status nie genau definiert wurde, weil man das Gebäude anfangs nur als »Übergangslösung« für die Unterbringung der Kriegsverbrecher von Nürnberg betrachtete. In einer Direktive der Kommandantur wurde die Verwaltung und Finanzierung der regulären Berliner Gefängnisse der Generalstaatsanwaltschaft unterstellt, darin hieß es aber auch, dass Gefängnisse, die von den Besatzungsmächten für ihre eigenen Bedürfnisse in Berlin eingerichtet wurden, nicht vom Generalstaatsanwalt unterhalten werden mussten.[28] Doch die britische Militärregierung beschloss aufgrund ihrer angespannten finanziellen Situation sofort, die Kosten für die Reparatur und den Unterhalt des Gefängnisses der Berliner Stadtverwaltung zu übertragen. Da das Gefängnisgebäude nie offiziell beschlagnahmt worden war, blieb es deutsches Eigentum unter einer Art britischer Treuhandschaft, weshalb die Deutschen auch finanziell dafür aufkommen mussten. Das Geld für Reparaturen und Unterhalt stammte aus dem normalen Gefängnisbudget des Berliner Magistrats, nicht aus den Töpfen für Besatzungskosten, Reparationen oder dem Alliierten-Budget. Ob diese Regelung zufällig oder gewollt entstand, lässt sich schwer beurteilen, doch noch 1950 klagte der britische leitende Rechtsberater in Berlin, »der genaue Status [Spandaus] wurde seitdem [1946], soweit es dieser Behörde bekannt ist, nie eindeutig definiert«.[29] Als sich die Beziehung zwischen den westlichen Alliierten und West-Berlin allmählich freundschaftlicher gestaltete, war es dieser undefinierte Status, durch den das Gefängnis in seinem Zustand blieb, denn die Stadtverwaltung West-Berlins weigerte sich wiederholt, das Gefängnisbudget aufzustocken, um für teure strukturelle Veränderungen in Spandau aufzukommen, und nur durch diese Investitionen wäre das Spandauer Gefängnis finanziell weniger verlustreich gewesen.

Aber das sollte erst noch kommen. Zunächst einmal gab es keine Verhandlungen. Der Magistrat erhielt in der dritten Oktoberwoche die Anweisung, bis zur ersten Novemberwoche 1946 alle Häftlinge aus Spandau auf eigene Kosten in andere Gefängnisse zu verlegen.[30] Da die Stadt keine Gefängnistransporter besaß, musste die Verwaltung über 50 private Fuhrunternehmen beauftragen, die Häftlinge so gut wie möglich abzutransportieren, was schließlich über 6.000 Reichsmark kostete.[31] Aufgrund der Überbelegung hatten die anderen Berliner Gefängnisse nun mit noch größeren Problemen zu kämpfen. Eine Amnestie zu Weihnachten 1946 durch die Alliierten in Berlin minderte das Problem etwas, ebenso die Bereitstellung von 800.000 Reichsmark zur Reparatur der anderen Berliner Gefängnisse. Doch die Versorgung der Gefangenen mit Lebensmitteln, ganz zu schweigen von der Beheizung der Gefängnisse, blieb ein großes Problem.[32]

Auch in Spandau waren Reparaturarbeiten erforderlich. Nachdem die alliierten Unterausschüsse für Gebäude und Unterkünfte das Gefängnis am 10. Oktober 1946 besichtigt hatten, entschied man, dass Spandau 670 Quadratmeter Glas, 330 Quadratmeter Dachmaterial und 125 Kilogramm Kunststoff für das Dach sowie verschiedene weitere Baumaterialien benötigte. Die Kosten dafür schätzte man zusammen mit den Löhnen für die Handwerker auf 13.000 Reichsmark.[33] Der Berliner Oberbürgermeister Otto Ostrowski erhielt eine Anordnung der Kommandantur vom 25. November 1946, die die Finanzierung des Gefängnisses durch die Stadt für die kommenden 41 Jahre auf eine rechtliche Grundlage stellte: »Sie werden umgehend alle Anordnungen und Anfragen nach Mitteln und Ausrüstung zur Vorbereitung und zum Betrieb des Gefängnisses erfüllen, die von der Leitung des Alliierten Gefängnisses in Spandau gestellt werden.«[34] In der Praxis bedeutete das, dass der Magistrat die deutschen Unternehmen und Arbeiter für die Bauarbeiten bezahlen musste, die unter Aufsicht der Alliierten erfolgten. Das hieß auch, dass der Magistrat, um Kosten zu sparen, Gefangene, die sich bereits in Spandau befanden, als Arbeitskräfte einsetzte. In der ersten Dezemberwoche beliefen sich die Kosten für die Bauarbeiten auf 7.200 Reichsmark.[35]

Und das war noch lange nicht alles; daher war es kein Wunder, dass sich die Verlegung der Häftlinge von Nürnberg nach Berlin verzögerte. Als sich die vier Gefängnisdirektoren von Spandau zum ersten Mal trafen, waren die Alliierten gerade vom Selbstmord Görings am 15. Oktober 1946 in seiner Nürnberger Zelle überrascht worden. Seine Tat sorgte für reichlich Gesprächsstoff bei den Deutschen. »Psychologisch betrachtet«, klagten die amerikanischen Behörden, »stellt [Görings Selbstmord] zweifellos eine der ›verlorenen Schlachten‹ bei unserem Vorhaben dar, eine Mythenbildung um die NS-Führer zu verhindern.«[36] Um weitere Selbstmorde auszuschließen, wurden in Spandau sofort zusätzliche Sicherheitsmaßnahmen ergriffen. Sämtliche vorstehenden Gegenstände in den Zellen mussten entfernt, alle elektrischen Schalter und Steckdosen abgedeckt werden. Krankenstationen wurden eingerichtet, weil der Zellenblock des Gefängnisses keine hatte. Außerdem musste die Küche renoviert werden, weil man die Mahlzeiten nicht außerhalb des Gefängnisses zubereiten wollte.[37]

Diese Maßnahmen betrafen nur die Sicherheit im Gebäudeinnern, die Sicherheitsmaßnahmen nach außen wurden durch den allgemeinen Materialmangel im

»An den Galgen mit allen«   47

Abb. 2: Eine Aufnahme des Spandauer Gefängnisses aus dem Jahr 1970. Außerhalb der Gefängnismauern befanden sich das Kasino der Direktoren, Unterkünfte für Wärter und Personal sowie eine Kaserne für die externen Wachen. © ullstein bild

Berlin der Nachkriegszeit behindert. Bauholz und Stacheldraht waren im britischen Sektor der Stadt so knapp, dass die Sowjets anordneten, im sowjetischen Sektor nach entsprechenden Materialien zu suchen. Dieses seltene Angebot, bei dem Material aus dem sowjetisch besetzten Gebiet in den Westen ging, deutete bereits an, welche Bedeutung die Sowjets Spandau beimaßen. Schließlich hatten sie seit Beginn der gemeinsamen Besatzung Berlins darauf bestanden, dass die westlichen Alliierten Berlin mit Lebensmitteln und Kohle aus ihren eigenen deutschen Besatzungszonen versorgten.[38] Für einen Elektrozaun zwischen Gefängnismauer und dem äußeren Zaun gab es kein Material, daher beschloss die Gefängnisverwaltung von Spandau, in der Zwischenzeit einen einfachen, 1,80 Meter hohen Stacheldrahtzaun mit einem Schild zu errichten, das vor der Gefahr warnte und den Zutritt untersagte. Die Alliierten diskutierten außerdem, ob die Spannung des Elektrozauns, wenn er erst einmal installiert war, tödlich sein sollte. Schließlich einigte man sich 4.000 Volt. Auch Landminen in der Nähe des Zauns wurden kurz in Erwägung gezogen.

Außerdem fehlte es den Briten an Material und Fachwissen für den Einbau eines Alarmsystems. Weil sie deutschen Unternehmen nicht trauten (Ingenieure von Siemens wurden kurz in Betracht gezogen, dann aber als nicht vertrauenswürdig abgelehnt), wurde auch diese Maßnahme so lange hinausgeschoben, bis die Sowjets anfingen, den britischen Motiven zu misstrauen. Die Sowjets schlugen vor, die deutschen Unternehmen beim Einbau des Alarmsystems einfach streng zu beaufsichtigen, und bestanden außerdem darauf, die Fenster der Wachtürme zu vergrößern, damit die Wachen einen besseren Überblick hatten. Der Bau eines einfachen Alarmsystems, bemerkten die sowjetischen Behörden bissig, sei schließlich weniger kompliziert als der einer Atombombe.[39] Auf jeden Fall musste der Magistrat für all diese Umbaumaßnahmen ebenso aufkommen wie für die jährlichen Unterhaltskosten des Gefängnisses einschließlich des Personals. 1949 wurde ermittelt, dass die Kosten für den Unterhalt von sieben Gefangenen im Vorjahr (während der Berlin-Blockade) in der neuen Währung bei über 450.000 D-Mark lagen. Der Magistrat beklagte in jenem Jahr, dass der Unterhalt für sieben normale Gefangene die Stadt nur 8.000 D-Mark pro Jahr koste.[40]

Diese praktischen Probleme erklären einen Teil der Verzögerung bei der Verlegung der Häftlinge von Nürnberg nach Spandau. Sie gaben jedoch nicht den Ausschlag. Schließlich teilte Oberst Burton Andrus, dem Ende 1946 das amerikanische Militärgefängnis in Nürnberg unterstand, Albert Speer am 30. November mit, er und die anderen Häftlinge würden am 15. Dezember verlegt werden.[41] Doch aufgrund des schlechten Wetters und des Materialmangels wurden die Arbeiten in Spandau nicht rechtzeitig fertig, allerdings hätte sich die Verlegung der Häftlinge dadurch höchstens um zwei Monate verschoben. Die ungewöhnlich lange Verzögerung (von Oktober 1946 bis Juli 1947) ergab sich aus den besonderen Haftbedingungen, wie sie in der Gefängnisordnung festgelegt waren.

Die Kontrollratsdirektive Nummer 35 sagte nichts über die Haftbestimmungen aus. Der Rechtsausschuss der Alliierten Kommandantur griff die Frage der Gefängnisordnung auf und legte im Januar 1947 einen ersten Entwurf vor. Die Vorschriften wurden von den Kommandanten erst im Juni des Jahres genehmigt, auf die Gründe dafür wird später noch eingegangen. Die geänderten Vorschriften für Spandau lauteten wie folgt:[42] Das Gefängnis unterstand der Kontrolle der vier Mächte. Die oberste Vollzugsbehörde war die Alliierte Kommandantur, die höhere Vollzugsbehörde war der Rechtsausschuss der Kommandantur. Die Verwaltung des Gefängnisses oblag der Vollzugsbehörde, einem Direktorium von vier Gefängnisverwaltern oder Direktoren, die jeweils eine der vier Mächte vertraten. Der Vorsitz des Direktoriums wechselte nach dem gleichen monatlichen Rotationsprinzip, das auch bei der Kommandantur Anwendung fand: In den Monaten Januar, Mai und September führten die Briten den Vorsitz, im Februar, Juni und Oktober die Franzosen, im März, Juli und November die Sowjets und im April, August und Dezember die Amerikaner. Im Gefängnis war Deutsch die offizielle Sprache. In der Realität beinhaltete der Vorsitz nicht viel mehr als den Vorsitz bei den wöchentlichen Besprechungen der Direktoren. Alle Entscheidungen der Verwaltung zum Betrieb des Spandauer Gefängnisses mussten einstimmig getroffen werden, wodurch jeder Direktor ein Vetorecht hatte, mit dem er die anderen überstimmen konnte.

Was das Gefängnispersonal betraf, so verfügte jedes Land über eine eigene Mannschaft mit zivilen Wärtern, darunter einen Chefwärter und seinen Assistenten. Insgesamt beschäftigten die vier Mächte 32 Wärter.[43] Die Wärter trugen eine Standarduniform in Dunkelblau mit schwarzen Stiefeln und Krawatten, dazu eine Schirmmütze mit Riemen.[44] Sie arbeiteten in Achtstundenschichten in internationaler Besetzung, sieben Mann am Tag und fünf Mann in der Nacht, bei jeder Schicht gehörten der Chefwärter und der Assistenzwärter einer anderen Nationalität an. Für die Gesundheit der Häftlinge musste jede Siegermacht einen Stabsarzt stellen, so dass es auch hier ein Gremium aus vier Ärzten gab, dessen Vorsitz dem Rotationsprinzip unterlag. Die medizinischen Empfehlungen mussten ebenfalls einstimmig ausgesprochen werden. Der Gefängnisdirektor konnte medizinische Anweisungen revidieren, allerdings signalisierte die Einstimmigkeit der Mediziner bereits, dass die Sowjets beschlossen hatten, kein Veto gegen die Empfehlung auszusprechen.[45] Der Gefängnispfarrer konnte ebenso wie die Köche, das Wirtschaftspersonal und andere Angehörige des zivilen Gefängnispersonals wie Elektriker und Heizer aus einem beliebigen Land der Vereinten Nationen kommen (1947 gab es 72 derartige Mitarbeiter), aus Sicherheitsgründen wurden sie jedoch vor ihrer Einstellung sorgfältig überprüft. Kein Deutscher (mit Ausnahme der Häftlinge) durfte das eigentliche Gefängnis betreten.[46] Der dänische evangelische Pfarrer H. W. Engdahl Thygesen, der 1947 bereits ein Jahr in Internierungslagern der amerikanischen Besatzungszone gearbeitet und sich freiwillig für die Stelle in Spandau gemeldet hatte, wurde abgelehnt, obwohl alle Häftlinge in Spandau evangelisch waren. Die Ernennung eines Lutheraners, entschied der Rechtsausschuss, sei aus Gründen der Politik und Sicherheit »nicht ratsam«, weil er und die Häftlinge der gleichen Konfession angehörten. Entsprechend wurden auch die ersten Gefängnismitarbeiter schon vor Eintreffen der Häftlinge aufgrund ihrer Verbindungen zum Schwarzmarkt und allgemeiner Unzuverlässigkeit entlassen.[47]

Die Nation, die den Vorsitz in der Verwaltung hatte, musste für diese Zeit die externen Wachen für das Gefängnis stellen, wobei es sich um bewaffnete Soldaten der in Berlin stationierten Truppen handelte. Am 12. Februar 1947 wurde beschlossen, dass jede der vier Mächte mindestens zwei Offiziere, zwei Feldwebel, sechs Stabsunteroffiziere und 44 Wachen stellen sollte. Sie rotierten in Schichten. Sechs private Wohnhäuser in der Umgebung des Gefängnisses wurden abgerissen und zahlreiche Bäume gefällt, um die Sicherheitszone zu vergrößern, die mit einem 3 Meter hohen Stacheldrahtzaun abgegrenzt wurde. Zwischen dem

Stacheldrahtzaun und der Gefängnismauer sollte der bereits erwähnte 1,80 Meter hohe Elektrozaun stehen.[48] Die Zahl der Soldaten wurde später reduziert, so dass die vier Mächte 1949 gemeinsam eine Militärwache mit 75 bis 80 Soldaten stellten. So bewachte ein Dreivierteljahr lang eine andere Nation als die Briten eine Einrichtung im britischen Sektor Berlins. Drei Monate in jedem Jahr waren das die Sowjets, allerdings hatte man einstimmig beschlossen, dass die Gefängnisdirektoren in einem Notfall die britischen Truppen herbeirufen würden.[49] In der Zwischenzeit kamen in Spandau, wie ein Mitglied der amerikanischen Militärverwaltung 1949 erklärte, auf jeden Häftling 25 externe und interne Wachen, während das Verhältnis von Gefängnispersonal zu Häftling im amerikanischen Gefängnis Alcatraz, das für seine Sicherheit berühmt war, nur 1 zu 1,8 (1 Wache auf 1,8 Häftlinge) betrug.[50] Anfangs sprachen die Briten von »einer schockierenden Verschwendung von Arbeitskraft«, die aber mit Rücksicht auf die Politik unvermeidbar war.[51]

Anfang 1947 rechnete man mit mehr Häftlingen und sah in Spandau immer noch eine Übergangslösung. Damals störte es niemanden, dass die Berliner Stadtregierung für die Kosten aufkommen musste. Umso mehr wurde über die Behandlung der Gefangenen diskutiert. Allgemein gesprochen hegten 1947 weder die westlichen Alliierten noch die Sowjets besondere Sympathien für Heß, Speer und die anderen. Alle waren sich einig, dass als Grundlage für die Vorschriften zur Behandlung der Gefangenen die deutsche Gefängnisordnung von 1943 dienen sollte, allerdings waren die Spandauer Vorschriften in einigen Punkten großzügiger. Die Häftlinge bekamen bei Haftantritt eine Nummer, mussten sich einer Leibesvisitation unerziehen, bei der nach Waffen und Gift gesucht wurde, und erhielten dann die vom Gefängnis gestellte Sträflingskleidung. Danach wurden die Häftlinge nicht mehr mit Namen, sondern nur noch mit ihrer Nummer angesprochen. Zur Verhinderung von Selbstmorden durften die Gefangenen nur Speisen essen, die im Gefängnis zubereitet worden waren, sie mussten für die Nacht ihre Brille abgeben, und ihre spärlich ausgestattete Zelle wurde zweimal am Tag durchsucht. Dem fügte die Gefängnisverwaltung eine Zeitlang die Vorschrift hinzu, dass die Häftlinge nicht einmal das Original persönlicher Briefe behalten durften, weil man fürchtete, das Papier könnte für einen Selbstmord mit Gift behandelt worden sein. Daher erhielten die Häftlinge nur Kopien der Briefe.[52] Die täglichen Mahlzeiten hatten den gleichen Kaloriengehalt wie die Kost in normalen deutschen Gefängnissen; falls es medizinisch notwendig war, konnte die Kalorienzufuhr erhöht werden. Später legten die Gefängnisdirektoren fest, dass die Häftlinge, wenn sie arbeiteten, gemäß der Berliner Lebensmittelkarte Nummer 2 (1.167 Gramm bei 2.202 Kalorien) verköstigt wurden. Wer nicht arbeitete, erhielt die Mengen, die der Berliner Lebensmittelkarte Nummer 3 entsprachen (1.032 Gramm, 1.887 Kalorien).[53]

Zusätzliche Privilegien waren selten. Die Häftlinge durften ausgewählte und genehmigte Lektüre aus der Gefängnisbibliothek lesen; dazu gehörte religiöse, technische und literarische Werke, jedoch keine politischen oder zeitgeschichtlichen Bücher. Alle vier Wochen durften sie einen vierseitigen Brief mit 1.200 Wörtern versenden und erhalten. Die Briefe mussten in klarem Deutsch ohne Zeichen oder Kurzschrift verfasst sein, die Gefängnisverwaltung zensierte die eingehende und ausgehende Post. Alle zwei Kalendermonate durften die Häftlinge einen einzelnen Besucher für die Dauer von 15 Minuten empfangen. Die Unterhaltung musste auf Deutsch geführt werden, Handzeichen waren verboten, und die Besucher durften den Häftlingen nichts überreichen. Beim Besuch war stets jeweils ein Vertreter der Direktoren anwesend. Ein Drahtgitter trennte den Häftling vom Besucher. Unter besonderen Umständen konnten die Post- und Besuchsprivilegien mit Genehmigung der Direktoren erweitert werden, allerdings war das in der Praxis nicht einfach.

Die Privilegien waren zwar begrenzt, aber doch zahlreicher als in der deutschen Gefängnisordnung von 1943, die einen Brief nur alle acht Wochen und Besuch nur alle zwölf Wochen erlaubte.[54] Außerdem durften die Häftlinge auf keinen Fall körperlich gezüchtigt werden. Die Leseprivilegien und Rationen konnten zur Ahndung von Regelverstößen beschnitten und gekürzt werden, doch diese Bestrafung war nur möglich, wenn die Ärzte gesundheitliche Schäden ausschlossen. Wenn nötig, konnten die Häftlinge an Händen und Füßen gefesselt werden, doch in der 40-jährigen Geschichte des Gefängnisses wurde von dieser Strafe nie Gebrauch gemacht.

Schon früh wurde darauf geachtet, die innere Sicherheit zu gewährleisten und gleichzeitig zu verhindern, dass die Häftlinge zu nationalsozialistischen Märtyrern wurden. Die Geheimhaltung aller Vorgänge im Gefängnis hatte absoluten Vorrang. Bereits vor dem Entwurf der Vorschriften verbot die Kommandantur das Fotografieren im Gefängnis und die Veröffentlichung von Fotos in Zeitungen.[55] Die Vorschriften selbst untersagten es dem Personal strikt, Einzelheiten über die Gefangenen zu enthüllen, Kontakt zur Familie der Häftlinge aufzunehmen oder in irgendeiner Weise aus ihrer besonderen Position Vorteile zu ziehen. Selbst Informationen über den Gesundheitszustand durften nur von den Gefängnisdirektoren persönlich an die Familie übermittelt werden. Die Fotos und Berichte, die in den fünfziger Jahren in Zeitschriften der Bundesrepublik erschienen, waren streng betrachtet illegal, ebenso verschiedene andere journalistische Unternehmungen. Angesichts der Tatsache, dass die vier Mächte die Häftlinge im Gefängnis als Hauptkriegsverbrecher betrachteten, konnte man zum Zeitpunkt ihrer Entstehung wenig gegen die Vorschriften einwenden. Schließlich war Spandau ein Gefängnis. Es sollte kein angenehmer Aufenthaltsort sein, und die Häftlinge hatten Glück, dass sie nicht gehängt oder enthauptet worden waren.

Lebendig begraben: Der Kampf um die Einzelhaft

Tatsächlich gab es zwischen den westlichen Alliierten und den Sowjets 1947 eine heftige Auseinandersetzung über die Haftbedingungen. Der Streit betraf die Einzelhaft der Verurteilten und drohte, das gesamte Viermächtevorhaben in Spandau zu ruinieren. Der Disput, der hauptsächlich zwischen Briten und Sowjets ausgetragen wurde, lohnt eine genauere Betrachtung, weil er deutlich macht, was sich die Sowjets und ihre kommunistischen Verbündeten von Nürnberg und Spandau erhofften, und gleichzeitig zeigt, dass die westlichen Demokratien der Rache Grenzen setzen wollten.

Es wäre sehr vereinfachend zu sagen, dass die Sowjets den Prozess gegen die Hauptkriegsverbrecher als einen weiteren stalinistischen Schauprozess betrachteten. Doch gewiss hielten sie die Gerichtsverfahren nach dem Krieg für ein starkes politisches Instrument. In einer ausführlichen Studie über die sowjetischen Ziele bei den Kriegsverbrecherprozessen, die vom amerikanischen militärischen Nachrichtendienst Office of Strategic Services (OSS) erstellt wurde, heißt es im April 1945: »Bei der Bestrafung der Kriegsverbrecher werden sich die Sowjets von Rechtsprinzipien leiten lassen, ihre Motive sind jedoch [...] politischer Natur.«[56] Das bedeutete jedoch nicht, dass alle im gleichen Maße bestraft wurden. Wer von politischem Nutzen war, wie etwa die Befehlshaber der Wehrmacht, die als Kriegsgefangene für das von den Sowjets unterstützte Nationalkomitee Freies Deutschland (NKFD) rekrutiert worden waren, blieb verschont.[57] Doch bei den führenden Nationalsozialisten prognostizierte der OSS auf Grundlage sowjetischer Äußerungen, dass sich die Sowjets nur mit der Tötung dieser Männer zufrieden geben würden, und nannte dafür politische Gründe und das Streben nach Sicherheit. Die UdSSR, hieß es in dem Bericht, »beabsichtigt die Beseitigung der deutschen Führung, nicht, weil ihre Mitglieder gegen das Gesetz verstießen, sondern weil sie diesen Krieg angefangen haben und weil sie, wenn sie nicht bestraft werden, auch in Zukunft Angriffskriege vom Zaun brechen könnten«.

Es gab auch ein allgemeineres politisches Ziel. Während des Nürnberger Prozesses hielten die Sowjets zwischen Dezember 1945 und Februar 1946 eine ganze Reihe weiterer Prozesse in Smolensk, Briansk, Leningrad, Riga, Minsk, Kiew, Nikolajew und Welikije Luki ab. Über die Prozesse, die zahlreiche Zuschauer anzogen, wurde in der sowjetischen Presse ebenso wie über Nürnberg berichtet. Den sowjetischen Anklägern ging es nicht darum, bestimmte Angeklagte mit bestimmten Verbrechen in Verbindung zu bringen. Nach der sowjetischen Weltsicht war das gesamte faschistische System schuldig. Die Beweise gegen Einzelne stammten aus intensiven Verhören vor dem Prozess, bei denen man auch körperliche Gewalt anwandte. Die Angeklagten gestanden dann ihre Verbrechen vor Gericht, und ihre Anwälte, die Zeugen nicht im Kreuzverhör befragen durften, versuchten einfach,

Gnade für ihre Klienten zu bewirken. Die sowjetischen Richter verurteilten praktisch alle Angeklagten zum Tod durch den Strang, die Urteile wurden umgehend öffentlich vollstreckt. Die Prozesse in der Sowjetunion dienten dazu, Vergeltung zu üben und die sowjetische Gesellschaft nach dem Krieg unter Verweis auf das von den Invasoren verursachte Leid wieder zu festigen.[58]

In Nürnberg waren die Sowjets großmütiger. Jahrzehnte später verwiesen sowjetische Juristen auf die starke Anpassung an die angloamerikanische Justiz, weil den Verteidigern erlaubt wurde, Zeugen ins Kreuzverhör zu nehmen.[59] Die Sowjets mussten bis zu einem gewissen Grad Kompromisse machen, weil die Amerikaner und Briten die meisten bedeutenden Gefangenen in Gewahrsam hielten (die Sowjets lieferten für den Prozess in Nürnberg nur Raeder und Fritzsche). Dennoch erwarteten die Sowjets, dass alle Angeklagten ausnahmslos zum Tode verurteilt wurden. Schon 1942 hatte Moskau Prozesse und die Hinrichtung der deutschen Führung gefordert. In einer Note an die alliierten Regierungen vom 14. Oktober 1942 erwähnte Stalins Außenminister Wjatscheslaw M. Molotow in diesem Zusammenhang namentlich Hitler, Göring, Heß, Ribbentrop, Himmler und Goebbels. Weil sich Heß seit seinem Flug nach Schottland im Mai 1941 in britischer Gefangenschaft befand, wollten ihn die Sowjets sofort vor Gericht stellen.[60] Bei den Verhandlungen der vier Mächte 1945 in London, bei denen die Rechtsgrundlage und Verfahrensordnung für den Militärgerichtshof geschaffen wurden, beharrte der sowjetische Vertreter Iona Nikitschenko (der damalige Vizevorsitzende des sowjetischen Obersten Gerichtshofs): »Wir haben es hier mit den Hauptkriegsverbrechern zu tun, die bereits verurteilt wurden und deren Urteil bereits verkündet wurde.«[61] Kurz vor dem Nürnberger Prozess war in sowjetischen Veröffentlichungen für die führenden Mitglieder von Hitlers Regierung »die Henkersschlinge« gefordert worden. Am Abend des 26. November 1945, also in den ersten Tagen des Prozesses, erhob Andrej Wyschinski, der stellvertretende sowjetische Außenminister, der bei sowjetischen Schauprozessen als Ankläger fungiert hatte, sein Glas auf die Richter von Nürnberg mit den Worten: »Lassen Sie uns auf die Angeklagten trinken. Möge ihr Weg direkt vom Gerichtssaal ins Grab führen.«[62]

Die Eröffnungsansprache zum Prozess, in der sich der amerikanischen Hauptankläger Robert H. Jackson auf Punkt I der Anklageerhebung konzentrierte, wird zu Recht als rhetorisches Meisterwerk bezeichnet. Darin hielten sich die historische Bedeutung des Prozesses, die Abscheulichkeit der Verbrechen, die Notwendigkeit, die Vorstellung von einer Kollektivschuld aller Deutschen zu vermeiden, und der Anspruch der Sieger die Waage, »nicht Rache zu üben, [...] sondern dem Richtspruch des Gesetzes« zu folgen.[63] Ähnlich positiv beurteilt wurde die Eröffnungsrede der britischen Anklageerhebung, die sich auf den Anklagepunkt II stützte und vom britischen Hauptankläger Sir Harley Shawcross gehalten wurde.[64] Die französischen und sowjetischen Eröffnungsreden, die Kriegsverbrechen und

Verbrechen gegen die Menschlichkeit in West- beziehungsweise Osteuropa zum Thema hatten, erhielten weit weniger Aufmerksamkeit. Die sowjetische Anklage, die am 8. Februar 1946 mit einer dramatischen Eröffnungserklärung des sowjetischen Hauptanklägers General Roman Rudenko begann, wies einige Unstimmigkeiten auf. Die Sowjets hatten bereits erklärt, dass die Ermordung Tausender polnischer Offiziere durch den sowjetischen Sicherheitsdienst 1940 in die Anklage gegen die Deutschen aufgenommen werden sollte.[65] Zusätzlich sorgte die Regierung in Moskau dafür, dass ihr Pakt mit Hitler, der die sowjetischen Angriffe auf Ostpolen und Finnland im Herbst und Winter 1939 umfasste, im Beweismaterial nicht zur Sprache kam. Dies war eine Belastung, von der sich der Nürnberger Prozess nie wieder ganz befreien konnte.

Doch selbst die echten Beweise der Sowjets wiesen Mängel auf. In seiner Eröffnungsrede wies Rudenko richtig darauf hin, dass das Hauptziel von Hitlers Krieg die Sowjetunion gewesen sei, und die anschließende Anklage enthielt grausige Einzelheiten über die deutsche Ausplünderung der Sowjetunion. Doch seine Äußerung, dass die Deutschen durch den heroischen Widerstand der Roten Armee und des sowjetischen Volks besiegt worden seien, während die ganze Welt bewundernd zugesehen habe, diente politischen Zwecken und sollte die problematische sowjetische Einheit im Krieg hervorheben, während sie gleichzeitig eine verzerrte Darstellung der sowjetischen Befreiung »aller freiheitsliebenden Völker« wie Polen, Rumänien und Ungarn lieferte.[66] Und obwohl die sowjetische Anklage eine lange Liste furchtbarer deutscher Verbrechen enthielt, von den Massenerschießungen von Juden in Babi Jar und der Ermordung sowjetischer Kriegsgefangener über die Zerstörung ukrainischer Dörfer bis zu den Todeslagern von Auschwitz und Treblinka, fanden sich auch hier Mängel. Die Sowjets legten allgemeine Beweise staatlicher forensischer Untersuchungsteams und die Zeugenaussagen Überlebender vor, ohne sie in den meisten Fällen mit den einzelnen Angeklagten in Verbindung zu bringen.[67]

Dennoch zeigte die Anklagerede der Sowjets ihre Erwartungen an den Prozess. Rudenko und seine Mitarbeiter wandten einen ähnlichen Stil an wie bei den sowjetischen Prozessen in Leningrad, Minsk, Kiew und anderen Städten. Es genügte das Argument, der gesamte deutsche Staatsapparat sei verantwortlich für die Verbrechen, weil der Staat all die Verbrechen ausgeführt hatte.[68] Außerdem hatten die amerikanischen und britischen Ankläger bereits Beweise gegen die einzelnen Angeklagten vorgelegt. Als die Richter über die Urteile und Strafen berieten, erhielt Nikitschenko Anweisungen aus Moskau, bei jedem einzelnen Angeklagten für die Todesstrafe einzutreten.[69] Daher war die Regierung in Moskau über die Freisprüche, Teilfreisprüche und Haftstrafen eindeutig enttäuscht. Nikitschenkos schriftliche abweichende Meinung, die zusammen mit den Prozessunterlagen veröffentlicht wurde, entstand vielleicht direkt auf Einwirken Stalins hin und war nach Einschätzung späterer sowjetischer Juristen eigentlich das wahre Urteil.[70]

Nikitschenkos Stellungnahme begann mit den »unbegründeten Freisprüchen« für Hjalmar Schacht, Franz von Papen und Hans Fritzsche und wandte sich dann dem Teilfreispruch und der lebenslangen Haftstrafe von Rudolf Heß zu. Der Fall Heß wird in Kapitel 6 ausführlich besprochen, einstweilen ist festzuhalten, dass die Sowjets Heß schon in den vorangegangenen vier Jahren unbedingt hängen wollten. Heß war neben Göring eines der wenigen überlebenden Mitglieder von Hitlers engstem Kreis. Er war im Mai 1941 mit der Absicht, ein Friedensabkommen zwischen London und Berlin auszuhandeln, nach Großbritannien geflogen, kurz bevor die Deutschen im Juni das »Unternehmen Barbarossa« starteten, den Angriff auf die Sowjetunion. Damit war Heß aus Sicht der Sowjets einer der Hauptverantwortlichen für die Verbrechen der Deutschen in der UdSSR. Die britische Presse meldete 1942, Heß sei ein Kriegsgefangener (ein Status, nach dem Heß theoretisch für eine Heimkehr nach Deutschland in Frage kam), was bei Stalin den Verdacht weckte, dass die Briten die Nationalsozialisten zur langfristigen Schädigung der Sowjetunion benutzen könnten. Stalins Ärger mündete in offizielle Forderungen der Sowjetunion, Heß sofort durch ein internationales Organ den Prozess zu machen, und sorgte so für beträchtliche Spannungen zwischen britischen und sowjetischen Diplomaten.[71] In Nürnberg lehnten die Sowjets 1945 auch nur den Gedanken ab, dass Heß geistig verwirrt sei. Dass Heß bei Rudenkos Eröffnungsansprache seine Kopfhörer mit der Übersetzung abnahm und so seine Verachtung offen zeigte, brachte die Sowjets sicher noch mehr gegen ihn auf.[72] Lawrence stimmte zusammen mit Nikitschenko dafür, Heß in allen vier Punkten der Anklage schuldig zu sprechen. Aber Heß' Abwesenheit in Deutschland seit Mai 1941 und seine scheinbare geistige Unfähigkeit, sich selbst vor Gericht zu verteidigen, rechtfertigten laut Biddle und Donnedieu de Vabres einen Freispruch in den Punkten III und IV der Anklage und ein gnädigeres Urteil als den Tod durch den Strang.[73]

Nikitschenko argumentierte in seiner Anklage, an den Händen von Heß klebe Blut. Allgemein maßen die Sowjets im Bemühen, den Krieg als Angriff auf die Arbeiterklasse und die Sowjetunion darzustellen, dem Leid der Juden im Krieg nur eine geringe Bedeutung bei. In Nikitschenkos Anweisungen aus Moskau für die Beratungen der Nürnberger Richter wurden daher Heß' Position in der NS-Hierarchie und sein Flug nach Großbritannien betont, ohne den nationalsozialistischen Antisemitismus überhaupt zu erwähnen. Dennoch verwies der sowjetische Richter darauf, dass Heß eines der Nürnberger Rassegesetze unterzeichnet hatte (das »Gesetz zum Schutze des deutschen Blutes und der deutschen Ehre« vom 15. September 1935), das die rechtliche Grundlage für die NS-Verbrechen gegen die Juden lieferte, und auch den Erlass vom 10. Mai 1938, mit dem die Nürnberger Gesetze auf Österreich ausgedehnt wurden. Heß unterzeichnete außerdem, wie Nikitschenko bemerkte, den Erlass vom 12. Oktober 1939, mit dem die Verwaltung der von Deutschland besetzten polnischen Gebiete organisiert wurde und Hans Frank (der später zum Tode verurteilt wurde) diktatorische Vollmachten im Generalgouvernement erhielt.

Besonders betonte Nikitschenko jedoch in seiner Stellungnahme, dass sich Heß' Mission in Großbritannien gegen die UdSSR gerichtet habe:

»Heß war entschiedener Anhänger der Aggressionspolitik Hitlers. Die von ihm begangenen Verbrechen gegen den Frieden sind in genügendem Maße im Urteil des Gerichtshofes berücksichtigt. Als das letzte von diesen Verbrechen ist die Mission, die Heß bei seinem Fluge nach England übernahm, zu betrachten, die darauf abgestellt war, die Durchführung des Angriffes gegen die Sowjetunion zu erleichtern«.[74]

»Mit Rücksicht darauf, dass Heß der drittwichtigste politische Führer im Hitler-Deutschland war«, schrieb Nikitschenko weiter, »dass er eine entscheidende Rolle bei der Begehung der Verbrechen des Nazi-Regimes spielte, halte ich als einzig richtiges Strafmaß für ihn die Todesstrafe.«[75] Obwohl zwölf der 22 Angeklagten in Nürnberg zum Tode verurteilt wurden, endete der Nürnberger Prozess daher nicht so, wie es sich die Sowjets vorgestellt hatten.

Die Protegés der UdSSR in anderen Ländern, vor allem in der sowjetischen Besatzungszone in Deutschland, sahen das genauso. Im sowjetischen Sektor von Berlin hatte die Führung der von den Sowjets unterstützten Sozialistischen Einheitspartei Deutschlands (SED) den Nürnberger Prozess mit großem Interesse verfolgt. Die deutschen Kommunisten, die in den dreißiger Jahren nach Moskau geflohen waren und Stalins Säuberungen als treue Parteisoldaten überlebt hatten, waren zur Belohnung im April 1945 von den Sowjets nach Berlin geflogen worden und sollten die Kontrolle über eine neue deutsche Regierung übernehmen, wie Stalin hoffte. Da Wilhelm Pieck (der SED-Vorsitzende), Walter Ulbricht (der stellvertretende Vorsitzende) und die anderen führenden Kommunisten die Exzesse der sowjetischen Besatzung, etwa die Massenvergewaltigung deutscher Frauen und die massiven Plünderungen, bei denen sich die Sowjets von Schienenfahrzeugen bis zu Kunstschätzen alles Mögliche aneigneten, geflissentlich übersahen, kann man davon ausgehen, dass sie mit Moskau auch einer Meinung waren, wenn es um die Bestrafung der Kriegsverbrecher ging.

Anders als viele Deutsche, die Nürnberg im Lauf der Zeit als eine Episode der Siegerjustiz betrachteten oder zu beschäftigt mit den Ungewissheiten des täglichen Überlebens waren, um sich für den Fortgang des Prozesses zu interessieren, maßen die deutschen Kommunisten dem Militärgerichtshof enorme Bedeutung bei.[76] Im Dezember 1945 reichte unter Führung von Wilhelm Pieck eine Delegation des Demokratischen Blocks der Einheitsfront der antifaschistisch-demokratischen Parteien im sowjetischen Sektor von Berlin eine Petition beim Alliierten Kontrollrat ein. Der Prozess von Nürnberg sei von »immenser Bedeutung«, hieß es darin, doch viele Deutsche sähen darin nichts anderes als alliierte Propaganda, daher bat

Pieck, mehr deutsche Beobachter zum Prozess zu schicken, vor allem von Parteizeitungen des Demokratischen Blocks, da diese Parteien die große Mehrheit des deutschen Volks verträten. Eine angemessene Berichterstattung würde, versprach Pieck, die Verhandlungen und Ergebnisse des Prozesses für das deutsche Volk zukünftig legitimieren.[77] Dieser Bitte entsprach der Kontrollrat am 21. Dezember 1945. Die Parteien des Demokratischen Blocks, darunter auch die damalige Kommunistische Partei Deutschlands (KPD) von Pieck und Ulbricht, erhielten jeweils zwei Sitze.[78] Die Berichterstattung über die Prozesse nahm in der kommunistischen Presse tatsächlich einen breiten Raum ein, und auch hier rechnete man mit der anschließenden Hinrichtung aller Angeklagten.

Das erklärt die offene Verbitterung in der kommunistischen Welt nach der Urteilsverkündung am 1. Oktober 1946, bei der fast die Hälfte der Angeklagten in Nürnberg mit dem Leben davonkam. Doch Bitterkeit allein hätte nicht zu organisierten Protesten geführt, und Moskau überließ selten etwas dem Zufall. Die sowjetischen Behörden wiesen die SED-Führung an, in der gesamten sowjetischen Besatzungszone Massendemonstrationen gegen die Urteile von Nürnberg zu organisieren und die Berichte in den Medien mit Moskau zu koordinieren.[79] Nach dem Prozess druckten die *Tägliche Rundschau,* die Zeitung der sowjetischen Militärbehörden in Deutschland, und das SED-Organ *Neues Deutschland* wochenlang feindselige Kommentare zu den nachsichtigen Urteilen des Tribunals. Die größte Bitterkeit galt den drei Männern, die freigesprochen worden waren, vor allem Schacht, der die Verbrechen des Finanzkapitals repräsentierte, und von Papen, der für das stand, was Ulbricht als plutokratische Elemente betrachtete, die die faschistischen Verbrecher an die Macht gebracht hatten.[80] Das *Neue Deutschland* und die *Tägliche Rundschau* druckten beide Nikitschenkos abweichende Stellungnahme zu Schacht ab und führten die gesamte antifaschistische Anklage gegen Hitlers einstigen Wirtschaftsminister und Reichsbankpräsidenten aus.[81]

Doch nicht nur bei der SED-Führung, sondern auch beim proletarischen »Mann auf der Straße« wurden Forderungen laut, diejenigen zu hängen, die zu Haftstrafen verurteilt worden waren. In Umfragen zur Meinung der Arbeiter in der kommunistischen Presse wurden wiederholt Kommentare geäußert wie: »Die, die wir jetzt nicht hängen, bleiben eine Gefahr«, »Alle hatten dieselbe Strafe verdient: den Tod!«. Ulbricht verlangte, dass die Verbrecher nun dem deutschen Volk übergeben werden müssten. »Zwölf Verbrecher«, schrieb er, »wurden zum Tode verurteilt. Jeder gerecht denkende Mensch bedauert, dass nicht alle angeklagten Kriegsverbrecher an den Galgen kommen.«[82] Am 3. Oktober 1946 fand eine im Vorfeld stark propagierte Demonstration auf dem August-Bebel-Platz in Ost-Berlin statt, bei der 50.000 dieser »gerecht denkenden« arbeitenden Männer und Frauen gegen die Haftstrafen protestierten und Parolen wie »Tod allen Nürnberger Kriegsverbrechern« und »an den Galgen mit allen!« riefen. Stellungnahmen proletarischer, von den Sowjets genehmigter Organisationen wie dem Freien Deutschen Gewerkschaftsbund Groß-Berlin (FDGB) zeigten »kein Verständnis dafür, dass Leute wie Heß, Funk, Raeder, Schirach, Speer, Neurath [und] Dönitz für all das Leid und die Verbrechen, die sie mitverschuldeten, nicht ihr Leben verwirkt haben sollen«.[83]

Diese SED-Kampagne war nicht auf Berlin beschränkt. In einer Reihe von Reden in der gesamten sowjetischen Zone hob Pieck nicht die Todesurteile hervor, die er erfreulich fand, sondern brachte seine tiefe Enttäuschung über die Haftstrafen und Freisprüche zum Ausdruck. Er verlangte, dass diejenigen, die nicht verurteilt worden waren, zumindest einem deutschen Volksgericht ausgehändigt werden sollten, das dann ein gerechtes Urteil fällen werde. »Wir hören mit einiger Befremdung das Urteil, das von dem Interalliierten Militärgericht gefällt worden ist«, sagte er am 5. Oktober 1946 bei einer Wahlkampfveranstaltung in Königswusterhausen:

»Wenn dort von den 22 aktiven Nazis und Kriegsverbrechern nur zwölf zum Tode durch den Strang verurteilt wurden, so ist das eine halbe Maßnahme, die nur dazu beitragen kann, die Reaktion zu ihren Vorstößen in Deutschland zu ermuntern. Das deutsche Volk hat mit Recht das Todesurteil über alle Angeklagten gefordert. Und ich bin überzeugt, wäre ein deutsches Volksgericht eingesetzt, es hätte keiner Stunde bedürft, um die Schuld festzustellen und das Todesurteil zu fällen. Was sollte hier noch festgestellt werden? Der Schuldbeweis sind die Millionen Toten, die Trümmer und Zerstörungen und so weiter. Wir erheben den schärfsten Protest dagegen, dass drei dieser Hauptverbrecher freigesprochen werden. [...] Auch die übrigen, die nur Gefängnisstrafen erhielten, haben die Todesstrafe verdient. Zum Beispiel dieser Englandflieger! So geht es auch mit den anderen Herren, die dort nur zu Gefängnis verurteilt wurden. Keiner unterscheidet sich von dem anderen in der Größe des Verbrechens, das sie vor dem deutschen Volke und den anderen Völkern begangen haben. Und so ist es die Forderung unseres Volkes, dass diese Banditen dem deutschen Volke ausgeliefert werden, damit es selbst mit ihnen Abrechnung hält. Es ist eine Ironie, dass man den zum Tode verurteilten Kriegsverbrechern nicht mal das Vermögen entzogen hat. Unsere Forderung ist: Auge um Auge, Zahn um Zahn.«[84]

Derartige Ansichten fanden weite Verbreitung. Die tschechische kommunistische Zeitung *Rude Pravo* forderte, von Neurath in Prag, wo er als Hitlers Reichsprotektor fungiert hatte, erneut vor Gericht zu stellen. In Wien wurden Stimmen laut, Baldur von Schirach wegen seiner Untaten als Gauleiter dort den Prozess zu machen, und Nikitschenkos Stellungnahme gegen die Haftstrafe für Heß wurde von den sowjetischen Behörden veröffentlicht.[85]

Die Rachsucht der kommunistischen Welt lässt sich auf verschiedene Weise interpretieren. Vielleicht glaubten die Kommentatoren wirklich, dass die Angeklagten den Tod verdient hatten, zumal der Nationalsozialismus in der kommunistischen Vorstellung als eine fortgeschrittene Form des Klassenkampfs gegen das Proletariat galt. Eine Verbindung zu bestimmten Verbrechen herzustellen, war im

Vergleich zu den feindlichen Prinzipien, die von der nationalsozialistischen Elite verkörpert wurden, nicht so wichtig. Eine andere, wahrscheinlich gewichtigere Interpretation besagt, dass die kommunistische Welt nicht an das Ende des Nationalsozialismus glaubte. Nationalsozialisten in unbedeutenden Positionen und Parteimitglieder, die offensichtlich vom Nationalsozialismus getäuscht worden waren, hieß man in der Gemeinschaft der Kommunisten willkommen. Die nationalsozialistischen Führer jedoch mussten unter Anteilnahme der Öffentlichkeit beseitigt werden. Wenn man ihnen den Henker ersparte, ließ man sie als Mörder davonkommen, außerdem konnten sie weiterleben und sich für den nächsten Kampf rüsten. Bezeichnend für dieses Problem ist, dass die westlichen Mitglieder der Viermächtekommission für die Haft der Hauptkriegsverbrecher von Nürnberg nach dem Freispruch von Schacht, Papen und Fritzsche Mühe hatten, ihren sowjetischen Kollegen davon zu überzeugen, dass die drei Männer nun tatsächlich freigelassen werden würden.[86] Die Auseinandersetzungen zwischen den Alliierten über die Vorschriften im Gefängnis Spandau und die spätere sowjetische Haltung zu Spandau müssen vor diesem Hintergrund betrachtet werden.

Man kann unmöglich behaupten, dass allein die Enttäuschung über den Urteilsspruch für Heß die sowjetische Haltung zu Spandau 1947 bestimmte (allerdings prägte sie sicher die sowjetische Politik nach 1966, als Heß der einzige Gefangene in Spandau war). Vielleicht hätten sich die Sowjets genauso hart gezeigt, wenn Heß in Nürnberg hingerichtet worden wäre. Sicher hegten sie gegen von Neurath, von Schirach, Funk, Speer oder die Oberbefehlshaber der Marine nicht den gleichen tiefen Hass. Doch die Tatsache, dass Heß zu den Männern gehörte, die in Spandau ihre Haft absitzen sollten, sowie der Umstand, dass die Sowjets ihn immer noch als gefährlich erachteten, trugen nicht gerade dazu bei, die Haltung der Sowjets bei der Frage der Haftbedingungen in Spandau zu mildern.

Auch im Rechtsausschuss der Kommandantur gab es mehrere Auseinandersetzungen über den Entwurf der Gefängnisordnung. So wollten die Sowjets beispielsweise nicht, dass der Besuch von Familienangehörigen oder die schriftliche Korrespondenz der Häftlinge überhaupt in die Gefängnisordnung aufgenommen wurde, weil »Besuche und Briefe im Interesse der Sicherheit nur in Ausnahmefällen genehmigt werden« sollten.[87] Die wichtigste Frage lautete jedoch, ob die sieben Männer ihre Strafe in strenger Einzelhaft verbüßen sollten oder ob man ihnen Gemeinschaftsaktivitäten wie Arbeit und den Besuch des Gottesdienstes erlaubte. Das Urteil des Internationalen Militärgerichtshofs gab darüber ebenso wenig Aufschluss wie die Kontrollratsdirektive Nummer 35.

Als der Rechtsausschuss im Januar 1947 die Haftvorschriften für Spandau ausarbeitete, bestanden die Sowjets auf Einzelhaft; die Häftlinge sollten praktisch lebendig begraben werden. Paragraph 9 des ursprünglichen Entwurfs für die Gefängnisordnung von Spandau vom Januar 1947 enthielt daher die verhängnisvolle, knappe Bestimmung: »Die Haft erfolgt als Einzelhaft.«[88] Es wurden keine Vorkehrungen für Arbeit, körperliche Betätigung oder den Besuch des Gottesdienstes getroffen, ganz zu schweigen davon, dass diese Aktivitäten in der Gemeinschaft stattfinden könnten.

Derartige Bedingungen wären wirklich hart gewesen. Speer notierte, dass die Gefangenen in Nürnberg nach der Urteilsverkündung nicht mehr miteinander reden oder im Gefängnishof spazieren gehen konnten. »Die Einsamkeit«, schrieb er nur drei Tage nach der Urteilsverkündung, »wird unerträglich.« Am 13. Oktober, nachdem er über eine Woche lang auf seine enge Zelle beschränkt gewesen war, klagte er: »Ich muss heraus, da die Zelle mich unerträglich zu belasten beginnt.« Als Ende November Gerüchte über die Forderung der Sowjets nach »strikter Einzelhaft unter scharfen Bedingungen« die Runde machten, war Speer entsprechend entsetzt. »Besorgnis vor dem Spandauer Gefängnis«, schrieb er am 19. Dezember, und das, obwohl seine Zelle in Nürnberg aufgrund des Kohlemangels gerade einmal Temperaturen um den Gefrierpunkt aufwies.

Obwohl Speer und seine Mithäftlinge persönlich nicht viel füreinander übrig hatten, dehnten sie doch kleine Arbeiten wie Fegen und Wischen so lange wie möglich aus, einfach, um Kontakt zueinander zu haben.[89] Raeder, der vier Monate nach seiner Verurteilung immer noch einen jungen norwegischen Vernehmungsoffizier ermahnen konnte, weil er ihn nicht seinem höheren militärischen Rang entsprechend angesprochen hatte, räumte gegenüber seinem Anwalt ein: »Ich halte mich mit leichter Arbeit auf freiwilliger Basis beschäftigt, beispielsweise den Flur fegen und Blätter harken [...] Ich mache das, um mit den anderen zu verkehren und weil mir Bewegung gut tut.«[90] Der Bericht des neuen amerikanischen Direktors des Nürnberger Gefängnisses, Major Frederick C. Teich, dass die »Disziplin [der Gefangenen] exzellent« sei, ist vermutlich ein Hinweis darauf, dass die Häftlinge hofften, Unterwürfigkeit würde ihnen mehr Zeit außerhalb der Zellen einbringen.[91]

Die britischen Behörden weigerten sich, der Forderung der Sowjets nach Einzelhaft für die sieben Gefangenen nachzugeben. Der Rechtsausschuss der Kommandantur war ursprünglich am 4. Oktober 1946 angewiesen worden, die Gefängnisordnung für Spandau in Übereinstimmung mit der Kontrollratsdirektive Nummer 19 zu gestalten. Die Direktive vom 12. November 1945 befasste sich mit der alliierten Aufsicht über die deutschen Gefängnisse für normale Kriminelle. Hier zielte die Verwaltung der Gefängnisse auf die »Rehabilitierung und Besserung der Straftäter«. Dafür sollte es ein Programm mit »sinnvoller körperlicher Arbeit« geben, »damit der Häftling die Konsequenzen seiner kriminellen Handlungen voll akzeptiert«. Die Direktive Nummer 19 sah vernünftige Maßnahmen zum körperlichen Wohlbefinden der Häftlinge vor, die Möglichkeit zur Inanspruchnahme seelsorgerischer Dienste, zu Besuchen von Freunden und Familienangehörigen und zur regelmäßigen Korrespondenz. Tatsächlich hatte sogar der sowjetische Vertreter im Rechtsausschuss des Kontrollrats, J. N. Karrasow, auf der Seelsorge bestanden.[92]

Die britischen Behörden maßen den moralischen Aspekten zweifellos eine ebenso große Bedeutung bei wie den juristischen. Da Spandau in ihrem Sektor der Stadt lag, war den Briten klar, dass sie für die dortigen Vorgänge eine größere Verantwortung trugen als die anderen Mächte. Sie kannten auch die Sowjets gut genug, um zu wissen, dass Meinungsverschiedenheiten bezüglich der Gefängnisordnung geregelt werden mussten, *bevor* sie in Kraft trat, weil die Sowjets sonst darauf bestanden, die vereinbarten Vorschriften buchstabengetreu umzusetzen. Als der Rechtsausschuss der Kommandantur den Kommandanten den ursprünglichen Entwurf vorlegte, äußerte der britische Rechtsvertreter C. W. Harris bereits seine Unzufriedenheit darüber. Der Entwurf, erklärte er, könne nur als Diskussionsgrundlage dienen, weil die Vorschriften seiner Meinung nach »nicht der modernen Strafpraxis oder der Direktive Nummer 19 des Alliierten Kontrollrats entsprechen. Die fehlenden Bestimmungen zu Arbeits- und Beschäftigungsmöglichkeiten in den Zellen, zu Besuchen, Briefen und Gottesdiensten machen Änderungen erforderlich.«[93] Die französischen und amerikanischen Vertreter im Rechtsausschuss stimmten zu, dass Ergänzungen nötig seien.

Die treibende Kraft für humanere Bestimmungen war jedoch das britische Außenministerium in London. Dahinter steckt eine gewisse Ironie, schließlich war es Winston Churchill gewesen, der sich hartnäckig gegen die Idee gesträubt hatte, Kriegsverbrecherprozesse abzuhalten, anstatt die führenden Nationalsozialisten kurzerhand zu erschießen. Seine Regierung hatte im April 1945 die Einrichtung eines Militärgerichtshofs nur zögernd akzeptiert – auf das Drängen der Amerikaner und Sowjets hin. Und als der Prozess in Gang war, erwartete die neue Labour-Regierung in London ausnahmslos Schuldsprüche und Todesurteile. »Es kann keinen Zweifel geben«, verkündete der Rechtsreferent des britischen Schatzamtes, Sir Thomas Barnes, »dass diese Männer hingerichtet werden.« Selbst Clement Attlee, der nach dem Sieg der Labour Party im Juli 1945 Premierminister wurde, ging davon aus, dass die angeklagten militärischen Entscheidungsträger erschossen werden würden.[94] Doch nun, da Haftstrafen verhängt worden waren, wollten sich die Briten an das halten, was sie als Elemente der Aufklärung in der westlichen Rechtstradition betrachteten. »Der Entwurf der Vorschriften in dieser Fassung«, schrieb ein Mitarbeiter des Außenministeriums, »stimmt mit dem Moralkodex zivilisierter Nationen insofern nicht überein, dass [organisierte Arbeit und die Religionsausübung seit langem als] unverzichtbare Bestandteile des Strafvollzugs gelten [...] Es ist außerdem ein grundlegender Faktor bei der Verhängung von Haftstrafen, dass der Häftling infolge der Haft nicht in irgendeiner Form körperlich und seelisch verfallen sollte, und dafür ist organisierte Arbeit unerlässlich.«

Wenn die Vorschriften nicht geändert würden und die gemeinsame Arbeit und den Besuch von Gottesdiensten berücksichtigten, seien sie »eine Schande für [...] die Aliierte Kommandantur und die dadurch vertretenen Länder« und würden außerdem »der britischen Politik und der öffentlichen Meinung der Briten« zuwiderlaufen.[95] In Berlin wurde die Auseinandersetzung auf der Ebene der stellvertretenden Kommandanten geführt, vor allem vom britischen Brigadegeneral William R. Hinde, der darauf bestand, dass die Bestimmungen Besuchsmöglichkeiten und die Erlaubnis enthalten sollten, in regelmäßigen Abständen Briefe zu schreiben und zu empfangen, außerdem die Möglichkeit zu gemeinsamer Arbeit und zum Sport. Zudem sollte ein Raum für Gottesdienste eingerichtet werden. Die Arbeit, die auf die körperliche Verfassung der einzelnen Häftlinge ausgelegt war, sollte zehn Stunden am Tag in Anspruch nehmen.

So hatte zwar jeder Häftling seine eigene Zelle, dennoch sollte es in Spandau keine Einzelhaft geben. »Das«, schrieb Hinde, »war eine Frage des Prinzips, denn Einzelhaft würde eine Strafe bedeuten, die über der lag, die der Militärgerichtshof vorgesehen hatte.«[96] »Meine Ergänzungen«, erläuterte er, »basieren auf dem Bedürfnis, die Häftlinge in aufgeklärter Weise und nicht so zu behandeln, wie ich es von den Nazis erwartet hätte.[97] Vor allem sprachen die Briten gegenüber den übrigen Kommandanten eine eindeutige Drohung aus. Wenn ihre Ergänzungen nicht akzeptiert würden, wollten sie die Verlegung der Gefangenen in ihren Sektor Berlins ablehnen und nicht einmal als Übergangslösung akzeptieren.[98] Die Briten waren bereit, wegen dieser Grundsatzfragen einen Bruch der Viermächteregierung in Berlin zu riskieren.

Oberst Alexej I. Jelisarow, der sowjetische stellvertretende Kommandant in Berlin, widersprach vehement. Jelisarow war kein typischer Offizier der Roten Armee. Der amerikanische stellvertretende Stadtkommandant Oberst Frank Howley beschrieb ihn als »großen, starken Rabauken, der eine Schwägerin Lenins geheiratet hatte und [dann] Vater eines erstaunlichen, 16 Pfund schweren Babys wurde«. Jelisarow war Leiter der Politischen Abteilung im sowjetischen Sektor Berlins und politischer Berater des sowjetischen Kommandanten Kotikow gewesen, bevor er im Oktober 1946 zum stellvertretenden Stadtkommandanten ernannt wurde und so auf mysteriöse Weise Oberst Danila S. Dalada ablöste, der vermutlich gegenüber den Amerikanern zu freundlich gewesen war. Es war sicher kein Zufall, dass Jelisarow seine Stelle mitten im Wahlkampf zur Wahl der Berliner Stadtverordnetenversammlung antrat, bei der die Sowjets einen Sieg für die SED erwarteten und vom Ergebnis am 20. Oktober 1946 bitter enttäuscht waren, da sie in ihrem Sektor großen Druck ausgeübt hatten. Howley, ein begeisterter Sportler, erinnerte sich daran, dass Jelisarow in den Wäldern außerhalb Berlins mit der Maschinenpistole Jagd auf Wildschweine machte. Bei den wenigen Gelegenheiten, bei denen Jelisarow lächelte, war das laut Howley »wie wenn das Eis auf dem Yukon aufbricht [...] Er und ich hielten stets einen Finger am Abzug.«[99]

Was die Häftlinge in Spandau betraf, argumentierte Jelisarow von Anfang an: »Unsere Bemühungen sollten darauf ausgerichtet sein [...] die Haftbedingungen für diese Verbrecher so streng wie möglich und so hart wie möglich zu gestalten.«[100] Jelisarow und seine Rechtberater brachten zahlreiche fadenscheinige Argumente vor: Eine lebenslange Haftstrafe bedeute *immer* Einzelhaft; da die Richter die Angeklagten nicht zu *Schwerst*arbeit verurteilt hätten, dürften sie gar nicht arbeiten; da die Häftlinge nationalsozialistische Heiden seien, könne man keine Geistlichen für sie finden; da Spandau kein deutsches Gefängnis, sondern ein Gefängnis der Alliierten sei, gelte die Direktive Nummer 19 nicht. Die Briten fanden derartige Begründungen absurd. »Glaubt Oberst Jelisarow wirklich«, fragte Hinde, »dass eine extrem harte Behandlung der Häftlinge irgendeinen Beitrag zu einem zukünftigen Frieden in Europa leistet oder eine Verbesserung der Zustände in Russland bringt?« Moskau beantwortete diese rhetorische Frage mit Ja. Nach Einschätzung der Sowjets wollte die zivilisierte Welt die NS-Verbrecher tot sehen. »Wir haben die Massendemonstrationen in Berlin und in anderen Ländern gesehen und miterlebt«, argumentierte Jelisarow, »bei denen die Bevölkerung ihren Unmut über die milden Urteile für die Angeklagten kundtat, [...] und ich neige dazu, mehr auf die Gefühle zu hören, die von der Masse der Bevölkerung geäußert werden.«[101]

Es gab jedoch auch ein praktisches Argument, das die wahren Befürchtungen der Sowjets zum Ausdruck brachte. Die Sowjets wussten so gut wie alle anderen, dass Haftstrafen oft nicht den letzten Akt in einer politischen Karriere darstellen. Schließlich war auch Wladimir Iljitsch Lenin aus dem Exil zurückgekehrt und hatte eine kommunistische Revolution in Gang gebracht; Stalin schloss sich ihm an, nachdem er aus der als sicher erachteten Verbannung geflohen war. Hitlers Aufstieg, auch das wussten die Sowjets, erfolgte nach einer sehr komfortablen Haft in Landsberg, wo er gutes Essen bekam, sich in Korbsesseln entspannte, Sympathisanten empfing, die Zukunft mit seinen Nazikameraden plante und den ersten Teil von *Mein Kampf* Heß persönlich diktierte. In Spandau sollte es natürlich anders sein, doch die Männer, die dort ihre Haftstrafe verbüßen würden, hatten bereits angekündigt, dass Spandau nicht das letzte Kapitel ihres Lebens sein sollte. Dönitz hatte im Verhör gesagt, er sei Hitlers rechtmäßiger Nachfolger. Und Heß hatte im Nürnberger Gefängnis nach der Urteilsverkündung offen über eine neue nationalsozialistische Regierung sinniert, die mit Hilfe der westlichen Alliierten eingesetzt werden würde, mit ihm selbst als Chef und Speer als Versorgungsminister. Funk hätte dazu vielleicht gesagt, Heß' Grübeleien seien nichts anderes als »Aberwitz«. Doch die amerikanischen Ärzte glaubten, dass »es Heß in seiner Verwirrtheit mit dem neuen Reich ernst ist«.[102]

Auch die Sowjets nahmen so etwas ernst. Jelisarow warnte, dass die Häftlinge »eine Art Schattenkabinett Hitlers« bilden könnten. »Wir alle wissen«, sagte er, »dass sich unter den Häftlingen der letzte Reichskanzler des Dritten Reichs

[Dönitz] und mehrere andere Minister befinden; daher ist das Ministerialkabinett bereits vorhanden. Wir wollen nicht, dass diese Köpfe des NS-Regimes die Untergrundbewegung in Deutschland leiten und andere Pläne vorbereiten.«[103] Jelisarow konnte daher auch nicht »zulassen, dass sich Hitlers Clique berät und eine allgemeine Politik ausarbeitet. Man darf nicht zusehen, wie die Anhänger Hitlers einen neuen Krieg unter dem Dach des Alliierten Gefängnisses von Spandau vorbereiten«.[104]

Anfangs waren die amerikanischen und französischen Vertreter in Berlin der gleichen Meinung wie die Briten. Im Februar war der Gefängniskomplex von Spandau ohnehin noch nicht bereit für die Aufnahme der Häftlinge, und theoretische Debatten kosteten schließlich nichts. Der amerikanische Vertreter im Rechtsausschuss der Kommandantur, Wesley Pape, den Howley später als einen seiner »weisen Männer« bezeichnete, signalisierte seine Zustimmung zur Gemeinschaftsarbeit von Häftlingen, während der französische Rechtsvertreter Pierre Blanchet sich zumindest einverstanden erklärte, dass die Häftlinge, wenn auch nicht zusammen, in ihren Zellen arbeiten durften.[105] Howley und der französische stellvertretende Stadtkommandant Oberst Patricot stimmten ihren Rechtsberatern zu; Howley akzeptierte alle britischen Ergänzungen, und Patricot war zu allen britischen Ergänzungen außer den gemeinsamen Arbeiten bereit.[106]

Ihre Haltung änderte sich, als das Gefängnis Mitte Februar bereit für die Häftlinge war, die Briten jedoch die Aufnahme verweigerten. Die Häftlinge sollten in amerikanischer Obhut in Nürnberg bleiben, bis ein Kompromiss gefunden war, doch der ließ auf sich warten, da die Franzosen keinerlei Sympathie für die Gefangenen hegten. Howley argumentierte, eine Blockade, die die Verlegung der Häftlinge verzögere, sei inakzeptabel, ob sie nun den Rest ihres Lebens in Einzelhaft verbringen würden oder nicht. »Wir Amerikaner«, erklärte er am 21. Februar, »sind sehr darauf bedacht, diese Leute loszuwerden und nach Berlin zu bringen.« Er könne nicht damit einverstanden sein, fuhr er fort, »dass die Häftlinge mehrere Monate lang in Nürnberg gelassen werden, um die Entscheidung der Alliierten Kontrollbehörde abzuwarten. Er betrachte die Unterschiede zwischen den Vorschlägen der britischen und sowjetischen Vertreter als unbedeutend, die sowjetischen Forderungen könnten seiner Ansicht nach vorläufig akzeptiert werden. Er bleibe bei der Meinung, dass die Häftlinge zum frühestmöglichen Zeitpunkt nach Berlin verlegt werden sollten.« Zu diesem Zeitpunkt, fügte er hinzu, sei er bereit, den Entwurf der Haftvorschriften des Rechtsausschusses »ohne Änderungen« zu akzeptieren.[107]

Die Amerikaner gingen von der Art und Weise aus, wie sie die NS-Kriegsverbrecher bislang behandelt hatten. Vom Kriegsende bis August 1945 waren über 50 ranghohe Nationalsozialisten zu Verhörzwecken im Palace Hotel des luxemburgischen Kurorts Bad Mondorf festgehalten worden. Für das Gefangenenlager, das den

Codenamen »Ashcan« (»Mülltonne«) trug, wurden das Hotel und die Umgebung ihrer ganzen Pracht beraubt, mit vergitterten Fenstern, Palisaden und Wachtürmen abgesichert und der strengen Obhut von Oberst Burton C. Andrus anvertraut, einem Berufssoldaten, der als Gefängnisverwalter Karriere gemacht hatte. Andrus musste die Häftlinge zwar auch vor den wütenden Bewohnern des Ortes schützen, ließ bei den Nationalsozialisten aber ohnehin keinen Zweifel daran, dass sie sich im Gefängnis befanden. Die Gefangenen schliefen in kahlen Räumen auf Strohmatratzen ohne Kopfkissen. Die Verpflegung beschränkte sich auf 1.550 Kalorien am Tag. Andrus beugte Selbstmordversuchen vor, indem er die eintreffenden Gefangenen einer Leibesvisitation unterzog, nach Giften und scharfen Gegenständen suchte und Schnürsenkel, Gürtel, Krawatten und Ähnliches beschlagnahmte. Die Gefangenen, die aus NS-Zeiten einen luxuriösen Lebensstil gewohnt waren, beklagten sich häufig. Generalfeldmarschall Albert Kesselring warnte sogar, die spartanischen Bedingungen würden die Aussichten auf einen Frieden gefährden. Auf Einzelhaft wurde im Camp Ashcan aus praktischen Gründen verzichtet. Die Unterhaltungen der Gefangenen wurden ohne deren Wissen aufgezeichnet, um die Informationen später als Beweismaterial oder für nachrichtendienstliche Zwecke zu verwenden.[108]

Als die Angeklagten von Nürnberg im August 1945 von Mondorf nach Nürnberg geflogen wurden, begleitete sie Andrus, der auch die Leitung des an den Justizpalast angrenzenden Gefängnisses übernahm. In der zerstörten bayerischen Stadt waren die Sicherheitsvorkehrungen schwieriger umzusetzen. Im vom Krieg beschädigten Nürnberger Gefängnis waren nicht nur die Angeklagten untergebracht, die sich vor dem Militärgerichtshof verantworten mussten, sondern auch deutsche Zeugen, von denen später viele ebenfalls vor Gericht kamen. In der Außenmauer gab es Lücken, und beim Eintreffen der Gefangenen waren ehemalige SS-Angehörige gerade mit Reparaturarbeiten am Justizpalast beschäftigt. Die Wachmannschaft war unterbesetzt, und mit Prozessbeginn zog ein Strom von Besuchern, von den Anwälten der Verteidigung bis zu amerikanischen Kongressabgeordneten, durch das Gefängnis.

Die Mängel des Gefängnisses wurden in der Nacht des 25. Oktober 1945 offenkundig, als Robert Ley, der angeklagte Leiter der nationalsozialistischen Deutschen Arbeitsfront (DAF), sich mit einem Handtuch erdrosselte. Danach wurden die strengen Sicherheitsmaßnahmen weiter verschärft. Unter ständiger Beobachtung der Wachen lebten die Gefangenen in kahlen Zellen und wurden immer wieder durchsucht, dazu kamen Einzelhaft, Briefzensur und ein Sprechverbot, das den Gefangenen die Kommunikation miteinander untersagte; die einzige Ausnahme war das Mittagessen an Verhandlungstagen. Außenminister Joachim von Ribbentrop klagte, er werde noch den Verstand verlieren, und aufgrund entsprechender Befürchtungen erhielten die Häftlinge regelmäßig Besuch von Psychiatern, außerdem wurde auf Wunsch geistlicher Beistand geleistet.[109]

Die auf Sicherheit bedachten Vorschriften in Nürnberg erklären, warum die Sowjets in der Anfangsphase der Debatten über Spandau das amerikanische System in Nürnberg für ein geeignetes Modell für die Haft verurteilter Kriegsverbrecher hielten[110] und warum die Amerikaner zumindest anfänglich wenig Verständnis für die britische Haltung zu den Haftvorschriften in Spandau aufbrachten. C. W. Harris konnte in der letzten Februarwoche 1947 nur sagen, er verstehe »sehr gut, dass sein amerikanischer Kollege sehr darauf bedacht sei, die Häftlinge so bald wie möglich nach Berlin zu verlegen«, während der französische stellvertretende Stadtkommandant Patricot verärgert monierte, am besten solle man die Viermächtekommission informieren, dass die Häftlinge, deren Verlegung nach Berlin eigentlich für den 10. März vorgesehen war, noch länger warten müssten.[111]

Im März drohte sich das gesamte Spandauer Gefängnissystem aufzulösen. Am 1. des Monats hatte Jelisarow, der zuvor darauf bestanden hatte, dass die Häftlinge alle vier Monate nur einen Besucher empfangen und nur einen Brief (und den auch nur in Ausnahmefällen) erhalten durften, dem britischen Vorschlag zugestimmt, alle zwei Monate Besuch und alle vier Wochen den Versand und Empfang eines Briefes zu erlauben.[112] Doch am 4. März kehrte der sowjetische Oberst zu seinem alten Standpunkt zurück und erklärte, die Sowjets würden die Urteile von Nürnberg als Forderung nach Einzelhaft interpretieren. Er drohte, die Zugeständnisse bei Briefen und Besuchen zurückzuziehen, wenn die Briten nicht die Haftbedingungen in der aktuellen Fassung akzeptierten und die Verlegung von Nürnberg nach Spandau endlich zuließen; Meinungsverschiedenheiten wegen der Einzelhaft sollte die Alliierte Kontrollbehörde später klären.

Howley war prinzipiell mit den Sowjets einer Meinung und bemerkte, dass die Direktive Nummer 35 »keine Bestimmung enthält, die es erforderlich macht, dass die Gefangenen in Nüremberg [sic] bleiben, bis die Haftregeln genehmigt sind. Die Einrichtungen im Spandauer Gefängnis sind für die sofortige Aufnahme der Häftlinge ausreichend.« Patricot stimmte zu, dass die Häftlinge umgehend verlegt werden sollten und die Alliierte Kontrollbehörde die Einzelheiten der Haftbedingungen später ausarbeiten könne. Die Amerikaner und Franzosen distanzierten sich außerdem von der ursprünglich auf Anregung der USA formulierten Kontrollratsdirektive Nummer 19, zu der Howley erklärte, die Direktive »soll eine Anleitung, keine Vorschrift sein«. Er schlug einen Kompromiss vor, bei dem Einzelhaft die Regel war und Ausnahmen nur bei der Arbeit und beim Gottesdienst gelten sollten, allerdings durften die Häftlinge auch dann nicht miteinander sprechen. Damit wäre der britische Wunsch nach gemeinsamen Aktivitäten befriedigt und gleichzeitig die sowjetische Befürchtung beschwichtigt, da die Häftlinge nicht miteinander kommunizieren durften. »Angesichts des ungeheuren Ausmaßes ihrer Verbrechen«, sagte Howley mit Jelisarows Zustimmung, »sollten die Häftlinge nie miteinander kommunizieren.« In Wirklichkeit war er bereit, wie er bereits bei einer früheren Besprechung gesagt hatte, jeden Kompromiss zu akzeptieren, »der dazu führt, die Häftlinge aus Nürnberg wegzubringen«.[113] Patricot drückte seine Zufriedenheit über die Bestimmung aus, solange die Dauer der Arbeit, Gottesdienste und körperlichen Betätigung »streng begrenzt« werde, und auch Hinde signalisierte seine Zustimmung. Doch nun weigerte sich Jelisarow und argumentierte, die Wärter seien unmöglich in der Lage, die Häftlinge vom Reden abzuhalten.[114]

Patricot schlug einen weiteren Kompromiss vor. Gemeinsame Tätigkeiten sollten auf zwei Stunden am Tag beschränkt werden, damit das Sprechverbot praktikabel war. Hinde war bereit, auch diesen Vorschlag zu akzeptieren, doch wieder sträubte sich Jelisarow. »Mitgliedern des Nazi-Ministerrats«, sagte er, »sollte man die Gesellschaft der anderen nicht erlauben, nicht einmal für zwei Stunden am Tag«. An diesem Punkt waren alle außer den Briten einverstanden, die Bestimmungen nach dem derzeitigen Stand vorerst zu akzeptieren und die endgültige Entscheidung dem Alliierten Kontrollrat zu überlassen. Hinde wiederholte jedoch, dass es vor der Verlegung der Gefangenen nach Spandau zu einer endgültigen Einigung kommen müsse, sonst gebe es auch keine Verlegung.[115] Ende März, nach sechs erfolglosen Versuchen, das Problem bei Kommandantursitzungen beizulegen, wurde die Diskussion über die Haftbestimmungen für Spandau nach oben an den Alliierten Kontrollrat weitergereicht.[116]

Doch bis dahin waren die Amerikaner auf die Seite der Briten gewechselt. Am 8. April bemerkte Howley zu General Clay, dem neuen amerikanischen Militärgouverneur, dass »unüberwindliche Differenzen bleiben«, und fügte hinzu:

»Die amerikanischen Vertreter haben bislang die Bereitschaft zum Kompromiss zwischen der britischen und sowjetischen Haltung signalisiert, um eine schnelle Verlegung der Häftlinge von Nürnberg nach Berlin zu erreichen. Da diese Kompromissbemühungen gescheitert sind, erachten es die USA für notwendig, vollständig die britische Position zu unterstützen, und halten es für nicht empfehlenswert, dem Transfer der Häftlinge zuzustimmen [...], solange nicht in irgendeiner Form Vorkehrungen für gemeinsame Arbeiten, körperliche Betätigung und den Besuch von Gottesdiensten getroffen werden.«[117]

Clay widersprach nicht, wollte die Angelegenheit jedoch binnen drei Wochen regeln, weil seiner Meinung nach »sofortiges Handeln notwendig ist [...], damit die Häftlinge zum frühest möglichen Zeitpunkt von Nürnberg nach Berlin verlegt werden«.[118]

Vor den Gesprächen des Alliierten Kontrollrats über die Haftbestimmungen versuchten die Amerikaner, die Sowjets öffentlich in Verlegenheit zu bringen. Die amerikanische Militärzeitung *Stars and Stripes* meldete, dass die amerikanischen, britischen und französischen Behörden für eine humane Behandlung der Gefangenen in Spandau seien, die Sowjets hingegen auf Einzelhaft und harten Bedingungen beharren würden. Die Meldung zeigte auf jeden Fall Wirkung bei den Häftlingen in Nürnberg. »Nachts, im Halbschlaf, geht eine wirre Bilderfolge durch meinen Kopf«, schrieb Speer. »Dunkelzellen, Wassersuppen, Leseverbot, Prügelstrafen, Schindereien sadistischer Wärter [...] Schweißgebadet fahre ich wiederholt hoch«. Einen »Angstschock«, nannte Speer das. »Immer wieder in meinen Träumen suchen mich Bilder heim, die mit Spandau und der Angst vor den Russen zu tun haben [...] Für mich ist das ein Alptraum.«[119]

Auf Moskau dagegen hatte die Veröffentlichung des Disputs so gut wie keine Wirkung, obwohl die französische Position absichtlich falsch dargestellt worden war, damit es so aussah, als ob die Sowjets mit ihren harschen Forderungen allein wären. Am 21. und 24. April erreichten die Verhandlungen des Rechtsausschusses des Alliierten Kontrollrats wie schon die der Kommandantur einen toten Punkt. Die britischen Vertreter blieben bei ihrer Haltung, dass Einzelhaft eine höhere Strafe sei als die Haft, die der Internationale Militärgerichtshof verhängt hatte. Außerdem erklärten sie: »Einzelhaft kann schwere seelische Störungen hervorrufen. [Bei] der Bestrafung dieser Männer sollten wir zeigen, dass wir ihnen überlegen sind.« Der amerikanische Vertreter Alvin Rockwell stimmte zu: »Trotz der furchtbaren Verbrechen, die diese Häftlinge begangen haben, wäre es unter dem Niveau [der Alliierten], sie einer so grausamen und ungewöhnlichen Bestrafung wie einer uneingeschränkten Einzelhaft zu unterwerfen [...] [Das] würde weit über das Urteil des Internationalen Militärgerichtshofs hinausgehen.«

Der sowjetische Vertreter V. P. Kardasew rückte nicht von der Haltung Moskaus ab. Angesichts des »menschlichen Elends und der Katastrophen«, die die Verurteilten verursacht hätten, sollten sie für die Dauer ihrer Strafe in Einzelhaft bleiben. Der französische Vertreter Lebegue stimmte grundsätzlich zu, die Franzosen setzten sich jedoch weiter für einen Kompromiss ein. Da der Hauptgrund für Einzelhaft nach Lebegues Ansicht darin bestand, die Gefangenen daran zu hindern, sich untereinander auszutauschen, sollten sie nach seinem Vorschlag arbeiten, sich bewegen und am Gottesdienst teilnehmen, ohne dass Gespräche erlaubt waren. Weder die Briten noch die Amerikaner hielten ein absolutes Sprechverbot für wünschenswert oder praktikabel. Sie bevorzugten stattdessen »begrenzte Gesprächsprivilegien [...] die von den Direktoren vorgeschrieben werden könnten«. Weder die Franzosen noch die Sowjets wollten diese Formulierung akzeptieren. Außerdem war man sich über die Art der Häftlingsarbeit uneinig. Mittlerweile waren die britischen und amerikanischen Vertreter für einen normalen Arbeitstag mit acht Stunden, an Sonntagen und Feiertagen sollte nicht gearbeitet werden, während ihre sowjetischen und französischen Kollegen »die vorgeschlagene Ergänzung für unannehmbar hielten«.[120]

Das Problem wurde erst am 16. Mai 1947 vom Koordinierungsausschuss des Alliierten Kontrollrats gelöst. Zu der Zeit war klar, dass es keinen zweiten internationalen Prozess geben würde.[121] In Spandau würden nicht 50 oder 100 deutsche

Kriegsverbrecher untergebracht werden, sondern nur die sieben, die in Nürnberg verurteilt worden waren. Wenn man ihnen erlaubte, gemeinsam zu arbeiten und Gottesdienste zu besuchen, sollte es durchaus möglich sein, Unterhaltungen zu unterbinden, zumindest dachte man das. Die Briten hatten keine Anstalten gemacht, von ihrem Standpunkt abzuweichen. Wenn ihre Bedingungen nicht akzeptiert wurden, würden die Häftlinge nie im britischen Sektor untergebracht werden. Generalmajor Frank Keating, mittlerweile Clays stellvertretender Militärgouverneur, versuchte die Wogen mit der Erklärung zu glätten, dass Einzelhaft in Spandau »eine gewisse Isolation suggeriert [...] anstatt wie in einem amerikanischen Gefängnis, wo Einzelhaft eine zusätzliche Strafe ist«. Der sowjetische General Pawel Kurotschkin fügte hinzu, wenn dem so sei, dann könnten die Sowjets die französischen Vorschläge zur Isolation akzeptieren, nämlich, dass »die Haft eine Einzelhaft sein sollte, [...] wohingegen Arbeit, Gottesdienste und Spaziergänge in der Gemeinschaft unter Redeverbot stattfinden und als Privilegien betrachtet werden sollten, die von der [Verwaltung] des Gefängnisses gewährt werden.« Kurotschkin erklärte weiter: »Das stellt mich zwar nicht völlig zufrieden, prinzipiell bin ich aber einverstanden.«

Bei der Zahl der Arbeitsstunden einigte sich der Koordinierungsausschuss darauf, dass die Häftlinge außer an Sonn- und Feiertagen täglich arbeiten sollten und die Gefängnisverwaltung die Arbeitsstunden festlegen würde.[122] Es gab keine verbindliche Regelung, dass die Häftlinge acht Stunden am Tag außerhalb ihrer Zellen verbringen sollten, doch die Amerikaner waren zu diesem Zugeständnis bereit, solange man sich bei der Frage der Arbeit grundsätzlich einigte.[123] Die Vorschriften wurden an die Kommandantur zurückgeschickt, die am 10. Juni die endgültige Fassung der Gefängnisordnung genehmigte. Alle Häftlinge sollten »nach bestem Können« arbeiten, die Gefängnisleitung sollte »angemessene Vorkehrungen treffen, um den Häftlingen zu gestatten, innerhalb des Gefängnisses den passenden religiösen Ritus auszuüben«. Dabei durften die Häftlinge »ohne besondere Erlaubnis des Direktoriums [...] weder sprechen, noch sich untereinander oder mit anderen verständigen«.[124] Die Zeit würde zeigen, ob sich die Vorschriften durchsetzen ließen. Die Amerikaner waren aufgrund ihrer Erfahrungen mit den Bundesgefängnissen in den USA überzeugt, dass es nicht funktionieren würde.[125]

Warum die Sowjets das Prinzip der gemeinsamen Arbeit überhaupt akzeptierten, ist schwer zu sagen. Fast ein halbes Jahr lang hatten sie darauf beharrt, dass die Hauptkriegsverbrecher in ihrer Obhut jede Stunde ihrer Strafe in Einzelhaft absitzen sollten. Es ist fraglich, ob die sowjetischen Behörden in Berlin von der juristischen Argumentation der Briten und Amerikaner überzeugt wurden, andererseits stellten die Sowjets auch nicht in Frage, dass weder das Londoner Abkommen, mit dem der Internationale Militärgerichtshof ins Leben gerufen worden war, noch die Kontrollratsdirektive Nummer 35, die die Bestrafung regelte, etwas anderes als einfache Haft vorschrieben. Letzten Endes wurden die Sowjets bei der Frage der gemeinsamen Arbeit und des Gottesdienstes mit drei zu eins überstimmt, allerdings bestanden die Franzosen dabei auf einem absoluten Sprechverbot. Nachdem das Problem von der Kommandantur an die Alliierte Kontrollbehörde weitergeleitet worden war, erkannten die Sowjets, dass sie keine härteren Bedingungen durchsetzen konnten, und weil die britischen Behörden die Häftlinge ohne die von ihnen geforderten Mindeststandards nicht aufnehmen wollten, war es besser, sich zu fügen. Tatsächlich schien ein derartiges System in Nürnberg zu funktionieren, solange auf die Einhaltung geachtet wurde. Ab Mitte November 1946 durften die verurteilten Häftlinge jeden Tag einen halbstündigen Spaziergang im Hof machen, bei dem sie jedoch 10 Meter Abstand voneinander halten mussten. »Es ist verboten, miteinander zu sprechen«, schrieb Speer, allerdings konnten bei der Arbeit unter den Augen eines wohlwollenden amerikanischen Wachhabenden ein paar Worte gewechselt werden.[126] Der sowjetische Vertreter in der Viermächtekommission für die Haft der Hauptkriegsverbrecher brachte keine Beschwerden vor, und die Sowjets in der Kommandantur lobten sogar die amerikanischen Wärter, die ihren Angaben zufolge die Gefangenen in Einzelhaft hielten.[127] Tatsächlich argumentierte Jelisarow im Februar 1947, man könne die Häftlinge nicht von Nürnberg nach Spandau verlegen, um dann festzustellen, dass sich ihre Bedingungen verbessert hätten.[128]

Doch bereits im Mai 1947 war die Lage der sieben Verurteilten in Nürnberg deutlich angenehmer. Ihnen wurde ein uneingeschränkter Briefwechsel gestattet, das Sprechverbot wurde aufgehoben, und die Verpflegung war laut Speer »vorzüglich«.[129] Eine Rückkehr zum amerikanischen Standard hätte zu dem Zeitpunkt härtere Vorschriften und eine stärkere Isolierung der Häftlinge bedeutet. Da das Schweigegebot in Nürnberg zeitweise durchgesetzt worden war, würde man es auch in Spandau umsetzen können. Die Zeit sollte zeigen, dass die Sowjets das tatsächlich beabsichtigten. Die Alternative zum Kompromiss hätte dagegen den völligen Verzicht auf die Bestrafung der Hauptkriegsverbrecher durch die vier Mächte in der ehemaligen Reichshauptstadt und einen unbegrenzten Aufenthalt der Häftlinge in Nürnberg bedeutet, wo die Haftbedingungen zunehmend gelockert wurden. Das schien durchaus möglich. Von Schirach, von Neurath, Raeder und Funk glaubten Ende Juni alle, nachdem sie entsprechende Gerüchte gehört hatten, dass die Verlegung nach Spandau komplett aufgegeben worden sei.[130]

Den Sowjets war es mit dem Viermächteprinzip einer gemeinsamen Verurteilung und Bestrafung sehr ernst. Wenn der Prozess gegen die Hauptkriegsverbrecher in Nürnberg anstelle von Berlin stattfinden sollte, so hatten sie 1945 erklärt, dann sollte zumindest die zentrale Verwaltung für den Prozess in der Viermächtestadt bleiben, außerdem sollte der Prozess dort offiziell eröffnet werden.[131] Moskau hatte angenommen, dass es eine ganze Reihe internationaler Prozesse geben würde – der berühmte Nürnberger Prozess von 1945/1946 sollte nur der erste von vielen sein. Die Sowjets und die Franzosen wollten unbedingt einen zweiten internationalen Prozess gegen die deutschen Industriellen wie Alfried Krupp von Bohlen und Halbach, der einer Anklage beim ersten Nürnberger Prozess aufgrund administrativer Fehler entronnen war. Dieser zweite Prozess sollte nach dem Willen der Sowjets in Berlin stattfinden, und die Franzosen schlugen, nachdem Hjalmar Schacht vom Internationalen Militärgerichtshof freigesprochen worden war, sogar einen internationalen Prozess in Paris vor.[132]

Die Briten, deren Begeisterung schon für den ersten Prozess eher mäßig ausgefallen war, beurteilten die Aussichten auf einen zweiten Prozess skeptisch, vor allem, wenn es ein ideologisch geprägter Prozess gegen Kapitalisten werden sollte.[133] Die USA handelten nun auf eigene Faust. Im Mai 1946, als der Prozess gegen die Hauptkriegsverbrecher in Nürnberg noch in vollem Gang war, sprach sich der amerikanische Vertreter der Anklage Telford Taylor für einen zweiten internationalen Prozess aus, weil er das Londoner Viermächteabkommen, in das die USA »moralisch ungeheuer viel investiert« hatten, nicht so schnell zu den Akten legen wollte.[134] Doch Richter Jackson, der in Nürnberg immer noch Taylors Vorgesetzter war, argumentierte kurz nach der Urteilsverkündung im Oktober gegenüber Präsident Truman ganz anders. Es treffe zu, erklärte Jackson, dass »sehr viele Deutsche, die an den Verbrechen beteiligt waren, ungestraft davonkommen. Es gibt viele Industrielle, Militärs, Politiker, Diplomaten und Mitarbeiter der Polizei, deren Schuld sich nur insofern von der Schuld derjenigen unterscheidet, die verurteilt wurden, dass sie auf niedrigerer Ebene agierten.«[135]

Die USA bereiteten 1946 bereits weitere Prozesse gegen Kriegsverbrecher vor, die sie per Präsidialverfügung vom 16. Januar 1946 allein durchführen wollten. Es sei einfacher, argumentierte Jackson, wenn die USA die Prozesse allein innerhalb der eigenen Besatzungszone abhalten und die anderen Mächte genauso verfahren würden. »Ein internationaler viersprachiger Prozess mit Beteiligung aller vier Mächte ist zwangsläufig das langsamste und teuerste Verfahren«, erklärte er Truman. »Die USA sind weder moralisch noch juristisch dazu verpflichtet, sich an einem weiteren Prozess dieser Art zu beteiligen«, fuhr er fort. »Schnellere und befriedigendere Resultate wären meiner Meinung nach mit der sofortigen Aufnahme unserer eigenen Prozesse zu erzielen.«[136] Jackson erwähnte in seinem Brief nicht den ständigen Ärger mit seinen sowjetischen Kollegen in Nürnberg, der zu der Zeit allgemein bekannt war. Doch Truman und er waren sich einig, dass ein Prozess der vier Mächte auf jeden Fall mühsam war. »Ich nehme Ihre Äußerungen zur Methode zur Kenntnis, mit der die verbleibenden Kriegsverbrecher ihrer gerechten Strafe zugeführt werden sollten«, schrieb der Präsident.[137]

Mitte 1947 war seit einiger Zeit klar, dass es keine weiteren großen internationalen Kriegsverbrecherprozesse geben würde. Im Mai war der Prozess gegen

Erhard Milch, den ehemaligen Generalinspekteur der deutschen Luftwaffe, vor einem amerikanischen Militärtribunal bereits abgeschlossen, vier weitere Prozesse liefen noch (der Ärzteprozess, der Juristenprozess, der Flick-Prozess und der Pohl-Prozess), noch einmal elf wurden vorbereitet.[138] Ein Gefängnis der vier Mächte in Berlin blieb möglicherweise das einzige Überbleibsel des internationalen Prozesses, den sich die Sowjets gewünscht hatten.

Damit war die Regierung in Moskau gar nicht zufrieden, und ihr Misstrauen gegenüber den Briten verstärkte sich noch durch den Streit um die Gefängnisordnung. Bei der gleichen Besprechung der stellvertretenden Kommandanten, bei der die Gefängnisvorschriften von Spandau akzeptiert wurden, schlug Hinde vor, zu dem im Oktober 1946 vorgebrachten Vorschlag zurückzukehren, ein ganz neues, dauerhaftes Gefängnis für die in Nürnberg verurteilten Kriegsverbrecher zu bauen. Wenn man bedenke, dass die allgemeinen Gefängnisse in der Stadt völlig überfüllt und die Einzelzellen mit drei Mann belegt seien, dann sei Spandau als Kriegsverbrechergefängnis ungeeignet. Zivile Unruhen in Berlin mit anschließenden Massenverhaftungen könnten große Probleme verursachen, solange man Spandau nicht für normale Kriminelle benutzen könne. Jelisarow bemerkte bissig, er »finde es merkwürdig, dass die britische Delegation mit einem Mal neue Bedingungen stelle [...] nachdem sie monatelang versucht habe, die Haftbedingungen für die Verbrecher zu verbessern«.[139]

So führten die Amerikaner und Briten schließlich am 18. Juli 1947 die Operation »Traffic« (Verkehr) durch, bei der die sieben Kriegsverbrecher von Nürnberg ins Spandauer Gefängnis verlegt wurden. Beim Transport, der im Dezember 1946 geplant worden war, sollte eine bewaffnete US-Wachmannschaft die Häftlinge aus ihren Zellen in Nürnberg führen und sie zum Flughafen Gatow im britischen Sektor von Berlin fliegen, wo die Briten sie übernehmen würden. Ein Spezialtransporter der Militärpolizei mit einer separaten Zelle für jeden Häftling sollte die Gefangenen zu ihrem neuen Gefängnis bringen, begleitet und flankiert von gepanzerten Truppentransportern, besetzt mit schwerbewaffneter britischer Infanterie vom Regiment der Royal Air Force in Berlin. Datum, Uhrzeit und Transportmethoden sollten streng geheim bleiben.[140] Am 18. Juli wurden die Gefangenen um 4 Uhr morgens abrupt geweckt und von einem Trupp amerikanischer Soldaten zusammen mit den wenigen Habseligkeiten, die sie mitnehmen durften, nach draußen begleitet. Bevor die sieben Häftlinge das Gefängnis verließen, wo sie die vergangenen Monate verbracht hatten, wurde jeder mit Handschellen an einen amerikanischen Soldaten gefesselt. In zwei Sanitätswagen fuhren sie im Konvoi mit mehreren Mannschaftswagen rasch durch das zerstörte Nürnberg zum amerikanischen Militärflughafen.

Der Flug nach Berlin in einem amerikanischen Passagierflugzeug vom Typ Dakota war kurz, aber angenehm, zumindest in Speers Erinnerung. »In einer schnellen, komfortablen Reisemaschine bekam ich einen Fensterplatz«, schrieb er, »neben mir mein Guard. Nach meiner langen Gefängniszeit war dieser Flug bei strahlendem Wetter ein aufregendes Erlebnis.« Als das Flugzeug über Berlin kreiste, konnte Speer die Ost-West-Achse erkennen, die er Hitler zu dessen 50. Geburtstag übergeben hatte, das Stadion, wo 1936 die Olympischen Spiele stattgefunden hatten, und die neue, aber schwer beschädigte Reichskanzlei, die er entworfen hatte. Die großen Bäume im Tiergarten waren gefällt und als Brennholz verwendet worden.[141]

Beim Anflug auf Gatow legten die Wachen den Gefangenen wieder Handschellen an, und Speer konnte nach dem Aufsetzen britische Militärfahrzeuge neben der Landebahn ausmachen. Vom Flugzeug wurden die Häftlinge mit ihren Begleitern in einen Bus geführt, dessen Scheiben schwarz gestrichen waren, damit die Berliner die berüchtigten Gefangenen im Innern nicht erkennen konnten. Die Fahrt von Gatow nach Spandau verlief mit großer Geschwindigkeit, von der Landung der Häftlinge bis zum »mittelalterlich aussehenden Eingangsgebäude«, wie Speer schrieb, vergingen gerade einmal 20 Minuten. Umstellt von alliierten Soldaten, wurden die Gefangenen von den Handschellen befreit und zur medizinischen Eingangsuntersuchung ins Gefängnisgebäude geführt. Der Transfer ging reibungslos vonstatten. Generalmajor Pawel M. Malkow, ein ehemaliger NKWD-Gebietsleiter, der als sowjetischer Vertreter bei der Viermächtekommission in Nürnberg fungierte, war immerhin so beeindruckt, dass er seinen amerikanischen und britischen Kollegen zur effizienten Verlegung gratulierte.[142] Doch für die Kriegsverbrecher und die Mächte, in deren Gewahrsam sie sich befanden, begann ein neues, langes und schwieriges Kapitel. Oder wie es Major Walter Giese, der erste amerikanische Gefängnisdirektor von Spandau, im Januar 1947 formulierte: »Wenn Heß und Dönitz und die [anderen] hierher kommen, sind sie in vielleicht einem Jahr vergessen. Aber ich glaube eher, dass es umgekehrt sein wird.«[143]

2. Kapitel
Eine dauerhafte Institution

> »Und wenn die Spandauer von den Russen aufgehängt werden, wir könnten nichts machen. Ihretwegen werden wir keinen Krieg anfangen!«
>
> *Ein namentlich nicht genannter britischer General*[1]

»Nach über zwei Jahren bin ich seit acht Tagen wieder in Berlin, der Stadt, die ich liebte und der meine Lebensarbeit gelten sollte«, schrieb Albert Speer Ende Juli 1947. »Ich habe mir die Rückkehr anders vorgestellt.«[2] Das könnte wohl so gewesen sein. Der Alltag, der die sieben Gefangenen in Spandau erwartete, war wirklich von ganz besonderer Art. Doch das imposante Gefängnis, in dem Speer seine nächsten beiden Lebensjahrzehnte verbringen sollte, war neben der Luftsicherheitszentrale Berlin (Berlin Air Safety Center) die einzige Institution der vier Mächte in Berlin, die das Ende der Zusammenarbeit zwischen den Siegermächten in Deutschland überstand, ebenso die sowjetische Blockade Berlins in den Jahren 1948 und 1949 sowie den Beginn des vierzig Jahre anhaltenden Kalten Krieges im Herzen Europas.[3]

Gemeinsame, von West und Ost getragene Unternehmungen waren im Jahr 1948 unwahrscheinlich geworden. Der Konflikt zwischen den USA und der Sowjetunion um die Neuordnung Mittel- und Osteuropas in der Nachkriegszeit war an verschiedenen Orten bereits sichtbar geworden, was in erster Linie Stalins Entschlossenheit zuzuschreiben war, die Grenzen der Sowjetunion besser abzusichern, und auch mit seinem Misstrauen gegenüber den Zielen des Westens zu tun hatte. Deutschlands staatliche Zukunft war heftiger umstritten als die jedes anderen Landes. Zu Beginn der Besetzung durch die vier Mächte 1945 ging niemand davon aus, dass dies zu einer viereinhalb Jahrzehnte anhaltenden Teilung mit zwei deutschen Staaten führen würde. Doch die Art des jeweiligen Besatzungsregimes trug letztlich zu diesem Ergebnis bei. Ein zentraler Punkt der Auseinandersetzung war der Umgang mit den materiellen Ressourcen des Landes. Die Sowjets durchkämmten ihre Besatzungszone auf der Suche nach dringend benötigten Reparationen in Gestalt von Maschinen, Lokomotiven, Ausrüstungsgütern, deutschen Ingenieuren und nach allem anderen, was irgendwie von Wert war. Stalin erwartete unter Berufung auf die Ergebnisse der Konferenz von Jalta im Februar 1945, an der auch Franklin D. Roosevelt und Winston Churchill teilgenommen hatten, außerdem Lieferungen aus den westlichen Besatzungszonen. Vor allem mit Kohle und Stahl aus dem Ruhrgebiet, das in der stark industrialisierten britischen Zone lag, sollten Kriegsschäden in der Sowjetunion ausgeglichen werden.[4] Doch die westlichen Besatzungszonen würden sich niemals erholen, wenn ihnen keine normale Produktion zugestanden wurde, und die Alliierten wollten ihre Zonen nicht zeitlich unbegrenzt aufrechterhalten. Briten und Franzosen, die selbst schwer unter dem Krieg gelitten hatten, konnten das auch gar nicht. Die Amerikaner schlugen in der Reparationsfrage bereits vor der für Juli 1945 angesetzten Konferenz von Potsdam zwischen Stalin, dem neuen amerikanischen Präsidenten Harry Truman und Churchill (der nach seiner Abwahl nach Konferenzbeginn durch Attlee ersetzt wurde) einen anderen Ton an. Im Januar 1947 vereinigten Washington und London dann ihre beiden Zonen wirtschaftlich zu einer »Bizone«, mit der industriepolitische Ziele für die wirtschaftliche Erholung Westdeutschlands verbunden wurden. Die Franzosen, die auf ein geteiltes Deutschland und eine internationale Kontrolle über das Ruhrgebiet gehofft hatten, vereinigten die Wirtschaft ihrer Zone 1949 mit der Bizone.[5]

Auch die Besatzungszonen folgten ihrem jeweiligen politischen Weg. Stalin hatte gehofft, dass die im April 1945 nach Berlin ausgeflogenen führenden deutschen Kommunisten den Kern einer neuen gesamtdeutschen Regierung in einem dauerhaft unterworfenen Deutschland bilden würden. Die sowjetischen Behörden erzwangen im April 1946 in ihrer Besatzungszone und im von ihnen kontrollierten Sektor Berlins die Vereinigung der Kommunistischen Partei Deutschlands (KPD) mit der demokratisch gesinnten Sozialdemokratischen Partei (SPD), aus der die Sozialistische Einheitspartei Deutschlands (SED) entstand. Es war eine Vereinigung der politischen Linken in der sowjetischen Zone, in der die Kommunisten das Heft in der Hand hielten. Die Militärverwaltungen in den Westzonen wandten sich gegen extreme politische Bewegungen jeglicher Couleur und förderten stattdessen die Entwicklung demokratischer Parteien, die Zuspruch aus breiten Bevölkerungskreisen erhielten, an der gesellschaftlichen Basis. Zu diesen Parteien gehörte auch die SPD, die bei Deutschlands erstem demokratischem Experiment 1919 die Führungsrolle übernommen und später die Nationalsozialisten erbittert bekämpft hatte. Die westlichen Alliierten ließen auch die neue Christlich-Demokratische Union (CDU) zu, eine traditionelle, jedoch auf einer breiten gesellschaftlichen Grundlage stehende konservative Partei, die für eine liberale Demokratie und eine freiere Marktwirtschaft eintrat.[6] Die Präferenzen der Berliner wurden bei der Kommunalwahl im Oktober 1946 deutlich: Die SED erhielt weniger als 20 Prozent von mehr als zwei Millionen abgegebenen Stimmen. Unter den zwanzig Bezirksbürgermeistern Groß-Berlins war kein einziger Kommunist, und die westlichen Alliierten und die Sowjetunion konnten sich im Anschluss an diese Wahl nicht auf einen ständigen, für die gesamte Stadt zuständigen Oberbürgermeister einigen.

Die Währungsreform in Deutschland, die Voraussetzung für Deutschlands Teilhabe am Marshallplan, der mit massiver amerikanischer Finanzhilfe für den vom US-Außenminister George C. Marshall im Juni 1947 angekündigten Wiederaufbau Europas verbunden war, bildete zugleich auch den negativen Höhepunkt in der Verschlechterung der Ost-West-Beziehungen. Diese Entwicklung ergab sich aus unterschiedlichen Auffassungen zu Deutschland und Berlin. Die amerikanischen Politiker hofften, dass das Marshall-Hilfsprogramm – das Europa zudem auch die Selbstversorgung ermöglichen und seinen Handel stärken sollte – die Attraktivität des Kommunismus im vom Krieg schwer gezeichneten West- und Mitteleuropa reduzieren würde. Nach der von Feindseligkeit bestimmten Sichtweise Moskaus war der Marshallplan jedoch ein amerikanisches Manöver, das die Sicherheit der Sowjetunion untergraben sollte, indem man das Land durch feindliche, von den USA abhängige Staaten einkreiste.[7] Das tschechoslowakische Interesse an Marshall-Hilfe führte im Februar 1948 in Prag zu einem von der Sowjetunion unterstützten kommunistischen Staatsstreich. Die Entschlossenheit der Westmächte, Deutschland in den Wiederaufbau Westeuropas einzubeziehen, förderte die Teilung des Landes. Die neue D-Mark wurde in den Westzonen am 20. Juni 1948 eingeführt, um den Schwarzmarkt-Handel zu beenden und die Wirtschaft kräftig anzukurbeln. Marschall Sokolowski und die sowjetische Delegation hatten den Alliierten Kontrollrat jedoch bereits am 20. März 1948 mit der Behauptung verlassen, die westlichen Alliierten hätten sich von der gemeinsamen Viermächteverwaltung verabschiedet. Generalmajor Alexander Kotikow, der sowjetische Stadtkommandant von Berlin, zog sich am 16. Juni 1948 mit seiner Delegation aus der Alliierten Kommandantur zurück. Die sowjetischen Schikanen, die sich gegen den Straßen- und Schienenverkehr aus den westlichen Besatzungszonen in die Westsektoren Berlins richteten, setzten im April 1948 ein und verschärften sich bis zu einer vollständigen Blockade, die am 24. Juni begann. Sollte Deutschland geteilt werden, dann würde Berlin – ganz Berlin – die Hauptstadt des östlichen Staates werden. Man konnte nicht zulassen, dass die Westsektoren der Hauptstadt als westlicher Vorposten für alle möglichen Zwecke dienten – vom Freihandel bis zur Spionage. Inzwischen hatte sich der Kalte Krieg, der sich seit 1947 anbahnte, zur direkten militärischen Konfrontation weiterentwickelt, und Berlin war zur Frontstadt geworden.

Stalin verrechnete sich grundlegend, als er davon ausging, dass die Truppen der westlichen Alliierten Berlin räumen würden.[8] In den folgenden elf Monaten brachten die Westmächte Nahrung und Medikamente auf dem Luftweg nach Berlin, versorgten die zwei Millionen Bewohner ihrer Sektoren und sicherten zugleich auch die eigene militärische Stellung vor Ort, bis die Sowjetunion im Mai 1949 die Blockade aufhob. Zu diesem Zeitpunkt stand bereits fest, dass es zwei deutsche Staaten geben würde, und im Herbst 1949 wurde im Westen die Bundesrepublik Deutschland, im Osten die Deutsche Demokratische Republik jeweils mit einer eigenen Regierung gegründet. Auch im geteilten Berlin konstituierten sich zwei miteinander rivalisierende Stadtverwaltungen. Da der völkerrechtliche

Status der Stadt wegen ihrer prekären Lage innerhalb der Grenzen des ostdeutschen Staates nicht endgültig geklärt werden konnte, verblieb Berlin auf Dauer im Übergangsstadium einer De-jure-Besatzung durch die vier Siegermächte – ohne De-facto-Zusammenarbeit dieser Mächte. Die Rumpf-Kommandantur tagte zwar weiterhin, doch die Sowjetunion kehrte nie in das Gremium zurück und suchte mit Unterstützung der ostdeutschen Regierung in den folgenden Jahren immer wieder die Besatzung des Westteils von Berlin durch die vier Mächte zu beenden.

Das Gefängnis von Spandau blieb jedoch eine funktionierende Institution der vier Mächte, trotz des vollständigen Zusammenbruchs der Viermächtekooperation in Deutschland und Berlin, trotz der Kriegsdrohung, die 1948 und 1949 über Berlin schwebte, mit sowjetischen Manövern und Truppenverstärkungen und der Stationierung zusätzlicher amerikanischer Bomber in England, und trotz der Konstituierung getrennter Stadtverwaltungen in Berlin und der Teilung Deutschlands in zwei Staaten – es war das einzige Überbleibsel des großen Bündnisses, das den Nationalsozialismus besiegt hatte. Es war keineswegs selbstverständlich, dass Spandau den Bruch zwischen den Siegermächten überstehen würde. Wäre es jedoch zu einer Auflösung der Übereinkunft in Sachen Spandau gekommen, so wäre dies höchstwahrscheinlich als Folge der Blockade und der Teilung Berlins geschehen. Das Thema dieses Kapitels ist, wie diese merkwürdige Institution überlebte und zu einem unverrückbaren Bestandteil in der politischen Landschaft des Kalten Krieges wurde.

Eine schwere Zeit: Das Leben in Spandau

Der größte Teil der öffentlichen und regierungsamtlichen Diskussionen über das Gefängnis von Spandau und die Möglichkeit einer Aufhebung dieser Übereinkunft konzentrierte sich auf einen Punkt: das Ausmaß, in dem die harten alltäglichen Lebensbedingungen in dieser Einrichtung eine Aufkündigung der westlichen Zusammenarbeit mit der Sowjetunion bei der Bestrafung der Hauptkriegsverbrecher rechtfertigten. Die Haftbedingungen in Spandau waren in der Tat streng. Das handschriftlich geführte Diensttagebuch des Chefwärters, das ein Stunde für Stunde fortgeschriebenes Tagebuch des Gefängnislebens ist, zeigt jedoch, dass die Haftbedingungen – wiewohl strenger als in den Kriegsverbrechergefängnissen der Alliierten in Westdeutschland – niemals so schlimm waren, wie es Journalisten und Fürsprechern der Gefangenen scheinen mochte. Wenn die Sowjets die westlichen Alliierten bei der Bestrafung der Hauptkriegsverbrecher in eine Richtung drängten, die diese nicht einschlagen wollten, dann traf das Gegenteil genauso zu. In Spandau milderten die Alliierten die sowjetischen Strafvollzugsmethoden. Gegner der Nationalsozialisten, die von 1933 bis 1945 in Arbeits- oder Konzentrationslager gesperrt wurden, wären erfreut gewesen, wenn man ihnen Einzelzellen mit eigenen Toiletten zugestanden hätte, Wannenbäder mit heißem Wasser, Tausende von Büchern zur freien Verfügung, medizinische Versorgung rund um die Uhr, mit Massagen durch fachkundige Krankenpfleger und Untersuchungen durch Fachärzte, wenn Bedarf bestand, Einzelverpflegung und festen Zeiten für körperliche Betätigung. Diese Feststellung trifft auch auf deutsche Staatsbürger zu, die in der UdSSR wegen Kriegsverbrechen verurteilt und inhaftiert wurden.[9]

Und Albert Speers *Spandauer Tagebücher* zeigen, dass der Alltag der Gefangenen wie ein typischer Gefängnisalltag organisiert war, dass aber die strengsten Bestimmungen häufig keineswegs buchstabengetreu befolgt wurden.[10] Jedem Gefangenen wurden in seiner Zelle ganz persönliche Annehmlichkeiten zugestanden. Speer rauchte täglich eine Pfeife, er besaß Fotos seiner Familie, einen Rechenschieber, Papier für Skizzen, Gerätschaften, mit denen er architektonische Projekte entwerfen konnte, und auch eine Bibel. Alle Gefangenen erhielten eine tägliche Tabakration. Im Juli 1947, einem sowjetischen Monat – dies war auch der Monat, in dem der Spandauer Gefängnisbetrieb aufgenommen wurde –, umrundeten die Häftlinge im Gefängnishof täglich eine halbe Stunde lang zu ihrer körperlichen Ertüchtigung eine alte Linde und hielten dabei die Hände auf dem Rücken.[11] Im darauf folgenden Monat waren die Vereinigten Staaten verantwortlich, und die Häftlinge nahmen eine produktive und einigermaßen zufriedenstellende Tätigkeit auf, die künftig ihren Gefängnisalltag bestimmen sollte. Jeder von ihnen erhielt im Zellenblock bestimmte Reinigungsaufgaben zugewiesen (vier Gefangene fegten nach jeder Mahlzeit den Korridor; Speer reinigte jeden Morgen von 7.30 bis 8 Uhr die Toiletten im Zellenblock). Bei günstigem Wetter arbeiteten die Häftlinge morgens etwa drei Stunden, am Nachmittag dann zweieinhalb Stunden lang im großen, fünf- bis sechstausend Quadratmeter umfassenden Gefängnisgarten. Produktive Arbeit war die Bedingung, für die die Briten so hart gekämpft hatten, und Speer und seine Mitgefangenen (mit Ausnahme von Heß, der häufig nur auf einer Sitzbank saß) arbeiteten gerne an der frischen Luft im Garten, bauten Gemüse an und jäteten Unkraut.[12]

Die Gefangenen konnten auch aus einem großen Teil des 40.000 Bände zählenden Bestandes der Spandauer Stadtbibliothek auswählen und sich von Familienangehörigen auch Bücher bringen lassen, sofern diese nicht einen bedenklichen politischen Inhalt hatten oder sich mit der Zeitgeschichte nach 1918 befassten. Diese Bücher wurden in einer Gefängnisbibliothek (einer leeren Zelle) aufbewahrt, deren Betreuung schließlich Erich Raeder zufiel.[13] Speer hielt fest, dass er in den ersten Monaten in Spandau Zola, Dostojewskij sowie Bücher über die italienische Renaissance verschlang, einmal notierte er, dass er »zwölf Monate lang […] nun täglich vier bis fünf Stunden« lese.[14] Auch die anderen Gefangenen lasen, das Diensttagebuch des Chefwärters nennt allerdings nur die Zahl der Bücher und nicht ihren Titel.

Gottesdienste wurden ab dem 11. Oktober 1947 in einer zur Kapelle umgewidmeten Doppelzelle abgehalten. Die Musik kam von Tonträgern und manchmal auch von Walther Funk, der eine Orgel spielte, die im Januar 1948 im Gefängnis eintraf.[15] Der reformierte französische Pastor Georges Casalis übernahm die Aufgabe als Gefängnispfarrer mit der ehrenwerten Annahme, er könne einen Beitrag dazu leisten, dass die Gefangenen bessere Menschen würden. Das war natürlich keine leichte Aufgabe, weil zunächst einmal keiner von ihnen – Speers Schuldeingeständnis zum Trotz – eine besondere Schuld empfand. Casalis' erste Predigt über die Aussätzigen, die in Israel durch Rechtsverbote von der Gemeinschaft getrennt lebten, beleidigte Dönitz, von Schirach, Funk und von Neurath. Sie sagten, der Pastor könnte sie gemeint haben, als er von den Aussätzigen sprach. Raeder beschwerte sich am darauf folgenden Samstag »offiziell im Namen von fünf seiner Mitgefangenen« bei Casalis, aber keiner von ihnen – Heß ausgenommen – fehlte bei den nächsten Gottesdiensten.[16] Casalis wiederum blieb unbeirrt. Er drängte bei General Jean Ganeval, dem französischen Stadtkommandanten von Berlin, auf eine Änderung der Haftbedingungen, damit er mit den Gefangenen in deren Zellen private Gespräche führen konnte. Jegliche diesbezügliche Einschränkung, so sagte er, sei eine »unerträgliche Beschneidung der seelsorgerischen Tätigkeit [eines Geistlichen]«.[17]

Die Sowjets wiesen Casalis' Ansinnen wiederholt zurück, doch die Verständigungsmöglichkeiten der Gefangenen waren nicht so streng reglementiert, wie das in der Öffentlichkeit vermutet wurde. Speer schrieb zwar unter dem Datum des 27. Juli 1947, kurz nach seiner Ankunft in Spandau: »Wir dürfen kein Wort miteinander sprechen«. Schon gegen Jahresende schrieb er jedoch, dass sich die Gefangenen häufig miteinander unterhielten, später ist dann auch von Gesprächen mit einigen Wärtern die Rede, bei denen die Häftlinge sogar in deren »persönliche Angelegenheiten eingeweiht« wurden. So etwas war nur in der bizarren Welt von Spandau möglich, in der es mehr Bewacher als Gefangene gab. Speer schrieb im Dezember 1947, viele der Wärter, darunter sogar einige der jüngeren sowjetischen Bewacher, zeigten »erste Regungen von Mitgefühl«, obwohl einige der sowjetischen Wärter mit Sicherheit Geheimdienstmitarbeiter seien, die wohl in Spandau eingeschleust worden seien, um Informationen über die Zukunftspläne der Gefangenen zu sammeln.[18]

Dönitz' Anfang 1949 abgegebene »feierliche« Erklärung, er werde ein ganzes Jahr lang mit keinem Wärter sprechen (offensichtlich in der Absicht, die Wärter mit Verachtung zu strafen), ließ zunächst einmal den Schluss zu, dass er bisher recht viel mit ihnen gesprochen hatte. In die gleiche Richtung wies die Ermahnung Raeders und Neuraths an die Adresse Speers und Schirachs, Unterhaltungen mit den Wärtern kämen (fast vier Jahre nach Kriegsende) einer Fraternisierung mit dem Feind gleich.[19]

Einen ständigen Anlass zu Beschwerden von sowjetischer Seite bot in der Frühzeit des Viermächtegefängnisses ihre Unfähigkeit, die Gefangenen von Gesprächen untereinander wie auch mit den alliierten Wärtern abzuhalten, ob sich dieser Austausch nun im Garten oder im Zellenblock selbst abspielte. Major Politow, der sowjetische Gefängnisdirektor, forderte zur Zeit der sowjetischen Blockade Berlins die Bestrafung der amerikanischen, britischen und französischen Wärter, die den Gefangenen Gespräche erlaubt hatten. Eines Tages erschien Politow persönlich im Garten des Gefängnisses und sagte den Gefangenen, dass sie schweigend zu arbeiten und auszuruhen hätten – ein ungewöhnliches Vorgehen für einen Gefängnisdirektor, weil für den Umgang mit den Gefangenen eigentlich die Wärter zuständig waren.[20] Speers *Tagebücher* und die anhaltenden sowjetischen Beschwerden in der Zeit unmittelbar vor der Blockade belegen jedoch, dass die Gespräche niemals völlig aufhörten.

Keiner der Gefangenen wurde auch jemals mit Schlägen bestraft. Wenn die Sowjets so etwas verfügt hätten – was sie aber nie taten –, hätten die Direktoren aus den Reihen der westlichen Alliierten von ihrem Vetorecht Gebrauch gemacht. Strafen wurden nur sehr selten verhängt, und wenn, dann bedeutete das in der Regel, dass Lese-Privilegien kurzzeitig ausgesetzt, Matratzen bei Tageslicht aus der Zelle entfernt und, was noch seltener vorkam, dass Essensrationen gekürzt wurden, Letzteres allerdings niemals unter ein Niveau, das alle vier Sanitätsoffiziere noch guthießen, und das orientierte sich vor allem an der Berliner Lebensmittelkarte Nr. 3. »In einem normalen Gefängnis unter Hunderten von Mitgefangenen«, schrieb Speer – und damit meinte er sicherlich die Gefängnisse der Nationalsozialisten, mit denen er so gut vertraut war –, »wären wir vermutlich längst einer Psychose erlegen«.[21] Bis auf Heß, der schon vor seinem Spandau-Aufenthalt leicht psychotisch war, zeigten die Gefangenen niemals solche Verhaltensweisen.

Auch die medizinische Versorgung der Häftlinge war besser, als gemeinhin angenommen wird. Eine Ärztekommission, in die jede der vier Mächte einen Arzt entsandte, wachte über die Gesundheit der Häftlinge. Fachärzte aus allen Teilgebieten der Medizin, von der Urologie bis zur Kardiologie, standen über die Militärkrankenhäuser der Sowjetunion und der Westalliierten in den vier Sektoren zur Verfügung. Eine Gefängnisapotheke im Hause selbst verfügte über alle von den Gefangenen benötigten Medikamente, von Nitroglyzerintabletten über Augenwasser bis zu Wärmflaschen. Die Sanitäter boten den Gefangenen selbst 1948 und 1949 bei zahlreichen Gelegenheiten neben der nahezu allabendlich stattfindenden Ausgabe verordneter Medikamente (gefährliche Tabletten wurden in einem Safe aufbewahrt) aus den Apothekenbeständen auch medizinische Massagen an. Raeder erhielt in seiner Zelle im Februar 1948 zahlreiche Rückenmassagen, Speer wurde im darauf folgenden Monat das Bein massiert, und auch Dönitz kam in den Genuss medizinischer Massagen.[22] Die sorgfältige medizinische Betreuung entsprach der Bedeutung des Spandauer Gefängnisses. Kein Arzt wollte einen unter seiner Betreuung stehenden prominenten Gefangenen sterben sehen. Die Sorge um die Gefangenen betraf auch das Küchenpersonal, das auf Anweisung der Ärztekommission zweimal im Monat auf Geschlechtskrankheiten, Darmparasiten, Tuberkulose und andere ansteckende Krankheiten untersucht wurde.[23]

Zur Vereitelung von Selbstmordversuchen waren die Zellen mit Vierzig-Watt-Glühbirnen ausgestattet, die nachts alle zehn Minuten eingeschaltet wurden. Auf diese Weise sollten die Gefangenen daran gehindert werden, sich das Leben zu nehmen. Einige (sogar einige sowjetische) Wärter erlaubten den Gefangenen zwar, zu schlafen, ohne dass die Glühbirnen eingeschaltet wurden, doch die Lichter waren so irritierend, dass Funk eines Tages einen Wärter überredete, seinen Lichtschalter abzukleben (und dafür bestraft wurde).[24] Die Gefangenen durften sich auch niemals selbst rasieren und zu keiner Zeit ein Rasiermesser in die Hand nehmen. Diese Aufgabe wurde von einem Friseur übernommen, der täglich ins Haus kam und dessen Tasche mit den benötigten Arbeitsgeräten genau überprüft wurde, um sicherzustellen, dass er nach getaner Arbeit ebenso viele Rasiermesser mitnahm, wie er mitgebracht hatte.[25] Den Gefangenen war auch der Gebrauch von Messer und Gabel untersagt, sie nahmen ihre Mahlzeiten nur mit einem Löffel ein.[26]

Kontakte mit der Außenwelt unterlagen aus Sicherheitsgründen strengen Beschränkungen. Informationen über das Gefängnis konnten, falls sie durchsickerten, jedem Außenstehenden, der diese Institution zu Propagandazwecken benutzen wollte, wertvolle Anhaltspunkte liefern. Oder sie konnten, so unwahrscheinlich dies auch wirken mochte, jedem nutzen, der die Befreiung der Gefangenen plante. Im Jahr 1953 kursierten Gerüchte, der SS-Obersturmbannführer Otto Skorzeny, Hitlers berühmter Kommandoführer, habe einen Ausbruch aus dem Spandauer Gefängnis geplant, bei dem Hubschrauber und einhundert Elitesoldaten eingesetzt werden sollten, und alle vier Siegermächte nahmen diese Gerüchte ernst.[27] Solche Vorgänge mochten erklären, warum die sowjetischen Wachposten in den Türmen mit vollautomatischen Maschinenpistolen und reichlich Munition ausgestattet waren und warum auch stets ein sowjetischer Scharfschütze im Dienst war.[28] Informationen, die ins Gefängnis hineingetragen wurden, konnten die Gefangenen auch mit gefährlichem aktuellem Wissen ausstatten, bis zu einem Punkt, an dem sie mit auf freiem Fuß befindlichen ehemaligen Nationalsozialisten eine gemeinsame politische Strategie entwerfen könnten.[29]

Briefe, die zuviel über das Gefängnis verrieten oder Unwahrheiten enthielten, wurden dem Verfasser unter Strafandrohung zurückgegeben. Funk und von Neurath erhielten Briefe umgehend zurück – von Neurath schrieb in einem Brief an seine Familie, er habe innerhalb von zwei Wochen neun Kilo abgenommen, und Funk behauptete, er sei mit Hilfe fingierter Beweise widerrechtlich eingesperrt worden.[30] Die Gefangenen durften unter keinen Umständen aktuelle Tageszeitungen lesen. Der Gefängnisdirektor konnte die Vorschriften zu Briefen und Besuchen nach eigenem Ermessen zeitweise großzügiger handhaben. Speer durfte seiner Mutter zu deren Geburtstag eine mit erheblichem Zeitaufwand angefertigte Zeichnung schicken, zu Weihnachten 1948 wurde ein zusätzlicher Brief genehmigt, und die Besuchszeiten durften meist übertragen werden, wenn sie nicht jedes Mal ganz in Anspruch genommen wurden.[31] Solche Erleichterungen hingen oft von der sowjetischen Haltung ab, und, dies sei hier wiederholt, die sowjetischen Zensoren, die die Gefangenenpost lasen und die Besuche überwachten, waren mit Sicherheit Geheimdienstmitarbeiter, was mit Moskaus Misstrauen gegenüber den Gefangenen selbst zu tun hatte.[32]

Und Spandau war, trotz aller Regeln und Vorschriften, ein durchlässiges Gefängnis. Die Gefängnisbediensteten verkauften zuweilen trotz aller gegenteiligen Verpflichtungserklärungen Informationen, ja sogar Fotos an die deutsche Boulevardpresse. Doch die berühmteste »undichte Stelle« war Albert Speers geheimer Nachrichtenkanal über einen holländischen Gefängnissanitäter namens Toni Proost (der auch unter dem Namen Anton Vlaer bekannt ist), der erklärte, er sei während des Krieges als Zwangsarbeiter in Deutschland gut behandelt worden. Speer schmuggelte mit Proosts Hilfe stückweise zusätzliche Briefe und Aufzeichnungen – niedergeschrieben auf Toilettenpapier, Zigarettenpapier und ähnlichen Hilfsmitteln – aus dem Gefängnis hinaus, die nach seiner Entlassung aus der Haft im Jahr 1966 die Grundlage für seine *Erinnerungen* und ein komplettes Gefängnistagebuch liefern sollten. Letzteres stellte Speer allerdings zumindest teilweise aus datierten und ausführlichen Briefen an seine Familie zusammen, nicht aus einem bereits abgeschlossen vorliegenden lückenlosen Tagebuch. Als Proost ihm seine Hilfe anbot, schrieb Speer in freudiger Erregung: »Das ganze Leben oder doch zumindest mein Lebensgefühl ist seither verändert!«[33] Es war eine ironische Wendung seines Schicksals, vor allem, weil die sowjetischen Behörden Speers offizielles Ersuchen, im Gefängnis seine Erinnerungen niederschreiben zu dürfen, aus der (völlig gerechtfertigten) Furcht heraus abgelehnt hatten, dass der Autor diese Gelegenheit nutzen würde, seine Rolle im Dritten Reich in einem günstigen Licht zu präsentieren.[34] Speers intensives Schreiben wurde erstaunlicherweise in den zwei Jahrzehnten, die er in Spandau verbrachte, niemals entdeckt. Den Diensttagebüchern der Chefwärter ist zu entnehmen, dass alle Zellen zweimal täglich überprüft wurden, wie auch die Häftlinge selbst bei ihrer Rückkehr aus dem Garten täglich durchsucht wurden. Die Zellendurchsuchungen fielen meist nicht allzu streng aus. Speer schrieb zu diesem Thema: »Vor einigen Wochen habe ich ein Stück gefaltetes Toilettenpapier unter mein Bett gelegt [...], um festzustellen, ob es gefunden und anschließend etwa wieder an den gleichen Platz gelegt wurde. Aber [...] niemand kümmerte sich um das Papier. Eigentlich ist soviel mangelndes Misstrauen fast beleidigend.«[35]

Insgesamt gesehen blieb Spandau jedoch ein ungastlicher Ort, an dem die Häftlinge zwar nicht unter so harten Bedingungen lebten wie in einem sowjetischen Gefangenenlager, aber ein strengeres Regime vorfanden als die Insassen der drei alliierten Gefängnisse in Westdeutschland, die für deutsche Kriegsverbrecher eingerichtet wurden – in Landsberg (verwaltet von den USA), Werl (Großbritannien) und Wittlich (Frankreich). Dort gab es Zugang zu Zeitungen und Radios, mehr Kontakte zu den Familien (Lebensmittelpakete inklusive), ein größeres Angebot an Arbeitsmöglichkeiten im Haus sowie Gemeinschaftsräume für Mahlzeiten, Gespräche, Kartenspiele und andere Gelegenheiten.[36] Spannungen zwischen den westlichen Alliierten und der Sowjetunion ergaben sich häufig aus der Tatsache, dass die Sowjets auf eine buchstabengetreue Befolgung der Bestimmungen Wert legten. Für Moskau standen die Gefangenen von Nürnberg stellvertretend für die sowjetischen Leiden während des Krieges und den internationalen Erfolg, der sich mit dem Verfahren gegen die Hauptkriegsverbrecher verband, einem Verfahren, das sich letztlich als erster und zugleich letzter internationaler Prozess gegen führende Nationalsozialisten erweisen sollte. Die sieben Männer in Spandau waren der Henkerschlinge mit der Hilfe milder alliierter Richter entronnen, deshalb sollten sie jetzt im Gefängnis ein möglichst schweres Leben haben, und das sollte für jede Stunde ihrer Haftzeit gelten. Soviel war schon zum Zeitpunkt ihrer Ankunft in diesem Gefängnis klar. Die ehemaligen Führungspersonen in Hitlers Reich erhielten Nummern in der Reihenfolge, in der sie das Gefängnis betraten. Diese Nummern sollten für die gesamte verbleibende Haftzeit ihre offiziellen Namen sein, die auch auf der Rückseite sämtlicher Kleidungsstücke befestigt wurden. Die Reihenfolge lautete:

Gefangener Nr. 1:   Baldur von Schirach
Gefangener Nr. 2:   Karl Dönitz
Gefangener Nr. 3:   Konstantin von Neurath
Gefangener Nr. 4:   Erich Raeder
Gefangener Nr. 5:   Albert Speer
Gefangener Nr. 6:   Walther Funk
Gefangener Nr. 7:   Rudolf Heß

Zwei Vorschriften, die jeder Betrachter als sehr hart empfand, betrafen das Verbot chirurgischer Eingriffe außerhalb des Gefängnisses (es wurde bis 1956 eingehalten, bis nach der Ankunft der Häftlinge fast ein ganzes Jahrzehnt vergangen war) und den vollständigen Ausschluss jeder Art von Berufung gegen irgendeinen Teilaspekt der Urteile. Walther Funk, der ehemalige Reichswirtschaftsminister und Präsident der Reichsbank, liefert ein passendes Beispiel für beide Probleme. Funk war eine zutiefst unsympathische Persönlichkeit, die während des Prozesses in Nürnberg in einem noch ungünstigeren Licht erschien. Der amerikanische Ankläger Telford Taylor beschrieb ihn rückblickend so: »Er war blass, aufgeschwemmt, kränkelnd, den Tränen nahe, wenn Zeugenaussagen oder Fotografien ein Licht auf die Schrecken der Nazizeit warfen, und völlig verängstigt – ein erbärmliches Wrack von einem Mann, der jede Achtung verloren hatte und dies auch wusste.«[37]

Der 1890 in Ostpreußen geborene Funk begann seine berufliche Laufbahn als Journalist noch im Kaiserreich und spezialisierte sich auf das Finanzwesen. 1916 wurde er Redakteur bei der *Berliner Börsenzeitung*, 1920 Leiter des Handelsteils und 1922 Chefredakteur des Blattes und erwarb sich den Ruf eines Fachmannes für Wirtschaftsfragen, obwohl ein Gutteil seiner Reputation auf nationalistisch getönten Gemeinplätzen beruhte, etwa auf dem Argument, die nach 1919 an Frankreich und Belgien zu entrichtenden Reparationen seien der alleinige Grund für die chronischen wirtschaftlichen Probleme der Weimarer Republik.[38] Funk traf 1931 mit Hitler zusammen und trat, von dieser Begegnung tief beeindruckt, umgehend in die NSDAP ein, wo er aufgrund seiner beruflichen Erfahrungen in der Wirtschaft und im Journalismus eine Reihe von Funktionen übernahm. Im Mai 1931 war er Redakteur des wirtschaftspolitischen Pressedienstes der Partei und fungierte gleichzeitig als deren Verbindungsmann zu bedeutenden Industriellen. Im Juli 1931 wurde er Hitlers persönlicher wirtschaftspolitischer Berater. Nach der Machtübernahme durch die Nationalsozialisten wurde Funk 1933 Pressechef der Reichsregierung, erhielt den Rang eines Staatssekretärs in Goebbels' Propagandaministerium, in dem er auch organisatorisch tätig war, und übernahm außerdem das Amt des Vizepräsidenten der Reichskulturkammer. (In Nürnberg erklärte Funk, er habe »die geradezu geniale Art, mit der Goebbels Propaganda machte, bewundert [...]«.)[39] Funk übernahm in Nürnberg 1946 keinerlei Verantwortung für seine Handlungen in Ausübung dieser Ämter, weil er kein Kabinettsmitglied gewesen sei. Andererseits verteidigte er die Arbeit der Reichskulturkammer, indem er im Verlauf der Befragung durch das Gericht feststellte: »Im Kulturleben war der Einfluss der Juden besonders stark und hier war der Einfluss, auch von meiner Einstellung aus gesehen, besonders schädlich, weil [...] Tendenzen vertreten wurden, die ich als absolut undeutsch und sogar als unkünstlerisch empfand [...].«[40] Er gab auch zu, eine Rede gehalten zu haben, in der das »Kristallnacht«-Pogrom vom November 1938 als spontane »gewaltsame Entladung der Empörung des Volkes« gerechtfertigt wurde, zu der es »aufgrund eines verbrecherischen jüdischen Anschlages gegen das deutsche Volk«[41] gekommen sei.

Funks endgültiger Aufstieg in höchste Ämter erfolgte dann nach 1937, als Hitler beschloss, den Wirtschaftsminister und Reichsbankpräsidenten Hjalmar Schacht, mit dem er sich wegen unterschiedlicher Auffassungen zur Finanzierung der Wiederaufrüstung und zur deutschen Handelsbilanz überworfen hatte, von seinen Pflichten zu entbinden. Funk wurde im Februar 1938 zum Wirtschaftsminister ernannt und übernahm im Januar 1939 auch noch das Amt des Reichsbankpräsidenten. Diese Personalentscheidungen hätten kaum überraschender ausfallen können. Als Wirtschaftsgenie war Funk weniger bekannt, eher als unermüdlicher Schürzenjäger, als Pianist, Kartenspieler und als Freund rauschender Feste. Die Wahl fiel auf ihn, weil er bereit war, sich in beiden neuen Ämtern als getreue Marionette in den Dienst von Hermann Görings Vierjahresplan zu stellen, mit dem Deutschland für den Krieg vorbereitet werden sollte.[42] Seine Bereitschaft, anderen Machthabern als Erfüllungsgehilfe zu dienen, führte zu seiner Verurteilung in Nürnberg und bewahrte ihn andererseits vielleicht auch vor dem Strang, wie der US-Ankläger Telford Taylor feststellte: »Beim Prozess profitierte Funk hauptsächlich davon, dass man sich kaum vorstellen konnte, dass irgendjemand vor ihm Angst gehabt haben könnte.«[43]

Funks finsterster Moment (in einer ganzen Reihe solcher Augenblicke) bei seinem Prozess kam, als ihn der amerikanische Anklagevertreter Thomas Dodd mit Beweisen konfrontierte, aus denen hervorging, dass die SS von 1942 bis 1944 mit Funks Einverständnis geraubte Wertgegenstände ermordeter Juden in Lagerräumen der Reichsbank deponiert hatte. Angeliefert wurden Gold und Schmuck, die den Juden im Osten weggenommen worden waren, aber auch Brillengestelle, Kerzenhalter und Zahnprothesen. Dodds Beweise stammten aus verschiedenen Quellen. Ein Beweisstück war ein Film, mit dem die US-Armee einen Teil der Beute dokumentiert hatte. Eine zweite Quelle waren zwei von den Zeugen unterzeichnete Affidavits. Für eine dieser Aussagen zeichnete Emil Puhl verantwortlich, Vizepräsident der von Funk geleiteten Reichsbank, die andere stammte vom SS-Obergruppenführer Oswald Pohl, dem Leiter des Wirtschafts-Verwaltungshauptamtes (WVHA) der SS. Puhl berichtete über einen Vorgang im Sommer 1942:

»Funk sagte mir, dass er eine Vereinbarung mit dem Reichsführer SS Himmler getroffen habe, Gold und Schmuck für die SS in Verwahrung zu nehmen. Funk gab die Anweisung, dass ich die notwendigen Vereinbarungen mit Pohl treffen solle, der der Leiter der Wirtschaftsabteilung der SS war und dem die Verwaltung der ökonomischen Seite der Konzentrationslager unterstand.

Ich fragte Funk nach der Herkunft des Goldes, des Schmuckes, des Geldes und der anderen Gegenstände, die von der SS eingeliefert werden sollten. Funk erwiderte, dass es sich um beschlagnahmten Besitz aus den besetzten Ostgebieten handle und dass ich keine weiteren Fragen stellen solle. Ich protestierte dagegen, dass die Reichsbank diese Werte übernehme. Funk sagte, wir sollten die notwendigen Vereinbarungen für die Übernahme der Werte treffen und die Sache absolut geheimhalten.

[...] [V]on diesem Zeitpunkt an wurden von Zeit zu Zeit Lieferungen gemacht, von August 1942 durch die folgenden Jahre.

Unter den Gegenständen, die von der SS deponiert wurden, befanden sich Schmuck, Uhren, Brillenrahmen, Goldfüllungen und andere Gegenstände in großer Menge, die von der SS Juden, Konzentrationslageropfern und anderen Personen abgenommen worden waren. Dies gelangte dadurch zu unserer Kenntnis, dass die SS-Leute versuchten, dieses Material in Bargeld umzusetzen, und hierzu mit Funks Billigung und Wissen die Hilfe des Reichsbankpersonals in Anspruch nahmen. [...]

In der Ausübung meiner Pflichten besuchte ich von Zeit zu Zeit die Safes der Reichsbank und sah, was dort aufbewahrt wurde. Auch Funk besuchte die Safes von Zeit zu Zeit in Ausübung seiner Pflichten.«[44]

Oswald Pohls Affidavit war für Funk noch ungünstiger. Pohl erinnerte sich an zwei Geschäfte, die auf Drängen Himmlers mit Funk getätigt wurden. Er sagte aus: »Der eine Vorgang betrifft die Textilien von in Konzentrationslagern getöteten Personen. [...] Der andere Geschäftsvorgang betrifft [...] Juwelen, Ringe, Goldzähne, Devisen und [andere] Wertsachen aus dem Besitz von Personen, besonders Juden, die in Konzentrationslagern getötet worden waren.« Himmler wollte diese Gegenstände bei der Reichsbank gelagert wissen, und Pohl behauptete, er habe Funk in dieser Angelegenheit persönlich getroffen und etwa zehn Minuten lang mit ihm über die Lagerung der Kleidungsstücke gesprochen. Die Diskussion sei freundschaftlich verlaufen, und Funk habe die Forderungen der SS akzeptiert. Das Thema jüdisches Gold wurde in einer Diskussion zwischen Pohl und dem Reichsbank-Vizepräsidenten Puhl abgehandelt. Oswald Pohl behauptete, er habe »[e]inen Teil der Wertsachen der in den Vernichtungslagern getöteten Menschen [...] selbst gesehen, als Reichsbankpräsident Funk und Vizepräsident Puhl uns zu einer Besichtigung der Reichsbankgewölbe [...] einlud [sic!]. [...] Nachdem wir in den Gewölben der Reichsbank die verschiedenen Wertsachen besichtigt hatten, gingen wir hinauf, [...] um mit dem Reichsbankpräsidenten Funk zu Mittag zu essen [...]. Ich saß nächst zu Funk, und wir unterhielten uns unter anderem über die Wertsachen, die ich in seinen Gewölben gesehen hatte. Bei dieser Gelegenheit kam es klar zum Ausdruck, dass ein Teil der Wertsachen, die wir besichtigt hatten, von Konzentrationslagern stammte.«[45]

Weder Funk noch sein Verteidiger Dr. Fritz Sauter waren auf die Vorlage dieser Affidavits in Nürnberg vorbereitet gewesen. Sauter beantragte die Nichtzulassung beider Beweisstücke; bei Puhl argumentierte er, ihm habe vor der Verlesung im Gerichtssaal keine deutsche Fassung vorgelegen, bei Pohl führte er an, dieser sei als Mörder bekannt. Dennoch wurden beide Affidavits als Beweismittel zugelassen, und Funks Schutzbehauptung, er habe nichts von jüdischem Gold gewusst, fiel mit der Verlesung der Aussagen in sich zusammen. Jetzt bezeichnete Funk sowohl seinen ehemaligen Stellvertreter Puhl (für dessen Ehrlichkeit er sich erst kurz zuvor verbürgt hatte) als auch Pohl als Lügner und Verleumder, und erklärte: »Diese Verantwortung übernehme ich keinesfalls [...]. [D]iese Dinge waren mir neu. [...] Ich habe mich überhaupt nicht damit befasst.«[46] In seinem Schlusswort vor der Urteilsverkündung kämpfte Funk um sein Leben. Ihm war klar, dass die Beute in seinen eigenen Lagerräumen das nicht zu haltende Gewicht war, das ihn ins Verderben ziehen würde. Aber er hätte sich kaum besser verteidigen können:

»Ich habe bis zu diesem Prozess nicht gewusst und nicht geahnt, dass unter den bei der Reichsbank eingelieferten Werten sich Riesenmengen von Perlen, Edelsteinen, Schmuck, Goldsachen, sogar Brillengestelle und – entsetzlich zu sagen – Goldzähne befanden. Das ist mir niemals mitgeteilt worden, und ich habe es auch niemals wahrgenommen. Ich habe diese Dinge nie gesehen. [...] Dann würde mir die Erde leichter sein als dieses qualvolle Leben, dieses Leben voll von Verdächtigungen, Verleumdungen und gemeinen Beschuldigungen.«[47]

Hamlet war das nicht. Funks gesamtes Plädoyer hing in seinen Augen von der Gegenbeschuldigung ab, dass Puhl und Pohl Lügner seien. Der US-Ankläger Robert Kempner sagte jedoch über das Affidavit Pohls: »Auch Mörder sagen manchmal die Wahrheit.« Die Richter stimmten dieser Feststellung zu. Einstimmig erklärten sie Funk für schuldig im Sinne der Nürnberger Anklagepunkte II, III und IV. Funk wurde zu lebenslanger Haft verurteilt. Der sowjetische Richter Nikitschenko gab ein abweichendes Votum ab und stimmte für die Todesstrafe.

Die Verzögerung beim Transfer der bereits verurteilten Männer nach Spandau hatte zur Folge, dass Funk weiterhin in Nürnberg war und so die anschließenden Prozesse mitverfolgen konnte, die von den US-Militärbehörden geführt wurden, einschließlich des Verfahrens gegen Oswald Pohl und seine Untergebenen im Wirtschafts-Verwaltungshauptamt der SS. Pohls Verteidiger war Alfred Seidl, der kurz zuvor einen Mandanten, Hans Frank, durch den Strang verloren hatte, wobei ein zweiter Mandant Seidls, Rudolf Heß, demselben Schicksal nur um Haaresbreite entgangen war. Seidl legte seinem jetzigen Mandanten Pohl am 2. Juni 1947 als Teil einer ähnlich inkompetenten Verteidigungsstrategie das Affidavit vor, das bereits gegen Funk benutzt worden war. Jetzt, als Pohl selbst auf der Anklagebank saß und seine eigene eidesstattliche Erklärung gegen ihn verwendet wurde, widerrief er und schwor, diese Aussage sei unwahr. Er sagte jetzt, vor seinem Verhör sei er von seinen britischen Häschern schwer gefoltert worden und habe zu jener Zeit überhaupt nicht mehr gewusst, was er sagte.[48] Und damit war es noch nicht genug. Emil Puhl war einer der Beschuldigten des von einem US-Militärgericht ebenfalls in Nürnberg geführten »Wilhelmstraßen-Prozesses«, in dem Angehörige des Auswärtigen Amtes und anderer oberster Reichsbehörden wegen ihrer Beteiligung an deutschen Kriegsverbrechen angeklagt wurden. Ein Film über geraubtes jüdisches Eigentum, den der Ankläger Dodd gegen Funk benutzt hatte, wurde nicht als Beweismittel gegen Puhl zugelassen. Für seine Beteiligung an den von der eigenen Regierung begangenen Verbrechen wurde Puhl schließlich zu einer vergleichsweise milden Haftstrafe von fünf Jahren verurteilt. Funk erhielt während seines noch fortdauernden Aufenthalts in Nürnberg einen großen Teil der auf diesen Fall bezogenen Informationen über Sauter. Kempner hatte nach dem internationalen Gerichtsverfahren zum Fall Funk erklärt, das Affidavit Pohls sei das für die Verurteilung des ehemaligen Wirtschaftsministers und Reichsbankschefs entscheidende Beweisstück gewesen.

Funk war sich sicher, dass diese Entwicklungen ihm die Chance auf eine Revision oder gar auf eine Abweisung der gegen ihn erhobenen Beschuldigungen eröffneten. Von Oktober 1948 bis Mai 1953 machte er bei den Direktoren des Spandauer Gefängnisses wiederholt Eingaben, mit denen er um einen Besuch Sauters bat, und dann wollte er mit Rudolf Aschenauer sprechen, einem weiteren, von Funks Frau Louise engagierten Anwalt. Dieser erreichte seinen wohl größten Bekanntheitsgrad als Verteidiger des berüchtigten Otto Ohlendorf im ebenfalls von den US-Militärbehörden geführten Nürnberger Folgeprozess gegen Angehörige der SS-Einsatzgruppen – der Mordeinheiten, die Hitlers Rassenkrieg hinter der Front in der Sowjetunion führten. Im Dezember 1953 und November 1955 versuchte Funk direkt an die Regierungen der westlichen Alliierten und der Sowjetunion zu schreiben. Sein arroganter und ärgerlicher Tonfall weckte allerdings kein Mitgefühl. Hartnäckig behauptete er seine Unschuld und bestritt jede Beteiligung an Verbrechen. In einem Brief an die Gefängnisdirektoren, in denen er am 16. Mai 1950 um einen Besuch durch Aschenauer bat, schrieb er:

»Die Rücksprache mit meinem Rechtsvertreter ist notwendig, um mit diesem die Schritte zu besprechen, die bei den zuständigen amtlichen Stellen der Alliierten Regierungen unternommen werden müssen, um eine Aufhebung des mich zu Unrecht verurteilenden Nürnberger Urteils herbeizuführen. Ich stelle diesen Antrag, nachdem ich nahezu vier Jahre unschuldig eine Gefängnisstrafe erlitten habe.«[49]

Die Gefängnisdirektoren gestatteten Funk keinen einzigen Besuch durch einen Rechtsanwalt, und es war ihm nicht erlaubt, brieflich mit Sauter oder Aschenauer zu verkehren. Nicht einmal eine schriftliche Vollmacht zur Wahrnehmung seiner Interessen durfte er ihnen erteilen, damit sie ihn in irgendeiner Form vertreten konnten. Die Direktoren beantworteten keinen einzigen von Funks Briefen. Ein Brief Funks an seine Frau, in dem er behauptete, er sei »aufgrund von Meineid und falschen Dokumenten« zu Unrecht verurteilt worden, wurde zensiert und zurückgegeben, wobei das beanstandete Material entfernt und Funk ermahnt wurde, »solche Vorwürfe in Zukunft nicht mehr zu erheben«.[50]

Es ist hier nicht von Bedeutung, ob anschließende Erklärungen Pohls oder anderer Personen Funk, einem Mann, der nur wenig Einfühlungsvermögen verdiente, hätten helfen können. Funks Verständnis des eigenen Falls war so gründlich falsch, dass er glaubte, er sei nur aufgrund eines oder zweier Affidavits verurteilt worden. Die entscheidende Tatsache bestand darin, dass die Sowjetunion in Spandau absolut nichts zuließ, was die Legitimität der Urteile hätte gefährden können. Zu diesen

Störgrößen gehörten auch Gespräche mit Rechtsanwälten oder Eingaben an übergeordnete Behörden. Während seiner zehn Jahre in Spandau wurde Funk nicht ein einziges gesprochenes oder geschriebenes Wort erlaubt, das an seine Anwälte gerichtet war. Das Problem wurde bei den Direktorenbesprechungen erstmals im Oktober 1948 erörtert, wobei der sowjetische Direktor Kartmasow brüsk feststellte, die Entscheidungen des Internationalen Militärgerichtshofs seien endgültig – Gnadengesuche, Berufungsanträge und andere Rechtsmittel waren nicht zulässig –, und der Alliierte Kontrollrat habe die Urteile nach dem Prozess ohnehin geprüft. Auch die Direktoren der drei westlichen Alliierten stellten die Nürnberger Urteile nicht in Frage. Aber sie wollten Funks Gesuch an den Alliierten Kontrollrat weiterleiten, weil sie in ihrer Eigenschaft als Gefängnisdirektoren für den Umgang mit einem solchen Ansinnen, das nach ihrer Einschätzung mit amerikanischem, britischem und französischem Recht durchaus vereinbar war, weder zuständig noch kompetent waren. Nach dem Auszug der Sowjetunion im Jahr 1948 gab es jedoch keinen gemeinsamen Alliierten Kontrollrat mehr, und die Angelegenheit landete auf Dauer in der Schublade.[51] Anträge Aschenauers auf Gespräche mit Funk in den Jahren 1952 und 1953 im Zusammenhang mit Fragen westdeutscher Entnazifizierungsverfahren wurden ebenfalls abgelehnt, wobei die sowjetische Seite darauf hinwies, dass »keine deutsche Rechtsbehörde das Recht hat, Entscheidungen [des Internationalen Militärgerichtshofs] zu revidieren oder in Zweifel zu ziehen«.[52] Die Episode war kein Fähigkeitsnachweis der alliierten Justiz im Umgang mit Gesuchen nach dem Abschluss eines Prozesses, zumal Louise Funk jedem, der ihr zuzuhören gewillt war, erzählte, ihr Ehemann sei aufgrund der Lügen Pohls verurteilt worden.[53] Die Alliierten ließen jedoch niemals eine Bereitschaft erkennen, auf Funks dürftig fundiertes Anliegen einzugehen. Ab 1948 hatten sie sehr viel größere Sorgen.

Funk stand auch im Brennpunkt der Auseinandersetzungen über Notfallchirurgie, weil er – welchen Maßstab man auch anlegen mochte – der kränkste Insasse von Spandau war. Ein weiteres überraschendes Versäumnis bei der Ausarbeitung der Spandauer Gefängnisordnung war gewesen, dass sich niemand mit stationärer Krankenbehandlung befasst hatte, obwohl doch allgemein bekannt war, dass Männer, die schon zum Zeitpunkt ihrer Verurteilung alt waren, im Gefängnis nur noch älter werden konnten. Bei der Einlieferung in Spandau im Juli 1947 litt der 74 Jahre alte von Neurath an Bluthochdruck und Arteriosklerose, und der 71-jährige Raeder hatte einen Leistenbruch, der durch ein Bruchband nur unzureichend zusammengehalten wurde. Der 57-jährige Funk war ein körperliches Wrack. Es wird hier kein Versuch unternommen, Funks 557 handschriftliche Seiten umfassende Krankenakte aus den Spandauer Archivmaterialien zu erläutern. Wer kein erfahrener Urologe ist, dürfte bei dieser Lektüre zusammenzucken.[54] Hier mag der Hinweis genügen, dass Funk aufgrund einer Gonorrhöe und Diabetes schon lange vor seiner Ankunft in Spandau ein schwerkranker Mann war. Wegen einer chronischen Verstopfung der Harnwege musste er während des Nürnberger Prozesses einmal wöchentlich eine schmerzhafte Katheterisierung über sich ergehen lassen, um seine Blase zu entleeren. Amerikanische Ärzte empfahlen noch vor seiner Verlegung nach Berlin, die Verstopfung so früh wie möglich durch einen chirurgischen Eingriff zu beheben.[55] Oberst Andrus weigerte sich offensichtlich, die dafür nötigen Vorbereitungen zu treffen, was zu einer weiteren Aktennotiz der amerikanischen Ärzte mit folgendem Inhalt führte: »Wir versuchen den Gefangenen Funk bis zu seiner Verlegung nach Berlin ohne Operation zu betreuen.«[56]

Die Verzögerung war nicht hilfreich. Oberstleutnant F. T. Chamberlain, der amerikanische Stabsoffizier in Spandau, schrieb Anfang Januar 1948, Raeder sei »zu jeder Tages- und Nachtzeit und an jedem neuen Tag« ein »chirurgisches Risiko«, und die Mindestversorgung für Funk sei eine Katheterisierung, durch die er in regelmäßigen Abständen seine Blase entleeren könne.[57] Aber wo sollten solche Maßnahmen vonstatten gehen? Die Alliierten waren sich der politischen, ja sogar moralischen Notwendigkeit bewusst, den Gefangenen die bestmögliche medizinische Versorgung zukommen zu lassen. General Jean Ganeval, der französische Kommandant in Berlin, teilte seinen Vorgesetzten unmittelbar nach dem Eintreffen der Häftlinge in Spandau mit, die besten Chirurgen der französischen Armee müssten in Berlin während der Monate zur Verfügung stehen, in denen Frankreich für den Gefängnisbetrieb zuständig sei.[58] Und die Ärzte der Westalliierten wollten natürlich, dass chirurgische Eingriffe in der sterilen Umgebung eines Militärkrankenhauses in Berlin vorgenommen wurden. Oberstleutnant Tjurjajew, der sowjetische Stabsoffizier, drängte von Anfang an darauf, dass im Gefängnis selbst ein Operationssaal eingerichtet wurde, für den dann die jeweils verantwortliche Nation die sterilen Instrumente liefern sollte. Damit würde eine chirurgische Behandlung der Gefangenen außerhalb des Gefängnisses überflüssig. Die Sowjets waren bereits besorgt, die Gefangenen, die das Gefängnis aus medizinischen Gründen verließen, könnten nicht mehr zurückkehren. Aber der Gedanke, Operationen in einer Gefängniszelle auszuführen, behagte den anderen Ärzten nicht, zumal es in Berlin vier Militärkrankenhäuser gab, die allesamt über moderne Röntgengeräte verfügten, über Laboratorien, ausgebildete Fachärzte, Krankenschwestern und so weiter. »Es ist töricht und gefährlich«, sagte Chamberlain, »eine Operation im Gefängnis auszuführen, wenn wir in Berlin über die Krankenhäuser der vier verbündeten Nationen verfügen«.[59]

Die Warnungen vor Torheit und Gefahren machten in Moskau natürlich nicht den geringsten Eindruck. Nach einer Inspektion sämtlicher möglicherweise geeigneter Räume im Zellenblock-Gebäude (nicht aber des Krankenhausgebäudes auf dem Gelände) entschieden sich die Sanitätsoffiziere für den Raum, der von den äußeren Voraussetzungen her für chirurgische Eingriffe am besten geeignet war. Eine makabre Fußnote war, dass es sich bei dem neuen Operationssaal um den

EINE DAUERHAFTE INSTITUTION 91

Abb 3: *Walther Funk während seines Prozesses in Nürnberg.*
© *Bildarchiv Preußischer Kulturbesitz.*

Hinrichtungsraum des Gefängnisses handelte, in dem noch vor nicht allzu langer Zeit Erhängungen und Enthauptungen stattgefunden hatten. Die Sanitätsoffiziere waren durchaus der Ansicht, der Raum könne für chirurgische Zwecke umgewidmet werden, doch die potentiellen Patienten waren angesichts der Vorstellung, dass Operationen in einem Raum vorgenommen werden sollten, aus dem zuvor kein einziger Gefängnisinsasse lebendig herausgekommen war, sehr viel weniger erbaut. Funk verweigerte seine Zustimmung zu einem chirurgischen Eingriff, als man ihm sagte, er müsse im (immer noch nicht umgebauten) Hinrichtungsraum operiert werden. Tjurjajew legte daraufhin den anderen Ärzten nahe, Funk müsse zum Einlenken gezwungen werden. Der sowjetische Arzt musste allerdings zu seiner Enttäuschung zur Kenntnis nehmen, dass es mit der westlichen medizinischen Ethik der Nachkriegszeit nicht vereinbar sei, Patienten gegen deren Willen zu einem chirurgischen Eingriff zu zwingen. Als das Problem jedoch im Rechtsausschuss der Alliierten Kommandantur erörtert wurde, entschied die Behörde, dass »ein Gefangener unter keinen Umständen aus dem Gefängnis verlegt würde«. Der Hinrichtungsraum, der bis Anfang 1948 nur geringfügig umgestaltet worden war, wurde jetzt zügig in einen Operationssaal mit angegliedertem Aufwachraum verwandelt.[60]

Die Sowjets misstrauten dennoch dem medizinischen Rat der westlichen Alliierten und betrachteten die medizinische Versorgung der Gefängnisinsassen als eine Art Luxus. Im Mai 1948 kam es bei Funk zu inneren Blutungen. Da sein Blutdruck und der Leukozytenanteil im Blut hoch waren, war eine Not-Bluttransfusion erforderlich. Die sowjetischen Ärzte stellten dann die von den westlichen Ärzten verschriebene Blutmenge von 1200 Kubikzentimetern in Frage, vertraten die Ansicht, dies sei übertrieben, und waren überdies der Meinung, Louise Funk, die damals in Bayern lebte, müsse nicht über den ernsten Gesundheitszustand ihres Mannes informiert werden.[61]

Die Transfusion wurde vorgenommen (mit Komplikationen, die bei Funk später dann zu einer partiellen Erblindung führten), aber das Problem, wer im Bedarfsfall einen chirurgischen Eingriff vornehmen würde, blieb ungelöst. Oberst William J. F. Craig, der britische Stabsoffizier, hatte vorgeschlagen, deutsche Chirurgen von hervorragendem Ruf zu verpflichten, und dies mit der Überlegung verbunden, dass es »für den Fall, dass eine Operation ungünstig verläuft, vielleicht besser wäre, wenn die Verantwortung hierfür bei den Deutschen liegt«. Die Sowjets stimmten dem nicht zu. Ihrer Ansicht nach sollten bei entsprechendem Bedarf alliierte Fachärzte gerufen werden, und wenn die Franzosen, Briten und Amerikaner aus Protest gegen die Arbeitsbedingungen für Chirurgen die Bereitstellung chirurgischer Instrumente verweigerten, könnte der Chirurg auch seine eigenen Gerätschaften mitbringen.[62] Im Mai 1948 kamen dann auch tatsächlich französische und sowjetische Chirurgen nach Spandau, um Funk zu untersuchen.

Raeder war schließlich, am 19. Mai 1949, wegen seines Leistenbruchs der erste Gefängnisinsasse, der sich unter ungünstigen politischen Begleitumständen einem chirurgischen Eingriff im früheren Hinrichtungsraum unterziehen musste, und er wurde zuvor auf die besonderen Risiken hingewiesen, die mit seinem Alter verbunden waren. Funk wurde im Oktober 1949 im selben Raum an der Blase operiert. Die Sowjets monierten anschließend, er solle rasch in seine Zelle zurückkehren, denn dies sei besser, als sich in einem Krankenhausbett direkt neben dem Hinrichtungsraum zu erholen.[63] Funks Gesundheitszustand verbesserte sich auch nur unwesentlich. Im Anschluss an die Operation musste er dreimal im Monat katheterisiert werden, er benötigte Antibiotika gegen fürchterliche Blasenentzündungen sowie starke Schmerzmittel wie Morphium, um die ganze Prozedur für ihn erträglich zu machen. Nach den Aufzeichnungen im Diensttagebuch des Chefwärters blieb Funk dem Arbeitstrupp fern und lag stattdessen im Bett, wann immer er Bettruhe brauchte. Sogar die Sowjets stimmten 1951 einer Regelung zu, mit der ihm nach den Katheterisierungen 24 Stunden Bettruhe gewährt wurden, außerdem sollte die Glühbirne nachts nicht mehr so oft eingeschaltet werden, damit er schlafen konnte. Zu diesem Zeitpunkt waren die französischen Ärzte überzeugt, Funks Probleme seien auf einen entzündeten Blinddarm zurückzuführen, und sie überzeugten auch ihren Patienten von dieser Annahme.[64] Im Juni 1952 wurde, ebenfalls im ehemaligen Hinrichtungsraum, Funks Blinddarm entfernt, doch die Harnweg- und Blasenverstopfungen und die Entzündungen hörten nicht auf. Erst im September 1954 – mehr als zwei Jahre danach und in Verbindung mit anderen Übereinkünften, die im 3. Kapitel dieses Buches beschrieben werden – konnte Funk bei einem riskanten Eingriff im britischen Militärkrankenhaus die Prostata entfernt werden. Zu diesem Zeitpunkt übernahm kein Sanitätsoffizier der westlichen Alliierten mehr die Verantwortung für Operationen, die im Gefängnis vorgenommen wurden.[65]

Der erbittertste Streit zwischen den Westalliierten und den Sowjets drehte sich in der Anfangszeit des Spandauer Gefängnisbetriebes um die Nahrungsmenge, die den Insassen zukommen sollte. Der Streit in der Kommandantur konzentrierte sich bis zum April 1948 auf die Frage, ob die Gefangenen entsprechend der Berliner Lebensmittelkarte der Kategorie 2 versorgt werden sollten, die für körperlich arbeitende Menschen vorgesehen war (1.167 Gramm, was 2.202 Kalorien täglich entsprach, eine Regelung, die von den Westalliierten bevorzugt wurde), oder ob die für nicht körperlich arbeitende Personen bestimmte Karte Nummer 3 gelten sollte (1.032 Gramm, 1.887 Kalorien täglich, was den Sowjets eher zusagte). Damals lebten 60 Prozent der Berliner Bevölkerung offiziell von den Karten Nummer 3, nur Schwerarbeiter erhielten die Rationen der Kategorie 2. Die Berliner konnten sich zwar über den Schwarzmarkt oder durch selbst gezogenes Gemüse mit zusätzlicher Nahrung versorgen, aber selbst britische Beamte hielten fest, dass »es unvernünftig anmutet, wenn verurteilte Kriegsverbrecher größere Rationen erhalten als eine Berliner Hausfrau, die einen Haushalt zu führen hat«. Andererseits wären jedoch die Alliierten verantwortlich, wenn die Gefangenen abnähmen oder wegen Unternährung krank würden. Das britische Wachpersonal zeigte sich besorgt, weil Dönitz wie »ein Opfer von Bergen-Belsen« aussah.[66] Und die in anderen Gefängnissen einsitzenden Deutschen durften Lebensmittelpakete ihrer Familien empfangen. Die Sowjets zeigten sich ungerührt. Die Gefangenen von Spandau hatten keine schwere körperliche Arbeit zu verrichten, was das sowjetische Mitglied des Rechtsausschusses der Alliierten Kommandantur zu folgender Feststellung veranlasste: »Es [ist] unzulässig, bei der Ernährung der Hauptkriegsverbrecher im direkten Vergleich mit der arbeitenden Bevölkerung Berlins Privilegien zu schaffen, weil dies die Bemühungen der Antifaschisten und aller ehrbaren Bürger Deutschlands entweihen würde, die sich für die Ausrottung des Faschismus einsetzen.«[67] Die Haftbedingungen in diesem Gefängnis sollten jedoch weiterhin geheimgehalten werden, deshalb bleibt unklar, wie die den Gefangenen zugeteilte Kalorienmenge öffentlich hätte bekannt werden sollen. Doch dies war die sowjetische Haltung, von der die Verantwortlichen nicht abrücken wollten.

Der Zwang zum Kompromiss brachte es mit sich, dass die Gefangenen an den Tagen, an denen sie arbeiteten, Rationen nach Karte Nummer 2 erhielten, so dass die meisten von ihnen täglich arbeiteten, dabei aber einen unterschiedlichen Arbeitseifer zeigten. Nur Heß' Rationen wurden eines Tages auf die Kategorie Nummer 3 reduziert, was auf seinen Entschluss, überhaupt nicht mehr zu arbeiten, zurückzuführen war.[68]

Aber auch die 2.200 Kalorien, die mit der Karte Nummer 2 zugestanden wurden, waren nicht viel. Die strikte Einhaltung der aktuellen Rationen auf den Lebensmittelkarten im besetzten Berlin hatte zur Folge, dass alle Gefangenen während der ersten Monate – bis zum Dezember 1947 – in Spandau an Gewicht verloren (von knapp drei bis 6,8 Kilogramm). Speer hielt in seinen Tagebüchern fest, dass er sich nach den Mahlzeiten bückte, um die Brotreste vom Zellenboden aufzulesen. Er schrieb: »Abends gehe ich hungrig ins Bett; das erste Mal in meinem Leben erfahre ich, was es heißt, nicht satt zu werden.« Bei der täglichen Durchsuchung nach der Gartenarbeit wird Speer ertappt, als er versucht, einen rohen Blumenkohl in seine Zelle zu schmuggeln. Er wird mit einer Woche in der Arrestzelle bestraft und darf in dieser Zeit weder lesen noch schreiben.[69] Im September hatte ein britischer Wärter in einem kleinen Feuer im Garten, mit dem eigentlich nur welkes Laub verbrannt werden sollte, Kartoffeln entdeckt. Heß gab zu, dass er sie dort hineingetan hatte, in der Erwartung, dass er sich später dann – trotz der von ihm selbst beschriebenen Anfälle von Gedächtnisverlust – daran erinnern und die gerösteten Kartoffeln aus der Glut holen würde.[70]

Unter den Sanitätsoffizieren in Spandau tobte ein erbitterter Streit um die benötigte Kalorienmenge, denn die Ärzte sahen sehr wohl, dass die Häftlinge dramatisch an Gewicht verloren. Neurath zum Beispiel wog im August 1947 noch 74 Kilo. Im August 1948 brachte er nur noch 62 Kilo auf die Waage.[71] Dönitz hatte im selben Zeitraum von 68 Kilo auf knapp 57 Kilo abgenommen.[72] Speer hielt in seinem Tagebuch fest, dass er Ende März 1948 bei einem Gewicht von 66,5 Kilo angekommen sei, »über vierzig Pfund unter Normalgewicht« und »mein bisher tiefstes Gewicht«. »Viel weniger darf es nicht werden«, stellte er fest, wobei er gleichzeitig »[ü]berlege, ob ich es mir weiter leisten kann, dem immer hungrigen Dönitz von meinem Brot abzugeben«.[73] Im August 1948 schrieb Speer: »Anhaltender Hunger, Schlappheit.« Etwas Linderung verschafft dagegen das Entgegenkommen eines amerikanischen und eines englischen Wärters, die zulassen, dass die Häftlinge Kartoffeln braten und selbst angebautes Gemüse essen, sowie die Möglichkeit, im Garten hastig aufgesammelte Walnüsse zu essen.[74] Bei Heß, dessen Hypochondrie zu ständigen Visiten von Ärzten führten, die keine körperlichen Leiden bei ihm feststellen konnten, wurden im Dezember 1948 »keine abnormalen Befunde mit Ausnahme definitiver Unterernährung«[75] diagnostiziert. Der britische Sanitätsoffizier G. W. B. Shaw hatte im Januar 1948 festgestellt, dass deutsche Gefangene in den alliierten Gefängnissen der drei Westzonen Nahrungsmittelpakete von Verwandten empfangen durften. Warum blieben den Gefangenen von Spandau solche zusätzlichen Nahrungsmittel verwehrt?

Die sowjetischen Mitglieder im Ernährungsausschuss der Alliierten Kommandantur wollten die tägliche Nahrungsmittelration in Spandau sogar noch weiter reduzieren, auf die Lebensmittelkarte Nummer 3, ohne dabei die von den Gefangenen ausgeführte Arbeit zu beachten, »denn dies waren dieselben [Rationen], die einfache deutsche Gefangene erhielten, die dieselbe Arbeit leisteten«. Das sowjetische Kontingent in Spandau vertrat außerdem die Ansicht, der Gewichtsverlust der Gefangenen werde nicht von einer zu geringen Kalorienzahl, sondern eher von der moralischen Last ihrer Schuld ausgelöst.[76] Dieses Argument mag auf den ersten Blick sehr töricht wirken, doch es zielte möglicherweise darauf ab, das Problem der Kalorienmenge aus dem Zuständigkeitsbereich des medizinischen Ausschusses herauszulösen. Die Ärzte der Westalliierten stimmten nämlich in der Auffassung überein, dass es den Gefängnisdirektoren nicht gestattet sein sollte, gegen medizinische Entscheidungen in dieser Angelegenheit ihr Veto einzulegen, wenn die Nahrungsfrage zu einem gesundheitlichen Problem wurde. Major M. C. Wolkow, der neue sowjetische Sanitätsoffizier, wandte jedoch ein, auch eine medizinische Verschreibung größerer Nahrungsmengen erforderte die einstimmige Billigung des medizinischen Ausschusses, zu der es, so ließ er durchblicken, mit Sicherheit nicht kommen würde.[77]

Während die Sanitätsoffiziere diese Auseinandersetzung führten, wurden die Häftlinge immer dünner. Oberstleutnant Chamberlain schlug vor, für jeden Häftling ein zulässiges Mindestgewicht festzulegen, auf dessen Einhaltung dann geachtet werden sollte. Er ließ die Gefangenen außerdem ständig wiegen. Wenn Wolkow sich beschwerte, die Richtlinien sähen nur ein zweimaliges Wiegen der Gefangenen pro Monat vor, gab Chamberlain zurück, er und die anderen Ärzte der westlichen Alliierten könnten »die Gefangen hundertmal wiegen, wenn sie dies wollten«.[78] Zu diesem Zeitpunkt blieben die Rationen unverändert, und die im

Oktober 1948 erfolgte Verschreibung zusätzlicher zehn Gramm Butter pro Tag für Raeder brachte die Sowjets in Rage.[79] Es war kein gutes Vorzeichen kurz vor dem Bruch zwischen den westlichen Alliierten und der Sowjetunion in Berlin.

Im Zeichen der Blockade

Die im Juni 1948 einsetzende sowjetische Blockade Berlins komplizierte das gesamte Geschehen in Spandau, wobei dort schon vor dem Zusammenbruch der Viermächteverwaltung in Berlin nichts glatt lief. Doch auf seltsame Weise funktionierten die Abläufe im Spandauer Gefängnis weiterhin, als wäre es eine isolierte Insel der Stabilität, auf der man von der Krise jenseits der Gefängnismauern nichts mitbekam. Die Wache im Außenbereich des Gefängnisses wechselte nach wie vor jeden Monat, und im Zellenblock selbst lösten sich gemischtnationale Wachmannschaften routinemäßig alle acht Stunden ab. Pastor Casalis kam und ging einmal wöchentlich, und der Friseur kam und ging jeden Tag. Die täglichen Einträge im Diensttagebuch des Chefwärters enthalten kaum einen Hinweis darauf, dass jenseits der Gefängnismauern die erste weltweite Krise des Kalten Krieges ausgebrochen war. Die Gefangenen selbst schienen bis zum Januar 1949 von dem Zusammenbruch der Beziehungen zwischen den Westalliierten und der Sowjetunion nichts gewusst zu haben. Mehr als ein halbes Jahr nach dem Beginn der Blockade schrieb Speer: »Der Konflikt hat zu Streitigkeiten über die Zufahrtswege nach Berlin geführt. Schon seit einiger Zeit soll Berlin blockiert sein.«[80] Andererseits machte sich das Gefängnispersonal mit Sicherheit Gedanken über die Konsequenzen, die sich aus der Blockade für das Gefängnis ergeben könnten. Die Wärter der drei Westalliierten begannen bei ihren täglichen Kücheninspektionen im Juni 1948 mit dem Zählen der Brotlaibe und kalkulierten dabei, wie lange die vorhandenen Lebensmittel noch reichen könnten.[81] Später im Juni fuhr dann ein Lastwagen der US-Armee vor, mit dem amerikanisches Eigentum aus dem Gefängnis fortgebracht wurde.[82] Im Juli berichtete der amerikanische Chefwärter Harvey B. Fowler voll Unbehagen über die Ankunft des neuen sowjetischen Arztes, bei der dieser Mann und der neue sowjetische Gefängnisdirektor Kartmasow sich in der Medikamentenausgabestelle des Gefängnisses eine halbe Stunde lang im Flüsterton unterhalten hätten.[83]

Wenn sich aber eine Sache mittlerweile geklärt hatte, dann war das die Tatsache, dass die Sowjets nicht vorhatten, sich aus Spandau zurückzuziehen, so wie sie den anderen Institutionen der Viermächteregierung in Berlin den Rücken gekehrt hatten. Und während der monatelangen Blockade und Luftbrücke entwickelten die Sowjets in Fragen der Gefängnisordnung eine groteske Zwanghaftigkeit. Möglicherweise empfanden sie jegliche Lockerung der Vorschriften als Vorläufer für eine Befreiung aller Spandauer Gefangenen durch die Westalliierten. Im Umgang mit Kriegsverbrechen ging in den Jahren 1948 und 1949 nichts mehr reibungslos vonstatten. Am meisten irritiert zeigte sich Moskau über die britische Haltung zu den Kriegsverbrecherprozessen gegen die bekannten Feldmarschälle Gerd von Rundstedt, Erich von Manstein und Walther von Brauchitsch, die alle in britischem Gewahrsam waren. Die Sowjets drängten im März 1948 auf die Auslieferung der drei Generäle, damit sie ihnen wegen Kriegsverbrechen gegen sowjetische Soldaten den Prozess machen konnten, doch die britische Regierung weigerte sich. Daraufhin entwickelte sich im britischen Unter- wie auch im Oberhaus ein erbitterter Streit um die Frage, ob die Feldmarschälle überhaupt vor Gericht gestellt werden sollten. Die Labour-Regierung vertrat zwar die Ansicht, sie habe keine andere Wahl, als Manstein vor ein britisches Militärgericht in Hamburg zu stellen, doch von Churchill geführte oppositionelle Gruppen hatten sich bei Mansteins Verteidigung engagiert, was im sowjetischen Parteiorgan *Prawda* für Kommentare sorgte, in denen von einem Engagement des ehemaligen britischen Premierministers für die Entlassung des »hitleristischen Mörders Manstein«[84] die Rede war. Während des Manstein-Prozesses in Hamburg 1949 beklagte die kommunistische Presse in Ostdeutschland, die Rechtsanwälte des Angeklagten gäben den Opfern der Wehrmacht mehr Schuld an deren Greueltaten in der Sowjetunion als der deutschen Armee selbst. »Der Verlauf des Prozesses«, hieß es im *Neuen Deutschland,* »weist die Tendenz einer Rehabilitierung und Glorifizierung des Hitlerismus auf. [...] Diese Tendenzen treten deutlich ans Tageslicht bei dem reaktionären Teil des deutschen Volkes, der Revanchehoffnungen hegt.«[85]

Die Fehden, die sich in Spandau abspielten, sollten zumindest teilweise in diesem Kontext gesehen werden. General Alexander Kotikow, der sowjetische Stadtkommandant von Berlin, hatte die Entwicklungen im Gefängnis mit Sicherheit genau genug verfolgt, wie das auch seine Kollegen immer getan hatten. Kotikow hatte im Juni 1948, parallel zur Verhängung der vollständigen sowjetischen Blockade, mit dramatischer Geste die Alliierte Kommandantur verlassen. Aber er war nach wie vor im sowjetischen Sektor der Stadt stationiert. Im Juli 1948, einem sowjetischen Monat in Spandau, kurz nach dem Beginn der Blockade Berlins, ersetzte Kotikow den bisherigen Gefängnisdirektor Major Politow durch den höherrangigen Oberstleutnant Kartmasow. Von diesem Offizier weiß man, dass Kotikow ihn einsetzte und dass er sich die größte Mühe gab, seinen Stil bei der Gefängnisverwaltung durchzusetzen. Darüber hinaus ist über ihn nur wenig bekannt. So wie die Sowjets geglaubt hatten, die westlichen Alliierten würden Berlin räumen, sobald sie bedroht würden, hatten sie offensichtlich auch gehofft, der Westen würde die Gefangenen von Spandau im Stich lassen, sobald das Leben dort schwer genug wurde.

Aus einer ganzen Reihe von Gründen war dies eine törichte Strategie. Die westlichen Alliierten waren entschlossen, in Berlin zu bleiben, und sie hielten auch an ihrem Entschluss fest, die sieben Gefangenen nicht im Stich zu lassen, für deren Situation sie bereits ein gewisses Gespür entwickelt hatten, denn von der Sowjetunion allein wäre offensichtlich eine schlechte Behandlung unter einer harten Verwaltung zu erwarten gewesen, zu der ein langsames Verhungern, unzureichende medizinische Versorgung und Einzelhaft gehörten. So wie die Alliierten der Blockade mit der am 26. Juni 1948 beginnenden Luftbrücke trotzten, so widersetzten sie sich den sowjetischen Forderungen in Spandau mit Gedankenspielen, die Gefangenen aus Berlin fortzuschaffen. Die Sowjetunion bewirkte mit ihrem Vorgehen außerdem noch etwas, was den meisten Menschen nur drei Jahre zuvor als unmöglich gegolten hätte. Sie machte einflussreiche nationalsozialistische Kriegsverbrecher vor den Augen derjenigen westlichen Öffentlichkeit, die sie zuvor mit Kriegsverbrecherprozessen noch zu beeindrucken versucht hatte, zu sympathischen Opfern.

Am 1. August 1948, dem ersten Tag des nächsten Monats, in dem das Gefängnis unter amerikanischer Leitung stand, erschien Kartmasow zur Ausgabe des Frühstücks an die Gefangenen und inspizierte danach die Küche. Er machte solche Küchenbesuche fortan zur festen Gewohnheit und verlangte dabei, das an die Gefangenen ausgegebene Essen müsse aufs Gramm genau abgewogen werden. Selbst in Spandau wirkte es merkwürdig, wenn sich ein Gefängnisdirektor so verhielt. Die Wärter inspizierten die Küche täglich, und das Essen gehörte im August zum Verantwortungsbereich der Amerikaner. Kartmasows Verhalten hatte zur Folge, dass zu einigen Mahlzeiten der amerikanische Direktor Major Maxwell Miller, der französische Direktor René Darbois und der britische Direktor Oberst R. B. Burke-Murphy erschienen, um sicherzustellen dass die Gefangenen die ihnen zustehenden Rationen auch erhielten.[86]

Kartmasow beschwerte sich bei den Direktorenbesprechungen im August wiederholt, die von den Amerikanern ausgegebenen Mahlzeiten hätten an mehreren Tagen die vorgesehenen Rationen überschritten. Bei den wöchentlichen Besprechungen der Direktoren kam es bis weit in den November 1948 hinein zu stundenlangen Auseinandersetzungen, in denen sehr unterschiedliche Fragen und Probleme abgehandelt wurden: Welcher Zusammenhang besteht zwischen Gewicht und Kaloriengehalt der Nahrung? Sollen Köche entlassen werden, wenn die von ihnen ausgegebenen Portionen das vorgeschriebene Gewicht überschreiten? Soll der Berliner Magistrat die Köche mit Nahrungsmitteln beliefern, oder sollen das die vier Mächte selbst übernehmen? Soll das Gewicht von Gemüse vor dem Kochen (ohne Wasser) oder nach dem Kochen (mit Wasser) ermittelt werden? Konnten die Ärzte der westlichen Alliierten größere Rationen verschreiben, ohne dass zwangsläufig ein sowjetisches Veto drohte? Und im November, dem nächsten Monat unter sowjetischer Leitung, war das an die Gefangenen ausgegebene Essen auffallend armselig und knapp.[87]

Die Absurdität einer Situation, in der ein hochrangiger Offizier der Roten Armee mit einem einheimischen Koch debattiert, während er sich täglich über die Küchenwaage beugt, um zum Beispiel das Gewicht getrockneter Broccoli zu kontrollieren, gleichzeitig aber die Gefahr eines Dritten Weltkriegs über den Anwesenden schwebt, sollte die Bitterkeit, die mit einer solchen Episode verbunden ist, nicht verdecken. Sie verdeutlicht vielmehr die stillschweigende sowjetische Annahme, man könne die Viermächteverwaltung des Gefängnisses für die westlichen Alliierten unerträglich machen. Zugleich zeigt sich hier die sowjetische Besorgnis, dass sich die gesamte Gefängnisverwaltung in Spandau auflösen könnte, wenn bei einer so grundlegenden Frage wie den Essensrationen eine Grenze überschritten würde, und dann könnten sieben gefährliche Männer in das politische Leben in Deutschland zurückkehren. Eine solche Entwicklung würde zumindest eine Neubesinnung zur Legitimität der Nürnberger Prozesse auslösen. Aber dieses Geschehen zeigte auch, dass die Sowjets entschlossen waren, in Spandau zu bleiben.

Dies alles wirkte sich natürlich auch auf die Häftlinge aus. Von Neurath beschwerte sich im Oktober 1948 bei den Direktoren, er habe die Grabarbeit im Garten wegen »durch unzureichende Ernährung geschwächter Kräfte« eingestellt, worauf ihn ein junger russischer Wärter »in grobem Tone« angeherrscht habe: »Nummer drei weiterarbeiten!«[88] Für den Aristokraten von Neurath typisch ist, dass ihm die Grobheit eines einfachen Soldaten stärker zusetzte als die Möglichkeit, dass er an Unterernährung sterben könnte. Der Rechtsausschuss der Rumpfkommandantur hielt Ende November 1948 dennoch fest, die sieben Häftlinge befänden sich »aufgrund der harten Auslegung der Gefängnisordnung durch die sowjetischen Behörden und der schlechten Ernährung während des Monats unter ihrer Verantwortung in einem sehr reduzierten körperlichen und geistigen Zustand«.[89] Mitten im hier angesprochenen Monat beschwerte sich der amerikanische Gefängnisdirektor Maxwell Miller bei Oberst Frank Howley, der inzwischen zum amerikanischen Stadtkommandanten von Berlin avanciert war, dass »die Verhängung eines unerträglich harten Tagesablaufs über die Gefangenen [...] bei einigen von ihnen unweigerlich zu einem verfrühten körperlichen und geistigen Zusammenbruch führen wird, aller Wahrscheinlichkeit nach bei ihnen allen, wenn dies über einen sehr viel längeren Zeitraum fortgeführt wird«.[90]

Die Frage, was 1948 in Spandau zu tun sei, wurde durch den aus Westdeutschland ausgeübten Druck noch weiter kompliziert. In der Notzeit unmittelbar nach dem Krieg, in der Zigaretten und Schokolade als Währung dienten, machten sich nur wenige Deutsche Gedanken über die sieben Häftlinge in Spandau, und deren Ernährung interessierte die deutsche Öffentlichkeit noch viel weniger. Außerdem gab es keine deutsche Regierung, die auf bessere Behandlung der Häftlinge oder gar auf ihre Freilassung drängte. Nur die Familien der Gefangenen erhoben größere Bedenken, doch die meisten dieser Familien waren in politischer oder sozialer Hinsicht unbedeutend. Eine Familie verfügte jedoch über die nötigen Mittel und Verbindungen, mit denen sich Beschwerden über Spandau wirksam vortragen ließen – die Familie von Neurath.

Auf Neurath wird im nächsten Kapitel noch ausführlicher eingegangen, für den Augenblick kann jedoch festgehalten werden, dass sein aristokratischer Hintergrund und sein Gutsbesitz in Württemberg ihm in Westdeutschland immer noch ein gewisses Ansehen verschafften. Baronin Marie von Neurath (seine Frau) und Winifred von Mackensen (seine Tochter) sollten die erste westdeutsche Kampagne gegen das Viermächtegefängnis initiieren.[91] Neuraths Familie setzte sich nie für die Verbesserung der Haftbedingungen oder für die Freilassung aller Gefangenen ein. Funk und Raeder kamen in den zahlreichen Briefen, die Neuraths Familie an einflussreiche Persönlichkeiten in Deutschland und Großbritannien schrieb, überhaupt nicht vor. (Fairerweise muss allerdings gesagt werden, dass nicht gesichert ist, ob die Frauen der Familie von Neurath über die anderen Häftlinge besonders viel wussten.) Die Ehefrau und die Tochter interessierten sich nur für den Baron selbst. Das ist verständlich – die Frauen und Kinder der Gefangenen sorgten sich in erster Linie um den eigenen Ehemann und Vater. Ein scheint jedoch ein unausgesprochenes Empfinden gegeben zu haben, dass sich von Neurath aufgrund seiner aristokratischen Haltung deutlich von den anderen Gefangenen unterschied und eine bessere Behandlung oder sogar die Freilassung von Neuraths bestätigen würde, dass weder er noch seine Familie vom Nationalsozialismus so negativ beeinflusst worden waren wie das Gesindel, mit dem er jetzt Tür an Tür lebte. Wenn die Familie das Problem von Neurath ansprach, setzte sie damit auch das Problem der Haftbedingungen in Spandau auf die Tagesordnung, weil sie zunächst einmal die Härte dieser Bedingungen für von Neurath selbst überzeichnete und gleichzeitig versuchte, seinen Fall eher zu einem humanitären als zu einem juristischen Problem zu machen. Im Schatten der Berlin-Blockade blieb dies alles nicht wirkungslos.

Neurath verfügte nach einer Karriere als Diplomat, vor allem aus seiner Zeit als Botschafter in London von 1930 bis 1932 und als deutscher Außenminister bis 1938, immer noch über Kontakte im Ausland, vor allem in Großbritannien. Diese Kontakte umfassten Antikommunisten, die vor dem Krieg auf unbeholfene Weise für die Politik des Appeasements gegenüber Deutschland plädiert hatten und sich in der Nachkriegszeit für enge Beziehungen zu nahezu jedem Preis einsetzten, Vertreter des Klerus, die sich unterschiedlos gegen den Nationalsozialismus und den Kommunismus wandten – böse Regime, die ihrer Ansicht nach über gute Menschen herrschten – und die jetzt zu einer großzügigen Haltung christlicher Vergebung gegenüber Deutschland in der Nachkriegswelt aufriefen, sowie moralische Relativisten, die sich über vieles, was die Deutschen unter nationalsozialistischer

Herrschaft getan hatten, keine großen Gedanken machten. Die erste Kontaktperson der Familie von Neurath war Lady Nancy Astor, die in Virginia geborene, aber in Großbritannien lebende frühere Amerikanerin, die, nachdem sie in diese wohlhabende, über gute gesellschaftliche Kontakte verfügende Familie eingeheiratet hatte, im Jahr 1919 Großbritanniens erste weibliche Parlamentsabgeordnete geworden war. Lady Astor war berühmt wegen ihres Einsatzes für das Frauenwahlrecht und die Gesetze gegen den Alkoholmissbrauch, wegen ihrer legendären gesellschaftlichen Veranstaltungen auf dem Landsitz der Familie Astor in Cliveden und aufgrund einiger mäßig geistreicher Zitate (zum Beispiel: »Ich heiratete unter meinem Niveau. Das tun alle Frauen«). Lady Astor war eine stramme Antikommunistin und höfliche Antisemitin und hatte sich vor dem Krieg stark für friedliche Beziehungen zu Hitlerdeutschland eingesetzt. Der *New York Times* sagte sie 1937: »Wenn die Juden hinter [der antideutschen Stimmung in den Vereinigten Staaten] stecken, gehen sie zu weit und müssen sich in Acht nehmen.« Nach dem Münchener Abkommen vom 30. September 1938, das die Zerschlagung der Tschechoslowakei einleitete, blieb sie eine der stärksten Unterstützerinnen Neville Chamberlains. Wiederholt unterbrach sie Churchill bei dessen berühmter Kritik an Chamberlains Politik im Unterhaus.[92] Nach dem Krieg reiste Lady Astor nach Amerika und beleidigte dort umgehend die schwarze Bevölkerung mit angenehmen Erinnerungen an die schwarze Dienerschaft ihrer Familie. Dann erklärte sie noch, in New York gebe es zu viele Juden, und tat offenherzig kund: »Es ist mir egal, wieviele Juden in Palästina getötet werden«, denn das gesamte britische Debakel dort werde von Juden in den Vereinigten Staaten gesteuert.[93]

Baronin Marie schrieb deshalb umgehend an Lady Astor, als sie von deren Deutschlandreise im November 1947 erfuhr. Sie hob den Status ihres Mannes als »politischer Gefangener« hervor und beklagte zugleich, die Behandlung sei »die von gewöhnlichen, nicht von politischen Gefangenen«. Marie beklagte auch, dass ihr Mann seit drei Monaten keinen Gottesdienst erlebt habe; er werde nachts alle fünf bis zehn Minuten aufgeweckt; seine Kinder dürften ihm nicht schreiben; er habe seit der Ankunft in Berlin keine anständige Mahlzeit mehr bekommen; er werde trotz drohender Taubheit und Blindheit »schrecklich vernachlässigt«. »Es ist ein Jammer, dass Sir Neville Henderson tot ist«, schrieb Marie und bezog sich damit auf den letzten britischen Botschafter in Berlin in Friedenszeiten, der vor seinem Tod im Jahr 1942 Verständnis für die territorialen Ansprüche Deutschlands gezeigt hatte. »Er war uns ein guter Freund und könnte viel über die Arbeit meines Mannes für Ihr Land berichten, die er als Außenminister in Berlin geleistet hat.«[94] Nancy intervenierte gleich nach ihrer Rückkehr aus Deutschland bei ihren Kontaktpersonen im Außenministerium. Marie schrieb wenig später an Lord Halifax, den ehemaligen britischen Außenminister im Kabinett Chamberlains, beklagte sich über den schlechten Gesundheitszustand ihres Mannes sowie über die Art, wie er behandelt wurde, und fragte bei dieser Gelegenheit gleich an, ob es möglich sei, ihn nach Stuttgart in US-Gewahrsam zu überführen. Marie fügte noch eine Bemerkung an, die wie eine herzzeißende Fußnote wirken sollte, sie verwies auf ihr Zuhause »voller Hunde, [die] alle ihren eingesperrten Herrn vermissen«. Halifax reagierte. »Ich dachte schon immer«, schrieb er ans Foreign Office, »dass der alte Mann eine ziemlich harte Zeit durchmachte.«[95]

Winifred von Mackensen war noch verzweifelter als ihre Mutter. Ihre Einheirat in die prominente preußische Aristokratenfamilie von Mackensen hatte einst wie eine sehr gute Partie gewirkt. Später sah das dann etwas anders aus. Ihr Schwiegervater, der betagte Feldmarschall August von Mackensen, war nach dem Tod des Reichspräsidenten Paul von Hindenburg im Jahr 1934 der einzige noch lebende deutsche Generalfeldmarschall gewesen. Er empfand angesichts des gewalttätigen Vorgehens der Nationalsozialisten zwar Unbehagen, ließ aber dennoch zu, dass er bei repräsentativen Anlässen wie ein Requisit benutzt wurde, mit dem Hitler sich bei Aristokratie und Armee eine Legitimation verschaffte. Hitler hatte sich 1935 die Loyalität des alten Mannes mit einem preußischen Landsitz erkauft.[96] Hans-Georg von Mackensen, Winifreds Ehemann, diente Hitler von 1937 bis 1943 als Botschafter in Italien. Zu seiner Tätigkeit in Rom gehörte auch, von der italienischen Regierung die Auslieferung jener Juden zu verlangen, die im März 1943 in den unter italienischer Besatzung stehenden Gebieten Südfrankreichs Zuflucht gesucht hatten. Mackensen hatte sich damals in Berlin beklagt, die Italiener würden sich von »falscher Humanitätsduselei« leiten lassen, »die unserer harten Zeit nicht entspricht«.[97] Winifreds Schwiegervater starb kurz nach Kriegsende; das neue Landgut der Familie von Mackensen war verloren, und Hans-Georg wurde von den Franzosen im Mai 1945 verhaftet und bis April 1946 in Überlingen festgehalten. Er starb im September 1947 in Konstanz.[98] Baronin Marie strich in ihrem Brief an Lord Halifax heraus, dass Winifred jetzt eine einsame Witwe sei. Winifred scheint so einsichtig gewesen zu sein, ihren Ehemann nicht zu erwähnen. Aber sie bediente sich einer Reihe von Verbindungen nach London, um ihren Vater freizubekommen.

Winifreds wichtigster Kontakt lief über Theophil Wurm, den Landesbischof der Evangelischen Landeskirche in Württemberg, eine der einflussreichsten deutschen Persönlichkeiten in der amerikanischen Besatzungszone. Wurm war kein Nationalsozialist. Vielmehr war er von der nationalsozialistischen Regierung 1934 unter Hausarrest gestellt worden, weil er sich gegen die schleichende Vorherrschaft der Nationalsozialisten im deutschen Protestantismus gewandt hatte. Wurm war auch dem Programm der Nationalsozialisten zur Ermordung geistig behinderter Menschen entgegengetreten. Andererseits war er jedoch, wie viele andere evangelische Kirchenführer in Deutschland, ein strammer Nationalist, erklärter Antikommunist und Antisemit bis zu dem Punkt, an dem er Hitlers Aufstieg zur

Macht begrüßte und zugleich – auch noch nach dem »Kristallnacht«-Pogrom von 1938 – das Recht des Staates verteidigte, sich gegen fremdartige jüdische Einflüsse zu wehren. Wurm setzte sich bis 1943 nicht für Deutschlands Juden ein, bis er schließlich erfuhr, dass der Massenmord bereits in vollem Gang war. Selbst dann konzentrierte Wurm seine Bemühungen auf Juden, die sich hatten taufen lassen, und er stellte dieses stille Engagement ein, als ihm die Regierung drohte.[99] Nach Kriegsende setzte sich der württembergische Landesbischof umgehend und regelmäßig für deutsche Kriegsverbrecher ein, die bei den Prozessen in Nürnberg und Dachau verurteilt worden waren – selbst für so elende Gestalten wie Oswald Pohl, der für Massenmorde verantwortlich gewesen war. Wurm sprach hier für viele Deutsche, die glaubten, dass Kriegsverbrecherprozesse grundsätzlich ungerecht seien, weil sie scheinbar auf einer nach geschehener Tat formulierten Rechtsgrundlage (»ex post facto«) beruhten, mit der sie für ein Siegerrecht standen, von einer deutschen Kollektivschuld ausgingen, Deutschlands Leiden während des Krieges ignorierten und von der Tatsache ablenkten, dass sich die westlichen Länder zur Abwehr des Kommunismus zusammenschließen mussten. Wurm stützte sich bei seinem Engagement auf die genaue Lektüre von Stellungnahmen der Verteidiger, aber bezeichnenderweise ging er nie auf amerikanische Angebote ein, die von der Anklagevertretung vorgetragenen Beweise selbst zu prüfen. Wenn die stillschweigenden Bemühungen hinter den Kulissen nicht fruchteten, bediente sich Wurm für seine Angriffe auf US-Staatsanwälte, Richter und Besatzungsoffiziere der Presse.[100]

Konstantin von Neurath und seine Familie erfreuten sich Wurms besonderer Aufmerksamkeit. Bischof Wurm wie auch Baron von Neurath waren führende Konservative Württembergs, die beiden Männer waren seit langem befreundet, und Wurm hatte bei Neurath noch eine persönliche Dankesschuld abzutragen. Es war von Neurath gewesen, der Wurm 1934 aus der von den Nationalsozialisten verhängten Haft befreit hatte. Wurms Überzeugung wuchs, dass von Neurath zu Unrecht verurteilt worden war, weil die Sowjetunion an diesem Prozess mitgewirkt hatte und der Internationale Militärgerichtshof aus den vorliegenden Beweisen falsche Schlüsse gezogen hatte, und dass die Verurteilung des ehemaligen Außenministers zu Gefängnishaft unmenschlich sei.[101] Wurm setzte sich im Lauf der Jahre mit Briefen an eine ganze Reihe von Persönlichkeiten für von Neurath ein, zu den Adressaten gehörten auch Papst Pius XII. und Bundeskanzler Konrad Adenauer. Im Mittelpunkt der Lobbyarbeit Wurms zugunsten von Neuraths stand der anglikanische Bischof von Chichester in England, George Kennedy Allen Bell. Bell unterhielt in den Vorkriegs- wie auch in den Kriegsjahren gute Beziehungen zu führenden Vertretern der Evangelischen Kirche in Deutschland, die gegen die Nationalsozialisten waren, und er versuchte (nicht immer erfolgreich) zwischen einer Handvoll tyrannischer Nationalsozialisten auf der einen Seite und der großen Masse anständiger deutscher Christen auf der anderen Seite zu unterscheiden. Während des Krieges war Bell die wichtigste Stimme des konservativen deutschen Widerstandes in London gewesen. Er versuchte die britische Regierung zur Öffnung von Kommunikationskanälen mit dem konservativen Widerstand zu bewegen und wandte sich gleichzeitig gegen eine konkurrierende alliierte Politik, die – wie etwa die schweren Bombardements oder das Beharren auf einer bedingungslosen Kapitulation Deutschlands – die Chancen des Widerstands beeinträchtigen könnte, Deutschland geographisch zusammenzuhalten, damit es als intaktes Bollwerk gegen die Sowjets dienen konnte.[102] Nach dem Krieg wurde Bell, der enge Kontakte zu Wurm unterhielt, im britischen Oberhaus rasch zur wichtigsten Stimme gegen einen harten Umgang mit Deutschland und gegen Verfahren, die er als einseitige und auf zweifelhafter Rechtsgrundlage stehende Kriegsverbrecherprozesse empfand. Bell hob als gemeinsame Grundlage für die Zukunft die christliche Brüderlichkeit, Gnade und den im britischen wie auch im deutschen Volk vorhandenen Antikommunismus hervor.[103] Spandaus Standort im britischen Sektor von Berlin und Bells Verbindungen zum britischen Außenministerium brachten es mit sich, dass Bell Ende der vierziger Jahre zu Wurms wichtigster Kontaktperson im Fall von Neurath werden sollte. Und Wurm nahm es in seiner Korrespondenz mit Bell mit der Wahrheit nicht immer genau. Im Juni 1947 dankte er, wenige Wochen vor dem Tod Hans-Georg von Mackensens in der Haft, dem Bischof von Chichester für dessen Bemühungen zugunsten »dieses tapferen Mannes«.[104] Alle Informationen über Konstantin von Neurath, die in dieser Persongruppe zirkulierten, liefen über Winifred, die – neben ihrer Mutter Marie – der einzige nicht in irgendeiner Weise mit dem Gefängnis verbundene Mensch war, der ihn gesehen hatte. Winifred hatte ihren Vater bis zum Februar 1948 bereits zweimal besucht, und ihre Berichte lieferten die Grundlage für Wurms Klagen bei Bell, in denen er auch Maries Klagen wiederholte, von Neurath werde »wie ein Sträfling und nicht wie ein politischer Gefangener behandelt«.

Wurm berichtete über Neuraths schlechten Gesundheitszustand, den Mangel an gutem Essen, die Einschränkung, nicht mehr als einen Brief pro Monat schreiben zu dürfen, während er zugleich nur kurze und auch nur wenige Besuche empfangen durfte, und beschwerte sich außerdem darüber, dass der Gefangene im Garten Grabarbeiten leisten und dann auch noch Tüten zusammenkleben musste. Einige dieser Beschwerden entsprachen den Tatsachen, andere dagegen nicht. Speer schreibt in seinen *Spandauer Tagebüchern,* von Neurath habe die Gartenarbeit eher gemocht, vielleicht weil ihm die Gefängnisdirektoren das Gestalten, Pflanzen und Ernten übertrugen. Im Unterschied zu den anderen Gefangenen sah Neurath auch von ständigen Beschwerden ab. Speer schrieb: »Neurath bleibt selbst in dieser Umgebung ein Edelmann alter Schule, immer liebenswürdig, hilfsbereit, anspruchslos. Nie klagt er. Das gibt ihm eine gewisse Würde und eine Autorität, die er freilich nie in Anspruch nimmt.«[105] Auch um seine Gesundheit war es, zu-

Abb. 4: Ein an den Kontrollen vorbeigeschmuggeltes Foto, das (von links nach rechts) von Neurath, Heß, von Schirach und Dönitz um 1950 bei der Arbeit im Spandauer Gefängnisgarten zeigt. Ähnliche Bilder wurden im Rahmen der von Jürgen Thorwald verfassten Serie »Hinter den Mauern von Spandau« 1951 in der wöchentlich erscheinenden Münchner Illustrierten Revue gedruckt. © ullstein bild.

mindest im Jahr 1948, nicht so schlecht bestellt. Die Ärztekommission wusste um von Neuraths hohen Blutdruck und um seine Arteriosklerose. Aber Diskussionen, die von der Ankunft der Gefangenen Ende 1947 bis Ende 1951 geführt wurden, zeigen, dass Funk und Raeder den Ärzten am Ort die größten Sorgen bereiteten. Nur wenige Bemerkungen der Mediziner beschäftigten sich, trotz seines Alters, mit von Neurath.

Das britische Außenministerium begegnete der Flut von Beschwerden aus Württemberg, von Lady Astor, Lord Halifax, vom Bischof von Chichester oder anderen Klageführern vor der sowjetischen Blockade Berlins keineswegs mit Wohlwollen. Viel mehr Sorgen bereitete London die Überlegung, wie die Opfer des Nationalsozialismus in den Niederlanden, in Skandinavien und in Osteuropa wohl auf eine Erleichterung der Haftbedingungen in Spandau reagieren würden. Die Gefängnisordnung in Spandau sei im direkten Vergleich mit den Bedingungen in britischen Gefängnissen ohnehin nicht strenger, merkte Lorna Newton, eine Mitarbeiterin des britischen Außenministeriums, zu diesem Thema noch an. Mit Bezug auf den Streit, den es 1947 wegen der Gemeinschaftsarbeit und den Gottesdiensten in Spandau mit den Sowjets und Franzosen gegeben hatte, hielt Newton fest, dass in diesem Bereich keine Lockerung der Bedingungen erwartet werden könne. Die Sowjets und die Franzosen würden beide von ihrem Vetorecht Gebrauch machen, um jedwede Liberalisierung zu verhindern.[106]

Erst mit der Blockade wurde Spandau zu einem dringenderen politischen Problem. Weitere Briefe aus Württemberg lösten im Sommer 1948 eine parlamentarische Diskussion und öffentlich geäußerte Fragen aus, warum Neurath die an ihn geschickten Lebensmittelpakete nicht erhalte und warum er und seine Mitgefangenen immer noch bei der Besuchsregelung und beim Briefeschreiben solchen Einschränkungen unterlägen.[107] Während der Blockade wurde der Labour-Abgeordnete Richard R. Stokes aus Ipswich zu einem der größten Fürsprecher der Gefangenen von Spandau. Stokes, der seinen Sitz 1938 bei einer Nachwahl errungen hatte, hätte eine eigene Monographie verdient. Vor dem Krieg hatte er hinter den Kulissen als Befürworter eines Abkommens mit Hitlerdeutschland agiert. Bei Kriegsbeginn Anfang September 1939 rief Stokes die Parliamentary Peace Aims Group ins Leben, und im Oktober, als Polen bereits vollständig überrannt war, verteilte er im Unterhaus ein Memorandum mit dem Titel *What are we fighting for?*. Im März 1943 stellte er die Methoden und Ziele der britischen Bombardements in Deutschland in Frage und ging dabei so weit, dass ihn schließlich einige Landsleute als den »Unterhausabgeordneten aus Hamburg«[108] bezeichneten. Nach dem Krieg protestierte Stokes gegen die Vertreibung der Sudetendeutschen durch die Tschechen und gegen die neue Regelung der deutschen Ostgrenze zu Polen. Sein wichtigstes Anliegen während der Blockadekrise von 1948 und 1949 betraf jedoch die Prozesse gegen die deutschen Kriegsverbrecher.

Stokes' Motive sind rätselhaft. Er war prodeutsch, antisemitisch und in moralischer Hinsicht – gelinde gesagt – ein Sophist. Er war der Erste, der Charlotte von Brauchitsch am Totenbett ihres Ehemanns, des Hitler treu ergebenen Oberbefehlshabers des Heeres, Generalfeldmarschall Walther von Brauchitsch, im Oktober 1948 Trost spendete. Wenige Monate später protestierte er öffentlich gegen die Grausamkeit des jüdischen koscheren Schlachtens in England.[109] Noch 1947 hatte er sich gegen die Auslieferung von als Kriegsverbrechern verdächtigten Deutschen in die Staaten Ost- wie Westeuropas ausgesprochen, weil diese Männer seiner Ansicht nach dort keinen fairen Prozess zu erwarten hätten. Auf hartnäckige Nachfragen räumte er jedoch ein, dass er sogar Nürnberg nicht für einen fairen Prozess gehalten habe und dass »ich allergrößte Schwierigkeiten habe zu entscheiden, wer ein Kriegsverbrecher ist. [...] Ist der Mann, der eine Atombombe abwirft, nun ein Kriegsverbrecher oder nicht?« Zu den Personen, die Stokes nicht ausgeliefert sehen wollte, gehörte auch Dr. Wladislaw Dering, ein polnischer Arzt, der wegen seiner zahlreichen sadistischen medizinischen Experimente in Auschwitz in seinem Heimatland vor Gericht gestellt werden sollte.[110] Die Gefangenen in Spandau gehörten ebenfalls zu seinen Lieblingsfällen. Er war klug genug, nicht ihre sofortige Freilassung zu fordern, und er konnte seine Sympathie für die sieben Häftlinge mit dem übergeordneten Problem der Menschenrechte verbinden. Ende Oktober 1948 schrieb er den Außenminister Ernest Bevin persönlich an: »Ist es nicht an der Zeit, dass wir diese besondere Viermächteregelung aufheben und die Gefangenen in unsere Zone verbringen, wo ordentlich für sie gesorgt werden könnte? Im Namen der Menschlichkeit sollte dies so geregelt werden, was auch immer die Gefangenen in der Vergangenheit getan haben mögen.«[111]

Der zunehmende Druck, der von Wurm, Bell und einigen Stimmen im Unterhaus ausging, sorgte in Verbindung mit einem allgemeinen, durch die Blockade ausgelösten Meinungsumschwung für eine Flut von internen Kommentaren im britischen Außenministerium, die auf Erkenntnisse der folgenden Art hinausliefen: »Die Haftbedingungen in Spandau gereichen einer zivilisierten Nation keineswegs zur Ehre«, und »uns stehen durchaus mehr Informationen über dieses Gefängnis zu.«[112] Die Frage lautete, was denn nun zu tun sei. Bevin hegte keine Sympathien für die verurteilten Kriegsverbrecher oder ihre Fürsprecher. Er war, gegen heftigen Widerstand aus dem Parlament, fest entschlossen gewesen, Generalfeldmarschall Erich von Manstein noch 1949 als Kriegsverbrecher vor Gericht zu stellen. Er scheint auch keinerlei Verlangen nach einer Auflösung des Spandauer Gefängnisses verspürt zu haben. Aus politischen Gründen hoffte er allerdings, dass die Haftbedingungen vielleicht stillschweigend an die Regelungen angeglichen werden könnten, die für das britische Militärgefängnis für deutsche Kriegsverbrecher in Werl galten. Er wies General Brian Robertson, den britischen Militärgouverneur in Deutschland, an, das Problem der Spandauer Gefängnisordnung mit den Sowjets zu erörtern. Die hatten den Kontrollrat und die Kommandantur bereits verlassen, aber Robertson war nach Gesprächen mit Oberstleutnant R. B. Burke-Murphy, dem britischen Direktor in Spandau, ohnehin skeptisch. Robertson schrieb:

»Der sowjetische Vertreter [Kartmasow] will die Haftbedingungen sogar noch weiter verschärfen und hat mehrmals vorgeschlagen, die Einzelhaft wieder einzuführen, die Schlaf- und Ruhezeiten zu begrenzen und weitere Einschränkungen für das Entleihen von Büchern aus der Bibliothek, für Familienbesuche und den Empfang von Briefen einzuführen.«[113]

Sir Ivone Kirkpatrick, der für die Deutschlandpolitik zuständige Staatssekretär (Permanent Undersecretary) im britischen Außenministerium, machte einen mutigeren Vorschlag. Auf die Verhandlungen, mit deren Scheitern er rechnete, sollte eine Erklärung folgen, aus der hervorging, dass die Viermächteverwaltung des Gefängnisses beendet sei, und dann sollten die Gefangenen per Flugzeug in die britische Besatzungszone nach Westdeutschland gebracht werden. Ein solcher Schritt war allerdings mit erheblichen politischen, vielleicht sogar mit militärischen Risiken verbunden. Ein Mitarbeiter des Außenministeriums schrieb:

»Ich befürchte, dass ein solcher Vorstoß nicht nur einen heftigen Streit mit den Russen auslösen würde, mit dem sie viel Propaganda machen würden, er wäre auch für den amerikanischen und französischen Militärgouverneur kaum akzeptabel. Wir könnten ihn vielleicht soweit modifizieren, dass wir die Gefangenen evakuieren und auf Gefängnisse in den Westzonen aufteilen, aber selbst dies wirkt wie ein gewaltsamer Schritt, der sich im Ausland gegen die russische Propaganda kaum verteidigen ließe.«[114]

Bevin verstand diese Besorgnisse. Er fragte Robertson, ob es für erfolgreiche Verhandlungen irgendeine Chance gäbe, aber Robertson blieb skeptisch. Er glaubte, dass die Sowjets durch eine öffentliche, im britischen Unterhaus eröffnete Offensive eher unter Druck zu setzen seien: »Die einzige Chance, zu irgendeiner Erleichterung zu kommen, ist die vollständige öffentliche Enthüllung des gegenwärtigen Zustandes und des Scheiterns unserer Bemühungen, ihn zu korrigieren.«[115] Parlamentarische Anfragen und Debatten würden jedoch in London nur den Druck erhöhen, der von Leuten wie Bell und Stokes ausging und die einseitige Evakuierung der Gefangenen aus Spandau zum Ziel hatte – eine Lösung, die Bevin vermeiden wollte.

Robertson erörterte, Bevins Weisung entsprechend, das Spandau-Problem Anfang November 1948 (in einem sowjetischen Monat) mit den beiden anderen Militärgouverneuren im Alliierten Rumpf-Kontrollrat. Seine Anregung, die Sowjets um eine Verbesserung der Haftbedingungen anzugehen, führte zu einem gewagten Vorschlag von General Lucius D. Clay, dem amerikanischen Militärgouverneur, der Kirkpatricks in London geäußerten Vorstellungen entsprach. Von Clay war im Juni 1948 auch der Vorschlag gekommen, mit Waffengewalt gegen die sowjetische Blockade Berlins vorzugehen, indem man sie mit gepanzerten Fahrzeugen durchbrach. In Sachen Spandau wollte Clay den Sowjets im Verlauf des amerikanischen Monats im Dezember mitteilen, dass »die Westmächte künftig die Bewachung der Gefangenen [von] Spandau übernehmen würden«, da Moskau den Alliierten Kontrollrat verlassen habe. Die Gefangenen sollten anschließend, mit oder ohne Zustimmung der Sowjetunion, in die Westzonen verlegt werden. Clays Argument war in juristischer Hinsicht stichhaltig. Durch ihr Ausscheiden aus der Kommandantur hatten die Sowjets dem Viermächtegefängnis die rechtlich zuständige übergeordnete Behörde genommen. General Pierre Koenig, der französische Militärgouverneur in Deutschland, merkte hierzu noch an, dass die Sowjets die drei Westalliierten schon längst hinausgeworfen hätten, wenn Spandau im sowjetischen Sektor Berlins läge.

Clays Plan, ob nun rechtlich korrekt oder nicht, barg jedoch große Risiken für geringen Lohn. Die französische Regierung wollte – Koenigs Einschätzung zum Trotz – die Sowjets wegen Spandau nicht herausfordern, zumal es in Frankreich für keinen der Insassen irgendwelche Sympathien gab. Koenig sagte, jeder Vorstoß zugunsten der Häftlinge würde in seinem Heimatland als Schmusekurs empfunden werden.[116] Washington war wegen der möglichen militärischen Konsequenzen vorsichtig. Was war, wenn die Sowjets das Feuer eröffneten? Beamte des US-Außenministeriums wiesen darauf hin, dass der Flugplatz Gatow in der britischen Zone Berlins nur fünfzehn bis zwanzig Autominuten vom Gefängnis entfernt war, und dass »es vermutlich mindestens zwanzig Minuten dauern würde, bis irgendwelche Verstärkungen aus dem russischen Sektor im Gefängnis einträfen«, sollten die Gefangenen heimlich fortgebracht werden. Doch selbst nach dem besten Szenario bedeutete ein solches Vorgehen, dass man den Konflikt zugunsten von sieben verurteilten Kriegsverbrechern auf die Spitze trieb. Das US-Außenministerium fürchtete letztlich, dass eine Verlegung der Gefangenen in den Westen ohne sowjetische Zustimmung »politische Konsequenzen hätte, [...] die als untragbar [...] empfunden werden.«[117]

Robertson verwies dann auf die Möglichkeit, General Wassili Tschuikow, den neuen sowjetischen Militärgouverneur in Deutschland, auf höchster Ebene anzusprechen. Eine Annäherung könnte den politischen Druck in London verringern. Aber Clay und Koenig sprachen sich gegen Verhandlungen aus, ironischerweise weil sie eine sowjetische *Zustimmung* befürchteten. Eine sowjetische Bereitschaft, auf erleichterte Haftbedingungen einzugehen, würde den Vorwand für einen späteren kühnen Vorstoß der westlichen Alliierten, den Clay immer noch ins Werk setzen wollte, entfallen lassen. Schließlich akzeptierten die drei Militärgouverneure einen von Clay entworfenen Kompromiss. In den Monaten, in denen die Amerikaner, Briten und Franzosen für den Betrieb in Spandau verantwortlich waren, würden die Haftbedingungen für die Gefangenen bis zu einem gewissen Grad erleichtert werden. Während des sowjetischen Monats sollten sie unverändert bleiben. Solche Verbesserungen konnten nicht geheimgehalten werden, weil immer auch sowjetische Wärter Dienst taten. Doch Clay schlug vor, auf sowjetische Proteste einfach nicht einzugehen. Wenn die Sowjets aus dem Gefängnisbetrieb aussteigen wollten, dann konnten sie das tun – Clay hoffte, dass sie das tun würden –, aber die Verantwortung für diesen Ausstieg würde dann bei Moskau liegen, und der propagandistische Nutzen wäre auf Seiten der Westalliierten, weil diese in einem solchen Fall kein Viermächteabkommen zum Umgang mit verurteilten Kriegsverbrechern gebrochen hätten.[118] In London wurde Richard Stokes einstweilen nahegelegt, das Thema Spandau im Parlament nicht anzusprechen, bevor es zu diesen Veränderungen kam, denn die Notwendigkeit, ihm zu antworten, würde den Sowjets Zeit für Gegenmaßnahmen verschaffen. Nach der Verwirklichung der Änderungen konnte das Parlament jedoch die Wahrheit erfahren – dass nämlich »die westlichen Militärgouverneure beschlossen haben, dass die Gefangenen in Spandau während der Monate, in denen sie verantwortlich sind, nach zivilisierten Strafvollzugsmethoden behandelt werden. In jedem vierten Monat – wenn der Gefängnisdirektor aus der UdSSR den Vorsitz führt – wird dies nicht gelten.«[119] Es war das Beste, was unter diesen Umständen getan werden konnte.

Die Sowjets bleiben

Auf Clays Weisung hin informierte Oberst Frank Howley den amerikanischen Gefängnisdirektor Maxwell Miller über die zu unternehmenden Schritte. Die Gefangenen sollten jetzt täglich mehr Kalorien erhalten, um den Gewichtsverlust zu stoppen. Sie sollten sich zu jeder Tageszeit auf ihr Bett legen dürfen, wann immer sie dies wünschten und ungeachtet sowjetischer Einwände. Sie sollten zweimal im Monat Lebensmittelpakete von jeweils zwei Kilo Gewicht empfangen dürfen. Sollte ein Gefangener ernstlich krank werden, würde man ihn jetzt in ein alliiertes oder deutsches Krankenhaus verlegen, so dass ein deutscher Chirurg ihn operieren konnte, und zwar »unter Bedingungen, die uns gegen jede [...] Schuldzuweisung schützen, wir hätten, [...] absichtlich oder durch Nachlässigkeit, den Tod eines Gefangenen verursacht.« Howley fuhr fort: »Ich werde nicht zulassen, dass dieser Befehl durch russische Obstruktion oder Verzögerungstaktik außer Kraft gesetzt wird.«[120] Doch Howley rechnete mit Ärger, und er stellte Miller »drei kräftige zusätzliche Wärter« zur Verfügung und wies den Gefängnisdirektor außerdem an, die bewaffnete amerikanische Wache für den Außenbereich zu Hilfe zu rufen, wenn er dies für notwendig halte. Howley warnte: »Wenn die Sowjets körperliche Gewalt anwenden, um [die Verbesserung der Haftbedingungen] zu verhindern, wird angemessene Gewalt ausgeübt werden, um die Einmischung zu unterbinden.«[121]

Howleys weitreichender Befehl konnte allerdings nicht einseitig umgesetzt werden und wurde schon bald verwässert, möglicherweise nach einer Diskussion mit Miller. Das einzige für die Amerikaner wirklich dringende Problem waren bessere Essensrationen für die Gefangenen, damit deren allmählich gefährlich werdender Gewichtsverlust gestoppt wurde. Darüber hinaus und abgesehen von der Regelung für Gespräche zwischen den Gefangenen unter Aufsicht und von der Bestimmung für Ruhephasen auf den Betten konnte nur wenig getan werden, ohne Gewalt anzuwenden. Die Sowjets würden sich den vierzehntäglichen Zwei-Kilo-Lebensmittelpaketen schon aus Sicherheitsgründen widersetzen, und wenn die Rationen aufgebessert wurden, gab es ohnehin keinen Bedarf für Essenssendungen von außerhalb. Die Verlegung kranker Gefangener in Krankenhäuser jenseits der Gefängnismauern bedeutete, dass man sie möglicherweise mit vorgehaltener Waffe an sowjetischen Wärtern, vielleicht sogar an Soldaten, vorbeibringen musste. Deshalb wurden die von den Amerikanern beschlossenen Änderungen, die zu jenem Zeitpunkt mutig genug waren, um die besonders riskanten Punkte reduziert, bevor man sie den Sowjets vorlegte.

Miller kündigte die Änderungen bei der ersten Direktorenbesprechung des Monats am 2. Dezember 1948 mit Hilfe eines Dolmetschers für Englisch und Russisch an, so dass keine sprachlichen Missverständnisse auftreten konnten. Miller sagte, die Rationen für die Gefangenen würden um 700 Kalorien pro Tag angehoben. Die Gefangenen dürften sich unabhängig von der Tageszeit auf ihre Betten legen. Ihnen werde gestattet, unter Aufsicht miteinander zu sprechen. Sie dürften jeden Monat dreißig Minuten lang Besuch empfangen, wenn dies unter psychologischen Gesichtspunkten wünschenswert erscheine. Schließlich gab Miller noch eine allgemein gehaltene Erklärung ab, nach der, »um eine menschlichere Behandlung zu gewährleisten, weitere angemessene Maßnahmen getroffen werden, wenn sie notwendig erscheinen, um die physische und geistige Gesundheit und das Wohlergehen der Gefangenen zu sichern.« Der neue britische Gefängnisdirektor R. B. Le Cornu und der französische Direktor René Darbois kündigten sofort an, dass sie diese Maßnahmen unterstützten.[122]

Kartmasow wurde von Millers Ankündigung vollständig überrascht, was nur zeigte, dass die Sowjets nicht mit einem solchen Schritt gerechnet hatten. Der sowjetische Gefängnisdirektor sagte nichts, berichtete aber umgehend seinem Vorgesetzten, Generalmajor Kotikow, der ein Protestschreiben an Clay schickte. Aber den Sowjets blieben nur wenige Handlungsmöglichkeiten.[123] Als Antwort auf diese Provokation hätten sie sich aus der Gefängnisverwaltung zurückziehen können, so wie sie bereits, unter Protesten gegen die amerikanische Perfidie, aus der Alliierten Kommandantur und dem Kontrollrat ausgeschieden waren. Ein Ausstieg aus der Gefängnisverwaltung hätte jedoch zur Verlegung der Gefangenen oder gar zu ihrer Freilassung führen können – eine Möglichkeit, die die Sowjets niemals akzeptierten, weil sie zugleich auch die Nürnberger Urteile ungültig gemacht hätte. Kartmasow erwiderte am Monatsende, die UdSSR akzeptiere die »einseitigen«, durch die USA eingeführten Änderungen nicht. Zugleich erklärte er, die Sowjetunion werde in den Monaten, in denen sie für die Gefängnisverwaltung zuständig sei, die zuvor geltenden Absprachen zum Gefängnisbetrieb wieder einführen. Das Vorgehen der USA, ergänzte ein scharf kritisierender Kartmasow, »zerstöre die Grundlagen der Ordnung im Alliierten Gefängnis.«[124]

In dieser Phase verhielten sich die Sowjets jedoch klüger, als Kartmasows Auftreten erkennen ließ. Als der nächste sowjetische Monat näherrückte (März 1949), rechneten die Amerikaner mit einer Reihe sowjetischer Maßnahmen, zum Beispiel mit einer Weigerung, am Monatsende die eigenen Wachposten aus dem Außenbereich zurückzuziehen (was eine Wachübergabe an die Amerikaner vereitelt hätte), oder mit dem Versuch, die Gefangenen in die sowjetische Zone zu schaffen, ja sogar mit einem fingierten Fluchtversuch der Gefangenen, bei dem die sowjetischen Wachen sie dann von hinten erschießen konnten. Zumindest jedoch konnten die Sowjets zu ihrer Auslegung der Gefängnisbestimmungen zurückkehren, denn Kartmasow wandte sich nach wie vor offen gegen die Behandlung, die den Gefangenen durch die westlichen Alliierten zuteil wurde. Clay rechnete damit, dass »die Sowjets im Monat März, in dem sie den Vorsitz führen, darauf bestehen, zu ihrer bisherigen, unmenschlichen Behandlung der Gefangenen zurückzukehren«, einschließlich der kargen Ernährung, der unzureichenden körperlichen Bewegung und des Verbots, zwischen sechs Uhr morgens und zehn Uhr abends das Bett in der Zelle zu benutzen.[125] Der Rechtsausschuss der Rumpf-Kommandantur erörterte Optionen für den bevorstehenden sowjetischen Monat. Sie reichten vom heimlichen Zustecken von Nahrung, mit dem Wärter der Westalliierten die reduzierten sowjetischen Rationen ausgleichen könnten, bis zur Verlegung der Gefangenen nach Westdeutschland, bevor die sowjetische Wachablösung erschien.[126] Clay vertrat Anfang Februar und dann erneut am 1. März die Ansicht, die Verlegung der Gefangenen in die Vereinigten Staaten (!) sei »eine Pflicht der USA«, weil ihre Versorgung in Spandau unter dem amerikanischen Standard liege und das Problem in Berlin nicht gelöst werden könne. Die Viermächteverwaltung von Spandau solle aufgelöst werden, weil sich die Sowjets immer wieder weigerten »Änderungen zuzustimmen, [...] die sich aus den allgemein anerkannten Regeln der Menschlichkeit ergeben.«[127]

Die sieben Gefangenen selbst bekamen von diesen Auseinandersetzungen nur wenig mit. Zunächst einmal erfuhren sie nur, dass es im Anschluss an eine medizinische Untersuchung im Dezember 1948 mehr zu essen geben werde, unter anderem auch Milchsuppen.[128] Insgesamt scheinen auch mehr Hafterleichterungen gewährt worden zu sein. Raeder hatte im Februar 1949 genug Vertrauen zu den Gefängnisärzten gefasst, so dass er um eine Operation seines Leistenbruches bat, dem offenkundigen Risiko zum Trotz, das mit seinem Alter verbunden war. Funk stimmte später im Jahr einer Blasenoperation zu.[129] Bei Informationen zur allgemeinen Zukunft des Gefängnisses waren die sieben Häftlinge auf die Gerüchte angewiesen, die unter den Wärtern selbst umgingen und von der allgemeinen Stimmung während der Blockadezeit geprägt waren. Alle Wärter glaubten, dass die Viermächteverwaltung des Gefängnisses auf irgendeine Art beendet werden würde.

Unter den Gefangenen machte sich die Erwartung breit, dass jeder von ihnen in den Gewahrsam des Landes übergehen würde, in dessen Gefangenschaft er einst geraten war. Von Schirach war über diese Aussicht sicherlich erfreut – er war von den Amerikanern festgenommen worden. Dönitz, Hess, Funk und Speer würden in britischen Gewahrsam zurückkehren. Neurath wäre auf diese Weise in französischer Haft gelandet. Nur Raeder lebte zweifellos in Angst, denn er war, als einziger der sieben Gefangenen, von den Sowjets festgenommen worden. Vielleicht erklärt dies auch seine eilige Bitte um eine Operation noch vor Beginn des sowjetischen Monats im März 1949.[130]

Die Gefahr einer solchen Lösung bestand jedoch nicht. Wenn sich die Gefangenen diesen Ausweg aus dem Spandauer Dilemma vorstellen konnten, so galt das auch für die Sowjets, doch Moskau akzeptierte keine Lösung, durch die sechs Hauptkriegsverbrecher – vor allem auch Heß – in den Gewahrsam der Westalliierten überführt wurden. Die Sowjets mussten mit den neuen Regelungen leben, so gut sie das eben konnten. Die Blockade ging auch 1949 weiter, und die Sowjets rückten von ihren Maximalforderungen ab, weil sie offensichtlich befürchteten, die Westmächte könnten das Gefängnis schließen, wenn sie dies nicht taten. Zähneknirschend akzeptierten sie die von den Amerikanern eingeführten Änderungen. Speer schrieb in seinen *Tagebüchern,* er habe zwar, bis Mitte Januar 1949, »in den letzten beiden angelsächsischen Monaten fünfzehn Pfund zugenommen«, aber »der russische Monat [bringt] jeweils eine asketische Phase«, in der die Häftlinge im Durchschnitt »etwa sechs Pfund verloren«.[131] Aber die Sowjets überraschten alle Beteiligten, weil sie während ihres Monats die Haftbedingungen abmilderten. Ein mit Sicherheit enttäuschter General Clay hielt Mitte März fest, dass die Sowjets »unsere Verbesserungen aus den vergangenen Monaten fortgeführt haben«. Er fügte hinzu: »Es ist völlig klar, dass sie errieten, was bevorstand, und sich deshalb in eine Ausgangsposition brachten, in der sie nur unter großen Schwierigkeiten angreifbar waren.« Sie hatten, schloss Clay, »uns den Wind aus den Segeln genommen«. Ein sichtlich erleichterter Koenig rückte von seinen früheren Einschätzungen ab: »Das Grund[problem] war, den Gefangenen das Leben zu erleichtern«, sagte er. »Ich glaubte, uns bleibt jetzt nichts mehr zu tun.«[132] Koenig und Robertson blockten beide ganz bewusst Clays Vorschlag vom 2. März 1949 ab, nach dem Spandau in ein Gefängnis der drei westlichen Alliierten umgewandelt und den Sowjets nur noch ein Inspektionsrecht eingeräumt werden sollte.[133]

Kartmasow stimmte tatsächlich – und das sicher mit Kotikows zögernder Billigung – einigen untypischen Vergünstigungen zu. Von Neurath wurde gestattet, eine Anwaltsvollmacht für sein Entnazifizierungsverfahren in Westdeutschland zu unterschreiben, mit dem das Familienanwesen vor der Beschlagnahme gerettet werden sollte, obwohl die Sowjets üblicherweise davon ausgingen, dass westdeutsche Entnazifizierungsverfahren die Nürnberger Urteile in Frage stellen könnten. Speer durfte einen 1.800 Worte umfassenden Brief an seine Kinder schreiben. Kartmasow billigte zusätzliche Essensrationen für Raeder, Neurath und Speer. Sie erfolgten auf Anordnung des sowjetischen Sanitätsoffiziers, der gesundheitsbezogene Sonderzuteilungen sonst nur ungern gewährte. Auch lange Besuche wurden jetzt gestattet – eine Stunde für Winifred von Mackensen, eine Stunde für Louise Funk, eine Stunde für Speers Frau Margret und zwei Stunden für Raeders Frau Erika in Verbindung mit der Operation ihres Mannes. Es trifft zwar zu, dass während der Blockade nicht genutzte Besuchszeit aufgelaufen war, aber die Sowjets hätten gegen längere Besuche nach wie vor ihr Veto einlegen können. Und die sowjetische Nachgiebigkeit hatte ihre Grenzen. Schirach durfte keine Anwaltsvollmacht ausstellen, und Speer war es während seiner Bettruhezeit 1949 nicht gestattet, Zeichnungen anzufertigen. Insgesamt jedoch enthalten die Protokolle von Besprechungen der Gefängnisdirektoren aus dem Jahr 1949 einige überraschende sowjetische Ja-

Stimmen.[134] Amerikanische Besucher des Gefängnisses hielten im November 1949 fest – ein Jahr, nachdem ernsthafte Besorgnisse über den Gesundheitszustand der Häftlinge im Umlauf gewesen waren –, dass »die Gefangenen alle gut ernährt wirkten« und »keine besonderen Beschwerden« vorgebracht hätten.[135]

Inzwischen gab es jedoch auch westdeutsche Behörden, die sich aus eigener Initiative bei der neuen, von Zivilisten geführten Alliierten Hohen Kommission der drei Westmächte beschweren konnten, die 1949 die Militärregierung ersetzte und den neuen westdeutschen Staat bis zur Entlassung in die vollständige Souveränität im Jahr 1955 beaufsichtigte. Eine dieser neuen deutschen Behörden war die im Januar 1949 gebildete Stadtverwaltung West-Berlins. Sie war ein Ergebnis der Blockade und bestand aus dem Magistrat (Stadtrat) West-Berlins und einem Regierenden Bürgermeister, dem Sozialdemokraten Ernst Reuter. Die andere Behörde war die westdeutsche Bundesregierung, die vom ersten Bundeskanzler Konrad Adenauer (CDU) geführt wurde. Die West-Berliner Stadtverwaltung protestierte zunächst gegen die Kosten, die das von den Alliierten betriebene Gefängnis verursachte – Kosten, die jetzt sie zu tragen hatte. Die Rechtsabteilung des Magistrats führte im Oktober 1949 aus, der Gefängnis-Etat habe allein im Jahr 1949 450.000 D-Mark umfasst, wobei ein erheblicher Teil dieser Summe auf Lohnkosten entfiel, die sich auf 21 fest angestellte (darunter acht Köche, zwei Kellner und drei Hausbedienstete) und 51 stundenweise entlohnte Beschäftigte (darunter sechs Serviererinnen, vierzehn Küchenhilfskräfte und zehn Handwerker) verteilten. Die Löhne dieser Arbeitskräfte lagen bis zu einem Drittel über dem, was Arbeiter mit solchen Tätigkeiten irgendwo sonst im Stadtgebiet verdienen konnten. Die hohen Betriebskosten waren teilweise auch auf Unterkunft und Verpflegung für die Wärter und die Wachen im Außenbereich zurückzuführen, die eher in Spandau übernachteten als in ihre Kasernen zurückzukehren. Reparaturen und Instandhaltung der gesamten Anlage fielen ebenfalls in die Zuständigkeit der Berliner Stadtregierung. Sieben gewöhnliche Strafgefangene kosteten die Stadt nur 8.000 D-Mark pro Jahr, deshalb wollte die Stadtverwaltung die Löhne der Gefängnisbediensteten auf das übliche Niveau absenken. Die beste Lösung aus der Sicht des Magistrats wäre die Schließung des Gefängnisses gewesen – oder seine Übergabe zur eigenständigen Nutzung durch die Stadtverwaltung, denn in West-Berlin gab es einen akuten Mangel an Gefängnisplätzen.[136]

Der französische Stadtkommandant Jean Ganeval sprach kurz nach dem Ende der Blockade von »lächerlichen Kosten dieses enormen Apparats, der von den Alliierten und den Deutschen für die Haft von sieben Kriegsverbrechern unterhalten wird«. Generalmajor Geoffrey Bourne, der britische Kommandant, sprach von einer Verlegung der Gefangenen nach Westdeutschland, aber Ganeval erinnerte umgehend daran, dass es gefährlich sei, ein Viermächteabkommen mit den Sowjets zu brechen. Eine Verlegung der Gefängnisinsassen könne nur mit Gewalt erfolgen.¹³⁷ Deshalb waren die Alliierten zunächst bestrebt, die Kosten zu senken, und erst jetzt nahmen die zivilen Amtsträger die Geschichte und Verfahrensweisen des Alliierten Gefängnisses in Spandau genau unter die Lupe. Edgar M. Gerlach, der Leiter der Gefängnisabteilung der amerikanischen Hohen Kommission unter John Jay McCloy, zeigte sich bei einer ausführlichen Inspektion des Gefängnisses im Mai 1950 entsetzt über die Verschwendung von Arbeitskraft an diesem Ort. Es war Gerlach, ein Mann mit beträchtlicher Erfahrung in der Verwaltung von Gefängnissen, der darauf hinwies, dass das Verhältnis von Bediensteten zu Gefangenen mehrfach günstiger für die erstgenannte Gruppe ausfiel als im berühmten amerikanischen Hochsicherheitsgefängnis Alcatraz. Die Schieflage beim Personalschlüssel wirkte sogar normal, wenn man die Tatsache berücksichtigte, dass selbst für die geringfügigste Abweichung von den allgemeinen Vorschriften oder den medizinischen Verschreibungen eine Einigung der vier Mächte benötigt wurde. Gerlachs Schlussfolgerung: »Wenn sich jemand zum Ziel gesetzt hätte, eine möglichst unbeholfene, ineffiziente und teure Gefängnisverwaltung zu schaffen, hätte das nicht besser gemacht werden können als in Spandau. In dieser Einrichtung ist so vieles nicht in Ordnung, dass ein Memorandum mit vielen, vielen Seiten erforderlich wäre, um dies alles aufzuführen.«¹³⁸

Die vier Mächte hatten vor der Blockade noch nach einer neueren, kostengünstigeren Anlage für diesen Zweck gesucht. Die vier Gefängnisdirektoren sahen sich auch eine Reihe von Einrichtungen an, doch die Sowjets gestatteten den Westmächten – möglicherweise aus Furcht vor einem Lauschposten der drei Alliierten an einem solchen Ort – keinen Blick in ihren Sektor. Die Direktoren billigten im Februar 1948 einstimmig die Verlegung der Gefangenen in eine im französischen Sektor gelegene Einrichtung, aber die Kommandantur konnte sich vor dem Beginn der Blockade nicht mehr auf einen Umzug einigen.¹³⁹ Eine weitere Möglichkeit, die ebenfalls erörtert wurde, war die Instandsetzung und der Bezug des Krankenhausgebäudes im Spandauer Gefängniskomplex, das zu jener Zeit, durchaus im Einklang mit der merkwürdigen Geschichte des Gefängnisses, nicht seinem eigentlichen Zweck entsprechend genutzt wurde. Das kleinere Gebäude hätte weniger Platz eingenommen, und der übrige Teil des Gefängniskomplexes wäre für eine Nutzung durch die Berliner Stadtverwaltung freigeworden. Nach der Aufhebung der Blockade im Mai 1949 einigten sich die Westalliierten und die Sowjetunion auf die Verminderung des deutschen Personals sowie des Personals aus den Reihen der Kriegsverbündeten von 75 auf 29 Personen. Das ersparte der Stadt monatliche Ausgaben in Höhe von 11.000 D-Mark. Eine Verlegung der Gefangenen in das alte Krankenhausgebäude hätte sehr viel mehr Geld eingespart, und der wirtschaftliche Nutzen für die Stadt durch die Verfügung über das Hauptgebäude war hierbei noch gar nicht berücksichtigt. Als Reuter im Januar 1950 jedoch hörte, dass die geschätzten Renovierungskosten bei 170.000 D-Mark lagen, blockte er das Vorhaben ab. Hätte er die anteiligen Kosten für die kommenden siebenunddreißig Jahre abschätzen können, dann hätte er das vielleicht nicht getan.[140]

Die Klagen des Magistrats veranlassten die Kommandantur auch zu einer Rückbesinnung auf die alte Idee, die Gefangenen ganz aus West-Berlin fortzubringen. Die Häftlinge waren zwar »Männer von außergewöhnlicher Bedeutung«, aber die Kosten für den Gefängnisbetrieb sprengten »jedes Verhältnis, gemessen an der Zahl der Gefangenen«, und die politischen und die medienwirksamen Lasten waren untragbar.[141] Der amerikanische Teil der Kommandantur schlug im Oktober 1949 eine Verlegung der sechs von den Amerikanern, Briten und Franzosen festgenommenen Männer nach Westdeutschland vor. Eine solche Maßnahme würde Kosten sparen und außerdem eine bessere Behandlung von sechs der sieben Gefangenen garantieren.[142] General Robertson vertrat die Ansicht, alle sieben sollten »im Namen der Menschlichkeit« in den Westen verlegt werden. Vielleicht konnte man sie unter dem Vorwand nötiger Reparaturen im Gefängnisgebäude verlegen, in der Absicht, sie niemals nach West-Berlin zurückzubringen. Doch die politischen Risiken blieben. Ganeval erklärte, für eine Entführung der Gefangenen gebe es keine rechtliche Begründung, und die Haftbedingungen würden sich auch in Spandau auf jeden Fall verbessern.[143] Der US-Außenminister Dean Acheson war außerdem nicht gewillt, eine offene Provokation der Sowjetunion in dieser Angelegenheit auch nur zu erwägen. Und Erich Raeder sollte es zwar nie erfahren oder würdigen, aber Acheson wies den – vom französischen Hohen Kommissar André François-Poncet unterstützten – Plan, die Gefangenen aufzuteilen, kategorisch zurück, weil er sich um Raeders Schicksal in sowjetischem Gewahrsam sorgte.[144]

Die Stadt wollte die Renovierungskosten nicht übernehmen, und niemand wünschte einen offenen Bruch mit der Sowjetunion, bei dem sich die westlichen Alliierten ins Unrecht setzten. Deshalb war die beste Lösung abermals der Verbleib der Gefangenen in Spandau unter weiter verbesserten Bedingungen, die inoffiziell umgesetzt wurden. Von Oktober 1950 bis Dezember 1950 kam es unter anderem zu folgenden kleinen Verbesserungen: Die scheinwerferähnlichen, an der Beobachtungsluke in den Zellentüren angebrachten Lampen wurden durch kleine Glühbirnen an der Zellendecke ersetzt; ein Teil der Trennvorrichtung im Besucherraum wurde entfernt; Bücher konnten jetzt bei allen Leihbibliotheken in Berlin bestellt werden; für die Körperreinigung gab es jetzt täglich heißes Wasser, ebenso ein Fußbad; ein neuer Heißwasserboiler für die Duschen und das Badewasser wurde installiert, der alte Koksofen für den Zellenblock durch eine Heißluftheizung ersetzt; der Zensurvorgang für eingehende Briefe dauerte noch drei Tage, nicht mehr eine oder zwei Wochen, und die Insassen erhielten neue Matratzen und Kopfkissen sowie bessere Kleidung.[145] Die Sowjets hielten theoretisch zwar an der Praxis fest, die Zellen nachts alle Viertelstunde auszuleuchten, doch die drei Westalliierten begnügten sich zuweilen mit stündlichem Licht. Die Wärter der Westalliierten erlaubten den Gefangenen manchmal, Briefe noch vor der Zensur zu lesen, und manchmal erfuhren sie auch, was zensiert worden war, solange keine Sicherheitsbedenken bestanden. Und wenn der russische Chefwärter eine Pause einlegte, durften sich die Gefangenen in den Zellen gegenseitig besuchen. Die eigene Bibliothek des Gefängnisses zählte Ende 1950 rund 400 Bände, die bis auf 40 Bücher alle von Familienangehörigen der Gefangenen geschickt worden waren.[146]

Spandau blieb dennoch kein besonders angenehmer Ort. Die Sowjets stellten sich häufig stur, so etwa, als die 400 Wörter von Raeders Extrabrief an seine Tochter im August 1950 mit den 1200 Wörtern verrechnet wurden, die ihm im September zustanden.[147] Raeder wurde außerdem im April 1951 ein dreißigminütiger Besuch seiner Ehefrau anlässlich seines 75. Geburtstags verweigert, obwohl die Gefängnisdirektoren der Westmächte zwei Stunden lang dafür stritten, und das hing möglicherweise mit Erika Raeders ständigen Tiraden zusammen, die sie über die rechtslastige Presse in Westdeutschland lancierte.[148] Aber die Haftbedingungen waren mit Sicherheit verbessert, und das ging bis zu dem Punkt, an dem die westlichen Alliierten über einen offiziellen Vorstoß an die sowjetische Adresse nachdachten, mit dem mehr Briefe und Besuche vorgeschlagen werden sollten, außerdem Räumlichkeiten für gemeinsames Essen und Freizeitgestaltung und anspruchsvollere Arbeitsmöglichkeiten im Haus, zum Beispiel Schreinerarbeiten, obwohl die Häftlinge selbst in Gesprächen mit den Direktoren der Westmächte weder zusätzliche Arbeiten noch Gemeinschaftseinrichtungen wünschten und lieber alleine in ihren Zellen als gemeinsam mit den anderen aßen.[149] Darbois schrieb an die Berliner Stadtkommandanten, Major Potjomin, der neue sowjetische Gefängnisdirektor und Nachfolger Kartmasows im Juli 1950, sei der erste gewesen, der seit seiner, Darbois', Ankunft im Jahr 1947 irgendwelches Interesse an den Gefangenen gezeigt habe. Die drei westlichen Direktoren hatten Potjomin zu Umtrunken eingeladen, hatten ihm französischen Wein zukommen und russisches Essen zubereiten lassen. Major Roger F. Smith, der amerikanische Gefängnisdirektor, hielt fest: »Dieser Kerl wird immer mal wieder einer Neuerung zustimmen.« Jetzt könnte die Zeit gekommen sein, Spandau zu einem normaleren Gefängnis zu machen.[150]

Diese Hoffnung verflüchtigte sich im Jahr 1951. Im Sommer jenes Jahres veröffentlichte die beliebte, wöchentlich erscheinende Münchner Illustrierte *Revue* unter dem Titel »Hinter den Mauern von Spandau« eine Serie von elf Artikeln aus der Feder des Journalisten Jürgen Thorwald (dessen richtiger Name Heinz Bongartz war). Die Illustriertenserie bot detaillierte Beschreibungen der Gefangenenzellen, Fotos der Gefangenen und der Gefängnisanlage, übertriebene Schilderungen der Haftbedingungen und einen ausgeprägt antisowjetischen Tonfall. Aus Moskauer Sicht war dies ein ernsthafter Vorfall. Thorwalds Arbeit zielte häufig auf die Rehabilitierung deutscher Offiziere, die Hitler gedient hatten. Viele dieser Männer beteiligten sich jetzt in Westdeutschland an der Diskussion um die

Wiederbewaffnung, die als Konsequenz des im Vorjahr begonnenen kommunistischen Abenteuers in Korea intensiver geführt wurde. Noch beunruhigender war die – den Sowjets mit Sicherheit bekannte – Tatsache, dass Thorwald enge Verbindungen zur Organisation Gehlen unterhielt, dem westdeutschen Auslandsgeheimdienst, der mit ehemaligen Wehrmachts- und SS-Offizieren durchsetzt war und von der Central Intelligence Agency (CIA) finanziell unterstützt, aber niemals effektiv kontrolliert wurde.[151] Die gesamte Affäre führte schließlich dazu, dass die sowjetische Seite im Oktober 1951 ihre Wärter in Spandau vollständig auswechselte und auch einen neuen Direktor einsetzte, den im persönlichen Umgang außerordentlich spröden Major Wiktor Alabjew.

In den Beziehungen innerhalb des Gefängnisses begann damit eine ganz neue, schwierige Phase. Bei den wöchentlichen Direktorenbesprechungen hielten die scharfen Auseinandersetzungen über die *Revue*-Serie von Juni bis November an, und Alabjew nagelte Major Joseph L. Rice, den neuen amerikanischen Direktor, schließlich mit der folgenden Frage fest: »Ist die Veröffentlichung von Artikeln über das Alliierte Gefängnis in der Illustrierten *Revue* ihrer Ansicht nach ein Verstoß gegen die Gefängnisordnung?« Rice antwortete, er sehe das nicht so, und fügte hinzu, dass die Westdeutschen eine freie Presse hätten.[152] Die Direktoren waren sich zwar einig, dass das Herausschmuggeln von Informationen und Fotos aus dem Gefängnis gegen die Gefängnisordnung verstieß, doch nach sowjetischer Überzeugung hatten die Amerikaner die Serie in der *Revue* lanciert, sie sei ein antisowjetisches Propagandamanöver, das die Nürnberger Urteile diskreditieren und den Nationalsozialismus rehabilitieren solle, und dies in einer Zeit, in der Gespräche über eine Wiederbewaffnung Westdeutschlands geführt wurden. Propaganda gehörte auch zum Repertoire der Sowjets. Warum sollten sich die westlichen Alliierten nicht genauso verhalten?

Alabjew und seine Männer machten jetzt bei allen sicherheitsbezogenen Fragen zunehmende Schwierigkeiten. Im Januar 1952 verlangte Alabjew, dass die offizielle Bestimmung, nach der die Gefangenen nicht miteinander sprechen durften, wieder durchgesetzt werde. Er verwies auf zahlreiche Verstöße gegen diese Vorschrift aus jüngerer Zeit und verlangte harte Strafen für diejenigen Gefangenen, die gegen das Sprechverbot verstießen. Auch Wärter, die Unterhaltungen von Gefangenen zuließen und förderten, sollten bestraft werden. Le Cornu, Darbois und Rice hielten dagegen, Gespräche auch unter Häftlingen seien in Spandau schon seit langem üblich, und deshalb wäre es »völlig unmöglich, die Auslegung der Gefängnisordnung oder der üblichen Verhaltensweisen zu ändern, die schon seit Jahren so praktiziert wurden«.[153] Das sowjetische Kontingent reagierte darauf – im Bestreben, die Gefangenen an Gesprächen untereinander zu hindern – mit einer Einschränkung der Bewegungszeit an der frischen Luft, wann immer dies möglich war. Le Cornu klagte: »In letzter Zeit war es beim sowjetischen Kontingent üblich, die

Gefangenen einzusperren, ohne ihnen Gelegenheit zu Arbeit oder körperlicher Betätigung zu geben.«[154] Ende März 1952 kam es zu einer Auseinandersetzung zwischen sowjetischen und französischen Wärtern, als die sowjetischen Aufseher verlangten, dass Schirach, Dönitz und Raeder ihr Gespräch im Garten beendeten, und die Franzosen die Sowjets beschimpften, zugleich aber die deutschen Gefangenen ausdrücklich aufforderten, weiterzusprechen. Alabjew verlangte daraufhin die Bestrafung des französischen Chefwärters Alphonse Gerthoffer, doch Darbois' gelassen vorgetragene Ablehnung dieses Ansinnens enthielt den Hinweis, dass »die französischen Wärter angewiesen wurden, den Gefangenen Gespräche und ein gemeinsames Gehen zu erlauben, und dass sie diese Anweisung auch künftig befolgen werden.«[155] Der sowjetische Wärter Mogilnikow sperrte im Februar 1953 einen amerikanischen Kollegen sogar in Schirachs Zelle, weil jener sich mit dem Häftling unterhielt.[156]

Alabjew griff auch aus anderen Richtungen an. Im Januar 1952 monierte er, dass die amerikanischen Wärter von Neurath beim Treppensteigen behilflich waren, und verlangte, dass diese Unterstützung beendet wurde, weil die Gefängnisordnung so etwas nicht gestatte.[157] Raeder wurde an Übungen zur Stärkung der Herz-Kreislauf-Funktion in seiner Zelle gehindert, weil in den Vorschriften von solchen Dingen nicht die Rede war. Alabjew lehnte auch Funks Antrag ab, das Licht in seiner Zelle von 22 Uhr bis 6 Uhr morgens zu löschen, obwohl ihm der französische Sanitätsoffizier zur Stärkung seiner Gesundheit ungestörten Schlaf verordnet hatte. Auf Darbois' ironischen Kommentar hierzu – »Ich gehe davon aus, dass wir keine Angst haben sollten, der Gefangene [Funk] werde nachts aus seiner Zelle entkommen« – reagierte Alabjew mit einem Wutanfall. Die Direktoren, erklärte er, »erhielten den Auftrag, die Hauptkriegsverbrecher gefangenzuhalten, die zu jeder Straftat fähig sind, und deshalb sollten sie Tag und Nacht unter ständiger und strenger Bewachung stehen. Wir verstoßen gegen die Gefängnisordnung, wenn wir den Gefangenen acht Stunden lang unbeaufsichtigt lassen, und wir schaffen außerdem die Voraussetzungen für die Flucht des Gefangenen aus dem Gefängnis.«[158]

Wegen der Beleuchtungsfrage kam es deshalb im Oktober 1952 spätabends vor Funks Zellentür zu Auseinandersetzungen zwischen den britischen und französischen Wärtern auf der einen und den sowjetischen Wärtern auf der anderen Seite. Der Lärm störte Funk mehr, als ihn zuvor die Beleuchtung gestört hatte. Die Franzosen und Briten beschuldigten die Sowjets, sie würden die Gefangenen durch das Einschalten der Beleuchtung schikanieren. Alabjew konterte, der gegen seine Dienstpflichten verstoßende Chefwärter Gerthoffer trage nicht die korrekte Uniform und sehe aus »wie ein Cowboy oder ein Partisan«.[159]

Im Herbst und Winter 1952 kam es zur möglicherweise lächerlichsten Auseinandersetzung in der Geschichte des Gefängnisses. Die Briten ersetzten Le

Cornu durch einen neuen Direktor, Oberstleutnant Roy Johnson Meech, der schon bei seiner Ankunft unmissverständlich durchblicken ließ, dass er nicht gewillt war, die von den Sowjets ausgehenden Schwierigkeiten zu tolerieren. Im Dezember 1952, einem amerikanischen Monat, erlaubte Meech den Gefangenen, ihre Tabletts mit dem Abendessen im Zellenblock gleichzeitig abzuholen, anstatt die traditionelle Verfahrensweise zu praktizieren, bei der einer nach dem anderen zum Essenholen erschien. Am Abend des 15. Dezember betrat Alabjew den Zellenblock, in dem die Gefangenen gerade ihr Essen in Empfang nahmen, und schickte alle sieben abrupt in ihre Zellen zurück. Vor den Wärtern und den Gefangenen kam es dann zu einem Wortgefecht zwischen Meech und Alabjew. Bei der nächsten Direktorenbesprechung erklärte Alabjew, die neue britische Vorgehensweise verletze das Prinzip der Einzelhaft und sei ein Sicherheitsrisiko, denn gemeinsam könnten die Gefangenen die Wärter überwältigen, die Schlüssel an sich bringen und eine Flucht aus dem Gefängnis organisieren. Er sagte, die Wärter sollten zumindest mit Schlagstöcken ausgestattet werden, um solche Fluchtgedanken im Keim zu ersticken. Meech hielt dagegen, die Gefangenen sollten ihr Essen erhalten, solange es noch warm war; Alabjew zeigte sich unnachgiebig und erwiderte, das Essen sei warm genug, und die britischen Wärter sollten bestraft werden.[160] Die Verwaltung des Gefängnisses erschöpfte sich in gegenseitigen Schuldzuweisungen zwischen Alabjew, der zugleich behauptete, er sei der einzige, der für die Einhaltung der Vollzugsvorschriften sorge, und den drei anderen Direktoren, die ihrerseits Alabjew beschuldigten, er verstoße gegen ein eingespieltes Verfahren und eine bestehende Praxis, die beide zusammen ebenfalls einen Teil der gültigen Bestimmungen ausmachten.[161]

Es war keine aussichtsreiche Zeit für Verbesserungen. Doch genau zu diesem Zeitpunkt sollten die westlichen Alliierten auf Verbesserungen drängen, denn der Druck aus Westdeutschland und von Seiten der Fürsprecher der Gefangenen erreichte jetzt eine neue Intensität. Die für dieses Gefängnis gültigen Vorschriften waren andererseits beschlossen worden, obwohl das zuvor gegen den Nationalsozialismus geschlossene Bündnis zerbrochen war. Wenn es für den Westen jemals einen günstigen Zeitpunkt für den Rückzug aus dem Spandau-Abkommen unter Mitnahme der Gefangenen gegeben hatte, dann waren das die Monate der sowjetischen Blockade Berlins gewesen, von Mitte 1948 bis Mitte 1949. Die westlichen Alliierten entschieden sich dafür, das Abkommen, dem sie selbst zugestimmt hatten, nicht aufzukündigen. Zunächst einmal waren die Gefangenen von Spandau wohl kaum märtyrerhafte Sympathieträger, ungeachtet der Strafvollzugsmethoden, die von den Sowjets angestrebt wurden. Man konnte von Paris nicht erwarten, dass es für die Männer, die an der Besetzung und Ausbeutung Frankreichs mitgewirkt hatten, auch nur den kleinen Finger rührte. Washington war, trotz seiner Abneigung gegen die Sowjets, nicht gewillt, die politischen Konsequenzen für die Aufkündigung des Spandau-Abkommens zu tragen. London war die einzige ausländische Hauptstadt, in der den sieben Gefangenen große Sympathien entgegengebracht wurden, allerdings in keinem einzigen Fall von einflussreichen Kabinettsmitgliedern wie Bevin.

Als die westlichen Alliierten die Alternativen verwarfen, schufen sie ein Verfahrensmuster, mit dem der Betrieb in Spandau weitere vierzig Jahre lang aufrechterhalten wurde. Briten, Franzosen und Amerikaner waren jedoch, von Clays riskantem Vorschlag einmal abgesehen, auf die Abkommen festgelegt, die sie in den Tagen nach Nürnberg geschlossen hatten. Die Sowjets hatten nicht die Absicht, sich aus dem Gefängnis zurückzuziehen. Aus Gründen, die nur für sie nachvollziehbar waren, sollte das, was von den Nürnberger Urteilen noch übriggeblieben war, bis zum letzten Tag durchgesetzt werden, trotz der Berlinkrise, trotz des Stellvertreterkriegs in Korea, der Entstehung der NATO, der Gründung zweier deutscher Staaten 1949, trotz der Wiederbewaffnung Westdeutschlands und der Gründung des Warschauer Pakts 1955. Selbst die von 1958 bis 1961 anhaltende Berlinkrise, die im Bau der Berliner Mauer gipfelte, und die Kubakrise von 1962 konnten die geordnete monatliche Übergabe der Dienst- und Aufsichtspflichten im Spandauer Gefängnis nicht stören. Die Westmächte waren niemals bereit, die sowjetische Entschlossenheit auf die Probe zu stellen, indem sie etwa die Gefangenen heimlich nach Westdeutschland verlegten oder versuchten, die Sowjets zum Ausstieg aus dem Gefängnisbetrieb zu zwingen. Albert Speer hatte aus zweiter Hand von dem Ausspruch eines englischen Generals erfahren: Die Gefangenen von Spandau waren niemals das Risiko eines Krieges wert.

3. Kapitel
Von Neuraths Asche:
Der Kampf um die Erinnerung

>»Nicht einmal nach meinem Tode will man mich freigeben! Was haben sie von dem Leichnam eines alten Mannes?«
>
> *Konstantin Freiherr von Neurath, 1954**

Die makaberste Diskussion des Kalten Krieges entwickelte sich mit Sicherheit um die Frage, was mit den sterblichen Überresten von Gefangenen geschehen sollte, die in Spandau starben. Das war kein vernachlässigbares Problem. Alle Welt wusste, wie die Nationalsozialisten Beerdigungen zu politischen Kundgebungen umfunktioniert hatten, bei denen das Märtyrertum für die nationalsozialistische Bewegung und die Nation gepriesen wurde. Deshalb hatten die in Nürnberg zum Tod verurteilten und hingerichteten Hauptkriegsverbrecher kein Begräbnis erhalten, und deshalb sollte bei den Spandauer Gefangenen im Fall ihres Todes zunächst ebenso verfahren werden.

Nach der Berlin-Blockade änderte sich allerdings die politische Stimmung, und viele Menschen sahen die Insassen des Spandauer Gefängnisses allmählich eher als politische Gefangene denn als wirkliche Kriminelle. Daraus ergaben sich Befürchtungen, die heimliche Beseitigung ihrer sterblichen Überreste würde nicht verziehen werden, vor allem in Westdeutschland nicht. Die westlichen Alliierten mussten, sofern möglich, ihre Politik ändern, damit die nächsten Angehörigen den Leichnam in Empfang nehmen konnten. Aber würden die Sowjets dies mittragen?

Die Frage musste umso dringender beantwortet werden, weil man damit rechnete, dass Konstantin Freiherr von Neurath aufgrund seines fortgeschrittenen Alters und seines sich verschlechternden Gesundheitszustandes als Erster sterben würde. Er war der Häftling, dem unter allen Spandauer Gefangenen von vielen Menschen in Westdeutschland die meisten Sympathien entgegengebracht wurden. Schon die bloße Tatsache, dass von Neurath inhaftiert war, entwickelte sich bis zum Jahr 1950 für die westlichen Alliierten zu einem politischen Problem. Sollte er in Spandau sterben, könnte die heimliche Beseitigung seiner Asche zu einem Desaster mit erheblichen Folgen werden.

---

* Das Zitat wurde von Albert Speer überliefert. Vgl. Anm. 167 zu diesem Kapitel.

Das Problem von Neurath

Der betagte Konstantin Freiherr von Neurath, ein aufrechter und korrekter Mann, war der einzige Gefangene von Spandau, der den meisten Westdeutschen sympathisch war. Das milde Fazit seines Biographen John Heineman lautete so: »Neuraths Geschichte ist die eines Mannes, der versuchte, einen Wirbelwind zu bändigen, den er niemals auch nur ansatzweise verstand.«[1] Von Neuraths aristokratische schwäbische Herkunft und sein Leben als vornehmer Jäger und Diplomat erinnerten an alte, romantische Vorstellungen vom Adel und von ehrbarem Konservatismus, der aber, in eigenen Irrtümern gefangen, von den Nationalsozialisten für ihre Zwecke eingespannt worden war. Obwohl er (oder vielleicht gerade weil er) seit 1901 im Diplomatischen Corps gedient hatte, war von Neurath kein Intellektueller, und darin glich er vielen anderen Angehörigen seines Standes, unter anderem auch seinem einstigen Freund, dem Feldmarschall Paul von Hindenburg. Während der revolutionären Unruhen von 1918, bei denen Kronen in der Gosse landeten, war er zwar maßgeblich an der Abdankung des Königs von Württemberg beteiligt gewesen, aber zum Demokraten war er dadurch nicht geworden.

Als Mitglied der gebildeten und der herrschenden Klasse fühlte sich Neurath jedoch berufen, seinem Land zu dienen, dem Republikanismus, den er verachtete, zum Trotz. Als deutscher Botschafter in Rom hatte er ab 1922 eine freundschaftliche Beziehung zum neuen faschistischen Diktator Benito Mussolini entwickelt, obwohl er dem Mob in schwarzen Hemden, der dem Duce zur Macht verholfen hatte, misstraute. Von 1930 bis 1932 war er deutscher Botschafter in London, wo er seine Gesandtschaft zu einem der Mittelpunkte der Londoner Gesellschaft machte, auch wenn er weiter daran zweifelte, dass die Briten einer Wiederaufrüstung Deutschlands jemals zustimmen würden. Auf Hindenburgs Bitte hin nahm er im Mai 1932 die Berufung zum Außenminister in Reichskanzler Franz von Papens konservativem »Kabinett der Barone« an, von dem er sich eine innere Stabilisierung der deutschen Gesellschaft erhoffte, ebenso wie eine Stärkung des Ansehens im Ausland.

Nationale Größe war für Neurath jedoch stets gleichbedeutend mit einem Übergewicht der militärischen Macht. Den Versailler Vertrag empfand er, wie die Mehrheit der Deutschen, als nationale Erniedrigung. Die neuen Grenzen, die der Vertrag Deutschland neben den Reparationen und den Abrüstungsbestimmungen auferlegte, waren abzulehnen und rückgängig zu machen. Doch von Neurath lehnte auch die Locarnoverträge von 1925 ab, mit denen nur die deutschen Grenzen im Westen sowie die ständige Entmilitarisierung des Rheinlands anerkannt wurden, während die vielfach kritisierten deutschen Grenzen mit Polen und der Tschechoslowakei in auffälliger Weise unberücksichtigt blieben. Neurath zeigte seine skeptische Haltung zum Völkerbund, dem Deutschland 1926 beigetreten war, ganz offen, und dasselbe galt für die vom Völkerbund unterstützten Abrüstungsgespräche, die zum Zeitpunkt seiner Berufung zum Außenminister im Gange waren. Ein kleiner, aber bezeichnender Vorgang verdeutlichte seine Einstellung. Bei seinem Amtsantritt 1932 entfernte er aus seinem neuen Büro eine gerahmte Nachricht, die Gustav Stresemann, der ehemalige Außenminister und Friedensnobelpreisträger von 1926, dort an die Wand gehängt hatte. Es war das Telegramm aus Genf, mit dem Deutschlands Sitz im Völkerbundsrat bestätigt worden war. Der neue Außenminister ersetzte dieses Dokument durch ein Porträt Otto von Bismarcks.

Neuraths Beziehung zu Hitler und zum Nationalsozialismus war, wie bei vielen anderen deutschen Aristokraten auch, ein kaum goutierbares Gemisch. Einerseits stimmte von Neurath mit den Grundzügen des Programms der Nationalsozialisten überein, etwa mit der Wiederherstellung der deutschen Machtposition, der Beseitigung des Kommunismus und der Beendigung des jüdischen Einflusses in Deutschland. Andererseits waren ihm die Methoden der Nationalsozialisten unangenehm. Dennoch hielt er an der naiven Hoffnung fest, dass das Regime letztlich seine Tendenz zu willkürlicher Gewaltanwendung ablegen werde. In dieser Mixtur fehlte es jedoch an irgendeiner Art von moralischer Initiative von Seiten des hochrangigen Würdenträgers von Neurath, mit der er sich um eine solche Entwicklung bemüht oder infolge der er rechtzeitig jeden Kontakt zum Regime abgebrochen hätte, um seine Integrität zu wahren.

Auf Hindenburgs Wunsch blieb Neurath auch nach Hitlers Ernennung zum Reichskanzler im Januar 1933 deutscher Außenminister, denn er sollte mithelfen, Hitler zu zügeln. Der widerwärtige Charakter des neuen Regimes wurde zwar schon früh deutlich, doch der oberste Außenpolitiker blieb im Amt. Er blieb trotz der Einrichtung von Konzentrationslagern (Februar 1933); trotz des Ermächtigungsgesetzes, mit dem die nationalsozialistische Diktatur gefestigt wurde (März 1933); trotz des Boykotts jüdischer Geschäfte auf Geheiß des Regimes (1. April 1933) und trotz der blutigen »Nacht der langen Messer« (30. Juni 1934), in der auch der General Kurt von Schleicher, ein ehemaliger Reichskanzler, zusammen mit seiner Frau ermordet wurde. Heineman schreibt, dass »ein Rücktritt von Neuraths während der ersten achtzehn Monate [von Hitlers Amtszeit als Reichskanzler] eine Krise im Umgang mit dem Reichspräsidenten ausgelöst hätte, die Hitler vielleicht nicht überstanden hätte«, weil der Außenminister enge Beziehungen zum Reichspräsidenten Hindenburg hatte.[2]

Und Neurath tat mehr, als einfach nur im Amt zu bleiben. Am Tag nach dem Boykott jüdischer Geschäfte dankte er der italienischen Regierung für deren öffentliche Erklärung, die Berichte der internationalen Presse über die Behandlung der deutschen Juden seien bloße Propaganda. In derselben Woche war Hitler zu einem Abendessen bei von Neurath zu Gast. Noch in Nürnberg, Jahre später, erklärte von Neurath zu seiner Verteidigung, die Juden hätten in Deutschland vor 1933 zuviel Einfluss gehabt, und ihre Behandlung in jenem Jahr sei nur eine »notwendige Säuberung des öffentlichen Lebens« gewesen. »Das ist genau mein Standpunkt heute noch«, erklärte von Neurath im Kreuzverhör des Anklägers Sir David Maxwell-Fyfe am 25. Juni 1946, »nur hätte er mit anderen Methoden durchgeführt werden müssen«.[3] Auf die Frage: »Warum blieben Sie dann in einer Regierung, die sich des Mordes zur Durchsetzung ihrer politischen Ziele bediente?« konnte von Neurath nur antworten, »dass es bei solchen Revolutionen ohne solche Entgleisungen leider Gottes nicht abgeht«.[4]

In außenpolitischen Fragen stimmten von Neurath und Hitler zu Beginn der nationalsozialistischen Herrschaft überein. Beide Männer befürworteten Deutschlands Austritt aus dem Völkerbund und den Ausstieg aus den Abrüstungsgesprächen der Weltorganisation im Oktober 1933, und beide standen auch hinter der Ankündigung zur Wiedereinführung der Wehrpflicht und zum Aufbau einer Luftwaffe im März 1935. Im Westen unterstützte von Neurath vorbehaltlos die Remilitarisierung des Rheinlands, und Hitler dankte ihm für die Nervenstärke, die er während der mit diesem Vorgehen verbundenen Krise im März 1936 bewiesen hatte.[5] Im Süden befürwortete er den »Anschluss« Österreichs und sprach sich zur Erreichung dieses Ziels für eine Unterstützung der österreichischen Nationalsozialisten aus. Selbst nach der Ermordung des österreichischen Bundeskanzlers Engelbert Dollfuß durch österreichische Nationalsozialisten und trotz der internationalen Empörung, die dieser Mordanschlag auslöste, erklärte von Neurath, die Zeit arbeite, was Österreich betreffe, für Deutschland. Für die Ostpolitik richtete er im Außenministerium bereits 1933 Fonds zur finanziellen Unterstützung der Sudetendeutschen in der Tschechoslowakei ein, denn er hoffte darauf, diese unzufriedene Minderheit als Gegengewicht zum sowjetischen Einfluss in Prag einsetzen zu können. Und wie die meisten Deutschen akzeptierte auch er den Grenzverlauf mit Polen nicht und erklärte schließlich, dass »eine Verständigung mit Polen weder möglich noch erwünscht (ist)«.[6] Unter Verweis auf die prachtvolle Inszenierung der Olympischen Sommerspiele 1936 in Berlin prahlte er: »Die ganze Welt ist gekommen, um der neuen Macht Deutschlands ihre Reverenz zu erweisen.«[7]

Zu den deutschen Kriegsbestrebungen nach 1937 konnte von Neurath auf Meinungsverschiedenheiten mit Hitler verweisen, doch auch hierbei ging es eher um die Vorgehensweise als um die grundsätzlichen Ziele. Neurath war am 5. November 1937 zugegen, als Hitler in der Reichskanzlei bei einer – im berühmten »Hoßbach-Protokoll« festgehaltenen – Besprechung mit den Chefs der Waffengattungen und dem Reichskriegsminister und Oberbefehlshaber der Wehrmacht Werner von Blomberg erklärte, Österreich werde annektiert, die Tschechoslowakei zerschlagen, Frankreich und Großbritannien besiegt und der benötigte Lebensraum für Deutschland spätestens bis zum Jahr 1946 erobert. Von Neurath hatte bereits

Monate zuvor einem Freund anvertraut, dass die Tschechoslowakei zerschlagen werden müsse.[8] Seine Meinungsverschiedenheiten mit Hitler – auch die Kritik von Kriegsminister von Blomberg sowie von Werner von Fritsch, dem Oberbefehlshaber des Heeres – bezogen sich auf dessen Annahme, Großbritannien und Frankreich würden tatenlos zusehen, während Hitler ganz Mitteleuropa eroberte. Diese Bedenken führten letztlich zu von Neuraths Ablösung im Amt des Außenministers durch den weniger vorsichtigen Joachim von Ribbentrop. Von Neurath blieb selbst nach seiner Ablösung vom Ministeramt auf Hitlers Wunsch in Berlin und fungierte als Präsident von Hitlers sogenanntem (aber nie zusammengetretenem) Geheimem Kabinettsrat, der den nun folgenden Ereignissen den Anschein der Seriosität verleihen sollte. In dieser Funktion verfügte er über ein großzügiges Spesenkonto und bezog eine von der Reichsregierung zur Verfügung gestellte, für einen erheblich reduzierten Preis von einem deutsch-jüdischen Ehepaar übernommene repräsentative Villa in Berlin-Dahlem.[9]

Das in Nürnberg am schwersten wiegende Beweismaterial gegen von Neurath bezog sich auf seine von 1939 bis 1941 dauernde Amtszeit als Reichsprotektor für Böhmen und Mähren in Prag, die mit der vollständigen Zerschlagung der Tschechoslowakei begann. Er behauptete zwar, sich im März 1939 gegen die Besetzung dieser tschechischen Region ausgesprochen zu haben, weil dies gegen das von Hitler erst im Oktober 1938 unterzeichnete Münchener Abkommen verstieß, doch er nahm das Amt dennoch an, als Hitlers Angebot kam. Vielleicht hoffte er tatsächlich, er könne die friedliche Assimilation der verbitterten tschechischen Bevölkerung in deren eigener Heimat steuern. Mit Sicherheit trug er gelegentliche Konflikte mit dem SS-Gruppenführer Karl-Hermann Frank aus, dem fanatischen Staatssekretär beim Reichsprotektor. Indem von Neurath jedoch das Amt des Reichsprotektors akzeptierte und so lange Zeit innehatte, ließ er sich auf einen Pakt mit dem Teufel ein, in dessen Verlauf Heinrich Himmler mehr und mehr die Kontrolle über die Polizeitätigkeit in Böhmen und Mähren erlangte. Schon bald nach von Neuraths Amtsantritt kam es unter seiner Verantwortung zu mehreren von der SS ausgeführten Verhaftungswellen, und die in Deutschland erlassenen antijüdischen Gesetze wurden auf das von Neurath verwaltete Protektorat Böhmen und Mähren ausgeweitet. Von Neurath blieb auch nach dem November 1939 im Amt, einem Monat, in dem die SS fast 1.900 tschechische Studenten verhaftete, willkürlich neun der Festgenommenen hinrichtete und die übrigen in Konzentrationslager sperrte. Und er verließ seinen Posten auch im September 1940 nicht, als Hitler von der Assimilierung der »rassisch wertvollen« Bevölkerung im Protektorat sprach, während der Rest eliminiert werden könne.[10] Und obwohl von Neurath von Zeit zu Zeit gegen die Exzesse der SS protestierte, fand er doch noch reichlich Zeit für die Hirschjagd in Mährens Wäldern.[11]

Die Dinge, für die von Neurath die volle Verantwortung übernahm, sprachen nicht für ihn. Sein eigener Verteidiger legte ihm 1946 in Nürnberg Karl Hermann

Franks Proklamation vom August 1939 vor, in der dieser drohte, Sabotageakte mit »unnachsichtlicher Strenge« gegen »die gesamte tschechische Bevölkerung« zu beantworten – diese Proklamation trug die Unterschrift von Neuraths –, und von Neurath konnte nur antworten: »Ich kann mir eigentlich nicht vorstellen, unter welchen Gesichtspunkten mir der Erlass dieser öffentlichen Warnung vor Sabotageakten zum Vorwurf gemacht werden kann.«[12] Als ihn die Anklagevertretung mit Denkschriften von eigener Hand sowie von Frank konfrontierte, die aus dem August 1940 stammten, später dann Heydrich und Hitler vorgetragen wurden und von der Notwendigkeit sprachen, führende tschechische Politiker und Intellektuelle aus Böhmen und Mähren zu vertreiben, konnte von Neurath nur erwidern: »Die Intelligenzschicht war das größte Hindernis für eine Zusammenarbeit zwischen Deutschen und Tschechen, [...] diese Intelligenzschichten [mussten] in irgendeiner Weise vermindert und hauptsächlich in ihrem Einfluss vermindert werden.«[13]

Von Neurath übte das Amts des Reichsprotektors bis zum September 1941 aus, bis Hitler Reinhard Heydrich, den Stellvertreter Himmlers, mit dem Auftrag nach Prag schickte, dort ein rücksichtloses Terrorregime zu errichten (von Neurath wurde offiziell nicht abgesetzt, sondern nur »beurlaubt«, erst im August 1943 wurde Wilhelm Frick sein Nachfolger). Joseph Goebbels hatte zwar einmal über von Neurath geklagt: »Er hat sich überall sehr tapfer benommen und große Schwierigkeiten zu überwinden gehabt. Aber trotzdem gehört er in unsere Zeit nicht mehr richtig hinein. Er ist ein Gentleman und der sauberste und anständigste Vertreter einer alten Zeit, die zwar vergangen ist, aber doch sehr schön war«, doch als ihn dieser auf der Suche nach einer neuen Tätigkeit Mitte April 1942 aufsuchte, schrieb er: »Er kommt sich ziemlich ausgeschaltet vor und befindet sich dabei bei bester Gesundheit. Seine Stellung zum Führer ist eine denkbar positive. Überhaupt ist Herr von Neurath ein Gentleman, der sich niemals eine Unkorrektheit oder Illoyalität dem Führer gegenüber hat zuschulden kommen lassen.«[14] Den größten Teil der verbleibenden Kriegszeit verbrachte er auf seinem Landsitz Leinfelderhof in Kleinglattbach, einem württembergischen Dorf bei Vaihingen an der Enz. Zu seinem 70. Geburtstag nahm er von Hitler im Februar 1943 ein steuerfreies Geldgeschenk in Höhe von 250.000 Reichsmark entgegen. Diese Art von Großzügigkeit im Umgang mit führenden Diplomaten und Militärs war im Dritten Reich üblich, und von Neurath hielt zwar sein Unbehagen fest, behielt aber den Scheck.[15] Und trotz seiner Sorgen um Deutschland im Kriegsjahr 1944 wusste er auch um die Arbeitsbedingungen in einem Konzentrationslager, das ganz in der Nähe seines Anwesens lag.[16]

Das alles ergab beim Prozess in Nürnberg kein günstiges Gesamtbild. Doch von Neurath profitierte von wohlwollenden Darstellungen seiner Rolle unter Hitler. Seine Statur, sein gesamtes Verhalten und sein Alter von 73 Jahren vermittelten, wenn er unter Mitangeklagten wie Göring, Streicher, Kaltenbrunner und Ribbentrop saß, den zwingenden Eindruck, dass zwischen ihm und den anderen eine gewisse Distanz bestand. Im Zeugenstand wirkte er außerdem müde, was möglicherweise auf eine Prostataoperation vier Monate vor Prozessbeginn zurückzuführen war. Und Neuraths Verteidigung durch den aus Ostpreußen stammenden Rechtsanwalt Otto Freiherr von Lüdinghausen war einfallslos. Sie bestand aus einer eintönigen, fast träge zu nennenden Strategie, die im Wesentlichen auf Charakterzeugnisse setzte (eines davon stammte vom Mitangeklagten Franz von Papen), von denen kein einziges auf bestimmte Anklagepunkte einging. Der Rest des zur Entlastung Vorgetragenen gründete sich auf das Argument, von Neuraths aggressive Außenpolitik bis zum Jahr 1938 und sogar der Krieg selbst seien von den Ungerechtigkeiten des Versailler Vertrags ausgelöst worden – eine Verteidigung, die, so hatte das Gericht von Lüdinghausen gewarnt, nicht zugelassen werde.[17] Zu Lüdinghausen muss der Gerechtigkeit halber noch gesagt werden, dass er zu keiner Zeit besonders viel vorzubringen hatte. Aber Bischof Theophil Wurm in Stuttgart vertrat später die Ansicht, dass »Freiherr von Neurath mit der Vorbereitung des Krieges im Jahr 1939 nicht das Geringste zu tun hatte«, dass Lüdinghausen »der Aufgabe in Nürnberg nicht gewachsen war« und dass deshalb »ein Fehlurteil gesprochen wurde«.[18]

Bei Wurms selektiver Einschätzung fällt allerdings unter den Tisch, dass der Internationale Militärgerichtshof Neurath in allen vier Anklagepunkten für schuldig befand, weil er die Verbrechen der Nationalsozialisten in verschiedenen, mit großer Verantwortung verbundenen Ämtern erleichtert habe. Es wäre keine besonders eindrucksvolle Verteidigung gewesen zu sagen, von Neurath sei kein so rücksichtslos handelnder Außenminister wie Ribbentrop und auch kein so hartherzig handelnder Amtsträger wie Heydrich gewesen. Von Neurath war nicht die schlimmste Führungsfigur, die das nationalsozialistische Deutschland hervorbrachte. Es gab jedoch auch keinen Grund, auf sein Verhalten stolz zu sein. Jeder andere Beschuldigte, der in allen vier Anklagepunkten schuldig gesprochen wurde (Göring, Ribbentrop, Rosenberg, Keitel) war zwei Wochen nach der Urteilsverkündung bereits tot, deshalb hatte von Neurath möglicherweise Glück, als er eine Haftstrafe von fünfzehn Jahren erhielt.

Von Neurath und der westdeutsche Staat

Die Fürsprecher Neuraths in der Nachkriegszeit sahen diese Zusammenhänge nie so. Stattdessen machten ihn sein Alter und seine Statur im Zusammenwirken mit den Verbindungen seiner Familie in Stuttgart, Bonn und London nach der Gründung eines westdeutschen Staates im Jahr 1949 zu einem berühmten

Abb. 5: Konstantin von Neurath und Hermann Göring besprechen sich während ihres Prozesses in Nürnberg. © Bildarchiv Preußischer Kulturbesitz.

Rechtsfall. Von Neuraths Familie und Freunde wiesen mit jedem Monat, der ins Land ging, auf sein fortgeschrittenes Alter (im Februar 1950 wurde er 77 Jahre alt) und den sich verschlechternden Gesundheitszustand hin und ließen dabei auch den Kontext nicht unerwähnt, die nach ihrer Einschätzung unsäglichen Haftbedingungen in Spandau. In gewisser Hinsicht hatten sie auch Recht. Die Beziehungen zwischen den westlichen Alliierten und der Sowjetunion waren am Nullpunkt angelangt, und es war nicht einfach, den Westdeutschen, deren Land doch vor dem Hintergrund sowjetischer Nicht-Zusammenarbeit bei der Währungsreform entstand und sich auf amerikanische Finanzhilfe und die Grundsätze der liberalen Demokratie und der Achtung der Menschenrechte stützte, zu erklären, wie die Westalliierten und die Sowjetunion in West-Berlin gemeinsam ein Gefängnis verwalten konnten.

Diese Einschätzung teilte mit Sicherheit auch Konrad Adenauer, der Vorsitzende der Christlich-Demokratischen Union, der im September 1949, im Alter von 73 Jahren, der erste Kanzler der Bundesrepublik Deutschland wurde. Adenauer, der ehemalige Oberbürgermeister von Köln, war niemals auf der Seite der Nationalsozialisten gewesen. Die Gestapo verhaftete ihn 1934 und abermals im Jahr 1944, obwohl er große Zurückhaltung übte.[19] Aber nach dem Krieg hatte er seine eigenen Ansichten zu Prozessen gegen Kriegsverbrecher und zu deren Bestrafung nach einer Verurteilung. Adenauer hatte den Prozess gegen die Hauptkriegsverbrecher zu keinem Zeitpunkt befürwortet – im Mai 1946 erklärte er, das Verfahren habe bereits zu lange gedauert –, und bei vielen Gelegenheiten während der Besatzungszeit hatte er die Ansicht vertreten, dass nur die »wirklichen Schwerverbrecher« bestraft werden sollten, und zwar von westdeutschen Gerichten. Anhänger der Nationalsozialisten und bloße Mitläufer sollten unbehelligt bleiben, sagte Adenauer. Mit diesem Argument stand Adenauer für einen großen Teil der öffentlichen Meinung in Westdeutschland, das Spektrum reichte von konservativen katholischen und evangelischen Kirchenvertretern über Millionen von Kriegsveteranen bis in die Führungsspitze der sozialdemokratischen Opposition.

Nach seiner Wahl zum Bundeskanzler am 21. September 1949 musste sich Adenauer jedoch nach wie vor mit der Kontrolle durch die Alliierten und begrenzter Souveränität auseinandersetzen. Die Sicherheit West-Berlins hing von der theoretischen Fortsetzung der Viermächteverwaltung in ganz Berlin ab, deshalb hatte West-Berlin einen anderen Status als die neugebildete Bundesrepublik Deutschland. Die Westsektoren standen trotz des im Vorjahr erfolgten sowjetischen Auszugs aus dieser Institution unter der militärischen Verwaltung der Rumpf-Kommandantur. Nach 1950 übernahm der »Regierende Bürgermeister« in Zusammenarbeit mit einem neuen Stadtrat, der jetzt »Senat« hieß, die Verwaltung der Stadt (die Begriffe entsprachen den Bezeichnungen in anderen freien deutschen Städten; die alten Bezeichnungen »Oberbürgermeister« und »Magistrat« wurden in Ost-Berlin weiter verwendet). In der Bundesrepublik wurde die Militärregierung im September 1949 durch ein Besatzungsstatut ersetzt, mit dem die zivile alliierte Kontrolle der westdeutschen Außen- und Sicherheitspolitik, des Außenhandels und anderer Lebensbereiche abgesichert wurde. Dazu gehörte auch die Beaufsichtigung deutscher Gefangener, die von alliierten Gerichten unter Aufsicht einer Hohen Kommission der drei Westmächte verurteilt wurden. Die Alliierte Hohe Kommission residierte auf dem Bonner Petersberg, von dem man, auch im wörtlichen Sinn, die neue westdeutsche Hauptstadt im Blick hatte. Die ersten Alliierten Hohen Kommissare waren erfahrene, mit den deutschen Zuständen gut vertraute Fachleute. Der amerikanische Hohe Kommissar John J. McCloy (1949–1952) war während des

Zweiten Weltkriegs stellvertretender Verteidigungsminister gewesen und wurde nach Kriegsende zu einem der Architekten des Nürnberger Prozesses. Der Brite Sir Brian Robertson (1949–1950) war in den vorhergehenden beiden Jahren britischer Militärgouverneur gewesen, und sein Nachfolger Sir Ivone Kirkpatrick (1950–1953) hatte vor dem Krieg in der britischen Botschaft in Berlin gearbeitet und verhörte Rudolf Heß nach dessen Englandflug im Jahr 1941. Nach Kriegsende beriet Kirkpatrick die britische Militärregierung und kehrte dann als Assistant Undersecretary (Unterabteilungsleiter) für Westeuropa ins Foreign Office zurück.[20] Der französische Hohe Kommissar André François-Poncet (1949–1953) war von 1931 bis 1940 französischer Botschafter in Berlin gewesen, wurde von den Deutschen während der beiden letzten Kriegsjahre interniert und hatte anschließend General Pierre Koenig als politischer Berater gedient. Er war der einzige Hohe Kommissar, der sein Amt während der gesamten Zeit des Besatzungsstatuts ausübte, und arbeitete intensiv an neuen deutsch-französischen Beziehungen, die Frankreichs Macht und Sicherheit stärkten und rechtsextremen Aktivitäten wachsam gegenübertrat. Die Sowjets reagierten auf diese Entwicklung im Oktober 1949 mit der Gründung der Deutschen Demokratischen Republik und der offiziellen Auflösung ihrer eigenen Militärregierung, die durch die Sowjetische Kontrollkommission abgelöst wurde.[21]

Zahlreiche Aspekte der alliierten Politik sorgten in Bonn immer wieder für Verstimmung. Ein Beispiel war das Besatzungsstatut selbst, das die deutsche Souveränität auf allen Gebieten einschränkte, von der Außenpolitik bis hin zur Produktion von Kohle und Stahl. Adenauers symbolische Geste bei der feierlichen Einführung des Besatzungsstatuts auf dem Petersberg, bei der der Bundeskanzler ganz bewusst auf demselben Teppich stand wie die Hohen Kommissare, war der Ausdruck dieser Ruhelosigkeit.[22] Zu den besonderen Ärgernissen zählte auch die fortdauernde Haft deutscher Staatsbürger, die wegen Kriegsverbrechen verurteilt worden waren und in den alliierten Gefängnissen in Landsberg, Wittlich und Werl sowie in anderen europäischen Staaten einsaßen. Vom Augenblick der Amtsübernahme an drängte Adenauer auf eine umfassendere nationale Souveränität, die sich für ihn zum Teil auch in einem militärischen Beitrag Westdeutschland zur Verteidigung Westeuropas und in weitreichenden Gnadenerweisen für Deutsche, die aufgrund von Kriegsverbrechen verurteilt worden waren, verkörperte, einschließlich der Umwandlung von Todesurteilen, die gegen die schlimmsten Verbrecher verhängt worden waren. Bonn gewann nach dem Angriff Nordkoreas auf Südkorea im Juni 1950 mehr Einfluss, weil diese Attacke einen Vorgeschmack auf ein ähnliches kommunistisches Abenteuer in Mitteleuropa zu geben schien. Ein westdeutscher Verteidigungsbeitrag war jetzt von grundlegender Bedeutung. Aber neue Soldaten, so war zu vernehmen, würden nicht an den Zellenfenstern ihrer alten Befehlshaber vorbeimarschieren.[23]

In Bonn war stets klar, dass sich Spandau von den anderen Gefängnissen unterschied. Dieser Unterschied zeigte sich weniger in der Tatsache, dass die dortigen Insassen als »Hauptkriegsverbrecher« bezeichnet wurden und deshalb im Mittelpunkt des ersten großangelegten Versuchs in Sachen Gerechtigkeit nach dem Kriegsende standen. Es ging hier eher um Fragen der sowjetischen Beteiligung. Für jede Änderung der Gefängnisordnung war Moskaus Zustimmung erforderlich, von einem milden Umgang mit den sieben Gefangenen oder gar deren Freilassung einmal ganz abgesehen. Dies war eine komplizierte Frage, da die Bundesrepublik Deutschland und die Sowjetunion einander erst im Jahr 1955 diplomatisch anerkannten. Aus diesem Grund schrieb Adenauers außenpolitischer Berater Herbert Blankenhorn im Oktober 1950 in einem Memorandum, das sich mit den Bedingungen für die Wiederbewaffnung Deutschlands beschäftigte, dass die westlichen Alliierten der Bundesrepublik uneingeschränkte Souveränität gewähren sowie nach und nach diejenigen Deutschen freilassen müssten, die von den Alliierten als »Kriegsverbrecher« verurteilt worden waren. Und wegen der Gefangenen von Spandau müssten die Westalliierten einfach nur mit den Sowjets verhandeln, schrieb Blankenhorn.[24]

Die Revision von Urteilen, die gegen von den Alliierten inhaftierte Deutsche ergangen waren, hatte tatsächlich bereits 1949 eingesetzt. Bis zum Juni 1951 war die Zahl der im Gefängnis von Landsberg einsitzenden Deutschen von 663 im Vorjahr auf 464 zurückgegangen, die Zahl der Häftlinge in britischem Gewahrsam im Gefängnis von Werl sank bis zum gleichen Datum von 379 im April 1950 auf 231.[25] Die Deutschen wiesen immer wieder darauf hin, dass diese Revisionen schneller vonstatten gehen sollten, und dies richtete sich vor allem an die Adresse der Franzosen, die den strengsten Revisionsvorgang praktizierten und mehr Deutsche als Kriegsverbrecher festhielten als jedes andere westeuropäische Land.[26]

Konstantin von Neurath hatte jedoch zahlreiche Fürsprecher, deshalb konnte Bonn das Problem Spandau nicht unbegrenzte Zeit vor sich herschieben. Neuraths Tochter Winifred von Mackensen besuchte ihren Vater im April 1950 und schickte Adenauer anschließend eine lange Beschwerdeliste, in der die Haftbedingungen ihres Vaters stark übertrieben wurden. Winifred schrieb, die Zustände im Spandauer Gefängnis hätten sich seit der Verlegung der Gefangenen aus Nürnberg dorthin eher verschlimmert als verbessert. Das Licht in den Zellen werde nachts absichtlich zwei- bis dreimal in der Stunde eingeschaltet, um den Gefangenen den Schlaf zu rauben. Die Gefangenen dürften von 6 Uhr morgens bis um 22 Uhr abends auf ihren Betten weder sitzen noch liegen, und als Sitzgelegenheit gebe es in den Zellen nur einen Stuhl ohne Lehne. Die Häftlinge dürften nicht miteinander sprechen und auch nicht lesen. Die einzige körperliche Bewegung bestehe aus Gehen im Kreis um einen Baum herum, zweimal am Tag 30 Minuten lang. Ganzjährig miserables Gefängnisessen habe zu einem gefährlichen Gewichtsverlust geführt. Und, so fügte Winifred als letzten Hieb hinzu, der Pfarrer sei ein Franzose.[27]

Ein Memorandum mit ähnlichem Wortlaut sandte Winifred am 15. Oktober 1950 an eine ganze Reihe britischer Kontaktpersonen. Zu den Empfängern zählte auch der Bischof von Chichester (der bereits erwähnte George Bell), der ständigen Kontakt zu Landesbischof Wurm gehalten und im britischen Oberhaus am 5. Mai 1949 eine lange Rede gegen das, was er als einseitige Prozesse gegen Deutsche empfand, vorgetragen hatte.[28] Post von Winifred erhielt auch der Militärtheoretiker Basil Liddell Hart, der Sympathien für die inhaftierten deutschen Generäle hegte, die ihm Interviews gegeben hatten, damit er ein ungewöhnlich dummes Buch schreiben konnte, in dem die deutsche Kriegführung beschönigend dargestellt wurde.[29] Angeschrieben wurde auch Lord Maurice Hankey, Churchills ehemaliger Kabinettssekretär, der sich gegen die Nürnberger Prozesse und auch gegen andere Prozesse der Nachkriegszeit ausgesprochen hatte, weil sie seiner Ansicht nach im Verhältnis zwischen Siegern und Besiegten nur zu Verbitterung führten und sich alle Staaten früher oder später der aggressiven Kriegführung schuldig gemacht hätten.[30] Weitere Ansprechpartner waren der britische Parlamentsabgeordnete Richard Stokes, dem das koschere jüdische Schlachten von Tieren größere Sorgen bereitete als die Ermordung der Juden durch die Nationalsozialisten, sowie, eine besonders seltsame Wahl, Dr. Eduard Hempel, Hitlers ehemaliger Gesandter in Irland, der nach Hitlers Tod am 30. April 1945 noch einen offiziellen Kondolenzbesuch der irischen Regierung erhalten hatte.

Winifreds neuem Appell war zu entnehmen, die Russen würden die Gefangenen nicht an die frische Luft lassen, die Nahrung bestehe aus Kartoffelschalensuppe, und von Neurath seien im August sämtliche Zähne gezogen worden. Alle Abschriften ihres Briefes wurden an das Außenministerium in London weitergeleitet, mit der Bitte, von Neurath möge auf Ehrenwort ein Hafturlaub gewährt werden, man solle Gnade walten lassen oder ihn zumindest in ein westdeutsches Sanatorium verlegen. Lord Chichester brachte beim Außenministerium auf Drängen von Bischof Wurm zusätzliche moralische Argumente vor. Er warnte: »Man denkt nicht gerne daran, wie die Geschichte wohl über Spandau urteilen wird, über ein Beispiel für die Gerechtigkeit der Nationen, die den Nationalsozialismus besiegt haben.«[31] Chichester, Hankey und Liddell Hart verbanden alle den Fall von Neurath mit dem allgemeineren Problem, dass deutsche Offiziere im britischen Militärgefängnis in Werl einsaßen. Alle drei vertraten die Ansicht, dass die Westdeutschen nur mit Mühe zu einem Beitrag für die Verteidigung Westeuropas zu bewegen wären, wenn ihre ehemaligen Offiziere in alliierten Gefängnissen einsaßen.[32]

Auch Sentimentalitäten spielten eine Rolle. Das Datum der goldenen Hochzeit von Neuraths stand im Mai 1951 an. Raeders 30. Hochzeitstag war im August 1950 ohne öffentliche Debatte verstrichen, aber bei von Neuraths 50. Hochzeitstag würde das anders sein. Der britische Gefängnisdirektor R. B. Le Cornu berief in Spandau auf Ersuchen der Familie von Neurath und auf Anweisung seiner Vorgesetzten in London eine Sondersitzung der vier Direktoren ein, um die Genehmigung eines 45 Minuten dauernden Besuches von fünf Familienangehörigen Neuraths vorzuschlagen. Außerdem sollte es auf Wunsch der Familie von Neurath einen Sondergottesdienst geben, den Otto Dibelius, der Bischof von Berlin-Brandenburg, halten würde. Dibelius selbst war keine unumstrittene Persönlichkeit. Er hatte wie viele andere protestantische Würdenträger gegen nationalsozialistische Übergriffe protestiert, die sich gegen die Evangelische Kirche richteten, aber die vom Staat betriebene Verfolgung der Juden verteidigt. Dennoch schrieb er am 19. Mai an die Gefängnisdirektoren und bat um die Genehmigung für die Abhaltung eines Gottesdienstes für Neurath in Spandau. Dibelius sagte, dies wäre ein Akt der Menschlichkeit.[33]

Der US-Gefängnisdirektor Maxwell Miller und der französische Direktor René Darbois stimmten Le Cornus Vorschlag zu, Miller sprach dabei vom »außergewöhnlichen Anlass« einer goldenen Hochzeit, und Darbois fügte hinzu, dass von Neurath nicht mehr viel Lebenszeit bleiben werde. Aber der sowjetische Sanitätsoffizier Major Pusankow blieb von all dem unbeeindruckt. »Keiner [der] Direktoren kann sagen, wie lange der Gefangene vermutlich leben wird«, konterte er. Und das Alter könne nicht als Vorwand für die Umgehung der Bestimmungen benutzt werden. Das größte Zugeständnis, zu dem sich Pusankow bereit fand, war ein fünfzehnminütiger Besuch von Baroness Marie mit einer Begleitperson – entweder mit Winifred oder mit von Neuraths Sohn Konstantin. Pastor Casalis durfte einen Gottesdienst abhalten, zu dem jedoch nur die Mithäftlinge zugelassen waren, nicht aber von Neuraths Familie.[34] Nach einem Besuch von Frau und Tochter, der Ende April in gedrückter Stimmung stattfand, wirkte von Neurath »bitter und ganz hoffnungslos«. Winifred, die sich sicher war, dass ihre Eltern niemals wieder vereint sein würden, behauptete, sie wünsche sich im Stillen für beide einen frühen Tod.[35] Ein zorniger Bischof Wurm beschwerte sich bei Adenauer, und der Landtag von Württemberg-Baden verabschiedete am 20. Juni 1951 eine Resolution, in der Neuraths Freilassung aus humanitären Gründen verlangt wurde.[36]

Der Druck auf Adenauer nahm zu, und mit Adenauers Beschwerden an die Adresse der Alliierten verhielt es sich ebenso. Als Reaktion auf Winifreds Brief vom Juni 1950 schrieb Adenauer am 20. Juni an die Hohen Kommissare der Alliierten, listete die Beschwerden auf und fügte die bescheidene Bitte hinzu, dass Spandau »aus Gründen der Menschlichkeit« so arbeiten solle wie Gefängnisse »in allen zivilisierten Staaten«.[37] Im Juni 1951 schrieb er an McCloy, dass »es mir wirklich ein Gebot der Menschlichkeit zu sein [scheint], Herrn von Neurath zunächst in ein Krankenhaus zu verlegen«, und im Oktober 1951 legte er nach: »In letzter Zeit bin ich indessen von verschiedensten Seiten immer wieder dringend um weitere Bemühungen zugunsten Herrn Neuraths gebeten worden.«[38]

Der britischen Regierung war klar, dass Winifred bei ihren Beschwerden übertrieb, doch man war sich auch des vom Spandauer Gefängnis ausgelösten politischen Problems bewusst. London hoffte bereits im Jahr 1950, dass das Spandau-Problem durch die vorzeitige Entlassung des alternden von Neurath kleinzuhalten sei und war sich auch darüber im Klaren, dass ein solcher Vorstoß nur mit gesundheitlichen Argumenten begründet werden konnte. Eine medizinische Untersuchung von Neuraths im Mai 1950 durch britische Ärzte lieferte hilfreiche Erkenntnisse in dieser Richtung. »Die Lebenserwartung dieses Mannes«, hieß es im ärztlichen Bericht, »kann in Monaten angegeben werden. Die ständig wiederkehrenden Anfälle akuter Bronchitis werden vermutlich ein Herzversagen auslösen. Die Möglichkeit eines plötzlichen Herzversagens durch eine koronare Thrombose ist allgegenwärtig. Unter den Spandauer Gefangenen kann er als Ausnahmefall angesehen werden.«[39]

Ab diesem Zeitpunkt herrschte in London weitgehende Einigkeit darüber, dass von Neurath dem Tode nahe war und dass dieser Zustand sofortiges Handeln erforderte. General Robertson hatte schon im März 1950 zweimal die Möglichkeit einer bedingten Haftentlassung aus medizinischen Gründen angesprochen, nachdem er vom Rechtsanwalt der Familie über von Neuraths schlechten Gesundheitszustand informiert worden war. Der britische Hohe Kommissar Sir Ivone Kirkpatrick hatte im Mai vor, seine Kollegen McCloy und François-Poncet um eine Anfrage zu dritt bei den Sowjets zu bitten, mit der von Neuraths Verlegung in ein Militärkrankenhaus in der britischen Zone erreicht werden sollte, ohne den Gewahrsam aufzuheben. Aus der Sicht des Foreign Office war von Neurath »eindeutig ein Ausnahmefall, dessen Verlegung keine weiteren ähnlichen Vorschläge aus medizinischen Gründen zur Folge haben würde«.[40]

Aber die Amerikaner wollten darauf nicht eingehen. Außenminister Dean Acheson erklärte, eine bedingte Haftentlassung Neuraths aus medizinischen Gründen (und die mögliche Entlassung Funks, der, obwohl von britischer Seite gar nicht erwähnt, der kränkste Häftling in Spandau war) würde zur ständigen Präsenz sowjetischer Bewacher in Westdeutschland führen. Acheson warnte deshalb McCloy, dass die beiden Gefangenen schon sehr erkrankt sein müssten, bevor eine bedingte Entlassung aus medizinischen Gründen verfügt wurde.[41] Auf von Neurath traf das zu diesem Zeitpunkt aber nicht zu. Es stimmte zwar, dass er an chronischem Bluthochdruck und Angina Pectoris litt, aber die Protokolle der Spandauer Ärztekommission zeigen, dass er 1950, ja sogar noch 1951 niemals als dringender Fall geführt wurde. Wenn sich jemand in einem fortdauernden elenden Zustand befand, dann war das Funk, der neben seinen anderen Problemen jetzt auch noch – wegen früherer Bluttransfusionen – auf einem Auge zu erblinden drohte und aufgrund der massiven Medikamentierung nachts an schwerer Desorientierung litt, wenn seine Zelle beleuchtet wurde. General Jean Ganeval, der französische Stadtkommandant von Berlin, und sein britischer Kollege, Brigadegeneral Edward Benson, erklärten, Funks Gesundheitszustand sei sehr viel schlechter.[42] Doch Funk, ob er es nun verdiente oder nicht, wurde niemals zum Nutznießer irgendwelcher offizieller Bemühungen von Regierungsseite zu seinen Gunsten. Sein Helfernetzwerk in Westdeutschland bestand nur aus seiner Ehefrau Louise – einer Frau mit geringen finanziellen Mitteln, die selbst krank war und dem Irrglauben anhing, ihr Mann sei in Nürnberg von Oswald Pohl durch falsche Anschuldigungen zwar hereingelegt worden, doch sie könne mit ihm auf irgendeine Weise telepathisch kommunizieren.[43]

Die Amerikaner sammelten allerdings, auf Anordnung von General Maxwell Taylor, ihrem Stadtkommandanten in Berlin, eigene Erkenntnisse zu beiden Männern. Funk, so war dem Bericht zu entnehmen, sei in einem miserablen Zustand, aber seine Probleme »wären, [selbst] wenn [er] unter anderen Bedingungen lebte, möglicherweise immer noch vorhanden«.[44] Eine Überprüfung des Falles von Neurath ergab ein leichtes Emphysem sowie eine geringfügige Vergrößerung des Herzens. Aber von Neurath klagte nicht über gesundheitliche Probleme und zeigte auch keine Symptome, die auf seine Herz-Kreislauf-Probleme zurückzuführen gewesen wären. Bei einer medizinischen Untersuchung »ergab sich das Erscheinungsbild einer gut entwickelten, gut ernährten männlichen weißen Person, [...] die weder akut noch chronisch krank zu sein schien und keine Schmerzen litt«. Die medizinischen Empfehlungen von amerikanischer Seite beschränkten sich auf ein sanftes Beruhigungsmittel und salzarme Ernährung.[45] Die Verantwortlichen auf amerikanischer Seite gewannen insgesamt den Eindruck, dass »diese Untersuchungen die Behauptung des britischen Hohen Kommissars, der Gesundheitszustand von Neuraths und Funks sei kritisch und erfordere eine bedingte Haftentlassung aus medizinischen Gründen, nicht bestätigen«.[46] McCloy hatte Brian Robertson bereits mitgeteilt, die Vereinigten Staaten seien zwar nicht grundsätzlich gegen eine bedingte Entlassung aus medizinischen Gründen, doch die Ergebnisse der medizinischen Untersuchungen würden eine solche Maßnahme weder in von Neuraths noch in Funks Fall rechtfertigen.[47] Kirkpatrick brachte dieses Ansinnen beim Treffen der Hohen Kommissare am 31. Mai 1950 dann nicht einmal zur Sprache. »[McCloys] Verhalten machte deutlich, dass er sich nur ungern die damit verbundenen Schwierigkeiten einhandeln würde«, sagte Kirkpatrick.[48]

Die Amerikaner waren sich auch gar nicht so sicher, wie inhuman die Zustände in Spandau wirklich waren. Die Hohen Kommissare ordneten nach Adenauers Brief vom 20. Juni 1950 eine Untersuchung der dortigen Verhältnisse durch die Kommandantur an. Robertson hatte sich sehr deutlich über Spandau geäußert, aber Ganeval tat dies mit dem Einwand ab, die Vorschriften könnten unmöglich geändert werden, und die Haftbedingungen seien ohnehin nach und nach erleichtert worden, während Maxwell Taylor nicht den Eindruck hatte, die Bedingungen in Spandau seien besonders schlecht. Die Briten vertraten zwar die Ansicht, bestimmte Teile der Spandauer Vorschriften, etwa die Regelungen, die Kontakte zur Außenwelt und zu Familienangehörigen betreffen, seien inhuman, aber Taylor hielt dem entgegen, in materieller Hinsicht unterschieden sich die Haftbedingungen in Spandau nicht wesentlich von den Verhältnissen im US-Kriegsverbrechergefängnis in Landsberg am Lech. Und es war klar, dass »der Bundeskanzler« in Bezug auf zahlreiche seiner Behauptungen »falsch informiert worden ist«.[49] »Die Haftbedingungen in Spandau«, fügte McCloy hinzu, »waren insgesamt gut und [...], mit Ausnahme Funks, war auch [der] Gesundheits- und Gemütszustand aller Häftlinge recht gut.«[50] Sogar in den sowjetischen Monaten hatte es erhebliche Verbesserungen gegeben, und auch die Ernährung unter sowjetischer Ägide war, wiewohl monoton, nach Kirkpatricks Einschätzung »angemessen und gesund«.[51]

Die Hohen Kommissare informierten Adenauer unter Bezug auf den Bericht der Westberliner Stadtkommandantur über die irrigen Vorstellungen, die ihm durch Winifred von Mackensen übermittelt worden waren. Die Gefangenen durften sich auf ihr Bett legen, wenn sie dies wünschten, sie durften miteinander sprechen und Bücher ihrer Wahl lesen, und bei der Überprüfung war auch festgestellt worden, dass es in jeder Zelle ein Bücherregal gab und das Gefängnis eine Bücherei hatte. Die nächtliche Beleuchtung der Zellen erfolgte aus Sicherheitsgründen, und es wurden Schritte unternommen, um das Licht der Glühbirnen zu dämpfen. Die Ernährung, hieß es im Bericht außerdem, sei während der westlichen Monate »durchaus angemessen«, selbst im sowjetischen Monat erhielten die Häftlinge dasselbe Essen wie die sowjetischen Bewacher. Ein deutscher Geistlicher war zwar aus Sicherheitsgründen nicht zugelassen worden, doch niemand habe gegen Pfarrer Casalis' Tätigkeit ernsthafte Einwände erhoben, und bei den Gottesdiensten in der Gefängniskapelle gebe es sogar Musik. Was nun die Gesundheit der Gefangenen betreffe, so habe sich diese in den vergangenen Monaten eher verbessert als verschlechtert, und die medizinische Versorgung sei ausgezeichnet. Als Fazit wurde Adenauer mitgeteilt, dass »den alliierten Behörden daran gelegen ist, den Strafvollzug für die vom Internationalen Militärgerichtshof verurteilten Gefangenen in Übereinstimmung mit den Grundsätzen durchzuführen, die in allen demokratisch regierten Ländern gelten.«[52]

Zu diesem Zeitpunkt orientierten sich Briten und Amerikaner kurz an unterschiedlichen Zielsetzungen. Ohne die Amerikaner oder die Franzosen zu informieren, schrieb Kirkpatrick am 4. Juli 1950 General Wassili Tschuikow (dem Oberbefehlshaber der sowjetischen Besatzungstruppen und Vorsitzenden der sowjetischen Kontrollkommission) einen Brief, in dem er sich für bessere Haftbedingungen einsetzte, unter anderem für mehr Briefe und eine größere Zahl von Besuchen. Kirkpatrick erwähnte auch von Neuraths Gesundheitszustand (doch abermals nicht den von Funk), und vielleicht war das ein Eröffnungszug für den Versuch, ihn aus Spandau an einen anderen Ort zu verlegen.[53] Kirkpatrick schrieb nach London, dass die Amerikaner und Franzosen »befürchten, dass Vorstöße auf einer höheren Ebene [über die Zuständigkeit der Gefängnisdirektoren hinaus] die Russen darauf aufmerksam machen könnten, was bereits unternommen worden ist, um das Los der Gefangenen zu erleichtern, und so zu einer Verschärfung der Praxis während des russischen Monats führen könnten«.[54] Aber er handelte dennoch. Erst im Oktober traf eine Antwort von sowjetischer Seite ein, und die kam vom stellvertretenden Hohen Kommissar Iwan Fedorowitsch Semitschastnow, der (wie zuvor bereits die Amerikaner) behauptete, bei einer aktuellen medizinischen Untersuchung von sowjetischer Seite sei keine Verschlechterung in von Neuraths Gesundheitszustand festgestellt worden.[55]

McCloy inspizierte Spandau im Januar 1951, »um mich aus erster Hand mit den Haftbedingungen vertraut zu machen [...] und auch aus erster Hand, sofern vorhanden, die Beschwerden zu hören, die die Gefangenen vorzubringen hatten.« Zu der Inspektionstour gehörte auch ein persönlicher Besuch bei von Neurath in dessen Zelle. McCloy wünschte sich mit Sicherheit, dass es das Spandauer Gefängnis niemals gegeben hätte. Er erklärte gegenüber den anderen Hohen Kommissaren, die Bestimmungen zu den familiären Kontakten seien zu streng, schlug die Einrichtung einer Viermächtearbeitsgruppe zu möglichen Verbesserungen vor und brachte sogar den Gedanken ins Gespräch, jetzt sei die Zeit für eine Überprüfung der Urteile selbst gekommen.[56] Die Franzosen verweigerten sich, vielleicht aus Furcht vor dem Echo aus Paris, einem offiziellen Vorstoß bei Tschuikow und zogen stattdessen die stille Kleinarbeit an bescheidenen Verbesserungen auf der Ebene der Gefängnisdirektoren vor, bei der um längere und häufigere Besuche, mehr Briefe und mehr Pakete gerungen wurde.[57] McCloy schlug deshalb gegenüber Adenauer einen behutsamen Ton an und stellte fest, es seien zwar noch weitere Verbesserungen nötig, bis dieser Ort westlichen Maßstäben vollständig entspreche, doch er sei auch »überzeugt, dass das Gebäude einen mäßigen Komfort bietet«, der vom Garten bis zur Bibliothek reiche.[58] Die westdeutsche Regierung hielt in einer unveröffentlichten Aktennotiz den Widerspruch fest, der sich aus McCloys Äußerung ergab, die Verhältnisse in Spandau seien human, doch es seien Verbesserungen nötig, um westlichen Standards zu entsprechen.[59] Und Bonn stand weiterhin unter starkem Druck, die Verlegung von Neuraths oder gar seine Freilassung zu erreichen. Im Januar 1951 bat Dr. Reinhold Maier (FDP-DVP), der Ministerpräsident des damaligen Bundeslandes Württemberg-Baden, Adenauer, Kontakt zu McCloy aufzunehmen, um von Neuraths Verlegung in ein Krankenhaus zu erreichen. Adenauer leitete die Bitte mit dem Kommentar weiter, sie zeige, »wie sehr das Geschick [Herrn von Neuraths] das deutsche Volk und im besonderen seine engeren Landsleute bewegte«.[60]

Die Irritation nahm weiter zu, als McCloy im Juli 1951 das Bundeskanzleramt beschied, von Neuraths Gesundheitsprobleme seien eher auf sein Alter als auf seine Inhaftierung zurückzuführen.[61] Die zornigste Reaktion hierauf kam von Bischof Wurm, der an Blankenhorn schrieb:

»Ich muss gestehen, ich bin empört über die Antwort des Herrn McCloy an den Herrn Bundeskanzler. Es ist doch gleichgültig, ob der Krankheitszustand des Herrn von Neurath seinem Alter oder seiner Haft entspringt – wahrscheinlich beidem; es geht doch um die Frage, ob es den Geboten der Menschlichkeit entspricht, einen alten kranken Mann, dem infolge einer fahrlässigen und oberflächlichen Rechtsprechung eine 15-jährige Freiheitsstrafe diktiert worden ist, bis an sein Lebensende festzuhalten.«[62]

Adenauer gab diesen Gedanken in Form eines Kommentars an McCloy weiter, dass »die Vollstreckung einer langjährigen Freiheitsstrafe in dem hohen Alter von 78 Jahren an sich schon Härten unvermeidlich macht, die nicht ohne weiteres mit dem Urteil bezweckt gewesen sein können«.[63] Doch McCloys äußerst detaillierte Antwort vom 30. Juli 1952 mündete in die schlichte Feststellung, von Neuraths Gesundheit habe sich nicht in einem Maß verschlechtert, das eine Verlegung in ein Krankenhaus rechtfertige. Heinz von Trützschler, Abteilungsleiter für Gefangene und Kriegsverbrecher im Bonner Außenministerium, hielt in einer Aktennotiz fest: »Es wird davon ausgegangen werden können, dass die drei westlichen Alliierten die Zustände im Gefängnis Spandau selbst als unbefriedigend empfinden, dass sie sich aber nicht in der Lage sehen, dieserhalb den Konfliktstoff mit Sowjetrussland noch zu vermehren.«[64]

Das Vorgehen im Todesfall

Das Märtyrertum war eine Säule des nationalsozialistischen Regimes. Der Historiker Jay Baird gibt mit seiner Schilderung der sechzehn nationalsozialistischen »Unsterblichen«, die bei Hitlers gescheitertem Putschversuch vom 9. November 1923 ums Leben kamen, ein anschauliches Beispiel für diese These. Die Münchener Behörden verboten den Nationalsozialisten in den zwanziger Jahren die Beisetzung von »Märtyrern« in Gemeinschaftsgräbern oder das Abhalten von Gedenkzeremonien. Nachdem Hitler an die Macht gekommen war, ließ er unmittelbar neben der aus dem 19. Jahrhundert stammenden Feldherrnhalle in München, wo die »Märtyrer« zu Tode gekommen waren, ein Denkmal errichten. Die Umbettungszeremonie – ein drei Tage dauerndes Ereignis im November 1935 – war eine der ausgefeiltesten Zurschaustellungen nationalsozialistischen Gedankenguts. Dazu gehörten sechzehn Bronzesarkophage, die mit von Pferden gezogenen Munitionswagen transportiert wurden; eine mitternächtliche Überführung der sterblichen Überreste zur Feldherrnhalle, wo sie kurzzeitig aufgebahrt und von der Hitlerjugend bewacht wurden; zwei neoklassizistische Ehrentempel mit jeweils acht Grabmalen als neue, einander gegenüberliegende Begräbnisstätten am Königsplatz; sechzehn Kränze, die Hitler selbst in den Ehrentempeln niederlegte; außerdem Fackelzüge, feierliche Eide, Ansprachen, Flaggen und so weiter. All dies stand sinnbildlich für die Art und Weise, in der das Regime den Tod feierte, mit dem Ziel, seine ewigen Freunde und seine ewigen Feinde zu benennen.[65]

Die Staaten, die den Nationalsozialismus besiegt hatten, verstanden diese Symbolik. Die amerikanischen Streitkräfte entfernten bei ihrer Ankunft in München das Denkmal für die sechzehn Unsterblichen aus der Feldherrnhalle, und 1947 sprengten sie die Ehrentempel und betteten zuvor die sterblichen Überreste der sechzehn Gefallenen in getrennte Friedhöfe in ganz München um.[66] Als die in Nürnberg zum Tod verurteilten Kriegsverbrecher am 16. Oktober 1946 gehängt wurden, achtete der Alliierte Kontrollrat sehr genau darauf, dass sie für die Menschen, die sie zuvor beherrscht hatten, niemals zu Märtyrern werden würden. Die Leichname wurden mit einem Lastwagen nach Dachau gebracht und verbrannt, dann warf man ihre Asche in die Isar.[67] Die Toten waren zwar fotografiert worden, um die Hinrichtungen dokumentieren zu können, doch die Negative sollten bewacht werden, damit sie »auf keinen Fall [...] in der deutschen Presse reproduziert werden konnten«.[68]

Überraschenderweise dachten die vier Mächte damals noch nicht an den Umgang mit den sterblichen Überresten der sieben zu Haftstrafen verurteilten Männer. Die Kontrollratsdirektive Nr. 35 enthielt keinen Hinweis darauf, was nach dem Tod eines der Gefangenen zu tun sei.[69] Die Spandauer Gefängnisordnung sagte zu diesem Thema ebenfalls nichts – ein ziemliches Versäumnis, weil schon der gesunde Menschenverstand den Gedanken nahelegte, dass vier der Verurteilten (Neurath, Raeder, Funk und Hess) angesichts ihres Alters, ihres Gesundheitszustandes oder wegen der Länge ihrer Haftstrafe im Gefängnis sterben könnten.

Die Alliierte Kommandantur einigte sich bis zum Dezember 1947 nicht auf eine Vorgehensweise für einen solchen Fall, und diese oblag außerdem strenger Geheimhaltung.[70] Beim Tod eines Gefangenen sollten die vier Sanitätsoffiziere zunächst die Todesursache feststellen. Es sollte keinen Begräbnisgottesdienst geben. Die Gefängnisbediensteten sollten zum Schweigen verpflichtet werden, und der Sargtischler sollte einen Sarg herstellen. Der Leichnam sollte dann bei Nacht mit einem aus zwei geschlossenen Lastwagen bestehenden Geleitzug zu einem deutschen Krematorium im britischen Sektor transportiert werden. Die beiden Fahrzeuge sollten die sterblichen Überreste, eine aus zwanzig Mann bestehende bewaffnete Wache aus der Nation, die im betreffenden Monat den Vorsitz führte, die vier Sanitätsoffiziere und alle vier Gefängnisdirektoren befördern. Die Bediensteten des Krematoriums sollten vorab über die genaue Uhrzeit der Einäscherung unterrichtet, die Identität des Toten sollte jedoch bis zur Ankunft vor Ort geheimgehalten werden. Die Sowjets bestanden darauf, dass die Asche des Toten nach der Kremation nicht den Familienangehörigen übergeben wurde. Sie sollte von den vier Direktoren an einem gemeinsam festgelegten Ort, der nicht in unmittelbarer Nachbarschaft des Gefängnisses liegen durfte, zerstreut werden. (Der sowjetische Gefängnisdirektor Politow machte zunächst den makabren Vorschlag, die Asche im Gefängnisgarten abzuladen, wo sie dann von den anderen Gefangenen umgegraben werden sollte.) Der für die Beseitigung der Asche benutzte Behälter sollte anschließend in Gegenwart der vier Direktoren verbrannt werden. Erst dann sollte die Familie des Verstorbenen erfahren, dass ihr Angehöriger tot war, aber die Art der Bestattung sollte geheimgehalten werden.

Den britischen Besatzungsbehörden in Berlin hatte die Vorstellung einer heimlichen Einäscherung nie zugesagt, sie hatten sich von Anfang an dafür eingesetzt, dass die sterblichen Überreste des Gefangenen der betroffenen Familie übergeben werden sollten. Sie argumentierten, ein Spandauer Gefangener, der seine Strafe verbüßt habe und entlassen worden sei, würde nach einem Tod in Freiheit ein normales Begräbnis erhalten. Warum sollte ein Gefangener, der innerhalb der Mauern von Spandau gestorben war, schlechter behandelt werden? Die Franzosen stimmten dem zu, weil sie eine grundsätzliche Abneigung gegen Einäscherungen hegten. Die sowjetischen Behörden zeigten sich jedoch unnachgiebig. Die kürzeste Haftstrafe sei zehn Jahre, war ihr Argument. Niemand könne voraussagen, wie sich die Verhältnisse in Deutschland in diesem Jahrzehnt entwickeln würden. Der britische Vorschlag, sagten die Sowjets, »berge die große Gefahr in sich, [dass] militaristische Elemente die Gräber dieser Verbrecher für alle möglichen nationalsozialistischen Demonstrationen nutzen könnten«. Die zu Haftstrafen verurteilten Männer sollten deshalb im Todesfall genauso behandelt werden wie die anderen in Nürnberg Verurteilten, und die Kommandantur habe nicht das Recht, dieses Verfahren zu ändern. Die Amerikaner fanden sich in dieser Frage an der Seite der Sowjets wieder und beharrten auf dem Standpunkt, dass ein normales Begräbnis leicht »einen Märtyrerkult« schaffen könne. Die britischen und französischen Vertreter in der Kommandantur stimmten angesichts der sowjetisch-amerikanischen Unnachgiebigkeit widerstrebend zu, wobei der französische Gefängnisdirektor René Darbois nur wenig später zu bedenken gab, die praktische Umsetzung dieser Verfahrensweise werde unmöglich geheimzuhalten sein. Schließlich war in der Gefängnisordnung festgelegt, dass die Famile eines Gefangenen über jedwede gefährliche Erkrankung regelmäßig zu unterrichten sei. Mit Sicherheit werde es die Welt erfahren, wenn ein Gefangener im Sterben lag.[71]

Dr. Wesley F. Pape war 1947 in Berlin der amerikanische Rechtsberater gewesen, der sich für eine Einäscherung ausgesprochen hatte. Jetzt, im Jahr 1950, rechtfertigte er diese Entscheidung gegenüber General Taylor. Er schrieb:

»Die gemeinsam beschlossene Vorgehensweise mag auf den ersten Blick recht hart wirken, aber hierbei ist zu bedenken, dass die Gefangenen vom Internationalen Militärgerichtshof als Kriegsverbrecher verurteilt wurden. Würde der Leichnam den Angehörigen übergeben, bestünde eine gewisse Wahrscheinlichkeit für die Annahme, dass die Beerdigung zum einem großen Ereignis gemacht werden könnte, und man befürchtet, [...] dass die Gefangenen zu Märtyrern für eine edle Sache erhoben werden. Die Grabstätte könnte später dann durchaus zu einem nationalen Schrein werden. Deshalb wurde nach reiflicher Überlegung die Entscheidung getroffen, die sterblichen Überreste zu verbrennen und die Asche heimlich zu entsorgen, ohne dies den Angehörigen oder irgendwelchen anderen betroffenen Personen vorher bekanntzugeben.«[72]

Die Veränderungen in der gegenseitigen Wahrnehmung, die die westlichen Alliierten und die Bevölkerung der Bundesrepublik in den Jahren 1948 und 1949 erlebten, hatten jedoch Befürchtungen ausgelöst, ein derart schauerlicher Umgang mit den sterblichen Überresten eines Gefangenen könnte – vor allem wenn es ein Gefangener war, für den viele Westdeutsche Sympathien hegten – gravierende politische und diplomatische Konsequenzen für den neuen westdeutschen Staat mit sich bringen.[73] Die drei westlichen Gefängnisdirektoren versuchten nach dem Ende der Berlin-Blockade im Mai 1949 eine informelle Änderung der Prozedur zu erreichen, damit der Vorschlag nicht im Protokoll der Direktorenbesprechung festgehalten wurde. Ein offizieller Vorstoß zur Änderung der Vorgehensweise hätte den Westen möglicherweise dem sowjetischen Vorwurf ausgesetzt, man sei im Umgang mit dem Nationalsozialismus inzwischen milde geworden – eine Trumpfkarte, die man in den westlichen Hauptstädten den Rivalen niemals in die Hand geben wollte. Doch die Sowjets weigerten sich, über Änderungen bei der Einäscherungs-Prozedur auch nur nachzudenken. Das Beste, was die Direktoren erreichen konnten, war eine am 14. Oktober 1949 beschlossene Einigung auf den kleinsten gemeinsamen Nenner: Wenn man sich nicht auf einen geeigneten Ort für die Bestattung der Asche verständigen konnte, sollten die sterblichen Überreste in einem Safe im Hauptbüro des Gefängnisses verwahrt und dort von je einem Vertreter der vier Mächte bewacht werden, bis schließlich eine Übereinkunft erreicht wurde.[74]

Als die Hohen Kommissare der westlichen Alliierten sich erstmals mit Überlegungen zum »Bestattungs«-Problem beschäftigten, waren sie sich nicht sicher, wie sie diese Angelegenheit gegen das allgemeinere Ziel von Verbesserungen im Spandauer Gefängnisalltag abwägen sollten. Man musste wohl einen Vorstoß bei den Sowjets machen, aber konnte man es zulassen, dass ein einziges Problem die Arbeit an der anderen Frage beeinträchtigte?[75] Bei einer Besprechung der Hohen Kommissare am 26. April 1951 einigte man sich auf Drängen McCloys darauf, dass das Bestattungsproblem Priorität genießen sollte. Briefe, Besuchsregelungen und andere Dinge konnten mit den Sowjets auch noch zu einem späteren Zeitpunkt ausgehandelt werden. Gaben die Sowjets in der Bestattungsfrage nicht nach, konnten die Westmächte zumindest sagen, dass sie einen Versuch unternommen hätten, und so den größtmöglichen politischen Schaden in der Bundesrepublik verhindern, wenn das Unvermeidliche geschah.[76] Doch wie war es um die öffentliche Resonanz an anderen Orten bestellt, wenn Verbesserungen der Haftbedingungen für die Hauptkriegsverbrecher bekannt wurden, nur sechs Jahre nach Kriegsende? Generalmajor Geoffrey Bourne, der britische Stadtkommandant von Berlin, erklärte im Februar 1951, eine heimliche Einäscherung sei in den deutschen Gefängnisbestimmungen von 1943 nicht vorgesehen gewesen, und setzte sich dafür ein, die Leichname verstorbener Gefangener an die Familien zu übergeben. Sein Außenminister Bevin sorgte sich dagegen ebenfalls 1951 um »das Klima der öffentlichen Meinung in diesem Land« und fürchtete »die Möglichkeit einer beachtlichen öffentlichen Reaktion [...] in Fällen wie diesem, in denen das vorgeschlagene Handeln unzutreffenderweise als Milde ausgelegt werden könnte.«[77] François-Poncet teilte Mitte Juli die Pariser Haltung mit, dass eine heimliche Einäscherung letztlich keine schlechte Idee sein könnte, angesichts denkbarer nationalistischer Kundgebungen. Er verwies auf Demonstrationen in Deutschland nach der Exekution von Otto Ohlendorf, Oswald Pohl und fünf weiteren bekannten SS-Offizieren, die Anfang Juni 1951 in Landsberg gehängt worden waren. Es war zu solchen Demonstrationen gekommen, obwohl die Leichname den Familien zur Bestattung übergeben worden waren.[78]

McCloy erwiderte, dass er »die Haltung der französischen Regierung [bedauere]«. Ende Juli einigten sich die drei Westmächte darauf, bei Sergej Alexejewitsch Dengin, dem Berliner Vertreter der Sowjetischen Kontrollkommission, einen Vorstoß zu wagen.[79] Die nächsten Anverwandten sollten aus humanitären Gründen die sterblichen Überreste eines toten Gefangenen erhalten, lautete der Vorschlag von Lemuel Mathewson, dem US-Stadtkommandanten von Berlin, am 20. Juli 1951. Eine große öffentliche Beerdigungsfeier sollte jedoch untersagt werden. Dengin, der erst zwei Monate zuvor die Teilnahme der Baronin von Neurath an dem zur Feier der goldenen Hochzeit von Neuraths genehmigten Gottesdienst persönlich abgelehnt hatte, blieb unbeeindruckt. Er »zeigte keinerlei Interesse an diesem Problem und sagte, dies sei nur eine sehr unbedeutende Angelegenheit, die er nicht für wichtig halte«. Höflichkeitshalber erklärte Dengin, er werde sich mit der Frage beschäftigen. Generalmajor Cyril F. C. Coleman, der Bourne am 30. Juli 1951 im Amt des Britischen Stadtkommandanten von Berlin nachfolgte, gab Dengin dieselbe Antwort. Aber ein sowjetischer Bescheid traf nicht ein, bis ihn Coleman schließlich im Oktober 1951 anmahnte. Dengin machte sich nicht einmal die Mühe, persönlich zu antworten. Sein Stellvertreter M. A. Susin verwies Coleman lediglich brüsk auf das Abkommen von 1947.[80]

Das Scheitern dieses Vorstoßes im Sommer 1951 weckte Dean Achesons Aufmerksamkeit. Acheson war, wie bereits gezeigt, kein Befürworter von Versuchen, von Neuraths Freilassung oder zumindest seine Verlegung in ein besseres Umfeld in Westdeutschland zu erreichen. Aber er erkannte, dass das Vorgehen nach dem möglichen Tod eines Spandauer Häftlings im Kontext der jetzt anlaufenden Diskussion um eine Wiederbewaffnung Westdeutschlands ein bedeutendes potenzielles Problem war. Das galt erst recht, seit Adenauer den Namen von Neurath bei einem Bonn-Besuch Achesons im November 1951 eigens erwähnt hatte.[81] Acheson beschloss im Dezember, dass ein Vorstoß mit stärkerem offiziellem Charakter beim sowjetischen Außenminister Wjatscheslaw Molotow in Moskau unternommen werden sollte. Dieser Versuch sollte sich auf juristische Argumente stützen – Bestimmungen zur Bestattung sterblicher Überreste waren nicht Teil der aktuellen Spandauer Gefängnisordnung. Außerdem sah die deutsche Gefängnisordnung von 1943 – auf der die Spandauer Bestimmungen ganz bewusst aufbauten – die Übergabe sterblicher Überreste an die nächsten Angehörigen vor. Und es wurde noch eine diplomatische Rechtfertigung hinzugefügt, die ausführte, dass »bei der alten Vorgehensweise mit starken Gefühlsausbrüchen und Unruhe in der deutschen Bevölkerung zu rechnen ist«, so dass vermutlich Demonstrationen der Art ausgelöst würden, die man durch die heimliche Einäscherung eigentlich vermeiden wollte. Während die Hohen Kommissare den Vortrag für die Begegnung mit Molotow ausarbeiteten, entwarf die Kommandantur in Berlin eine Pressemitteilung, mit der sie dem öffentlichen Aufschrei im Fall eines Scheiterns begegnen wollte. Die westlichen Alliierten, hieß es in der Erklärung für die Presse, hätten seit 1949 versucht, eine Änderung der Einäscherungs-Prozedur zu erreichen, »aus Rücksicht auf [...] die nächsten Angehörigen«, aber die Sowjets hätten sich geweigert.[82]

Genau zu diesem Zeitpunkt verschlechterte sich von Neuraths Gesundheitszustand dramatisch. Ein ärztlicher Bericht von amerikanischer Seite bezeichnete seinen Gesundheitszustand nach einem Anginaanfall am 17. Dezember 1951 als »ernst«, und die Bedenken gingen so weit, dass der französische Arzt angesichts der Kälte Einwände gegen Arbeit an frischer Luft erhob, und der britische und amerikanische Arzt wollten, dass Neurath beim Treppensteigen begleitet wurde. Die amerikanischen Wärter boten ihm ab Dezember 1951 Hilfe dieser Art an. Die Behörden der Westalliierten sprachen von seinem »unmittelbar bevorstehenden Tod«, und der französische Sanitätsoffizier bestätigte nach der Anfertigung eines Elektrokardiogramms, dass Neuraths Gesundheitszustand tatsächlich »ernst« sei.[83] Im Februar 1952 folgten drei weitere Anginaanfälle, und von Neurath erhielt Nitroglyzerin-Tabletten nach Bedarf, wenn es zu solchen Anfällen kam. Baronin Marie schrieb vom heimischen Leinfelderhof an Lady Churchill persönlich und bat um die Freilassung ihres Mannes, »bevor es zu spät ist«.[84]

Jetzt, als von Neuraths Tod tatsächlich unmittelbar bevorzustehen schien, verfolgten die drei Westalliierten einhellig zwei Ziele. Zunächst einmal sollte er in das britische Militärkrankenhaus in Berlin verlegt werden, wenn nötig auch unter sowjetischer Bewachung; zweitens sollte sein Leichnam, im Falle seines Todes in diesem Krankenhaus, der Familie übergeben werden. Zur Erreichung dieses Ziels sollte sich die Alliierte Hohe Kommission über ihre Diplomaten in Berlin direkt an Tschuikow wenden und aus aktuellem Anlass Achesons Vorschlag umgehen, die Frage in Moskau mit Molotow zu erörtern.[85] Die Amerikaner bemühten sich um eine schnelle Zusammenkunft mit Tschuikow, der Zeitmangel vorschützte. Cecil B. Lyon, der Direktor der Berliner Vertretung der Amerikanischen Hohen Kommission, traf sich stattdessen am 26. Januar 1952 mit Tschuikows Stellvertreter Semitschastnow in dessen Büro. Lyon verwies auf von Neuraths zunehmendes Alter bei gleichzeitig sich verschlechternder Gesundheit und sprach den Wunsch an, ihn in ein Krankenhaus zu verlegen und dann, sollte er dort sterben, der Familie zu erlauben, ihre Wünsche für den Umgang mit den sterblichen Überresten zu äußern. Der misstrauische Semitschastnow fragte nach, warum die westlichen Alliierten ein »plötzliches Interesse« an von Neurath hätten, und sagte, dies alles sei »eine sehr ernste Frage«, die bestehende Viermächtevereinbarungen umstoßen könnte. Nach Rücksprache mit den sowjetischen Ärzten sowie mit seinen Beratern werde er umgehend antworten.[86] Das tat er jedoch nicht. Die Alliierten begannen mit der Arbeit an Pressemitteilungen, in denen von Neuraths Tod und Einäscherung erklärt wurden.[87]

Unterdessen legte das sowjetische Wachpersonal in Spandau die bestehenden Regelungen zunehmend enger aus. In der Medizinerbesprechung am 12. Februar, in der von Neuraths EKG erörtert wurde, brachte Major Pusankow, der sowjetische Sanitätsoffizier, das Argument vor, von Neuraths Gesundheitszustand habe sich nicht verändert. Der Gefangene könne zwar von der Arbeitspflicht befreit werden, doch die Wärter sollten ihm beim Treppensteigen nicht behilflich sein. Pusankow sagte: »Wir sollten die Tatsache nicht aus den Augen verlieren, dass wir es nicht mit Krankenhauspatienten zu tun haben, sondern mit Gefangenen, die sich in ihrem Alltag an der Gefängnisordnung zu orientieren haben.« Die Wärter seien nicht die Diener der Gefangenen. Dann kam es zu einer Auseinandersetzung über den Begriff »ernster Gesundheitszustand«. Übereinstimmung gab es nur in den Punkten, dass von Neurath nicht arbeiten und bei der bestehenden Kälte auch nicht an der frischen Luft spazierengehen solle.[88]

Zu dieser Zeit versuchte der sowjetische Gefängnisdirektor, Major Alabjew, die Bestimmungen für den Gefängnisalltag tatsächlich strenger auszulegen, und wandte sich gegen informelle Erleichterungen, die sich eingebürgert hatten, etwa gegen die Praxis, den Gefangenen während der Arbeit und bei körperlicher Bewegung im Garten Gespräche zu erlauben. Dieses Vorgehen Alabjews war möglicherweise, wie bereits im vorhergehenden Kapitel erwähnt, auf die 1951 erschienene *Revue*-Serie über Spandau zurückzuführen.[89] Aus McCloys Sicht bestätigte das sowjetische Verhalten, dass es richtig war, der Frage des Umgangs mit den sterblichen Überresten von Gefangenen den Vorzug vor Fragen der Gefängnisordnung zu geben.[90]

Am Abend des 31. März 1952 erlitt von Neurath seine bis dahin schwerste Herzattacke, und seine Situation verschlimmerte sich noch, weil am letzten Tag des Monats, unmittelbar vor der erneuten Wachablösung, zwei Stunden lang kein Arzt zur Verfügung stand.[91] Vor dem Hintergrund der Schwierigkeiten, die Alabjew und Semitschastnow bereiteten, erhöhte dieser Vorfall den Druck auf die drei Westalliierten, gemeinsam vorzugehen. Lyon schlug sogar vor, im Fall des Todes von Neuraths während des Monats, in dem die USA den Vorsitz führten (April 1952), den US-Gefängnisdirektor ankündigen zu lassen, der Leichnam werde den nächsten Angehörigen übergeben, allerdings unter der Bedingung, dass die Beerdigung in aller Stille zu erfolgen habe. Falls die Sowjets dagegen nur leise protestierten, sollte dieser Plan ausgeführt werden. Fiel der Widerstand dagegen stärker aus, begleitet von Hinweisen, dass die Sowjets Gewalt anwenden würden, sollte der Plan fallengelassen werden.[92]

Acheson war nicht bereit, so weit zu gehen. Er beharrte vielmehr nach wie vor auf einem Drei-Mächte-Vorstoß bei Molotow in Moskau, der über offizielle diplomatische Kanäle laufen sollte (alle drei Botschafter der Westmächte sollten am selben Tag bei Molotow vorstellig werden), damit den Sowjets klar wurde, dass der Vorschlag von den Regierungen aller drei Länder unterstützt wurde und nicht nur eine Frage von örtlich begrenztem Interesse in Bonn oder Berlin war. Auch die mit dem Besuchsrecht und dem Postverkehr verbundenen Fragen sollten angesprochen werden.[93]

Aber der Vorstoß im Fall von Neurath kam 1952 wegen aktueller außen- wie innenpolitischer Entwicklungen nicht zustande. Die anstehenden vertraglichen Vereinbarungen zur deutschen Souveränität (die »Vereinbarungen über die Beziehungen zwischen der Bundesrepublik Deutschland und den Vier Mächten« – die auch unter der Bezeichnung »Generalvertrag« oder Deutschlandvertrag bekannt sind) hatten Vorrang, ebenso der Vertrag über die Europäische Verteidigungsgemeinschaft (EVG), mit dem ein kontinentaler Bündnisrahmen geschaffen wurde, innerhalb dessen auch die Wiederbewaffnung Westdeutschlands vorgesehen war. Die Verträge sollten einen weitgehend souveränen westdeutschen Staat schaffen, der einen Beitrag zur gemeinsamen Verteidigung Westeuropas leisten würde.[94] Acheson erklärte am 15. Mai 1952, weniger als zwei Wochen vor der Unterzeichnung der beiden Verträge (der Deutschlandvertrag wurde am 26. Mai in Bonn, der EVG-Vertrag am 27. Mai in Paris unterschrieben), er wolle den Rechtsausschuss der Hohen Kommission der USA nicht mit einem Vorschlag in Sachen von Neurath belasten. Trotz der Dringlichkeit, die von Neuraths »prekäre Lage« nahelegte, schlug er vor, den Vorstoß in Moskau auf die Zeit nach der Unterzeichnung des Deutschlandvertrags zu verschieben.[95]

Obwohl die Verträge ein enormer Schritt auf dem Weg zur Beendigung des Besatzungsstatuts waren, sorgte Adenauer dafür, dass seine neuen westlichen Verbündeten Spandau nicht vergaßen. Der Deutschlandvertrag sah auch eine gemischt besetzte Begnadigungskommission mit deutscher Beteiligung vor, die die noch verbliebenen Fälle in Landsberg, Werl und Wittlich überprüfen sollte.[96] Bei einem Außenministertreffen am Tag vor der Unterzeichnung des Deutschlandvertrags in Bonn erinnerte der deutsche Bundeskanzler (und amtierende Außenminister) Acheson, den britischen Außenminister Anthony Eden und den französischen Außenminister Robert Schuman daran, dass er immer noch hoffe, man könne etwas zur Verbesserung der Haftbedingungen in Spandau tun, insbesondere zugunsten von Neuraths.[97] Die Franzosen und die Briten reagierten zurückhaltend. Eine Demarche in Moskau im Namen von Hauptkriegsverbrechern, die von den Sowjets möglicherweise öffentlich gemacht wurde, könnte wie ein alliiertes Geschäft auf Gegenseitigkeit mit Bonn wirken, was wiederum die Ratifizierung des Deutschlandvertrags in London und die Ratifizierung beider Verträge in Paris gefährdete (Bonn ratifizierte beide Abkommen im März 1953). Schuman befürchtete bereits die Ablehnung des EVG-Vertrags durch die französische Nationalversammlung (was im August 1954 dann auch geschah), und ihm war bewusst, dass die französische Öffentlichkeit in allen Fragen, die deutsche Kriegsverbrecher betrafen, deren Taten sich auch auf Frankreich ausgewirkt hatten, sehr empfindlich reagierte. Er hatte seinen alliierten Kollegen schon seit einiger Zeit gesagt, dass die Franzosen ihre Ansichten über die Deutschen nicht so leicht ändern würden.[98] Schuman und Eden erinnerten Adenauer bei ihrem Treffen am 25. Mai 1952 daran, dass die weniger bekannten, in Werl und Wittlich einsitzenden Kriegsverbrecher bereits von großzügigen Begnadigungsregelungen profitierten, so dass in beiden Gefängnissen nur noch jeweils rund 100 deutsche Staatsbürger festgehalten würden.[99]

Die französischen Botschaften in Washington und London erklärten am 26. und 28. Mai, ein Vorstoß in Moskau in Sachen Spandau sei »inopportun«. Der gesamte Spandau betreffende Fragenkatalog, war der französischen Note zu entnehmen, solle auf der Ebene der Hohen Kommission und General Tschuikows verbleiben, auf der, wie die Franzosen genau wussten, bisher noch keine Fortschritte gemacht worden waren. Paris fürchtete sich in erster Linie vor den innenpolitischen Auswirkungen einer aufwendigen Demarche, die in Moskau im Namen eines Hauptkriegsverbrechers erfolgen sollte.[100] Vielleicht war man in Paris wegen des Kurses, den die Vereinigten Staaten in jüngster Zeit zu nehmen schienen, auch zusätzlich beunruhigt. McCloy hatte am 3. April vorgeschlagen, dass die westlichen Alliierten von Neurath im Fall eines erneuten Herzanfalls in ein Krankenhaus verlegen sollten – mit oder ohne sowjetische Zustimmung. Aus der amerikanischen Vertretung in Berlin kam am 15. April der Vorschlag, die Vereinigten Staaten sollten, falls von Neurath während dieses amerikanischen Monats sterben würde, seinen Leichnam ohne vorherige Absprache in Verwahrung nehmen. Die Briten weigerten sich aus Furcht vor sowjetischer Vergeltung, eine derart gefährliche Maßnahme auch nur in Erwägung zu ziehen, und auch Acheson selbst wäre wohl niemals so weit gegangen.[101] Aber die scharfe Replik des US-Außenministers an die Adresse der Franzosen erinnerte diese an den erfolglosen Vorstoß bei Dengin im Jahr 1951, also an den Vorgang, der die Überlegungen für eine Demarche in Moskau auslöste. »Die humanitären Fragen, um die es hier geht, sagte Acheson, »lassen die Frage wichtig genug erschienen, um sie weiterzuverfolgen.«[102] Das Foreign Office in London stellte fest, dass es »jetzt ziemlich lästig ist, wenn die Franzosen neue Bedenken erheben, nachdem wir uns mit den Amerikanern auf eine Demarche in Moskau verständigt haben.«[103]

Paris lenkte jedoch nicht ein. Schuman hatte sich schließlich auch dem Vorschlag widersetzt, alle in Landsberg, Wittlich und Werl inhaftierten Deutschen freizulassen, ebenso wie dem Gedanken, sie den deutschen Behörden zu übergeben, denn er befürchtete, damit die Verurteilten zu rehabilitieren und die französische Öffentlichkeit zu verärgern.[104] In der Spandau-Frage war er sogar noch vorsichtiger. Im französischen Aide-mémoire vom 10. Juni 1952 hieß es: »Trotz des Interesses, das die deutsche Öffentlichkeit an dieser Angelegenheit hat, könnte eine Demarche auf Regierungsebene sehr ungünstige Auswirkungen auf die öffentliche Meinung in Frankreich haben. Zu diesem Zeitpunkt könnte sie als Ergebnis eines geheimen Übereinkommens gedeutet werden, das in der Zeit vertraglicher Vereinbarungen zum Problem der Kriegsverbrecher getroffen wurde.« François-Poncet in Bonn war sogar noch unerbittlicher und führte aus, dass Vorstöße jedweder Art, die in Moskau zugunsten verurteilter Kriegsverbrecher erfolgten, »von der öffentlichen Meinung in Frankreich nicht verstanden würden«. Und er fügte hinzu, die jüngste medizinische Untersuchung Neuraths habe ohnehin gezeigt, dass er sich nicht in Gefahr befinde. Das traf auch zu. Ende April 1952 beobachtete er im Gefängnisgarten Wildkaninchen, ging spazieren und erörterte mit Speer Fragen aus der Vergangenheit.[105] Das State Department, durch die Pariser Haltung irritiert, teilte den Franzosen mit, es unterstütze nach wie vor den Vorstoß in Moskau, denn nur ein solches Vorgehen habe Aussicht auf Erfolg. Acheson fragte McCloys Mitarbeiter nach ihrer Einschätzung, wie ein Vorstoß in Moskau gelingen könnte – der französischen Haltung zum Trotz.[106]

Schließlich bekamen auch die Briten kalte Füße. Eden gehörte dem konservativen Kabinett Winston Churchills an, das seit Oktober 1951 wieder an der Macht war. Beide Männer hatten einst zu den Nürnberger Prozessen eine ambivalente Haltung entwickelt, und beide glaubten, London müsse das Problem der nach wie vor in Werl einsitzenden Deutschen in aller Stille lösen, vor allem, nachdem Adenauer dieses Thema im Dezember 1951 in London im Gespräch mit Churchill für dringlich erklärt hatte.[107] Am 16. Juni 1952 erklärte jedoch Edens Foreign

Office – ganz im Tonfall der Besorgnisse des Quai d'Orsay in Sachen Spandau –, der Vorstoß in Moskau werde nicht gelingen, und die Auswirkungen auf die öffentliche Meinung in Großbritannien, die mit »ungünstiger Publicity« verbunden seien, könnten »bedauerliche Folgen für die Ratifizierung« der vertraglichen Vereinbarungen haben. Die Demarche in Moskau sei »ein Risiko, das sich nicht lohnt«. Bis zum 14. August hatte sich an dieser britischen Haltung nichts geändert. Ivone Kirkpatrick, einst ein Befürworter der Verlegung aller Spandauer Gefangenen von Berlin nach Westdeutschland, gab jetzt bei einer Besprechung der Hohen Kommission bekannt, er sei von seiner Regierung angewiesen worden, die Franzosen bei ihrer Ablehnung des Vorstoßes in Moskau zu unterstützen. Walter Donnelly, dem neuen amerikanischen Hohen Kommissar, blieb nur die Tatsachenfeststellung: Die amerikanische Haltung habe sich nicht geändert, und Briten wie Franzosen würden bisher in dieser Frage die Grundsätze ihrer Politik verleugnen.[108]

Die westdeutsche Regierung hatte seit der Unterzeichnung der Verträge im Mai nur noch gereizter agiert. Ein ausführliches internes Memorandum, das Heinz von Trützschler im Juni im Außenministerium erarbeitete, war die bis dahin deutlichste Stellungnahme in dieser Frage. Trützschlers eigene nationalsozialistische Vergangenheit war dabei nicht ganz unbedenklich. Er hatte in Ribbentrops Außenministerium als Propagandafachmann gearbeitet und die deutsche Aggression in dokumentarischen »Weißbüchern« gerechtfertigt, die auch veröffentlicht wurden. Jetzt war er wütend über den Umgang mit Neurath.[109] Er schrieb, der 79 Jahre alte Gefangene sei nicht mehr haftfähig, außerdem habe Hitlers ehemaliger Außenminister die Sympathien zahlreicher Würdenträger (zu denen jetzt auch Papst Pius XII. zähle) auf seiner Seite, und darüber hinaus stellte er auch die Gültigkeit des gegen von Neurath ergangenen Urteils in Frage. Neuraths Widerspruch gegen Hitler bei der im Hoßbach-Protokoll dokumentierten Besprechung vom 7. November 1937 schütze ihn vor dem Vorwurf der Verschwörung zur Planung eines Angriffskrieges, und die Tatsache, dass er das Amt des Reichsprotektors von Böhmen und Mähren aufgegeben habe, salviere ihn auch in den Anklagepunkten Verbrechen gegen die Menschlichkeit und Kriegsverbrechen (Trützschler übersah dabei, dass diese Punkte in Nürnberg als mildernde Umstände gewertet wurden, die Neurath vielleicht das Leben retteten). Von Trützschler schrieb, die westdeutsche Regierung solle die »faktische Rechtlosigkeit« der Verfahren gegen die Gefangenen hervorheben und »Abhilfe verlangen«. »Vom Standpunkt des Rechts und der Menschlichkeit«, lautete seine Schlussfolgerung, »[ist es] unerträglich, dass das Schicksal der Spandauer Gefangenen, insbesondere auch des Herrn von Neurath, der hohen Politik geopfert wird.« Trützschler mäßigte seinen Tonfall, wenn er sich direkt an die Amerikaner wandte, und hob dann nur noch von Neuraths Alter und die (immer noch überzeichneten) Haftbedingungen hervor.[110] Adenauer verfolgte die Angelegenheit am 9. Juli 1952 mit einem in gemäßigterem Ton gehaltenen Schreiben an Kirkpatrick weiter. Das Thema Spandau sprach der Bundeskanzler bei seinen nächsten Reisen nach London (Dezember 1952) und Washington (Februar 1953) gar nicht an. Aber er verlangte von Kirkpatrick, dass die Haftbedingungen in Spandau, wie auch immer sie nun wirklich aussahen, erleichtert werden sollten, weil es, nach seinen Worten, »mir mit der in den westlichen Demokratien herrschenden Auffassung von der Würde der Einzelpersönlichkeit schwer vereinbar erscheint, wenn diese sieben Männer solchen Methoden des Strafvollzugs [ausgesetzt] werden«.[111]

Die Hohen Kommissare entwarfen zwar eine Antwort, in der von Trützschlers Übertreibungen richtiggestellt wurden, doch der Hinweis wurde dennoch verstanden.[112] Eine Demarche in Moskau kam zwar weiterhin nicht in Frage, doch alle drei Hohen Kommissare schrieben am 1. September 1952 an General Tschuikow und bemühten sich darin um jede nur denkbare kleine Vergünstigung. Die Briefe baten um die Genehmigung eines monatlichen Besuchs, der eine halbe Stunde dauern sollte, anstelle der bisherigen Regelung, die nur eine Viertelstunde alle zwei Monate erlaubte, und die Häftlinge sollten jede Woche je einen Brief erhalten und schreiben dürfen, nicht nur alle vier Wochen. Neben diesen Vorschlägen für kleine Erleichterungen baten die Hohen Kommissare auch darum, das Vorgehen im Todesfall zu ändern und den Leichnam eines verstorbenen Häftlings an die nächsten Angehörigen zu übergeben, wobei die vier Kriegsalliierten weiterhin alle Nachrichten über den Todesfall kontrollieren sollten. Die Amerikaner gaben die Nachricht von dieser Demarche (wenn auch nicht die inhaltlichen Details) ohne Rücksprache mit ihren beiden Verbündeten an die in der Bundesrepublik erscheinende US-amerikanische *Neue Zeitung* weiter, die wiederum Adenauer das Verdienst für den Vorstoß der drei Alliierten bei Tschuikow zuschrieb. Sollte Tschuikow den Änderungen zustimmen, würden sich Adenauer und die westlichen Alliierten des möglichen Lohnes erfreuen, wie auch immer der aussehen mochte. Stimmte er nicht zu, würde die öffentliche Mitteilung belegen, dass eine Anstrengung unternommen worden war, der sich die Sowjets verweigert hatten.[113]

Die Sowjets stimmten den Vorschlägen der Westmächte, mehr Besuche und Briefe zu genehmigen, überraschend zu, vielleicht als Teil der kommunistischen »Friedensoffensive«, mit der man die Wiederbewaffnung Westdeutschlands abwenden wollte – Höhepunkte dieser Offensive waren öffentliche, von Ostdeutschland und der Sowjetunion 1951 und 1952 unterbreitete Angebote für ein vereinigtes und neutrales Deutschland.[114] Auf den Brief vom 1. September antworteten sie nach wenig mehr als einem Monat. Solche kleineren Zugeständnisse kosteten die sicherheitsbewussten Sowjets nichts, denn die Zensurbestimmungen für Briefe und Gespräche wurden nicht geändert. Jegliche Änderung in der Prozedur, die Semitschastnow in seiner Antwort als Viermächteübereinkunft für den Todesfall und den Umgang mit sterblichen Überresten bezeichnete, wurde jedoch abgelehnt. Diese Bestimmungen, schrieb Semitschastnow, müssten in Kraft bleiben.[115]

Die Amerikaner, die es einst abgelehnt hatten, das Vorgehen im Todesfall und die Bestattungsfrage mit der Debatte um kleinere Zugeständnisse zu verbinden, weil sie vermuteten, die Sowjets könnten Letztere akzeptieren, sich aber in der wichtigeren erstgenannten Frage verweigern, drängten sofort auf ein besseres Ergebnis. Die drei Hohen Kommissare bedankten sich am 23. Oktober bei Tschuikow für die Zugeständnisse und gaben zugleich ihrer Hoffnung Ausdruck, es werde zu einem bestimmten Zeitpunkt noch weitere Änderungen geben, vor allem in der Frage der Bestattung eines verstorbenen Gefangenen.[116]

Inzwischen hatten die westlichen Alliierten einen schwerwiegenden Fehler begangen. Sie hatten die westdeutsche Regierung über den vollständigen Inhalt des Briefes informiert, der am 1. September an Tschuikow ging, einschließlich der Warnung, dass das bisher geplante Vorgehen im Todesfall eine »vehemente Reaktion von Seiten der öffentlichen Meinung« hervorrufen könnte, doch dabei hatten die Briefabsender vergessen, dass die Westdeutschen bis dahin weder gefragt noch gewusst hatten, wie die geheime Vorgehensweise beim Umgang mit dem Leichnam eines Gefangenen überhaupt aussah. Die Amerikaner druckten außerdem in der *Neuen Zeitung* Semitschastnows Brief ab, in dem mehr Besuche und Briefe gebilligt, aber Änderungen des Vorgehens im Todesfall abgelehnt wurden. Bonn wollte anschließend herausfinden, wie dieses Verfahren aussah, aber das war nicht einfach. Die Bemühungen des Justizministeriums blieben ebenso erfolglos wie die Nachforschungen der Verteidiger, die die Gefangenen von Spandau in Nürnberg vertreten hatten.[117]

Das Bonner Außenministerium schlug vor, dass sich der Kanzler (und Außenminister) direkt an die Alliierte Hohe Kommission wenden solle, und das tat Adenauer auch, der in einem Brief vom 11. November 1952 die direkte Frage stellte.[118] Jetzt saßen die Alliierten abermals in der Klemme. Die amerikanische Vertretung in der Hohen Kommission führte aus, dass bis dahin niemals irgendwelche Informationen über das Vorgehen im Todesfall an die westdeutsche Regierung weitergegeben worden waren, und eine Änderung dieser Politik würde mit Sicherheit »der sowjetischen Beschuldigung des Vertrauensbruchs eine Grundlage bieten«. Außerdem seien »Art und Umfang der Konsequenzen nach einer solchen Enthüllung nicht vorhersagbar«. Sie könnte »die Schleusen der öffentlichen Kritik in Deutschland öffnen, die sich gegen jeden Teil der Alliierten Hohen Kommission richtet«. Es wäre vermutlich das Beste, die Vorgehensweise und die Diskussionen, die darüber mit den Sowjets geführt worden waren, preiszugeben, damit sich die Alliierte Hohe Kommission von diesem Procedere distanzieren konnte, bevor es erstmals angewandt wurde. Aber Bonn müsse das Vorgehen geheimhalten, das die Amerikaner als »ein höchst unwahrscheinliches Ereignis« ansahen. Andererseits würde eine Nichtveröffentlichung in Verbindung mit einer Umsetzung des Vorgehens, falls von Neurath starb, die Vereinigten Staaten, trotz ihrer jüngsten Bemühungen um eine Änderung der Verfahrensweise, in dasselbe schlechte Licht rücken wie die Sowjetunion. »Die Entscheidung über Preisgabe oder Nichtpreisgabe«, führten die amerikanischen Beamten aus, »verlangt eine vorherige Einschätzung der politischen Konsequenzen und ein Abwägen der politischen Vor- und Nachteile.« In jedem Fall solle die Entscheidung über das, was der westdeutschen Regierung mitgeteilt werde, von den drei Mächten gemeinsam getroffen werden, weil der Vorgang mit Sicherheit die Einschätzung aller drei westlichen Alliierten durch die westdeutsche Regierung betreffen werde.[119]

Schließlich wurde entschieden, dass Adenauers Brief vom 11. November beantwortet, der Bundeskanzler aber zugleich von den Alliierten ins Vertrauen gezogen werden solle. François-Poncet traf sich im Januar 1953 – in dem Monat, in dem er in der Alliierten Hohen Kommission auch den Vorsitz führte – mit Adenauer und informierte ihn in einer mündlich vorgetragenen Erklärung über die Prozedur. Adenauer erhielt nichts Schriftliches, und man sagte ihm, die Alliierten würden seinen Brief auch nicht in Schriftform beantworten. Adenauer wahrte die Geheimhaltung, so sehr ihn das mögliche Schicksal der Spandauer Gefangenen auch abgestoßen haben mochte, und dennoch bat er die Hohen Kommissare, von Neuraths Leichnam im Falle seines Todes der Familie zu übergeben.[120]

Unterdessen gab es keinerlei Anzeichen dafür, dass die Sowjets, trotz des zuletzt bewiesenen Großmuts beim Brief- und Besucherverkehr, den Familien der Gefangenen oder gar den Gefangenen selbst noch größere Zugeständnisse machen würden. Bitten um eine besondere Besuchserlaubnis für die Familie zum 80. Geburtstag von Neuraths wurden abgelehnt, und die Bemühungen der westdeutschen Regierung um einen Hafturlaub für Raeder, damit dieser seinen im Sterben liegenden, an einem Hirntumor leidenden 31 Jahre alten Sohn Hans besuchen oder nach Hans' Tod im Januar 1953 zumindest an der Beerdigung teilnehmen konnte, stießen bei den Sowjets auf taube Ohren.[121] Das einzige weitere Zugeständnis an von Neurath war ein alter Lehnstuhl aus der Krankenstation, der ihm in die Zelle gestellt wurde, und der Zufall wollte es, dass dies ein Stuhl war, den Speer 1938 entworfen hatte. Selbst dieser Vorgang stieß auf heftige sowjetische Kritik.[122] Churchill schrieb nach der Lektüre einer allgemeinen Zusammenfassung der Haftbedingungen in Spandau an Eden: »Dieser Bericht schockiert mich. Kann man denn nichts tun?«[123]

Aufs Schlimmste gefasst sein

Josef Stalins Tod am 5. März 1953 und die leichten Anzeichen von Tauwetter in der sowjetischen Außenpolitik ermutigten die westlichen Alliierten, bei der Sowjetunion einen erneuten Versuch zu wagen. Der sowjetische Innen- und Staatssicherheitsminister Lawrentij Berija verfügte kurz nach Stalins Tod eine umfassende Amnestie für rund eine Million sowjetische GULAG-Häftlinge. Richard C. Hagen, der Leiter der Gefängnisabteilung bei der Hohen Kommission der USA, war der Ansicht, dies sei ein günstiger Zeitpunkt für eine neue Demarche zum Umgang mit den Leichnamen verstorbener Spandauer Häftlinge. Moskau, so schrieb er, »scheint mit einem Manöver beschäftigt, das offensichtlich darauf abzielt, bestehende Probleme mit dem Westen zu lösen. Wie weit und wie tief diese neue Haltung geht, kann nur ermittelt werden, wenn dies auf bestimmten Gebieten geprüft wird.«[124] Adenauer schlug in Washington John Foster Dulles, dem neuen amerikanischen Außenminister unter Präsident Eisenhower, dasselbe vor. Sollte es in der sowjetischen Politik eine wirkliche Entspannung geben, sagte Adenauer, dann sei es seine persönliche »moralische Pflicht«, das Problem erneut anzusprechen, ganz besonders um den alten und kranken Spandauer Gefangenen zu helfen.[125]

Der Rechtsausschuss der Alliierten Hohen Kommission erörterte umgehend einen erneuten Vorstoß bei den Sowjets. Die britischen und französischen Ausschussmitglieder wollten auch weitere Änderungen in den Bestimmungen für den Gefängnisalltag erreichen. Das amerikanische Argument lautete jedoch, dass »keine Vorgehensweise der vier Mächte eine größere Beachtung durch die Hohen Kommissare der Westmächte verdient als der Umgang mit den sterblichen Überresten von Gefangenen« und dass die Alliierten es nicht zulassen sollten, dass die Debatten mit den Sowjets wegen Alltagsproblemen, etwa wegen der Zellenbeleuchtung oder der Verfügbarkeit von Lektüren, ins Stocken gerieten. Die US-Vertreter legten einen für Tschuikow bestimmten Briefentwurf vor, in dem es hieß:

»Ich bin mir sicher, dass Sie mir zustimmen werden, wenn ich diese Änderung für wünschenswert erachte, um eine engere Übereinstimmung mit bewährten Verfahrensweisen für den Umgang mit den sterblichen Überresten eines Gefangenen nicht nur in Deutschland, sondern in der gesamten zivilisierten Welt zu erreichen. Die Beibehaltung des bestehenden Verfahrens kann keiner der vier Mächte, die an der Verwaltung des Gefängnisses beteiligt sind, besondere Befriedigung bieten und hat weder unter Sicherheits- noch unter politischen Gesichtspunkten eine wirkliche Berechtigung.«[126]

Die Franzosen setzten, aus den gleichen Gründen wie zuvor, auf Zeitgewinn. Im Mai 1953 erklärten sie, Spandau solle gegenwärtig nicht zum Thema gemacht werden, weil die Gespräche über die Luftkorridore nach Berlin im Gang seien. Aber Hagen beharrte auf dem Standpunkt, zwischen diesen beiden Problemen bestehe kein Zusammenhang und es gelte keine Zeit zu verlieren. In einer Kurzinformation für seine Vorgesetzten schrieb er:

»Es wird davon ausgegangen, dass die Alliierte Hohe Kommission ihre Pflicht vernachlässigen würde, einen Versuch zur Anpassung der bestehenden Vereinbarung zum Umgang mit sterblichen Überresten an eine modernere Verfahrensweise zu unternehmen, mit allen politischen Vorteilen, die letztere mit sich brächte, wenn sie zum gegenwärtigen Zeitpunkt den Vorschlag nicht durch ernsthafte Verhandlungen überprüfen würde. Mit Blick auf die Moskauer »Linie« für die im Juni anstehende Bermuda-Konferenz könnte der mit dem sowjetischen Manöver verbundene ›Schmusekurs‹ rasch zu Ende gehen. Die Zeit für eine Prüfung dieser Frage ist jetzt gekommen.«[127]

Dieser Fall war angesichts des Gesundheitszustandes von Neuraths und Funks tatsächlich gegeben, aber auch die Gesetze der Bundesrepublik Deutschland waren zu berücksichtigen. Die Rechtsgrundlage für Einäscherungen war nach allgemeinem Verständnis nach wie vor das deutsche Gesetz über die Feuerbestattung von 1934, das die Entscheidung über eine Erd- oder Feuerbestattung den nächsten Angehörigen zuwies und zugleich verfügte, dass für eine Einäscherung die Genehmigung der örtlichen Polizeibehörde eingeholt werden musste. Für die Kremation eines Spandauer Gefangenen hätten die Alliierten unter Berufung auf militärische Vollmachten eine deutsche Einrichtung in West-Berlin requirieren müssen. Sollte das Personal des deutschen Krematoriums die Mitarbeit bei einem solchen Vorhaben verweigern, wäre die westdeutsche Öffentlichkeit mit Sicherheit auf seiner Seite. Und sollte ein Gefangener unverhofft sterben, ohne dass eine neue Vereinbarung getroffen war – und so etwas konnte jederzeit geschehen –, »wäre es vielleicht unmöglich, die sterblichen Überreste an die nächsten Angehörigen zu übergeben, ohne einen Zwischenfall zu provozieren, dessen Konsequenzen nicht vorhersehbar sind [...]. Eine Entscheidung über den bei einem solchen Ereignis einzuschlagenden Kurs ist deshalb von größter Wichtigkeit, und die Alliierte Kommandantur muss die nötigen Anweisungen erhalten.«[128]

Das reichte aus, um das Interesse von James P. Conant zu wecken, dem neuen amerikanischen Hohen Kommissar unter der Regierung Eisenhower, vor allem im Anschluss an die brutale Unterdrückung eines spontanen Volksaufstandes in der DDR im Juni 1953 durch die Sowjetunion. Kirkpatrick und François-Poncet stimmten am 28. Juli einer Initiative zu einem neuen, energischeren Vorstoß zu. Die Gelegenheit dafür war Kirkpatricks bevorstehender Abschiedsempfang, weil zu diesem gesellschaftlichen Anlass auch Wladimir Semjonow, der neue sowjetische Hochkommissar in der DDR, erwartet wurde.[129] Semjonow würde bei dieser Gelegenheit mitgeteilt werden, dass die Sowjets die Verantwortung für die sterblichen Überreste eines Gefangenen selbst übernehmen müssten, falls keine Vereinbarung zu einer neuen, humaneren Vorgehensweise zustandekomme. Falls die Sowjets die Verantwortung nicht übernehmen wollten, würden die westlichen Alliierten den Leichnam den nächsten Angehörigen übergeben, falls sich ein solcher Todesfall in einem Monat ereignete, in dem ein Direktor aus den Reihen der Westmächte den

Vorsitz führte. Das Begräbnis werde jedoch in Berlin stattfinden, und explizit politische Äußerungen bei einem solchen Ereignis würden nicht gestattet.[130]

Unterdessen schritt die Zeit weiter fort, vor allem für von Neurath. Am Morgen des 29. Juli 1953 erlitt er einen weiteren, schweren Herzanfall, und obwohl er in der Folgezeit nicht in unmittelbarer Lebensgefahr zu schweben schien, machte das Ereignis deutlich, dass eine neue Einigung mit den Sowjets rasch gefunden werden musste. Der August war der nächste Monat, in dem die USA in der Gefängnisverwaltung den Vorsitz führten, deshalb schlug Cecil Lyon in West-Berlin vor, dass von Neuraths Leichnam, falls er in diesem Monat sterben sollte, den nächsten Angehörigen übergeben werden solle, auch gegen sowjetische Einwände und »unter Einsatz aller Mittel, die noch ohne Schusswaffengebrauch auskommen«. Dulles ging das einen Schritt zu weit, daheim in Washington wies er Lyons Vorschlag zurück, weil er zu »unvorhersagbaren und möglicherweise ungünstigen Ergebnissen« führen könne.[131] Conant stimmte dem zu. Zu diesem Zeitpunkt hatte Kirkpatrick bereits mit Semjonow gesprochen und dabei den Eindruck gewonnen, dass die Sowjets ihre Auffassung nicht ändern würden. Die »auffallenden Nachrichten« (wie Speer sie bezeichnete), nach denen die drei westlichen Hohen Kommissare von Neurath zu helfen versuchten, drangen bis zu den Gefangenen in Spandau durch. Doch der ehemalige Diplomat von Neurath verstand sehr gut, dass sein Schicksal vom nicht vorhandenen guten Willen der Sowjets abhing, denn man verbot ihm sogar, seiner Frau und Tochter zu sagen, dass er krank sei. Dem amerikanischen Gefängnisdirektor sagte Neurath »tonlos«: »Nächstens werden Sie mir noch verbieten, über meine Krankheit nachzudenken.«[132]

Zwei Tage nach von Neuraths Herzattacke stimmte Dengin nicht einmal einer Verlegung des Patienten in ein Krankenhaus zu, wo er beobachtet werden sollte. Cyril Coleman, der britische Stadtkommandant von Berlin, hatte darum gebeten. »Wenn sich sein Gesundheitszustand verschlechtert hätte«, stellte Dengin ungerührt fest, »wäre das seinem Alter zuzuschreiben«. Das Gefängnis verfüge über angemessene medizinische Einrichtungen, und dann traf Dengin noch die düstere Feststellung: »Sterben könnte ein jeder.«[133] Alabjew, der 1953 aufgrund seiner harten Haltung in Spandau zum Oberstleutnant befördert worden war, weigerte sich den ganzen Monat August hindurch konsequent, die Aufstellung eines Krankenhausbettes in Neuraths Zelle auch nur zu erwägen. Stattdessen kritisierte er, das Essen, das die Gefangenen während des amerikanischen Monats erhalten hätten, sei zu reichlich und zu schmackhaft gewesen.[134] Deshalb teilten die drei westlichen Hohen Kommissare daraufhin die Ansicht, dass eine Übergabe des Leichnams an die Angehörigen ohne sowjetische Zustimmung »russische Vergeltungsmaßnahmen in anderen Bereichen des Viermächteabkommens (zum Beispiel bei den Verkehrswegen) auslösen könnte, mit ernsten Konsequenzen für Berlin«.[135] Die Hohen Kommissare entwarfen einen weiteren Brief an Semjonow, und diesmal stützten sie sich mehr auf rechtliche als auf politische Argumente und hoben in erster Linie hervor, dass die »Durchsetzung einer Haftstrafe durch den Tod des Gefangenen beendet wird. Die Bestattung des Leichnams eines Gefangenen, der vor Beendigung seiner Haftstrafe verstirbt, kann deshalb nicht als Teil der Umsetzung des Urteils betrachtet werden.« Eine Antwort wurde nicht erwartet.[136]

Gleichzeitig bereiteten sich die westlichen Alliierten auf das Schlimmste vor. General Thomas Tiberman, der amerikanische Stadtkommandant von Berlin, traf sich am 12. August 1953 mit Ernst Reuter, dem sozialdemokratischen Regierenden Bürgermeister von West-Berlin, um die mögliche Einäscherung von Neuraths zu erörtern. Reuter verhielt sich in Bezug auf das gesamte Vorhaben »extrem ablehnend« und hob dabei die tiefe Antipathie hervor, die die Deutschen seiner Ansicht nach gegen die Feuerbestattung hegten. Er zeigte jedoch auch ein gewisses Verständnis für die Zwangslage der Alliierten. Außerdem versprach Reuter, diese Vorgehensweise mitzutragen, wenn er von den alliierten Behörden entsprechende Anweisungen erhielt, und sagte zu, alles Notwendige zu tun, damit die Einäscherung und die darauf folgenden Maßnahmen »möglichst reibungslos und mit dem geringstmöglichen öffentlichen Aufsehen« vor sich gehen konnten.[137] Reuters Nachfolger Walter Schreiber reagierte keineswegs positiver, als ihn der britische Stadtkommandant Coleman im Oktober 1953 unterrichtete. »Er war offensichtlich unglücklich«, berichtete Coleman. »Er sagte, dies sei eine Bestrafung der Angehörigen über den Tod des Gefangenen hinaus, durch die sich die Alliierten diskreditierten.« Doch Coleman erklärte seinem Gesprächspartner, dass sich an dieser Vorgehensweise nichts ändern ließe, und Schreiber beendete die Besprechung mit der Bitte, die Asche möge doch zumindest so lange aufbewahrt werden, bis man sie eines Tages den Angehörigen übergeben könne.[138] Ansonsten lag ein vorformulierter Kommandanturbefehl, verfasst für den Fall des Todes von Neuraths, für eine Einäscherung im britischen Sektor in der Schublade. »Sie werden hiermit angewiesen«, hieß es darin an die Adresse des Regierenden Bürgermeisters, »bei diesem Verfahren mitzuwirken.«[139]

Es wurden genaue Pläne für die Kremation von Neuraths im West-Berliner Bezirk Wilmersdorf ausgearbeitet, der im britischen Sektor lag. Vorgesehen war eine Leerfahrt eines Konvois von Armeelastwagen, der eventuelle Menschenmengen, die sich vor den Gefängnistoren bilden könnten, vom eigentlichen Transport zum Krematorium ablenken sollte. Neuraths Asche sollte im Spandauer Gefängnis sicher aufbewahrt werden, bis eine endgültige Entscheidung zur Übergabe oder zu einer anderweitigen Bestattung getroffen werden konnte.[140] Die Hohen Kommissare entwarfen einen weiteren, auf den 11. Januar 1954 datierten Brief an Semjonow, in dem abermals die Haftbedingungen im Spandauer Gefängnis angesprochen wurden. Dies geschah weniger in der Erwartung, dass die Sowjets die Argumente der westlichen Alliierten akzeptieren würden, sondern um den drei Mächten eine

Antwort auf den vorhersehbaren Aufschrei in der Bundesrepublik an die Hand zu geben: Sie hätten doch Jahr für Jahr, von 1951 bis 1954, versucht, die Sowjets zu einer Änderung ihrer Haltung zu bewegen.[141] Sonst blieb nur wenig zu tun. Ein Mitarbeiter des britischen Außenministeriums formulierte das so: »Nachdem wir uns auf diese makabre Angelegenheit eingelassen haben, ist durch die Verlängerung der Ungewissheit wohl nur wenig zu gewinnen.«[142]

Der Spandauer Gefängnisfriedhof

Das Problem trat Anfang 1954 aus drei Gründen in eine neue Phase ein. Zunächst einmal führte die schwere Herzattacke des 81-jährigen von Neurath Ende Juli 1953 nicht zu seinem Tod, und im Anschluss stabilisierte sich sein Gesundheitszustand wieder. Deshalb erhielten jetzt auch die Verhandlungen der Alliierten zum Vorgehen im Todesfall wieder neuen Schwung. Zweitens war für Januar und Februar 1954 eine Konferenz der Außenminister der vier Mächte geplant, bei der die Möglichkeit eines allgemeinen Friedensvertrags mit einem wiedervereinigten Deutschland diskutiert werden sollte. Churchill hatte seit Stalins Tod zu einer Viermächtekonferenz über Deutschland aufgerufen, und dies sollte nun das erste Außenministertreffen dieser Art seit 1947 sein.[143] Schließlich engagierte sich jetzt auch Adenauer selbst stärker, was einerseits auf sein eigenes Empfinden zurückzuführen war, dass mehrere Spandauer Gefangene zu hart bestraft würden, andererseits auf den Druck, der aus der westdeutschen Bevölkerung kam, in Sachen Spandau etwas zu unternehmen. Und dann war da noch die Dynamik, die von der Freilassung von als Kriegsverbrecher verurteilten Deutschen aus Militärgefängnissen in Westdeutschland durch die westlichen Alliierten ausging. Die Briten stellten fest, dass die Öffentlichkeit in der Bundesrepublik »zunehmendes Interesse am Thema« Spandau zeigte, und der Evangelische Pressedienst (epd) hatte sogar damit begonnen, Fragen zu Bestattungsprozeduren zu stellen.[144]

Adenauer schickte einen längeren Appell zugunsten der Spandauer Gefangenen an Frederick Hoyer Millar, Kirkpatricks Nachfolger im Amt des britischen Hohen Kommissars, und tat dies am 6. Januar 1954, in dem Monat, in dem der Brite auch den Vorsitz in der Alliierten Hohen Kommission führte. Der Bundeskanzler bat in diesem Schreiben darum, das Spandauer Gefängnis auf die Tagesordnung der bevorstehenden Außenministerkonferenz zu setzen, und machte zugleich weitreichende Vorschläge, mit denen dieses Thema so schnell wie möglich aus dem Blickpunkt der Öffentlichkeit genommen werden sollte. In Bezug auf die Konferenz selbst war Adenauer höchst skeptisch, denn er sah sie als sinnloses Hindernis für die seit langem verzögerte Ratifizierung des EVG-Vertrags durch Frankreich und damit auch für die Souveränität der Bundesrepublik Deutschland. Deshalb könnte die Konferenz nach seiner Einschätzung genausogut für die Spandauer Gefangenen genutzt werden. Zunächst schlug der Kanzler vor, dass alle Gefangenen, die älter als 75 Jahre waren, sofort freigelassen werden sollten, was für Neurath und Raeder die umgehende Haftentlassung bedeutet hätte. Zweitens sollte die Haftzeit bei guter Führung um ein Drittel reduziert und die Untersuchungshaft vor dem Prozess auf die Gesamtdauer der Haft angerechnet werden. Diese Bestimmung hätte für Dönitz die sofortige Freilassung und für Schirach und Speer die Entlassung in fünf Jahren bedeutet. Mit Ausnahme von Walther Funk und Rudolf Heß, die beide zu lebenslanger Haft verurteilt worden waren und zu deren Gunsten es aus Westdeutschland keinen öffentlichen Druck gab, würden die Spandauer Gefangenen nach diesen Vorschlägen relativ rasch entlassen werden.[145] Um den Druck noch zu verstärken, gab das Bonner Kanzleramt die Information, dass es diese Note gab (nicht aber deren Inhalt), an die westdeutsche Presse weiter.[146]

Dulles in Washington sah die Außenministerkonferenz ebenfalls mit Skepsis, denn er glaubte, die Sowjets würden die Chimäre der deutschen Wiedervereinigung abermals benutzen, um die fortschreitende Integration der Bundesrepublik Deutschland in die atlantische Gemeinschaft zu verzögern. Kam dann auch noch das Thema Spandau auf den Tisch, konnte das die Probleme nur noch weiter komplizieren, denn die Befugnis für eine Änderung der Urteile des Internationalen Militärgerichtshofs lag nach Artikel 29 des Londoner Abkommens vom August 1945 beim Alliierten Kontrollrat. Deshalb müsste für eine Änderung der Urteile der Kontrollrat selbst wieder einberufen werden, und zwar unter sowjetischer Beteiligung. Das konnte zu endlosen Komplikationen in Fragen der Zukunft Deutschlands und der Sicherheit Westeuropas führen.[147]

Adenauers Demarche wurde im britischen Außenministerium ausführlich erörtert. H. W. Evans von der Deutschland-Abteilung erklärte: »Mir kommt es so vor, als hätten diese 75-jährigen und, nach all diesen Jahren, alten und inzwischen ungefährlichen Männer die Strafe erhalten, die wir ihnen zumessen mussten. Dr. Adenauers Vorschlag bietet eine Gelegenheit, Großmut zu zeigen. Wir sollten nicht die Verantwortung auf uns nehmen, dies zurückzuweisen.« Andererseits gab es für Adenauers Vorschlag, die über 75-Jährigen zu entlassen, im westlichen Strafrecht keinen Präzedenzfall, und die Spandauer Gefangenen galten in den westlichen Ländern als *die* Hauptkriegsverbrecher. Eine Fürsprache zu ihren Gunsten und die sofortige Freilassung einiger Häftlinge würden im Bereich der öffentlichen Meinung vermutlich nicht günstig aufgenommen.

Sir Ivone Kirkpatrick stieß sich jedenfalls an der Ansicht, alle Insassen von Spandau seien harmlos. Der jetzige Staatssekretär (Permanent Undersecretary) in Edens Foreign Office und ehemalige Hohe Kommissar für Deutschland war entschlossen, Dönitz und Speer so lange wie rechtlich möglich hinter Gittern zu halten (aus Gründen, die im 4. Kapitel dieses Buches erörtert werden). Der Konsens, der in London schließlich erreicht wurde, sah vor, dass man das Thema Spandau bei der Außenministerkonferenz zwar ansprechen könnte, aber das Äußerste, was bei dieser Gelegenheit zu versuchen wäre, sollte eine Verbesserung der Haftbedingungen im Gefängnis sein, weil, so formulierte es der stellvertretende Staatssekretär (Deputy Undersecretary) Sir Frank Roberts, »die Gefangenen in Spandau in keinerlei Hinsicht gewöhnliche Kriminelle sind«. Eine Verbesserung der Haftbedingungen würde unterdessen vielleicht sogar die Zustimmung der Sowjets finden, Bonn beschwichtigen und die öffentliche Meinung nicht in Aufruhr versetzen.[148]

Ein solcher Versuch fand, und das war das Wichtigste, die persönliche Unterstützung von Premierminister Winston Churchill, der schon seit langem die Freilassung der in Werl inhaftierten Deutschen befürwortet hatte und insbesondere die für Spandau getroffene Regelung bedauerte. Erst kurz zuvor hatte sich der ehemalige deutsche Diplomat und Reichskanzler Franz von Papen, einer der drei im Nürnberger Prozess gegen die Hauptkriegsverbrecher freigesprochenen Angeklagten, in einem auf den 8. Januar 1954 datierten Schreiben an Churchill für von Neurath eingesetzt. »Gibt es denn keine Möglichkeit«, beschwor Churchill seinen Außenminister Anthony Eden am 21. Januar, »dieses Thema oder die gesamte mit den Spandauer Gefangenen verbundene Frage bei Ihren inoffiziellen Gesprächen mit Molotow in Berlin anzusprechen?«[149]

Spandau stand bei der Außenministerkonferenz in Berlin nicht auf der Tagesordnung, aber mit Zustimmung von Dulles und dem französischen Außenminister Georges Bidault sprach Eden Molotow bei einem privaten Mittagessen am 17. Februar auf dieses Thema an.[150] »Ich hatte nicht vor, ihm die Freilassung dieser Männer vorzuschlagen«, berichtete Eden an Churchill. Aber er bat Molotow, Semjonow anzuweisen, sich mit den drei westlichen Hohen Kommissaren über die Behandlung kranker Gefangener und den Umgang mit dem Leichnam eines verstorbenen Gefangenen zu verständigen. Die westlichen Regierungen, fuhr Eden fort, glaubten, dass die bestehenden Haftbedingungen vom humanitären Standpunkt aus einfach zu hart seien.

Molotow bereitete die bevorstehende Wiederbewaffnung der Bundesrepublik Deutschland unter einer Regierung, die er als feindselig, revanchistisch und militaristisch ansah, offensichtlich größere Sorgen, und ein Gradmesser dafür ist die Tatsache, dass er mit den Problemen, die mit dem Spandauer Gefängnis verbunden waren, überhaupt nicht vertraut zu sein schien.[151] Aus Edens Sicht hatte sich bei Molotow nichts geändert: Er war immer noch der sauertöpfische, misstrauische Mensch, wie er ihn aus den Kriegsjahren kannte – einmal beklagte sich Molotow bei Eden sogar über die Musikkapelle der Royal Irish Fusiliers, denn irische Musiker in der britischen Armee waren für ihn ein Ausdruck des Imperialismus.[152] Aber Moskaus Chefdiplomat versprach, mit dem Hohen Kommissar Semjonow über Spandau zu sprechen. Die Sowjets hatten es allerdings nicht besonders eilig. Vor langer Zeit hatten sie beschlossen, dass alle Nürnberger Angeklagten gehängt werden sollten – und dann hatten sie ersatzweise versucht, Haftbedingungen zu schaffen, die auf nichts anderes als zermürbende Einzelhaft hinausliefen –, so dass das Wohlergehen von Gefangenen und die Bestattung ihrer sterblichen Überreste auf der Moskauer Tagesordnung keinen besonders hohen Stellenwert besaßen. Churchills Nachricht an Eden vom 3. März, nach der »wir sicherlich auf Molotow Druck ausüben sollten« offenbarte ein Ausmaß an Ungeduld im Westen, das in der Sowjetunion überhaupt nicht vorhanden war.[153]

Die Hohen Kommissare der westlichen Alliierten beschlossen, dass der aktuellste (auf den 11. Januar 1954 datierte) Appell an Semjonow zu Fragen der Aufnahme in ein Krankenhaus und zur Bestattungsregelung veröffentlicht werden sollte, falls einer der Spandauer Gefangenen starb. Auch Adenauer war klar – vor allem nach einem Gespräch mit Dulles im Anschluss an die Außenministerkonferenz –, dass öffentliche Erklärungen am besten unterblieben, um eventuelle Zugeständnisse von sowjetischer Seite nicht zu gefährden.[154] Semjonow erhielt jedenfalls Ende März Anweisungen von Molotow und informierte die Hohen Kommissare der Westalliierten, dass das Thema der kranken Häftlinge und der Bestattung Verstorbener in einem Expertengremium auf Viermächtebasis erörtert werden könne.[155] Die Spandauer Häftlinge, die von Molotows Anweisungen, nicht aber von deren inhaltlicher Begrenzung erfuhren, erlebten kurzzeitig »fast eine Art Euphorie«. »Etwas scheint in Bewegung gebracht«, schrieb Speer. Der skeptische Neurath hielt dagegen: »Ich glaube es erst, wenn ich auf der anderen Seite des Tores stehe.«[156]

Die Sowjets achteten sorgfältig darauf, dass die Diskussionen nie bis zu einem Punkt gediehen, an dem die Entlassung von Gefangenen aus Spandau erwogen wurde. Als London über Molotows Anweisungen an Semjonow informiert wurde, begann ein lautstarker Labour-Hinterbänkler im Unterhaus namens Arthur Lewis noch am selben Tag mit wiederholten Anfragen im Parlament, ob die britische Regierung jetzt den Versuch unternehme, die Freilassung der berüchtigtsten Nazi-Kriegsverbrecher zu erreichen. Ob irgendeine direkte Verbindung zwischen den Sowjets und Lewis bestand, ist nicht bekannt. Dennoch sorgten Lewis' spätere Begegnungen mit führenden kommunistischen Politikern der DDR – vor dem Hintergrund des Stils seiner Kommentare, in denen er die britische Regierung beschuldigte, die Freilassung der Spandauer Gefangenen anzustreben, damit diese in der Europäischen Verteidigungsgemeinschaft Führungspositionen übernehmen könnten – für Spekulationen, dass seine Attacken im Parlament kein Zufall waren.[157]

Die drei westlichen Hohen Kommissare gaben sich jedenfalls alle Mühe, um so bald wie möglich zu einem Treffen mit den Sowjets zu kommen. Die erste Gesprächsrunde fand am 6. April 1954 im ehemaligen Amtssitz des Alliierten Kontrollrats in West-Berlin statt. Westdeutschen Pressemeldungen, in denen behauptet wurde, die vier Mächte würden die Freilassung der Spandauer Gefangenen erörtern, begegnete man mit offiziellen Erklärungen, der einzige Tagesordnungspunkt seien bessere Haftbedingungen in Spandau.[158] Die Hohen Kommissare der Westmächte wurden durch Mitglieder ihrer eigenen Rechtsausschüsse vertreten, während Semjonow seinen politischen Berater G. P. Simin und eine Delegation sechs weiterer Mitarbeiter entsandte. Das westliche Anliegen war die Sicherung besserer Haftbedingungen im Gefängnisalltag, was eine ganze Reihe recht profaner Änderungen in der Gefängnisordnung mit einschloss. Außerdem ging es darum, ernsthaft erkrankten Gefangenen eine Behandlung in einem zivilen Krankenhaus zu ermöglichen. Das wichtigste Problem war jedoch der Umgang mit den sterblichen Überresten in der Haft verstorbener Gefangener.

Die westlichen Alliierten schlugen vor, den Leichnam an die nächsten Angehörigen zu übergeben, für eine Beerdigung in aller Stille innerhalb der Berliner Stadtgrenzen. Eine Bestattung auf einem nahegelegenen Friedhof verhinderte einen weiten Transport des Leichnams und das damit verbundene Risiko, dass sich Teile der Öffentlichkeit einfinden würden, um den Zug zu sehen. Ein solches Vorgehen würde es den westlichen Alliierten auch ermöglichen, eine große öffentliche Versammlung aus Anlass des Begräbnisses zu verhindern. Die sowjetische Delegation zeigte sich dagegen von Anfang an besorgt. Simin weigerte sich zunächst, das Problem zu erörtern, und wollte auch keinen Termin für künftige Gesprächsrunden festlegen, wobei deutlich wurde, dass die sowjetische Regierung zunächst einmal nur die Vorschläge der Westalliierten hören wollte. Doch die Sowjets fürchteten sich auch vor westdeutschem Revanchismus, der eng mit Beerdigungen verbunden war. Als die Vereinbarung über die Einäscherung zur Sprache kam, fragte Simin, ob es nicht zutreffe, dass militaristische Organisationen im Jahr 1954 einen größeren Zulauf hätten als 1947. Die westlichen Delegationen verneinten dies und erklärten, sie würden Schritte unternehmen, mit denen sich öffentliche Beerdigungen unterbinden ließen. Außerdem hätten sie den Eindruck, so formulierte es der britische Rechtsexperte Maurice Bathurst, dass die bestehende Vereinbarung zur Kremation den Keim für größere Katastrophen enthalte.

»Erstens sind wir der Ansicht, dass es ein aussichtsloses Unterfangen ist, dieses Vorgehen geheimhalten zu wollen. Zweitens glauben wir, dass eine sehr viel größere Gefahr besteht, dass die Gefangenen zu Märtyrern werden, wenn ein Vorgehen dieser Art im Jahr 1954 oder in den folgenden Jahren praktiziert wird. Schließlich gehen wir davon aus, dass diejenigen von uns, [...] die für die Ausführung [des] Verfahrens verantwortlich sind, das anschließend in all seinen makabren Einzelheiten ausgeführt würde, sich dem Spott und der Verachtung der ganzen Welt ausgesetzt sähen.«[159]

Ende April 1954 folgten noch drei weitere Gesprächsrunden, die sich jeweils fast ausschließlich mit der Bestattungsfrage beschäftigten. Dabei machten die Sowjets ein bedeutendes Zugeständnis. Simin kündigte am 26. April an, verstorbene Häftlinge könnten – anstelle einer Einäscherung – auf dem Spandauer Gefängnisgelände beerdigt werden.[160] Am 30. April stimmten die Sowjets der Teilnahme der nächsten Familienangehörigen an einer Beerdigung zu, und der dafür benötigte Grund und Boden könne für einen solchen Zweck geweiht werden, hieß es jetzt. Der Grund für dieses sowjetische Zugeständnis bleibt rätselhaft. Vielleicht teilten sie inzwischen die Auffassung, dass die Einäscherung der Leichname von Gefangenen zu diesem Zeitpunkt das, was sie als militanten westdeutschen Revanchismus wahrnahmen, eher schüren als entschärfen würde. Allerdings weigerten sie sich nach wie vor, einen Leichnam an die nächsten Angehörigen zu übergeben – die sterblichen Überreste sollten innerhalb der Gefängnismauern und unter der Aufsicht der vier Mächte verbleiben.

Bathurst legte sich auf Anweisung des Foreign Office mächtig ins Zeug, um die Sowjets davon zu überzeugen, dass eine Begräbnisstätte innerhalb der Gefängnismauern genau die Art von nationalsozialistischem Schrein schaffen könnte, die die Sowjets vermeiden wollten.[161] Schlimmer noch, London konnte sich ein Szenario vorstellen, in dem, wenn erst einmal alle Gefangenen freigelassen oder begraben worden waren, die sterblichen Überreste von den Angehörigen später dann umgebettet wurden, und das möglicherweise mit einem gewissen politischen Aufsehen. Die Briten verfügten auf diesem Gebiet über einige ungünstige Erfahrungen. Die britischen Behörden hatten auf dem Gelände des Gefängnisses von Hameln in Westfalen etwa einhundert nach Kriegsende verurteilte und hingerichtete deutsche Kriegsverbrecher in anonymen Gräbern bestattet. Unter den Toten waren auch Aufseher aus den Konzentrationslagern Bergen-Belsen und Auschwitz-Birkenau. Der Unmut gegen dieses Vorgehen war in der deutschen Bevölkerung damals sehr ausgeprägt, und die Bundesregierung war gerade dabei, die sterblichen Überreste der Hingerichteten für die Bestattung an anderen Orten zu exhumieren. Bathurst sagte, es wäre besser, eine normale Beerdigung Spandauer Gefangener an einem anderen Ort in Berlin zuzulassen. Die Alliierten könnten die Bestattungen überwachen, die Gräber wären eines Tages vergessen, und das Spandauer Gefängnis selbst würde ein Gefängnis bleiben, kein nationalsozialistischer Schrein. Bathurst sagte zu Simin:

»Ich zweifle nicht daran, [dass] dem Durchschnittsdeutschen das Spandauer Gefängnis in den Sinn kommt, wenn er an Kriegsverbrecher denkt. Wenn nun einer der Gefangenen stirbt und außerhalb des Gefängnisses begraben wird, dann wird er nach meiner Überzeugung schon bald vergessen sein. Stirbt er jedoch und wird anschließend auf dem Gefängnisgelände beerdigt, werden sich die Deutschen noch lange daran erinnern, dass sich im Spandauer Gefängnis die sterblichen Überreste von Kriegsverbrechern befinden, die dort gestorben sind und begraben liegen, und auf diese Weise wird der Ort im Bewusstsein der Deutschen präsent bleiben. Wenn alle Gefangenen verstorben und außerhalb des Gefängnisses begraben worden sind oder ihre Strafe verbüßt haben und entlassen worden sind, wird das Spandauer Gefängnis nach meiner Überzeugung von der deutschen Öffentlichkeit vergessen werden, und zerstörerisch wirkende Elemente werden keine Ermutigung dieser Art erfahren.«

Der französische Vertreter Michel Bourély stimmte dieser Auffassung zu. Die bestehende Vereinbarung sei »schockierend«, sagte er, und der sowjetische Vorschlag zur »Zusammenziehung der sterblichen Überreste in Spandau würde im künftigen kollektiven Bewusstsein eine Legende schaffen.« Simin zeigte sich unbeeindruckt. »Faschistische und militaristische Elemente«, hielt er dagegen, »zeigen sich heute hoch erhobenen Hauptes«, und eine Beerdigung außerhalb der Gefängnismauern würde nur »die Aktivitäten militaristischer Elemente fördern, [...] die heute in Westdeutschland tätig sind.«

Auf eine direkte Nachfrage hin räumte Simin ein, die Sowjets seien entschlossen, die Beerdigung selbst zu überwachen. Eine Beerdigung in Spandau, die es ermögliche, sich die Teilnehmer auszusuchen, gäbe ihnen die Möglichkeit hierzu. Bathurst konnte seinen Vorgesetzten nur berichten, dass »ich mein Bestes getan habe«, um die Sowjets von einer anderen Lösung zu überzeugen. Die Halbheit, die die Sowjets angeboten hatten, war immer noch besser als gar nichts, und die drei westlichen Hohen Kommissare rieten ihren Regierungen, das Angebot anzunehmen, bevor es hinfällig war. »Die Russen«, schrieb Hoyer Millar an das Londoner Außenministerium, »sind uns weiter entgegengekommen, als wir erwartet haben, und es wäre ein Fehler, sie jetzt wegen weiterer Konzessionen zu stark zu bedrängen. Wir könnten sonst das verlieren, was wir bereits erreicht haben.«[162]

Deshalb ging es bei dieser vierten und letzten Verhandlungsrunde um die kleineren Einzelheiten eines Abkommens. Die Gefängnisordnung sollte bis zu einem gewissen Grad gelockert werden. Die Lichter in den Zellen konnten abends früher ausgeschaltet werden (um 18.45 Uhr); den Gefangenen sollte erlaubt werden, mit ihren Anwälten über rechtliche Fragen in eigener Sache zu korrespondieren (die Direktoren behielten sich allerdings die Genehmigung im Einzelfall vor); die Rechtsanwälte konnten auf Wunsch des Gefangenen für einen Besuch auch die für einen Verwandten vorgesehene Zeit in Anspruch nehmen; die Gefangenen sollten jetzt bei ihren Bewegungszeiten oder bei der Arbeit miteinander sprechen dürfen; die metallenen Trenngitter im Besucherbereich sollten entfernt werden, und die Gefangenen sollten mit ihren Angehörigen auch über ihren Gesundheitszustand sprechen dürfen; zur Weihnachtszeit sollten die Gefangenen einen Sonderbesuch empfangen dürfen; es sollten vier Tageszeitungen zur Verfügung gestellt werden, und jede der vier Mächte wählte dafür ein Blatt aus; schließlich sollte in der Gefängniskapelle zweimal im Monat sowie an Feiertagen klassische Musik gespielt werden. Die Einweisung schwerkranker Patienten in das nahegelegene britische

Militärkrankenhaus lag jetzt, wenn die vier Direktoren zustimmten und solange der Gefangene während seines Krankenhausaufenthalts unter Bewachung stand, zumindest im Bereich des Möglichen.[163]

Aber die wichtigste neue Bestimmung regelte die Bestattungsfrage. Der Verstorbene sollte, seinem religiösen Bekenntnis entsprechend, in Spandau beerdigt werden, in Gegenwart der engsten Familienangehörigen (Ehefrau, Kinder, Geschwister, Eltern). Den Verwandten würden »angemessene Möglichkeiten« zum Besuch der Grabstätte eingeräumt. Doch die sowjetische Paranoia im Zusammenhang mit der Beerdigung war noch nicht zu Ende. Auf sowjetisches Drängen durfte die Beerdigung nicht länger als fünfzig Minuten dauern, die Zeremonie am Grab selbst nicht länger als zehn Minuten, und das Fotografieren war bei solchen Anlässen grundsätzlich untersagt. Aber zumindest würde es eine Beerdigung geben.[164] Adenauer und Walter Hallstein, der Staatssekretär im Auswärtigen Amt, reagierten auf diese Ankündigung einheitlich. Beide befürchteten, Spandau könne zu einem nationalsozialistischen Walhall werden, und beide waren erfreut, dass es zumindest eine Beerdigung geben würde.[165] Von Neuraths Familie war weniger beeindruckt. Sein Sohn Konstantin bezeichnete die Änderungen der Gefängnisordnung als »ziemlich unwesentlich«, und er schrieb Blankenhorn, der inzwischen Leiter der politischen Abteilung des Außenministeriums war, die Familie empfinde die Änderungen in der Beerdigungsprozedur nicht als große Vergünstigung.[166] Diese Einschätzung teilte auch Konstantin von Neurath senior. »Nicht einmal nach meinem Tode will man mich freigeben!«, sagte er, »entgegen seiner Art nahezu fassungslos«, zu Speer. »Was haben sie von dem Leichnam eines alten Mannes?«[167]

Von Neuraths Freilassung

Trotz der im April 1954 beschlossenen Erleichterungen wurden die Gefangenen im Juli, einem Monat, in dem die Sowjetunion den Vorsitz führte, sehr schlecht behandelt. Die Briefzensur wurde strenger gehandhabt, Bemerkungen zur Gartenarbeit oder zu Musikaufnahmen, die bei Gottesdiensten abgespielt wurden, aus den Briefen an die Familien getilgt. Alabjew weigerte sich sogar, das Verfahren, nach dem ein schwerkranker Gefangener für einen chirurgischen Eingriff ins britische Militärkrankenhaus eingewiesen werden sollte, auch nur zu diskutieren. Das war ein ernstes Problem, denn Funk musste dringend an der Prostata operiert werden. Und das Gefängnisessen schmeckte im Juli, nach einer Feststellung der Alliierten Kommandantur, »immer widerwärtig«, das ging so weit, dass die sieben Gefangenen bis zum Monatsende zusammen etwa 15 Kilogramm Gewicht verloren.[168]

Von Neurath erwischte es am Schlimmsten. Der sowjetische Wärter Mogilnikow fand am Abend des 7. Juli 1954 bei einer Inspektion in Neuraths Zelle ein Stück Schokolade, das diesem von einem anderen Wärter zugesteckt worden war, als Ausgleich für die Ernährung im sowjetischen Monat. Den Sowjets war die Bestrafung von Neuraths wichtiger als die eigenständige Ermittlung des schuldigen Wärters. Darbois bezeichnete die sowjetische Hartnäckigkeit als »lächerlich«, »weil das Gefängnis kein Ort für Wundertaten und der Gefangene Nr. 3 kein Zauberer sei«, der Schokolade aus dem Nichts herbeihexte. Alabjew konterte, von Neurath sei der Schuldige und »solle wegen des illegalen Besitzes von Schokolade streng bestraft werden.«[169] Die Zellen wurden am Abend des 7. Juli dreimal durchsucht, das letzte Mal kurz vor Mitternacht, und am 11., 12., 13., 20. und 23. Juli durchsuchten die sowjetischen Wärter kurz vor und nach Mitternacht sämtliche Zellen. Bei solchen Durchsuchungen mussten die Gefangenen zwanzig Minuten lang vor den Zellen stehen und dann weitere dreißig Minuten lang putzen und aufräumen, bevor sie wieder ins Bett gehen konnten.[170] Alabjew wollte von Neurath unbedingt soweit bringen, dass er den Schokoladenspender preisgab, doch der Gefangene blieb unbeugsam. »Sagen Sie, wer sie Ihnen gab«, drängte Alabjew, »wir wissen es ohnehin schon.« Ein müder, aber störrischer von Neurath gab zurück: »Dann wissen Sie mehr als ich.«[171] Alabjew erhöhte den Druck, indem er einen gemeinsamen Besuch der Frau und der Tochter von Neuraths untersagte. Gemeinsame Besuche waren zwar in der Gefängnisordnung noch nie vorgesehen gewesen, doch einige Zeit lang erlaubt worden.[172]

Warum machte Alabjew nach der Einigung im April jetzt solche Schwierigkeiten? Die Kommandantur ging davon aus, dies habe mit der Ablösung Dengins durch General Pawel Dibrowa zu tun, der Mitte Juli bei seinem ersten Besuch im Gefängnis durch die Bemerkung auffiel, die Gefangenen seien »Feinde des Volkes«, die »mit besonderer Strenge behandelt« werden müssten.[173] Die britische Regierung nahm an, die harte sowjetische Haltung habe mit dem Erscheinen eines Buches des Journalisten Jack Fishman in Großbritannien zu tun: *The Seven Men of Spandau* berichtete mit der Ausführlichkeit eines Buches über den Spandauer Gefängnisalltag. Das Buch basierte auf Interviews und enthielt Fotos der Gefangenen, die nicht durch die Zensur gegangen waren, und es brachte die Sowjets in Rage, die beklagten, die Sicherheitsvorschriften seien während der Monate, in denen die Westmächte den Vorsitz geführt hatten, besonders nachlässig gehandhabt worden.[174]

Doch die Durchsuchungen waren für von Neurath, der sich im Sommer 1954 morgens kaum noch selbständig ankleiden konnte, eine besondere Qual. Major Wright, der amerikanische Gefängnisarzt, berichtete, die nächtlichen Durchsuchungen könnten, sollten sie fortgesetzt werden, ohne weiteres von Neuraths Tod zur Folge haben, und die drei Direktoren der Westmächte bezeichneten bei den Direktorenbesprechungen am 15. und 23. Juli das sowjetische Vorgehen als unmenschlich, unter Sicherheitserwägungen völlig unangemessen sowie als für Neurath und möglicherweise auch für Funk lebensbedrohlich. Die Briten beraumten in West-Berlin eine Besprechung der Stadtkommandanten an, um die Optionen der Westalliierten zu erörtern.[175]

Neuraths Gesundheitszustand besserte sich nicht. Anfang August, zu Beginn des amerikanischen Monats, brachte Major Wright einen Hinweis an Neuraths Zellentür an, nach dem der Gefangene nachts nicht gestört werden durfte. Mogilnikow ignorierte die ärztliche Verordnung und ließ, ungeachtet der Proteste der diensthabenden alliierten Wärter, um ein Uhr nachts die Zelle durchsuchen.[176] In den frühen Morgenstunden des 1. September war von Neurath in seiner Zelle dem Tod nahe und wirkte am folgenden Morgen nach Speers Bericht »hilflos und gebrochen«.[177] Wright berichtete, der Gefangene sei »schwerer erkrankt, als ich ihn jemals zuvor erlebt habe«.[178] Von Neurath wurde in ein Sauerstoffzelt gelegt, und die Gefängnisbehörden ließen seine Familie nach Berlin kommen, mit dem Hinweis, sich dort für den möglichen Todesfall bereitzuhalten. Bei ihrem Besuch, den Alabjew auf die erlaubten dreißig Minuten begrenzte, durfte weder Marie noch Winifred die Hand des Patienten halten; sie konnten nur am Fußende des Krankenbettes sitzen.[179] Die erboste Marie von Neurath beschwerte sich bei den Direktoren, und Winifred von Mackensen schrieb einen ausführlichen Artikel für die Tageszeitung *Die Welt,* in dem sie abermals die Haftbedingungen und den Gesundheitszustand ihres Vaters beschrieb.[180] Ein sowjetischer Wärter erinnerte sich noch fünf Jahrzehnte danach an den heftigen Zorn, der den beiden Frauen ins Gesicht geschrieben war.[181] Adenauer bat jetzt auf privater Ebene um von Neuraths vollständige Entlassung aus dem Spandauer Gefängnis. Zuvor, so schrieb er, habe er die Alliierte Hohe Kommission einfach nur um die Verlegung von Neuraths in ein Krankenhaus gebeten. Inzwischen sei er jedoch davon überzeugt, dass er gar nicht mehr unter Bewachung leben könne und dass ihm im Namen der Menschlichkeit erlaubt werden sollte, seine letzten Lebenstage zu Hause zu verbringen, wo er angemessen medizinisch behandelt werden und seine Familie ohne Einschränkungen für ihn sorgen könne.[182] Die Kommandantur und die Hohe Kommission entwarfen einen heftigen Protest an Semjonows Adresse, weil die Sowjetunion, nach François-Poncets Worten, »weder den Geist noch den Wortlaut« des Abkommens vom April 1954 respektierte und »die Gefangenen in jüngster Zeit einer unmenschlichen Behandlung aussetzte«.[183]

Doch die Sowjets lenkten ein, bevor der Protest abgesandt wurde. Alabjew akzeptierte Ende August, dass Funk seine Prostataoperation eher im Krankenhaus als im Gefängnis erleben sollte, wo Komplikationen während des Eingriffs mit Sicherheit zu seinem Tod geführt hätten.[184] Die Sowjets lösten Alabjew im November nach mehr als dreijähriger Dienstzeit von seinem Posten als Gefängnis-

Abb. 6: Konstantin von Neurath im November 1954, kurz vor dem Abflug aus West-Berlin nach seiner Freilassung aus dem Spandauer Gefängnis. In seiner Begleitung: eine Stewardess und seine Tochter Winifred von Mackensen. © picture alliance.

direktor im Moskauer Auftrag ab. Die größte Überraschung war jedoch: Konstantin von Neurath sollte als erster Insasse von Spandau seit der Übernahme des Gefängnisses durch die vier Mächte freigelassen werden. Georgi M. Puschkin, der sowjetische Botschafter in der DDR (die Deutsche Demokratische Republik wurde im März 1954 offiziell zum souveränen Staat erklärt), schlug François-Poncet am 3. November 1954 einseitig von Neuraths Freilassung vor. Zuvor hatte er sich mit der kommunistischen Regierung in Prag abgestimmt, die am Fall von Neurath ein besonderes Interesse hatte.[185] Die westlichen Alliierten stimmten eilends zu. Am 7. November durfte sich von Neurath neu einkleiden und wurde – ohne die Gelegenheit zum Abschied von seinen Mitgefangenen zu erhalten – zu einem Besuchszimmer geführt, wo er auf seine Tochter Winifred traf. Im Gefängnishof stand ein Auto bereit, mit dem die beiden aus Spandau fortgebracht wurden. Der Schock bei den Mitgefangenen saß tief, und von Neurath erging es nicht anders. Am Tag seiner Entlassung zeigte er, wie klein seine Welt geworden war, als er einen Reporter besorgt fragte: »Was wird wohl ohne mich aus meinem Garten?«[186]

Warum ließen die Sowjets von Neurath frei? Die Presse sah die Antwort im Zusammenhang der Politik des Kalten Krieges, und hier besonders im Kontext einer sowjetischen »Friedensoffensive«, die in gewissem Umfang an die Gefühle der Westdeutschen appellieren und so die Bindung der Bundesrepublik an das westliche Bündnis schwächen sollte. Berufsoffiziere in Ostdeutschland, die dort der Nationaldemokratischen Partei Deutschlands (NDPD) angehörten, konnten durch dieses Zugeständnis ebenfalls gewonnen werden.[187] Es trifft zu, dass die Sowjets im Juli 1955 beschlossen, fast 10.000 deutsche Kriegsgefangene freizulassen, die noch in der Sowjetunion festgehalten wurden und von denen viele wegen Kriegsverbrechen oder Verstößen gegen sowjetische Gesetze verurteilt worden waren. Es trifft ebenfalls zu, dass Nikita Chruschtschow, der neue Generalsekretär der KPdSU, diesen Vorstoß unternahm, um die Beziehungen zu Bonn so weit wie möglich zu normalisieren und ein gewisses Maß an Handelsbeziehungen zwischen den beiden Staaten zu erreichen. Dies erklärte er gegenüber dem SED-Generalsekretär Walter Ulbricht.[188] Aber aus allen sowjetischen Äußerungen im Zusammenhang mit Spandau wird deutlich, dass die Gefangenen dort auf eine andere Stufe gestellt wurden als die einfachen Soldaten der Wehrmacht und sich auch von in der UdSSR eingesetzten nationalsozialistischen Polizeibeamten unterschieden. Dies waren die Hauptkriegsverbrecher, die vor den Augen der ganzen Welt verurteilt worden waren. Aus den vorhandenen Akten wird auch deutlich, dass es den Sowjets grundsätzlich gleichgültig gewesen wäre, wenn die Spandauer Gefangenen in der Haft gestorben wären. Bestimmungen für den Fall ihres Todes hatte es seit 1947 gegeben, und die Sowjets hatten sie erst nach langem Zögern geändert.

Plausibler ist folgende Vermutung: Als Funk und von Neurath am Rand des Todes standen, erkannten die Sowjets, dass die Briten bei den Viermächteverhandlungen im April Recht gehabt hatten. Eine gemeinsame Grabstätte für die Gefangenen in Spandau würde genau zu dem Schrein werden, den die Sowjets zu verhindern hofften. Beim Versuch, die Kontrolle über den Begräbnisgottesdienst zu behalten, hatten sie sich selbst ein Bein gestellt. Die beste verfügbare Alternative war jetzt, von Neurath nach Hause zu entlassen, in Frieden sterben zu lassen und zu hoffen, dass er in aller Stille beerdigt wurde. War mit solchem Handeln auch noch ein politischer Nutzen verbunden – umso besser. Das erklärt, warum Puschkin den Vorschlag zu von Neuraths Freilassung in Form einer Demarche an die drei Mächte unterbreitete. Maurice Bathurst sollte später die Theorie aufstellen, dass die Sowjets vermutlich von Neuraths Freilassung vorschlugen, um den Gefahren der Heldenverehrung zu begegnen, auf die sie Bathurst selbst noch im Frühjahr hingewiesen hatte.

Die Weltpresse begrüßte die Entlassung eines schwerkranken 81-jährigen Mannes aus einer Einrichtung, die allmählich zum berühmtesten Gefängnis der Welt wurde. Bei seinem Erscheinen in der Öffentlichkeit bot er einen »jammervollen Anblick«, er konnte kaum gehen, stützte sich auf seine Tochter, war mit der abgetragenen Jacke und Hose bekleidet, die schon seine Gefängnisgarderobe gewesen war, und er war nicht imstande, die Fragen der Journalisten zu beantworten, die sich vor dem Gefängnistor versammelt hatten.[189] Selbst die Israelis und die westeuropäischen Sozialisten empfanden die Freilassung für sich genommen als einen begrüßenswerten Akt der Menschlichkeit.[190] Der Vorgang beherrschte einige Tage lang die Schlagzeilen der bundesdeutschen Presse. Über jedes Detail der letzten Tage von Neuraths in Spandau wurde berichtet, ebenso über seine Heimkehr. Für mehr Konfliktstoff sorgten Zeitungskommentare, etwa die Beiträge in der *Frankfurter Allgemeinen Zeitung*, nach denen die Freilassung von Neuraths den Anstoß zur Revision aller Nürnberger Urteile geben sollte.[191] Für einige Deutsche war dieses Geschehen eine »verspätete Revision eines Justizirrtums«.[192]

Von Neurath wurde bei der Heimkehr auf sein Gut Leinfelderhof im württembergischen Kleinglattbach ein festlicher Empfang bereitet, es gab Blumensträuße, und die Kirchenglocken läuteten. Ein in der Presse veröffentliches Telegramm von Adenauer erwartete ihn. »Die Nachricht, dass Ihnen nach langen, schweren Jahren die Freiheit wiedergegeben worden ist, hat mich aufrichtig erfreut. Ich spreche Ihnen, Ihrer Gattin und Ihren Kindern meine herzlichsten Glückwünsche aus und verbinde damit meine besten Wünsche für die Wiederherstellung Ihrer Gesundheit.« Eine deutlichere Sprache benutzte der offene Brief, den der Bundespräsident und württembergische Landsmann Theodor Heuss an von Neurath schrieb. Heuss' Rolle als verantwortungsvoller und nüchtern-sachlicher Verfechter des Erinnerns in den Anfangsjahren der Bundesrepublik kann heute nicht in Zweifel gezogen werden, doch seine Botschaft an von Neurath war unbedacht:

»Mit freudiger Genugtuung habe ich [...] die Mitteilung gelesen, dass den Nachrichten der letzten Tage nun doch rasch die Erfüllung folgte und das Martyrium dieser Jahre für Sie ein Ende gefunden hat. Ich bin froh darüber, dass Sie nun Ihrer Familie und der württembergischen Heimat, mit der Sie immer so eng verbunden blieben, zurückgegeben sind, und dass unsere Sorgen und Gedanken nicht mehr von einer herben Phantasie gequält werden müssen. Ich kann Ihnen nur wünschen, dass es Ihrer in der Anlage so kräftigen Natur gelingen wird, mit den Folgen der argen Jahre bald fertig zu werden, und dass Sie in der altvertrauten und jetzt wieder neugeschenkten Umgebung auch die Ruhe der Seele wiederfinden werden.«[193]

Der Gebrauch des Wortes »Martyrium« durch Heuss löste einen internationalen Aufschrei aus, denn die Welt hatte nicht vergessen, was beim Prozess gegen die Hauptkriegsverbrecher verhandelt worden war. Die Kritik nahm vielerlei Formen an – etwa, dass die Bundesregierung und die westdeutsche Presse das Gedenken an Millionen Menschen beleidigt hätten, die von den Nationalsozialisten umgebracht worden waren, dass sie gerechte Urteile ungerechtfertigterweise in Zweifel gezogen hätten, dass sie einen provozierenden Kommentar in Bezug auf deutsche Kriegsverbrecher abgegeben hätten, die in mehreren westeuropäischen Staaten nach wie vor inhaftiert waren, dass sie mit dem Argument, Strafe und Martyrium seien ein und dasselbe, der westdeutschen Rechten in die Hand spielten und dass man dem neuen westdeutschen Staat als Teil eines neuen Europa vielleicht doch nicht trauen könne. Die französische Presse verurteilte Heuss' Wortwahl einhellig – von der liberalen Mitte bis zur kommunistischen Linken.[194] Die führende sozialistische Zeitung der Niederlande bezeichnete die Bemerkungen von Heuss und Adenauer als Teil einer »charakterlosen Opportunitätspolitik«, die auf die Unterstützung derjenigen Bundesbürger ziele, die die Verbrechen der Nationalsozialisten leugneten. Ein »begnadigter Kriegsverbrecher«, fuhr das Blatt fort, sollte nicht wie ein »Held« behandelt werden. Bei einer Cocktailparty in der bundesdeutschen Botschaft in Den Haag wurden zahlreiche negative Kommentare zu Heuss' Wortwahl registriert.[195]

Die Reaktionen in Großbritannien fielen nicht viel günstiger aus, nicht einmal in der *Yorkshire Post,* die ansonsten ganz auf Anthony Edens Linie lag. Heuss habe den in Spandau verbliebenen Gefangenen keinen guten Dienst erwiesen, ätzte das Provinzblatt. Die Londoner *Times* kommentierte, die Affäre werde, unabhängig von Heuss' Absichten, der britischen Öffentlichkeit lange im Gedächtnis bleiben. Der *Daily Mirror* druckte eine Karikatur, in der Hitler, Goebbels und Göring im Walhall beklagten, dass sie zu früh Selbstmord begangen hätten.[196] Die liberale belgische Zeitung *La Lanterne* beschäftigte sich in drei Kommentaren zu verschiedenen Anlässen mit der Affäre und verband dabei sogar den Tod belgischer Bürger mit dem, was sie als deutsche Reaktion auf von Neuraths Freilassung bezeichnete.[197] In der Schweiz schrieb die *Nationalzeitung,* es wäre besser gewesen, wenn von Neurath das Spandauer Gefängnis wie ein Dieb in der Nacht verlassen hätte. Das latente Misstrauen gegenüber Deutschland würde durch Taktlosigkeiten auf höchster Ebene nicht abgebaut.[198] Amerikanische Beobachter resümierten: »Wenn die Sowjets mit ihrer Zustimmung zur Freilassung von Neuraths aus Spandau die Absicht verbanden, in Deutschland Kommentare und Reaktionen auszulösen, die in dieser schwierigen Zeit die französische Öffentlichkeit und die Politik gleichermaßen alarmieren würden, dann hat der sowjetische Vorstoß sein Ziel erreicht.«[199] Die Krönung der Affäre war eine Bundestagsdebatte zu Heuss' Brief, der noch eine parlamentarische Untersuchung vorausging.[200]

Die von Bonn betriebene Schadensbegrenzung konzentrierte sich auf das Wort »Martyrium«, und Bundespräsident und Bonner Regierung betonten, dieses Wort sei durch die Übersetzung missverstanden worden. Es beziehe sich auf die Tatsache, dass von Neurath in Spandau wegen der dortigen Haftbedingungen Schreckliches erlitten habe – und damit sei nicht gemeint gewesen, dass dieses Leiden im Dienst einer edlen oder gerechten Sache gestanden habe.[201] Herbert Blankenhorn erklärte in einem Rundschreiben an alle deutschen Auslandsvertretungen, dass »vorurteilsfreie Kreise« dies verstehen würden.[202] Heuss reagierte zorniger. In einem Brief an das Londoner PEN-Zentrum deutscher Autoren im Ausland schrieb er, er sei »ein wenig erstaunt«, dass soviele Menschen in einer Reihe von Institutionen im Ausland und sogar in Deutschland selbst ein derart schwach ausgeprägtes Verständnis für den Unterschied zwischen »einer menschlichen Bekundung und einer politischen Beurteilung« hätten. Der Bundespräsident verglich dann, ohne auf die Frage einzugehen, ob von Neurath in irgendeiner Form schuldig geworden war, Spandau mit nationalsozialistischen Konzentrationslagern und fügte hinzu, die westlichen Alliierten und die Deutschen seien von beidem beunruhigt, außerdem herrsche allgemeine Zufriedenheit, dass einem alten, kranken Mann nicht länger solche Qualen zugefügt würden. Wer darauf bestand, seine von Herzen kommenden Worte an von Neurath anders aufzufassen, unterliege einem »böswilligen Missverstehen-Wollen«. Er werde sich jedenfalls zu diesem Vorgang nicht öffentlich äußern, denn er habe bereits bei früheren Anlässen seine Ansicht zum Nationalsozialismus öffentlich gemacht.[203] Dies müsse genügen.

Für die übrigen Gefangenen war von Neuraths Freilassung ein Präzedenzfall. Männer, die in Spandau in die Nähe des Todes gerieten, würden nach Hause entlassen werden, um dort im Kreis der Familie sterben zu können, die dann über Art und Ort des Begräbnisses selbst entscheiden konnte. Erich Raeder wurde im September 1955 wegen einer schweren Erkrankung aus Spandau entlassen. Moskaus Sorge, dass Walther Funk im Gefängnis sterben könnte, ließ die Sowjets im August 1956 sogar einer Operation im britischen Militärkrankenhaus zustimmen, die wegen eines Verschlussikterus unumgänglich wurde. Im Mai 1957 kam auch der körperlich gezeichnete Funk frei, nachdem die medizinischen Befunde pessimistisch ausgefallen waren. In beiden Fällen schlugen die westlichen Botschafter den Sowjets die Freilassung des betreffenden Gefangenen vor, damit diese aus dem Vorgang kein Propagandakapital schlagen konnten. Aber die Sowjets stimmten in beiden Fällen zu und zeigten damit, dass ihnen die Entstehung eines Friedhofes von Nationalsozialisten in Spandau die größten Sorgen bereitete. Welches Land dann die Entlassung vorschlug, spielte letztlich keine Rolle.[204]

Von Neurath starb am 14. August 1956 auf dem Leinfelderhof. Er wurde in aller Stille im Familiengrab in Kleinglattbach beigesetzt, und Franz von Papen, sein Mitangeklagter in Nürnberg, sprach den Nachruf.[205] Aber heutzutage wissen nur wenige Menschen – und nur wenige kümmert es –, wo seine sterblichen Überreste begraben liegen. Letzten Endes gewannen die westlichen Alliierten und – trotz ihres Verhaltens – die Sowjets den Kampf um das Märtyrertum. Ironischerweise wurde er durch Nichtstun entschieden. Dies kann als Beweis für die Umwandlung Deutschlands angesehen werden, die sich nach dem Zweiten Weltkrieg vollzog. Vor der Freilassung von Neuraths hätten die vier Mächte allerdings um ein Haar die Märtyrer geschaffen, die sie durch ihre umfassenden Bemühungen verhindern wollten.

4. Kapitel
Hitlers Nachfolger:
Die Geschichte zweier Admirale

»Aber das legale Staatsoberhaupt bin und bleibe ich doch [...] bis ich sterbe!«

Karl Dönitz 1953

Zu den Häftlingen in Spandau zählten auch die beiden Oberbefehlshaber der deutschen Marine, Großadmiral Erich Raeder und Großadmiral Karl Dönitz. Dönitz war von Hitler noch kurz vor dessen Selbstmord am 30. April 1945 zum Nachfolger ernannt worden und hatte bis zur deutschen Kapitulation am 8. Mai 1945 die Führung über das sich auflösende Dritte Reich inne. Die Fälle der beiden Admirale zeigen wie der von Neuraths, dass es Unterschiede zwischen den Spandauer Häftlingen gab. Wenn von Neurath ein Netzwerk von Unterstützern mit Adligen aus Württemberg hatte, dann verfügten die beiden Admirale wie die deutschen Heereskommandeure in den Gefängnissen der Alliierten in der Bundesrepublik über die Unterstützung deutscher Veteranenorganisationen, die ihre ehemaligen Befehlshaber nicht als Kriegsverbrecher betrachteten.

Die Haft von Raeder und Dönitz ist noch aus anderen Gründen interessant. Das große öffentliche Interesse an den Fällen der beiden sorgte dafür, dass sich die Deutschen mit ihrer Vergangenheit auseinandersetzen mussten, inklusive einer ausführlichen Bundestagsdebatte darüber, was es hieß, in der neuen Bundeswehr ein ranghoher Offizier zu sein. Dabei war Dönitz eher zufällig zur politischen Figur geworden – als Hitlers Nachfolger war er für die Alliierten von besonderer Bedeutung, vor allem für das britische Außenministerium. In London sabotierte man in dem Bestreben, Dönitz so lange wie möglich im Gefängnis zu behalten, jeden Versuch, die 18 Monate Haft vor dem Prozess auf seine Strafe anzurechnen. Dabei wiesen die Amerikaner ihre britischen Freunde darauf hin, dass ein Häftling, wenn man ihn für das bestrafte, was er tun könnte, anstatt für das, was er tatsächlich getan hatte, vom Kriminellen zum politischen Gefangenen wurde. Unabhängig davon zeigt der Fall Dönitz, dass nicht nur die sowjetische Regierung das zukünftige Handeln der engsten Mitarbeiter Hitlers fürchtete.

Offiziere oder Freibeuter?

Als Hitler 1933 Reichskanzler wurde, war Erich Raeder bereits seit fünf Jahren Chef der Reichsmarine. Von den Befehlshabern der Streitkräfte, die 1933 im Amt waren, war Raeder der einzige, der bei Kriegsbeginn 1939 immer noch seine Position innehatte. Hitler und der erfahrene Raeder waren sich über die kontinentalen und globalen Ziele Deutschlands grundsätzlich einig.

Geboren 1876 im Großraum Hamburg, war Raeder ein Zögling der kaiserlichen Marine, die unter Alfred von Tirpitz mit dem Ziel aufgebaut worden war, Deutschland im Wettlauf mit Großbritannien einen »Platz an der Sonne« zu sichern. Sein prestigeträchtigster Einsatz waren vermutlich die zwei Jahre, die er als Navigationsoffizier auf der kaiserlichen Jacht *Hohenzollern* verbrachte. Wie andere Marineoffiziere, die im Kaiserreich ausgebildet (und damit von den Theorien des US-Konteradmirals und Marineschriftstellers Alfred Thayer Mahans [1840–1914] beeinflusst) wurden, war Raeder überzeugt von der Bedeutung der Marine als Instrument zum Aufstieg Deutschlands zur Weltmacht. Und wie die meisten Marineoffiziere ärgerte er sich über die Bedingungen des Versailler Vertrags, der die Tonnage der deutschen Schiffe auf ein Maß beschränkte, das nur zur Verteidigung der Küsten geeignet war. U-Boote und schwere Schlachtschiffe waren komplett verboten, damit Deutschland für die Sieger keine Bedrohung zur See mehr darstellte.

In den zwanziger Jahren erklomm Raeder rasch die Karriereleiter. Nach dem Verfassen eines zweibändigen Werkes über die Operationen deutscher Kreuzer im Ersten Weltkrieg wurde er zum Inspekteur des Bildungswesens der Marine ernannt und zum Konteradmiral befördert (1922), war dann Befehlshaber der leichten Seestreitkräfte in der Nordsee (1924) und leitete ab 1925 die Marinestation der Ostsee. Als er 1928 Chef der Marineleitung wurde, gab er die so genannten »Westentaschenkreuzer« in Auftrag – Panzerkreuzer, die nach dem Versailler Vertrag verboten waren, weil sie die festgelegte Obergrenze von 10.000 Tonnen überschritten und den damaligen feindlichen Kreuzern von der Waffenausstattung überlegen und dazu noch schneller als die Schlachtschiffe jener Zeit waren. Das erste Schiff der Baureihe, das Panzerschiff *Deutschland,* wurde 1933 fertiggestellt, die *Admiral Scheer* wurde 1934 in Dienst genommen.

Hitlers Politik, die den Versailler Vertrag in Frage stellte, sprach Raeder an, obwohl Hitler in Bezug auf die Marine ein Laie war. Unter Raeder leistete die Marine nach dem Tod von Reichspräsident Hindenburg am 2. August 1934 ihren Treueeid auf Hitler, und unter Raeder wurde auch die neue Kriegsflagge der Marine mit dem Hakenkreuz eingeführt. 1935 unterzeichneten die Deutschen das deutsch-britische Flottenabkommen, das die Gesamttonnage der deutschen Marine begrenzte; eine Regelung, die jedoch mit dem Auftrag für den Bau der Schlachtschiffe *Bismarck* und *Tirpitz* mit einer Verdrängung von jeweils 48.000 Tonnen sofort wieder gebrochen wurde. (International war eine Standardverdrängung von bis zu 35.000 Tonnen erlaubt.) Im Dezember 1937 genehmigte die deutsche Marine den Bau von sechs weiteren Schlachtschiffen mit einer Verdrängung von jeweils 56.000 Tonnen. Damals ging man davon aus, die gigantischen Schiffe bis 1944 fertigzustellen.[1]

Der Zeitpunkt war nicht zufällig gewählt. Am 5. November 1937, bei der berühmten, in der Hoßbach-Niederschrift festgehaltenen Besprechung, informierte Hitler die wichtigsten Vertreter der Wehrmacht darüber, dass der »Lebensraum« für Deutschland auf dem Kontinent von 1943 bis 1945 erobert werden würde. Raeder war bei der Besprechung dabei, mehr noch, er war der Einzige, der keine Einwände gegen Hitlers Zeitplan erhob – was neun Jahre später beim Nürnberger Prozess eine wichtige Rolle spielen sollte.[2] Die Überwasserflotte sollte, wie 1937 besprochen, die weltpolitischen Interessen Deutschlands nach der Eroberung Europas schützen – vermutlich vor den nach wie vor feindselig eingestellten Briten, wahrscheinlich auch vor den USA. Die Aufträge für die 56.000-Tonnen-Schlachtschiffe wurden im April und Mai 1939 vergeben. Angesichts der geplanten Bauzeit von mindestens fünf Jahren kann man davon ausgehen, dass die Schiffe nicht nur für den kommenden Krieg in Europa vorgesehen waren, sondern bereits für spätere Aufgaben.

Raeder hoffte, dass der Krieg gegen Polen lokal begrenzt werden konnte. Er glaubte nicht, dass die deutsche Flotte in ihrem damaligen Zustand mit weniger als 50 einsatzfähigen U-Booten, von denen nur 22 hochseetüchtig waren, einem langen Krieg mit England und Frankreich gewachsen war. Doch nachdem Großbritannien und Frankreich Deutschland den Krieg erklärt hatten, dachte Raeder strategisch und bezog auch neutrale Länder in seine Überlegungen ein. In der Überzeugung, dass Großbritannien ohne Lieferungen aus den USA nicht überleben konnte, drängte Raeder Hitler im Oktober 1939, den USA den Krieg zu erklären, solange Amerika darauf noch nicht vorbereitet war. Hitler lehnte den Vorschlag als verfrüht ab.[3] Raeder forderte und plante stattdessen die deutsche Besetzung Dänemarks und Norwegens, um die Eisenerzlieferungen von Schweden nach Deutschland entlang der skandinavischen Küste zu sichern. Der Plan wurde im April 1940 in die Tat umgesetzt.[4] Einen Monat später waren die skandinavischen Häfen besetzt, die Franzosen geschlagen, und die Briten rangen nach Atem, daher dachten Raeder und seine Marineoffiziere schon einmal an die Weltherrschaft. Von Stützpunkten im Ostatlantik hatte man bereits vor dem Krieg geträumt, doch im Mai 1940 ordnete Raeder Untersuchungen an, welche Stützpunkte Deutschland für zukünftige Operationen gegen die USA benötigen würde. Unter den zahlreichen Möglichkeiten, die Raeder Hitler vorschlug, fanden sich Trondheim, Island, Casablanca, die Kanalinseln, die Azoren und Dakar.[5]

Natürlich gab es auch zwischen Hitler und Raeder Unstimmigkeiten. Vor dem Krieg trat Raeder für ein ausgeglichenes Schiffsbauprogramm ein, mit dem

Abb. 7: Erich Raeder zwischen Hitler und Goering bei der Geburtstagsparade für Hitler 1939 im Berliner Tiergarten. © picture-alliance.

Deutschland bis 1948 über mindestens 240 U-Boote verfügen sollte. Hitler legte den Schwerpunkt auf den Bau von Schlachtschiffen, die U-Boote sollten später folgen. Außerdem war Raeder so sehr gegen den Plan, die UdSSR anzugreifen, solange Deutschland noch Krieg gegen England führte, dass Hitler bei einer Besprechung am 31. Juli 1940 wartete, bis der Oberbefehlshaber der Marine den Raum verlassen hatte, bevor er den anderen Wehrmachtsoffizieren seine Absichten mitteilte. Und das ist der springende Punkt. Raeder machte seine Differenzen mit Hitler immer publik – wenn er welche hatte. Und gegen Hitlers allgemeine Pläne wie Vertragsbrüche und das Führen eines Angriffskriegs gegen die deutschen Nachbarländer hatte Raeder nichts einzuwenden. Damit das auch so blieb, ließ ihm Hitler zu seinem 65. Geburtstag im April 1941 250.000 Reichsmark steuerfrei zukommen.[6] Als Dönitz im Januar 1943 zum Oberbefehlshaber der Marine ernannt wurde, hatte Raeder Hitler ein Jahrzehnt lang gedient. Auch nach seinem Abschied kam er weiterhin in den Genuss finanzieller Zuwendungen, so erhielt er jeden Monat zusätzlich zu seinen regulären Bezügen steuerfrei 4.000 Reichsmark.

Raeder war zwar nicht direkt am Holocaust beteiligt, äußerte sich aber auch nie missbilligend über die Behandlung der Juden durch die Deutschen. Am 12. März 1939, dem ersten Heldengedenktag nach dem Judenpogrom im November 1938, der so genannten »Reichskristallnacht«, hielt Raeder eine Rede, in der er Hitler für dessen »klare und schonungslose Kampfansage an den Bolschewismus und das internationale Judentum« pries, »deren völkervernichtendes Treiben wir zur Genüge am eigenen Volkskörper zu spüren bekommen haben«. Als Raeder über sieben Jahre später in Nürnberg mit seinen eigenen Worten konfrontiert wurde, sagte er zu seiner Verteidigung, von 1917 bis 1919 habe »das internationale Judentum die Widerstandsfähigkeit des deutschen Volkes in erheblicher Weise zerstört und [...] einen unverhältnismäßig großen und drückenden Einfluss auf die deutschen Angelegenheiten [...] gewonnen.«[7]

Trotz seiner Neigung, Vertragsbrüche mit der Notwendigkeit zur eigenen Verteidigung und Rechtsbrüche mit den Anforderungen des Krieges zu rechtfertigen, war Raeders Schuld nicht schwer zu belegen. Sir Maxwell-Fyfe legte die Verstöße gegen den Versailler Vertrag und das deutsch-britische Flottenabkommen dar: »Sie und die deutsche Marine [haben sich] 20 Jahre lang – von 1918 bis 1938 – einer vollendeten, kaltblütigen und vorsätzlichen Täuschung über die Erfüllung Ihrer Vertragsbindungen schuldig gemacht [...] Wollen Sie dies [...] noch ableugnen?« Raeder konnte nur entgegnen: »Es war keine kaltblütige Angelegenheit.«[8] Maxwell-Fyfe zerpflückte Raeders Beteuerungen, man könne Hitlers Äußerungen über seine Kriegspläne bei der Hoßbach-Sitzung oder späteren Gesprächen mit hochrangigen Offizieren im Mai und November 1939 nicht ernst nehmen. Im Mittelpunkt stand jedoch die Besetzung Norwegens. Im November 1945 hatte die Anklage erklärt: »Der Norwegen-Einfall ist in einer Beziehung kein typischer Nazi-Angriff, nämlich insofern nicht, als Hitler überredet werden musste, sich auf ihn einzulassen. In erster Linie waren es Raeder und Rosenberg, die ihn überredeten; Raeder, weil er glaubte, dass Norwegen strategisch wichtig sei, und weil er Ruhm für seine Kriegsmarine erstrebte.« Der amerikanische Ankläger Telford Taylor fügte hinzu, dass die Erklärung, man habe nur Befehle ausgeführt, im Falle Raeders und anderer hochrangiger Offiziere ohnehin keine Rechtfertigung sei. »Schlosser zu sein ist ein harmloser und achtbarer Beruf«, bemerkte Taylor, »aber es ist nichtsdestoweniger ein Verbrechen, wenn der Schlosser sein Talent dazu verwendet, die Schlösser seiner Nachbarn zu öffnen und ihre Häuser zu plündern.«[9]

Raeders Aussagen waren der eigenen Sache nicht gerade förderlich. Er gab zu, dass er für die Besetzung Norwegens eingetreten war, allerdings behauptete er, dass deutsche Geheimdienstberichte auf eine bevorstehende britische Besetzung hingewiesen hätten.[10] Doch Raeders eigene Äußerung gegenüber Hitler vom 26. März 1940, vorgetragen von Maxwell-Fyfe, strafte ihn Lügen: »Frage Führers, ob zur Zeit englische Landung in Norwegen akut, wird vom Ob. d. M. [Oberbefehlshaber der Marine] verneint. Ob. d. M. schlägt eigene Aktion für den nächsten Neumond [7.4.] vor. Führer ist einverstanden.«[11] Raeder gab auch zu, dass er sich am 3. September und noch einmal am 15. Oktober 1939 für einen uneingeschränkten U-Bootkrieg gegen England ausgesprochen habe, bei dem die Handelsschiffe Großbritanniens und neutraler Länder ohne Vorwarnung versenkt werden sollten. »Militärisch als *notwendig* erkannte Maßnahmen«, bemerkte Raeder im Oktober 1939, »müssen [...], sofern sie kriegsentscheidende Erfolge erwarten lassen, auch *dann* durchgeführt werden, wenn das geltende Völkerrecht nicht auf sie Anwendung finden kann [...] Sämtliche Einsprüche der Neutralen müssen zurückgewiesen werden [...] Je brutaler die Handelskriegführung, um so früher die Wirkung, um so kürzer also der Krieg.«[12] Für Raeder lag damit die Verantwortung bei den neutralen Ländern; sie mussten entscheiden, ob sie das Risiko eingingen oder nicht. So rutschte ihm auch beim Prozess heraus: »[Neutrale Länder] handeln aus egoistischen Gründen und haben sich das selbst zuzuschreiben, wenn sie dabei umkommen.«[13] Er gab außerdem zu, dass er Hitlers Kommandobefehl vom 18. Dezember 1942 (laut dem Angehörige feindlicher Kommandotrupps unverzüglich erschossen werden sollten) an die Einheiten der Marine weiterleitete und die Anweisung auch für gerechtfertigt hielt. Damit konnte er für die Hinrichtung zweier britischer Kommandos durch Marineeinheiten im Dezember 1942 in Bordeaux verantwortlich gemacht werden.[14] Raeder wurde rasch in den Anklagepunkten I, II und III schuldig gesprochen. Die Richter schlossen bei seiner Strafe einen Kompromiss zwischen einer niedrigen 20-jährigen Haftstrafe (vorgeschlagen von Donnedieu de Vabres) und der Todesstrafe (Nikitschenko) und verurteilten ihn zu einer lebenslangen Haft.

Wenn Raeder sein Leben lang ein Berufsoffizier bei der Marine war, der einen faustischen Pakt mit Hitler geschlossen hatte, um mehr Schiffe und Stützpunkte zu erhalten, so entsprach Dönitz von allen deutschen Marineoffizieren am ehesten dem Bild eines NS-Admirals.[15] Geboren 1891 bei Berlin als Sohn eines Ingenieurs, ging Dönitz 1910 zur Marine. Nachdem er einige Jahre auf dem Kreuzer *Breslau* im Schwarzen Meer im Einsatz war, wurde er 1916 zum Oberleutnant zur See befördert und meldete sich freiwillig zur U-Boot-Flotte, die damals verheerende Schäden unter den britischen Handelsschiffen anrichtete. Als U-Boot-Kommandant geriet er in britische Gefangenschaft. Die Wirkung, die Angriffe auf Handelsschiffe erzielten, sollte er nie vergessen, denn die Briten wären fast besiegt worden, wenn die USA nicht in den Ersten Weltkrieg eingetreten wären. Nach dem Krieg war Dönitz im Stab der Marinestation Ostsee tätig.

Dönitz war von Hitlers Machtübernahme an ein Anhänger des Nationalsozialismus, und sein steiler Aufstieg war eng mit Hitlers Plan verknüpft, sich über das deutsch-britische Flottenabkommen von 1935 hinwegzusetzen, das den Deutschen immerhin erlaubte, bis zu 45 Prozent der britischen U-Boot-Stärke aufzurüsten. Als Dönitz mit der Entwicklung der deutschen U-Boot-Flotte beauftragt wurde, ignorierte er das Abkommen, allerdings war die U-Boot-Flotte kleiner als Dönitz erhofft hatte, weil der Schwerpunkt der Aufrüstung bei der Überwasserflotte lag. 1939 wurde Dönitz zum Konteradmiral befördert und erhielt den Titel

Befehlshaber der Unterseeboote. Seine Rudeltaktik, bei der U-Boote in Gruppen britische Geleitzüge angriffen, nutzte optimal die kleine Zahl der U-Boote, die den Deutschen 1939 zur Verfügung standen. Dönitz' rücksichtslose Unterbindung der Nachschubwege für England und seine Begeisterung für den Nationalsozialismus und Hitler trugen mit dazu bei, dass er Raeder als Oberbefehlshaber der Marine im Januar 1943 ablöste.

Dönitz blieb Hitler auch in schlechten Zeiten ergeben. Im August 1943 pries er Hitlers Prophezeiung, dass das Bündnis gegen Deutschland zwischen den westlichen Alliierten und der Sowjetunion zerbrechen würde, und erklärte, »dass wir alle miteinander sehr arme Würstchen sind im Vergleich zum Führer.«[16] In einer Rede vor den Befehlshabern der Marine am 17. Dezember 1943 argumentierte er, man müsse die Soldaten nicht nur durch die Pflicht, sondern auch ideologisch motivieren. Die traditionelle Vorstellung vom unpolitischen Soldaten sei Unsinn.[17] Im Februar 1944, dem Monat, in dem er mit besagter Tradition brach und in die NSDAP eintrat, sagte er: »Man muss das ganze Offizierskorps von vornherein so einstellen, dass es sich für den nationalsozialistischen Staat in seiner Geschlossenheit mit verantwortlich fühlt.« Am 21. Juli 1944 – einen Tag nach dem gescheiterten Attentatsversuch auf Hitler – hielt Dönitz eine Rede, in der er die Vorsehung pries, die Hitler verschont habe: »Heiliger Zorn und maßlose Wut erfüllt uns über den verbrecherischen Anschlag, der unseren beliebten Führer das Leben kosten sollte. Die Vorsehung hat es anders gewollt.«.[18] Im August meinte er zu seinen Untergebenen: »Lieber möchte ich Erde fressen, als dass meine Enkel in dem jüdischen Geist und Schmutz erzogen würden und vergiftet werden.«[19] Marineoffiziere und Seeleute wurden in mehreren Fällen angeklagt und hingerichtet, weil sie sich negativ über den Führer geäußert hatten – Dönitz bestätigte noch vier Tage nach Hitlers Selbstmord den Hinrichtungsbefehl für einen Maschinisten.[20] Da wundert es nicht, dass Hitler in seinem letzten Testament Dönitz zum Nachfolger bestimmte. Während andere von Hitlers Paladinen wie Himmler und Kaltenbrunner versuchten, ihre eigene Haut durch geheime Friedensverhandlungen mit den Alliierten zu retten, kämpfte Dönitz, bis der letzte Schuss fiel.[21]

Die Entscheidung, ob man Dönitz als Hauptkriegsverbrecher in Nürnberg anklagen sollte, war nicht einfach. Er war erst seit 1943 Oberbefehlshaber der Kriegsmarine; was den Anklagepunkt der Verschwörung betraf, war er bei den wichtigen Besprechungen vor dem Krieg wie etwa der Hoßbach-Konferenz nicht dabei. Die Sowjets wiesen zu Recht darauf hin, dass Dönitz als Hitlers Nachfolger den Krieg fortgeführt hatte, obwohl alle Hoffnung auf einen Sieg dahin war, doch da Dönitz' Verantwortung für einen Großteil des Konflikts auf hoher See lag, wurde er wie Raeder nicht wegen Verbrechen gegen die Menschlichkeit angeklagt. Allerdings ist es sicher auf Dönitz' Kriegsführung zurückzuführen, dass die Schlacht im Atlantik

Abb. 8: Hitler nimmt an seinem 55. Geburtstag 1944 die Glückwünsche der Wehrmacht und der Waffen-SS entgegen. Von links: Wilhelm Keitel, Karl Dönitz, Heinrich Himmler und Erhard Milch. © ullstein bild.

so erbittert geführt wurde und Zehntausende Seeleute auf Handelsschiffen durch U-Boot-Angriffe zu Tode kamen.[22]

Die wichtigsten Beweise gegen Dönitz fielen damit unter die Anklagepunkte Angriffskrieg und Kriegsverbrechen. Das internationale Prisenrecht (der Teil des Seekriegsrechts, der die Maßnahmen von Kriegsschiffen gegenüber neutralen und feindlichen Handelsschiffen regelt), 1930 im Londoner Flottenabkommen und 1936 im Londoner U-Boot-Protokoll bestätigt, besagte, dass U-Boote Handelsschiffe nicht ohne Vorwarnung und nur dann versenken dürfen, wenn die Passagiere und die Besatzung des Schiffs an einen sicheren Ort gebracht wurden.[23] Deutschland hatte beide Abkommen unterzeichnet, aber Dönitz' U-Boote torpedierten von Kriegsbeginn an alliierte und neutrale Handelsschiffe und verstießen damit gegen internationales Recht. Neben Tausenden Schiffswracks auf dem Grund des Atlantiks gab es zahlreiche Dokumente, mit denen Dönitz diese Strategie nachgewiesen werden konnte, angefangen bei der Fälschung offizieller Unterlagen in Zusammenhang mit der Versenkung des britischen Passagierschiffs *Athenia* durch ein deutsches U-Boot am ersten Tag des Krieges mit Großbritannien.[24] In einem anschließenden Vermerk der Seekriegsleitung vom 22. September 1939 hieß es, Dönitz beabsichtige, die Versenkung von Schiffen ohne Vorwarnung zu genehmigen, wenn das Schiff unbeleuchtet fahre. U-Boot-Kapitäne sollten die Angriffe im Logbuch mit der möglichen Verwechslung der abgeblendet fahrenden Schiffe mit Kriegsschiffen erklären.[25] In den Pressemeldungen sollte über Schiffe, die in Küstennähe torpediert worden waren, geschrieben werden, sie seien auf Minen aufgelaufen.[26]

Überlebenden sollte nicht geholfen werden. Im von Dönitz unterzeichneten Befehl Nr. 154 hieß es Ende 1939: »Keine Leute retten und mitnehmen [...] Wetterverhältnisse und Landnähe sind gleichgültig [...] Wir müssen hart in diesem Kriege sein! Der Gegner hat den Krieg angefangen, um uns zu *vernichten,* es geht also um nichts anderes.«[27] Der Grundsatz, so viele Seeleute wie möglich zu töten, erfuhr mit dem Kriegseintritt der USA eine weitere Steigerung. Hitler und die Marineleitung hatten erkannt, dass die USA zwar schnell neue Schiffe bauen konnten, ausgebildete Seeleute aber nicht so leicht zu ersetzen waren. »Würde es sich einmal herumsprechen«, sagte Hitler am 3. Januar 1942 zum japanischen Botschafter Hiroshi Oshima, »dass bei den Torpedierungen die meisten Seeleute verloren gingen, so würden die Amerikaner schon bald Schwierigkeiten haben, neue Leute anzuwerben. Die Ausbildung von seefahrendem Personal dauere sehr lange. Wir kämpften um unsere Existenz und könnten deshalb keine humanitären Gesichtspunkte walten lassen.«[28]

Dönitz war der gleichen Ansicht. Hier kam der so genannte »*Laconia*-Befehl« ins Spiel. Die *Laconia* war ein britisches Passagierschiff mit einer Besatzung von 800 Seeleuten und 1.800 italienischen Kriegsgefangenen an Bord. Im September 1942 versenkte das deutsche U-Boot U-156 die *Laconia* vor der westafrikanischen Küste und machte sich dann daran, die gesamte Besatzung und etwa 450 Kriegsgefangene zu retten. Während der Rettungsaktion wurde das U-Boot jedoch von zwei amerikanischen Bombern angegriffen und beschädigt. Am nächsten Tag, dem 17. September 1942, erließ Dönitz per Funk folgenden Befehl:

»Jeglicher Rettungsversuch von Angehörigen versenkter Schiffe, also auch Auffischen von Schwimmenden und Anbordgabe auf Rettungsboote, Aufrichten gekenterter Rettungsboote, Abgabe von Nahrungsmitteln und Wasser, haben zu unterbleiben. Rettung widerspricht den primitivsten Forderungen der Kriegführung nach Vernichtung feindlicher Schiffe und Besatzungen.«[29]

Bedeutete der Befehl, dass die Besatzung zurückgelassen werden sollte, weil das Risiko für die U-Boote zu groß war? Oder bedeutete er, dass schiffbrüchige Besatzungen nach einem Angriff getötet werden sollten? In Nürnberg unterzeichneten Leutnant Peter-Joseph Heisig und Kapitän Karl-Heinz Möhle eidesstattliche Versicherungen und sagten aus, sie hätten Dönitz' spätere Reden vor neuen U-Boot-Besatzungen so verstanden, dass die USA zwar mehr Schiffe bauten, als die Deutschen versenken konnten, der Engpass jedoch bei den ausgebildeten Seeleuten liege. Daher dürfe kein Besatzungsmitglied eines torpedierten Schiffes heimkehren.³⁰ Dönitz war vorsichtig genug, diesen kriminellen Befehl nicht offiziell zu formulieren. Als Hitler im Februar 1945 darüber nachdachte, sich offiziell von der Genfer Konvention loszusagen, warnte ihn Dönitz, dass man am besten handle, ohne sich offen von internationalem Recht zu distanzieren. Damit würde man, so der Großadmiral, das Gesicht wahren.³¹

Dönitz hatte den fähigsten Verteidiger aller Angeklagten von Nürnberg. Großgewachsen, fit und gepflegt, war Otto Kranzbühler ein erfahrener deutscher Marinerichter, der – im Gegensatz zu den meisten anderen deutschen Verteidigern – verstanden hatte, dass er die Anklage und die Beweise direkt angreifen musste. Sein Legalismus beim Prozess und in den kommenden Jahren entbehrte nicht einer gewissen Ironie. Nach dem Attentatsversuch vom 20. Juli 1944 sprach sich Kranzbühler öffentlich für Standgerichte zur Verurteilung der Attentäter aus.³² In Nürnberg argumentierte er, dass der deutsche U-Bootkrieg nicht gegen internationales Recht verstoßen habe, weil es sich bei den feindlichen Handelsschiffen de facto um Kriegsschiffe gehandelt habe. Wenn sie bewaffnet waren, konnten sie aufgetauchte U-Boote angreifen; wenn sie nicht bewaffnet waren, konnten sie die Position des U-Boots melden. Deshalb, argumentierten Kranzbühler und Dönitz, galten sie bereits im ersten Kriegsmonat als legitime Ziele. »Deutschland«, sagte Dönitz, »betrachtete diese Besatzung der Handelsschiffe als Kombattanten, weil sie mit den Waffen kämpften, die zahlreich an Bord der Handelsschiffe eingebaut waren.«³³ Neutrale Besatzungen seien gewarnt worden, nicht in deutsche Blockadegebiete einzudringen.

Beim Befehl, schiffbrüchige Besatzungen nicht zu retten, unterschied Kranzbühler zwischen der Nichtrettung schiffbrüchiger Mannschaften und ihrer Ermordung. Eine Rettung stand aufgrund der Gefahr, die aufgetauchten U-Booten bei einer Bergungsaktion durch feindliche Flugzeuge drohte, außer Frage. Dönitz habe in erster Linie an seine Boote und ihre Mannschaften denken müssen. Wenn einige Untergebene die Befehle falsch verstanden und sie dahingehend interpretiert hätten, dass schiffbrüchige Besatzungen getötet werden müssten, sei das ihre Schuld. Dönitz behauptete weiter, dass es nur einen dokumentierten Fall gebe, bei dem Schüsse auf eine schiffbrüchige Mannschaft abgegeben wurden, nämlich auf den griechischen Dampfer *Peleus* im März 1944 von der U-852 aus, die Kapitän Heinz Eck unterstand. Als Dönitz in Nürnberg aussagte, war Eck bereits von einem britischen Militärgericht in Hamburg wegen Kriegsverbrechen zum Tode verurteilt worden. Dönitz argumentierte, Eck habe versucht, die Wrackteile der *Peleus* zu versenken, damit seine Position nicht gefunden wurde. »Man sieht, glaube ich«, erklärte er kühl, »doch nach dem Kriege die Dinge anders.«³⁴

Letztlich lief Kranzbühlers Verteidigung jedoch darauf hinaus, dass »von keiner Stelle ein schriftlicher oder mündlicher Befehl zum Waffeneinsatz gegen Schiffbrüchige nachweisbar ist«.³⁵ Derartige Kommentare waren nicht hilfreich, genauso wenig wie Dönitz' eisige Argumentation in Zusammenhang mit seiner Bitte an Hitler im Mai 1942, Torpedos mit einer Abstandspistole auszustatten. Diese Torpedos, erklärte er Hitler, würden die Schiffe schneller versenken, Abwehrmaßnahmen verhindern und gleichzeitig »den großen Vorteil mit sich bringen, dass sich infolge sehr schnellen Sinkens des torpedierten Schiffes die Besatzung nicht mehr wird retten können. Dieser größere Verlust an Schiffsbesatzungen wird zweifelsohne die Besetzung [...] mit Mannschaften erschweren.« Anders ausgedrückt lautete Dönitz' Argument vor Gericht, die Besatzung von Handelsschiffen bei einem Angriff zu töten sei völlig legal, wenn man es richtig mache. Maxwell-Fyfe legte diese kühle Logik im Kreuzverhör offen. Sir David wies außerdem darauf hin, dass die Formulierung des *Laconia*-Befehls bewusst missverständlich sei, wenn es heiße: »Rettung widerspricht den primitivsten Forderungen der Kriegführung nach Vernichtung feindlicher Schiffe und Besatzungen.« Warum, fragte er Dönitz, habe der Befehl nicht gelautet: »Retten ist verboten, und zwar ist es angesichts des alliierten Jagdschutzes mit Rücksicht auf eure eigene Sicherheit und die eurer Boote zu gefährlich, eine Rettungsaktion zu unternehmen«, vor allem, da Dönitz' eigene Stabsoffiziere ihn gewarnt hätten, dass die von ihm gewählte Formulierung missverständlich sei?

Bei den Beweisen für andere Kriegsverbrechen konnte sich Dönitz nur schlecht verteidigen. Auf Belege, dass er Ende 1944 12.000 ausländische Zwangsarbeiter aus Konzentrationslagern angefordert hatte, um die Arbeit in den Schiffswerften zu beschleunigen, reagierte Dönitz mit der Erklärung, er habe den Zwangsarbeitern einen Gefallen getan; sie hätten bei der Arbeit in der Werft eine bessere Verpflegung erhalten. »Jedenfalls«, fügte er hinzu, »habe ich mich um die Durchführung [der Zwangsarbeit], die Methode und so weiter nicht gekümmert, weil mich das ja gar nichts anging.«[36] Als Dönitz vorgeworfen wurde, er sei darüber informiert gewesen, dass sein Untergebener Admiral Otto von Schrader im Mai 1943 zehn uniformierte Gefangene, die zur Besatzung eines Torpedoboots gehörten, gemäß Hitlers Kommandobefehl an den berüchtigten Sicherheitsdienst (SD) zum Erschießen übergeben habe, gab der Großadmiral vor, nichts darüber zu wissen.[37] Und seine glühenden Reden auf den Führer in den Jahren 1943 bis 1945, in denen er ihn unter anderem wegen der Verteidigung gegen den Bolschewismus und das Judentum pries, verteidigte Dönitz mit den Worten: »Dieser Ausspruch [...] zeigt eben an, dass ich der Ansicht war, dass das Durchhalten oder die Durchhaltekraft des Volkes [...] besser gewährleistet wäre, als wenn jüdische Volksteile im Volk gewesen wären.«[38]

Die Argumentation von Dönitz' Anwalt wurde durch die im Laufe des Prozesses eintreffende eidesstattliche Versicherung des Kommandeurs der amerikanischen Kriegsflotte im Pazifik, Admiral Chester W. Nimitz, theoretisch untermauert. Kranzbühler hatte eine schriftliche Stellungnahme zu verschiedenen Fragen erbeten, weil er zeigen wollte, dass alle Kriegsteilnehmer Handelsschiffe angegriffen und das Londoner Abkommen genau wie die Deutschen interpretiert hatten. Am

2. Juli 1946 gab er Nimitz' Antworten zu Protokoll. Nimitz machte deutlich, dass die Amerikaner im Krieg gegen Japan von Anfang an einen uneingeschränkten U-Bootkrieg praktiziert hatten: »Im Allgemeinen haben die US-U-Boote feindliche Überlebende nicht gerettet, wenn es für das U-Boot eine ungewöhnliche zusätzliche Gefahr bedeutete, oder das U-Boot dadurch an der weiteren Durchführung seiner Aufgabe gehindert wurde.«[39] Natürlich erwähnte Nimitz keine Grauzone, in der es amerikanischen Seeleuten gestattet war, japanische Überlebende zu ermorden; die USA setzten auch keine KZ-Häftlinge in den amerikanischen Werften ein, und Nimitz' Offiziere übergaben ihre Gefangenen nicht dem FBI zur Hinrichtung. Doch Dönitz' abschließende Aussage zeigte die Hybris, die seine gelungene Verteidigung zwangsläufig mit sich brachte: »Ich müsste das genauso wieder tun.« Dann wartete er auf sein Urteil, überzeugt, dass er freigesprochen werden würde.

Und er kam einem Freispruch näher, als er es verdiente. Der amerikanische Richter Francis Biddle stimmte aufgrund von Kranzbühlers Interpretation des Seerechts und der Erklärung von Nimitz für einen Freispruch. Doch Donnedieu de Vabres sah in der Parallele zu Nimitz keine Rechtfertigung; die Russen stimmten selbstverständlich für eine Verurteilung in allen drei Anklagepunkten, und Lawrence war der Ansicht, dass Dönitz zumindest in Punkt II der Anklage schuldig gesprochen werden sollte. Am Ende sprach das Gericht Dönitz in den Anklagepunkten II und III in einem gewundenen Urteil schuldig, das versuchte, die Balance zwischen den Wechselfällen des Seekriegs und Dönitz' zweifelhaften Taten und Äußerungen zu halten. Dönitz wurde für schuldig befunden, gegen das U-Boot-Protokoll von 1936 verstoßen zu haben, und für die Doppeldeutigkeit des *Laconia*-Befehls gerügt, jedoch nicht deswegen verurteilt (was seinen späteren Fürsprechern allerdings entging). Das Militärgericht verurteilte Dönitz wegen Verbrechen gegen den Frieden und wegen Kriegsverbrechen, denn seine Umsetzung des Kommandobefehls und der Einsatz von KZ-Häftlingen als Zwangsarbeiter fielen eindeutig in diese Kategorie. Weil Dönitz bis 1943 Raeders Untergebener war, waren sich die Richter einig, dass seine Strafe geringer als die Raeders ausfallen sollte. So wurde Dönitz in einem merkwürdigen Fall, in dem Nikitschenko ausnahmsweise einmal nicht für die Hinrichtung stimmte, zu zehn Jahren Haft verurteilt.[40] Aufgrund von zwei Urteilen, die endlose Kontroversen und große Bitterkeit nach sich zogen, landeten die beiden führenden deutschen Marineoffiziere des Zweiten Weltkriegs im Gefängnis.

Die Veteranenlobby

Direkt nach dem Krieg waren Veteranenorganisationen in Deutschland verboten. Doch allein in den westlichen Zonen gab es 15 Millionen Veteranen, und nach der Gründung der Bundesrepublik 1949 formierten sich erste Veteranenverbände. Sie kümmerten sich um verschiedene Belange, von Pensionszahlungen über die Beseitigung des Stigmas, das dem Militär nach dem Krieg anhaftete, bis zur Verbreitung soldatischer Ethik wie Loyalität und Opferbereitschaft im neuen westdeutschen Staat. Zusätzlich drängten die Veteranenvereinigungen im Windschatten des Koreakriegs und der Entscheidung zur Wiederbewaffnung Westdeutschlands energisch auf die Freilassung ehemaliger Offiziere aus der Gefangenschaft. Die neuen deutschen Soldaten könnten auf keinen Fall, so das Argument, an Zellenfenstern vorbeimarschieren, hinter denen ihre ehemaligen Kameraden einsaßen.

Die westlichen Alliierten akzeptierten diese Begründung nie voll und ganz. Sie verstanden jedoch, dass Deutsche, vor allem ehemalige Offiziere, in den Gefängnissen der Alliierten eine zunehmende politische Belastung für sie und Adenauers neue Regierung in Bonn darstellten. Bundestagsabgeordnete, Journalisten und Veteranenverbände setzten sich unermüdlich für die Freilassung der Gefangenen in den alliierten Gefängnissen ein. Ihre Begründung lautete, dass die Verurteilten keine Kriminellen, sondern Kriegsgefangene seien und als neue Bürger der Bundesrepublik Anrecht auf deren Schutz hätten. Wie im letzten Kapitel noch dargelegt wird, kam die Überprüfung der Urteile ab 1949 stetig voran. Die bekanntesten Offiziere, die davon profitierten, waren Generalfeldmarschall Albert Kesselring, der im Oktober 1952 aus dem Militärgefängnis in Werl entlassen wurde, obwohl er eigentlich zu einer lebenslangen Haftstrafe verurteilt worden war, und Generalfeldmarschall Erich von Manstein, der Werl im Mai 1953 verließ, nachdem er nicht einmal vier Jahre seiner zwölfjährigen Haftstrafe verbüßt hatte.

In Spandau hielten Raeder und Dönitz eine gewisse professionelle Distanz voneinander. Raeder betrachtete Dönitz als einen übertrieben ehrgeizigen Untergebenen und behandelte ihn, wie Speer bemerkte, »mit der Herablassung des immer noch Vorgesetzten«. Dönitz gab Raeder verärgert die Schuld an der Niederlage im Zweiten Weltkrieg, weil er nicht mehr U-Boote bauen lassen hatte. »Durch die Schuld Raeders«, sagte er nach Speers Erinnerungen erregt zu von Neurath bei einem Spaziergang im Gefängnisgarten, »hätten bis Mitte 1940 monatlich nur zwei U-Boote die Werften verlassen.«[41] Raeder und Dönitz lehnten beide kategorisch ihre juristische Schuld und moralische Verantwortung ab und waren sich in ihrer Abneigung gegen Speer einig, der ihrer Ansicht nach Hitler in Nürnberg verraten hatte.[42] Und sie hofften, dass die bundesdeutsche Veteranenlobby irgendwie das sowjetische Veto in Spandau überwinden würde. Im Dezember 1951 rechnete Dönitz damit, bald freizukommen, denn »die Aufstellung einer deutschen Armee sei unmöglich, solange unsere neuen Alliierten in Spandau hohe Offiziere festhielten«, wie Speer in seinen *Tagebüchern* notierte.[43] Natürlich zählten die Sowjets nicht zu den neuen Verbündeten der Bundesrepublik, und Dönitz war auch kein gewöhnlicher Offizier. Doch die Flut von Bittschreiben, die Veteranenvereinigungen im

Namen der beiden Großadmirale verfassten, setzte gleichzeitig mit den Gesuchen für anderen ranghohe Offiziere in Landsberg, Wittlich und Werl ein.

Die Gesuche folgten zwei Argumentationssträngen. Einerseits zielte man, wie im Falle von Neuraths, auf den humanitären Aspekt. Raeder wurde 1950 75 Jahre alt. Er war im Gefängnis bereits wegen eines Leistenbruchs operiert worden und litt unter verschiedenen Blasenerkrankungen. Er sei, wurde argumentiert, nicht gesund genug, um im Gefängnis zu bleiben. Erika Raeder, seine zu Übertreibungen neigende und zunehmend verbitterte Frau, erklärte öffentlich, sie erkenne ihren altersschwachen Mann bei Besuchen kaum wieder, und behauptete, er müsse in Spandau schwer arbeiten – Raeder hatte die Aufgabe, sich um die Gefängnisbibliothek zu kümmern.

Der pensionierte Admiral Gottfried Hansen, Vorsitzender des 100.000 Mitglieder starken Verbands deutscher Soldaten (VdS), einer Art Dachorganisation der Veteranen in der Bundesrepublik, ging in seiner Korrespondenz mit den drei Hohen Kommissaren der Westalliierten sogar noch weiter. »Aus jahrzehntelanger Freundschaft heraus«, schrieb Hansen, »aber auch in der Gewissheit der Zustimmung aller einstigen Marineangehörigen darf ich aussprechen, dass kein militärischer Führer seine Untergebenen hätte von höherer sittlicher und christlicher Warte erziehen und beeinflussen können, als es der Mensch und Christ Raeder in seiner Eigenschaft als Oberbefehlshaber der Kriegsmarine getan hat [...] Wie kann es zu wahrem Frieden und wechselseitigem Verstehen der abendländischen Völker kommen [...] wenn nicht wahres Recht und wahre Gerechtigkeit gegenüber den gefangen gehaltenen deutschen Männern geübt wird?«[44]

Andere Marineoffiziere waren ähnlicher Meinung. Für Raeder war es eine Tragödie, als sein 31-jähriger Sohn Hans im Januar 1953 an einem Gehirntumor starb. Die Bemühungen der westlichen Hohen Kommissare, Raeder einen kurzen Hafturlaub zu gewähren, damit er seinen Sohn in Münster noch einmal besuchen oder später an der Beerdigung teilnehmen konnte, wurden von den Sowjets abgelehnt. An Raeders Stelle besuchten neun deutsche Admirale das Begräbnis von Hans.[45] Und es kam noch schlimmer, denn später im Jahr musste sich Raeder ähnlich wie Funk einer schmerzhaften Blasenoperation im Gefängnis unterziehen, nachdem die sowjetischen Behörden die vorübergehende Verlegung Raeders in das nahegelegene britische Militärkrankenhaus verweigert hatten.[46]

Der zweite Ansatz folgte einer quasi-juristischen Argumentation, durchsetzt von Doppelmoral und bewusster Ignoranz. Beide Großadmirale, so hieß es, seien das Opfer einer rückwirkenden Gesetzgebung, weil sie auf der Seite der Verlierer stünden, während Großbritannien und die USA die gleiche aggressive Form der Kriegsführung verfolgt hätten, für die die beiden Admirale nun verurteilt worden seien. Verschiedene bereits erwähnte britische Politiker, die den Nürnberger Militärgerichtshof nie gutgeheißen hatten, verwendeten wiederholt dieses Argument.

Da die deutsche Wiederbewaffnung noch in der Schwebe war, stellte die Haft von Raeder und Dönitz eine Belastung dar. In Raeders Fall wurde häufig der erste Band von Winston Churchills Kriegserinnerungen angeführt, *The Gathering Storm (Der Sturm zieht auf)*, der 1948 erschien. Darin ist Churchills Rede vom Dezember 1939 als Erster Lord der Admiralität in Neville Chamberlains Kriegskabinett zitiert, in der er die Besetzung norwegischer Häfen durch britische Truppen vorschlägt. Die Äußerung wurde wiederholt von Lord Hankey in einer Debatte des britischen Oberhauses angeführt, und auch Liddell Hart nannte diesen Punkt gegenüber der bundesdeutschen Presse.[47]

Raeders deutsche Anwälte zitierten das Churchill-Memorandum zu Norwegen, als ob es direkt vom Berge Sinai auf sie gekommen wäre. Erika Raeder erwähnte es in ihren Briefen an die vier Mächte, an Bundestagsabgeordnete, den deutschen Außenminister, an britische und deutsche Zeitungen, Adenauers Tochter und jeden anderen, der ihr einfiel.[48] Ihre Beschränktheit war bemerkenswert. »Die Behandlung, welche wir Deutschen erduldet haben«, erklärte sie einmal, »ist schlimmer als irgendetwas, welches den Juden passiert ist.«[49] Dennoch stellte die westdeutsche Presse sie mitfühlend als ein weiteres Opfer der Siegerjustiz der Alliierten dar und fragte: »Wo liegt seine [Raeders] Schuld?«[50]

Tatsächlich war der Norwegenvergleich von einer Doppelmoral geprägt und barg zahlreiche historische Fehlinterpretationen. Churchill schlug in seiner Denkschrift von 1939 die britische Besetzung Narviks und Bergens nur als Reaktion auf einen deutschen Überfall auf Norwegen vor. Seine Überlegungen gingen von einer rechtmäßigen norwegischen Regierung aus, der Neutralität Norwegens, dem Schutz der Integrität kleinerer Staaten und dem Umstand, dass eine britische Verletzung der norwegischen Neutralität »nicht von unmenschlichen Akten begleitet« werde. Churchill rang zudem mit dem Verstoß gegen das Völkerrecht, den eine Besetzung darstellte, und kam zu dem Schluss, sie sei in diesem Fall moralisch zulässig, weil England zu den Waffen greife, »um die Opfer der deutschen Aggression zu unterstützen«, denn: »Wir kämpfen dafür, die Herrschaft von Recht und Gesetz wiederherzustellen«. Derartige Überlegungen gab es in Berlin nicht. Außerdem lehnte Chamberlains Kabinett den Vorschlag ohnehin ab. Raeders Anwälte ignorierten Churchills Bericht vom 10. April 1940 direkt nach der deutschen Besetzung Norwegens, der ebenfalls in *The Gathering Storm* abgedruckt ist: »Die norwegische Neutralität und unser Respekt vor ihr haben es uns unmöglich gemacht, diesen brutalen Handstreich zu verhindern.«[51]

Aber nicht jeder schluckte einen derartigen Vergleich. Auch Gottfried Hansen, der von amerikanischen Beobachtern eigentlich als gemäßigt eingestuft wurde, führte das Beispiel Norwegen an und fügte im November 1950 hinzu, dass sich die US-Truppen in Korea ebenfalls eines Angriffskriegs schuldig machen würden, wenn man die gleichen Kriterien der Schuld anwende.[52] Doch der französische

Hohe Kommissar André François-Poncet, der sich nach vier Monaten noch daran erinnern konnte, dass die Truppen Kim Il Sungs den 38. Breitengrad zuerst überschritten hatten, antwortete schroff, Hansens Definition von Kriegsverbrechen entspreche nicht seiner eigenen, außerdem sei Raeder nicht nur von einer, sondern von vier Mächten für schuldig befunden worden.[53]

Im Fall Dönitz glaubten die bundesdeutschen Veteranen, dass dessen Verurteilung juristisch strittig sei. Der pensionierte Generaladmiral Hermann Boehm (der bei der Besetzung Norwegens Truppen der deutschen Marine kommandiert hatte) legte den Fall dem Generalsekretär der Vereinten Nationen vor und argumentierte, die beiden Admirale seien politische Gefangene. Dönitz habe zwar seine U-Boote seit Kriegsbeginn einsatzbereit gehabt, doch das beweise nur, dass Dönitz Vorbereitungen getroffen habe – was aber kein Verbrechen sei, so Boehm, der dabei die Tatsache ignorierte, dass Dönitz wegen ganz anderer Verbrechen schuldig gesprochen worden war.[54] Eine Versammlung von über 2.000 ehemaligen U-Boot-Kommandanten und Besatzungsmitgliedern im Frühjahr 1954 (bei der Dönitz' Frau Ingeborg sprach) kam zu ähnlichen Schlussfolgerungen und verwies auf die hohe Zahl der Gefallenen bei den deutschen U-Boot-Besatzungen.[55] Veteranenvereinigungen nannten wiederholt die schriftliche Erklärung von Admiral Nimitz in Nürnberg, um zu belegen, dass ein uneingeschränkter U-Boot-Krieg die Norm war, übersahen dabei aber geflissentlich, dass Nimitz nur allgemeine Fragen beantwortet, sich aber nie explizit über Dönitz' Kriegsführung geäußert hatte.[56]

Der andere Ansatz war politischer Natur und stützte sich auf Dönitz' Handeln als Hitlers Nachfolger. In einer Petition an Bundespräsident Theodor Heuss argumentierte die Landsmannschaft Ostpreußen, der Vertriebenenverband der ostpreußischen Flüchtlinge in der Bundesrepublik, Dönitz habe in den letzten Kriegswochen Truppen im Osten gelassen, damit Tausende Ostdeutscher der »infernalischen und bestialischen sowjetrussischen Geißel« entkommen konnten. Daher sollte Heuss sich für eine Amnestie für Dönitz einsetzen.[57] Das war ein hinterhältiges Argument. Dönitz hatte es in Nürnberg vorgebracht und damit seine Fortsetzung des Krieges auch nach Hitlers Tod erklärt, obwohl er noch bis zum 4. Mai 1945 die Absicht gehabt hatte, die Alliierten von Norwegen aus zu bekämpfen, wenn Deutschland verloren war.[58] Zwar brachte die Marine vom 5. bis zum 9. Mai etwa 43.000 Deutsche in den Westen, doch in den letzten Tagen des NS-Regimes unter Dönitz kamen jeden Tag etwa 10.000 Deutsche um. Die Rechte in Westdeutschland, die Hitlers Krieg immer noch als Abwehr des Bolschewismus verstand, nahm das Argument trotzdem ernst (und tut das auch heute noch), weil damit ein Großteil der NS-Vergangenheit gerechtfertigt wird.[59] Die neonazistische Sozialistische Reichspartei (SRP) betrachtete Dönitz nach wie vor als einzigen rechtmäßigen Nachfolger Hitlers, da Hitler ihm in den letzten Kriegstagen testamentarisch die Führung des Reichs übertragen hatte. Klugerweise stellte Heuss nie das Gnadengesuch.

Von offizieller Seite wurde dem Schicksal der beiden Admirale schon deshalb eine gewisse Sympathie entgegengebracht, weil sie so viele Männer kommandiert hatten. Herbert Blankenhorns langes Memorandum zur deutschen Wiederbewaffnung an Adenauer aus dem Jahr 1950 enthielt die Bedingung, dass die Alliierten auf die Freilassung der Häftlinge von Spandau hinwirken sollten, und erwähnte ausdrücklich Raeder und Dönitz.[60] Adenauer setzte sich für die ranghohen Offiziere in Landsberg, Werl und Wittlich ein. Was die Häftlinge in Spandau betraf, konzentrierte er sich in den Jahren 1950 bis 1954 auf von Neurath. Doch sein langer Vorschlag zu Spandau bei der Berliner Außenministerkonferenz im Januar 1954, über den im vorherigen Kapitel gesprochen wurde, zeigt die Bedeutung, die Bonn auch den beiden Admiralen beimaß. Die Forderung, alle Häftlinge über 75 Jahren sofort freizulassen, betraf nicht nur von Neurath, sondern auch Raeder. Und die Anrechnung der Haft vor dem Prozess bei allen Urteilen und der Erlass des letzten Drittels aller Haftstrafen hätte Dönitz' sofortige Freilassung bedeutet. Wenn Adenauers Vorschläge 1954 von allen vier Mächten angenommen worden wären, wäre in diesem Jahr kein weiterer Spandauer Häftling entlassen worden. Die Rechnung der Bundesregierung war nicht willkürlich.[61]

Die Anrechnung der Haft vor dem Prozess

Der Nürnberger Militärgerichtshof zeigte sich in einem Punkt ungewöhnlich nachlässig, da er sich in keiner Weise zur Frage der Haft vor Prozessbeginn äußerte. Die Häftlinge kamen im Juli 1947 in Spandau ohne Einlieferungspapiere an, obwohl diese eigentlich in jedem Gefängnis Standard sind und Auskunft darüber geben, wann die Haftstrafe des Häftlings offiziell beginnt und wann sie enden wird.[62] Adenauers Vorschlag von 1954 rückte den Fall Dönitz ins Rampenlicht, denn selbst ohne eine vorzeitige Entlassung wegen guter Führung hätte die Anrechnung der Haft vor dem Prozess bedeutet, dass Dönitz im Mai 1955 freigekommen wäre.

Doch Dönitz' Freilassung barg Probleme. Seit seiner Verhaftung im Mai 1945 war er überzeugt, dass man ihn als rechtmäßigen Nachfolger Hitlers nicht einfach hätte absetzten dürfen. In Spandau betrachtete er sich weiterhin als rechtmäßiges deutsches Staatsoberhaupt und ließ sich nicht davon abbringen. Theodor Heuss, sagte Dönitz zu Speer im Januar 1953, sei »unter Besatzungsdruck eingesetzt« worden und daher nicht das legale Staatsoberhaupt. »Aber das legale Staatsoberhaupt bin und bleibe ich doch«, beharrte Dönitz, »bis ich sterbe!« Die radikale Rechte sah die Sache genauso. Der Putsch, bei dem Otto Skorzeny die Spandauer

Häftlinge befreien wollte, sah Dönitz als nächstes Staatsoberhaupt vor, ebenso die SRP.[63] Ein Brief von Dönitz an seine Frau Ingeborg, der vom amerikanischen Wärter Robert Owens hinausgeschmuggelt werden sollte, jedoch von den Briten abgefangen wurde, wies sie an, sich nach seinem politischen Ansehen in der Bundesrepublik zu erkundigen. Und als Dönitz einen Kassiber mit dem Ergebnis einer Meinungsumfrage erhielt, war er entzückt darüber, dass die meisten Deutschen ihn immer noch hoch achteten. »Weil mich das deutsche Volk im Herzen trägt, komme ich bald heraus«, verkündete er im April 1953. Sicher überschätzte er sich selbst, wie auch seine Verwirrung über die schlechten Ergebnisse der SRP bei der Bundestagswahl zeigt. Doch selbst in Zeitungen hieß es Anfang 1954, er rechne nach seiner Entlassung damit, wieder Staatsoberhaupt zu sein.[64]

Die Briten waren über Dönitz' Vorstellung, er sei das rechtmäßige Staatsoberhaupt, gut informiert.[65] Im britischen Außenministerium machte sich darüber vor allem Sir Ivone Kirkpatrick Gedanken, der ehemalige Hohe Kommissar, der mittlerweile als Staatssekretär im Außenministerium tätig war. Kirkpatrick hatte eine Eigenart – er war »viel zu schnell dabei, seine Mitmenschen als schlecht abzutun«.[66] Bei den deutschen Kriegsverbrechern, die in Werl einsaßen, rechnete man in London routinemäßig die Haft vor dem Prozess an und gewährte Haftminderung wegen guter Führung.[67] Doch Kirkpatrick war überzeugt, dass Dönitz aufgrund seines relativ geringen Alters, seiner Nähe zu Hitler und seiner offensichtlichen Ambitionen nach seiner Freilassung eine politische Bedrohung darstellen würde. Als Adenauers Vorschlag für die Außenministerkonferenz 1954 in Berlin zur Haftminderung und Anrechnung der Haft vor dem Prozess im britischen Außenministerium auf eine gewisse Sympathie traf, lehnte Kirkpatrick ihn im Alleingang ab: »[Wir] würden einen großen Fehler machen, wenn wir intervenieren würden [...] mit dem Ergebnis, dass Admiral Dönitz sofort freigelassen werden würde. Ich bin auch nicht so sicher, ob ich Speers Freilassung beschleunigen möchte. An den verbleibenden fünf Häftlingen haben wir selbstverständlich kein besonderes Interesse.«[68] Es sei klüger, befand Kirkpatrick, sich bei der Berliner Konferenz für eine bessere medizinische Versorgung und die Entlassung aus gesundheitlichen Gründen einzusetzen. Damit seien die Fälle von Neurath und Raeder abgedeckt.[69] Und wie sich schon gezeigt hatte, war Molotow nur insofern Diskussionen über die Haftbedingungen zugänglich, als sich im April ein Expertenausschuss in Berlin traf und sich über den Spandauer Friedhof und geringfügige Verbesserungen bei den Bedingungen einigte.

Auch die Amerikaner wollten bei den Gesprächen 1954 das Thema der Anrechnung der Haft vor dem Prozess anschneiden. Nach der ersten Gesprächsrunde am 6. April in West-Berlin bestand der amerikanische Chefunterhändler Frederick Schwarz darauf, dass die westlichen Alliierten Pressemitteilungen herausgaben, in denen die Möglichkeit einer vorzeitigen Entlassung nicht ausgeschlossen wurde. Am 12. April warnte der britische Unterhändler Maurice Bathurst den Hohen

Kommissar Hoyer Millar, dass es Probleme geben könnte: »Ich hatte Schwierigkeiten – eine etwa einstündige Auseinandersetzung – mit Mr. Schwarz, als es um die Frage ging, die Pressesprecher in Berlin für die Beantwortung der Presseanfragen zu instruieren, damit sie erklären, dass die Entlassung der Häftlinge oder die Minderung ihrer Haftstrafen nicht Gegenstand der Gespräche sind, zu denen die Konferenz eigentlich einberufen wurde [...] es besteht kein Zweifel daran, dass die Amerikaner bestrebt sind, zu gegebener Zeit die Anrechnung der Haft vor dem Prozess und die Möglichkeit einer Haftminderung wegen guter Führung umzusetzen.«[70] Zwei Tage später telegrafierte Hoyer Millar nach London, dass Dönitz laut einem Bericht aus Spandau der einzige unter den Häftlingen sei, der »überhaupt rachsüchtig oder potenziell gefährlich wirkt. Ich fürchte jedoch, dass die Amerikaner [...] zu einer anderen Haltung neigen, und es wird wohl nicht leicht für uns sein, sie davon abzuhalten, das Thema in irgendeiner Form anzuschneiden.«[71]

In London war die Empörung groß. »Die Amerikaner«, erklärte H. W. Evans vom Referat Deutschland im Außenministerium, »sind anstrengend und dumm.«

»Wir können nur hoffen, dass sie nicht noch einmal das Thema der Freilassungen oder Haftminderung ansprechen [...] Ich glaube nicht, dass wir hierzu Kompromisse schließen können. Die Minister haben dem Parlament versichert, dass eine Diskussion über vorzeitige Entlassungen überhaupt nicht infrage kommt. Das wurde in Presseerklärungen und Briefen wiederholt. Wir haben uns daher festgelegt. Jedenfalls wollen wir keine vorzeitige Entlassung.«[72]

Die Auseinandersetzung zwischen Bathurst und Schwarz erklärt vielleicht, warum Schwarz als Leiter der US-Delegation bei den folgenden drei Gesprächsrunden durch Knox Lamb ersetzt wurde. Letztlich konnte sich London durchsetzen; es gab keine Gespräche über die Anrechnung der Haft.

Die Spandauer Häftlinge, deren Hoffnungen auf eine baldige Freilassung durch die Gespräche in Berlin gestiegen waren, verstanden, dass Dönitz Teil des Problems war. Abgesehen von Dönitz' ärgerlichem Benehmen (er war offen verbittert, weil die Alten und Kranken womöglich vor ihm entlassen werden würden, dabei hatte er die kürzeste Strafe zu verbüßen), gab er wegen seiner angeblichen politischen Stellung keine Ruhe. »Er kommt von dieser Idee nicht mehr los«, meinte von Neurath achselzuckend. Von Schirach war weniger gnädig: »Dabei vermasselt er uns alles mit seinem Präsidentengetue! Der sitzt wie ein Pfropfen vor der verfrühten Freilassung von uns beiden.«[73] Als von Neurath im November des Jahres tatsächlich entlassen wurde, war Dönitz eindeutig bewegt, allerdings weniger aus Freude für von Neurath, sondern aus Verblüffung.[74]

Dönitz wäre auch nicht erfreut gewesen, wenn er gewusst hätte, dass von Neuraths Entlassung aus Gesundheitsgründen Hoffnungen bei Raeders Anwälten weckte, dass der 78-Jährige ebenfalls bald freikommen könnte. Eine Flut von Petitionen für Raeder ging nach Bonn. Wie um zu beweisen, dass der Spruch »Eine Krähe hackt der anderen kein Auge aus« nicht gilt, argumentierte Dr. Freiherr Viktor von der Lippe, einer der Verteidiger Raeders in Nürnberg, Raeder solle freigelassen werden, weil die Verbrechen, derer er angeklagt worden (aber natürlich nicht schuldig) sei, weit weniger gravierend seien als die von Neuraths. Wenn die Sowjets bereit gewesen seien, von Neurath zu entlassen, obwohl ihn die Tschechen doch sicher hassten, warum sollten sie dann Raeder weiterhin wegen angeblicher Verbrechen gegen Norwegen festhalten? »Der Moment ist günstig«, verkündete von der Lippe.[75]

Auch die Presse wurde aktiv. Die *Frankfurter Allgemeine Zeitung* bemängelte, dass die Regierung zukünftige Offiziere für die neue Bundeswehr überprüfe, Raeder und Dönitz jedoch immer noch im Gefängnis säßen, weil sich die Sieger verpflichtet fühlten zu zeigen, dass die gesamte Wehrmacht eine verbrecherische Organisation gewesen sei. Würde es für die neuen Marineoffiziere keine Gewissenskonflikte geben?[76] Es bestand sogar die Hoffnung, dass Adenauer das Schicksal der Spandauer Häftlinge bei seiner Reise nach Moskau im Juli 1955 zur Sprache bringen würde, da er ohnehin auf die Freilassung Tausender Kriegsgefangener dringen wollte, die sich noch in sowjetischen Lagern befanden.[77] In der Zwischenzeit versuchte Otto Kranzbühler, der immer noch als Dönitz' Anwalt fungierte, jeden Kontakt zu nutzen, um auf die Freilassung seines Mandanten hinzuwirken. In einem privaten Brief an Sir David Maxwell-Fyfe (mittlerweile Lord Kilmuir und Lordkanzler der britischen Regierung) wies Kranzbühler darauf hin, dass der Internationale Militärgerichtshof keine Entscheidungen getroffen und keine Angaben zur Anrechnung der Haft vor dem Prozess gemacht habe. Er fügte hinzu, dass das angloamerikanische Recht die Entscheidung den Gerichten überlasse und das französische und sowjetische Recht die Anrechnung der Haft vor dem Prozess vorsehe. Daher solle Dönitz am 23. Mai 1955 freigelassen werden – dem zehnten Jahrestag seiner Verhaftung. »Es wäre fern der Gerechtigkeit und eine mutwillige Härte«, schrieb Kranzbühler an Sir David, »Dönitz nicht zehn, sondern elfeinhalb Jahre in Haft zu behalten, nur weil es keine Behörde gibt, die diese allgemein gültige Regel auf seinen Fall anwendet.«[78]

Am 28. Januar traf sich Kranzbühler mit Bathurst, der erklärte, er habe keine Anweisungen aus London erhalten.[79] Kranzbühler reichte daraufhin am 5. Mai 1955 ein offizielles Gesuch bei den vier Botschaftern ein (mit dem Erreichen der vollen Souveränität der Bundesrepublik am selben Tag wurde die Hohen Kommissare abgeschafft). Für den sowjetischen Botschafter Georgi Puschkin in Ost-Berlin zitierte Kranzbühler das sowjetische Strafrecht samt Ergänzungen, um zu belegen, dass Dönitz am 23. Mai freigelassen werden sollte. Dönitz über dieses Datum hinaus im Gefängnis zu behalten, erklärte Kranzbühler, »würde den internationalen Anschauungen über Gerechtigkeit widersprechen«.[80]

Die Bonner Regierung, die immer noch unter dem Fiasko nach von Neuraths Entlassung litt, war hinter den Kulissen aktiv. Im Falle Raeders übermittelten Adenauers neuer Außenminister Heinrich von Brentano, Staatssekretär Walter Hallstein und mehrere Mitarbeiter des Außenministeriums westlichen Botschaftern in Briefen und Gesprächen, dass Adenauer »stark beunruhigt« wegen Raeders Gesundheitszustand sei. Sein Tod im Gefängnis hätte schlimme Auswirkungen auf die Veteranenverbände und Kreise der Marine, deren Unterstützung für den deutschen Militärbeitrag zur NATO notwendig sei. Raeder sollte aus humanitären Gründen und wegen des »starken psychologischen Eindrucks« entlassen werden, den eine derartige Begnadigung hinterlasse.[81]

In Bonn war man über Kranzbühlers eigenmächtige diplomatische Bemühungen bei den Alliierten ebenso irritiert wie über die Haltung der Alliierten, Dönitz' Haft vor dem Prozess nicht anzurechnen.[82] Das Außenministerium kontaktierte Bathurst am 25. Januar, 27. März und 4. April, erhielt jedoch erst eine Antwort, als Hoyer Millar Adenauer Ende April informierte, dass die drei Mächte es nicht für möglich hielten, Dönitz' Freilassung bei den Sowjets durchzusetzen.[83] Am 20. Mai teilte Hallstein allen drei Botschaftern gereizt mit, sie sollten es trotzdem probieren.[84] Hallstein kam schließlich der Wahrheit auf die Schliche. Die amerikanische Botschaft bemerkte vertraulich, es sei die Regierung in London, die sich gegen eine Freilassung von Dönitz im Mai 1955 stemme.[85]

Bonn gab in der Woche vom 23. Mai (als viele mit Dönitz' Entlassung rechneten) nichtssagende Pressemitteilungen heraus, in denen es hieß, die Regierung habe die Frage einer Haftanrechnung angesprochen, die Alliierten seien jedoch nicht in der Lage, sich für Dönitz' Entlassung einzusetzen.[86] Die Alliierten gaben bekannt, dass die Anrechnung der Haft vor dem Prozess eine Revision der Nürnberger Urteile beinhalte, weil man 1946 davon ausgegangen sei, dass die Haft vor dem Prozess nicht zähle.[87] In Bonn versuchte man, die enttäuschte Öffentlichkeit zu beschwichtigen. In einer Rede vom Juni 1955 in Kiel vermied es Verteidigungsminister Theodor Blank bewusst, die beiden Admirale zu erwähnen. Das sorgte bei den Marineveteranen für Unmut und zog eine offizielle Anfrage von Kai-Uwe von Hassel nach sich, dem Ministerpräsidenten Schleswig-Holsteins.[88] Dönitz hatte prophezeit, dass die Spandauer Häftlinge im Frühjahr 1955 aufgrund des öffentlichen Drucks nach Hause kommen würden. Wenn die NATO auf einer deutschen Wiederbewaffnung beharre, könne man die Häftlinge nicht länger gefangen halten. »Das machen in meinem Falle schon meine Marineoffiziere nicht mit«, erklärte er selbstgefällig.[89]

Nach Kranzbühlers Kontakt mit Lord Kilmuir im Januar 1955 gab Kirkpatrick zu, dass das Gesetz auf Dönitz' Seite sei. Es habe in Nürnberg keinen Beschluss über die Haftanrechnung gegeben, daher sei es Aufgabe der drei Westmächte, das Thema gegenüber den Sowjets zumindest anzusprechen. Aber, fügte Kirkpatrick hinzu, »wir sind [...] nie bereit gewesen, das Thema gegenüber den drei anderen Mächten anzuschneiden. Tatsache ist, dass wir nichts unternehmen wollen, was zu einer vorzeitigen Entlassung von Dönitz oder Speer führen könnte. Es trifft zu, dass die meisten Häftlinge in Spandau alt sind und so lange Haftstrafen erhalten haben, dass derartige Änderungen nur eine geringe praktische Bedeutung hätten. Aber Dönitz ist immer noch ein gefährlicher Mann, und wir vertreten die Ansicht, entschieden gegen jeden Versuch vorzugehen, ihn auf freien Fuß zu setzen, bevor wir dazu verpflichtet sind. Diese Ansicht wird vom französischen und amerikanischen Hohen Kommissar in Deutschland geteilt.«[90]

Kirkpatrick hatte seine Worte sorgfältig gewählt, denn Conant teilte zwar seine Ansicht, doch in Washington war man anderer Meinung. Das amerikanische Außenministerium erkannte die »potenziellen Schwierigkeiten«, die eine Entlassung von Dönitz aufwerfen könnte, argumentierte jedoch, die Weigerung, Dönitz aus politischen Gründen freizulassen, würde »eine so deutliche Abkehr von etablierten amerikanischen und französischen Praktiken bedeuten, dass man sie als Haft ohne Verfahren interpretieren könnte. Dönitz würde für das bestraft, was Dönitz in Zukunft unternehmen könnte, anstatt für das, was er in der Vergangenheit getan hat«.[91]

Ein Kompromiss hätte darin bestanden, Dönitz die Haft vor dem Prozess unter der Bedingung anzurechnen, dass er nach seiner Freilassung auf jede politische Tätigkeit verzichtete. Das hätte vielleicht in Bonn funktioniert. Aber in London und Paris wollte man nichts davon hören. Die britischen Vertreter in Bonn ließen die Amerikaner wissen, sie hätten die klare Anweisung erhalten, sich »entschieden« gegen jeden Versuch zu wenden, Dönitz vor dem 30. September 1956 freizulassen, und die französische Botschaft in Bonn antwortete den Amerikanern mit der gleichen Entschiedenheit, trotz der Befürchtungen Washingtons, »die Weigerung, Dönitz' Haft anzurechnen, beinhalte seine Diskriminierung aus politischen Gründen und habe keine Verbindung zu seiner Verurteilung und Haftstrafe« und würde einen schlechten Präzedenzfall für die anderen Fälle von Spandau liefern.[92]

Kirkpatrick stellte auch die Verfechter von Dönitz' Fall in London ruhig. Lord Hankey plante, im Oberhaus die Anrechnung von Dönitz' Haft vor seiner Verurteilung zu thematisieren, weil er hoffte, dass das Thema beim Genfer Viermächtegipfel im Juli 1955 diskutiert werden würde – dem ersten derartigen Treffen seit der Potsdamer Konferenz zehn Jahre zuvor. Doch am 23. Juni wurde Hankey ins Außenministerium bestellt und angewiesen, »im Fall Dönitz langsam zu machen«, da Dönitz »relativ jung, sehr aggressiv und sehr nationalsozialistisch« sei und daher »bei seiner Entlassung sehr wahrscheinlich Schwierigkeiten« machen werde. Kirkpatrick fuhr fort, dass es jede »vernünftige Regierung noch einmal überdenken wolle, bevor sie die Bürde auf sich nimmt, den Vorschlag zur Freilassung von Dönitz zu unterstützen«.[93]

Raeder kommt frei

Man kann die Haltung der Londoner Regierung, Raeders Entlassung an die Einwilligung Washingtons zu knüpfen, nicht mehr weiter auf der Anrechnung von Dönitz' Haft vor dem Prozess zu bestehen, nur als zynisch bezeichnen. 1955 war Raeder 79 Jahre alt, hatte ein deutlich vergrößertes Herz, Bluthochdruck und Kreislaufprobleme, die die Blutzufuhr zum Gehirn und Herzen verringern konnten. Anfälle von Angina pectoris, eine undeutliche Redeweise, Schwindelgefühle und Probleme bei der Verrichtung selbst leichter Tätigkeiten waren alltäglich. »Der Tod kann jederzeit ohne Vorwarnung eintreffen«, urteilten die Spezialisten im britischen Militärkrankenhaus, obwohl Raeder gute und schlechte Tage habe.[94] Raeders Frau Erika, die nach einem Besuch am 8. Juli behauptete, ihr Mann könne sich nicht mehr bewegen, goss zusätzlich Öl ins Feuer. Selbst Kranzbühler war klar, dass es zu rechten Demonstrationen gegen die Alliierten und die Adenauer-Regierung kommen könnte, wenn Raeder im Gefängnis sterben sollte.[95] Die Amerikaner hatten bereits im Mai 1955 vorgeschlagen, dass sich die Westmächte für Raeders Freilassung einsetzen sollten.[96] Die Regierung in London sträubte sich unter Verweis auf die anstehenden Parlamentswahlen.[97]

Der wahre Grund war komplizierter. Am 20. Juli, als Wolfgang Freiherr von Welck, der Leiter der Länderabteilung im Auswärtigen Amt, auf Anweisung Brentanos Hoyer Millar besuchte und ihm Adenauers persönliches Interesse am Fall Raeder mitteilte, stimmte Sir Frederick zu, dass Raeder freigelassen werden sollte. Er warnte von Welck jedoch, dass es sich nachteilig auf Raeders Fall auswirken würde, wenn man eine Verbindung zwischen dem Fall Raeder und Dönitz herstelle.[98] Die Briten verhielten sich auch sehr zögerlich gegenüber Bonn, wenn es um Einzelheiten zu Raeders Gesundheitszustand ging.[99] Nachdem alle drei westlichen Botschafter von Brentano ein offizielles Gesuch zu Raeders Freilassung erhalten hatten, berichtete François-Poncet nach Paris, er sei bereit, bei Puschkin wegen der Freilassung Raeders vorzufühlen, allerdings habe er nach wie vor Bedenken, welche Wirkung eine Intervention Frankreichs zugunsten eines verurteilten Kriegsverbrechers auf die französische Öffentlichkeit habe. Es müsse wie eine Initiative aller vier Mächte wirken. Die Briten, so der französische Botschafter, zeigten sich jedoch zurückhaltend, vielleicht, weil Raeder ein Admiral sei.[100] Die britische Botschaft in Bonn erklärte ihren Verbündeten am 26. Juli, die Regierung in London zögere mit Raeders Freilassung, weil sie befürchte, dass diese die Forderung nach Dönitz' Freilassung nach sich ziehen würde. Wenn die Amerikaner und Franzosen bei Dönitz' Freilassung hart bleiben würden, *selbst wenn die Sowjets diese vorschlagen würden*, dann würde London der Entlassung Raeders aus gesundheitlichen Gründen zustimmen. Was den Vorschlag der Amerikaner betraf, Dönitz unter der Bedingung auf freien Fuß zu setzen, dass die bundesdeutsche Regierung ihn zum Schweigen brachte, so hatte das britische Außenministerium wenig Vertrauen darin, dass die Bonner Regierung diese Aufgabe erfüllen konnte oder wollte. Auf jeden Fall müssten Kirkpatrick persönlich und dann das Kabinett zustimmen. Conant antwortete mit der Haltung Washingtons, Dönitz sollte aus rein rechtlichen Gründen freigelassen werden, und John Foster Dulles pflichtete ihm mit der Erklärung bei, es sei inakzeptabel, Londons Zustimmung zur Entlassung Raeders daran zu binden, dass die Amerikaner darauf verzichteten, Dönitz' Entlassung zu unterstützen. François-Poncet deutete an, dass auch die Regierung in Paris nichts gegen die Entlassung von Dönitz vorbringen würde.[101] Am Ende spielte es keine Rolle, dass Washington im Fall Dönitz hart blieb, weil jede der vier Mächte ohnehin über ein Vetorecht verfügte.

Der Regierung in Bonn war völlig klar, dass Raeder nur dann auf freien Fuß gesetzt wurde, wenn sie Dönitz' Entlassung nicht (oder nur sehr eingeschränkt) unterstützte. Vor die Wahl gestellt, räumte sie dem kranken, 79-jährigen Admiral Priorität ein. Zwei Tage nach Hoyer Millars Warnung an von Welck schrieb Adenauer persönlich an Raeders einzige Tochter Anita Diestel, die in Hamburg lebte und den Hamburger Senat gebeten hatte, den Fall ihres Vaters in Bonn zu vertreten. Sanft mahnte er sie, »die gesamte Angelegenheit sehr vertraulich zu behandeln«.[102]

Mit Kranzbühler ging die Bonner Regierung weniger sanft um. Dönitz' Anwalt hatte sich bereits Mitte Juni bei der deutschen Presse beschwert, Bonn setze sich nicht für seinen Mandanten ein.[103] Am 11. Juli informierte er Adenauer dreist, er habe nicht nur ein weiteres Gesuch zugunsten von Dönitz eingereicht, sondern verhindere im Alleingang eine zunehmende, sogar gewalttätige Radikalisierung der jüngeren Heeres- und Marineoffiziere. Adenauer, warnte Kranzbühler, solle das Thema besser gegenüber den westlichen Außenministern ansprechen.[104] Mit kaum verhüllter Ungeduld informierte Brentano Kranzbühler, Bonn habe sich bereits im Mai für Dönitz' Freilassung bei den Botschaftern eingesetzt, nun arbeite die Regierung daran, Raeder freizubekommen, bevor er in Spandau sterbe. Er müsse »nicht betonen, dass eine streng vertrauliche Behandlung dieser Mitteilung im Interesse der Betroffenen unerlässlich ist«.[105]

In der Zwischenzeit erreichten Washington Warnungen aus der Bundesrepublik, keine Zeit zu verlieren. Anfang August traf sich der amerikanische Generalkonsul in Bremen, Andrew G. Lynch, mit dem ehemaligen Konteradmiral Gerhard Wagner, der im Krieg als Stabsoffizier im Marinekommando unter Raeder und dann unter Dönitz gearbeitet hatte. Wagner hatte in Nürnberg im Fall Dönitz ausgesagt. In einem Gespräch über die Auswahl der ersten 6.000 Offiziere für die neue deutsche Marine sagte Wagner zu Lynch, bei den in Frage kommenden Offizieren gebe es zwei Typen. Die einen seien der Ansicht, dass sich Deutschland wiederbewaffnen und in die NATO eintreten müsse, damit das Land nicht in ein paar

Jahren von den Kommunisten überrannt werde. Die zweite Gruppe weigere sich aus Gründen der persönlichen Loyalität, mit der neuen Marine in Verbindung zu treten, solange ihre ehemaligen Großadmirale im Gefängnis säßen. Wagner meinte dazu, die meisten Offiziere wüssten, dass die USA die Freilassung der Großadmirale unterstützten, viele gäben dem zögerlichen Vorgehen der Regierung Adenauer die Schuld an der fortgesetzten Haft. Offensichtlich wusste Wagner nichts über die Maßnahmen, die Adenauers Regierung unternommen hatte, doch in seinem Bericht an das amerikanische Außenministerium betonte Lynch in Hinblick auf Raeder und Dönitz: »Diese Gefühle sind vorhanden [...], wenn keine Möglichkeit gefunden wird, sie zu überwinden, wird eine zukünftige deutsche Marine nicht die Unterstützung ihrer ehemaligen Offiziere haben«. Wagner, so Lynch, sei nicht der einzige ehemalige Marineoffizier, der diese Haltung vertrete.[106]

Wenn für Dönitz nichts getan werden konnte, dann vielleicht für Raeder. Aufgrund der zwiespältigen Haltung der Regierungen in London und Paris setzte sich vor allem Washington für Raeders Freilassung ein. In der letzten Augustwoche hatte die amerikanische Botschaft in Bonn einen Brief der drei Mächte an den Botschafter Puschkin in Berlin entworfen, in dem Raeders Alter und seine in den letzten Monaten »ernsthaft angegriffene Gesundheit« angeführt wurden. Daher werde vorgeschlagen, ihn wie von Neurath vorzeitig zu entlassen.[107] Fast ein Monat verging, ohne dass die Sowjets antworteten, was umso beunruhigender war, als inzwischen ein Bericht aus Spandau vorlag, demzufolge sich Raeders Gesundheitszustand immer weiter verschlechterte. Doch kurz bevor ein weiteres Schreiben verfasst wurde, übermittelte Puschkin das Einverständnis der sowjetischen Regierung: Raeder sollte freigelassen werden. Zweifellos spielte der medizinische Bericht eine wichtige Rolle. Dazu kam die Hoffnung, dass Raeder fern von Spandau in aller Stille sterben und beerdigt werden würde.

Dieses Mal wollten die westlichen Alliierten den Propagandaeffekt für sich nutzen, und da führende Militärkreise den Fall aufmerksam verfolgt hatten, war der Erfolg beträchtlich. François-Poncet, dessen Land kaum etwas für Raeders Entlassung unternommen hatte, betonte gegenüber dem Auswärtigen Amt, dass die Sowjets vielleicht versuchen würden, den Propagandaeffekt der Freilassung für sich zu beanspruchen, die Initiative jedoch von den Westmächten ausgegangen sei. Außerdem habe Puschkin einen Monat gebraucht, bis er auf den Vorschlag des Westens reagiert habe.[108]

Raeder wurde am 26. September um 11.37 Uhr aus dem Spandauer Gefängnis entlassen. Trotz der zahlreichen Journalisten und Fotografen, die vor dem Tor auf ihn warteten, gab es keine Zwischenfälle.[109] Am Nachmittag flogen Raeder und seine Frau, die zu seinem Empfang nach Berlin gekommen war, nach Hannover und fuhren von dort im Privatwagen in ein Krankenhaus nach Lippstadt. Nach der überschwänglichen Reaktion auf von Neuraths Entlassung hielt sich die Bonner

Regierung nun zurück. Es gab keine öffentlichen Briefe oder Telegramme. In einer nüchternen Presseerklärung wurde die Entscheidung der vier Mächte aus humanitären Gründen begrüßt. Raeder wurde in der Öffentlichkeit nicht als »Großadmiral«, sondern als »Herr Raeder« bezeichnet. Auch Kranzbühler wurde aufgefordert, seine Kommentare nüchtern zu halten.[110] Das war sicher nicht einfach. Kranzbühlers Mandant hätte rein rechtlich betrachtet schon drei Monate zuvor entlassen werden müssen, und Raeder war zu lebenslanger Haft verurteilt worden. Nach Raeders Entlassung verwiesen Veteranenvereinigungen gegenüber Bonn auf das Problem und erklärten wieder einmal, die Begeisterung der neuen Marineoffiziere für die Bundesmarine sei an das Schicksal der ehemaligen Großadmirale gebunden. Hallstein antwortete den Verbänden privat, dass der Widerstand der Alliierten gegen Dönitz' Entlassung psychologischer und politischer Natur sei.[111]

Besonders viel Aufhebens wegen Raeders Freilassung machten Dönitz' britische Fürsprecher, allerdings wurden sie von seinen deutschen Freunden angespornt. Lord Hankey gab zu Protokoll, das Spandauer Gefängnis sei ein Symbol für Heuchelei angesichts von Churchills Äußerungen in *Der Sturm zieht auf* und angesichts der Unfähigkeit der westlichen Alliierten und der Sowjets, sich über irgendein anderes politisches Ziel in Deutschland zu einigen.[112] Ende 1955 setzte sich Hankey beim britischen Außenministerium sehr für Dönitz ein, wandte sich im Dezember an Premierminister Anthony Eden und im Januar an Außenminister Selwyn Lloyd. Außerdem traf sich Hankey mit dem NATO-Generalsekretär Lord Harold Ismay. Eden vertraute ihm an, dass Spandau insgesamt derzeit geprüft werde, Lloyd versprach, dem Fall Dönitz Priorität einzuräumen, und Ismay gab unumwunden zu, dass die Freilassung von Dönitz »die Dinge bei der NATO sehr erleichtern« würde.[113]

Auch Kranzbühler war sehr beschäftigt. Am 8. Dezember 1955 schrieb er an einen britischen Kontaktmann bei der NATO, Oberst R. H. Stevens, der vor kurzem pensioniert worden war:

»Die Befürchtung, die offensichtlich im britischen Außenministerium herrscht, dass Dönitz der »Führer« gewisser nationalistischer Kreise werden könnte, ist meiner Meinung nach völlig unbegründet [...] Tatsächlich bin ich überzeugt, dass seine vorzeitige Entlassung die sicherste Möglichkeit darstellt, eine eventuell gärende radikale Agitation in der Öffentlichkeit zu unterbinden. Admiral Raeder, der in Spandau lange politische Diskussionen mit Dönitz führte, versicherte mir vor kurzem, er betrachte die Idee, dass Dönitz eine Art »rechtsradikale« Gruppe gründen könnte, als »völlig absurd«. Dönitz, sagte er, sei weder ein Dummkopf noch ein Abenteurer.«[114]

Kranzbühler fuhr fort, in Westdeutschland gebe es Gerüchte, dass die Sowjets, da Raeders Freilassung für sie ohne propagandistischen Wert gewesen sei, nun bald die Entlassung von Dönitz, Speer und Funk vorschlagen würden. »Ich kann nicht glauben«, spottete er, »dass die Westmächte es zulassen werden, dass die Initiative von den Russen kommt.«

Tatsächlich wehte im britischen Außenministerium ein neuer Wind, allerdings wirkte er sich nicht auf Dönitz aus. Am 3. Januar genehmigte das Kabinett ein Memorandum des Außenministeriums, in dem die Gründung eines Justizbeirats der vier Mächte zur Überprüfung der Haftstrafen der fünf verbliebenen Spandauer Häftlinge empfohlen wurde. Anlass war offensichtlich die Tatsache, dass in Japan alle Kriegsverbrecher der Klasse A freigelassen worden waren. Gleichzeitig hatten Begnadigungen in der britischen Besatzungszone in Deutschland dazu geführt, dass in Werl nur noch 14 Deutsche einsaßen. Außerdem wollte London die Initiative bei Spandau tatsächlich nicht den Sowjets überlassen. Das war vielleicht der Grund für Selwyn Lloyds verständnisvollen Brief, den er später im Monat an Hankey schrieb.

Das alles hieß jedoch nicht, auch wenn es vielleicht von grundlegender Bedeutung war, dass Dönitz sofort freigelassen wurde. In Bonn teilte Hoyer Millar den Amerikanern mit: »Dönitz [ist] der gefährlichste Verbrecher in Spandau. Seine Entlassung erfolgt [am] 1. Oktober 1956.«[115] Im Londoner Außenministerium hatte man erkannt: »Alles, was an Lord Hankey geschrieben wird, geht offenbar sofort an [...] Dönitz' Anwalt – dem anscheinend auch bekannt ist, dass die Einwände [des Außenministeriums] gegen die Entlassung von Dönitz nicht auf juristischen, sondern politischen Argumenten basieren.«[116] Offensichtlich zeigte Kirkpatricks vertrauliche Bitte an Hankey vom Juni, »im Fall Dönitz langsam zu machen«, keine Wirkung mehr. Nachdem Hankey am 24. Januar im Fall Dönitz einen weiteren Brief an Selwyn Lloyd geschrieben hatte, diskutierte man über eine passende Antwort. Niemand wollte Hankey beleidigen, man wollte aber auch nicht, dass er den Fall Dönitz im Oberhaus vorbrachte. »Am besten sagen und unternehmen wir gar nichts«, schlug Sir Ivone als Lösung vor. »Wir müssen nur sechs Monate und drei Wochen lang auf Zeit spielen. Lord Hankey wird sicher auf die Anfrage zurückkommen, wenn der ›Außenminister‹ wieder da ist, dann können wir [eine Antwort] entwerfen oder ich kann mich mit ihm treffen. Wenn es dann Juni ist, lohnt es sich nicht mehr, etwas zu unternehmen.«[117]

Die Briten ließen sich auch nicht beirren, als sich Dönitz' Gesundheitszustand jäh verschlechterte. Am 13. Februar 1956 stieg der Blutdruck des ehemaligen Admirals abrupt an, was das Risiko einer Hirnblutung barg.[118] In Paris und Washington war man besorgt, dass Dönitz zum Märtyrer werden könnte, vor allem weil seine Haft zu diesem Zeitpunkt so umstritten war (rein medizinisch betrachtet blieb Funk der dringlichste Fall).[119] Doch anders als bei von Neurath und Raeder brauchte es bei den Briten weit mehr als das Risiko eines Todesfalls in Spandau, bevor sie einwilligten, Dönitz in ihr Militärkrankenhaus zu verlegen. »Anscheinend besteht eine gewisse Gefahr für Dönitz' Leben«, meldete Hoyer Millar mit klassischem britischen Understatement, »und es wäre [...] ungünstig, wenn er im Gefängnis sterben würde. Die Franzosen und Amerikaner empfinden das sehr stark. Andererseits fühle ich mich verpflichtet zu erwähnen, dass es, wenn Dönitz ins Krankenhaus verlegt werden würde, schwierig werden könnte, ihn zurück ins Gefängnis zu verlegen, bevor seine Strafe im September endet.«[120] Vorerst waren die Briten nur zu einer medizinischen Konsultation aller vier Mächte bereit, denn »Dönitz ist derjenige unter den verbleibenden Häftlingen, dessen Fall in Deutschland [das] größte Interesse weckt [...] und wir würden wahrscheinlich Kritik auf uns ziehen, falls er im Gefängnis sterben sollte und der Verdacht aufkäme, er hätte keine angemessene medizinische Versorgung erhalten«.[121] Für die Regierungen in Paris und Washington war klar, dass London einer vorzeitigen Entlassung von Dönitz nicht zustimmen würde, allerdings wusste man auch nicht, ob sich die britische Regierung überhaupt an die Empfehlung einer medizinischen Kommission der vier Mächte halten würde, selbst wenn diese nur zu einer Verlegung in ein Krankenhaus raten sollte.[122] Zum Glück für alle Beteiligten konnte Dönitz vorerst mit Injektionen behandelt werden, und sein Blutdruck war Ende Februar wieder weitgehend normal.[123]

Die peinlichen Admirale

Das Schicksal der beiden Großadmirale und der Einsatz ihrer Anhänger brachten die Bundesregierung in der ersten Jahreshälfte 1956 erneut in Verlegenheit. Im Falle Raeders lag der Fehler nicht bei Bonn. Die Regierung hatte Raeders Entlassung praktisch nicht kommentiert und ließ Raeders Dankesschreiben an Adenauer unbeantwortet. In diesem Schreiben forderte Raeder die Freilassung der übrigen Spandauer Häftlinge und sprach sich vor allem für seinen »Kameraden Dönitz« aus, »dessen zehnjährige Haft ja auch nach internationalen Regeln bereits abgelaufen ist und der ja nur verurteilt ist, weil er im Kriege meine Befehle ausgeführt hat«.[124]

Dieses Mal war der Schuldige der Kieler Oberbürgermeister Dr. Hans Müthling, der am 2. März 1956 dem Kieler Stadtrat mitteilte, dass die Ehrenbürgerwürde für Raeder wiederhergestellt werde. Raeder hatte die Ehrenbürgerwürde unter den Nationalsozialisten erhalten, sie war ihm jedoch nach dem Krieg am 27. Dezember 1945 entzogen worden. Dieser Vorgang war vielleicht tatsächlich rechtswidrig, wie Müthling behauptete, doch die Resolution des Oberbürgermeisters wurde gegen den Willen der Sozialdemokraten in der Ratsversammlung verabschiedet. Der Stadtrat gab bekannt, er stehe unabhängig von rein rechtlichen Gründen zur Entscheidung von 1945, und zwar aus politischen Erwägungen.[125]

Die Landesregierung von Schleswig-Holstein und die Bundesregierung in Bonn verfolgten die Diskussion mit Unbehagen. Bundespräsident Heuss, ironischerweise der einzige andere Ehrenbürger Kiels, hatte die Kieler Ratsversammlung zwei Jahre zuvor vor einer derart symbolträchtigen Maßnahme gewarnt, doch seine Warnung verblasste offenbar im Vergleich zu Erika Raeders unermüdlichen Appellen. Erika Raeder war nicht nur in der Sache der Ehrenbürgerschaft ihres Mannes aktiv, sondern plante auch einen großen Empfang bei der Kieler Woche, der Segelregatta, die jedes Jahr im Juni stattfand.[126] Dem Auswärtigen Amt war völlig klar, dass dafür im Ausland »kaum Verständnis« bestehen würde und dass die ganze Angelegenheit zumindest ein Jahr verschoben werden sollte.[127]

Schon bald trafen Beschwerden aus Dänemark und Norwegen zur Resolution des Kieler Oberbürgermeisters vom 2. März ein, da die beiden Länder sich als Opfer von Raeders aggressiver Kriegsstrategie sahen und über vier Jahre lang von Deutschland besetzt worden waren. Die dänische Presse bezeichnete die Resolution quer durch das politische Spektrum als einen »besonders unerfreulichen Akt« und rief zum Boykott der Kieler Woche auf. Zumindest, schrieb eine Zeitung, sollte Bonn deutlich machen, dass die neue Hauptstadt der Bundesrepublik anders als Kiel seit der NS-Herrschaft Fortschritte gemacht habe. Heuss sollte erklären, dass er die Ehrenbürgerwürde von Kiel nicht mit Raeder teilen wolle.[128] Zur gleichen Zeit schrieben zahlreiche bekannte skandinavische Akademiker dem Rektor der Kieler Universität und teilten ihm mit, dass sie nicht mehr an ihren Programmen teilnehmen würden. Tatsächlich war Raeder Ehrendoktor der Universität, deren Senat schon seit Jahren auf seine Freilassung drängte.[129]

Bonn unternahm verschiedene Versuche zur Schadensbegrenzung und bat etwa die Landesregierung von Schleswig-Holstein und den Ministerpräsidenten Kai-Uwe von Hassel, bei Müthling zu intervenieren. Als sich Müthling unkooperativ zeigte, blieb nur noch, Raeder direkt zu beeinflussen. Am 16. April 1956 schrieb Raeder mit offensichtlichem Widerwillen an Müthling und lehnte die Ehrenbürgerwürde mit der zweifelhaften Begründung ab, er fühle sich zwar mit den Bürgern Kiels immer noch verbunden, doch die falsche Deutung seines Dienstes für das Vaterland im In- und Ausland würde von ihm verlangen, die Ehre abzulehnen.[130]

Die Dringlichkeit, die Hallstein der Angelegenheit beimaß, war einem weit größeren Problem im Zusammenhang mit der Marine geschuldet, das sich im Winter und Frühjahr 1956 entwickelte – die so genannte Zenker-Affäre. Dabei ging es um eine Rede, die Kapitän zur See Karl-Adolf Zenker, der damalige Leiter der Marineabteilung im gerade entstandenen Bundesministerium für Verteidigung, im Januar 1956 vor dem ersten Verband von Marinesoldaten der Bundesmarine in Wilhelmshaven hielt.[131] Auch der Stadtrat von Wilhelmshaven hatte sich schon 1954 für die Freilassung der beiden Admirale eingesetzt, »deren Leben mit der Geschichte Wilhelmshavens eng verbunden ist«.[132] Nun widmete sich Zenker dem Schicksal der beiden Großadmirale. Er erklärte, dass Raeder und Dönitz die Kriegsmarine ehrenhaft geführt hätten, dass sich keiner rechtlich oder moralisch etwas zuschulden kommen lassen hätte, dass ihre Verurteilung in Nürnberg politischer Natur sei und dass keiner der beiden 1956 verurteilt werden würde, weil sie nichts anderes getan hätten, »als ihre Pflicht gegenüber ihrem Volk zu erfüllen«, in einem Krieg, der ihnen auferlegt worden sei. Schlimmer noch, Zenker stellte die rhetorische Frage, »ob wir unsere Arbeit aufnehmen dürfen, solange unsere ehemaligen Oberbefehlshaber [...] noch in Haft gehalten werden«. Er bejahte die Frage nur aufgrund »der aus dem Osten drohenden Gefahr« und ließ dann die Bombe platzen: Er habe die Frage mit Raeder persönlich erörtert. Zenkers Rede war ein ungewöhnlich plumper Versuch – zumal vor neuen Rekruten –, aus der Vergangenheit der Marine eine neue Tradition zu formen, vor allem da am selben Tag in einem Spruchkammerverfahren in West-Berlin die Beschlagnahme von Dönitz' Besitz im Wert von 100.000 D-Mark bestätigt wurde.[133]

Obwohl die Rede von der bundesdeutschen Presse schnell als unglücklich bezeichnet wurde, nahm man im Ausland durchaus Notiz, zumal Zenker sie in Anwesenheit von Verteidigungsminister Blank gehalten hatte. Blank erteilte daraufhin die Anweisung, dass die Reden vor neuen Rekruten in Zukunft kurz und unpolitisch ausfallen sollten.[134] Doch die sozialdemokratische Opposition im Bundestag, die zu dem Zeitpunkt noch den verfassungsrechtlichen Streit um eine parlamentarische Kontrolle des Militärs ausfocht, ließ sich diese Gelegenheit nicht entgehen.[135] Auf Antrag Fritz Erlers, des stellvertretenden Vorsitzenden des Verteidigungsausschusses, fand drei Tage nach der Rede eine Debatte darüber im Verteidigungsausschuss statt.[136] Am 10. Februar stellte die SPD eine Große Anfrage: War dem Kabinett der Inhalt der Zenker-Rede bekannt? Billigte es die Aussage vor den jungen Rekruten, dass Raeders und Dönitz' Handeln untadelig gewesen sei und dass die beiden als Vorbilder hingestellt wurden, obwohl sie zum engsten Kreis Hitlers gehört und antisemitische Reden gehalten hatten? Billigte das Kabinett die Tatsache, dass Zenker Raeder und Dönitz als Beispiele der Pflichtausübung darstellte, obwohl Pflicht neben der Fähigkeit zu Führen auch Menschlichkeit und Rechtschaffenheit umfassen sollte?[137]

Noch bevor darüber im April im Bundestag debattiert wurde, kam es zu weiteren Peinlichkeiten. Das Innenministerium musste zugeben, dass der Leiter der Abteilung für den Bundesgrenzschutz (dem 20.000 Mann starken Vorläufer der Bundeswehr), der ehemalige Wehrmachtsgeneral Gerhard Matzky, in seinem Büro ein signiertes Porträt von Dönitz hängen hatte. In der Zwischenzeit drängten einflussreiche Veteranen mehr denn je auf Dönitz' Freilassung. Anfang März schlug Gottfried Hansen die Kieler Woche als geeigneten Anlass vor, Dönitz' Freilassung gegenüber den Vertretern anderer Seestreitkräfte anzusprechen.[138] Im selben Monat teilte der ehemalige Vizeadmiral Hellmuth Heye, der seit 1953 im Bundestag saß und im Falle Dönitz auf eigene Faust außenpolitisch aktiv war, Staatssekretär Hallstein mit, dass Lord Hankey und der Bischof von Chichester bald einen weiteren Vorstoß zur Freilassung von Dönitz beim britischen Außenministerium unternehmen würden. Allerdings würden Hankey und der Bischof entsprechende Schritte vom Auswärtigen Amt erwarten, damit sie nicht allein handeln müssten![139]

Im Bemühen um eine breite Unterstützung ließ Kranzbühler mittlerweile an die Presse Informationen über Dönitz' Gesundheitszustand durchsickern, die er von dessen Frau Ingeborg erhalten hatte. Zu der Zeit waren die Angaben bereits überholt, Dönitz' Blutdruck war wieder normal. »Andererseits habe ich den Eindruck«, meldete Karl-Hans Born von der Abteilung Kriegsgefangene/Kriegsverbrecher im Außenministerium, »dass [Kranzbühler] eine neue Pressekampagne um Dönitz vorbereitet.«[140] Heye fragte beim Außenministerium an, ob Dönitz' Bluthochdruck nicht ein gutes Druckmittel wäre, um seine Freilassung durchzusetzen. Karl Carstens, der damalige stellvertretende Leiter der Politischen Abteilung des Auswärtigen Amts, war der Ansicht, Adenauer solle das Thema gegenüber dem amerikanischen Botschafter zur Sprache bringen, weil der Bluthochdruck wieder akut werden könnte. Und wenn die Sowjets Dönitz' vorzeitige Entlassung vorschlagen würden, läge der propagandistische Vorteil wie schon bei von Neurath bei Moskau und nicht beim Westen.[141] Dr. Wilhelm Grewe, der Leiter der Politischen Abteilung, hielt es aus innenpolitischen Gründen ebenfalls für wünschenswert, wenn Dönitz mindestens einen Monat vor dem 1. Oktober 1956 freigelassen werden würde, doch er merkte auch an, dass der öffentliche Druck dieses Vorhaben nicht eben einfacher mache.[142] Auf jeden Fall hatte es keinen Sinn, etwas zu unternehmen, solange noch die Ergebnisse der Bundestagsdebatte ausstanden.

Die Bundestagsdebatte zur Großen Anfrage fand am 18. April 1956 statt und war für die Anhänger von Dönitz eine Katastrophe. Sie begann mit einer scharfen Attacke des Vizepräsidenten des Bundestages Carlo Schmid gegen den Verteidigungsminister. SPD-Vorstandsmitglied Schmid schickte seinen Bemerkungen eine Kritik am Nürnberger Prozess voraus, die der damaligen gängigen Meinung in der Bundesrepublik entsprach. Demnach stand der Prozess für die Siegerjustiz, denn die Straftatbestände seien erst nachträglich geschaffen worden; der Weg von Nürnberg sei falsch gewesen. Schmid bemerkte weiter, er begrüße die Entlassung Raeders aus humanitären Gründen und würde auch die Freilassung von Dönitz begrüßen, da dessen Gesundheit wohl ebenfalls angegriffen sei. Diese Aspekte seien jedoch losgelöst von der Frage, ob Raeder und Dönitz geeignete Vorbilder für die neue bundesdeutsche Marine und Bundeswehr seien und wie man militärische Führung in einer Demokratie definiere, die Menschlichkeit und Menschenrechte schätze. Es sei »politische Schizophrenie«, argumentierte Schmid, wenn man behaupte, solche Männer seien versierte Militärtechniker, und dabei ignoriere, dass sie Hitlers Helfer gewesen seien, »bewusste Mitträger einer Herrschaft des Unmenschentums«, die zur Umsetzung der NS-Ideologie beigetragen hätten.

Schmid verwies dann auf die nationalsozialistischen Reden, die beide Männer während ihrer Karriere gehalten hatten. Die Reden waren im Dritten Reich veröffentlicht und in Nürnberg als Beweismaterial verwendet worden, die Anwälte der beiden hatten sie jedoch vergessen oder ignoriert. Raeder, erklärte Schmid, habe 1939 eine Rede gehalten, in der er nicht nur vor den Gefahren des Bolschewismus, sondern auch vor der Gefahr durch das »internationale Judentum« gewarnt habe. Dieses »dumme Geschwätz« stamme direkt aus Julius Streichers antisemitischem Hetzblatt *Der Stürmer* und verbiete es von vornherein, dass Raeder je ein militärisches Vorbild in einem demokratischen Staat sein könne. Derartige Reden, fügte Schmid hinzu, hätten das Klima für Auschwitz geschaffen.

Seine vernichtendsten Kommentare sparte sich Schmid für Dönitz auf, dessen Reden eine noch größere Hingabe an Hitler bezeugten. Am 12. März 1944 (dem Heldengedenktag), zu einem Zeitpunkt, als laut Schmid jeder Stabsgefreite wusste, was in den Todeslagern geschah, fragte Dönitz seine Marineoffiziere: »Was wäre aus unserer Heimat heute, wenn der Führer uns nicht im Nationalsozialismus geeint hätte?!« Laut Dönitz wäre Deutschland in Parteien zerrissen, durchsetzt vom »auflösenden Gift des Judentums« und der »erbarmungslosen Vernichtung unserer Gegner ausgeliefert«. Am 21. Juli 1944, einen Tag nach dem gescheiterten Attentat auf Hitler, machte Dönitz seine Haltung vor seinen Untergeben erneut deutlich: »Heiliger Zorn und maßlose Wut erfüllt uns über den verbrecherischen Anschlag, der unseren beliebten Führer das Leben kosten sollte. Die Vorsehung hat es anders gewollt – sie hat den Führer beschirmt und beschützt und damit unser deutsches Vaterland in seinem Schicksalskampf nicht verlassen.« Das Attentat, fuhr er fort, sei das Werk einer wahnsinnigen kleinen Generalsclique. Doch »die Kriegsmarine steht getreu ihrem Eid in bewährter Treue zum Führer, bedingungslos in ihrer Einsatz- und Kampfbereitschaft [...] Sie wird rücksichtslos jeden vernichten, der sich als Verräter entpuppt. Es lebe unser Führer Adolf Hitler!«

Dönitz hielt derartige Reden nicht aus Karrieregründen. Eine Rede vom 7. April 1945 beweist, dass er die Hinrichtung von Deserteuren befürwortete. In seiner Rede vom 1. Mai 1945 erklärte er nach Hitlers Selbstmord, der Führer, der die Gefahr des Bolschewismus frühzeitig erkannt und dem Kampf dagegen sein Leben geweiht habe, habe ihn zu seinem Nachfolger bestimmt, und er, Dönitz, werde den Kampf nicht nur gegen die Sowjets, sondern auch gegen die USA und Großbritannien fortsetzen, da diese ebenfalls für die Ausbreitung des Bolschewismus in Europa kämpften.

Schmid leitete daraus ab, dass sich die neuen Streitkräfte nun entscheiden müssten. Entweder konnten sie den Geist des 20. Juli verinnerlichen oder den Geist eines Offiziers, der sich mit den nationalsozialistischen Idealen vom Antisemitismus bis zur Tötung von Kameraden identifiziere. »Solange Offiziere glauben«, fuhr Schmid fort, »sie könnten sich vor Dönitz rechtfertigen müssen, dass sie in der Dienst der Bundesrepublik getreten sind, solange leben sie nicht in dem Geist, der unsere *Bundeswehr* beseelen muss, wen sie in Ehren bestehen soll.«

Versuche, die Rede Zenkers zu rechtfertigen, scheiterten. Verteidigungsminister Theodor Blank verkündete, Zenker habe den Rekruten sagen wollen, dass die deutsche Marine eine gute und ehrbare Tradition habe. Zenkers Verweis auf die beiden Großadmirale sei vielleicht ungeschickt gewesen, hätte den neuen Offizieren aber nur vermitteln sollen, dass sie sich nicht für die militärische Tradition ihrer Waffe zu schämen brauchten. Es sei nicht beabsichtigt, erklärte Blank, Zweifel zu säen, ob man unter den gegebenen Umständen in die Bundeswehr eintreten könne. Zenker, dessen politische Zuverlässigkeit und Eignung für die neue Marine vom Personalgutachterausschuss überprüft worden sei, identifiziere sich sicher nicht mit dem Geist des Nationalsozialismus. Die Bundesregierung trete jeder Form des überwundenen Nationalsozialismus entgegen. Dennoch habe die Regierung Zenker von seinem Posten im Verteidigungsministerium entbunden.

Die längste Rechtfertigung für Zenkers Rede kam jedoch von Heye, der nicht nur für die Tradition der Kriegsmarine stand, sondern auch hinter den Kulissen auf Dönitz' Freilassung hinwirkte. Heye schützte im Namen Zenkers Unwissenheit vor. Der Kapitän habe die von Schmid zitierten Reden sicher nicht gekannt – schließlich habe man sich bei der Marine nicht ständig über politische Dinge informieren können, so Heye. Zenkers Motive, fuhr Heye fort, seien ehrbar. Sie würden die Kameradschaft der Marine selbst in der Niederlage und das Zusammengehörigkeitsgefühl von Offizieren und Soldaten widerspiegeln, das in der Marine sehr stark sei. An Bord eines Schiffes sei der Teamgedanke besonders wichtig, vor allem weil die Marine in beiden Weltkriegen vom Anfang bis zum Ende einem zahlenmäßig überlegenen Feind gegenübergestanden und viel größere Verluste als die alliierten Besatzungen erlitten habe. Ohne Dönitz ausdrücklich zu erwähnen, sprach Heye von einer Beeinträchtigung der Souveränität der Bundesrepublik, mit der sich auch die Offiziere der neuen Marine auseinandersetzen müssten. »Fremde Urteile [...] erkennen wir nicht an, auch wenn ein deutsches Gericht zu dem gleichen Spruch gekommen wäre. Die Bundesregierung hat sich ja im Überleitungsvertrag ausdrücklich zu diesem Standpunkt bekannt, und die Westmächte haben ihn erkannt. Warum soll ein Offizier diese Ansicht nicht vertreten dürfen?« Die Neuaufstellung der Bundeswehr würde laut Heye leichter fallen, wenn die Bundesrepublik als souveräne Macht die Zuständigkeit für die Spandauer Häftlinge erhalten würde. Zenker hätte auf dieses Problem eingehen müssen, weil er eben Zivilcourage hätte.

Heye wandte sich dann in dem zähen und in gewisser Weise bizarren Versuch, die Namen der beiden Großadmirale reinzuwaschen, den von Schmid zitierten Reden zu. Trotz der umfangreichen Bemühungen des Internationalen Militärgerichtshofs zur Verurteilung der Offiziere seien die Reden die einzigen [öffentlichen] Äußerungen der Großadmirale, die sie gegen Juden getätigt hätten, andere habe man nicht gefunden – und trotz der Reden sei keiner der beiden wegen Verbrechen gegen die Menschlichkeit verurteilt worden (die anderen Anklagepunkte ignorierte Heye). Beide hätten nur geringe Anstrengungen unternommen, den so genannten Arierparagraphen in der Marine umzusetzen, man habe bis zuletzt Offiziere gehabt, die von Juden abstammten oder die mit jüdischstämmigen Frauen verheiratet gewesen seien (»rassereine« Juden erwähnte er nicht). Letztendlich, fuhr er fort, seien Raeder und Dönitz Soldaten gewesen, und in einer Diktatur hätten sie keine andere Wahl gehabt, als ihre Tätigkeit auf rein militärische Angelegenheiten wie den Kampf auf hoher See zu beschränken.

Heye bezeichnete die Urteile für die beiden Männer als Episode einer »Nachkriegspsychose«, die eine »für uns Deutsche absurd erscheinende Situation« geschaffen habe. Beide Offiziere seien wegen Handlungen verurteilt worden, die außerhalb ihres Zuständigkeitsbereichs gelegen hätten. Weder Raeder noch Dönitz hätten ihre Regierung beeinflussen können – jeder sei tragisch in ein übermächtiges politisches System eingebunden gewesen, bei dem die Pflicht der einzige Bezugsrahmen gewesen sei. Damit würden sie in die Militärgeschichte als »militärisch saubere Führer in einer vom Nationalsozialismus beherrschten Epoche« eingehen. Und Dönitz, fuhr Heye fort, als ob er damit auf die größte Ungerechtigkeit überhaupt hinweisen wollte, sei immer noch in Spandau, obwohl seine Strafe bereits abgelaufen sei. Er und Raeder seien beide Opfer eines tragischen Urteils und weniger der wahren Schuld. Es sei eine Schande, fügte er beim Versuch einer negativen Integration im Stile Otto von Bismarcks hinzu, dass die SPD diese Anfrage überhaupt eingebracht hätte. Heyes lange Rede war nicht nur ein außergewöhnlicher Beleg für Vergangenheitsverdrängung im Gewand der apologetischen Militärsprache, sondern auch eine Anklage gegen die Sozialdemokraten, weil sie es angeblich an angemessenem Patriotismus und Gespür für die Bedürfnisse des Militärs fehlen ließen. Heye hatte damit einen moralischen Tiefpunkt erreicht.

Und als Heye seine Rede endlich beendet hatte, musste er feststellen, dass die Mehrheit der folgenden Redner, die nicht alle der SPD angehörten, anderer Meinung waren. Paul Bausch, ein Mitglied der CDU und des Verteidigungsausschusses, bemerkte, dass sich der Ausschuss in seiner Einschätzung der Rede einig sei. Die Mitglieder hätten Zenker großzügig ehrbare Motive zugestanden, seien jedoch durch die Verweise auf Dönitz beunruhigt, weil man nicht von den militärischen Leistungen der Marine sprechen und dabei gleichzeitig ignorieren könne, dass Dönitz ein Vertrauter Hitlers gewesen sei, der dessen politischen Ansichten geteilt habe. Hitler hätte ihn sonst nicht zu seinem Nachfolger erkoren. Der Ausschuss könne nicht darüber hinweggehen, dass Dönitz das besondere Vertrauen eines Verbrechers genossen habe. Zenker hätte ein Jahrzehnt Zeit gehabt, sich darüber zu informieren. Er hätte eine Rede halten können, in der die Tradition ebenso wie das harte Los von Raeder und Dönitz erwähnt und gleichzeitig das Bekenntnis zur freiheitlichen Staatsordnung und die Verantwortung der neuen Streitkräfte betont worden wären, die freien Institutionen zu beschützen. Doch er habe weder das eine noch das andere getan.

Dr. Franz Böhm, ebenfalls von der CDU, gestand Zenker ehrbare Motive zu, bemerkte aber, dass die Rede zur Bildung falscher Legenden und zur Geschichtsfälschung und -beschönigung beitrage. Dr. Ferdinand Friedensburg, auch er ein Mitglied der CDU, verwies auf Adenauers Verurteilung der Rede und erklärte dann, dass die deutsche Gesellschaft zwar immer einen Platz für ehemalige Marineoffiziere haben werde, Raeder und Dönitz jedoch eine besondere Verantwortung trügen. Menschen, die sich in der Atmosphäre des Aasgeruchs befunden hätten und sich von diesem Aasgeruch nicht abstoßen ließen (hier hätte Friedensburg auch von Neurath meinen können), würden diesen Aasgeruch bis zum Ende ihrer Tage nicht mehr los. Wenn solche Männer ihre Schande in aller Stille leben wollten, dann sollte man sie in Ruhe lassen. Niemals jedoch dürfe man sie zu Vorbildern machen. Wenn der neue deutsche Staat der Welt irgendetwas zu bieten habe, dann müsse er die verbrecherische Natur der NS-Vergangenheit anerkennen, vor allem zum Wohl der neuen Offiziere.

Die Vertreter der anderen Parteien waren nicht gnädiger. Dr. Erich Mende von der FDP bemerkte, der Mythos eines sauberen, apolitischen Offizierskorps sei genau das – ein Mythos. Viele Offiziere hätten sich korrumpieren und politisch missbrauche lassen, als sie Hitlers Geldgeschenke angenommen hätten.[143] In Wirklichkeit gehe es darum, erklärte er, ob das Verteidigungsministerium den Text von Zenkers Rede gekannt hätte, als sie gehalten wurde. »Ich bin [...] der Überzeugung«, sagte Mende herausfordernd, »dass der Kapitän zur See Zenker diese Rede nicht selber verfasst hat. Ich bin ferner der Überzeugung, dass auch andere maßgebliche Angehörige des Bundesministeriums für Verteidigung die Rede [...] vorher im Wortlaut gekannt haben [...] Hier stellt sich doch die *Frage der politischen Verantwortung*.« Dr. Johannes-Helmut Strosche vom Gesamtdeutschen Block (der die deutschen Vertriebenen aus den Ostgebieten vertrat) warnte, dass Männer in Kommandopositionen eine besondere Verantwortung trügen und damit auch politisch schuldig seien. Am entscheidenden historischen Scheideweg bei der Entstehung der Bundeswehr aus solchen Männern Vorbilder zu machen, sei »unklug und dumm, das ist gefährlich; es ist sogar sehr gefährlich«.

Schmid sagte zum Abschluss der Debatte, Blanks Antworten auf die Anfrage seien im besten Fall lakonisch und im schlimmsten Fall ausweichend. Zenker sei nicht irgendein Soldat, sondern ein Offizier, der mit dem Aufbau der Marine der neuen Bundeswehr betraut sei.

»Sie haben die *Rede nicht gekannt;* wenn Sie das sagen, stimmt das. Aber nachdem Sie von dieser Rede gehört haben, wäre es meines Erachtens Ihre Pflicht gewesen, bis hinunter zu den nächsten Vorgesetzten von Kapitän Zenker zu fragen, ob diese die Rede gekannt haben, und dann die entsprechenden Maßnahmen zu ergreifen. Ich glaube, das gehörte mit zu Ihren Dienstobliegenheiten. Dass Sie das nicht getan haben, erlaubt, dass dieses Haus Sie tadelt.«

An Heye gewandt, argumentierte Schmid, die Trennung zwischen militärischer Kompetenz und politischer Einstellung sei künstlich, trügerisch und gefährlich – Hitler selbst sei ein ausgezeichneter Soldat gewesen. Zu Dönitz meinte Schmid: »Was ich bei Dönitz an Verurteilenswertem sehe, ist nicht etwa nur mangelnder politischer Verstand, sondern ist der Umstand, dass er in seiner Funktion als Oberbefehlshaber der Marine *moralisch* versagt hat. Das ist es, was ich ihm vorwerfe!« Schmid beendete die Debatte mit einem Kommentar zur Verantwortung, die jeder für seine unbequeme Geschichte trage:

»Wer mich kennt, weiß, dass ich nicht zu denen gehöre, die meinen, man müsse etwa um des Auslands willen in Sack und Asche gehen. Ich bin der Meinung, dass auch ein geschlagenes und besiegtes Volk, auch ein Volk, auf dessen Schultern schwere Verantwortung geladen worden ist, ein *Recht auf Selbstachtung* hat und dass es diese Selbstachtung nach außen und nach ihnen zeigen muss. Aber [...] das ist nur dann erlaubt, wenn man den Mut hat, die Wahrheit auszusprechen, auch wenn diese Wahrheit bitter ist wie Galle!«[144]

Trotz der Unbequemlichkeiten im Spandauer Gefängnis war Karl Dönitz an jenem 18. April 1956 sicher lieber in seiner Zelle als im Bundestag.

Die peinliche Freilassung von Hitlers Nachfolger

Nach dieser Debatte konnte die Bonner Regierung nicht auf Dönitz' Freilassung drängen. Er und Raeder waren zu einer peinlichen Belastung geworden, daher ergriff das Kabinett nach der Bundestagsdebatte Maßnahmen, um weitere Blamagen zu verhindern. Das erste Problem war Raeder, der sich damit einverstanden erklärt hatte, die Ehrenbürgerwürde der Stadt Kiel abzulehnen. Kurz nach der Bundestagsdebatte stellte sich jedoch heraus, dass er anlässlich der alljährlichen Versammlung der Marinekameradenschaft bei der Kieler Woche zum Ehrenmitglied des Deutschen Marinebunds ernannt werden sollte. Ranghohe Offiziere der Bundesmarine, die einst unter Raeder gedient hatten, stimmten nun in den Chor derer ein, die Raeder drängten, auf die Reise zu verzichten. Dazu gehörte Admiral Friedrich Ruge vom Verteidigungsministerium, der sich persönlich an Raeder wandte, wenn auch erfolglos. Niemand Geringeres als Hallstein bat daraufhin Verteidigungsminister Theodor Blank, beim Vorsitzenden des Marinebunds zu intervenieren und Raeder dazu zu bewegen, auf einen Auftritt in Kiel zu verzichten.

»Die Anwesenheit des Herrn Raeder bei dem Treffen in Kiel«, warnte Hallstein, »würde dieser Veranstaltung eine ausgesprochen politische Note geben.« Blank, fuhr Hallstein fort, solle erwähnen, dass Raeders Anwesenheit eine vorzeitige Entlassung von Dönitz unmöglich mache. Raeder könne sagen, die Reise sei ihm aus gesundheitlichen Gründen nicht möglich.[145]

Gleichzeitig befürchtete man, dass es zu Demonstrationen für Dönitz kommen könnte. Unter Verweis auf Dönitz' Bluthochdruck als humanitärer Vorwand drohte der pensionierte Kapitän Heinz Bonatz von der Marine-Offizier-Hilfe, einer etwa 4.000 Mitglieder zählenden Veteranenorganisation, mit einer Protestkundgebung in der ersten Aprilwoche. Um die Veranstaltung zu verhindern, beschloss das deutsche Außenministerium, Bonatz eine höfliche, aber allgemein gehaltene Antwort von Außenminister Brentano zu schicken, in der es hieß, der Bundeskanzler habe die Freilassung von Dönitz aus gesundheitlichen Gründen gegenüber den Alliierten angesprochen und behalte seine Gesundheit genau im Auge. Brentano warnte Bonatz eindeutig: »Sie werden verstehen, dass die Erörterungen seines Falles in der Öffentlichkeit erfolgversprechende Vorstellungen nicht erleichtern. Eine etwaige Demonstration [...] würde den Bemühungen um die Lösung der Kriegsverurteiltenfrage ebenfalls nur schaden.«[146]

In Wirklichkeit wollte Adenauer nach der öffentlichen Debatte über Zenkers Rede nichts mit dem Fall Dönitz zu tun haben. Ende März 1956, als der Gesundheitszustand von Dönitz wieder stabil war, hatte Hallstein Adenauer gefragt, ob man den Bluthochdruck des Admirals als Vorwand nutzen solle, noch einmal auf seine vorzeitige Entlassung vor dem 1. Oktober hinzuwirken. Adenauer ließ sich mit der Entscheidung bis weit in den Sommer Zeit. Die Mitarbeiter im Außenministerium kannten den Grund. Die Reden des ehemaligen Admirals über Hitler, Juden und Deserteure machten die Bitte um seine Freilassung nicht gerade angenehm.[147]

In der Zwischenzeit wurden Dönitz' Anwälte aktiv. Ruge, der Zenker als Leiter der Marineabteilung im Verteidigungsministerium abgelöst hatte, sagte dem amerikanischen Marine- und Luftfahrtattaché am 4. Juni, es sei für alle von Vorteil, wenn Dönitz auch nur wenige Tage vor dem 30. September freigelassen werden könne. Er sprach von Dönitz' Popularität bei Vertriebenenorganisationen, die ihn als eine Art Retter betrachteten, und flocht ein, dass der ehemalige Admiral, wie aus den Gesprächen mit seinem Schwiegersohn hervorgegangen sei, keine politischen Ambitionen hege. Allerdings könne Dönitz seine Meinung ändern, wenn ihn die Tatsache, dass er 18 Monate über seine Haftstrafe hinaus im Gefängnis bleiben müsse, allzu sehr verbittere.[148]

An diesem Schauspiel beteiligte sich auch Dönitz selbst. Als Kranzbühler ihn am 31. Juli in Spandau besuchte, beharrte Dönitz, wobei ihm Dolmetscher aufmerksam zuhörten, er wolle nur einen ruhigen Lebensabend verbringen. Allerdings zeigte er auch sein wahres Gesicht. Als er Kranzbühler bat, seinen früheren Besitz zurück zu beanspruchen, den er beim Entnazifizierungsverfahren verloren hatte, erwähnte er nur zwei Gegenstände von seinem verlorenen Heim in West-Berlin. Der erste war das Wappen seiner Familie. Der zweite war ein Gemälde, das ihm die Regierung zum Geburtstag geschenkt hatte. Natürlich war das Gemälde kein gewöhnliches Regierungsgeschenk. Wahrscheinlich handelte es sich dabei um eines der vielen Gemälde, die Hitler seinen bevorzugten Mitarbeitern persönlich zum Geburtstag schenkte. Über elf Jahre nach dem Zusammenbruch des Dritten Reichs enthüllte Dönitz, dass sein wertvollster Besitz von Hitler stammte.[149] Der Kommentar Bauschs bei der Bundestagsdebatte, dass Hitler seinen Nachfolger bewusst ausgewählt habe, wurde damit im Spandauer Gefängnis bestätigt.

Die letzten Bemühungen Bonns um die Freilassung von Dönitz waren bemerkenswert halbherzig. Nach einer Flut von Briefen von Kranzbühler, Heye und anderen pensionierten Admiralen im Frühjahr und Sommer 1956 entschied Adenauer schließlich widerwillig, einen weiteren Versuch im Falle Dönitz zu unternehmen, nur damit dem Protokoll genüge getan war, denn es würde Proteste geben, wenn je herauskam, dass nichts getan worden war.[150] Doch dieser letzte Versuch hätte nicht zurückhaltender sein können. Gespräche mit den westlichen Alliierten fanden erst im August statt – vier Monate nach Brentanos vagen Zusicherungen an Bonatz –, und die Maßnahmen blieben auf die untere Ebene beschränkt. Anders als bei den Gesprächen über von Neuraths Freilassung beteiligte sich Adenauer nicht persönlich, und auch auf Botschafterebene wurde niemand kontaktiert. Die britische Botschaft wurde sogar bewusst außen vor gelassen, obwohl in Bonn klar war, dass London das Haupthindernis war, wenn es darum ging, Dönitz die Haft vor dem Prozess anzurechnen.[151]

Das Hauptgespräch fand am 3. August zwischen Dr. Wilhelm Grewe, dem Leiter der Politischen Abteilung im Außenministerium, und dem amerikanischen Botschaftsrat Elim O'Shaughnessy statt. Grewe erklärte kurz, die deutsche Regierung würde es begrüßen, wenn Dönitz vor dem Ende seiner Haftstrafe freigelassen werde, damit seine Anhänger aus ihm nicht einen Märtyrer machen und die Situation zum Nachteil Bonns ausnutzen könnten. O'Shaughnessy antwortete, das sei im amerikanischen Wahljahr und angesichts der zu erwartenden Proteste jüdischer Organisationen unmöglich. Außerdem wären die Briten nie damit einverstanden. Grewe widersprach nicht. Er verfasste seinen Bericht, traf sich am folgenden Tag mit dem französischen Botschaftsrat, erhielt die gleiche Antwort, und ging zwei Tage später in Urlaub.[152] Man nahm lieber in Kauf, dass Dönitz nach Ablauf seiner Haftstrafe in Spandau blieb, als ernsthaft etwas für seine Freilassung zu unternehmen, trotz der juristischen Argumente.

Es blieb das Hindernis, dass Dönitz tatsächlich am 1. Oktober 1956 freigelassen werden sollte. Da viele ihn bereits als politischen Gefangenen betrachteten, konnte schon seine Entlassung Demonstrationen auslösen. Die Gespräche über die Art und Weise der Entlassung begannen bereits im August 1956, als Kranzbühler anlässlich eines Besuchs in Spandau vom Gefängnispersonal mehr über die Vorgehensweise bei der Entlassung zu erfahren versuchte. Obwohl Dönitz und Kranzbühler für die Dolmetscher laut und deutlich verkündeten, sie würden am Tag der Entlassung keinen Wert auf Öffentlichkeit legen, hatte die Gefängnisverwaltung das Gefühl, dass »der Anwalt mehr auf Informationen aus war, als Vorschläge zu machen«.[153]

Binnen einer Woche nahm das britische Außenministerium Gespräche über den großen Tag auf, denn im September waren ausgerechnet die Briten mit der Verwaltung Spandaus an der Reihe, außerdem lag das Gefängnis ohnehin in ihrem Sektor der Stadt. Das britische Außenministerium vermerkte, dass »sich die Presse in Spandau versammeln wird«, fragte sich aber, ob ein Ausschluss der Presse klug wäre. »Wir dürfen nicht den Eindruck erwecken, dass wir ihn am Sprechen hindern wollen«, sagte ein Mitarbeiter, dies würde »mehr schaden als nützen«.[154]

Der offizielle Ablauf wurde in der ersten Septemberwoche von Oberst E. R. Vickers ausgearbeitet, dem britischen Gefängnisdirektor von Spandau. Er sah ein paar kleinere Täuschungsmanöver vor. Presseanfragen zum Zeitpunkt der Entlassung sollten vage beantwortet werden; Vickers wollte den genauen Zeitpunkt erst am 30. September bestimmen. Ingeborg Dönitz sollte so spät wie möglich verständigt werden, wann sie mit dem Auto kommen und ihren Mann abholen sollte. Was Dönitz selbst und die Möglichkeit betraf, dass er eine Pressekonferenz einberief, gab das britische Außenministerium zu Protokoll, der ehemalige Admiral sei nach seiner Entlassung »ein freier Mann«, es gebe »nichts, was wir tun können oder sollten, um Interviews mit der Presse zu verhindern«.[155] »Das scheint die beste Möglichkeit, die Dinge zu handhaben«, meinte ein Mitarbeiter des Außenministeriums dazu. »Der Presserummel wird unvermeidbar sein, egal, welche Vorkehrungen wir treffen.«[156]

Mitte September gab es verschiedene Anfragen seitens der Presse und damit auch entsprechende Befürchtungen der Amerikaner und Franzosen, dass es zu einer peinlichen Szene kommen könnte. Die Franzosen sprachen von einem Pulk von Marineoffizieren, die Amerikaner machten sich Sorgen wegen Ingeborg, die laut US-Informationen in rachsüchtiger Stimmung war. Die britischen Behörden in Berlin und Bonn beschlossen, den genauen Zeitpunkt der Entlassung nicht einmal den Deutschen zu nennen, sondern in Bonn anzufragen, welche Pläne man haben, die Aufregung »zu dämpfen«. Frau Dönitz sollte erst im letzten Moment informiert werden, denn wenn sie die Situation ausnutzen wollte, »dann würden wir ihr die Gelegenheit dazu auf dem Silbertablett servieren«.[157]

Oberst Vickers, General Francis David Rome (der britische Stadtkommandant von Berlin) und das britische Außenministerium spielten mit dem Gedanken, Dönitz ein oder zwei Tage früher zu entlassen, um den Presserummel so weit wie möglich zu umgehen, vorzugsweise am 30. September um 5 Uhr morgens, einem Sonntag. Der amerikanische und französische Gefängnisdirektor stimmten zu, und man traf Vorbereitungen, Dönitz am 28. September in den Krankentrakt neben dem Zimmer des britischen Chefwärters zu verlegen, wo ihm seine persönliche Habe ausgehändigt werden und er auf die Ankunft seiner Frau am 30. warten sollte. Vickers wollte den genauen Zeitpunkt im letzten Augenblick festlegen, und Frau Dönitz, die in West-Berlin zusammen mit Kranzbühler bereit stand, sollte dann telefonisch mitgeteilt werden, dass sie ihren Mann umgehend abholen könne. Alle Mächte in Spandau waren sich einig, außer einer kurzen offiziellen Erklärung, dass der Häftling seine Strafe abgesessen habe und nun freigelassen werde, sollte es keine weitere Stellungnahme geben.[158]

Doch der Plan scheiterte. Der sowjetische Gefängnisdirektor Oberstleutnant Makaritschew war in der ersten Hälfte der letzten Septemberwoche nicht da, und ohne ihn konnte keine Entscheidung getroffen werden, auch wenn Makaritschews Stellvertreter offenbar mit einer vorgezogenen Entlassung einverstanden war. Makaritschew informierte seine Kollegen am 29. September, der frühestmögliche Zeitpunkt für die Entlassung sei Schlag Mitternacht am 1. Oktober (selbst die Zivilkleidung sollte Dönitz erst um 23.55 Uhr erhalten). Nebenbei warnte Makaritschew Vickers persönlich, wenn die Briten widersprechen würden, dann würde die sowjetische Vertretung darauf bestehen, Dönitz erst um 16 Uhr auf freien Fuß zu setzen, weil zehn Jahre zuvor die Urteile von Nürnberg um 16 Uhr verkündet worden waren. Obwohl sich draußen vor dem Gefängnis bereits am Morgen des 28. September Schaulustige einfanden, musste Vickers den 1. Oktober als Entlassungstermin akzeptieren. Am 29. September legte man als genauen Zeitpunkt Mitternacht fest – eine wichtige Einigung für die Briten, weil die Sowjets die Verwaltung des Gefängnisses am folgenden Tag um 12 Uhr übernehmen würden.[159]

Als der Tag näherrückte, riet General Rome dem Außenministerium in London:

»Im Interesse der Normalität sollten wir kurz das Fotografieren erlauben, allerdings wird meine Polizei das Auto von Dönitz mit einem Mindestmaß an Verspätung weiterleiten. Jeder ausgeklügelte Plan wie etwa der Einsatz von Lockvögeln würde die Presse provozieren und die Aufregung um Dönitz in Berlin vermutlich noch steigern, bevor er die Stadt verlässt.«

Dönitz, so erfuhr man von Kranzbühler, hoffte nach seiner Freilassung so bald wie möglich nach Hamburg zu fliegen, daher informierten die britischen Behörden in Berlin den regierenden Bürgermeister von Berlin, Otto Suhr, und den Polizeipräsidenten zwölf Stunden vor der Entlassung über den genauen Zeitpunkt, damit am Flughafen Tempelhof die notwendigen Vorkehrungen getroffen werden konnten. Die britischen Militärbehörden in Berlin gaben außerdem allgemeine

Anweisungen an die West-Berliner Polizei zur Wahrung der Ordnung vor dem Gefängnis heraus – Anweisungen, die sicherstellen sollten, dass Dönitz das Gebiet möglichst schnell verlassen konnte.¹⁶⁰

Auch die bundesdeutsche Regierung wollte in Spandau kein großes Spektakel. Als das Auswärtige Amt von den Amerikanern (fälschlicherweise) erfuhr, Dönitz werde einen Tag früher, also am 30. September, entlassen, wurden für Dönitz und seine Frau zwei Flugtickets unter falschem Namen gebucht. Gleichzeitig wurde die West-Berliner Polizei über die Notwendigkeit informiert, die Ordnung aufrecht zu erhalten. Als das Auswärtige Amt später von den Briten erfuhr, dass die Entlassung doch erst am 1. Oktober stattfinden sollte, plante man, Heye nach Berlin zu schicken. Er sollte Dönitz den Rat geben, sich ruhig zu verhalten, denn man ging davon aus, dass Heye einer der wenigen Menschen war, auf die der ehemalige Admiral hörte.¹⁶¹ Auch in Bonn wollte niemand Dönitz erlauben, in West-Berlin eine Pressekonferenz abzuhalten. Die dortige Dienststelle des Außenministeriums erhielt genaue Anweisungen, Dönitz so schnell wie möglich aus der geteilten Stadt herauszuschaffen und dabei jeden Kontakt mit der Presse zu vermeiden. Die West-Berliner Stadtverwaltung war damit einverstanden.¹⁶²

Doch die Presse – die deutsche wie die internationale – begann bereits am 28. September, sich vor dem Spandauer Gefängnis zu versammeln, und am 30. meldete die Berliner Polizei, die Journalisten planten, Dönitz' Auto anzuhalten, die Türen zu öffnen und ihn zu interviewen. Die Fotografen wollten mit ihren Autos tatsächlich die Kreuzung der Wilhelmstraße vor dem Gefängnis blockieren, so dass der Fahrer von Dönitz anhalten müsste. Am 30. waren etwa 400 Reporter, Fotografen und Marineveteranen vor dem Gefängnis versammelt. Um 11.30 Uhr sperrte die West-Berliner Polizei mit Mannschaftswagen die Wilhelmstraße direkt vor dem Gefängnis ab und blockierte die Sicht aufs Gefängnistor, aus dem Dönitz treten sollte.

Anders als von den Briten ursprünglich beabsichtigt, entschied sich Vickers für eine List. Kurz vor Mitternacht stationierten die Briten weitere Mannschaftswagen auf der Wilhelmstraße, die den Blick auf das Gefängnistor verstellten. Vickers bat den amerikanischen und französischen Gefängnisdirektor, in ihren Quartieren zu bleiben und nicht zu telefonieren. Fünf Minuten vor Mitternacht wurde Dönitz aus seiner Zelle geholt – seine Habseligkeiten wurden ihm später mit der Post zugeschickt – und zu einem Seitenausgang geführt. Dort wartete ein Auto auf ihn, das Spandau drei Minuten nach Mitternacht verließ. Dönitz wurde heimlich in das Haus eines ehemaligen U-Boot-Kapitäns im West-Berliner Stadtteil Zehlendorf gebracht. Dort sollte er übernachten und am Nachmittag nach Hamburg fliegen. Da die Mannschaftswagen und Polizeiautos den Blick auf das Gefängnis versperrten, sahen die meisten Wartenden nicht einmal Dönitz' Wagen wegfahren, und da auch die Fotografen auf der falschen Seite des Gefängnisses Stellung bezogen hatten, gab es keine Fotos. Die eigentlichen Probleme begannen jedoch, als die Presse versuchte, das Auto zu verfolgen. Die West-Berliner Polizeiautos blockierten die Wilhelmstraße und gaben nur langsam den Weg frei. In der Eile kam es zu Auseinandersetzungen, in einigen Fällen sogar zu Handgreiflichkeiten zwischen den Journalisten und der Polizei.[163]

Es wurde zwar niemand ernstlich verletzt, doch die Presse – die deutsche wie die ausländische – protestierte sofort bei den drei Westmächten und den Berliner Behörden gegen das harte, verfassungswidrige Vorgehen der Polizei. Vor allem die amerikanischen Journalisten waren aufgebracht, weil sie ihren Knüller verpasst hatten, und der deutsche Journalistenverband Berlin beschwerte sich, es sei gegen das Grundgesetz verstoßen worden. Die Schuldigen, verlangte man, sollten zur Rechenschaft gezogen werden. Der Berliner Polizeipräsident Dr. Stumm gab den britischen Militärbehörden die Schuld, die eine Abschirmung des Gefängnisses angeordnet hätten.[164] Dennoch wurde die Bundesregierung erneut in Verlegenheit gebracht – dieses Mal mit dem Vorwurf, sie behindere die freie Presse. Außerdem drohte eine weitere Belagerung durch Journalisten, und am Flughafen Tempelhof konnte es weit unangenehmer werden als bei den Rangeleien in Spandau.

Zur Beschwichtigung der Proteste entschied sich das Außenministerium auf die ausdrückliche Bitte der amerikanischen Botschaft in Bonn und von Dr. Stumm, rasch eine Pressekonferenz in West-Berlin anzusetzen, obwohl man einen öffentlichen Auftritt von Hitlers Nachfolger eigentlich zu vermeiden gehofft hatte. Die Dienststelle des Außenministeriums in Berlin arrangierte hastig eine Konferenz für den Nachmittag des 1. Oktober in Dönitz' vorübergehendem Quartier in Zehlendorf. Allerdings wurden Maßnahmen getroffen, um den ehemaligen Admiral so weit wie möglich zum Schweigen zu bringen. Kurz vor der Entlassung hatte Vickers – vielleicht auf Geheiß von Kirkpatrick – Dönitz bereits gedroht, dass sein weiteres Handeln nachteilige Auswirkungen auf die vier in Spandau verbleibenden Häftlinge haben könne.[165] Nun warnten Mitarbeiter des Auswärtigen Amtes Dönitz bei den Vorbereitungen zur Pressekonferenz, »dass es für ihn besser sei«, wenn er keine unüberlegten Äußerungen tätige. Laut einem Memorandum der Regierung hatte Dönitz die Ratschläge »loyal befolgt, obwohl er ursprünglich andere Absichten gehabt hatte«.[166]

Das erklärt das bizarre Schweigen des letzten Herrschers des Dritten Reichs an seinem ersten Tag in Freiheit. In einer kurzen Erklärung, die jedem offensichtlich vorbereitet erschien, sagte er: »Meine Aufgabe ist es jetzt, Ruhe zu halten. Ich möchte heute schweigen und werde weiter schweigen.« Er fuhr fort, dass er sich als jemand, der in den vergangenen elfeinhalb Jahren völlig isoliert gelebt habe, nicht in der Position befinde, Kommentare abzugeben oder Urteile zu fällen.[167] Das war etwas ganz Neues für Dönitz, wie seine Mitgefangenen sicher bestätigt hätten, wenn es ihnen möglich gewesen wäre. »Er hatte wenig zu sagen«, meinte John

Robey, der politische Berater von General Rome, »aber die Fotografen durften so viele Bilder machen, wie sie wollten [...] Die Presse ist einigermaßen besänftigt.«[168]

Nun blieben nur die Memoiren. Trotz der Befürchtungen im Jahr 1955, Raeder könne in Spandau sterben, lebte er noch fünf Jahre und starb am 6. November 1960 im Alter von 84 Jahren in Kiel. So konnte er – mit einiger Hilfe – 1957 seine Memoiren veröffentlichen. Darin verwies Raeder auf die »unerfüllbaren Bedingungen des Friedensdiktats von Versailles«, um die Wiederbewaffnung Deutschlands zu rechtfertigen, und sprach von einem »zweifellos großen Verzicht« Deutschlands bei der Annahme des Londoner Flottenabkommens, welches Deutschland jedoch mit seiner Hilfe gebrochen hatte, noch bevor die Tinte trocken gewesen war.[169] Er behauptete, er sei von Hitlers Lügen irregeführt worden. »Es war die Tragik meines Lebens«, verkündete er, »dass die Entwicklung einen anderen Weg genommen hat.« Über Hitlers Äußerungen bei der Zusammenkunft der Wehrmachtsführung am 5. November 1937, die durch die Hoßbach-Niederschrift berühmt geworden war, hatte er angeblich Unbehagen empfunden, sie aber gleichzeitig falsch verstanden.[170] Seine Forderung nach einem Krieg mit den USA ließ er wohlweislich aus und behauptete stattdessen: »Der Verwendung der U-Boote waren, wie erwähnt, starke Beschränkungen auferlegt, um Zwischenfälle mit Neutralen zu vermeiden.«[171] Die Pläne für die deutsche Besetzung Norwegens stellte er als notwendig dar, nur so habe man die norwegische Neutralität vor einer identischen britischen Operation schützen können (und verwies damit erneut auf Churchills Memoiren).[172] Raeder vergaß auch zu erwähnen, dass er den Kommandobefehl ebenso wie Hitlers Geldgeschenke akzeptiert hatte. Nürnberg, schlussfolgerte er, sei ein politisches Verfahren gewesen, bei dem er und Dönitz versucht hätten, die Ehre der deutschen Marine zu wahren. Und schließlich, argumentierte Raeder, sei der Militärgerichtshof zu dem entsprechenden Urteil gekommen: »Die deutsche Seekriegsführung ging als einwandfrei und mit den Regeln des Völkerrechtes in Einklang stehend aus dem Gerichtsverfahren hervor«.[173] In Wirklichkeit rehabilitierte das Tribunal weder die Marine noch ihre Methoden.[174] Die Grabrede auf Raeder auf dem Kieler Nordfriedhof hielt Karl Dönitz, nachdem ihn Friedrich Ruge, der mittlerweile zum Generalinspekteur der Bundesmarine aufgestiegen war, darum gebeten hatte. Hitlers Großadmirale, deren persönliches Verhältnis von Abneigung geprägt war, gingen so selbst im Tod noch eine Partnerschaft ein, bei der die Reputation des einen von der des anderen abhängig war.

Der erste Band von Dönitz' Memoiren, *Zehn Jahre und zwanzig Tage*, erschien nicht einmal zwei Jahre nach seiner Entlassung und war deutlich fantasievoller als Raeders Erinnerungen. Dönitz schilderte seine Rolle im Krieg aus technischer Sicht, distanzierte sich von Hitler und gab den westlichen Alliierten und der Sowjetunion die Schuld an der aktuellen misslichen Lage Deutschlands. Großbritannien, fest entschlossen zur »Vernichtung dieser politischen und wirtschaft-

Abb. 9: Karl Dönitz in West-Berlin kurz nach seiner mitternächtlichen Entlassung aus Spandau am 1. Oktober 1956. Fotografen durften Bilder machen, Dönitz war jedoch gewarnt worden, auf eine Rede zu verzichten. © picture-alliance.

lichen Macht Deutschlands«, sei 1939 der wahre Aggressor gewesen.[175] Roosevelt habe mit London gemeinsame Sache gemacht und die USA in den Krieg Englands, dessen »Kampf dem deutschen Volke und seiner industriellen Kraft galt«, hineingezogen. Roosevelts Beharren auf einer bedingungslosen Kapitulation Deutschlands habe die Deutschen gezwungen, bis zum bitteren Ende zu kämpfen.[176] Der Nationalsozialismus liege richtig, was seine Forderungen nach nationaler Freiheit, einem Ende des Klassenkampfes und Vollbeschäftigung betreffe. Von den Greueltaten wollte Dönitz erst nach dem Krieg erfahren haben.[177] »Ich selbst sah meine Aufgabe ausschließlich in der Führung der Kriegsmarine«, schrieb er. »Es war mir nicht möglich, mich noch nebenher um andere Bereiche der Wehrmacht oder Staatsführung zu kümmern.«[178] Als Staatsoberhaupt, so behauptete er, habe er von Anfang an ausschließlich dafür gearbeitet, die Deutschen im Osten vor dem Angriff der Sowjets zu retten.[179] Er ließ die Hochachtung, die er Hitler entgegengebracht hatte, unerwähnt, stellte den *Laconia*-Befehl falsch dar, indem er behauptete, seine U-Boote hätten Überlebende von Handelsschiffen gerettet, wenn sie nicht erbarmungslos von den Alliierten angegriffen worden wären, und sprach von »der ganzen *Unmoral* der Nürnberger Rechtsprechung«.[180] Das Buch war im Grunde so, wie man es erwarten konnte. Ähnlich fiel Dönitz' nächster schriftstellerischer Versuch von 1968 aus, *Mein wechselvolles Leben,* in dem er zu dem Schluss kam, dass Urteil von Nürnberg gegen ihn sei gänzlich politischer Natur.[181] An dieser Geschichte hielt Dönitz bis zu seinem Tod im Jahr 1980 fest.

In Spandau erkannte Albert Speer die Ironie in Dönitz' Buch, nachdem Wärter ihm eine Ausgabe von *Zehn Jahre und zwanzig Tage* ins Gefängnis geschmuggelt hatten. »Je länger ich diese Memoiren lese«, schrieb er, »um so unbegreiflicher ist mir, dass Dönitz sein persönliches Verhältnis zu Hitler systematisch verschleiert [...] Warum hat er sein herzliches Verhältnis zu Hitler verschwiegen? [...] Von alledem nichts. Selbst in Kleinigkeiten verschönt er das Bild.«[182] Diese Lektion sollte Speer verinnerlichen, bevor er seine eigene Vergangenheit der Öffentlichkeit zugänglich machte.

5. Kapitel
Die gescheiterte Flucht:
Albert Speers zwanzig Jahre

> »Wie weit war ich verpflichtet, mich um die völkerrechtlichen Fragen zu kümmern?«
>
> *Albert Speer 1952*

Im August 1960 erhielt Albert Speer zu Beginn seines 13. Jahres in Spandau einen Brief. Es war eines der wenigen nicht von Familienangehörigen stammenden Schreiben, die er sehen durfte. Aus dem Brief, der von der Verwaltung des ehemaligen Reichsbahnvermögens in West-Berlin stammte, ging hervor, dass Speer am 4. Oktober 1938 ein teures Seegrundstück auf der Villeninsel Schwanenwerder in Berlin von Marie-Anne von Goldschmidt-Rothschildt gekauft hatte, einem Mitglied der bekannten jüdischen Bankiersfamilie von Rothschild. Speer hatte dafür gerade einmal 150.000 Reichsmark bezahlt. Auch andere Nazigrößen wie Joseph Goebbels hatten von reichen Juden Seegrundstücke in Schwanenwerder zu niedrigen Preisen gekauft.[1] Doch 1943 verkaufte Speer sein Grundstück für 389.506 Reichsmark an die Deutsche Reichsbahn und machte damit fast eine Viertelmillion Mark Gewinn, was in der damaligen Zeit ein Vermögen war.

Marie-Anne war 1938 nach New York geflohen, kehrte jedoch 1959 nach West-Berlin zurück und erhob Anspruch auf ihren Besitz. Das Rückerstattungsgericht sprach ihr das Grundstück gegen eine Zahlung von 15.000 D-Mark zu, der neuen deutschen Währung, deren Wert im Verhältnis zur alten Reichsmark eins zu zehn betrug. Das Geld ging an die Vermögensverwaltung der Bahn, wo man schnell herausfand, dass man Speer weit mehr gezahlt hatte, als man von Marie-Anne bekommen hatte. Speer erhielt daraufhin ein Schreiben mit der Forderung nach einer Entschädigungszahlung von fast 24.000 D-Mark. Der Beweis für Speers Transaktionen fand sich in den Grundbüchern aus den Jahren 1938 und 1943. Speer verhielt sich in dieser Angelegenheit ganz seinem Charakter entsprechend: Er wies seinen Anwalt an, sich um die Sache zu kümmern. Persönlich besaß er keine Immobilien. Nach dem Tod seiner Mutter 1952 überschrieb er sein beträchtliches Erbe seinen Kindern, damit sein Besitz nicht bei den bundesdeutschen Entnazifizierungsverfahren konfisziert wurde. Die Schuld wurde nie bezahlt.[2]

Nach seiner Entlassung aus Spandau behauptete Speer wiederholt, er sei im Dritten Reich zu sehr mit architektonischen Projekten beschäftigt gewesen, um zu bemerken, dass die judenfeindliche Politik der Regierung 1938 in Gewalttaten mündete. Auch von der in jenem Jahr begonnenen systematischen Arisierungskampagne, bei der Juden gezwungen wurden, ihren Besitz weit unter Wert zu verkaufen, wollte er nichts mitbekommen haben.[3] Sein unerwarteter »Glücksgriff« beim Immobilienkauf 1938, der lange nicht bekannt war (die Unterlagen dazu waren in seiner Korrespondenz im Spandauer Gefängnisarchiv vergraben), zeigt einen ganz anderen Speer, mit dem wir uns in diesem Kapitel näher beschäftigen wollen. Erstens – und das wird hier weder zum ersten noch zum letzten Mal festgestellt – war Speer ein Lügner. Er log in Nürnberg, er log gegenüber seinen Kindern und er log in seinen Büchern, die er nach seiner Haft veröffentlichte, um seine Rolle im NS-Staat und sein Wissen über die Judenverfolgung zu verschleiern. Zweitens akzeptierte er trotz seiner berühmten gespielten Reue nie, dass seine Haftstrafe gerecht war. Während seiner 20-jährigen Haft bemühte er sich nach Kräften um seine vorzeitige Entlassung. Dabei war ihm jedes Mittel recht, er versuchte es mit Bestechung, guten Worten und Beeinflussung und nutzte mitunter eiskalt seine Freunde und Familienmitglieder aus. Bei der Lobbyarbeit für Speer wurde gegenüber Politikern und Diplomaten stets betont, dass Speers Schuld gering sei. Dieses Lügengespinst, das Speer in Spandau knüpfte, sollte ursprünglich dazu dienen, ihn aus dem Gefängnis herauszuholen, erst später kam hinzu, dass er sich damit von seiner dunklen Vergangenheit befreien wollte.

Speers Problem war nicht, dass niemand ihm glaubte. Die westlichen Alliierten und die Regierung der Bundesrepublik akzeptierten seine Geschichte bis zu einem gewissen Grad. Aber niemand von Bedeutung war bereit, seinen Fall anderen Fällen vorzuziehen, die dringlicher waren oder größere Erfolgsaussichten hatten. Die deutschen Kriegsgefangenen in der UdSSR hatten Mitte der fünfziger Jahre für die Bonner Regierung eine höhere Priorität als die deutschen Kriegsverbrecher in den alliierten Gefängnissen der Bundesrepublik, auch wenn deren Fälle leichter zu lösen waren. Selbst in Spandau waren die Alten und Kranken zuerst an der Reihe, und wie bereits dargelegt stufte die Bonner Regierung die Fälle von Neuraths und Raeders als dringlicher ein. Nach 1957, als Speer einer von nur noch drei Häftlingen in Spandau und einer der letzten inhaftierten Kriegsverbrecher überhaupt war, schlingerte sein Fall zwischen Skylla und Charybdis: dem ungewissen Schicksal West-Berlins auf der einen und dem öffentlichen Eingeständnis der Schrecken der NS-Vergangenheit auf der anderen – nach über einem Jahrzehnt des kollektiven Gedächtnisverlusts. In einem solchen Sturm gab es für Speer keinen sicheren Hafen. Doch als Speer 1966 aus Spandau entlassen wurde, trug er eine Rettungsweste, gut gepolstert mit Bargeld von seinen Freunden und mit Manuskripten für seine Bücher, und mit dieser Schwimmweste konnte er sich in der Flut der Schuld jahrelang über Wasser halten.

Der Speer-Mythos

Nach dem Krieg, während des Nürnberger Prozesses, der 20-jährigen Haft in Spandau und in den drei Bestsellern, die er nach 1966 verfasste, arbeitete Speer an seinem Ruf als dem eines »anderen« Nationalsozialisten.[4] Laut eigener Darstellung war Speer in den dreißiger Jahren ein junger, unpolitischer Architekt, der sich wie viele seiner Generation einer Bewegung der nationalen Wiedergeburt anschloss, die die Nationalsozialisten versprachen. Die furchtbaren Auswirkungen konnte er nicht ahnen. Seine Ernennung zum Reichsminister für Bewaffnung und Munition basierte auf einer von Hitlers exzentrischen Launen, und nach 1942 war Speer einfach nur bestrebt, sein Land so gut wie möglich darin zu unterstützen, den Krieg zu überleben. Über die Behandlung der Juden in Deutschland dachte er kaum nach und wusste noch weniger darüber. In einem frühen Entwurf der *Erinnerungen*, Speers erstem Buch über seine Karriere, erwähnte er die Reichspogromnacht nicht einmal, fügte dann aber auf Drängen seines Helfers Joachim Fest eine entsprechende Passage ein. Natürlich unter dem Vorbehalt, dass als Architekt Hitlers »mit der Höhe der Position auch die Isolierung und damit die Abschirmung wächst«, in diesem Fall vor Hitlers Antisemitismus, den er nie in seiner mörderischen Dimension und Realität erkannt habe. Als Hitlers Rüstungsminister wusste Speer angeblich auch kaum etwas über den Einsatz von Zwangsarbeitern in der deutschen Schwerindustrie.

Beim Nürnberger Prozess und während seiner Haft in Spandau wurde Speer zum »selbsternannten Sündenbock der Nation« und »Bundesbüßer vom Dienst«, aber nicht für das, was er wusste oder getan hatte, sondern für das, vor dem er bewusst die Augen verschlossen hatte.[5] Seine Version der Geschichte war sehr populär. Wenn Speer von Hitler in Bann gezogen worden war, während gleichzeitig Millionen Juden und Osteuropäer auf mysteriöse Weise verschwanden, war das auch ein Alibi für alle Deutschen, die sich mühten, ihre Vergangenheit zu verdrängen. Oder wie Fest in seiner apologetischen Speer-Biografie schrieb: Speer »verkörperte einen Typus, in dem sich nicht wenige wiedererkannten« – nämlich einen Typus, der das NS-Regime wegen seiner nationalen Macht und seiner standhaften Haltung gegen die Heimsuchung der Zwischenkriegs- und Nachkriegszeit, den Kommunismus, unterstützte. Es war außerdem ein Typus, der vor den furchtbaren Verbrechen anderer einfach die Augen verschließen konnte und streng zwischen der alptraumhaften Politik und der geschützten Privatsphäre unterschied; eine Trennung, die laut Fest »zur nationalen Kultur des Landes gehört«.[6]

Speer baute seine Geschichte in den siebziger Jahren mit der Veröffentlichung seiner *Erinnerungen* und der *Spandauer Tagebücher* weiter aus, der angeblich tagtäglichen Abrechnung mit seiner früheren Blindheit, in der Speer die Haft in Spandau demütig als reinigende Erfahrung akzeptiert, ohne sich je zu beklagen, obwohl viele andere im Laufe der Jahre argumentierten (was ebenfalls in den *Tagebüchern* festgehalten wird), dass er freigelassen werden sollte. Dabei sind selbst die Tagebücher erst nach der Haft entstanden. Speer fügte den Großteil der Einträge aus den Briefen zusammen, in denen er seinen Kindern minutiös den Tagesablauf im Gefängnis geschildert hatte. Bei den täglichen Abläufen im Gefängnis sind die *Tagebücher* sehr exakt (sie lassen sich mit dem Diensttagebuch des Chefwärters abgleichen), doch die Abschnitte, in denen Speer mit seiner Vergangenheit ringt, sind frei erfunden – und die zahlreichen verzweifelten Bemühungen um seine Freilassung blieben wohlweislich unerwähnt. Speer stellte sich in den *Tagebüchern* als jemanden dar, der für die Sünden Deutschlands büßen musste.[7] Sein langjähriger Freund Rudolf Wolters scherzte 1975, nachdem sich die beiden auseinandergelebt hatten, Speer hätte noch »Jesus von Nazareth die Schau gestohlen«.[8]

Fests Biographie ist eine Reaktion auf die Arbeit mehrerer europäischer Journalisten und Historiker, die seit Anfang der achtziger Jahre auf Grundlage offizieller Unterlagen, aber auch mit Hilfe der Unterlagen von Rudolf Wolters Speers Lügengeschichte demontierten.[9] Das wichtigste Dokument war Wolters' »Chronik«, eine Reihe inoffizieller monatlicher Berichte über Speers offizielle Tätigkeit seit Januar 1941, die nach dem Krieg und während Speers Prozess versteckt, von Passagen mit Äußerungen über Juden gereinigt und dann nach Wolters' Zerwürfnis mit Speer im Original dem deutschen Bundesarchiv übergeben wurden.[10] Wenn die Chronik zusammen mit der übrigen Geschichte Speers in Nürnberg bekannt gewesen wäre, dann hätte es anstelle der zwölf sicher dreizehn Todesurteile gegeben.

Speer wurde 1905 in Mannheim als Sohn des wohlhabenden Architekten Albert Speer senior geboren, 1918 zog die Familie dann in den Schloss-Wolfsbrunnenweg in Heidelberg. Als Architekturstudent in Berlin gegen Ende der Weimarer Republik trat Speer im März 1931 in die NSDAP ein, nachdem ihn im Dezember eine Rede Hitlers vor Studenten und Professoren in Berlin in den Bann gezogen hatte.[11] Er erhielt von der Partei erste kleine Aufträge als Architekt, gewann schließlich Hitlers Gunst und arbeitete bereits 1933, im Alter von 28 Jahren, an wichtigen Großprojekten. Er gestaltete Goebbels' Ministerium für Volksaufklärung und Propaganda um, plante die neue Reichskanzlei in Berlin und entwarf die gigantische Kulisse auf dem Zeppelinfeld des Reichsparteitagsgeländes in Nürnberg.

Hitlers Begeisterung für bombastische Architektur passte gut zu Speers Talent, große Aufträge schnell zu erledigen. Die beiden kamen sich persönlich sehr nahe, was sich bis in die letzten Tage des Regimes nicht änderte. Diese Nähe und Hitlers »besondere Vorliebe« für Speer fielen auch Traudl Junge auf, einer Sekretärin Hitlers in den letzten Kriegswochen im Führerbunker.[12] Hitler belohnte Speer, indem er ihn im Januar 1937 mit der kompletten Neugestaltung Berlins beauftragte und ihn zum Generalbauinspektor ernannte – eine Position, die nicht den städtischen Behörden, sondern allein Hitler verantwortlich war. Speer behauptete später in Nürnberg und in seinen Büchern, dass seine Position nicht der Politik, sondern der Kunst zu verdanken war. Allerdings sind Kunst und Architektur schon seit den Pharaonen Instrumente der Politik und hatten auch im Dritten Reich diese Funktion.[13] Schließlich war Speer kein Architekt im stillen Kämmerlein. Im Januar 1942 beschäftigte sein Generalbauinspektorat (GBI) etwa 65.000 Arbeiter.[14]

Der »unpolitische« Speer konnte in der Politik mit den Besten mithalten und nutzte seine Stellung in Hitlers engstem Kreis zu seinem maximalen Vorteil. Er verfügte über ein großzügiges Gehalt und ein noch großzügigeres Ausgabenkonto und häufte ein umfangreiches privates Vermögen an. Seine Feinde ließ er aus dem Amt entfernen.[15] Speer arbeitete fleißig an der Umgestaltung Berlins, schuf in nur neun Monaten, von 1938 bis 1939, eine pompöse neue Reichskanzlei und plante das zukünftige *Germania* mit breiten Boulevards, einem riesigen Kuppelgebäude und künstlichen Seen. Für den Bau der neuen Hauptstadt arbeitete Speer mit Steinbrüchen im Besitz der SS zusammen, die seit Ende 1937 Zwangsarbeiter einsetzten.[16] Außerdem sollte es im neuen Berlin keine Juden geben. Aus Wolters' Chronik geht hervor, dass Zehntausende Berliner Juden von 1939 bis 1941 aus ihren Häusern und Wohnungen vertrieben wurden, um für Arier Platz zu machen, die ihre Wohnungen durch die Abrissarbeiten für die neue Hauptstadt oder später durch britische Bomben verloren hatten.[17] Kürzlich von der Historikerin Susanne Willems gefundene Dokumente zeigen, dass Speer bereits im September 1938 (also einen Monat, bevor er das Goldschmidt-Rothschild-Grundstück kaufte) die Deportation von Berliner Juden in Lager außerhalb der Stadt vorschlug. Zudem kooperierte Speers Büro ab Oktober 1941 mit der Gestapo bei der Deportation von über 50.000 Berliner Juden in den Osten, wo sie dann ermordet wurden.[18]

Aus Sicht der Alliierten begann Speers Karriere als Hauptkriegsverbrecher mit seiner Ernennung zum Reichsminister für Bewaffnung und Munition im Februar 1942, nachdem der bisherige Rüstungsminister Fritz Todt bei einem Flugzeugabsturz ums Leben gekommen war.[19] Mit 36 Jahren war Speer der jüngste Minister, jedoch rücksichtsloser, als sein Alter vermuten ließ. Er nutzte sein gutes Verhältnis zu Hitler, um Konkurrenten im Bereich Wirtschaft aus dem Weg zu räumen, vor allem Göring als Beauftragten des Vierjahresplans und Funk als Reichswirtschaftsminister. Mit Hilfe von Himmlers Polizeiorganen ließ Speer Materialien ausfindig machen, die von kleinen und großen Unternehmen für zivile Zwecke gehortet wurden. Von Anfang an pflegte Speers Ministerium ein für beide Seiten einträgliches Verhältnis mit SS-Führern und beschäftigte KZ-Häftlinge in KZ-eigenen Rüstungsbetrieben.[20] Im Laufe des Krieges ordnete Speer schwere Strafen für Simulanten und Saboteure an, gleichzeitig drängte sein Ministerium die SS, weitere Zwangsarbeiter aus den Konzentrationslagern zu beschaffen und diejenigen loszuwerden, die sich zu Tode geschuftet hatten.[21] Durch die Beziehung zu Himmler erfuhr Speer vom furchtbaren Schicksal der europäischen Juden in Polen, auch

Abb. 10: *Albert Speer zusammen mit Hitler 1937 auf dem Berghof, Hitlers Refugium in den Alpen.* © ullstein bild.

wenn er nach dem Krieg etwas anderes behauptete.[22] Nach den neuesten Erkenntnissen wusste Speer nicht nur von Auschwitz-Birkenau, sondern war auch an Diskussionen der SS über eine Erweiterung des Lagers zu einer gigantischen Arbeits- und Vernichtungsfabrik im Jahr 1942 beteiligt.[23] Selbst gegen Ende schwankte Speer nie in seiner Hingabe für Hitler oder seinem Glauben an den Sieg, obwohl er später wieder etwas anders behauptete. Er blieb nach dem gescheiterten Attentat auf Hitler 1944 loyal und bot Goebbels sogar seinen Rat bei der Niederschlagung des Staatsstreichs an. Speer war überzeugt, dass die V1- und V2-Raketen das Kriegsglück wenden würden. Wolters erinnerte sich später, dass Speer Fantasien nachhing, wie Millionen gewöhnlicher Deutscher die Panzer der Alliierten mit Handwaffen aufhielten.[24] Speers Loyalität gegenüber dem NS-Regime zeigte sich nach Hitlers Selbstmord, als er seine Geschäfte als Minister während der 23-tägigen Regierung von Karl Dönitz fortführte. Zu der Zeit erhoffte sich Speer allerdings schon eine wichtige Rolle im Nachkriegsdeutschland, vielleicht als Leiter des Wiederaufbaus. Seine Verhaftung durch die Briten im Schloss Glücksberg in der Nähe von Flensburg am 23. Mai 1945, seine Verlegung in die Verhörzentren »Ashcan« bei Mondorf und »Dustbin« im Schloss Kransberg und die Anklage gegen ihn als Hauptkriegsverbrecher waren für ihn echte Überraschungen.

Dennoch ging er nicht unvorbereitet in den Prozess. So wie Speer als Minister seine Rivalen ausmanövriert hatte, so konzipierte er nun eine Strategie für sich, obwohl er keine Konkurrenten mehr hatte. Seine Verteidigung, informierte er seinen skeptischen Anwalt Hans Flächsner, würde darauf aufbauen, dass er im Gegensatz zu den anderen Verantwortung übernehmen würde. Das bedeutete nicht, dass Speer die Bürde auf sich nehmen und seine persönliche Verantwortung an den furchtbaren Verbrechen des Regimes eingestehen wollte. Bei ihm ging es mehr um eine vage »kollektive Verantwortung«, bei der er zugab, dass er dem Regime gedient hatte, gleichzeitig aber jede direkte Beteiligung oder auch nur das Wissen um die schlimmsten Greueltaten abstritt. Das war nicht die Schuld eines Verbrechers, sondern eines Mannes, der vor dem Schlimmsten bewusst die Augen verschlossen hatte. »Dieser Prozess ist notwendig«, bemerkte Speer gegenüber dem amerikanischen Hauptmann Gustave M. Gilbert, der die psychische Verfassung der Angeklagten von Nürnberg beurteilte und später über Speer schrieb, seine Auffassung von der Schuld der Nationalsozialisten sei »ernsthafter«, aber »weniger auf Wirkung bedacht« gewesen als bei den anderen Angeklagten.[25] Das war eine freundliche Einschätzung. Speer sagte im Prozess:

»Dieser Krieg hat eine unvorstellbare Katastrophe über das deutsche Volk gebracht und eine Weltkatastrophe ausgelöst. Es ist daher meine selbstverständliche Pflicht, für dieses Unglück nun auch vor dem deutschen Volk mit einzustehen. Ich habe diese Pflicht um so mehr, als sich der Regierungschef der Verantwortung vor dem deutschen Volk und der Welt entzogen hat.«[26]

Speers Reue war von Anfang an zweifelhaft – ein Allheilmittel für eine fehlende Entschuldigung Hitlers, die in erster Linie den Deutschen und weniger dem übrigen Europa galt.

Speer sonderte sich von den anderen Angeklagten ab, obwohl Göring erwartet hatte, dass sie eine gemeinsame Front gegen das Gericht bilden würden. Speer sagte aus, er sei in Hitlers engsten Kreis aufgenommen worden, weil er wie Hitler ein Künstler sei. Seine Ernennung zum Rüstungsminister sei unpolitisch gewesen und sollte nur für die Dauer des Krieges gelten, danach wäre er wieder seinen eigentlichen Aufgaben als Architekt nachgegangen.[27] Der Anstieg der Arbeiterzahlen unter seiner Leitung, von 2,6 Millionen im Februar 1942 auf 14 Millionen im Sommer 1944, hätte sich einfach ergeben, weil ihm aufgrund seiner organisatorischen Fähigkeiten weitere Aufgaben übertragen worden seien. Er gab zu, dass er Arbeiter angefordert und auch gewusst hatte, dass sich unter den Arbeitskräften Ausländer befunden hatten. Für die Rekrutierung der ausländischen Arbeiter sei jedoch Fritz Sauckel zuständig gewesen, der Generalbevollmächtigte für den Arbeitseinsatz. Wenn ausländische Arbeiter gegen ihren Willen nach Deutschland gebracht worden seien, um dort zu arbeiten, dann seien sie durch gesetzliche Maßnahmen dazu verpflichtet worden. »Ob diese gesetzlichen Maßnahmen berechtigt waren oder nicht, habe ich damals nicht untersucht. Dies war ja auch nicht meine Angelegenheit.«[28] Auch für die gesundheitliche Verfassung der Arbeiter seien andere zuständig gewesen, etwa das Innenministerium, das Oberkommando oder sogar die Leiter der Fabriken. Die Arbeiter, erklärte er, seien im Allgemeinen gut behandelt worden – Ausnahmen hätten außerhalb seines Einflusses gelegen. Die Nähe der Konzentrationslager zu den Fabriken habe lange Wege erspart, »um dadurch den Arbeiter frisch und arbeitslustig im Betrieb zu haben«, wie Speer erläuterte.[29] Flächsner gab in seinem Schlussplädoyer zu, dass Speer ausländische Arbeitskräfte eingesetzt hatte, doch angesichts der schweren Bombardierungen der deutschen Industrie habe er kaum eine andere Wahl gehabt. Ein totaler Krieg in diesem Ausmaß sei neu und von den Haager Konventionen, die Zwangsarbeit verboten, nicht vorgesehen gewesen. Dessen ungeachtet, schloss Flächsner, sei Sauckel für die Beschaffung der ausländischen Arbeiter zuständig gewesen, auf die Einzelheiten der Beschaffung hätte Speers Ministerium keinen Einfluss nehmen können. Das war natürlich Unsinn. Sauckels Direktiven zum Einsatz ausländischer Arbeiter waren in Speers Ministerium bekannt, und Mitarbeiter Speers begleiteten Sauckels Zwangsrekrutierungstrupps, wenn sie besetzte Gebiete nach arbeitsfähigen Frauen und Männern durchkämmten.[30]

Der andere zentrale Punkt von Speers Verteidigung spielte für die Anklage eigentlich gar keine Rolle. Dabei ging es um sein »Erwachen« und seine angebliche Opposition zu Hitler, als das Kriegsende näherrückte. Speer behauptete, er habe Hitlers Befehle Ende 1944 und Anfang 1945 umgangen, beim deutschen Rückzug

»verbrannte Erde« zurückzulassen, was bedeutete, dass dem Feind nichts von industriellem Wert in die Hände fallen durfte und auch die Deutschen, als Strafe für den verlorenen Krieg, vor dem Nichts stehen sollten. So habe er Industrieanlagen in Deutschland, Frankreich, den Niederlanden, Österreich, Italien, Jugoslawien, Finnland, Ungarn, Polen und der Tschechoslowakei vor der Zerstörung bewahrt.[31] Speer hatte damit nicht ganz unrecht, vor allem in Hinblick auf Hitlers »Nerobefehl« vom 19. März 1945, mit dem die deutsche Kohleförderung und Stahlproduktion im Ruhrgebiet zerstört werden sollten, wenn er denn ausgeführt worden wäre.[32] Allerdings war Speer und seinen Freunden in der Industrie sehr an der Erhaltung der deutschen Schwerindustrie gelegen, denn den Industrieführern gehörten die Zechen und Stahlwerke, die Hitler zerstören wollte. Als sie Speer halfen, den Befehl zu sabotieren, retteten sie ihren eigenen Besitz.[33] Was den Schutz der ausländischen Industrie betrifft, so gibt es viele Fälle, in denen das Scheitern der Strategie der »verbrannten Erde« wenig mit Speer zu tun hatte. Die Zerstörung von Bergwerken und Kraftwerken im Gebiet um die nordfranzösische Stadt Lille beispielsweise wurde detailliert im September 1944 mit Karten und Diagrammen geplant, damit die Armee wusste, was sie zerstören sollte. Aufgrund des eiligen Rückzugs der Deutschen kam es jedoch nicht dazu, die Sprengladungen wurden nicht platziert, außerdem verweigerten die deutsche Kommandeure vor Ort den Befehl.[34] Speers dramatischste Behauptung lautete, er habe im März Pläne zur Ermordung Hitlers geschmiedet und überlegt, Giftgas in die Luftzufuhr des Führerbunkers einzuleiten. Die Geschichte war so dumm, dass Flächsner sie bei seinem Schlussplädoyer abschwächte, und auch in späteren Gnadengesuchen wurde sie nicht mehr verwendet.[35]

Beim Kreuzverhör hatte Speer Glück. Maxwell-Fyfe, der britische Kreuzverhörspezialist, der sein Gegenüber zerpflücken konnte, befragte Speer nicht, weil Speer nicht in dem Punkt (Verbrechen gegen den Frieden) angeklagt war, für den die Briten zuständig waren. Damit blieb das Verhör Jackson überlassen, der schlecht vorbereitet war. Jackson folgte keiner klaren Linie, sprang von einem Thema zum anderen und stellte vage Fragen, die es Speer erlaubten zu dozieren, ohne eine klare Antwort zu geben. Speer widerlegte oder leugnete viele Äußerungen Jacksons. Die eidesstattliche Versicherung eines Krupp-Mitarbeiters zur Behandlung der ausländischen Zwangsarbeiter bezeichnete er als Lüge mit dem Ziel, »das deutsche Volk in den Schmutz zu ziehen«. Die furchtbaren Bedingungen in den Fabriken und Lagern führte er auf die Luftangriffe der Alliierten zurück – allerdings seien sie ohnehin nicht in seine Zuständigkeit gefallen und hätten sich seiner Kenntnis entzogen.[36] Er gab zu, dass 100.000 ungarische Juden zur Arbeit in unterirdischen Flugzeugfabriken deportiert worden waren (er hatte das bereits bei einer früheren Befragung erwähnt), behauptete jedoch, »dass das in der ganzen Kriegslage und in der ganzen Auffassung, die wir in dieser Frage hatten, begründet war«.[37] Die Rüstungsproduktion, wie sie in der Genfer Konvention beschrieben war, bezeichnete er als »alten Begriff, der längst überholt ist«.[38] Am Ende stellte Jackson noch die Frage, was Speer mit der »Gesamtverantwortung« meine, die er für den nationalsozialistischen Staat übernehme, und versäumte es dann, bei Speers Antwort nachzuhaken.[39]

Im Vergleich zu den kläglichen Aussagen und dem schlichten Leugnen der anderen Angeklagten gab Speer eine gelungene Vorstellung. Telford Taylor erinnerte sich Jahre später »an viele positive Kommentare über Speer«, und der amerikanische Richter Francis Biddle bezeichnete ihn als den »menschlichsten und anständigsten Angeklagten«. Maxwell-Fyfe betrachtete ihn als die »bei weitem anziehendste Persönlichkeit unter den Angeklagten«. In Anbetracht von Speers Mitangeklagten war es nicht schwierig, einen solchen Eindruck zu hinterlassen. Doch Taylor, der später die deutschen Industriellen Friedrich Flick und Alfried Krupp von Bohlen und Halbach anklagte, erinnerte sich trotzdem, dass Speer »schwer belastet« gewesen sei.[40]

Die ganze Inszenierung wäre um ein Haar misslungen. Speer wurde in den beiden Anklagepunkten Gemeinsamer Plan und Verschwörung sowie Verbrechen gegen den Frieden freigesprochen, weil er erst 1942 Minister wurde. Aber weil er Zwangsarbeiter eingesetzt hatte, wurde er in den Punkten Kriegsverbrechen und Verbrechen gegen die Menschlichkeit für schuldig befunden. Nikitschenko verlangte den Strang für ihn, und Biddle stimmte ihm zunächst zu. Doch schließlich votierte der amerikanische Richter zusammen mit Lawrence und Donnedieu de Vabres aufgrund der Mischung von Schuld und Reue für eine 20-jährige Haftstrafe.[41] Speer gab schnell zu Protokoll, dass sein Urteil gerecht sei, und blieb bei seiner Haltung. Nach der Urteilsverkündigung stellte er nicht einmal ein Gnadengesuch. Vorerst genügte es ihm, dass er dem Henker entkommen war. Ein Gnadengesuch hätte seiner gesamten Verteidigungsstrategie im Prozess widersprochen: Speer war bereit, seinen Teil der Gesamtverantwortung für die NS-Zeit auf sich zu nehmen. Gnade wäre demnach nur möglich, wenn die Ehre von Hitlers Lieblingsminister wiederhergestellt worden wäre. Oder wie Wolters es 1975 sardonisch formulierte: »Auf der einen Seite [war] die [von Speer in seinen Erklärungen] als gerecht angesehene Strafe von 20 Gefängnisjahren, auf der anderen Seite die intensiven Bemühungen, aus der Haft entlassen zu werden, und zwar vom ersten Tage an.«[42]

Frühe Bemühungen um eine Entlassung

Wenn Speer begnadigt werden würde, dann mit der Hilfe eines Netzwerks von Unterstützern, die gleich nach seiner Verhaftung aktiv wurden. Die Leitung hatte

Rudolf Wolters aus Coesfeld übernommen, Speers ergebener Freund seit der gemeinsamen Studienzeit in München und Berlin in den Jahren 1924 und 1925, der auch die versteckte und später bereinigte Chronik führte.[43] Eng mit Wolters zusammen arbeitete Annemarie Kempf, die 1938 als junge Frau Speers Privatsekretärin im Generalbauinspektorat geworden war. Wie Wolters blieb sie Speer gegenüber absolut treu ergeben und schmuggelte als Stenotypistin der Alliierten Dokumente aus Speers geheimem Fundus zu Flächsner.[44] Wolters und Kempf fungierten als Anlaufstelle für Speers umfangreiche geheime Korrespondenz, die der holländische Gefängniswärter Toni Proost und später sein Kollege Jan Boon verbotenerweise aus Spandau herausschmuggelten. Wolters' Sekretärin Marion Riesser tippte Tausende Seiten der 25.000 Kassiber Speers ab, darunter Briefe an seine Familie, Strategien bei den Bemühungen um seine Entlassung, Anweisungen zur Verwaltung seines Vermögens und Material, das schließlich in seinen Memoiren und in den *Spandauer Tagebüchern* Verwendung fand.[45]

Wolters half auch, ab Sommer 1948 ein geheimes Bankkonto in Coesfeld einzurichten und zu verwalten, das so genannte Schulgeldkonto. Damit sollte Speers Frau Margret bei der Haushaltsführung und Ausbildung der sechs Kinder, von denen das älteste (Albert junior) 1948 14 wurde, unterstützt werden. Margret hob monatlich soviel Geld vom Konto ab, wie Wolters ihr sagte. Am meisten verschlang jedoch die Finanzierung der Gnadengesuche, die Wolters beaufsichtigte und auf denen Speer bestand. Das Geld auf dem Konto stammte von verschiedenen Architekten und Industriellen, die im Dritten Reich unter Speer gearbeitet hatten, unter Speer reich geworden waren, nach dem Krieg erfolgreich weiter Karriere machten und das Gefühl hatten, dass die Begnadigung Speers einem Freispruch für sie gleichkam. Die Industriellen hatten Speers sogenanntem Kindergarten angehört – einer Gruppe junger Männer, denen Speer 1942 Schlüsselpositionen in seinem Ministerium für Bewaffnung und Munition gegeben hatte, um die Produktion zu steigern und den Endsieg herbeizuführen. Gemäß Speers Überzeugung, dass private industrielle und staatliche Interessen eins seien und die Zukunft der Großindustrie anstelle kleiner Betriebe gehören würde, war er zu ihrem Förderer geworden. Sie wiederum bildeten seine unabhängige Machtbasis, die er für die Auseinandersetzungen mit anderen Staats- und Parteiorganen benötigte.[46]

An vorderster Stelle stand Walter Rohland, dem man leicht wegen Kriegsverbrechen den Prozess hätte machen können. Als großes Organisationstalent war Rohland in den dreißiger Jahren noch vor seinem 40. Geburtstag Leiter der Deutschen Edelstahlwerke geworden. 1941 wurde er Vorstandsmitglied und 1943 Vorstandsvorsitzender der Vereinigten Stahlwerke. Regierungsaufträge für Panzerfahrzeuge waren Rohlands Hauptgeschäft und brachten ihm 1943 sogar den Spitznamen »Panzer-Rohland« ein. 1935 begann er mit der Produktion von Panzerfahrzeugen und war Mitte der vierziger Jahre Fritz Todts wichtigster privater Berater zur Steigerung der Panzerproduktion. Speer und Rohland pflegten nach Todts Tod ein enges Arbeitsverhältnis. Rohland war als Vorsitzender des Hauptausschusses Panzer im Rüstungsministerium ein wichtiger Mitarbeiter und fungierte zudem noch als stellvertretender Leiter des Hauptrings Eisenerzeugung und der Reichsvereinigung Eisen, zwei Kartellen, die der Steuerung der Eisenproduktion dienten. Damit war Rohland tief in die Beschaffung und den Einsatz von Zwangsarbeitern verstrickt. Sein Name findet sich auf zahlreichen Dokumenten, die für die Prozesse des amerikanischen Militärgerichtshofs gegen deutsche Industrielle wegen der Beschäftigung von Zwangsarbeitern und der Bestrafung der Arbeiter zusammengestellt wurden.[47] Bei einer Befragung durch das amerikanische Militär im Februar 1947 gab Rohland zu, dass die Vereinigten Stahlwerke allein im Jahr 1943 59.000 zivile ausländische Arbeiter und 28.000 Kriegsgefangene beschäftigt hatten.[48] Rohland war der NSDAP im April 1933 beigetreten, weil es laut ihm die Pflicht eines jeden Deutschen gewesen sei, die Partei in positiver Weise zu beeinflussen. Außerdem behauptete er später, er habe während des Krieges einigen Juden geholfen.[49] Doch in einem OSS-Bericht von 1945 bezeichnete man ihn nicht nur als »führende Persönlichkeit der Eisenhütten im Nordwesten«, sondern stellte auch fest, dass er schon »vor 1933 ein überzeugter Nazi« gewesen sei und die Ermittlungen der Alliierten in der Stahlindustrie behindert habe, da Untergebene »aufgrund ihrer noch größeren Angst vor hochrangigen Nazis wie Rohland offenbar eine Zusammenarbeit mit den alliierten Ermittlern fürchteten«.[50]

Die Amerikaner stuften Rohland nach seiner Verhaftung im Juli 1946 als Angeklagten in zukünftigen Kriegsverbrecherprozessen ein und schickten ihn ins Verhörzentrum im Camp »Dustbin«.[51] Doch er fungierte schließlich nur als Zeuge der Verteidigung gegen ältere Angeklagte wie Friedrich Flick und Alfried Krupp, denen man leichter eine Mittäterschaft bei der Planung eines Angriffskrieges sowie bei Kriegsverbrechen und Verbrechen gegen die Menschlichkeit nachweisen konnte.[52] Nach seiner Freilassung durch die amerikanischen Behörden im September 1947 und einem sehr gnädigen Entnazifizierungsverfahren im Januar 1948 vor der Düsseldorfer Spruchkammer, bei dem Rohland keine Strafe zahlen musste, arbeitete er weiter am Aufbau seines Vermögens und an seinem Ruf als unpolitischem Eisen- und Stahlmann. Viele ehemalige Industriekapitäne der NS-Zeit versuchten sich damals den Anschein unbescholtener Geschäftsleute zu geben, vor allem, als sie ihre Positionen an der Spitze der deutschen Industrie zurückgewannen.[53] Doch Rohlands wahre Natur blieb weiterhin dicht unter der Oberfläche. Die Zerstörung des Familienbesitzes durch die Bomben der Alliierten, erklärte er 1953 bei einem Interview nach ein paar Gläsern Wein, bedeute für ihn, dass die Rechnung mit den Juden beglichen sei.[54]

Ein anderer Unterstützer Speers aus dem früheren »Kindergarten« war Willy Schlieker, der 1914 geboren wurde und einer der größten deutschen Schiffsmagnaten werden sollte, bis sein Konzern wegen fehlender Diversifizierung 1962 in Konkurs ging. 1940 wurde Schlieker bei den Vereinigten Stahlwerken tätig und leitete wie Rohland einen der 21 Hauptausschüsse in Speers Rüstungsministerium. Nach dem Krieg arbeitete er kurzzeitig für die britischen Besatzungsbehörden und organisierte die Verteilung von Stahl und Eisen in ihrer Zone, musste jedoch im Januar 1947 seine Position infolge der Ergebnisse der Entnazifizierungskammer räumen. Weil Schlieker im Krieg unter anderem für den Flick-Konzern tätig gewesen war, wollten ihn die US-Behörden als Zeugen, doch die Briten verweigerten ihre Zustimmung.[55] Ein weiterer Freund Speers aus der Schwerindustrie war Ernst Wolf Mommsen, ebenfalls ein Stahlmagnat, der in Kriegszeiten eine hohe Position unter Speer bekleidet hatte, während der Besatzungszeit mit den Briten zusammengearbeitet hatte und nach dem Krieg Karriere in der Rohrindustrie im Ruhrgebiet machte. Mommsen verhandelte bereits 1952 mit den Sowjets über Handelsbeziehungen und war Staatssekretär im Verteidigungsministerium, nachdem Helmut Schmidt 1969 Verteidigungsminister im Kabinett von Willy Brandt geworden war. Als Speer 1966 das Spandauer Gefängnis verließ, wurde er von Mommsens Wagen abgeholt.[56]

Viele ehemalige Architekten Speers aus dem Generalbauinspektorat unterstützten die Familie finanziell und leisteten auch einen Beitrag bei der Planung der Gnadengesuche. Friedrich Tamms, der unter Speer im GBI gearbeitet hatte, ist ein typisches Beispiel für den Architektenzirkel, den Wolters »die zwölf Apostel« nannte. Zu Tamms' Entwürfen zählen mehrere massive Brücken, darunter die Nibelungenbrücke, die über die Donau in Hitlers Heimatstadt Linz führte. Mit dem Bau war 1939 begonnen worden, später wurde die Brücke von den Alliierten zerstört. Tamms konzipierte außerdem eine Reihe wuchtiger atheistischer Schlachtendenkmäler, die an die Monumente des antiken Rom erinnern und, wie Tamms 1943 erklärte, »von Narvik bis Afrika, vom Atlantik bis in die Ebenen Russlands« aufgestellt werden sollten. Sie sollten an gefallene germanische Helden erinnern, gleichzeitig aber, so Tamms, »Bollwerke geistiger Art gegen die Fluten feindlichen Fühlens und Wollens« bilden.[57]

Die Bemühungen von Speers Familie waren weniger intensiv, was ebenso auf ihren geringeren Einfluss wie auf Speers ausdrückliche Anweisungen zurückzuführen ist. Speers Frau Margret, die er liebevoll Gretel nannte, war über alle Schritte informiert, wurde aber selbst nicht aktiv. Das lag auch daran, dass ihr Speer nicht genug zutraute. Andere Frauen hätten sich von seinen ständigen Briefentwürfen und Änderungen, die er aus Spandau schickte, damit sie diese weiterleitete, und seinen Anweisungen beleidigt gefühlt, Margret jedoch tat wie geheißen. Speer war überzeugt, dass die lautstarken Kampagnen der Spandauer Ehefrauen in der rechten Presse mit ihren starken Übertreibungen kontraproduktiv waren. Er konnte die Kampagnen verfolgen, weil wohlgesinnte Wärter Zeitungen und Zeitschriften in seine Zelle schmuggelten. Besonders kritisch betrachtete Speer Erika Raeders Anstrengungen und die Serie von Jürgen Thorwald 1951 in der *Revue,* in der es von leicht zu widerlegenden Übertreibungen wimmelte. »Mit übertriebenen Darstellungen des Zustandes hier«, schrieb er Margret in Bezug auf die beiden, »kommt man keinen Schritt vorwärts, sondern eher zurück.« Speer wies sie an, sich nicht wie die anderen Frauen an die Presse zu wenden. Wenn Reporter sie fragten, sollte sie einfach auf die schwierige Situation der sechs Kinder hinweisen. Margret selbst schrieb Winifred von Mackensen, dass überzogene Presseberichte nicht hilfreich seien.[58]

Andererseits setzte Speer alles daran, die Mauern Spandaus zu durchbrechen. In ihrem sorgfältig recherchierten Buch argumentiert Gitta Sereny, Speer habe seine Strafe in den ersten Jahren akzeptiert.[59] Vielleicht war das so. Doch in den ersten Jahren rechnete Speer damit, dass er seine Strafe aufgrund der wachsenden Kluft zwischen den vier Mächten ohnehin nicht voll absitzen würde. Sein Organisationstalent in der Rüstung wäre, so dachte er, wie die Kenntnisse deutscher Wissenschaftler und Ingenieure bei den Sowjets sehr gefragt, daher würde man ihn sicher in den Westen bringen. Während der Berlinblockade erkannte er, dass ein Krieg zwischen den ehemaligen Feinden Deutschlands alles, was noch vom Land übrig war, auslöschen würde. Zu Margret bemerkte er: »Ich möchte nicht ›Nutznießer‹ eines Krieges sein.«[60] Eine merkwürdige Äußerung von jemandem, dessen gesamte Karriere auf dem furchtbarsten Konflikt der Geschichte aufbaute. Selbst ohne eine bewaffnete Auseinandersetzung glaubte Speer dem Gefängnisklatsch von einer baldigen Auflösung Spandaus.[61] Er plante bereits seine Memoiren, erteilte Margret Anweisungen für die Verhandlungen mit möglichen Verlegern und hoffte, dass der britische Historiker Hugh Trevor-Roper, dessen Buch *The Last Days of Hitler (Hitlers letzte Tage)* in der amerikanischen Presse als Fortsetzung veröffentlicht wurde, einen Vertrag aushandeln könnte.[62]

Als Spandau nicht einmal im Koreakrieg aufgelöst wurde, begann Speer, sich mit Hilfe des Schulgeldkontos und verschiedener Anwälte um seine Entlassung zu bemühen. Trotz seiner Kommentare in den *Spandauer Tagebüchern,* dass die Alten und Kranken zuerst entlassen werden sollten (für von Neurath schien er eine gewisse Sympathie zu empfinden), arbeitete er daran, vor den anderen Häftlingen freizukommen. In den folgenden 15 Jahren berief man sich immer wieder auf die, wie Speer und seine Freunde es sahen, mildernden Umstände, vor allem darauf, dass er Hitlers Befehl zur Strategie der »verbrannten Erde« sabotiert hätte. Speer schrieb Margret 1950, der Begriff verbrannte Erde könne gar nicht oft genug erwähnt werden, und wies sie an, alles zusammenzustellen, was sie dazu finden könne, und die Unterlagen an Trevor-Roper zu senden, der sich in seiner Arbeit einigermaßen wohlwollend über Speer geäußert hatte. »Ich glaube«, schrieb Speer, »er würde etwas daraus machen.«[63] Er hoffte außerdem, von seiner reumütigen Inszenierung von Nürnberg zu profitieren. »Meine Schuld«, schrieb er 1952 an Werner Schütz, einen Anwalt, der mit Wolters befreundet war, »beschränkt sich nach meiner Ansicht auf meine freiwillige und bewusste Äußerung vor dem Prozess, dass ich Arbeiter anforderte, die gegen ihren Willen nach Deutschland kamen.« Damit habe er bei Jackson gepunktet. Ohnehin seien das Außenministerium und das Oberkommando der Wehrmacht für die Gesetze im Krieg verantwortlich gewesen. »Wie weit war ich verpflichtet«, stellte Speer die rhetorische Frage, »mich um die völkerrechtlichen Fragen zu kümmern?«[64]

Speer verließ sich hauptsächlich auf Lobbyarbeit. Sein Vertrauen in Flächsner hatte er schon beim Nürnberger Prozess verloren. Obwohl Flächsner offiziell mit dem Fall betraut blieb, nutzte Speer andere Anwälte mit besseren Verbindungen. Der erste war Otto Kranzbühler, Dönitz' Anwalt, der in Nürnberg einen tiefen Eindruck hinterlassen hatte. Als Anwalt bei den amerikanischen Prozessen gegen Flick und Krupp kannte er Rohland und andere Freunde Speers und setzte sie als Entlastungszeugen ein. Am 10. Februar 1951 trafen sich Wolters, Kempf, Tamms und zwei Anwälte, Schütz und Gerhard Fränk, an einem Samstagnachmittag in Düsseldorf. Die Gruppe beschloss, mit Kranzbühlers Hilfe wichtige deutsche Politiker für Speers Fall zu gewinnen.[65] Kranzbühler, der Dönitz weiterhin vertrat, war nicht billig – vom Schulgeldkonto mussten 10.000 D-Mark abgehoben werden, was wiederum bedeutete, dass der Fonds insgesamt mehr Geld benötigte. Rohland versicherte Wolters, er könne das Geld aufbringen. Speer hatte bereits eine lange Liste mit Vorschlägen für zusätzliche Geldgeber geschickt, die ihm alle noch einen Gefallen aus seiner Zeit als NS-Minister schuldeten. Die Liste zeigt, dass Speer immer noch Einfluss hatte. Sie zeigt außerdem, dass er über die Lebensgefahr für Juden Bescheid wusste. Dr. Wilhelm Haspel, der Vorstandsvorsitzende von Daimler-Benz, erinnerte sich Speer, war mit einer Jüdin verheiratet. Speer behauptete, er habe entstehende Schwierigkeiten für ihn beseitigt. Das galt auch für Otto Meyer, Vorstandsvorsitzender bei der MAN (Maschinenfabrik Augsburg-Nürnberg), dessen jüdische Frau in die Schweiz geflohen war und von dem Speer behauptete: »Die gleichen Schwierigkeiten, seine Stellung zu behalten, wurden laufend gemacht.« Es sei normal gewesen, so Speer, dass solche Männer ihre Position räumen mussten, die Folgen seien »unabsehbar« gewesen.[66] Jetzt erwartete er von ihnen finanzielle Unterstützung. Im Sommer 1951 trieb Rohland beträchtliche Summen bei den Firmen auf Speers Liste auf, darunter auch Haspels Daimler-Benz (2.000 D-Mark). Die höchsten Summen vom Schulgeldkonto gingen in jenem Jahr an Kranzbühler. Gleichzeitig bat Margret bei verschiedenen lokalen Banken darum, kleinere Summen im Namen ihres Mannes abzuheben, um Kleider, Lebensmittel, Heizung, Arzt- und Zahnarztbesuche sowie ironischerweise auch die Ausbildung der Kinder zu finanzieren.[67]

Für Kranzbühler war es nicht einfach, seine Verantwortung für Dönitz, seinen Wunsch nach der Schließung des Spandauer Gefängnisses und seine neuen Verpflichtungen gegenüber Speer unter einen Hut zu bringen. Im Juli 1951 sagte er dem amerikanischen Hohen Kommissar McCloy, es sei an der Zeit, die Urteile von Nürnberg einer juristischen Überprüfung zu unterziehen. McCloy zeigte sich wohlwollend, erklärte aber, dass die Sowjets dem nie zustimmen würden. Kranzbühler entschloss sich zu einem Gnadengesuch für Speer, begleitet von der Fürsprache bundesdeutscher Politiker.[68] Wolters war hoffnungsvoll. »Ich meine«, schrieb er Margret, als er ihr die erste Zahlung in Höhe von 2.500 D-Mark an Kranzbühler erklärte, »wir sollten ihm vertrauen und ihn tun lassen, was er für richtig hält.«[69] Im Februar 1952 hatte sich Kranzbühler mit Adenauer und Theodor Blank getroffen und ausdrücklich die Fälle Dönitz und Speer angesprochen. Doch Adenauer, der zu dem Zeitpunkt bereits an die Hohen Kommissare geschrieben und sich über die seiner Meinung nach unmenschlichen Bedingungen in Spandau und von Neuraths Gesundheitszustand beschwert hatte, verwies darauf, dass für die Häftlinge in Landsberg, Werl und Wittlich bessere Aussichten bestünden. Adenauer war außerdem überzeugt, dass jede öffentliche Fürsprache für Dönitz und Speer die vorzeitige Entlassung von Neuraths gefährden könnte. Das leuchtete Kranzbühler ein. Wolters erklärte er: »Leider ist Optimismus bisher fehl am Platze.«[70]

Speer reagierte mit Verbitterung. Nach Gesprächen mit Dönitz war er zwar mit der Verpflichtung Kranzbühlers einverstanden (in seinen geheimen Briefen hatte Speer ihm den Codenamen »Herr Zweig« gegeben), zeigte sich jedoch deprimiert, als Kranzbühler Dönitz Ende 1952 in einem Brief warnte, er müsse möglicherweise seine Haftstrafe voll absitzen. »Der Gedanke, dass wir einmal frei sein könnten, ist völlig abstrahiert.«[71] Speer hegte außerdem den Verdacht, dass Kranzbühler nicht genug für sein Geld tat. Im April 1953 schrieb er an Margret: »Zweig [Kranzbühler] war bei Adenauer, aber ich nehme an, nur wegen Dönitz. Ich glaube aus Verschiedenem nicht, dass er sich um mich bemüht, aber das Geld nahm«.[72] Dabei hatte Kranzbühler angesichts von Adenauers Bedenken getan, was er konnte. Von Speers geheimem Konto sollte er jedoch kein Geld mehr erhalten.

Speer setzte mittlerweile große Hoffnungen in seine Tochter Hilde, die im April 1954 17 Jahre alt wurde. Sie war eindeutig Speers Liebling – charmant, intelligent und ausgestattet mit einem untrüglichen Gespür für Moral, das sie wohl von der Mutter geerbt hatte.[73] Ihr deutlicher Brief an ihren Vater in jenem Monat, in dem sie fragte, warum sich die Intellektuellen nicht gegen Hitler gewandt hätten, als er anfing, die Juden zu verfolgen, ist ein zu Recht berühmter Appell, die Wahrheit zu sagen, den die Generation, die unter Hitler geboren wurde, an ihre Eltern richtete. Was sie nicht verstehe, schrieb Hilde, sei, warum er nicht 1940 mit ihm gebrochen habe. Speers ebenso berühmte Antwort an Hilde vom 14. Mai sollte nur insofern ernst genommen werden, als sie die Entschlossenheit Speers zeigt, an seiner Version der Geschichte festzuhalten (es war ihm sehr wichtig, den Brief später seinen Bio-

Abb. 11: *Häftling Nummer 5 Albert Speer bei Arbeiten im Gefängnisgarten von Spandau.* © ullstein bild.

graphen zu zeigen). Außerdem musste er seine Tochter aus praktischen und emotionalen Gründen dazu bringen, ihm zu glauben. »Es gibt dafür, wenn man nicht feige ausweichen will, keine Entschuldigung!«, schrieb er. »Daher bin ich davon überzeugt, dass ich tatsächlich eine Schuld auf mich geladen habe. Es gibt nämlich

Dinge, an denen man schuld ist [...] einfach, weil das Ausmaß so übergroß ist, dass davor jede menschliche Entschuldigung zu Nichts verblasst.« Er habe das Böse an Hitler zu spät erkannt, wiederholte aber, dass er sich dem Befehl zur verbrannten Erde widersetzt habe. Und, so schrieb er seiner Tochter: »Von den scheußlichen Sachen habe ich nichts gewusst«, womit er das Schicksal der Juden meinte. Wie alle Kinder wollte Hilde von ihrem Vater nur das Beste denken.[74]

Der Zeitpunkt ihres Austauschs ist interessant, denn er fand zu einer Zeit statt, als Kranzbühlers Bemühungen scheiterten und Hilde eine wichtige Rolle als Fürsprecherin hinter den Kulissen zukam, die den Speer-Mythos aufrecht erhalten und auf seine Entlassung hinwirken sollte. Der Gedanke dafür entstand 1952/53 mit Hildes Schuljahr in den USA im Rahmen des Austauschprogramms des American Field Service (AFS). Als es im Sommer 1951 so aussah, als ob die Reise nicht zustande käme, weil das amerikanische Außenministerium Hilde das Visum verweigerte, meinte Speer zu Margret, das sei das Beste. »Mich hat diese Reise in ihrem Alter«, schrieb er, »doch etwas beunruhigt, da sie vielleicht zu sehr ›amerikanisiert‹ worden wäre.«[75] Doch als die Reise durch die Intervention von McCloy (der 1952 aus Deutschland in die USA zurückkehrte) möglich war, änderte Speer seine Meinung. Nun sagte er Hilde, sie sei »ein guter ›Botschafter‹« für ihn.[76] Speers Briefe an Hilde wurden länger, die Briefe an Margret kürzer, und im Dezember 1952 teilte er Margret mit, er spare seinen Papiervorrat, damit er Hilde mehr schreiben könne.[77] Seine Briefe künden von väterlichem Stolz, es war aber auch klar, wer ihm am besten helfen konnte.

Speer bereitete Hilde intensiv vor. War er 1951 noch besorgt, dass sie zu stark amerikanisiert werden könnte, drängte er sie nun, populäre Romane zu lesen, um das amerikanische Englisch zu lernen. Bei politischen Fragen von Journalisten sollte sie keine Kommentare abgeben und auf ihre Jugend verweisen. Dennoch nannte Speer ihr eine (kurze) Liste mit Büchern, in denen er gut wegkam, darunter Gustave M. Gilberts *Nürnberger Tagebuch,* Trevor-Ropers *Hitlers letzte Tage* und das Urteil des Nürnberger Prozesses.[78] Die Nachricht im Oktober 1952, dass Hilde zu einem Besuch bei McCloy und seiner Frau eingeladen war, sorgte im Spandauer Zellenblock für eine »Sensation«. Nach Beratungen mit dem Diplomaten von Neurath verbrachte Speer zweieinhalb Stunden damit, einen Brief an Hilde zu schreiben, der sie auf den Besuch vorbereiten sollte. Robert Jackson, schrieb er, habe Flächsner in Nürnberg gesagt, Speer sei der einzige Angeklagte in Nürnberg, der seinen »ganzen Respekt« gewonnen habe. An diesen Kommentar sollte Hilde McCloy erinnern.[79] Allerdings müsse man dieses Spiel vorsichtig und nach den Regeln spielen, an die sich Speer immer gehalten habe. Lautstarke Presseerklärungen müssten vermieden werden. Freiheit, so Speer, »wäre auch auf dem ›stillen Weg‹ gegangen«.[80] Obwohl Hilde in jenen Jahren keinen Erfolg hatte (und auch nicht haben konnte), setzte Speer sie später erneut ein.

In den folgenden Jahren war zunächst Annemarie Kempf an der Reihe. Vielleicht war Kempf, wie Gitta Sereny schreibt, eine sympathische Frau, die nach dem Nürnberger Prozess mit schlimmen Problemen in der Familie zu kämpfen hatte. Ihr Mann war im Osten vermisst, ihre Mutter hatte Krebs, ihre Schwester Multiple Sklerose und ihr Bruder ein Lungenemphysem. Nach dem Nürnberger Prozess kam sie für die Familie auf.[81] Doch das lässt den Zeitpunkt und die Art, wie sie Speers Interessen vertrat, umso merkwürdiger erscheinen. Das Scheitern der Berliner Außenministerkonferenz Anfang 1954, bei der Spandau mit Ausnahme der Gefängnisordnung gar nicht angesprochen wurde, wurmte Kempf ebenso wie das zaghafte Vorgehen der Bonner Regierung. Hans Flächsner war bei seinem Gespräch mit Wilhelm Grewe im Februar auf Widerstand gestoßen, als er über das weitere Vorgehen reden wollte. Es sei das Beste, warnte Grewe, die Freilassung der Häftlinge gar nicht anzusprechen, da die Sowjets die Gefangenen als Vertreter eines erneuerten deutschen Militarismus betrachteten. Die enttäuschenden Ergebnisse des Treffens, schrieb Kempf ärgerlich an Wolters, sprächen für sich selbst.[82] Sie wies Flächsner an, jedem in Bonn zu sagen, dass Speer als Einzelner nicht schuldig sei, er bereits ein Drittel seiner Strafe verbüßt habe, er kein Politiker sei und im Gegensatz zu den anderen Häftlingen wie selbst dem alten und kranken von Neurath sechs Kinder habe.[83]

Nach von Neuraths Freilassung im November 1954 traf sich Kempf mit Heinz von Trützschler im Außenministerium. Sie argumentierte, Speers Ministerium habe zwar Zwangsarbeiter eingesetzt, aber keine Kontrolle darüber gehabt, Speer habe Hitlers Befehl der »verbrannten Erde« sabotiert und habe sechs Kinder, um die er sich kümmern müsse. Von Trützschler ließ sich davon trotz der Rolle, die er selbst im NS-Staat gespielt hatte, nicht beeindrucken. Nach der öffentlichen Empörung über das Verhalten Bonns im Anschluss an von Neuraths Entlassung war es laut von Trützschler nicht ratsam, weitere Fälle aufs Tapet zu bringen.[84] Ohnehin würde sich die öffentliche Diskussion um eine Freilassung der Spandauer Häftlinge dank der Veteranenlobby auf Raeder und Dönitz konzentrieren, nicht auf Speer – tatsächlich arbeitete das Außenministerium 1955 an der Freilassung der beiden; der Fall des 79-jährigen Raeder war auch der einzige, den Adenauer in Moskau bei seinen Verhandlungen über die Freilassung der Kriegsgefangenen ansprach.[85]

Kempf musste zu ihrer Überraschung feststellen, dass Speers Fall angesichts der fast 200 deutschen Kriegsverbrecher, die weltweit, von der Bundesrepublik bis Brasilien, noch im Gefängnis saßen, und der etwa 10.000 deutschen Kriegsgefangenen in der Sowjetunion keine Priorität in Bonn hatte.[86] Wolters machte Kempfs Hoffnung zunichte, sie könnte Speers Fall auf der Prioritätenliste nach oben bringen, wenn sie Aussagen bekannter Architekten und Industrieller sammelte. »Stattdessen ist der ganze Haufen«, warnte Wolters, »von ehemaligen NS-

Architekten aufgeführt.«[87] Kempf war so verzweifelt, dass sie sogar die staatlich kontrollierten DDR-Gewerkschaften kontaktierte, da Speers Sabotage des Befehls zur verbrannten Erde in den letzten Kriegsmonaten zukünftige Arbeitsplätze erhalten hätte![88]

Nach der Entlassung von Neuraths und der Rückkehr der deutschen Kriegsgefangenen aus der UdSSR 1955 waren Speer und Wolters der Ansicht, die beste Strategie sei nun eine Petition von Margret. Trotz der offenkundigen Sympathie, die Speer in den *Spandauer Tagebüchern* den Alten und Kranken zuteil werden ließ, hatte er Margret im April 1954, kurz vor der Außenministerkonferenz und vor von Neuraths Entlassung, ein Gnadengesuch an Adenauer geschickt. Darin wurden Speers Kinder hervorgehoben, die »nach acht Jahren der Hoffnungslosigkeit« nun vielleicht hoffen könnten, ihren Vater bald wiederzusehen.[89] Und wenige Tage vor Raeders Freilassung am 26. September 1955 sorgte er dafür, dass Margret ihre erste offizielle Petition an die drei westlichen Botschafter sandte (datiert auf den 22. September). Die Petition verwies wieder auf die Kinder, die mittlerweile elf bis 21 Jahre alt waren, betonte aber auch Speers christusähnliches Opfer in Nürnberg. »Es fällt mir manchmal sehr schwer, die Ansichten zu verstehen, die mein Mann äußert«, schrieb Margret, »als er glaubte, dass er gemäß seinen hohen ethischen Ansprüchen verpflichtet sei, Verantwortung zu übernehmen, selbst wenn die Frage der persönlichen Verantwortung außer Frage stand. Wir respektierten seine Haltung und haben seinen Weg zehn Jahre lang schweigend hingenommen.«[90] Maurice Bathurst, der britische Rechtsberater in West-Berlin, der im Vorjahr über die Verbesserungen der Haftbedingungen in Spandau verhandelt hatte, bemerkte trocken, Margrets Petition sei etwas Neues, weil darin nicht um Unterstützung für einen kranken alten Mann gebeten wurde, sondern um Speer »mit der Begründung, dass er des Verbrechens, aufgrund dessen er verurteilt wurde, gar nicht wirklich schuldig sei«. Margrets Petition fand kaum Beachtung, vor allem in London nicht, wo man der Ansicht war, dass Speer nicht vor Dönitz entlassen werden konnte, und Dönitz sollte so lange wie möglich in Spandau bleiben.[91]

»Nun nur noch zu dritt«

Walther Funk wurde 1957 entlassen, nachdem er zwölf Jahre seiner lebenslangen Haftstrafe verbüßt hatte. Die Freilassung erfolgte aus gesundheitlichen Gründen. Aufgrund einer Gelbsucht wurde Funk im August 1956 im britischen Militärkrankenhaus operiert; schon damals fürchtete man, dass es bald das erste Begräbnis in Spandau geben würde.[92] Selbst der sowjetische Direktor Makaritschew sprach vor der Operation von einer möglichen Freilassung Funks. Im März des folgenden Jahres waren die Sowjets schließlich so besorgt, dass sie Funk von einem Spezialisten untersuchen ließen, obwohl einige sowjetische Funktionäre immer noch der Meinung waren, Funk würde nur simulieren.[93]

Funk blieb nach der Operation über drei Wochen im Krankenhaus und erholte sich auch nach seiner Rückkehr ins Gefängnis Ende September 1956 nicht mehr richtig. Er war von zahlreichen Krankheiten und Leiden geplagt. Beim Gehen taumelte er, brauchte ständig medizinische Betreuung und nahm Besucher in seiner Zelle selbst in klaren Momenten kaum wahr. »Seine ganze Energie«, hieß es in einem amerikanischen Bericht, »ist auf das bloße Existieren ausgerichtet.«[94] Selbst Speer bemerkte, dass Funk seinen Humor verloren hatte, er liege auf seiner Pritsche wie auf einem Sarkophag und starre apathisch die Decke an.[95] Nach einer Petition der Westalliierten Ende März 1957 erklärte sich Moskau am 11. Mai mit der Freilassung Funks einverstanden. Am 15. Mai durfte er Spandau verlassen und wurde von seiner Frau Louise in Empfang genommen.[96] Funk starb 1960 in Düsseldorf.

»Nun nur noch zu dritt«, vermerkte Speer zwei Tage später.[97] Tatsächlich schien sich die gesamte Frage über das Schicksal der Kriegsverbrecher dem Ende zu nähern. Die meisten deutschen Kriegsgefangenen in der UdSSR kehrten, ob Kriegsverbrecher oder nicht, Ende 1955 in die beiden deutschen Staaten heim. Im Sommer 1957 wurden die letzten deutschen Kriegsverbrecher aus dem britischen Militärgefängnis in Werl und dem französischen Gefängnis in Wittlich entlassen, nur das Schicksal der Kriegsverbrecher, die in Frankreich inhaftiert waren, blieb bis in die sechziger Jahre hinein offen. Ende 1957 gab es im amerikanischen Militärgefängnis in Landsberg nur noch vier Gefangene, die alle im Mai 1958 freikamen.[98] Die Bonner Regierung konnte sich nun ohne politische Risiken für eine Schließung Spandaus einsetzen.

Nachdem der bundesdeutsche Außenminister Heinrich von Brentano von dem Vorschlag zur Entlassung Funks erfahren hatte, richtete er im April 1957 ein Gesuch zur Schließung Spandaus an die drei Botschafter David Bruce (USA), Sir Christopher Steel (Großbritannien) und Maurice Couve de Murville (Frankreich). Brentanos Schreiben, datiert auf den 23. April 1957, zeigte, dass die Arbeit von Speers Freunden doch wirkte. In dem Vorschlag stand Speer an erster Stelle, die Petition Margrets von 1955 wurde ausdrücklich mit dem Verweis auf »das schwere Schicksal der Familie des Herrn Speer« erwähnt. Rudolf Heß, erklärte Brentano, sollte aufgrund seiner geistigen Verfassung in ein Sanatorium verlegt werden, und auch Baldur von Schirach sollte »zu gegebener Zeit« begnadigt werden.[99] Die Antwort der westlichen Alliierten ließ so lange auf sich warten, dass die Rechtsabteilung des Außenministeriums einen ähnlichen Text für Adenauers Besuch im Mai 1957 in Washington entwarf, und im Oktober drängten Brentanos Untergebene, sich erneut an die drei Botschafter zu wenden und »vor allem auf eine baldige Entscheidung über das Gnadengesuch, das für Herrn Speer eingereicht wurde« zu drängen, »da dieser Fall mit den beiden übrigen [...] nicht vergleichbar ist«.[100] Im November schickte Brentano ein weiteres Gesuch an die drei Botschafter, in dem er um eine allgemeine Lösung für Spandau unter besonderer Berücksichtigung von Speers Fall bat.[101]

Die Alliierten diskutierten sei Anfang 1956 über eine Lösung für Spandau und dachten dabei an einen Begnadigungsausschuss vergleichbar dem, der die Fälle der Häftlinge von Landsberg, Werl und Wittlich bearbeitete.[102] London zeigte sich nach Dönitz' Entlassung sehr interessiert und hoffte sogar, Funks Freilassung solange hinauszuschieben, bis ein allgemeiner Plan zur Schließung Spandaus vorlag.[103] Im Januar 1957 passte US-Außenminister John Foster Dulles eine Verzögerung gut ins Konzept, nachdem es in den USA einen öffentlichen Aufschrei wegen der vorzeitigen Entlassung Joachim Peipers aus Landsberg gegeben hatte. Für die amerikanischen Veteranen war Peiper der meistgehasste NS-Offizier, da eine Kampfgruppe der SS unter seiner Führung im Dezember 1944 das Malmedy-Massaker verübt hatte, bei dem über 80 amerikanische Gefangene ermordet worden waren. Von einem amerikanischen Militärgericht war Peiper im Juli 1946 in Dachau zum Tode verurteilt worden, kam jedoch schon nach zehn Jahren frei. Die Empörung, fürchtete Dulles, »würde sich durch die Entlassung der Spandauer Häftlinge noch verstärken«.[104] Tatsächlich war es die französische Regierung, die feststellte, dass Funks Tod im Gefängnis ein größeres politisches Problem darstellen würde als seine Freilassung.[105]

Nachdem Funks Freilassung ohne Zwischenfälle vonstatten gegangen war, verfolgten die westlichen Alliierten bei Spandau eine neue Strategie, die jedoch dem Fall Speer anders als die Bonner Regierung keine Priorität einräumte. Nach dem Willen der Alliierten sollten Psychiater Heß gründlich untersuchen und ihn für unzurechnungsfähig erklären. Mit der Zustimmung der Sowjets würde er dann in eine Nervenheilanstalt verlegt. Und danach würde selbst Moskau die Absurdität erkennen, in Spandau ein Gefängnis für gerade einmal zwei Häftlinge zu unterhalten. Im Juli und August 1957 untersuchten drei Psychiater Heß, doch weder hielten sie ihn für geisteskrank noch empfahlen sie die Verlegung in eine geschlossene Anstalt. »Wir haben es mit einem paranoid Schizophrenen zu tun«, hieß es in dem amerikanischen psychiatrischen Gutachten über Heß, »er befindet sich derzeit [jedoch] nicht in einem Zustand des Wahns oder der mentalen Störungen, der einen Aufenthalt in einer psychiatrischen Einrichtung erfordern würde.«[106] Der französische Bericht ergänzte: »Häftling Nummer 7 gefährdet weder andere noch sich selbst.« Vielleicht spielten bei den Gutachten auch politische Überlegungen eine Rolle. Die französische Botschaft in Bonn war zwar für die allmähliche Auflösung Spandaus, doch französische Vertreter in West-Berlin nörgelten im Sommer 1957: »Es ist ein großer Fehler, die Leute aus Spandau zu entlassen. Wir sollten mehr Leute dort einsperren.«[107] Die amerikanischen Vertreter in West-Berlin dagegen wollten das Gutachten ändern, damit Heß so verrückt wie möglich wirkte.[108] Ob diese Strategie bei den Sowjets gefruchtet hätte, die stets argumentiert hatten, Heß' Geisteskrankheit sei gespielt, war ohnehin fragwürdig. Selbst Speer und von Schirach begriffen, dass die psychiatrischen Untersuchungen von Heß letztlich auf die Schließung des Gefängnisses zielten.[109]

Die Briten überlegten im Oktober 1957, in Moskau wegen der Entlassung aller drei Häftlinge anzufragen, doch die Franzosen wollten eine derartige Bitte nicht unterstützen. Wie schon Couve de Murville gegenüber Außenminister Christian Pineau bemerkt hatte, sei Brentanos Vorschlag, die Häftlinge nach und nach einzeln zu entlassen, »relativ diskret [und] einer allgemeinen Freilassung vorzuziehen, die in Frankreich ungünstige Reaktionen hervorrufen könnte«.[110] Er wiederholte diese Bedenken gegenüber Steel. Damit änderte sich erneut die Priorität der einzelnen Fälle. Die westlichen Alliierten einigten sich auf das Argument aus Bonn, Speer habe es aufgrund seines Schuldeingeständnisses in Nürnberg am meisten verdient, außerdem erhalte der Fall durch Speers sechs Kinder noch eine humanitäre Dimension. Von Schirach und Heß könnten vielleicht ein paar Monate nach Speer entlassen werden. Das Hauptargument gegenüber Moskau sollte lauten, dass die Kosten für den Unterhalt »dieser drei diskreditierten Kriegsverbrecher« in keinem Verhältnis zu ihrer aktuellen Bedeutung stünden, außerdem würden »einige Deutsche darauf bestehen, sie als Märtyrer zu betrachten«.[111]

Es gab gute Gründe für die Annahme, dass die Sowjets zustimmen würden. Als Nikita Chruschtschow 1955 in der Sowjetunion an die Macht kam, verfolgte er einen Kurs der friedlichen Koexistenz mit dem Westen einschließlich der Bundesrepublik. Ein erster Höhepunkt dieser Politik war die Moskaureise Konrad Adenauers im September 1955. Die Verhandlungen waren nicht einfach, doch die Resultate konnten sich sehen lassen: gegenseitige Anerkennung, die Aufnahme offizieller Handelsbeziehungen, von denen vor allem die Sowjets profitierten, und die Heimkehr von etwa 10.000 deutschen Kriegsgefangenen, die sich noch in sowjetischen Lagern befanden. Nach Funks Entlassung sprach einiges dafür, dass sich dieses Tauwetter auch auf Spandau ausdehnen könnte. Im Juli 1957 deutete der sowjetische stellvertretende Kommandant in Berlin, Iwan Kotsiuba, dem amerikanischen Gefängnisdirektor Ralph George bei einem Besuch in Spandau an, dass sich im kommenden Jahr möglicherweise eine Lösung für Spandau ergeben würde. Bereits im Mai 1957 waren zahlreiche zivile Angestellte (Heizer, Elektriker, Küchenhilfen) entlassen worden. Nach Kotsiubas überraschendem Vorschlag einigte man sich im November offiziell darauf, die Zahl der Wärter in jeder Schicht von fünf auf drei zu reduzieren, so dass in einer Schicht nicht einmal mehr Wärter aller vier Mächte vertreten waren. Für Spandau musste der Berliner Magistrat 1949 450.000 D-Mark aufbringen, der Unterhalt des West-Berliner Senats kostete dagegen nur 260.000 D-Mark.[112] Die Gesamtkosten stiegen jedoch von Jahr zu Jahr, weil das Gebäude mit dem Zellenblock und den Wachtürmen immer mehr verfiel und ständig repariert werden musste.

Die amerikanischen Behörden in West-Berlin und Bonn waren überzeugt, es sei »am besten, unsere Karten ganz offen auf den Tisch zu legen und zu sagen, dass es unserer Ansicht nach ebenso im [sowjetischen] Interesse wie in unserem liegt, diese teure und anachronistische Einrichtung aufzulösen. Wir wollen vermeiden, dass ein Häftling in unserer Obhut stirbt, und es scheint auch keinen Sinn zu haben, Vorkehrungen zu ihrer Inhaftierung zu geringeren Kosten an einem anderen Ort zu treffen.«[113] Daher wollte man Kotsiuba die Schließung vorschlagen. Wenn er Entgegenkommen signalisierte, sollte Speer als erster begnadigt werden.[114] Die bundesdeutschen Behörden wurden im Januar 1958 über diesen Ansatz informiert und gleichzeitig gewarnt, dass jede Erwähnung Spandaus in der Presse die Angelegenheit komplizieren würde.[115]

Aus den verfügbaren Unterlagen geht hervor, dass die Sowjets die Vorschläge der westlichen Alliierten ernsthaft in Erwägung zogen. In einem Artikel in der *Frankfurter Allgemeinen Zeitung* vom 8. Januar 1958, der sich auf eine Quelle in der sowjetischen Botschaft in Ost-Berlin berief, hieß es, Moskau sei der Verpflichtung in Spandau überdrüssig.[116] Bei einem Treffen mit dem britischen politischen Berater Bernard Ledwidge am 8. Januar 1958 im sowjetischen Stützpunkt in Karlshorst reagierte Kotsiuba auf Ledwidges Anfrage »mit einem breiten Lächeln« und meinte, er habe sich noch nicht viele Gedanken über Spandau gemacht, vorbereitende Gespräche seien jedoch wünschenswert.[117] Er versprach, sich ernsthaft mit der Angelegenheit zu befassen, und warnte, davon dürfe nichts an die Presse gelangen. Einige Wochen später hieß es im britischen Außenministerium: »Wir sind sehr zufrieden über den Verlauf der Angelegenheit.«[118]

Die Einwände kamen von Walter Ulbricht, der den Kurs der SED seit ihrer Gründung 1946 bestimmte und einer der wenigen Männer war, die Josef Stalin vermissten. Am 5. Februar 1958 diskutierte das Politbüro zum ersten und einzigen Mal in seiner Geschichte über das Spandauer Gefängnis. Die SED-Führung stellte fest, dass sie »keine Bedenken gegen die Auflösung des Gefängnisses der Kriegsverbrecher in Spandau« habe, man war sich aber auch einig, dass von Schirach und Heß in den Westen gehen konnten, Speer jedoch in der DDR in Haft bleiben musste.[119]

Warum war die DDR-Regierung mit einer Schließung Spandaus einverstanden? Die SED-Führung verfolgte Chruschtschows Politik gegenüber dem Westen mit Argwohn. Die Anerkennung der Bundesrepublik zog zwangsläufig die Legitimation der DDR in Zweifel, doch die größten Bedenken galten der fortgesetzten alliierten Präsenz in West-Berlin, wo jedes Jahr Hunderttausende Ostdeutsche in den Westen flohen. Für Ulbricht stand nie die Abschottung der Sektorengrenze mit einer Mauer im Vordergrund, sondern ein Ende des Viermächtestatus' von

Berlin. Die ganze Stadt sollte endlich zur Hauptstadt der DDR werden. Ein Ende der Viermächteverwaltung in Spandau war dazu ein erster Schritt. Obwohl man in der DDR die Vorstellung verabscheute, NS-Kriegsverbrecher auf freien Fuß zu setzen, ließ sich das im Austausch für ganz Berlin verschmerzen. Zwar war das Ende der Viermächtekontrolle erst im November ein politisches Ziel Chruschtschows, doch das fieberhafte Drängen Ulbrichts zeigte bereits einige Monate zuvor, dass der ungeklärte Status Berlins dazu beitrug, die Frage der Nürnberger Urteile voranzutreiben.[120]

Aber warum musste Speer im Osten bleiben? Ulbricht sorgte sich seit 1949 um den in seinen Augen vom Nationalsozialismus inspirierten Revanchismus der Bonner Regierung. In einem wütenden Brief an den sowjetischen Botschafter Georgi Puschkin zog Ulbricht im Mai 1956 über ehemalige Mitarbeiter Hitlers in ranghohen Positionen in Bonn her. Er nannte Hans Globke (der als Ministerialrat im Reichsinnenministerium an der Vorbereitung der Nürnberger Gesetze beteiligt war und nun als Staatssekretär unter Adenauer arbeitete), den pensionierten General Hasso von Manteuffel (der 1953 als Bundestagsabgeordneter die Freilassung aller Offiziere verlangte, die als Kriegsverbrecher in Haft waren, aber 1959 selbst von einem bundesdeutschen Gericht verurteilt wurde), Robert Pferdmenges (der als Vorstandsmitglied der AEG zum so genannten Keppler-Kreis beziehungsweise Freundeskreis Reichsführer SS gehört hatte und nun Adenauer in Wirtschaftsfragen beriet) und Hermann Josef Abs (Aufsichtsratmitglied bei den IG Farben und Vorstandsmitglied der Deutschen Bank, der 1942 an Arisierungen im Ausland beteiligt war und ebenfalls als Wirtschaftsberater Adenauers fungierte). »Sie leiden«, argumentierte Ulbricht, »unter derselben Krankheit wie Hitler und Göring.«[121]

Am meisten beunruhigte Ulbricht jedoch die Wiederbewaffnung der Bundesrepublik. Adenauer, warnte Ulbricht Puschkin, wolle die DDR durch Atomwaffen einschüchtern, die Bonn kontrollieren würde.[122] Die Ernennung des erzkonservativen Bayern Franz Josef Strauß zum Verteidigungsminister bestätigte Ulbrichts Befürchtungen. Strauß war von 1955 bis 1956 Bundesminister für Atomfragen und hatte zusammen mit dem ehemaligen NS-General Adolf Heusinger (dem damaligen Leiter der Militärischen Abteilung im neu gegründeten Verteidigungsministerium) argumentiert, die NATO benötige eine integrierte, nukleare Vorwärtsstrategie zur Abschreckung von Angriffen. Schon bald gehörte es zum Standard der DDR-Propaganda, den barocken und direkten Strauß als »den Göring von Bonn« zu bezeichnen.[123]

Die bundesdeutsche Nuklearstrategie ging auf ein Umdenken innerhalb der NATO zurück. Da sich die USA 1954 dem Konzept des »New Look« von Dulles verschrieben hatten und sich stärker auf nukleare Abschreckung als auf konventionelle Truppen stützten, und Großbritannien, das seit 1952 Atommacht war, genauso dachte, und die französischen Truppen zunächst in Indochina und dann in Algerien gebunden waren, schien nur die Stationierung von Atomwaffen in der Bundesrepublik eine wirkliche Abschreckung zu garantieren. Damit war die Bundeswehr mehr als ein Schild, der den Rückzug der NATO-Truppen an den Rhein sicherte.[124] Die Ursprünge der Strategie interessierten in Ost-Berlin jedoch nicht, man sah darin nur eine Fortführung der Vergangenheit und eine Politik des Revanchismus. Generalleutnant Hans Speidel, der im Krieg Generalfeldmarschall Erwin Rommel als Stabschef gedient hatte und nun Leiter der Abteilung Streitkräfte im Bundesministerium für Verteidigung war, trat 1956 für den sofortigen Gebrauch von Atomraketen im Konfliktfall und die Integration taktischer Raketen in die Divisionsverbände ein.[125] Heusingers Kommentare 1956 darüber, wie ein begrenzter nuklearer Konflikt »gewonnen« werden könnte, und seine Verwendung der Angriffe der deutschen Luftwaffe auf London als Negativbeispiel für eine fehlende Kombination von Luft- und Bodentruppen taten ein übriges, ebenso Adenauers Bemerkung zu amerikanischen Journalisten im Oktober 1956, taktische Raketen mit einem beschränkten Wirkungskreis könnten bald von einem mehr oder weniger normalen Geschütz abgefeuert werden; alle Streitkräfte, auch die Bundeswehr, sollten damit ausgestattet werden.[126] Ulbricht verglich Adenauers Äußerungen im Bundestag vom 23. März 1958, bei denen er für Atomwaffen auf deutschem Boden eintrat, mit der Sportpalastrede von Joseph Goebbels 1943 und wies darauf hin, dass sie auf den 25. Jahrestag von Hitlers Ermächtigungsgesetz fielen.[127]

Angesichts der Überzeugung der DDR-Regierung, dass die Wiederbewaffnung der Bundesrepublik von ehemaligen NS-Generälen und NS-Geschäftsleuten gesteuert wurde, ist es kein Wunder, dass sie sich dagegen aussprach, Speer als Hitlers ehemaligen Minister für Bewaffnung aus der Haft zu entlassen. Als sich Ledwidge am 7. Februar 1958 ein zweites Mal mit Kotsiuba in Karlshorst traf, nur wenige Tage nach der bereits erwähnten Sitzung des Politbüros, hatte sich Kotsiubas Haltung spürbar verändert. Der stellvertretende Kommandant erkundigte sich, wer als erster aus Spandau entlassen werden würde, und erhielt zur Antwort, Speer habe es aufgrund seines Auftretens beim Nürnberger Prozess am meisten verdient. Daraufhin erwiderte Kotsiuba, die mildernden Umstände seien bereits berücksichtigt worden, als man Speer nicht hängte. In klassischem britischen Understatement berichtete Ledwidge seinen Vorgesetzten, Kotsiuba sei »nicht besonders entgegenkommend« gewesen.[128] Er spürte, dass Speers Freilassung der Grund für Kotsiubas Ablehnung war. »Speer«, erläuterte Ledwidge, »ist der einzige der drei, der dem Westen noch von Nutzen sein könnte.« Ledwidge weiter:

»Es würde uns nicht überraschen, wenn Kotsiubas Standpunkt auf höherer Ebene geteilt werden würde und wenn Speer der einzige Häftling für die Russen wäre, dessen Entlassung konkrete Risiken nach sich ziehen könnte. Er ist der einzige, der geistig aktiv geblieben ist und sich über aktuelle Ereignisse auf dem Laufenden gehalten hat, und der einzige, der in der Lage ist, im wirtschaftlichen oder öffentlichen Leben eine bedeutende Rolle zu spielen.

Es drängt sich daher der Gedanke auf, dass jeder Vorschlag, Speer eine bevorzugte Behandlung zukommen zu lassen, bei den Russen auf Misstrauen stößt.«[129]

Und die Sowjets ließen sich nicht erweichen. Am 26. April 1958 wandte sich David Bruce wegen Speers Entlassung an Michail Perwuchin in der sowjetischen Botschaft in Ost-Berlin. Trotz einiger Cocktails vorab erhielt Bruce die »vollkommen negative« Antwort, das Schicksal der Häftlinge sei vor langer Zeit vom internationalen Militärgerichtshof geregelt worden. Da sich die drei Gefangenen in guter gesundheitlicher Verfassung befänden, komme eine vorzeitige Entlassung nicht in Frage. Bruce empfahl, mindestens sechs Monate lang keine weiteren Vorstöße in der Angelegenheit zu unternehmen. »Ich habe den Eindruck«, schrieb Bruce an Dulles, »dass Speer derjenige ist, bei dem die Sowjets am meisten mit der Entlassung zögern, weil er wahrscheinlich immer noch in der Lage ist, ein aktives Leben zu führen und der Bundesrepublik zweifellos von Nutzen sein könnte.«[130]

Ledwidge und Bruce schätzten die Lage völlig richtig ein, auch wenn sie das nicht ahnten. Ohne das Wissen der alliierten Diplomaten waren Speer und seine Anhänger erneut selbst aktiv geworden und schmälerten damit die ohnehin geringen Erfolgsaussichten der Diplomatie. In seinen *Spandauer Tagebüchern* erwähnt Speer die intensiven privaten Bemühungen wohlweislich nicht. Stattdessen zeichnet er das düstere Bild eines Mannes, der entschlossen ist, seine Strafe zu verbüßen, sich sogar weigert, ein Gnadengesuch einzureichen, und Kommentare in der Öffentlichkeit, er habe die Freilassung verdient, mit den Worten abtut: »Das wird die Russen nicht günstiger stimmen.«[131] Doch bei Funks Entlassung im Mai 1957 waren sich Speer und Wolters noch sicher gewesen, dass die Tage von Spandau gezählt seien. Wolters schrieb Margret dazu: »Nun kann es auch für Sie nicht mehr lange dauern.«[132] Da stellte sich die Frage, wie man weiter vorgehen sollte. Bezeichnenderweise lehnte Speer jeden Vorschlag ab, sich für die Schließung Spandaus insgesamt einzusetzen. Schon in Nürnberg hatte jeder für sich allein gekämpft. Die Lösung bestand nach Speers Einschätzung darin, seinen Fall von den Fällen Heß und von Schirach zu lösen. Es sei so, schrieb Speer, dass »meine Pluspunkte nur vielleicht so eben ausreichen, mich herauszuziehen. Solange ich die beiden anderen mit am Bein habe, rechne ich mir keine große Aussicht aus.«[133] Speers Anwälte hielten sich an diese Anweisungen und übersahen die Tatsache, dass ein Einsatz für Speer aufgrund des politischen Klimas nur das Misstrauen der Sowjets und ihrer ostdeutschen Verbündeten verstärkte.

Den ersten wichtigen Vorstoß nach Funks Entlassung unternahmen im Sommer 1957 Walter Rohland (der sich an die Briten wenden sollte), Willy Schlieker (bei den Amerikanern) und Ernst Wolf Mommsen (bei den Sowjets). Alle hatten in den jeweiligen Ländern hochrangige Kontakte in Politik und Wirtschaft. Wolters versicherte Annemarie Kempf: »Diese Männer haben doch für so etwas auch eine gute Nase und packen eine solche Sache doch wohl nur an, wenn einige Aussicht auf Erfolg besteht.«[134] Aus Rohlands Terminkalender geht nicht hervor, mit wem er sich verabredet hatte. Schlieker traf Carmel Offie, der eine führende Funktion im Office of Policy Coordination innegehabt hatte – einer verdeckt arbeitenden, von der CIA finanzierten Agentur, die ehemalige SS-Offiziere und NS-Kollaborateure für verdeckte antikommunistische Aktionen in Europa einsetzte. Gegenüber Schlieker gab sich Offie anscheinend als regulärer Mitarbeiter des Außenministeriums aus. Auf jeden Fall zeigte er sich im Fall Speer sehr entgegenkommend. Rohland und Schlieker kehrten in der Überzeugung nach Düsseldorf zurück, dass die Briten und Amerikaner sie unterstützen würden.[135]

Mommsens Bemühungen bei den Sowjets kam die größte Bedeutung zu. Mommsen verfügte über zahlreiche Geschäftskontakte in Osteuropa und hatte im Zusammenhang mit Handelsbeziehungen auch schon mit Anastas Mikojan zu tun gehabt – Chruschtschows wichtigstem Verbündeten im Politbüro. Im November 1955 hatte Mommsen nach Adenauers Moskaureise im Namen Margrets an den damaligen Botschafter Puschkin in Ost-Berlin geschrieben und argumentiert, Speers Freilassung leiste einen wichtigen Beitrag zur Normalisierung der Beziehungen. Mommsen fügte seltsamerweise hinzu, dass die Polen und Ostdeutschen dank Speers Umgehung des Befehls der verbrannten Erde von den ehemaligen deutschen Fabriken und Bergwerken (von denen einige während der NS-Herrschaft erst durch Zwangsenteignungen in deutschen Besitz gelangt waren) in Schlesien und an der Oder profitierten.[136]

Im Mai 1957 versuchte es Mommsen bei Alexander Smirnow, dem sowjetischen Botschafter in Bonn, den er ebenfalls aus Gesprächen über Handelsbeziehungen kannte. Smirnow gewährte ihm ein überraschend langes Gespräch über Speers Fall, was darauf hindeutet, dass er vor kurzem mit den sowjetischen Behörden in Berlin über die Angelegenheit gesprochen hatte. Mommsen ebnete den Weg mit einer langen Liste Industrieller aus der Bundesrepublik, die sich der Sowjetunion verbunden fühlen würden, wenn Speer freikommen würde. Er war sich sicher, dass er so die sowjetische Befehlskette in Gang setzen würde. Danach berichtete Mommsen Margret, die Sowjets hätten »eine absolute Hochachtung vor dem Können Ihres Mannes; eine Hochachtung, die aber zweifellos auch gleichzeitig zeigt, dass dieser Fall die Russen am meisten beschäftigt«. Das verhieß nicht unbedingt etwas Gutes. Smirnow hatte Bedenken wegen der deutschen Wiederbewaffnung und kürzlicher Äußerungen von Franz Josef Strauß vorgebracht. »Die Hauptsorge der russischen Seite«, schrieb Mommsen an Margret, »gilt offenbar dem Alter Ihres Mannes und der Möglichkeit einer erneuten Betätigung im rüstungswirtschaftlichen Bereich.« Er fuhr fort: »Man müsse deshalb befürchten, dass Ihr Mann erneut, zumindest als Ratgeber für Strauß oder aber sogar für die Amerikaner tätig würde.« Mommsen wiederholte daher sein Versprechen an Smirnow, dass sich Moskaus Großzügigkeit gegenüber Speer positiv auf die Handelsbeziehungen zur Bundesrepublik auswirken würde, und wies Margret an, sich für mögliche Gespräche mit Smirnow oder Puschkin bereit zu halten, doch wie Wolters sagte, waren die Aussichten nicht »unbedingt rosig«.[137]

Die privaten diplomatischen Vorstöße von Speers früherem »Kindergarten« wurden ohne Rücksprache mit Bonn unternommen. Weder die Bonner Regierung noch ihre Ansprechpartner in den westlichen Botschaften wussten von den Unternehmungen, als die Diplomaten Anfang 1958 einen ihrer Ansicht nach wohlüberlegten und vorsichtigen Versuch über Kotsiuba wagten. Doch Mommsens vorherige Bemühungen bei Smirnow waren in Moskau und Ost-Berlin nicht verborgen geblieben. Die DDR-Regierung und die Sowjets hegten bereits Befürchtungen, dass eine rachsüchtige, militaristische Bundesrepublik in der NATO das Sagen hatte, und reagierten daher mit Misstrauen darauf, dass führende bundesdeutsche Industrielle, die einst dem NS-Regime gedient hatten, nun Speers Freilassung forderten, kurz darauf gefolgt von diplomatischen Bemühungen der Alliierten. Im Laufe der Jahre sollte sich dieses Misstrauen immer tiefer ausprägen.

Einstweilen waren Schlieker, Wolters und Speer der Ansicht, dass ihre privaten Bemühungen Ende 1957 nicht aufgrund von Speers Schuld gescheitert seien oder aufgrund einer möglichen Verbindung zwischen Speer und der deutschen Wiederbewaffnung. Auch ihre eigenen ungeschickten Vorstöße erkannten sie nicht als Ursache des Problems. Stattdessen schoben sie die ganze Schuld auf die Bonner Regierung und ihr zögerliches Vorgehen, obwohl diese 1957 zweimal offiziellen Druck auf die westlichen Alliierten ausgeübt hatte, das Problem Spandau zu lösen. Schlieker machte seinem Zorn über Adenauer Luft, der, wie er Mitte Dezember sagte, die ganze Angelegenheit mit Landsberg und Spandau hätte beenden können, »wenn er sich ernstlich darum bemühte«. Diese Fehleinschätzung stammte von Carmel Offie, Schliekers CIA-Kontakt in Washington, der Schlieker geschrieben hatte: »Die deutsche Regierung hat seit den Wahlen im September nicht das geringste Interesse [an Speer] gezeigt.«[139]

Weil Speer und seine Mitstreiter diese Einschätzung glaubten, verpflichtete Wolters auf Speers Bitte Anfang 1958 einen neuen Anwalt, Werner Schütz, genau zu einer Zeit also, als die Alliierten Kontakt zu Kotsiuba aufnahmen. Wolters hatte seinen alten Freund Schütz Anfang der fünfziger Jahre schon einmal beauftragt, Speer und seiner Familie bei verschiedenen rechtlichen und finanziellen Fragen zu helfen.[140] Nun sollte Schütz seine politischen Kontakte nutzen. Während der britischen Besatzung war er der stellvertretende Vorsitzende der CDU in Düsseldorf gewesen und pflegte gute Beziehungen zu Adenauers Partei. Von 1954 bis 1956 war er Kultusminister von Nordrhein-Westfalen – was Wolters zu der Bemerkung »für uns ein großer Erfolg« veranlasste, weil er in Schütz einen »direkten Konnex zu Adenauer« sah.[141] Nach seiner Zeit als Minister war Schütz weiterhin Mitglied des

Landtags. Da die Bemühungen von Wolters, Schlieker und Mommsen 1957 nicht gefruchtet hatten, mutmaßlich wegen der Bonner Regierung, trafen sich die drei mit Schütz, der ihnen bestätigte, dass der Schlüssel zu Speers Freiheit bei Adenauer liege, weil er die Angelegenheit bei den Alliierten vorbringen könne. Man müsse über seine »Prälaten« im Außenministerium an Adenauer herankommen, vor allem über Außenminister Heinrich von Brentano. Die Argumente für Speers Entlassung seien die gleichen wie immer – er habe Hitlers Befehl der verbrannten Erde nicht befolgt, außerdem sei nun aufgrund der verbesserten Beziehungen zu Moskau der Zeitpunkt zum Handeln gekommen.[142]

Weil Speer darauf bestand, sollte Schütz ein großzügiges »Honorar« für seine Arbeit bekommen, insgesamt über 10.000 D-Mark, der Großteil sollte jedoch erst fällig werden, wenn Schütz sich mit Adenauer traf. Speer war dank seiner Erfahrungen unter Hitler überzeugt, dass finanzielle Anreize eine erhöhte Leistungsbereitschaft nach sich zogen. Doch auf dem Schulgeldkonto waren Ende 1957 nur noch 600 D-Mark, und elf Jahre nach den Urteilen von Nürnberg hatte Wolters Schwierigkeiten, »die Summe zu pumpen«, wie Speer es formulierte. Von den zwölf früheren Kollegen Speers, die Wolters wegen eines Beitrags anschrieb, antwortete nur die Hälfte sofort (einer fragte, ob sich die Spende von der Steuer absetzen lasse), und die Ergebnisse bezeichnete Wolters als katastrophal.[143]

Herbert Rimpl, der bislang regelmäßig zum Schulgeldkonto beigetragen hatte, zählte nun zu denjenigen, die der erneuten Bitte ablehnend begegneten. In der NS-Zeit war Rimpl vor allem wegen seines Entwurfs der Heinkel-Flugzeugwerke in Oranienburg und der Wohnsiedlungen für die Heinkel-Arbeiter bekannt. Beim Bau der Anlage war Heinkel das erste deutsche Unternehmen, das mit der SS zusammenarbeitete und Zwangsarbeiter einsetzte.[144] Später war Rimpl Leiter der Bauabteilung der Reichswerke Hermann Göring und entwarf Ende der dreißiger Jahre begeistert Pläne für die moderne Siedlung der Göring-Werke in Salzgitter, wo 250.000 Personen untergebracht werden sollten und woran bis 1944 gebaut wurde.[145] Ab 1944 arbeitete Rimpl direkt unter Speer am Wiederaufbau zerstörter Städte. Nach dem Krieg blieb er im Geschäft und erhielt von Anfang bis Mitte der fünfziger Jahre private und staatliche Aufträge, die vom Bau neuer Stahlwerke bis zum Entwurf des modernen Bundeskriminalamtes reichten.[146]

Rimpl schreckte daher davor zurück, erneut mit Speer in Verbindung gebracht zu werden. »Sie wissen ja selbst«, schrieb er Wolters,, »wie schwer wir Architekten, die einmal im Dritten Reich große Aufträge ausgeführt haben [...], heute noch gegen das Odium zu kämpfen haben, das Nazi-Regime durch unsere Tätigkeit verbrecherisch unterstützt zu haben [...] Ich möchte auf alle Fälle nicht erleben, dass es eines Tages heißt, ››Speer-Architekten‹ versuchen Politiker zu bestechen‹«. Nach einem Schlagabtausch mit Wolters steuerte Rimpl schließlich 500 D-Mark bei.

Wolters hatte zum ersten Mal Probleme, das Geld aufzutreiben, und bekam nur halb soviel zusammen, wie er gehofft hatte.[147]

Speer blieb optimistisch und äußerte sich in seinen heimlichen Briefen ausführlich über die Bemühungen von Schütz, allerdings ist darüber nichts in den *Spandauer Tagebüchern* zu lesen. »Der *Hauptpunkt*«, schrieb er seiner Familie zu dem Vorschlag, Hilde in das Vorhaben von Schütz einzubeziehen, »ist nach meiner Ansicht, Adele [Speers Codenamen für Adenauer] zu gewinnen. Erst wenn er mit dem Kopf genickt hat, wird für Brenner [Speers Codename für Brentano] grünes Licht sein und wir werden dort eine ganz andere Bereitschaft finden. Bevor das nicht geschehen ist, wird Brenner immer wieder zögernd sein. Ich halte es für das *Wichtigste überhaupt,* dass Ru's [Rudis] Freund [...] dazu gebracht wird, mit Hilde zu Adele vorzustoßen.«

Speer fuhr fort: »Kosten spielen da keine Rolle«, und schlug vor, dass sich Hilde mit von Neuraths Tochter Winifred von Mackensen treffen und sich Tipps holen solle, wie man sich bei einer derartigen Kampagne am besten verhalte. »Auf den Erfolg dieser Aktion kommt alles an«, erklärte er. »Gelingt sie, können vielleicht die Hemmungen und die Gleichgültigkeit sowie das Gegeninteresse anderer überwunden werden.«[148]

Schütz' Versuche, 1958 etwas in Bonn zu bewirken, lassen sich nur schwer beurteilen. Seine Kontakte in Bonn waren nie so gut, wie er gedacht hatte, außerdem war Adenauers Kabinett einfach nicht bereit, Speer zum Mittelpunkt der Politik zu machen. Globke verdeutlichte das Schütz in einem Telefongespräch und erklärte, eine Lösung, bei der Speer in den Westen gehen würde, sei unannehmbar, wenn die anderen Häftlinge in der DDR bleiben müssten.[149] Ein persönliches Treffen mit Schütz schob Globke hinaus, während Schütz Globke daran zu erinnern versuchte, dass die letzten Häftlinge Landsberg verlassen hatten, obwohl sie »ungleich viel mehr ›schuldig‹ wie Albert Speer« seien.[150] Mit Speers Segen beauftragte Schütz Hilde, bei den unbedeutenderen Mitarbeitern der Rechtsabteilung des Außenministeriums und bei Kirchenführern die Runde zu machen.[151]

Vielleicht erreichten sie damit doch etwas. Im Mai 1958 traf sich Brentano mit dem amerikanischen Botschafter David Bruce, der ihn über den aktuellen Stand der Gespräche zwischen Ledwidge und Kotsiuba in Berlin sowie über seinen eigenen fehlgeschlagenen Versuch bei Perwuchin informierte. Brentano schlug vor, die Schließung Spandaus über Hans Kroll zu verhandeln, den bundesdeutschen Botschafter in Moskau. Bruce wollte sich nicht festlegen. Die Franzosen fürchteten, dass die Deutschen durch einen direkten Erfolg bei den Sowjets selbstbewusster in der NATO auftreten würden, und verwiesen auf den vergifteten Geist von Rapallo, wo 1922 eine deutsch-sowjetische Zusammenarbeit gegen die strategischen Interessen Frankreichs vereinbart worden war. In London hingegen war man der Meinung, dass ein Verhandlungsversuch von Kroll »die Russen dazu verleiten könnte, die Frage unter dem Blickwinkel ihrer Beziehungen zur Bundesrepublik neu zu betrachten«. Ende Juli einigten sich die westlichen Alliierten auf Brentanos Vorschlag, dass sich Kroll für alle drei Häftlinge einsetzen sollte, weil die Sowjets eindeutig keine besonderen Sympathien für Speer hegten. »Herr von Brentano«, vermerkte die britische Botschaft in Bonn Ende Juli, »war erfreut und zeigte sich völlig einverstanden.«[152]

Nach zahlreichen Treffen und Gesprächen im August konnte Schütz endlich einen Termin mit Globke vereinbaren. Er nahm Hilde mit, um des sentimentalen Effekts willen, wie er meinte, dabei war Hilde mittlerweile den anderen Mitwirkenden im Drama um die Freilassung ihres Vaters ebenbürtig. Über das Gespräch berichtete er Wolters:

»Er [Globke] sagte mir zu, dem Bundeskanzler die Dringlichkeit der Begnadigung beziehungsweise Entlassung noch einmal vortragen zu wollen, und hofft, dass bei einer der nächsten Besprechungen der Bundeskanzler in der Lage sein werde, einen russischen Gesprächspartner auf die Notwendigkeit hinzuweisen, zur Vorbereitung anderweitiger ernsthafter Verhandlungen wenigstens die ›Bagatelle‹ Spandau zu klären. Es tat wohl, dass Staatssekretär Dr. Globke beim Abschied auch die im Vorzimmer verbliebene Hilde Speer ansprach und sich herzlich über seine alte Bekanntschaft mit Albert Speer äußerte.«[153]

Doch Globke hatte nichts von dem offiziellen diplomatischen Schritt gesagt, den Kroll in Moskau unternehmen sollte. In einer ironischen Wendung kontaktierte Ernst Wolf Mommsen Kroll im August auf eigene Faust, da er diesen vor kurzem in der deutschen Botschaft in Moskau getroffen hatte und Kroll eine freundschaftliche Beziehung zu Mikojan pflegte. Die Freilassung seines »alten Chefs« erklärte Mommsen, genieße breite internationale Unterstützung, berge jedoch auch gewisse Schwierigkeiten. Zum einen sei Speer erst 53 Jahre alt und könne daher wieder in der Rüstung aktiv werden. Doch laut Mommsen war Speer zu einem Verzicht bereit. Das andere Problem sei, dass Bonn trotz Globkes jüngster Versprechungen gegenüber Schütz und Hilde nicht schnell genug etwas unternehme. »Ich glaube«, sagte Mommsen, »aus den Worten von Herrn Smirnow, den ich kürzlich wiederum ansprach, entnommen zu haben, dass die Dinge in der Spitze der Sowjetunion behandelt sind. Es bedürfte wahrscheinlich nur einmal eines Anstoßes durch einen Mann, der hierüber offen mit Herrn Mikojan sprechen kann. Ohne zu wissen, ob Sie hierfür eine Ermächtigung durch Bonn benötigen, möchte ich Sie auf dieses Problem aufmerksam machen.«[154] Kroll schrieb an Mommsen, sobald Mikojan aus dem Urlaub zurück sei, würde er gern sein »Bestes versuchen«, um ihn auf Speers Haft aufmerksam zu machen.[155] Hilde zeigte sich hoffnungsvoll. Ende September berichtete sie ihrem Vater, Kroll würde bald mit Mikojan in Moskau über Spandau sprechen.[156] Wolters hingegen war skeptisch. »Der Brief von Mommsen an Kroll«, erklärte er, »ist nicht viel wert, solange Kroll nicht einen

Auftrag aus Bonn hat.«[157] Tatsächlich erhielt Kroll im September offenbar keine entsprechenden Weisungen.[158]

Und ganz plötzlich gab man in Bonn Mitte Oktober 1958 den Versuch zusammen mit dem Thema Spandau komplett auf. Der Grund war, dass etwas an die Presse durchgesickert war, an die zur Springer-Presse gehörende *Welt,* die am 13. Oktober auf der Titelseite meldete, das Außenministerium »verhandle« mit den Westmächten und werde schon bald mit Moskau über die Schließung Spandaus sprechen. Perwuchin habe die Verhandlungsbereitschaft Moskaus angedeutet. Bonn setze sich zumindest für die Entlassung Speers ein, der dem Bericht zufolge »schwerkrank« war.[159] Natürlich nahm die DDR-Regierung davon sofort Notiz, und auch die sowjetische Botschaft in Ost-Berlin reagierte umgehend mit einer Erklärung, die in mehreren westlichen Zeitungen abgedruckt wurde. Demnach bestand keine Aussicht auf die vorzeitige Entlassung der drei Häftlinge, weil es dafür keine rechtlichen oder moralischen Gründe gab. Die Schließung des Gefängnisses würde nur die vielen Kriegsverbrecher ermutigen, die nun für das bundesdeutsche Militär, die Regierung und die Wirtschaft arbeiteten, hieß es. Es komme auch nicht in Frage, die Häftlinge in ein kleineres Gefängnis zu verlegen (obwohl Perwuchin im April Gesprächsbereitschaft gegenüber Bruce gezeigt hatte). Spandau habe für die ganze Welt eine symbolische Bedeutung, die auch für zukünftige Kriegsverbrecher gelte.[160]

Wieder hatte sich Bonn blamiert. Als Adenauer bei einer Pressekonferenz am 13. Oktober nach Spandau gefragt wurde, erklärte er ärgerlich, seine Regierung verfolge das Problem zwar mit Interesse, die Verantwortung liege jedoch bei den vier Mächten und damit nicht bei Bonn. Die britische Regierung, die in den bundesdeutschen Verhandlungsversuch in Moskau große Hoffnungen gesetzt hatte, war enttäuscht, vor allem, weil Außenminister Selwyn Lloyd ein persönliches Interesse an der Angelegenheit hatte. Wie die britische Botschaft in Bonn berichtete: »Unsere Pläne sind infolge der deutschen Ungeschicklichkeit aus der Spur geraten, was [...] den [Außenminister] veranlasst, die ganze Frage erst einmal auf Eis zu legen.« In Bonn suchte man im Außenministerium nach der Leckstelle, die für die Blamage gesorgt hatte. Brentano erklärte, eine weitere Bearbeitung der Angelegenheit sei derzeit unerwünscht.[161]

Das Leck war tatsächlich zu einem äußerst ungünstigen Zeitpunkt aufgetreten, da die DDR-Regierung, die keinen Wert auf einen Ausbau der Handelsbeziehungen zwischen der Bundesrepublik und der Sowjetunion legte, auf eine aggressivere sowjetische Politik drängte. In einer sowjetischen Note an Bonn vom 18. September 1958 hatte die Moskauer Regierung die Anerkennung der DDR und einen allgemeinen deutschen Friedensvertrag verlangt. Gleichzeitig wurde die Mitgliedschaft der Bundesrepublik in der NATO verurteilt.[162] Nach der Blamage mit Spandau hatten die deutschen Diplomaten unerfreuliche Treffen mit ihren sowjetischen Kollegen zu bestehen, bei denen die Sowjets ihre Forderungen wiederholten und den Wunsch Bonns nach Atomwaffen ebenso scharf kritisierten wie eine Rede Heusingers über Manöver der Bundeswehr, die Bezug auf die Fähigkeiten der Wehrmacht im letzten Krieg nahm. Der günstige Augenblick für Speer, wenn es ihn denn gegeben hatte, war vorüber.[163] Hilde berichtete im April 1959 von einem Besuch im Außenministerium: »Ich erfuhr, dass letzten Herbst die Bemühungen [...] schon recht weit fortgeschritten waren [...] als im Oktober die Presse davon erfuhr und dass die Aktion daraufhin unterbrochen werden musste.«[164]

Wahrscheinlich war die undichte Stelle gar nicht in Bonn zu suchen, sondern bei Speers Anhängern. Von Wolters über Mommsen bis zu Hilde schienen alle zu erwarten, dass Kroll die Freilassung Speers gegenüber Mikojan ansprechen würde und dazu nur noch die Anweisung aus Bonn nötig sei. Schlieker hatte oft mit seinen guten Verbindungen zu Axel Springer geprahlt, dem konservativen Pressemagnaten, zu dessen Verlagsgruppe *Die Welt* gehörte, in der die Meldung veröffentlicht wurde. Im Dezember 1957 hatte Carmel Offie Schlieker gefragt, ob er einen Artikel in der deutschen Presse lancieren könne, der die Bonner Regierung dazu bringen würde, dem Fall Speer eine höhere Priorität einzuräumen. »Ich glaube«, so Offie, »dass die deutsche Presse etwas bringen müsste, was die ausländischen Botschaften in Bonn als Vorwand nutzen könnten, weiter Druck zu machen.«[165] Schlieker berichtete sofort in Wolters' Kreis, die Medien könnten die Regierung zum Handeln zwingen.[166] Damit kommt Schlieker als einer derjenigen in Frage, der die Information möglicherweise an *Die Welt* weitergab und so für die heftige Reaktion der Sowjets sorgte. Wenn Schlieker der Schuldige war, dann entbehrt es nicht einer gewissen Ironie, dass ausgerechnet einer der treusten Freunde Speers für das Scheitern des diplomatischen Vorstoßes verantwortlich war. Andererseits bestärkten die Bemühungen von Speers Freunden in der Industrie in Kombination mit den vorsichtigen Anfragen der westalliierten Regierungen nur das bereits vorhandene Misstrauen der Kommunisten. »Es ist eine traurige Tatsache«, schrieb Offie Schlieker Mitte Oktober, »dass sich die sowjetische Regierung traurigerweise definitiv gegen die Schließung des Spandauer Gefängnisses entschieden hat.«[167]

Im November bemühte sich Schütz immer noch erfolglos um einen Termin bei Adenauer und tat weiterhin so, als ob der Kanzler bei seinem nächsten Treffen mit Smirnow den Fall Speer ansprechen würde.[168] Doch mit einem Mal stand die Welt vor weit dringlicheren Problemen.

Komödie in der Krise

Nikita Chruschtschows Berlin-Ultimatum an die drei westlichen Alliierten vom 27. November 1958 markierte einen Wendepunkt in seiner bisherigen Politik der friedlichen Koexistenz. Die Westmächte, so Chruschtschow, hätten alle bisherigen Viermächteabkommen zur deutschen Abrüstung von der Potsdamer Konferenz gebrochen und würden sich nur an den Viermächtestatus von Berlin halten. West-Berlin sei zu einem Staat im Staate geworden – ein separater subversiver und aggressiver Staat innerhalb Ostdeutschlands, besetzt und ausgebeutet von ausländischen Truppen. Chruschtschow forderte das Ende der Viermächteverwaltung in Berlin und die Übergabe der gesamten Berliner Verwaltung an die DDR-Regierung binnen sechs Monaten. Wenn die Alliierten nach Ablauf der Frist in Berlin bleiben würden, würden die Sowjets einen separaten Friedensvertrag mit der DDR schließen und die Frage des Zugangs nach West-Berlin ihrem treuen Verbündeten überlassen.[169]

Die Alliierten wollten West-Berlin nicht opfern, erklärten sich aber mit einer Außenministerkonferenz im Mai 1959 einverstanden, bei der über den Status Berlins diskutiert werden sollte. Die Konferenz in Genf dauerte vom 11. Mai bis 5. August 1959, wodurch die sechsmonatige Frist, die Chruschtschow im November des Vorjahres genannt hatte, aufgehoben war. Die Schließung Spandaus war im Vergleich zum Schicksal West-Berlins und ganz Deutschlands ein geringfügiges Problem, ganz zu schweigen von einem möglichen Krieg und der Bereitschaft der NATO-Partner, Zugeständnisse zu machen und beispielsweise die DDR anzuerkennen, um einen Konflikt zu vermeiden. Bonn und die westlichen Alliierten legten daher das Thema Spandau auf Eis. Brentano erklärte, der Fall West-Berlins bedeute den Verlust der Stadt insgesamt und das Ende für den Fluchtweg, den ostdeutsche Flüchtlinge in die Freiheit nutzten, und damit eine Niederlage für die gesamte freie Welt.[170] Chruschtschows Note an die Bonner Regierung (ebenfalls vom 27. November) erklärte in dem krampfhaften Versuch, die Überflüssigkeit der Viermächtekontrolle in Berlin zu belegen, »dass neben den technischen Kontakten in den Fragen der Luftverbindungen Berlins mit der BRD das einzig bestehen gebliebene und normal funktionierende Organ, in dem die Vertreter der vier Mächte zusammenarbeiten, das Alliierte Gefängnis in Spandau (West-Berlin) ist, wo Hauptkriegsverbrecher in Haft gehalten werden«.[171] Die Bedeutung der Erklärung wurde pflichtgemäß festgehalten. Heinrich Northe, Leiter der Abteilung Ost im Außenministerium, vermerkte, Chruschtschow habe »kürzlich ironisch darauf hingewiesen, dass das Spandauer Gefängnis das einzige Überbleibsel aus der Viermächte-Verantwortlichkeit für Deutschland darstelle«.[172] Das war eindeutig nicht der richtige Zeitpunkt, um über eine Schließung des Gefängnisses zu sprechen.

Auch Speer vermerkte in seinen *Spandauer Tagebüchern* mit einer gewissen Ironie, Spandau sei zu einer »Art juristischer ›Rocher de Bronce‹« geworden, auf dem der alliierte Zugang nach West-Berlin basiere. Speer notierte auch von Schirachs giftigen Kommentar: »Vielleicht macht die Stadt Berlin uns drei sogar noch zu ihren Ehrenbürgern.«[173] In den Tagebüchern erwähnt Speer nichts von seinen

Versuchen, seinen Fall über den West-Berlins zu stellen. An Annemarie Kempf schrieb Speer im April 1959, Spandau sei eine juristische und sogar notwendige Rechtfertigung für die Viermächteverwaltung in Berlin. Da die Viermächteverwaltung Berlins infolge des sowjetischen Ultimatums sicher überarbeitet werde, müsse in Genf auch über Spandau gesprochen werden. Das Gefängnis würde seiner Meinung nach bleiben, weil es die Rechte der Alliierten in Berlin wahre, die laut Speer nur noch pro forma bestanden. Das Gefängnis musste bleiben, was aber nicht zwangsläufig für alle drei Insassen galt. Ein »Gast« könnte freikommen, und Speer war der Meinung, dass ihm die Entlassung zustehe. Daher drängte er Kempf und die anderen, seinen Fall weiterhin bei den Kirchen, dem Roten Kreuz und überall sonst vorzubringen, wo man sich in Genf für ihn einsetzen könnte, und nannte die altbekannten Argumente seiner begrenzten Schuld.[174] Der Zeitpunkt wirkte überstürzt, weil *Der Spiegel* im Mai 1959 eine Aussage der sowjetischen Botschaft abgedruckt hatte, Moskau sei an Spandau nicht mehr interessiert, das Gefängnis sei nun eine Angelegenheit, um die sich das Rote Kreuz kümmern solle.[175] Der Kommentar erfolgte sicher im Zusammenhang mit der Berlinkrise und der Zuversicht der Sowjets, dass der Westen seine Position in West-Berlin aufgeben würde.[176] Doch für Speer und seine Anwälte war damit die aktuelle Kontroverse um Berlin der ideale Zeitpunkt, den Fall voranzutreiben.[177]

Das Deutsche Rote Kreuz und sein Direktor Dr. Heinrich Weitz waren von Speers Düsseldorfer Freunden bereits 1957 kontaktiert worden.[178] Nun engagierte sich Weitz, der keine Erfahrungen in der Diplomatie oder mit der Berlinkrise besaß, persönlich für die Entlassung Speers. Im Mai 1959 schrieb er an das Außenministerium in Bonn und argumentierte, Speer werde zu hart bestraft, Heß gehöre in ein Sanatorium und von Schirach stehe nach 14 Jahren Haft in Spandau einfach eine Begnadigung zu.[179] Kontakte zum sowjetischen Roten Kreuz bestärkten Weitz in seiner Überzeugung, die Sowjets wären bereit, die drei Häftlinge zu entlassen, wenn die westlichen Alliierten das Thema vorbringen würden, allerdings verstand Weitz nicht, dass die Bereitschaft mit der Erwartung verbunden war, dass die Alliierten West-Berlin räumten.[180] Weitz verkannte auch die Haltung Londons, weil er einen Kommentar des Botschafters Steel falsch deutete, dass man das Einverständnis der Sowjets benötige, bevor etwas im Falle Spandaus unternommen werden könne. Im November 1959 meldete Weitz dem Bonner Außenministerium und Speers Freunden, die Franzosen und Amerikaner seien zwar zu einer Schließung Spandaus bereit, die Briten seien jedoch »völlig ablehnend«.[181] Annemarie Kempf wiederholte diese Fehleinschätzungen und übermittelte dadurch die Botschaft, die Sowjets wollten eine Auflösung Spandaus, die Hauptschwierigkeit liege dagegen bei den Engländern.[182]

Dabei hatte die Regierung in London Spandau fast von Anfang an schließen wollen. Die Fehleinschätzung von Weitz und Speers Freunden veranlasste Hilde

Speer zu einer neuen Kampagne, die mit einer Reise nach London im November 1959 begann. Hilde war erst dreiundzwanzig und studierte noch, war aber viel reifer, als ihr Alter vermuten ließ. Ihre Bemühungen 1959 entsprachen so gar nicht der Beschreibung in Speers *Spandauer Tagebüchern*: die bemitleidenswerte, einsame Reise einer verzweifelten und naiven Tochter, die »mit dem ganzen Feuer ihrer zwanzig [sic!] Jahre Briefe und Appelle verfasst, [...] um den Vater freizubekommen«, während Speer alles »dankbar, aber unbeteiligt« von seiner Zelle aus verfolgte und ihm angesichts des anstehenden Prozesses gegen Adolf Eichmann in Israel »das Verlangen nach Entlassung nahezu absurd« vorkam.[183] Hilde war nun die treibende Kraft und hatte für ihre Bemühungen mehr Geld vom Schulgeldkonto abgehoben, als die Honorare für Kranzbühler und Schütz zusammen betragen hatten. Die stillschweigende Zustimmung Bonns hatte sie sich bereits gesichert. Vor der Abreise besuchte sie noch die amerikanische und die französische Botschaft in Bonn und zweimal die britische Botschaft und traf sich mit Mitgliedern des britischen Roten Kreuzes. Außerdem hielt sie den bundesdeutschen Botschafter in London über ihre Bemühungen auf dem Laufenden.[184]

Hildes erster Termin am 4. Dezember in London war mit Geoffrey »Khaki« Roberts, einem ehemaligen Mitglied des britischen Anklägerteams in Nürnberg, der nun Parlamentsabgeordneter war. Im Herbst 1958 hatte Roberts eine Reihe von Briefen an die britische Presse geschrieben, in denen er aus humanitären Gründen die Entlassung aller drei Häftlinge in Spandau forderte.[185] Roberts war von Hilde beeindruckt und zeigte sich besorgt, als sie ihm von ihrem Eindruck berichtete, die britische Regierung verhindere die Freilassung ihres Vaters. Rasch vereinbarte er für sie Termine beim Außenministerium und beim Lordkanzler. Hilde war laut Roberts »eine charmante junge Frau, und ich bemühe mich, alles mir Mögliche für sie zu tun, wie Sie sicher verstehen werden«.[186] Der Lordkanzler war Lord Kilmuir, der britische Hauptankläger und Kreuzverhörspezialist von Nürnberg, David Maxwell-Fyfe. Bei Hildes Londonreise war er zwar in Neuseeland, aber ebenfalls der Meinung, es sei an der Zeit, die verbleibenden Nürnberger Urteile aus humanitären Gründen aufzuheben. »Wenn David seinen großen Einfluss nutzen könnte«, erklärte Roberts, »würde er der Gerechtigkeit und der Menschheit einen Dienst leisten.«[187] Vorerst erhielt Hilde unverbindliche Antworten und wurde gewarnt, dass Äußerungen in der Presse ihrem Vater nicht helfen würden.[188] Das wusste sie bereits. Und sie drängte die britischen Vertreter: »Jetzt ist es Zeit zu handeln.«[189]

In Spandau setzte Speer seine ganze Hoffnung in Roberts, den er mit der gleichen Lobbyfunktion wie Schütz engagieren wollte (obwohl dieser es nie geschafft hatte, ein Treffen mit Adenauer zu vereinbaren). Im Februar 1960 schrieb Speer, da Flächsner zu schwach sei, solle Roberts angeheuert werden, und »wenn es 2.000 Pfund kostet oder sogar mehr«.

»Wir müssen da einen *energischen* neuen Schritt machen, [...] der endlich meinen Fall von dem der zwei anderen unterscheidet. Roberts ist [...] ein anständiger Mann, hat mehr Einfluss, als er typisch brit. ›understatement‹ zugibt, wie Hildes Besuch zeigte [...] Wir möchten endlich, dass mein Fall [...] nicht als Kollektivfall behandelt wird, sondern als *einzelner*; genau wie wenn ich mit 500 anderen in [Spandau] wäre.«[190]

»Ich muss sagen«, hatte Wolters Hilde über ihren Vater geschrieben, »wie ich mich wieder darüber wundere, wie klar er alle Zusammenhänge sieht, obwohl er völlig abgeschlossen in Spandau sitzt.«[191]

Der lang erwartete Gipfel in Paris, der für Mai 1960 angesetzt war und an dem die Regierungschefs der vier Mächte teilnehmen sollten, stand unmittelbar bevor. Obwohl bei dem Gipfel für die Deutschen und auch für alle Europäer viel auf dem Spiel stand, sorgte sich Speer, dass eine gütliche Einigung der vier Mächte über Berlin seine eigene Freilassung hinauszögern könnte. Daher wies er im Februar seine Familie und Freunde an, wie er einst in Kriegszeiten seine Untergebenen angewiesen hatte: »*Nicht Ruhe, sondern Aktivität!*«[192] Und Speers Freunde und Familienangehörige hielten sich daran. In einem Brief vom 11. März 1960 schrieb Hans Reuter, ein ehemaliges Mitglied des Speerschen »Kindergartens« und mittlerweile Leiter des Duisburger Maschinenbauunternehmens Demag, an Brentano, »dass die Frage Speer nicht ständig in Abhängigkeit von der großen Politik gesehen werden« dürfe und »nicht mit der Frage der Freilassung der beiden anderen Inhaftierten« verknüpft werden solle.[193] Hilde verbrachte die zweite Märzhälfte in Paris und versuchte über Gespräche mit französischen Staatsbediensteten, zu Charles de Gaulle persönlich vorzudringen. Der päpstliche Nuntius in Paris, Monsignore Benelli, versprach Hilde, Speers Fall beim französischen Präsidenten anzusprechen.[194]

Tatsächlich hofften die Briten, das Problem Spandau bei der Pariser Gipfelkonferenz zu lösen, nachdem sie von Hilde und dem Deutschen Roten Kreuz gehört hatten, dass die Sowjets dafür zugänglich seien. Die Bereitschaft, bei einer Konferenz von enormer Bedeutung für die globale Sicherheit über drei verurteilte Kriegsverbrecher zu sprechen, die, wenn es nach dem Willen der Sowjets gegangen wäre, in Nürnberg eigentlich den Tod verdient hätten, zeigt, dass die Briten entweder verantwortungslos handelten oder dass sie dachten, die Auflösung Spandaus lasse sich relativ einfach regeln. Im Dezember 1959 hatten die britischen Vertreter gegenüber Michail Perwuchin, dem sowjetischen Botschafter in Ost-Berlin, angedeutet, dass das Thema Spandau in Paris angesprochen werden könnte. Die Botschaft der Bundesrepublik in London meldete nach Bonn: »Die britische Regierung sieht durchaus den Zeitpunkt für gekommen, die Frage [Spandau] im Rahmen einer Viermächte-Erörterung zur Lösung zu bringen«. In London hatte man sogar erwogen, Chruschtschow eine diplomatische Note zu Spandau zu schicken.[195] Christopher Steel sollte prüfen, ob es dazu Einwände in Bonn gab.[196] Heinrich Weitz reiste mit dem Einverständnis Bonns zu Gesprächen mit den westalliierten und sowjetischen Vertretungen nach Berlin. Er sollte vor allem sondieren, ob die Sowjets von einer Schließung des Gefängnisses überzeugt werden konnten – falls die Antwort positiv ausfiel, wollte man Spandau beim Gipfel zum Thema machen.[197]

Doch im Verlauf der folgenden Wochen und Monate ließ das Interesse Bonns nach. Als sich Steel Ende Dezember 1959 beim Auswärtigen Amt nach Spandau erkundigte, wirkte sein Ansprechpartner Herbert Northe »nicht sonderlich begeistert«. Im Gegenteil, er argumentierte, Spandau solle *erhalten* werden, weil es »eine der wenigen verbleibenden Einrichtungen der vier Mächte« sei. Dann erklärte er zu Steels Verwunderung, dass Heß von den drei Häftlingen den größten Anspruch auf eine Begnadigung habe. »Das«, so Steel, »ist ein ziemlich merkwürdiges Auftreten seitens der Deutschen.«[198] In den kommenden Monaten trat das Zögern Bonns immer deutlicher zutage.[199] Was war passiert?

Adenauer lag Spandau nie sonderlich am Herzen. Er erwähnte das Gefängnis nie in der Öffentlichkeit und setzte sich auch nicht für Speer ein. Bei seiner dreitägigen Reise nach London im November 1959 hatte er zwar ein Memorandum zu Spandau im Gepäck, sprach das Thema aber nicht an, obwohl das britische Außenministerium gern Vorbereitungen für die Pariser Gipfelkonferenz getroffen hätte.[200] Unabhängig von Adenauers persönlicher Haltung war Spandau gegen Jahresende zum Risiko geworden. Das Hauptproblem war West-Berlin. Globke hatte Hilde bereits gesagt, angesichts dieses weit dringlicheren Problems sei es unverantwortlich, den Fall ihres Vaters bei den Sowjets anzusprechen.[201] Das Argument stammte ursprünglich von den Experten für die Sowjetunion im Außenministerium. »Ziel der sowjetischen Berlin-Politik ist es«, erklärten sie, »die bestehende besatzungsrechtliche Regelung durch eine vertragliche abzulösen.« Gespräche der vier Mächte über die Schließung des Gefängnisses, vor allem in Paris, würden nur Chruschtschows Argument zur »Notwendigkeit der Liquidierung des Besatzungsregimes« stützen. Wenn Spandau geschlossen werden würde, könnten die Sowjets einen Propagandaerfolg verbuchen und argumentieren, der letzte direkte Überrest der Viermächteverantwortung für Berlin sei beseitigt. Das Thema in Paris anzuschneiden, hätte negative Auswirkungen »für die Gesamtposition des Westens in der Berlinfrage«.[202]

Als der Pariser Gipfel aufgrund des Abschusses eines amerikanischen U2-Spionageflugzeugs über der Sowjetunion scheiterte, hatte das Argument noch mehr Schlagkraft. »Es soll nicht verkannt werden«, hieß es in einem internen bundesdeutschen Bericht vom Oktober 1960, »dass die Angelegenheit [Spandau] einen humanitären Aspekt hat. Jedoch ist es schwierig, bei einer Abwägung der Interessen zugunsten einer Maßnahme, die zu einer späteren Entlassung der nicht grundlos in Spandau Einsitzenden führen soll, eine Schwächung der Verteidigung der Freiheit von zweieinhalb Millionen Menschen in Kauf zu nehmen.«[203] Adenauer änderte seine Haltung sicher nicht, als sich Chruschtschow im Dezember 1962 beim Kanzler wegen faschistischer Provokateure in der Bundesrepublik beschwerte und gleichzeitig argumentierte, der einzige Weg zum Frieden sei die Unterzeichnung eines deutschen Friedensvertrags und die Normalisierung des Status' von West-Berlin, was in Chruschtschows Worten »die Liquidierung des überlebten Besatzungsregimes« bedeutete, »hinter dem sich in Wirklichkeit ein NATO-Stützpunkt verbirgt«. Die Flaggen der NATO-Mitglieder, warnte er, müssten aus West-Berlin verschwinden.[204]

Adenauer und sein Kabinett reagierten 1960 auch auf die von Bonn als »Diffamierungskampagne« bezeichneten Äußerungen des Ostblocks zur Kriegsverbrecherfrage.[205] Auslöser war eine Welle antisemitischer Ausschreitungen Ende der fünfziger Jahre, die mit der mutwilligen Beschädigung der Kölner Hauptsynagoge im Dezember 1959 ihren Höhepunkt fand. Der Vergleich der Bundesrepublik mit dem Dritten Reich veranlasste Bonn zu einer weltweiten Kampagne der Schadensbegrenzung, zu der auch eine im Fernsehen übertragene Rede Adenauers am 16. Januar 1960 gehörte. Darin erwähnte er, dass Juden seiner Familie zu Beginn der NS-Zeit geholfen hatten. Außerdem besuchte der Kanzler erstmals ein ehemaliges Konzentrationslager und legte bei seinem (längst überfälligen) Besuch in Bergen-Belsen in der grimmigen Januarkälte einen Kranz nieder.[206] Adenauer war überzeugt, dass einige antisemitische Ausschreitungen von ostdeutschen Agenten ausgeführt wurden, um die Bundesrepublik im Kreis ihrer Verbündeten zu isolieren, und tatsächlich gibt es Belege für diese These.[207] Ulbricht wollte die Westmächte unbedingt aus West-Berlin entfernen, bevor noch mehr Deutsche die DDR über dieses Schlupfloch verließen, und seine Verbündeten sprachen sich hartnäckig gegen eine Abschottung der Sektorengrenze aus.[208] Die DDR-Reden und Publikationen gegen ranghohe Politiker in Bonn mit NS-Vergangenheit, vor allem gegen Globke, und die ständigen Verweise auf die große Zahl ehemaliger NS-Richter an bundesdeutschen Gerichten zeigten durchaus Wirkung.[209] Im Februar 1960 meldeten die Botschaften der Bundesrepublik negative Äußerungen aus London, New York, Tel Aviv und anderen Städten.

Und damit nicht genug. Nach der sensationellen Verhaftung Adolf Eichmanns durch den israelischen Geheimdienst im Mai 1960 in Argentinien und dem Beginn des Prozesses im April 1961 in Jerusalem rückten die NS-Verbrechen erneut in den Blickpunkt der Weltöffentlichkeit. In Bonn war man sich sehr stark bewusst, dass das Verhalten der Bundesregierung im Zusammenhang mit dem wichtigsten Kriegsverbrecherprozess seit 1945/46 genau beobachtet werden würde. Einen Monat nach Eichmanns Festnahme drängte Bonn Argentinien, den berüchtigten SS-Arzt Josef Mengele aufzuspüren und auszuliefern, am besten für einen Prozess in der Bundesrepublik. Und nachdem das Außenministerium 1959 lange gezögert hatte, gab es schließlich im Mai 1960 bekannt, dass 90 französische Frauen, die Opfer medizinischer Experimente der Nationalsozialisten gewesen waren, 400 Millionen D-Mark als Entschädigung erhielten. In den folgenden Monaten und Jahren fanden weitere Gespräche über Entschädigungszahlungen mit anderen Staaten statt, auch für Juden, deren Familien von der Insel Rhodos nach Auschwitz deportiert worden waren. Da die westliche Solidarität mit West-Berlin allem Anschein nach auf der Kippe stand, bedeutete die Konfrontation mit der Vergangenheit mehr als das, was Selwyn Lloyd als »psychopathische Hysterie« der Deutschen bezeichnete, die sich zum ersten Mal den Schrecken ihrer eigenen Vergangenheit stellten.[210]

Brentano war im Januar 1960 klar, dass ein Eintreten für die Spandauer Häftlinge »höchstwahrscheinlich von den Sowjets propagandistisch ausgeschlachtet« werden würde und die Vorarbeit zu Spandau »durch die Pressekampagne gestört« worden war, »die Anfang des Jahres gegen die Bundesrepublik einsetzte«. Die Welt betrachte Spandau »noch immer als ein politisches und kaum als ein humanitäres Problem«.[211] Im Sommer sorgte man sich in Bonn, dass jede Initiative zu Spandau mit der Schlagzeile »Bundesrepublik setzt sich für Kriegsverbrecher ein« quittiert werden würde.[212] Der Brief vom Sowjetischen Roten Kreuz an Heinrich Weitz, in dem sich die Organisation überrascht zeigte angesichts des »erhöhten Interesses« an der Freilassung von Kriegsverbrechern, die das Leid von Millionen verursacht hatten, bestätigte nur, dass es vorerst besser war, Spandau nicht mehr anzusprechen.[213]

Das entbehrte nicht einer gewissen Ironie, denn die Regierungen in London, Washington und sogar Paris drängten Bonn, etwas wegen Spandau zu unternehmen. In Paris hatte man Hilde im März 1960 signalisiert, der Gipfel in Paris biete »eine echte Chance«, die Freilassung ihres Vaters anzusprechen. Doch die Regierung der Bundesrepublik, hieß es da, habe nie um ein derartiges Vorgehen gebeten. Adenauer müsse de Gaulle nur ein paar Zeilen schreiben, dann könne sich die französische Regierung vor der französischen Öffentlichkeit rechtfertigen.[214] Und London hatte Bonn bis kurz vor der Pariser Konferenz jede Woche um eine Stellungnahme gebeten. Sie kam jedoch nie, daher beschloss man in London, dass man in Paris auf die Erwähnung Spandaus verzichten konnte, weil die Deutschen »offenbar keinen Handlungsbedarf sahen.«[215] Als Hilde Speer am 29. April 1960 in der britischen Botschaft vorsprach, sagte man ihr, sie solle Druck auf ihre eigene Regierung ausüben. Hilde berichtete den Briten daraufhin, dass selbst Globke nicht bereit gewesen sei, sich für ihren Vater einzusetzen. »Da Globke vermutlich die persönliche Meinung Adenauers vertritt«, meinte R. F. Stretton von der britischen Botschaft, »ist es fraglich, wie weit dieser Vorstoß kommen wird«.[216] Flächsners Verbindungen in Bonn bestätigten diese Einschätzung.[217] »Ich weiß nun bestimmt«, schrieb Hilde im Dezember, »dass die Engländer und die Amerikaner einen solchen Versuch unternehmen wollen, aber es fehlt ihnen die erforderliche offizielle Anregung der deutschen Regierung.«[218]

Nach dem gescheiterten Pariser Gipfel drängte London die Bonner Regierung weiterhin jede Woche, und der amerikanische Botschafter Walter Dowling sagte Staatssekretär Albert Hilger van Scherpenberg im Auswärtigen Amt, Washington erwarte, dass sich die Deutschen bald mehr für das Problem Spandau engagierten. Brentanos Rechtsabteilung empfahl Ende Oktober, auf Nummer sicher zu gehen. Brentano sollte die Alliierten bitten, den Sowjets vorzuschlagen, dass die drei Häftlinge ihre Strafe fortan in Gewahrsam des Landes absitzen sollten, das sie verhaftet hatte. Demnach wären die Briten für Heß und Speer zuständig, und von Schirach käme in die Obhut der USA. »Zur Vermeidung politischer Auswirkungen«, warnte Hans Gawlik, der Leiter der Rechtsabteilung, »sollte dieser Schritt nur auf unverhältnismäßig hohen Gefängniskosten [für Spandau] gegründet werden und die ausdrückliche Erklärung enthalten, dass die Gefangenen nicht freigelassen, sondern dass der Strafvollzug von den früheren Gewahrsamsmächten fortgesetzt werde.«.[219] Brentano konnte Gawliks Vorschlag nicht akzeptieren, dass Bonn um die Auflösung Spandaus bat, die Gefangenen aber weiter in Haft blieben, damit die Kommunisten die Angelegenheit nicht zu Propagandazwecken nutzen konnten. Der Außenminister stellte klar, dass er sich nach der Auflösung Spandaus nicht für die fortgesetzte Haft, sondern für die Begnadigung der Gefangenen einsetzen würde.[220]

Die Antwort auf die Frage nach dem Wann und Wie ließ für Speer nichts Gutes ahnen. Als Reaktion auf den Druck der Briten teilte das Außenministerium im Januar 1961 den westlichen Botschaftern mit, Adenauer werde Speers Begnadigung aus humanitären Gründen bei einem Treffen mit Smirnow ansprechen. Doch obwohl dieses Treffen am 12. Januar stattfand, schnitt Adenauer das Thema Spandau nicht an. Stattdessen wurde auf niedrigerer Ebene ein Treffen zwischen Karl Carstens, der mittlerweile Staatssekretär im Außenministerium war, und Andrej Timoschenko, dem Geschäftsträger der sowjetischen Botschaft, für den 17. Januar vereinbart. Timoschenko erklärte, er werde die Angelegenheit mit Moskau besprechen, gab die Antwort jedoch nie weiter. Und Carstens fragte auch nicht nach. 1961 erkundigte sich die britische Botschaft im Verlauf des Jahres immer wieder, was aus Carstens Anfrage geworden war, und erhielt Woche für Woche die gleiche Antwort – die Angelegenheit werde bearbeitet. Auf einen Brief, in dem sich Ernst Wolf Mommsen bereit erklärte, die Bonner Maßnahmen für Speer zu unterstützen, antwortete Carstens höflich: »Ich werde Sie gern unterrichten, sobald nach unserer Ansicht der Zeitpunkt für eine neue Intervention durch Sie oder Ihre Freunde gekommen ist.« Im September war den Alliierten klar, dass die Bonner Regierung zwar ihrer Pflicht nachgekommen war und bei den Sowjets angefragt hatte, aber kein weiteres Interesse daran hatte, die Sache voranzutreiben. Das Thema Spandau sollte fallengelassen werden, bis Bonn von selbst wieder darauf zurückkam.[221] Und aufgrund des Mauerbaus im August 1961 war dieser Zeitpunkt in weite Ferne gerückt.

Speers Ausweg

Der Bau der Berliner Mauer stand für eine Niederlage der kommunistischen Politik, die Westmächte aus Berlin zu vertreiben. Für John F. Kennedy schloss die Mauer die Bürger im Osten Deutschlands ein und verhinderte gleichzeitig einen Krieg durch das erzwungene Ende des Viermächtestatus. Und weil die Alliierten in West-Berlin blieben, blieben auch die Militärverbindungsmissionen auf der anderen Seite der Sektorengrenze erhalten. Aus verschiedenen Gründen, darunter vor allem die Möglichkeit der Spionage, wollten die Alliierten ihre Militärverbindungsmissionen auf ostdeutschem Territorium bewahren.[222] Auch die Berliner Luftsicherheitszentrale musste bleiben. Erst wenn sich die Sowjets aus diesen Viermächte-Einrichtungen zurückzogen, hatten die Alliierten einen Grund, gegen eine andere Vereinbarung der vier Mächte zu verstoßen und den Sowjets den Zugang zum Spandauer Gefängnis zu verweigern.[223]

Ansonsten musste man die Sowjets weiterhin an Spandau beteiligen, denn eine Weigerung könnte, wie es der amerikanische Stadtkommandant von Berlin formulierte, »dahingehend interpretiert werden, dass der Westen den Rückzug der Sowjetunion aus den Viermächtefunktionen in Ost-Berlin anerkennen würde, und wäre damit ein schwerer Schlag für die Position, dass in Berlin weiterhin die Institutionen der vier Mächte vom Westen erhalten werden, da Spandau eine der wenigen sichtbaren und funktionierenden Einrichtungen der vier Mächte ist«. Die Amerikaner vertraten also mittlerweile die gleiche Haltung wie die Bundesrepublik; Spandau hatte große Bedeutung für den rechtlichen Status von West-Berlin. Wenn die Sowjets darauf bestanden, das Gefängnis weiterhin als Einrichtung der vier Mächte zu führen, war das ein *gutes* Zeichen.[224]

Trotz ihrer Drohungen wollten die Sowjets nicht auf ihre Rechte in Spandau verzichten. Der bewaffnete Soldatentrupp, der das Gefängnis bewachte, überquerte weiterhin zu Beginn der sowjetischen Monate beim amerikanischen Checkpoint die Sektorengrenze, obwohl es gelegentlich Beschwerden gab, dass die Sowjets auf der Fahrt zum Gefängnis ihre Waffen außer Sichtweite halten müssten. Die Sowjets hielten auch die Tradition aufrecht, in ihrem Monat eine Inspektion des Gefängnisses durchzuführen. Bis 1961 hatte der sowjetische Stadtkommandant Oberst Andrej Solowjow die Inspektion vorgenommen. Im Dezember 1961 wurde Solowjow der Zugang zum amerikanischen Sektor als Reaktion auf einen Vorfall verwehrt, bei dem DDR-Grenztruppen dem amerikanischen Stadtkommandanten Albert Watson die Durchfahrt zum militärischen Hauptquartier der Sowjets in Karlshorst verweigert hatten.[225] Die Sowjets schafften die Position des Stadtkommandanten im August 1962 auf Wunsch der DDR-Regierung ab, die gerne die Kommandantur komplett losgeworden wäre. Dafür wurde die Inspektion am 19. November 1962 von einem Stabsoffizier von der Gruppe der Sowjetischen Streitkräfte in Deutschland (GSSD) vorgenommen, der sich beschwerte, die sanitären Einrichtungen der Gefangenen seien »zu luxuriös«.[226] Wenn die Westmächte in West-Berlin bleiben wollten, mussten die Sowjets in Spandau bleiben. Außerdem, so die Briten, »passt es den Russen, einige Nazis hinter Schloss und Regel zu haben, [als] Beweis, dass der deutsche Revanchismus eine Bedrohung für die übrige Welt darstellt«.[227]

Ganz so war es nicht. Sicher nutzten die Sowjets Spandau im Kalten Krieg als Beleg für ihre eigene überlegene moralische Position. Doch wenn es ins Konzept passte, setzten sie das Kriegsverbrecherthema auch anders ein. Im Januar 1955 tauchte Generalfeldmarschall Ferdinand Schörner, den Hitler testamentarisch zum Oberbefehlshaber des Heers ernannt hatte, in der Bundesrepublik auf, nachdem er in der UdSSR noch nicht einmal zehn Jahre seiner 25-jährigen Haftstrafe verbüßt hatte. Schörner war in Deutschland vor allem wegen seiner fanatischen Hingabe an Hitler und seiner Härte gegen die eigenen Soldaten bekannt; im Krieg hatte er Deserteure kurzerhand aufhängen lassen. Seine Freilassung zu einem Zeitpunkt, an dem die Debatte über die Wiederbewaffnung der Bundesrepublik ihren Höhepunkt erreicht hatte, sollte vermutlich die zukünftigen deutschen Streitkräfte in Verruf bringen (darin waren sich amerikanische und bundesdeutsche Geheimdienste einig). Schörner tat den Sowjets den Gefallen und verlangte bei seiner Rückkehr in den Westen eine Pension. Selbst Veteranenorganisationen wie Gottfried Hansens VdS hielten im Fall Schörner Distanz, und ehemalige Soldaten diffamierten den Feldmarschall.[228] Ein Jahr später, im Januar 1956, kehrte Friedrich Panzinger aus der sowjetischen Gefangenschaft in die Bundesrepublik zurück. Panzinger war ein ehemaliger Mitarbeiter des Reichssicherheitshauptamtes und wurde freigelassen, damit er den KGB mit Hilfe seiner früheren Gestapo-Kontakte bei der Unterwanderung der Organisation Gehlen und des späteren Bundesnachrichtendienstes unterstützte. Als Gegenleistung versprachen die Sowjets, ihn vor einer Anklage wegen Kriegsverbrechen zu schützen, die Panzinger als Leiter der Einsatzgruppe A von September 1943 bis Mai 1944 begangen hatte. Als Panzinger von den bundesdeutschen Behörden verhaftet wurde, nahm er sich das Leben, anstatt auf die Sowjets zu vertrauen.[229]

Es gibt Hinweise, dass die Sowjets 1962 etwas Ähnliches mit Speer vorhatten. Am 18. Juni sprach Carstens Speers Fall bei einem Treffen mit dem sowjetischen Botschafter Smirnow an. Über ein Jahr war vergangen, seit Bonn Spandau gegenüber Timoschenko erwähnt hatte. Smirnow ließ sich ausführlich über Speers Charakter und seine Verbrechen aus und sagte, er müsse sich mit Moskau besprechen. Doch dann zeigte er sich entgegenkommender und schlug vor, möglicherweise könne Speers Freiheit mit der Freilassung eines sowjetischen Spions erkauft werden – Valentin Pripolzew. Die bundesdeutschen Behörden hatten Pripolzew, ein Mitglied der sowjetischen Handelskammer in Köln, am 25. August 1961 verhaftet, als er (erfolglos) versuchte, belastendes Beweismaterial zu verschlucken. Die Verhaftung eines hochrangigen KGB-Mitarbeiters war sicher ein Schock für die Sowjets, die dank ihrer Kontaktmänner bei der bundesdeutschen Spionageabwehr normalerweise rechtzeitig gewarnt wurden.[230] Einen Monat später reagierte der KGB und nahm zwei Heidelberger Studenten fest, Walter Naumann und Peter Sonntag, weil sie sowjetische Einrichtungen fotografiert hatten. Die beiden wurden jeweils zu drei Jahren Haft und neun Jahren Zwangsarbeit verurteilt. Doch Bonn argumentierte, der Austausch eines bekannten sowjetischen Spions (Pripolzew wurde im Februar 1962 angeklagt und zu vier Jahren Haft verurteilt) würde die Sowjets nur ermutigen, weitere deutsche Bürger festzunehmen, und die Amerikaner stimmten zu, dass Speers Freiheit mit einem derartigen Arrangement zu teuer erkauft wäre.[231] In Bonn wollte man Pripolzew lieber gegen die beiden Studenten als gegen Speer austauschen. Als ersten Schritt des »Gentleman-Agreement«, das Carstens und Smirnow am 27. Juni 1962 ausgehandelt hatten, wurde Pripolzew am 3. Juli freigelassen. Carstens erwartete, dass die Studenten sofort nach Deutschland zurückkehrten, doch zu seiner großen Enttäuschung blieben sie bis 1969 in einem sowjetischen Gefängnis.[232]

Im Mai 1963 setzte sich Carstens, dem klar war, dass er im Fall Pripolzew hereingelegt worden war, bei Smirnow energischer für Speer ein als je zuvor. Der erste offizielle Vorstoß, den Bonn bei den Sowjets zugunsten eines Spandauer Häftlings machte, mündete in einem erbitterten Schlagabtausch. Carstens bemerkte, die westlichen Alliierten rieten schon seit langem zur Begnadigung Speers und hätten wiederholt versprochen, dass Speer nicht zu seinen alten Aufgaben zurückkehre. Smirnow wurde aggressiv: »Ebenso wenig sehe die sowjetische Regierung einen Anlass, darauf hinzuwirken, dass Herr Speer seine alte Tätigkeit unter neuen Bedingungen wieder aufnehme.« Schließlich hätten auch ehemalige Hitler-Generäle ihre frühere Tätigkeit wiederaufgenommen, »man müsse deshalb mit Recht befürchten, dass Herr Speer, kaum entlassen, in der Bundesrepublik Raketenabschussbasen, die dem gleichen Ziele dienten, Europa bis zum Ural auszudehnen, bauen würde«.[233] Auf Carstens Protest, niemand in Bonn denke an einen Angriff auf die Sowjetunion, erwiderte Smirnow, das habe die Sowjetunion auch schon von Hitler gehört.

1963 sprachen offizielle Kreise auch erstmals das Schicksal Baldur von Schirachs an, des ehemaligen Reichsjugendführers, der wie Speer eine Haftstrafe von 20 Jahren verbüßte. Schirach hatte wenige Fürsprecher. Anders als die Lobby der Konservativen, die sich für von Neurath einsetzte, oder die Veteranen, die auf die Freilassung von Raeder und Dönitz drängten, und die ehemaligen NS-Wirtschaftsführer, die sich hinter den Kulissen für Speer engagierten, gab es keine ehemaligen HJ-Angehörigen, die sich für von Schirach stark machten. Von Schirachs Frau Henriette, die sich 1950 noch während seiner Haft von ihm scheiden ließ, reiste

1958 nach London, um sich für seine Entlassung einzusetzen, doch die Reise war von der *Daily Mail* arrangiert und finanziert worden. Die *Daily Mail* berichtete auf der Titelseite über Henriettes Fürsprache für ihren Exmann und zahlte ihr vermutlich auch ein Honorar. Henriette setzte sich nur halbherzig für ihren Mann ein. Sie sprach zwar mit der Presse, kontaktierte aber weder Mitarbeiter der deutschen noch der britischen Regierung. (Nicht zuletzt aufgrund von Henriettes Auftreten hinterließ Hilde Speer einige Monate später einen so guten Eindruck in London.)[234] Damit blieb von Schirach, der in Spandau nicht viel mehr tat, als zu jammern und Kreuzworträtsel zu lösen, nur noch die Hilfe seiner Kinder, vor allem seines ältesten Sohnes Klaus, der mittlerweile Anwalt war und dem Deutschen Roten Kreuz und der Presse übertriebene Geschichten über die Zustände in Spandau lieferte; angeblich mussten die Häftlinge Zwangsarbeit leisten.[235]

1963 hatte von Schirach das ganze Jahr mit einem Blutgerinnsel in der Oberschenkelschlagader zu kämpfen. Im Dezember 1963 wurde er deswegen zwei Wochen lang im britischen Militärkrankenhaus behandelt.[236] In seinen *Spandauer Tagebüchern* zeigte sich Speer besorgt über von Schirachs Zustand (die beiden kamen in Spandau eigentlich nicht gut miteinander aus), in Wirklichkeit tobte er jedoch vor Wut, nachdem ihm der sowjetische Gefängnisdirektor die mögliche Entlassung von Schirachs angedeutet hatte. Speer war zutiefst entrüstet, dass von Schirach möglicherweise vor ihm an der Reihe war, und das nur wegen eines Blutgerinnsels in einer wichtigen Arterie, während er Himmel und Hölle in Bewegung gesetzt hatte. In mehreren Briefen an Hilde beklagte sich Speer über von Schirach und dessen ganze Familie und verkündete: »Wir kämpfen nur für mich.«[237] In London verfolgte man einen allgemeineren Ansatz. Nach dem Ende der 14-jährigen Ära Adenauer hoffte man, von Schirachs Fall für einen weiteren Vorstoß in Moskau zu nutzen, alle drei Häftlinge aus humanitären Gründen zu begnadigen, vor allem da der Kreml nach der Kubakrise im Oktober 1962 nach Gebieten zu suchen schien, wo die friedliche Koexistenz mit dem Westen funktionieren könnte.[238]

Der Zeitpunkt für eine derartige Geste war dennoch nicht günstig. Der sowjetische Gefängnisdirektor hatte kurz zuvor zusätzliche Weihnachtspakete für 1963 verboten und eine zusätzliche halbe Stunde Besuchszeit an den Feiertagen gestrichen.[239] Auch die amerikanische Regierung war nicht übermäßig begeistert. Öffentliche Appelle zur Entlassung von Schirachs vom Deutschen Roten Kreuz und von Klaus von Schirach, erklärte der Staatssekretär George Ball, »haben hier für erhebliches Aufsehen gesorgt, die Öffentlichkeit ist gegen die Entlassung dieser Männer. Jede Andeutung oder gar die Bereitschaft der US-Regierung, diese Häftlinge zu begnadigen, würde zweifellos Protest und Kritik am Ministerium nach sich ziehen, ähnlich wie in den Fällen Sepp Dietrich und [Joachim] Peiper.« Außenminister Dean Rusk wollte den Fall von Schirach nur in Verbindung mit den beiden anderen Häftlingen besprechen, um »dieses komplizierte, mühsame und teure Arrangement« zu beenden. Von Schirach wurde am 13. Dezember 1963 vom britischen Militärkrankenhaus zurück nach Spandau verlegt. Ein paar Tage später meinte der sowjetische Direktor, Oberstleutnant Lazarew, Spandau werde erst am 1. Oktober 1966 schließen und nicht einen Tag früher.[240] Die Enttäuschung im Bonner Außenministerium hielt sich in Grenzen. Im Januar 1964 streute Carstens das Gerücht, von Schirach sei Kommunist geworden und wolle im Osten leben, außerdem machte er sich Sorgen, dass im Fall Heß aufgrund dessen dunkler Vergangenheit niemand in Deutschland allzu sehr erpicht sei, ihn auf freiem Fuß zu sehen.[241]

Ungeduldig angesichts der deutschen Verzögerungstaktik, überzeugte die britische Botschaft die amerikanische und französische Vertretung in Bonn zur Abfassung einer gemeinsamen Note, die am 25. April 1964 in Moskau überreicht wurde. Im Text wurde die Entlassung der drei Gefangenen aus humanitären Gründen bis zum 25. Mai verlangt, weil »die drei Häftlinge keine mögliche Gefahr mehr für die Staaten darstellen, die das NS-Regime in Deutschland stürzten«.[242] Die sowjetische Antwort an die drei Botschaften traf erst im Juni ein und wurde von den Franzosen als »äußerst unangenehm« bezeichnet. Im Grunde handelte es sich um eine Auflistung der alten sowjetischen Beschwerden über den Umgang mit Kriegsverbrechern in der Bundesrepublik, darunter befand sich auch der Fall des ehemaligen SS-Sturmbannführers Erich Deppner, der wegen der Erschießung sowjetischer Kriegsgefangener in den Niederlanden angeklagt und »mit der monströsen Begründung« freigesprochen wurde, »dass Vergeltungsmaßnahmen gegen Kriegsgefangene gerechtfertigt seien«. Unter derartigen Bedingungen, hieß es weiter, könne »die vorzeitige Entlassung führender Kriegsverbrecher die Behörden in der BRD nur in ihrem ungerechtfertigten Vorhaben bestätigen, die gerichtliche Verfolgung von Verbrechen, die von den Nationalsozialisten begangen wurden, zu beenden, was für 1965 beabsichtigt ist.« Die Begnadigung führender Kriegsverbrecher würde nur »abenteuerliche Maßnahmen in den revanchistischen Kreisen der Bundesrepublik fördern«. Die Bundesregierung war empört und wollte diesen Vorwürfen mit einer offiziellen Stellungnahme begegnen. Die britische Botschaft vermerkte dagegen nur: »Der Ton der [sowjetischen] Note scheint stärker als angebracht.«[243]

Es gab 1964 einen letzten Versuch zu Speer vorzeitiger Entlassung seitens der Familienangehörigen und Anhänger Speers, diesmal unter Führung von Fabian von Schlabrendorff, der am Attentat auf Hitler beteiligt gewesen und mittlerweile erfolgreicher Anwalt in einer Wiesbadener Kanzlei war. Die genauen Einzelheiten sind nicht bekannt, da die Papiere von Schlabrendorffs nicht öffentlich zugänglich sind. Das Geld für von Schlabrendorffs Bemühungen wurde von Ernst Wolf Mommsen aufgetrieben, und auch die Vorgehensweise, die unter anderem Lösegeldzahlungen für Speer in Form eines verstärkten deutsch-sowjetischen Handels vorsah, trug Mommsens Stempel.[244]

Im November 1963 hatte Hilde ihrem Vater geschrieben, dass von Schlabrendorff nach Washington reise und auf eine Unterredung mit Präsident Kennedy hoffe. Speer erwähnte davon nichts in den *Spandauer Tagebüchern,* denn er konnte von Schlabrendorff nicht ausstehen, wahrscheinlich weil er an einem *echten* Attentatsversuch auf Hitler beteiligt gewesen war, und erklärte sardonisch, von Schlabrendorff sei nur an der Steigerung seines eigenen Ansehens interessiert – ein klassisches Beispiel dafür, dass man den Balken im eigenen Auge nicht erkennt, wohl aber den Splitter im Auge des anderen. Doch als Speer erfuhr, dass von Schlabrendorff den Auftrag hatte, seine Freiheit zu erkaufen, wurde er optimistischer.[245] Kennedy überlebte den Monat nicht. Hildes Kontakt zu McCloy blieb allerdings weiter bestehen. McCloy hatte den Fall Speer nie aus den Augen verloren und im Juni 1958 zu Dulles gesagt, angesichts der Begnadigungen in Landsberg ärgere ihn Speers fortdauernde Haft, wann immer er daran denke, vor allem weil »Speer uns nach Kriegsende eine große Hilfe beim Sammeln von Materialien war«. Es war größtenteils McCloy zu verdanken, dass Schlabrendorff im März 1964 von William R. Tyler empfangen wurde, dem Leiter der Abteilung Europa im Außenministerium.[246]

Das war zwar nicht ganz das Weiße Haus, aber wie Ball und Rusk gesagt hatten, wollte die amerikanische Regierung nicht direkt mit den Bemühungen um die Spandauer Häftlinge in Verbindung gebracht werden. Nicht einmal ein Jahr zuvor hatte Tyler im Auftrag von Rusk dem Verband der Jüdischen Kriegsveteranen in den USA versichert, dass das Außenministerium nichts zur Freilassung der Hauptkriegsverbrecher unternehme. Schlabrendorff berichtete nun, dass er sich mit dem sowjetischen Botschafter in Washington, Anatoli Dobrynin, getroffen und dass Dobrynin angedeutet habe, Speers »Freilassung sei unter bestimmten Bedingungen möglich«. Speer, erklärte von Schlabrendorff Dobrynin, habe im Krieg verschiedene Industrielle geschützt, die »bereit wären zu helfen, wenn die Sowjets damit einverstanden wären [...] und Bargeld zur Verfügung stellen oder bestimmte Handelsvereinbarungen treffen würden«. Beispielsweise, so von Schlabrendorff, »wollen die Sowjets vielleicht mehr Güter von Krupp, als Krupp liefern kann. Es wäre möglich [...], dass Krupp den Anteil der Schlüsselprodukte erhöht, die Krupp derzeit nur in begrenzter Menge liefern kann.« Wenn die USA einverstanden seien, erklärte von Schlabrendorff Tyler, könne der Vorschlag Moskau unterbreitet werden.[247]

Die Idee einer Art Lösegeldzahlung fand in Washington durchaus Anklang: eine private Initiative ohne offiziellen Beistand, die noch dazu funktionieren konnte. Schlabrendorff schrieb der Familie Speer einen enthusiastischen Brief. Speer erklärte überschwänglich:

»Wenn ich nicht verfolgt hätte, wie man damals den U2-Flieger Gary Powers herausgeholt hat, würde ich den Bericht von Schlabrendorf [sic] für fantastisch gehalten haben [Powers wurde am 10. Februar 1962 gegen einen sowjetischen Spion ausgetauscht]. Ich wischte mir damals die Augen, als ich las, dass die Freilassungsaktion das Werk eines bis dahin unbekannten amerikanischen Anwalts gewesen sein sollte. Einige Monate zuvor hatte Chruschtschow noch erklärt: ›Nein!‹ Eisenhower: ›Enttäuscht!‹ usw. – und diese höchste Ebene wurde verlassen, eine stille Privataktion außerhalb der politischen Kanäle gewählt. Natürlich wusste jeder, dass die Angelegenheit von oben dirigiert war.«

Speer war überzeugt, dass die Idee mit dem Lösegeld Rückhalt in Moskau genoss, sonst hätte sich Dobrynin anders verhalten. Auf jeden Fall meinte Speer: »Die Bonner hätten niemals die Courage, von sich aus so etwas zu unternehmen«.[248] Schlabrendorff reiste nach Moskau und traf sich mit Chruschtschows Schwiegersohn. Speer und Hilde einigten sich darauf, das Thema nicht über ihren geheimen Kanal zu besprechen, weil sie fürchteten, dass ein Brief abgefangen werden könnte und dann die heiklen Verhandlungen gestört würden. Stattdessen erhielt Speer am 7. Juni ein französisches Wörterbuch von Larousse und ein amerikanisches Wörterbuch von Webster als Signal dafür, dass »Schlabrendorf [sic] in Moskau keine schlechte Atmosphäre verbreitet« habe.[249]

Wie weit der Vorstoß gekommen wäre, lässt sich schwer sagen. Noch am 15. Juni 1964, als Schlabrendorff bereits verhandelte, hatte Moskau ein offizielles Gnadengesuch für alle Häftlinge unter Berufung auf den Fall Deppner entschieden abgelehnt. Nach Chruschtschows Sturz war das Vorhaben praktisch gescheitert. Speer hoffte zwar, die neue sowjetische Führung unter dem Technokraten Leonid Breschnew würde verstehen, dass »meine Verfehlungen [...] kriegsbedingt waren«, konnte jedoch sein »langes Gesicht« über Chruschtschows Sturz nicht verbergen. Vielleicht, so Speer, könne Schlabrendorff nun versuchen, dass man ihm die Haft vor der Verurteilung anrechne, damit er im kommenden Mai aus Spandau entlassen werde.[250]

Als es dazu nicht kam, wandte sich Speer dem Resümee seiner 20-jährigen Haft zu. Nachdem er Tausende Seiten Notizen für seine Memoiren aus Spandau herausgeschmuggelt hatte, machte er sich nun Gedanken über den Vertrag, den er für seine Memoiren unterzeichnen würde, die hohen Honorare, die er für Interviews mit großen Zeitschriften verlangen würde (darunter auch 1971 mit dem *Playboy*) und über die Frage, wie er all das Geld auch verdient hätte, wenn er nicht im Gefängnis gewesen wäre.[251] Wolters und Rohland trieben im letzten Monat von Speers Haft Geld für das leere Schulgeldkonto auf, weil sie ihrem Freund zu seiner Entlassung ein Geschenk machen wollten. Der Familie drohe möglicherweise ein Entnazifizierungsverfahren, schrieb Wolters sämtlichen Kontaktpersonen, daher brauche man wahrscheinlich dringend Geld. So trugen Wolters und Rohland fast 25.000 D-Mark zusammen. Speer entging der Entnazifizierung dank dem damaligen Vizekanzler

Willy Brandt, den Hildes Bitten Jahre zuvor gerührt hatten und der der Meinung war, Speer sei der einzige der Nürnberger Angeklagten, der seine Schuld eingestanden habe. Daraufhin kaufte sich Speer von dem Geld vom Schulgeldkonto einen Sportwagen.[252] Bonn hatte Speer und von Schirachs Freiheit mit einer nüchternen Presseerklärung vorbereitet, in dem schlicht die Entlassung bekannt gegeben und erklärt wurde, dass keiner der beiden Anspruch auf eine staatliche Pension habe.[253]

Der Rest der Geschichte wird an anderer Stelle erzählt: Die aufsehenerregende Entlassung aus Spandau, bei der von Schirach freundlicherweise ignoriert wurde; die traurige Familienvereinigung von Speer und seinen sechs Kindern und ihre leere Beziehung zu ihrem ichbezogenen Vater; Speers bitterer Bruch mit Wolters, der 1971 der Diskrepanz zwischen Speer komfortablem Lebensstil und der Geschichte, er ginge »in Sackleinen und Asche«, die dieses Leben erst ermöglichte, müde geworden war; und Speers eigenes bitteres Ringen mit der Wahrheit, das er letztlich verlor. Im September 1981 erzählte Speer im Alter von 76 Jahren seine Geschichte ein letztes Mal für eine BBC-Dokumentation in London. Danach erlitt er in seinem Hotelzimmer einen Schlaganfall in Gesellschaft einer Frau, die halb so alt war wie er. Die beiden hatten seit 1980 eine Affäre, und sie war es, die schließlich Margret anrief und ihr die Nachricht vom Schlaganfall überbrachte. Sie war eine Deutsche, die in England lebte und Speer etwa zwei Jahre zuvor geschrieben hatte, um seine Ehrlichkeit und seinen Anstand in den *Spandauer Tagebüchern* zu loben. Es sei, schrieb sie ihm, das wunderbarste Buch, das sie je gelesen habe.[254]

Für Speer bedeutete Spandau nicht viel mehr als eine Ergänzung zu seinem eigenen Mythos und zur Vermarktbarkeit seiner Lebensgeschichte. Trotz der angeblich 20 Jahre währenden Gewissensprüfung, von der er in den *Spandauer Tagebüchern* erzählte, »verbüßte« Speer seine Strafe, ohne wirklich Buße zu tun. Ein Großteil seiner Energie und des Geldes auf dem Schulgeldkonto wurden darauf verwendet, ihn freizubekommen. Für seine vielen Freunde, die Geld für das Schulgeldkonto spendeten und sich für seine Begnadigung einsetzten, bedeutete Spandau ebenfalls nichts. Ihre wiederholten Appelle in seinem Namen dienten ebenso ihrer eigenen historischen Rehabilitierung wie der Speers. Heute kann man es als ausgleichende Gerechtigkeit betrachten, dass sie so viel Zeit und Geld verschwendeten und im Grunde einen Teil der Strafe mit Speer verbüßten. Für die Bundesregierung hatte Speer nur eine politische Bedeutung. Zwar hielten viele in Bonn seine Strafe für ungerecht, doch Spandau war ihnen in bestimmten Momenten auch von Nutzen. Die Entscheidung Bonns, sich in den Jahren 1958 bis 1961 nicht für Speers Freilassung einzusetzen, bot dem Viermächtestatus' Berlins einen gewissen Schutz und schützte auch Bonn ein wenig vor den ersten, bewusst wahrgenommenen Heimsuchungen der NS-Vergangenheit.

Vom Standpunkt des internationalen Rechts betrachtet, kommt Spandau für die Zeit von Mitte der fünfziger Jahre bis Mitte der sechziger Jahre eine gewisse ironische Bedeutung zu. Viele der schlimmsten deutschen und japanischen Kriegsverbrecher wurden in jener Zeit vorzeitig aus der Haft entlassen, doch die Spandauer Häftlinge mussten ihre Strafe absitzen. Wie das Schicksal so spielt, lag das nicht an den Alliierten, die Speers Geschichte in Nürnberg Glauben schenkten, sondern an den Regierungen der Sowjetunion und der DDR, die nie darauf hereinfielen. Die kommunistische Welt nutzte die NS-Vergangenheit und die deutschen Kriegsverbrecher schamlos für ihre eigenen politischen Zwecke. Letztlich sorgte sie jedoch dafür, dass Speer in Haft blieb. Die gerechtfertigte Empörung über die vorzeitige Entlassung zahlreicher Kriegsverbrecher in verschiedenen Ländern, mit der kurzzeitige politische Erfolge errungen wurden, kann vielleicht etwas dadurch gemildert werden, dass Speer seine komplette Haftstrafe verbüßte – aber nur, weil zwei Regimes, denen ebenfalls Blut an den Händen klebte, darauf bestanden, und weil seine mögliche Begnadigung mit der Berlinkrise zusammenfiel, obwohl eigentlich keine Verbindung zwischen der Zukunft Berlins und der Rechtsprechung der Nachkriegszeit bestand. Und doch ist die Tatsache, dass Speer seine gesamte Strafe verbüßte, ein seltener Fall, bei dem der Gerechtigkeit genüge getan wurde, wie auch Speer im Nachhinein zu verstehen vorgab.

6. Kapitel
»Ich bereue nichts«: Das Problem Rudolf Heß

> »Ich bin glücklich, zu wissen, dass ich meine Pflicht
> getan habe meinem Volk gegenüber, meine Pflicht
> als Deutscher, als Nationalsozialist, als treuer Ge-
> folgsmann meines Führers. Ich bereue nichts.«
>
> *Rudolf Heß 1946**

Rudolf Heß musste seine lebenslange Haftstrafe vollständig verbüßen, und das war angemessen. Neben Hermann Göring war er der engste Gefolgsmann Hitlers, der in Nürnberg angeklagt wurde, seine Unterschrift stand unter einer Reihe von Gesetzen, die als Synonyme für nationalsozialistische Verbrechen gelten. Das Urteil über Heß – Verurteilung in zwei Anklagepunkten, Freispruch in zwei weiteren Punkten – war großzügig. Unter den Spandauer Gefangenen war Heß mit seiner Weigerung, sich von Hitler zu distanzieren, isoliert. Er blieb bis zum Tag seines Todes Nationalsozialist.

Heß war nicht der einzige nationalsozialistische Verbrecher, der eine lebenslange Haftstrafe verbüßte. Erich Koch, der berüchtigte Gauleiter von Ostpreußen, starb 1986 in einem polnischen Gefängnis. Die Niederlande hielten mehrere zu lebenslanger Haft verurteilte Personen im Militärgefängnis Siegburg in Breda fest. Joseph Kotälla, der für seine Grausamkeit bekannte stellvertretende Kommandant des Durchgangslagers Amersfoort, starb dort im Jahr 1978. Der SS-Hauptsturmführer Ferdinand Hugo aus der Fünten und der SS-Sturmbannführer Franz Fischer, die an führender Stelle an der Deportation holländischer Juden beteiligt gewesen waren, kamen erst im Jahr 1989 frei, zwei Jahre nach Heß' Tod. Die italienische Regierung wollte den ehemaligen SS-Obersturmbannführer Herbert Kappler, der wegen der Ermordung von 335 italienischen Zivilisten (darunter zahlreiche jüdische Geiseln) in den Ardeatinischen Höhlen berüchtigt war, trotz einer Darmkrebserkrankung bis zu seinem Tod in Haft halten. Nach seiner seltsamen Flucht nach Westdeutschland im August 1977 (seine Frau schmuggelte ihn in einem Schrankkoffer aus einem italienischen Militärkrankenhaus und täuschte die Bewacher durch eine Puppe im Krankenbett) kühlten die diplomatischen Beziehungen zwischen Bonn und Rom sichtlich ab. Die Italiener hielten den SS-Sturmbannführer Walter Reder, der für die Ermordung von mehr als 1.800 italienischen Zivilisten verantwortlich war, bis 1985 im Militärgefängnis Gaeta fest. Das verbreitete Beharren auf einer vollstän-

---

* Das Zitat stammt aus Heß' Schlusswort vor dem Internationalen Militärgerichtshof in Nürnberg. Quelle: *IMG*, 31. August 1946, Bd. 22, S. 425. Vgl. Anm. 55 in diesem Kapitel.

digen Erfüllung des Strafmaßes in diesen Ländern war teilweise unaufrichtig. Es offenbarte ein selektives Gedächtnis, für das es nur deutsche Kriegsverbrecher, aber keinerlei örtliche Kollaboration gab.[1]

Warum wurde das Urteil gegen Heß zum Gegenstand erbitterter Kontroversen, wenn er in den siebziger und achtziger Jahren gar nicht der einzige noch inhaftierte Kriegsverbrecher war? Dahinter stand eine lange Verkettung unglücklicher Umstände. Die westlichen Alliierten wie auch die Sowjets hatten gehofft, Heß in eine weniger im Rampenlicht stehende Einrichtung verlegen zu können, aber niemand wollte die dafür anfallenden Kosten bezahlen. So blieb Heß absurderweise der einzige Insasse eines Gefängnisses mit sechs Wachttürmen und einem sich in regelmäßigem Turnus abwechselnden, für die Bewachung eines Mannes deutlich überdimensionierten Personalbestand. In Verbindung mit der Politik der Geheimhaltung, die Spandau umgab, mit der Tatsache, dass die Sowjets ein Vetorecht hatten, mit der verbreiteten Vorstellung, Heß sei im klinischen Sinn geisteskrank, und mit dem schrillen Auftreten von Heß' Rechtsanwälten führte das zu der Vorstellung, Heß sei ein Märtyrer. »Heß ist ein schrecklicher Fall von Grausamkeit«, hatte Winston Churchill bereits 1952 in einer persönlichen Mitteilung festgestellt.[2] Diese Sicht auf die Person verfestigte sich im Lauf der Zeit.

In Wirklichkeit wurde Heß nicht, wie oft behauptet, in Einzelhaft gehalten. Er aß viel, las viel, schrieb viel, sah viel fern und ging sehr oft spazieren. Seine Familie besuchte ihn häufig, und er erfreute sich einer intensiveren medizinischen Betreuung als viele ältere Menschen, die *keine* Hauptkriegsverbrecher sind. Die anständige Behandlung hatte zur Folge, dass er zu lange lebte – über seinen 90. Geburtstag hinaus – und mit zunehmendem Alter zu einer immer bedauernswerteren Gestalt wurde. Die Begleitumstände sorgten dafür, dass sich auch führende Politiker um einen Gnadenerweis für Heß bemühten, die sich der Schrecken, die mit der auch von Heß angeführten Bewegung verbunden blieben, sehr wohl bewusst waren.

Die Probleme wären zumindest teilweise vorhersehbar gewesen. Heß verkörperte widerstreitende nationale Erinnerungen an den Zweiten Weltkrieg auf offizieller und privater, in der Bevölkerung weit verbreiteter Ebene, und die Abgründe, die sich zwischen diesen Ebenen auftaten, wurden aufgrund des Kalten Krieges nicht richtig verstanden. Heß war eine Säule der offiziellen sowjetischen Erinnerung, die für die Leiden von Millionen Menschen unter der Herrschaft des Faschismus stand. Der sowjetische Richter Iona Nikitschenko protestierte im Oktober 1946 gegen Heß' teilweisen Freispruch, und Nikitschenkos Missbilligung war Moskaus offizielles Verdikt. Die Verurteilung zu lebenslanger Haft ermöglichte es Moskau, Heß rechtmäßig und nach sowjetischer Praxis gefangenzuhalten, bei der zwischen Gnade und Vergebung nicht unterschieden und einer Haftstrafe routinemäßig auch eine politische Bedeutung zugemessen wurde. Die UdSSR war nicht der einzige Staat, der Heß nicht in Freiheit sehen wollte. Der israelische Außenminister Abba Eban erklärte im Juli 1973 öffentlich, Heß solle seine Strafe bis zum Ende verbüßen.³ Die Londoner *Times* schrieb jedoch 1979, Heß sei für die UdSSR »der Ersatz für Hitler, [...] das lebende Symbol des Feindes, den sie immer noch brauchen und vielleicht auch immer noch zutiefst fürchten«.⁴

Und es war das repressive sowjetische System, das unter Stalins Herrschaft für Massenmorde und unter seinen Nachfolgern für die Unterdrückung von Dissidenten bekannt war, welches dieses Urteil vielen Menschen im Westen verhasst machte. Wie konnten liberale demokratische Regierungen mit Moskau beim Betreiben eines Gefängnisses für einen einzigen Mann zusammenarbeiten? Diese Frage wurde am häufigsten in Großbritannien gestellt, wo man eine deutlich andere Erinnerung an den Krieg und Heß' Rolle in diesem Krieg hatte als in der UdSSR. Die von den Amerikanern wiederholt gegebene Antwort darauf lautete, die Sicherheit West-Berlins hänge von Vereinbarungen der vier Mächte ab, die allesamt eingehalten werden müssten, selbst diejenigen, die Spandau beträfen. Und Ende der siebziger und Anfang der achtziger Jahre brach die frostigste Zeit des Kalten Krieges seit der Kubakrise an. Dies war nicht die Zeit für einen Bruch der Vereinbarungen zwischen den vier Mächten. Hitlers Stellvertreter saß deshalb an einem Schnittpunkt fest, den die von ihm mitgeführte nationalsozialistische Bewegung selbst geschaffen hatte – es war jene Wegkreuzung, an der die Erinnerung an die Leiden des Krieges auf die Sicherheitserwägungen des Kalten Krieges traf. Er sollte das Spandauer Gefängnis nicht lebend verlassen.

Der verschlungene Weg nach Spandau

Heß wurde 1894 im ägyptischen Alexandria geboren, doch die Kaufmannsfamilie, der er entstammte, kam aus der bayerischen Kreisstadt Wunsiedel im Fichtelgebirge, und Heß kehrte 1908 nach Deutschland zurück. Im Ersten Weltkrieg diente er zunächst als Infanterist im Westen sowie an der rumänischen Front, später dann, gegen Ende des Krieges, als Fliegerleutnant. Wie viele andere Veteranen aus Bayern, die an der Dolchstoßlegende festhielten, nach der Deutschland durch die Entwicklung in der Heimat, nicht aber an der Front besiegt worden sei, geriet Heß in München in rechtsradikale Kreise. Den Nationalsozialisten schloss er sich bereits im Juli 1920 an und wurde zum ergebenen Gefolgsmann von Adolf Hitler. In den Anfangsjahren sprach er fast täglich mit Hitler und half beim Aufbau der paramilitärischen Sturmabteilung (SA), er warb Studenten für den Nationalsozialismus an und knüpfte bei Gesellschaften Kontakte zu konservativen Kreisen. Heß beteiligte sich am 9. November 1923 in München auch an dem misslungenen Marsch auf die Feldherrnhalle, entkam zunächst, stellte sich im Mai 1924 jedoch den bayerischen Behörden und wurde wie Hitler in der Festung Landsberg inhaftiert.[5]

In Landsberg schloss sich Heß noch enger an Hitler an. Er schrieb einen großen Teil von Hitlers Diktaten nieder, aus denen dann später der erste Band von Hitlers Buch *Mein Kampf* werden sollte – die Programmschrift der nationalsozialistischen Bewegung. Heß machte Hitler vielleicht sogar mit dem Denken von Karl Haushofer bekannt, einem Münchener Professor für Geschichte, mit dem Heß seit 1920 bekannt war und der die Idee des zu erweiternden »Lebensraums« für dynamische Völker vertrat.[6] Heß schrieb aus dem Gefängnis an Haushofer, dass auch Hitler zu bedeutsamen Schlussfolgerungen zur »Judenfrage« gekommen sei. Damit meinte er zweifellos Hitlers wirre Gedanken zum Weltjudentum als alles durchdringendem, fremdartigem Feind, der die nordische Rasse von innen heraus zerstöre, durch Mittel wie den Finanzkapitalismus (der die Volkswirtschaften ins Chaos stürze und durch die von Juden beherrschten Medien auch den Pazifismus fördere), den Klassenkampf innerhalb der nordischen Rasse (mit Hilfe des Bolschewismus und seiner Verbreitung in Europa durch politische Gruppen, die sich nach gesellschaftlichen Klassen orientieren) und die Verunreinigung des Blutes (durch das Propagieren der Gleichheit unter den Menschen, der Assimilation und der Mischehe). Hess schrieb seiner Verlobten Ilse, er habe eine tiefe Zuneigung zu Hitler gefasst, und lobte zugleich dessen Meisterwerk, dessen frenetischer und chiliastischer Tonfall eine allwissende, kompromisslose Haltung zur Beseitigung des Judentums mit der unnachgiebigen Forderung nach Krieg und der Eroberung von Lebensraum im Osten verband.[7]

Heß wurde nach der Entlassung aus Landsberg im Januar 1925 Hitlers Privatsekretär. Er empfing Hitlers Gäste, organisierte Hitlers Korrespondenz und traf unzählige Routineentscheidungen.[8] Bei Parteiversammlungen saß Heß an Hitlers Seite und unterstützte ihn in Auseinandersetzungen mit innerparteilichen Gegnern. Heß war der erste, der die Anrede »Mein Führer« und den Gruß »Heil Hitler« gebrauchte, die seiner Ansicht nach die »germanische Demokratie« verkörperten, im Unterschied zur »westlich-jüdischen« Art.[9] Am Abend des 30. Januar 1933 stand Heß (neben Göring und Goebbels) an Hitlers Seite, als dieser vom Fenster der Reichskanzlei aus der vor dem Gebäude versammelten Menschenmenge zuwinkte. Doch Heß schrieb auch an Ilse, das Amt des Reichskanzlers sei nur »eine erste Etappe«, denn »[d]ie zweite schwere Kampfperiode hat begonnen«.[10]

Heß vereinigte neue Funktionen auf sich. Hitler ernannte ihn im April 1933 zum Stellvertreter des Führers in allen Parteiangelegenheiten; ab Juni 1933 nahm er an Hitlers Seite an Kabinettssitzungen teil; im Dezember wurde er zum Minister ohne Geschäftsbereich ernannt, und im Juli 1934 verfügte Hitler dann, alle neuen Gesetzentwürfe müssten Heß zur Genehmigung vorgelegt werden.[11] Heß war sich seiner Macht bewusst und schärfte allen Ministern im Oktober 1934 ein, ihm die Gesetzentwürfe so frühzeitig vorzulegen, dass ihm eine »Frist zur ordnungsgemäßen Bearbeitung« bleibe. Sollte dieses Verfahren nicht eingehalten werden, dann werde er seine Zustimmung verweigern. »Nur wenn ich so verfahre«, erklärte Heß, »kann ich dem [...] Willen des Führers gerecht werden.«[12] Im Unterschied zu Goebbels und Göring verstrickte sich Heß zwar nie in Korruption und Frauengeschichten, doch er begriff, dass zur Machtausübung auch bestimmte Insignien gehörten. 1937 wurde ihm ein Porträtist zugeteilt; 1939 bestand er darauf, informiert zu werden, wenn Vertreter der Presse anwesend waren, weil er es vermeiden wollte, bei schlechter Beleuchtung fotografiert zu werden; Ilse wurden Bedienstete und ein Privatchauffeur zugewiesen. Öffentliche Erklärungen und offizielle Lexika hoben seine Nähe zu Hitler hervor. In einer Rundfunkrede erklärte er am 25. Juni 1934 in Köln: »Ich nahm teil an seinem Leiden und nahm teil an seinem Hoffen und Glauben und Siegen.«[13]

Mehr als jeder andere – mit Ausnahme von Goebbels – war Heß an der Entstehung des Mythos vom göttlichen Auftrag des Führers beteiligt. Es gibt kaum eine Rede von Heß ohne einen entsprechenden Hinweis.[14] Fünf Tage vor der »Nacht der langen Messer«, in der Hitler die nicht auf seinem Kurs liegende Führung der SA (und einige andere politische Gegner) ermorden ließ, nahm Heß in der oben erwähnten Rede das blutige Geschehen vorweg: »Er hatte immer recht«, sagte er über Hitler, »und er wird immer recht haben. [...] Wehe dem, der die Treue bricht im Glauben, durch eine Revolte der Revolution dienen zu können«![15] Bei dem darauf folgenden Nürnberger Parteitag von 1934, der in Leni Riefenstahls Film *Triumph des Willens* verewigt wurde, erklärte Heß gegenüber Hitler: »Sie sind Deutschland. Wenn Sie handeln, handelt die Nation. Wenn Sie richten, richtet das Volk. Unser Dank ist das Gelöbnis, in guten und in bösen Tagen zu Ihnen zu stehen, komme, was da wolle.« Als während der »Sudetenkrise« wegen Hitlers Politik gegenüber der Tschechoslowakei ein Krieg drohte, erklärte Heß im September 1938 beim »Parteitag Großdeutschlands«: »Führer, welchen Weg Du auch gehst, wir folgen Dir. Dir gilt unser Glaube auf dieser Welt.«[16] Und bei seiner Radio-Weihnachtsansprache rief Heß am 24. Dezember 1940 aus: »Herrgott, Du hast uns den Führer gegeben!«[17]

Heß war tief in die antijüdische Politik in Deutschland verstrickt. Beim Reichsparteitag im September 1935, bei dem die infamen Nürnberger Gesetze verkündet wurden, erklärte Heß in seiner Schlussrede, »die fundamentalen Judengesetze« würden »über Jahrtausende hinaus« Gültigkeit besitzen. Er unterschrieb das »Gesetz zum Schutze des deutschen Blutes und der deutschen Ehre«, mit dem die Ehe und intime Beziehungen zwischen Deutschen und Juden verboten wurden. Und das »Reichsbürgergesetz«, mit dem die Zugehörigkeit zum Judentum rassisch definiert wurde, das den Juden aber zugleich die »vollen politischen Rechte« verweigerte, enthielt eine Bestimmung, nach der Heß als Stellvertreter Hitlers in der

Partei die Verordnungen für die Umsetzung des Gesetzes veröffentlichen sollte.[18] Alle antijüdischen Gesetze wurden Heß' Büro zur Genehmigung vorgelegt, und seine Unterschrift findet sich von 1933 bis 1939 auf Verordnungen, mit denen Juden das Wahlrecht verweigert, eine Tätigkeit im öffentlichen Dienst oder die Ausübung des Zahnarzt-, Arzt- oder Rechtsanwaltsberufs untersagt wird.[19] Im Mai 1938 unterschrieb er eine Verordnung, mit der der Geltungsbereich der Nürnberger Gesetze auf Österreich ausgeweitet wurde, und benannte dann persönlich den Gauleiter der Partei, der für die Umsetzung verantwortlich sein sollte.[20] Heß kritisierte die negative Reaktion des Auslands auf das »Kristallnacht«-Pogrom in der Nacht vom 9. auf den 10. November 1938, bei dem nach seiner Auffassung, »nur ein paar Juden die Fensterscheiben eingeworfen« worden waren, und am folgenden Tag hatten sie Hitler aus Anlass der Namensgebung ihres Sohnes Wolf Rüdiger bei sich zu Gast. Danach erging aus dem Münchener Amt von Heß »ein nahezu ununterbrochener Strom von Instruktionen über das Vorgehen gegen die Juden« an die Parteimitglieder, der alle Lebensbereiche umfasste, von der Plünderung jüdischen Eigentums bis zum Ausschluss von Juden aus deutschen Schwimmbädern.[21]

Heß war kein militärischer Planer, war aber dennoch bei den Kriegsvorbereitungen behilflich. Er unterschrieb – gemeinsam mit Göring, Neurath, Frick, Schacht und Frank – die Verordnung zur Einführung der allgemeinen Wehrpflicht vom 16. März 1935, er propagierte 1936 den Aufruf »Kanonen statt Butter«, er unterschrieb im März 1938 die Verordnung zum »Anschluss« Österreichs an das Deutsche Reich und bereitete die Zerstörung des tschechoslowakischen Staates durch Gespräche mit den politischen Führern der Sudetendeutschen mit vor.[22] Er tat alles, was in seiner Macht stand, um den Krieg zu fördern, da er mit Hitler in der Einschätzung übereinstimmte, dieser diene der Verteidigung gegen das »internationale Judentum«. Bereits 1927 schrieb er:

»Mit der Lösung der Judenfrage werden wir auf dem Wege der Verständigung der Völker untereinander, und vor allem verwandter Völker, einen großen Schritt vorankommen. Ein Weltfriede ist sicher ein erstrebenswertes Ideal; nach Hitlers Meinung wird er erst dann einmal zu verwirklichen sein, wenn eine Macht auf der Welt, und zwar die rassisch beste, die unbedingte und unbestrittene Vormacht errungen hat. [...] Die heutige ›Liga der Nationen‹ ist ja nur eine Farce, die in erster Linie wieder ein Fundament für das Judentum darstellt, zur Erreichung der eigenen Ziele. Verfolgen Sie nur, wieviele Juden im Völkerbund sitzen.«[23]

Im Jahr 1937 machte er das »internationale Judentum« für den Bürgerkrieg in Spanien verantwortlich, bezeichnete den sowjetischen Außenminister Maxim Litwinow als »widerlichen Juden« und behauptete, dass ohne Hitler und Mussolini die »jüdisch-asiatische Barbarei« in einstigen »Zentren der Kultur« herrschen würde.[24]

Der Kriegsausbruch im September 1939 beschleunigte Heß' Bemühungen. Er bat Alfred Rosenberg, Propagandamaterial zusammenzustellen, mit dem sich die jüdische Verantwortung für den Krieg beweisen lasse, und in seinen Reden nach Kriegsbeginn behauptete er, die Juden hätten den Konflikt geschürt.[25] Bei einer besonders weit verbreiteten Rede, die Heß am 20. April 1940 (aus Anlass von Hitlers Geburtstag) in den Borsigwerken in Berlin-Tegel hielt, erklärte er die Niederlage von 1918 zum Werk von »Juden und ihren Mitläufern«, der dann die Besatzung durch »Neger« gefolgt sei. Über Hitlers Verhalten in der »Kampfzeit«, in der er in Versammlungen seiner Gegner eingedrungen sei, wusste Heß zu berichten: »Wie heulte die von Juden aufgeputzte Meute auf, wenn dieser Adolf Hitler vor sie trat.«[26] Nachdem die deutschen Truppen Polen überrannt hatten, waren Heß und seine Mitarbeiter eifrig mit der Reorganisation der Verwaltung in den vom Deutschen Reich annektierten polnischen Gebieten beschäftigt. Heß unterschrieb, gemeinsam mit Hitler und Göring, die Annexionsverordnung vom 8. Oktober 1939; er ernannte einige der rücksichtslosesten Gauleiter, die in Deutschland zu finden waren; untersagte ausdrücklich den Wiederaufbau Warschaus und der polnischen Industrie im Generalgouvernement; verfügte, in Zusammenarbeit mit Hitler, die Erarbeitung von »Deutschen Volkslisten« im besetzten Polen, mit denen ermittelt werden sollte, welche Teile der Bevölkerung deutscher Abstammung waren; arbeitete an drakonischen Strafgesetzen für Polen und Juden, denn, so schrieb er, »der Pole [ist] gegen den Vollzug einer gewöhnlichen Freiheitsstrafe weniger empfindlich.«[27] Heß war zwar nicht mehr in Deutschland, als die »Endlösung« beschlossen und verwirklicht wurde, aber er hatte mehr als genug getan, um für das grauenvolle Geschehen, das jetzt bevorstand, in Deutschland Unterstützung oder Gleichgültigkeit zu schaffen.

Dem Argument, Heß' Einfluss sei während des Krieges geschwunden, lässt sich entgegenhalten, dass er genauso wichtig war wie jede andere nicht der Wehrmacht oder der Polizei angehörende Persönlichkeit. Hitler bestimmte Heß bei Kriegsbeginn zum zweiten Mann in seiner Nachfolge (nach Göring), und das war mit Blick auf die Tatsache, dass Hitler vom Thema seines eigenen Todes besessen war, keineswegs unwichtig. In Hitlers »Siegesrede« vom 19. Juni 1940 war Heß die erste nicht der Wehrmacht angehörende Persönlichkeit, die genannt wurde, noch vor Himmler, Goebbels, Ley oder Ribbentrop.[28] Am 4. Mai 1941, wenige Tage vor seinem schicksalhaften Flug nach Großbritannien, saß Heß in der Berliner Kroll-Oper neben Hitler, als dieser in einer Rede vor dem Reichstag Churchill und seine jüdischen Helfer für die Fortsetzung des Krieges verantwortlich machte.[29] Es mag die von Hess selbst so wahrgenommene eigene Bedeutung in der Hierarchie der Nationalsozialisten gewesen sein, die ihn zu der Annahme verleitete, persönliche Verhandlungen mit den Briten würden erfolgreich sein.

Heß' Alleinflug nach Großbritannien am Abend des 10. Mai 1941 ist die große Merkwürdigkeit in seinem Leben.[30] Hitler hatte in den zwanziger Jahren sowohl in *Mein Kampf* als auch in seinem unveröffentlichten »Zweiten Buch« davon ge-

Abb. 12: Konstantin von Neurath (ganz rechts), Joachim von Ribbentrop (4. von rechts), Rudolf Heß und Adolf Hitler während Hitlers Reichstagsrede 1940 zum Abschluss des Frankreich-Feldzugs. © ullstein bild.

sprochen, die britische Zustimmung zur deutschen Vorherrschaft auf dem Kontinent zu gewinnen. Jetzt flog Heß – ein sehr erfahrener Pilot – mit einer Messerschmitt 110 von Augsburg nach Schottland, wo er mit dem Herzog von Hamilton auf dessen Anwesen in der Nähe von Glasgow sprechen wollte. Heß hegte die Vorstellung, dass Hamilton, zu dieser Zeit ein Offizier der Royal Air Force, der Anführer einer »Friedenspartei« sei, die bei König Georg VI. mit dem Ziel vorstellig werden könnte, Churchill abzusetzen und mit Deutschland Frieden zu schließen.[31] So könnte ein brudermörderischer Kampf zwischen zwei nordischen Völkern beendet und die deutsche Flanke für den bevorstehenden Angriff auf die UdSSR gesichert werden – für den großen Feldzug zur Eroberung von »Lebensraum« im Osten.

Die Mission war ein Fiasko. Heß sprang mit dem Fallschirm ab und wurde von einem pflügenden Bauern »gefangengenommen« und den Behörden übergeben. Der Herzog von Hamilton, zu diesem Zeitpunkt in Edinburgh stationiert, wurde von Heß' Auftauchen genauso überrascht wie jeder andere Bürger des Landes. Er sprach am folgenden Morgen mit Heß, wusste aber nichts von dessen Plan. Es folgten offizielle Verhöre, drei Befragungen im Mai durch Ivone Kirkpatrick, der Heß durch seine Tätigkeit als Sekretär der britischen Botschaft in Berlin noch aus der Vorkriegszeit kannte; eine im Juni durch Lordkanzler John Simon; eine im September durch Lord Beaverbrook.[32] Heß erklärte dabei wiederholt, Hitler habe ihn zwar nicht entsandt, aber er spreche im Namen des Führers. Seine Äußerungen bezogen sich auf ähnlich lautende Passagen in *Mein Kampf* und in Hitlers »Zweitem Buch«, in denen davon gesprochen wurde, dass Berlin für eine deutsche Vorherrschaft auf dem europäischen Festland auf die Duldung Londons angewiesen sei. Das Friedensangebot entsprach den Angeboten, die Hitler über einen langen Zeitraum hinweg gemacht hatte: Großbritannien sollte die deutschen Eroberungen akzeptieren und die 1919 verlorengegangenen Kolonien zurückgeben. Als Gegenleistung konnte Großbritannien (einige) Interessensgebiete in Übersee behalten. Inzwischen konnte sich Hitler genauso vorstellen, Großbritannien zu zerstören. Am Abend von Heß' Flug gab es auch schwere Luftangriffe auf London, und Hitler bekam einen heftigen Wutanfall, als er von Heß' Unternehmen erfuhr.[33]

Heß verhielt sich immer merkwürdiger, als er sein Scheitern erkannte und das Kriegsgeschehen in der Sowjetunion sich für Deutschland ungünstig entwickelte.[34] Er war während des größten Teils seiner Gefangenschaft in Großbritannien zwar bequem untergebracht (weniger als eine Woche verbrachte er im Londoner Tower), doch im Juni 1941 kam er zu der Überzeugung, dass die Engländer, die »unter dem hypnotischen Einfluss der Juden« standen, ihn zu vergiften versuchten.[35] Er unternahm auch eine Reihe kläglicher Selbstmordversuche, schwang sich im Juni 1941 über ein Treppengeländer (und brach sich dabei ein Bein), versuchte sich im Februar 1945 mit einem Brotmesser zu erstechen (und musste danach genäht werden) und verweigerte schließlich die Nahrung (bis ihn der Hunger überwältigte). Ende 1943 hatte Heß die erste Phase mit simuliertem Gedächtnisverlust, und als er von der deutschen Niederlage in Stalingrad erfuhr, kamen erstmals imaginäre Magenkrämpfe über ihn, die in seinem weiteren Leben immer wieder auftreten sollten. Britische Armeepsychiater beschrieben ihn als einen paranoiden Hypochonder – andere staunten über sein offenkundig närrisches Verhalten. Was mit ihm nun werden sollte, wurde zu einer schwierigen Frage.[36]

Josef Stalin wusste eine Antwort. Heß war nach seiner Überzeugung Teil eines gemeinsamen Planes des faschistischen Deutschland und des britischen Geheimdienstes, die 1941 ein Bündnis Berlins und Londons gegen die Sowjetunion anstrebten. Die Sowjets waren auch davon überzeugt, dass die Briten Heß nach 1941 für einen möglichen Separatfrieden mit Deutschland in Bereitschaft hielten. Diese Annahmen entstanden teilweise aus einer gezielten britischen Desinformation, mit der man den sowjetischen Geheimdienst täuschen wollte, um sich Moskaus fortdauernde Kooperation mit London zu sichern. Aber mit diesem nur »allzu schlauen« Vorgehen nährte man vermutlich Stalins pathologisches Misstrauen in Bezug auf die britischen Absichten.[37] Und Londons Vorgehen im Anschluss an den Heß-Flug warf einen langen Schatten. Unabhängig vom in Moskau lange gehegten Verdacht, die Briten würden mit Heß gemeinsame Sache machen (Stalin sagte das Churchill im Oktober 1944 ins Gesicht, und russische Geheimdienstmitarbeiter benutzten das Argument noch bis ins Jahr 1991), betrachteten die Sowjets Heß' Flug nicht als irgendeine Kuriosität, sondern als Kernbestand seiner unmittelbaren Verantwortung für die Millionen von Toten in der Sowjetunion, die zu Lasten der Deutschen gingen. Offizielle sowjetische Veröffentlichungen zum Kriegsgeschehen vertraten diesen Gedanken jahrzehntelang.[38] Die angebliche Verbindung zwischen britischem Geheimdienst und Heß führte in den kommenden Jahren zu wilden Verschwörungstheorien, zu denen auch die Geschichte zählte, die Briten hätten den »echten Heß« umgebracht und 1945 dann ein »Heß-Double« vor Gericht gestellt. Nach dieser Phantasiegeschichte ermordete der britische Geheimdienst das Heß-Double 1987 in Spandau vermutlich, weil er, gegen den Willen Londons, kurz vor seiner Entlassung gestanden habe und dann die ganze Geschichte ausgeplaudert hätte.[39] Die Geheimhaltung, die Spandau umgab, leitete immer neues Wasser auf diese Mühlen.

Stalin drängte ab 1942 darauf, dass Heß vor ein internationales Gericht gestellt wurde, und erinnerte Churchill im Juli 1945 bei der Konferenz von Potsdam daran, dass Heß auf der sowjetischen Liste der Hauptkriegsverbrecher stand.[40] Die Briten überstellten Heß am 8. Oktober 1945 nach Nürnberg, wo US-Verhörspezialisten wiederholt versuchten, seinen »Gedächtnisverlust« zu knacken, der im Juni 1944 verschwunden war, aber im Februar 1945 erneut auftrat. Sie konfrontierten Heß mit einem irritierten Göring und mit Hildegard Fath, Heß' loyaler ehemaliger Sekretärin (sein Spitzname für sie war »Freiburg«), die angesichts von Heß' »Unfähigkeit«, sich an sie zu erinnern, hysterisch reagierte.[41] Aber zahlreiche psychiatrische Gutachten kamen zu dem Ergebnis, dass Heß, wiewohl paranoid und hypochondrisch, »im strengen Sinn des Wortes nicht geisteskrank ist«. Sein Gedächtnisschwund sei »eine bewusste Übertreibung [...] zu seinem Schutze gegen Untersuchungen« und »nicht die Folgeerscheinung einer geistigen Erkrankung«.[42] Der US-Ankläger Robert Jackson erklärte, Heß gehöre, da er »harmlose medizinische Mittel ablehnt, die nach allgemeiner Ansicht Abhilfe schaffen könnten«, »in die Klasse der Leute mit freiwilligem Gedächtnisschwund«.[43]

Heß simulierte tatsächlich. Göring und Heß, die auf der Anklagebank nebeneinander saßen, lachten am dritten Prozesstag gemeinsam, als bei einem Vortrag der Anklage die Rangfolge der beiden in der Nachfolge Hitlers verwechselt wurde. Zuvor hatte sich Heß überhaupt nicht an Göring erinnert, doch jetzt verstand er den Fehler.[44] Dann kam der 30. November 1945, als Heß vor dem Gericht erklärte:

Abb. 13: Rudolf Heß täuscht beim Verhör durch den US-Oberst John Amen im Oktober 1946 Gedächtnisverlust vor. © ullstein bild.

»Ab nunmehr steht mein Gedächtnis auch nach außen hin wieder zur Verfügung. Die Gründe für das Vortäuschen von Gedächtnisverlust sind taktischer Art. [...] Ich betone, dass ich die volle Verantwortung trage für alles, was ich getan, unterschrieben oder mitunterschrieben habe. Meine grundsätzliche Einstellung, dass der Gerichtshof nicht zuständig ist, wird durch die obige Erklärung nicht berührt.«

Sein »Gedächtnisverlust« zeigte sich jedoch immer wieder, und während des Prozesses fiel er dadurch auf, dass er Romane las, Teilnahmslosigkeit vorgab und nicht in eigener Sache aussagte. Wie er jedoch später in einem Brief an seine Frau Ilse erklärte, wollte er mit diesem Verhalten zeigen, dass er das Gericht nicht anerkannte.[45] Nach der Verkündung der Urteile sagte Heß zu Speer, dass sein Gedächtnisverlust vorgetäuscht gewesen sei. Speer zitiert ihn folgendermaßen: »Die Psychiater haben alles versucht, um mich aus der Fassung zu bringen. Fast hätte ich aufgegeben, als meine Sekretärin vorgeführt wurde. Ich musste doch vorgeben, sie nicht zu erkennen. Da brach sie in Tränen aus. Es kostete mich große Mühe, keine Miene zu verziehen. Sicherlich hält sie mich jetzt für herzlos.«[46] Mehr als 40 Jahre später, als er bereits seinen Selbstmord plante, bereute Heß diese Episode immer noch (wenn auch nichts sonst), wie sich den Abschiedsworten an seine Familie entnehmen lässt, die man in seiner Hosentasche fand: »Freiburg [Hildegard Fath] sagt, es hat mir maßlos Leid getan, dass ich so tun musste seit dem Nürnberger

Prozess, als kenne ich sie nicht. Es blieb mir nichts andres übrig, sonst wären alle Versuche unmöglich gewesen, in die Freiheit zu kommen.«[47] Heß täuschte auch in Spandau ab und zu Gedächtnisverlust vor, doch Speer notierte: »Heß [hat], wenn er will, erstaunliche Einzelheiten präsent. [...] Vielleicht ist seine Amnesie, so denke ich manchmal, nur die bequemste Art, sich der Welt gegenüber taub zu stellen.«[48]

Dr. Alfred Seidl, Heß' Verteidiger beim Nürnberger Prozess, war seinem Mandanten nicht hilfreich. Seidl, damals ein 35 Jahre alter bayerischer Rechtsanwalt mit starkem Akzent und einer hohen Stimmlage, verteidigte auch Hans Frank, den deutschen Generalgouverneur in Polen, und sollte später auch noch Oswald Pohl vertreten, den Leiter des Wirtschaft- und Verwaltungshauptamtes (WVHA) der SS. Beide wurden gehängt. Seidl war ein Muster an Unbekümmertheit. Seine einzige interessante Initiative war der Versuch, das damals erst bekannt gewordene geheime Zusatzprotokoll zum deutsch-sowjetischen Nichtangriffspakt vom August 1939 in den Prozess einzuführen, um damit zu beweisen, dass die Sowjets bei dem Krieg, den sein Mandant hatte vorbereiten helfen, die Rolle von Komplizen hatten.[49] Seine sonstige Verteidigungsstrategie schien darauf abzuzielen, Heß an den Galgen zu bringen. Seidl vertrat in seiner einleitenden Erklärung vom 5. Juli 1946 die Auffassung, Heß habe rechtmäßig gehandelt, angesichts der Rechtsungültigkeit des Versailler Vertrags und der Notwendigkeit einer »Revision [...] in seinen untragbarsten Bestimmungen«. Lord Lawrence, der Vorsitzende Richter, schnitt Seidl das Wort ab, legte ihm nahe, seine Rede »privat umzuformen«, übersetzen zu lassen und dann erneut vorzutragen.[50] Der zweite Versuch gelang Seidl nicht besser. Er erklärte, Hitler und Heß hätten für »den Kampf um eine nationale Wiedergeburt des deutschen Volkes« gearbeitet, dem aus der »Reparationspolitik der Siegerstaaten von 1919« »große Gefahren [...] erwachsen mussten«.[51] Er stellte die Rechtmäßigkeit des Gerichtshofs in Frage. Er erklärte, Heß' Rolle beim »Anschluss« Österreichs, in der Sudetenkrise von 1938 und beim Ausbruch des Krieges mit Polen entspreche Woodrow Wilsons Grundsatz der nationalen Selbstbestimmung. Er beharrte auf dem Standpunkt, der Krieg sei durch Polens Weigerung, vernünftige deutsche Forderungen zu erfüllen, ausgelöst worden, und ohne die französische und britische Aggression sei er räumlich begrenzt geblieben.[52] Seidl vertrat die Legitimität des Anspruchs auf Lebensraum, er sagte: »Diese Forderung erschien um so berechtigter, als das Verhältnis zwischen der Größe des Raumes und der Volkszahl bei wenig Völkern so ungünstig ist wie beim deutschen.«[53] Seidl erklärte abschließend, durch seinen Flug nach Großbritannien sei Heß für »alles folgende Geschehen« strafrechtlich nicht mehr verantwortlich zu machen, und der Flug selbst, zitierte Seidl seinen Mandanten, sei »eine Mission der Menschlichkeit« gewesen.[54]

Heß billigte diese Verteidigungsstrategie, wie sich in seinem Schlusswort am 31. August 1946 zeigt. In Erwartung der Todesstrafe griff er »einige Angeklagte« wegen ihrer »schamlosen Äußerungen über den Führer« an. Er sprach von seltsamen Verschwörungen, von englischen Bewachern mit »glasigen und wie verträumten Augen« sowie von in politischen Prozessen verabreichten »geheimnisvollen Mitteln«, und er bestritt abermals die Befugnis des Gerichts, sich in »innerdeutsche Angelegenheiten« einzumischen. Lord Lawrence unterbrach Heß, der mit seinem Schlusswort nicht in der erlaubten Zeit zu Ende kam (jedem Angeklagten wurden 20 Minuten zugebilligt), und Heß ging zu einer abschließenden Erklärung über:

»Ich verteidige mich nicht gegen Ankläger, denen ich das Recht abspreche, gegen mich und meine Volksgenossen Anklage zu erheben. [...] Es war mir vergönnt, viele Jahre meines Lebens unter dem größten Sohne zu wirken, den mein Volk in seiner tausendjährigen Geschichte hervorgebracht hat. [...] Ich bereue nichts.«[55]

Heß hatte tagelang an dieser Erklärung gearbeitet und war erbost, weil Lawrence ihm nicht erlaubt hatte, es in voller Länge zu verlesen. Nach der Rückkehr in seine Zelle arbeitete er an einer getippten Fassung, die er an Ilse schicken wollte, die sie nach dem von ihm erwarteten Todesurteil der Nachwelt übergeben sollte.[56]

Aber Heß' Leben wurde geschont. Nikitschenko und Lord Lawrence sprachen ihn in allen vier Anklagepunkten schuldig, doch Francis Biddle und Donnedieu de Vabres, die Heß' Handeln in den Jahren 1939 bis 1941 übergingen und seine Abwesenheit aus Deutschland ab Mai 1941 berücksichtigten, verurteilten ihn nur wegen Verschwörung und Verbrechen gegen den Frieden. Nikitschenko votierte für ein Todesurteil, Donnedieu de Vabres für 20 Jahre Gefängnis, Biddle und Lawrence für lebenslange Haft, und bei diesem Strafmaß blieb es dann auch. Telford Taylor schrieb später: »Aber nachdem man das wirre Verhalten eines Mannes erlebt hatte, der einfach außerstande war, sich selbst zu verteidigen, hätte es schon eines eiskalten Richters bedurft, um ihn an den Galgen zu bringen.«[57]

Doch Heß' konfuses Verhalten *war* seine Verteidigung. Treffender war dagegen Taylors Feststellung, dass die Anklage gegen Heß dem Prozeß einen Teil seiner Würde nahm. Das mag sein. Es ist allerdings schwierig, sich eine Alternative vorzustellen, denn die meisten Beweise für Heß' Simulantentum kamen erst nach dem Prozess ans Licht. Dass Heß dem Strang entkam, nützte unterdessen niemand. Er war der einzige schuldig gesprochene Angeklagte, auf den Nikitschenko in seiner abweichenden Stellungnahme einging, und der Zorn der Sowjets mag vielleicht zu ihrem Beharren auf einem äußerst strengen Gefängnisreglement für die in Nürnberg zu Haftstrafen verurteilten Angeklagten beigetragen haben.

Allein

Heß' seltsamste Verhaltensweisen fielen in die Anfangsjahre der Haftzeit. Speer schrieb im April 1947 über Heß: »Er hat sich, wie Hitler in den Zeiten seines Niedergangs, eine Fluchtwelt aufgebaut. [...] Jetzt endlich kann er seine Leidensbereitschaft und seine Skurrilität, seine beiden auffallendsten Züge, voll ausleben.«[58] Er verbrachte den größten Teil seiner Zeit mit Klagen und Beschwerden. In Spandau klagte er sofort nach der Ankunft dort über quälende Magenschmerzen sowie über weitere Gebrechen, die von Herzbeschwerden bis zu kalten Füßen reichten. Er beschwerte sich über Zugluft in der Zelle, ungenügendes Leselicht, Stechmücken und respektlose Wärter.[59] In den Anfangsjahren nahm er niemals an den samstäglichen Gottesdiensten in der Gefängniskapelle teil (diese Weigerung wurde ihm zugestanden), aber von Zeit zu Zeit verweigerte er auch die Arbeit im Zellenblock oder im Garten, und manchmal wollte er nicht einmal aufstehen. Einmal nahm er seine Bettdecke mit in den Garten und legte sich unter einen Baum, um die Wärter herauszufordern.[60] Abends und in der Nacht stöhnte er unablässig wegen seiner Magenkrämpfe, die, wie er zu Speer sagte, seine Art des Widerstands seien.[61] »Durch die leere Halle klingt es schrecklich«, schrieb Speer einmal über Heß' Stöhnen.[62] »So etwas ist mir in meiner langen Gefängnispraxis noch nicht vorgekommen!«, sagte der englische Wärter Wally Chisholm.[63] Die Direktoren dachten 1952 und abermals 1953 ernsthaft über eine Verlegung von Heß in einen abgelegeneren Teil des Zellenblocks nach, um die Nerven der anderen Gefangenen zu schonen.[64]

Heß gewann Aufmerksamkeit, aber keine Sympathien. Die Gefängnissanitäter brachten ihm Extradecken, Wärmflaschen, schonende Medikamente, und sie verabreichten ihm auch Placebo-Spritzen mit destilliertem Wasser. Die Ärzte untersuchten ihn prompt, wann immer er dies wünschte, doch die medizinischen Untersuchungen blieben ergebnislos.[65] Psychiater führten ausgiebige Gespräche mit ihm und diagnostizierten Paranoia, befanden ihn aber für geistig gesund im klinischen Sinn und bescheinigten ihm ein gutes Gedächtnis und ein leutseliges Wesen.[66] Die Gefängnisdirektoren versuchten Heß' Benehmen mit sanften Bestrafungen zu ändern, konnten ihm aber andererseits auch nur wenig wegnehmen. Seinen ersten Besucher (Seidl) empfing Heß bis zum November 1964 nicht einmal, und bis 1969 weigerte er sich auch, Besuch von Familienangehörigen zu empfangen, weil er ihnen nicht als Gefangener gegenübertreten wollte. Die Direktoren beschränkten Heß' Verpflegung im November 1947, als er die Arbeit verweigerte, vorübergehend auf die Lebensmittelkarte Nr. 3. Manchmal verlor er seine Leseprivilegien, und zuweilen wurde sein Bettzeug aus der Zelle entfernt, um ihn zum Gang in den Garten zu bewegen, auch wenn er dort nur saß und Nüsse kaute.[67] Manchmal wurde er während der Arbeitsstunden auch in die »Strafzelle« gesperrt, in der es kein Bett gab, nur einen Stuhl und einen Tisch, aber keinen Lesestoff.[68] Heß wurde allerdings, trotz seiner ständigen verbalen Proteste, niemals hart angefasst oder misshandelt. Als der sowjetische Gefängnisdirektor Heß im Juli 1956 eigenmächtig in die Strafzelle sperren ließ, hoben die anderen drei diese Anordnung wieder auf.[69] Manchmal gaben sie einfach stillschweigend nach und erlaubten Heß, bis um halb zehn Uhr morgens im Bett zu bleiben, oder ließen ihm seinen Willen, wenn er über Schmerzen klagte und das Frühstück in die Zelle gebracht haben wollte.[70] Heß' Mithäftlinge empfanden das Verhalten der Direktoren als zu nachsichtig. Raeder beklagte sich immer wieder über die Eskapaden von Heß und empfahl, in Übereinstimmung mit Dönitz, strenge körperliche Disziplin im militärischen Stil.[71] Doch leider hatte keiner von beiden mehr Befehlsgewalt über den Zivilisten Heß.

Die Sanitätsoffiziere und die Gefängnisdirektoren waren im Jahr 1959 besorgt, Heß' gelegentliche Weigerungen, zu essen oder seine Zelle auch nur zum Waschen oder für einen Spaziergang an der frischen Luft zu verlassen, könnten seinen Gesundheitszustand beeinträchtigen. Im November nahm er innerhalb von drei Wochen zehn Kilo ab und brachte nur noch etwa 45 Kilo auf die Waage, was einer der Ärzte als »gefährlich geringes« Gewicht einstufte. Ende des Monats unternahm er mit einer zerbrochenen Brille etwas, was man als halbherzigen Selbstmordversuch hätte einstufen können.[72] Noch am selben Tag begann er jedoch wie ein Scheunendrescher zu essen und legte innerhalb von zwei Wochen bis Mitte Dezember wieder vierzehn Kilo zu. Im darauf folgenden Jahr unternahm er außerdem Spaziergänge im zügigen Tempo.[73] Er war ein höchst fleißiger Leser, machte sich ausgiebige Notizen und klagte dabei auch über soziale Missstände, etwa über das amerikanische Konsumdenken.[74] Die Magenkrämpfe kehrten in regelmäßigen Abständen wieder, und Ende 1963 klagte Speer, aus Heß' Zelle sei wieder »Jammern und Stöhnen wie vor Jahren zu vernehmen«. Im Februar 1965 ließ Heß jedoch die Gefängnisdirektoren wissen, in Zukunft werde er keine Schmerzen und Krämpfe mehr haben.[75] Als die Haftzeit von Speer und Schirach dem Ende zuging, rechnete auch Heß mit seiner Freilassung. Dem britischen Botschafter Frank Roberts trug Heß bei dessen Besuch in Spandau im Januar 1966 keine Klagen vor, und im September 1966 schrieb er an Ilse über seine Erwartung, bald freigelassen zu werden.[76]

Auch die Familie Heß rechnete mit seiner Freilassung.[77] Federführend bei ihren Bemühungen, die bis in die Zeit vor Funks Entlassung im Jahr 1957 zurückreichten, war Seidl, der seit Nürnberg zwar ein Jahrzehnt älter, aber mit Sicherheit nicht weiser geworden war. Seidl überschüttete mit seinen Petitionen die Gefängnisdirektoren, die bundesdeutsche, britische, französische, amerikanische und sowjetische Regierung, die Vereinten Nationen, die Europäische Menschenrechtskommission, das Rote Kreuz, eine Reihe von bundesdeutschen Verwaltungsgerichten und zahlreiche weitere Adressaten, die ihm noch in den Sinn kamen. Doch diese Lawine von Gesuchen wurde ungeschickt vorgetragen. Jede einzelne Petition begann mit der Ablehnung provozierenden Bezeichnung seines Mandanten als »ehemaliger Reichsminister Rudolf Heß«. Und jeder Brief endete mit der Schlußbemerkung, Heß sei rechtswidrig angeklagt und eingesperrt worden (weil es vor dem Nürnberger Prozess kein Gesetz gegeben habe, das die Führung eines Angriffskrieges unter Strafe stellte); er sei außerdem in den Anklagepunkten Kriegsverbrechen und Verbrechen gegen die Menschlichkeit freigesprochen worden (obwohl doch ein Freispruch durch ein rechtswidriges Gericht eigentlich wenig bedeuten sollte) und sei deshalb ein Opfer mehrerer Menschenrechtsverletzungen. Jede Petition enthielt außerdem das *Tu-quoque*-Argument in Bezug auf den Angriffskrieg, indem auf das geheime Zusatzprotokoll zum Hitler-Stalin-Pakt und weitere kriegerische Konflikte nach 1945 verwiesen wurde, die vom Koreakrieg über die Suezkrise und den Vietnamkrieg schließlich bis zur sowjetischen Invasion in Afghanistan reichten. Die Aufzählung wurde ergänzt, sobald ein entsprechendes Geschehen eintrat.

Seidl verstand von 1945 bis zu seinem Tod im Jahr 1993 nicht, dass diese Argumente, die das Nürnberger Gericht herabsetzten und die Alliierten in rechtlicher Hinsicht auf eine Stufe mit den Nationalsozialisten stellten, niemanden überzeugen würden. Sie ließen auch jedes Verständnis wichtiger internationaler Gesetze vermissen. Seidls Petition in Heß' Namen, die er 1979 an den UNO-Generalsekretär Kurt Waldheim richtete (bevor dieser selbst als ehemaliger Nationalsozialist enttarnt wurde), ignorierte die Tatsache, dass die Vereinten Nationen in ihr Gründungsdokument, die Charta der Vereinten Nationen, auch die in Nürnberg zugrundegelegten Rechtsgrundsätze aufgenommen hatten, die Seidl von der UNO selbst für rechtswidrig erklären lassen wollte.[78] Bei seinem Rechtsstreit mit dem Berliner Senat, den er der illegalen Finanzierung von Spandau beschuldigte, ließ er die Tatsache außer Acht, dass dieser Senat nicht aufgrund eigener Gesetze für den Betrieb von Spandau aufkam, sondern auf Anweisung der Alliierten Kommandantur.[79]

Auch Seidls effekthascherische Auftritte vor der deutschen Presse, die ohnehin schon die Härte der Haftbedingungen übertrieb, waren nicht hilfreich.[80] Auf Seidls ersten Besuch bei Heß im November 1964 – fünf Jahre, bevor Heß seine Frau und seinen Sohn empfing – folgte eine öffentliche Erklärung, das Urteil von Nürnberg sei rechtsungültig. Speer schrieb hierzu: »Damit wird für mein Empfinden auch allen Bestrebungen zur Freilassung von Heß ein Riegel vorgeschoben. Besonders die Russen werden die Erklärung als einen Affront betrachten.«[81] Und so war es auch. Die Sowjets wurden immer ungehaltener, obwohl die Vereinbarungen von 1954 über Spandau Gespräche der Häftlinge mit ihren Anwälten gestatteten. Seidl erschien dann auch von 1964 bis 1969 einmal im Jahr. Mit Zustimmung der Westmächte ließen ihn die Sowjets 1970 nicht als Besucher zu und teilten Heß mit, er solle einen anderen Anwalt mit seiner Vertretung beauftragen.[82] Seidl sollte erst 1979 wieder Zugang zu Heß erhalten. Und selbst 1979 noch berichtete Walter

Stoessel, der US-Botschafter in Bonn, seinem Außenminister, dass »Seidl für Heß' Sache eine große Belastung ist, [...] weil er die Sowjets unnötigerweise reizt.«[83]

Die Gefängnisdirektoren konnten Seidl ignorieren, aber einer westdeutschen Regierung war dies nicht möglich, zumindest nicht Mitte der sechziger Jahre, als Heß' Freilassung möglich schien. Seidl war ein führendes Mitglied der CSU, von 1958 bis 1986 war er Abgeordneter im bayerischen Landtag und von 1972 bis 1974 CSU-Fraktionsvorsitzender. 1974 war er außerdem Staatssekretär im bayerischen Justizministerium und von 1977 bis 1978 bayerischer Innenminister. Es wäre einer eigenen Untersuchung wert, wie der wichtigste Rechtsbeistand von Hitlers Stellvertreter in der bayerischen Landespolitik in so hohe Ämter aufsteigen konnte, und dasselbe gilt für die Sammlung von Landes- und Bundesauszeichnungen, die Seidl in Ausübung dieser Funktionen erhielt.[84] Seidls Verbindungen zum starken Mann der bayerischen Politik, dem CSU-Vorsitzenden Franz Josef Strauß, der unter Adenauer Verteidigungsminister (1956–1961) und unter Kurt Georg Kiesinger Finanzminister (1966–1969) war, brachten es jedenfalls mit sich, dass ihn das Außenministerium ernstnehmen musste.[85] Mitte der sechziger Jahre stand Seidl in regelmäßigem Kontakt mit Hans Gawlik, dem Experten des Außenministeriums für im Ausland inhaftierte Deutsche. Die beiden Männer kannten einander zu diesem Zeitpunkt seit mindestens zwanzig Jahren. Gawlik hatte in Nürnberg den Sicherheitsdienst (SD) als Organisation verteidigt, den Geheimdienst-Arm der SS, außerdem zwei Angeklagte im anschließenden US-Prozeß gegen das Wirtschafts- und Verwaltungshauptamt der SS (in diesem Verfahren hatte Seidl Oswald Pohl vertreten) und zwei weitere Angeklagte im US-Prozess gegen 22 Offiziere der Einsatzgruppen. Gawlik hielt Seidl über den Bonner Kenntnisstand zu alliierten Bestrebungen für eine Schließung Spandaus auf dem Laufenden, er half ihm mit Übersetzungsdiensten und übernahm auch einen gewissen Teil der Kosten für Seidls Reisen.[86]

In Bonn erkannte man die Risiken, die mit Seidls Argumentation verbunden waren. Seidl verfasste im Mai 1966 eine scharf formulierte Petition an Charles de Gaulle und die drei anderen Staatsoberhäupter, in der die internationalen Rechtsverstöße ihrer eigenen Regierungen aufgezählt wurden, und zog daraus den folgenden Schluss: »Aus alledem ergibt sich, dass der ehemalige Reichsminister Rudolf Heß unschuldig ist. Er wird seit zwanzig Jahren rechtswidrig seiner Freiheit beraubt.« Aus diesem Vorgang entwickelte sich eine lebhafte Diskussion über die Frage, wie stark sich das Bonner Außenministerium im Fall Heß engagieren sollte.[87] »In der vorliegenden Form«, schrieb Gawlik über Seidls Schreiben , »würde es vermutlich [...] eher die Haltung des Empfängers verhärten und zusätzlich politischen Schaden anrichten«.

»Was immer die gegenwärtige französische Regierung über den Suez-Feldzug und den Vietnamkrieg denken mag, sie wird sich auf keinen Fall von deutscher Seite sagen lassen, dass

es sich um Angriffskriege gehandelt habe oder handele, die auf die gleiche Stufe mit dem Angriffskrieg Hitlers im Jahr 1939 gestellt werden können.
Die [...] getroffene Feststellung, dass Heß unschuldig ist und seit zwanzig Jahren rechtswidrig seiner Freiheit beraubt wird, dürfte nicht der Auffassung der Bundesregierung entsprechen. Jedenfalls muss sie auf einen Franzosen wie ein Schlag ins Gesicht wirken.«[88]

Seidl war nicht bereit, auch nur ein einziges Wort zu ändern, und erinnerte Gawlik daran, »er sei freier Anwalt und lasse sich keine Vorschriften machen«.[89] Die Regierung gewährte nach wie vor in aller Stille eine gewisse Unterstützung, doch als Speer und Schirach 1966 entlassen wurden, blieben Bundeskanzler Ludwig Erhard und Außenminister Heinrich von Brentano auf Distanz zum Fall Heß.[90] Sogar de Gaulle, der sich für Heß interessierte, weil dieser Fall ein Teil seiner Bestrebungen war, die Verbindungen zwischen Paris und Bonn unabhängig von London und Washington zu festigen, war Seidls Petition vom Mai 1966 so zuwider, dass er den Autor keiner Antwort würdigte.[91]

Die Bemühungen der Familie Heß waren nicht hilfreicher. Zunächst einmal betrachtete sich Heß selbst als Gefangenen aus Gewissensgründen.[92] Bei Seidls Besuch in Spandau im August 1965 sagte Heß in Gegenwart des sowjetischen Dolmetschers, er werde »nicht aus juristischen Gründen, sondern ohne jeden Grund hier festgehalten«.[93] Im November 1966 schrieb er seiner Familie: »Meine Ehre steht mir höher als die Freiheit«.[94] Die Bemühungen von Ilse Heß fielen ähnlich ungeschickt aus. Im Jahr 1952 hatte sie Heß' Gefängnisbriefe in Buchform veröffentlicht und der Sammlung ein Vorwort beigegeben, in dem behauptet wurde, Heß habe für den Frieden sein Leben aufs Spiel gesetzt und sei jetzt ein politischer Gefangener.[95] Der Band enthielt mehrere Briefe, in denen Heß seine Verachtung für das Internationale Militärgericht formulierte und auch seinen Stolz nicht zurückhielt, weil er die Briten genarrt hatte und sie ihm seinen Gedächtnisverlust geglaubt hatten.[96] Ilses Petition von 1958, mit der sie um die Freilassung ihres Mannes bat, wurde mit Sicherheit mit diesen Erklärungen abgeglichen.[97]

Wolf Rüdiger Heß, das einzige Kind des Ehepaares Heß, hatte seinen Vater seit dem dritten Lebensjahr nicht mehr gesehen. Der Sohn engagierte sich intensiv für den Vater, als dieser zum einzigen Insassen von Spandau wurde. Im Jahr 1966 war Wolf Rüdiger ein 28 Jahre alter Bauingenieur. Er verband die normale Besorgnis eines Sohnes um das Wohlergehen seines Vaters mit einer zunehmenden Verbitterung gegenüber den Siegern und einer Überzeugung, dass sein Vater ein edler Märtyrer sei. Die Erklärung der Familie Heß vom 1. Oktober 1966 (dem Tag, an dem Speer und Schirach aus Spandau entlassen wurden und Heß allein zurückblieb) enthielt Wolf Rüdigers Argumente. Sie wurde an die vier Mächte, an Papst Paul VI., die Menschenrechtskommission der Vereinten Nationen und andere Organisationen verschickt und führte – wie zuvor bereits Seidl – aus, dass Heß in den Anklagepunkten 3 und 4 freigesprochen worden sei und dass »selbst, wer das

Urteil« in den Punkten 1 und 2 »anerkennt«, wisse, dass Heß mit seinem Englandflug den Krieg habe beenden wollen. Die Erklärung schloss mit dem Aufruf: »Wir appellieren an alle menschlich Denkenden, diesem Martyrium zu widersprechen, ehe es sich vollendet.«[98]

Im Jahr 1967 gründete Wolf Rüdiger Heß die »Hilfsgemeinschaft Freiheit für Rudolf Heß« (HFRH), eine öffentlich auftretende Lobbyorganisation, die bis zum September desselben Jahres bereits mehr als 700 Unterschriften für Heß' Freilassung aus »absoluter Einsamkeit« sammelte. Zu den Unterzeichnern des Appells zählten André François-Poncet, der ehemalige französische Botschafter in Deutschland, der westdeutsche Historiker Golo Mann, der britische Historiker A. J. P. Taylor und andere führende Persönlichkeiten des damaligen politischen und literarischen Lebens, die zum Thema Nürnberg ihre eigenen Ansichten hatten. Auch zwei ehemalige Nürnberger Richter sprachen sich für Heß' Freilassung aus: Lord Lawrence (der Heß in allen vier Anklagepunkten schuldig gesprochen hatte) und Biddle, ebenso wie der ehemalige britische Hauptankläger Hartley Shawcross, der davon überzeugt war, dass Heß geisteskrank sei.[99] In den darauf folgenden Jahren hielt die HFRH Pressekonferenzen und Demonstrationen ab, sie veröffentlichte Broschüren und platzierte ganzseitige Anzeigen in angesehenen Blättern wie der *Frankfurter Allgemeinen Zeitung*, was die Sowjets am meisten ärgerte, vor allem, wenn Heß selbst diese Anzeigen zu sehen bekam.[100] Bis zu Heß' 80. Geburtstag im Jahr 1974 hatte die HFRH mehr als 350.000 Unterschriften gesammelt.[101] Diese ganzen Aktivitäten verwischten ganz gezielt die Grenze zwischen Heß' Schuld und seiner Bestrafung. Der Ton, den Wolf Rüdiger Heß anschlug, wurde im Lauf der Zeit immer schriller, er veröffentlichte Rechtfertigungsschriften, die selbst Anwälte, die sich für eine Freilassung seines Vaters aus humanitären Gründen einsetzten, abstießen.[102] In den Jahren nach dem Tod von Rudolf Heß wurde sein Sohn zu einer Attraktion bei Zusammenkünften von Holocaust-Leugnern.[103]

Die Bundesregierung erkannte frühzeitig, dass selbst eine diskrete Verbindung zu Wolf Rüdigers Bestrebungen – anders als noch Jahre zuvor bei Winifred von Mackensen – nicht in ihrem Interesse lag. Als im Oktober 1967 der erste Jahrestag von Rudolf Heß' Zeit in Einzelhaft näherrückte, versuchte der Sohn, Bundeskanzler Kurt Georg Kiesinger zur Unterzeichnung einer Petition für die Freilassung seines Vaters zu bewegen. Es war jedoch klar, dass Kiesinger dies nicht tun konnte, wenn er sich selbst und die Bundesregierung nicht sowjetischen Angriffen aussetzen wollte. Außerdem hatte Kiesinger persönlich noch eine Leiche im Keller. Er war Mitglied der NSDAP gewesen und hatte in Ribbentrops Außenministerium auf mittlerer Laufbahnebene im Propagandabereich gearbeitet.[104] Und Mitte der sechziger Jahre gab es für Heß ohnehin wenig Unterstützung aus der Bevölkerung. Die Kanzler der Bundesrepublik Deutschland sollten sich zwar nach Heß' 80. Geburtstag in seinem Fall engagieren, doch dies erfolgte ausschließlich aus humanitären Gründen, ohne

Absprachen mit der Familie und im Allgemeinen ohne Bemerkungen, die seine Schuld bestritten.

Heß' Fürsprecher ließen Mitte der sechziger Jahre die Hoffungen der westlichen Alliierten, das Gefängnis schließen zu können, in noch weitere Ferne rücken. Nach dem Scheitern der Versuche zu einer Schließung von Spandau in den fünfziger Jahren beschäftigten sich die Westmächte erneut mit dem Problem, als die Entlassung von Speer und Schirach bevorstand, und unternahmen am 13. April 1966 eine Demarche bei Pjotr Abrassimow, dem Botschafter der Sowjetunion in der DDR.[105] Es gab einigen Grund zum Optimismus. Die Sowjets hatten zuvor schon der Freilassung von Neuraths, Raeders und Funks aus gesundheitlichen Gründen zugestimmt, und Heß war jetzt 72 Jahre alt. Oberstleutnant Lasarew, der sowjetische Gefängnisdirektor, hatte im Februar 1965 auf privater Ebene zu seinem französischen Kollegen Max Farion gesagt, mit Blick auf den großen Aufwand der vier Mächte in Spandau könnte Heß vielleicht in ein deutsches Gefängnis verlegt werden (er sagte nicht, ob er an einen ost- oder westdeutschen Ort dachte), vielleicht auch in ein neutrales Land wie die Schweiz. Das Spandauer Gefängnis würde nach Lasarews Einschätzung nach Speers und Schirachs Entlassung vermutlich geschlossen werden.[106] Die Westmächte schlugen Anfang 1966 vor, Heß am 1. Oktober oder kurz danach zu entlassen, denn ihnen war klar, dass er nicht nach Ostdeutschland verlegt werden konnte, dass keine westdeutsche Regierung sich das Problem aufhalsen würde, ihn in Haft zu halten, und dass auch kein neutrales Land diese Bürde übernehmen würde.[107] Sie begründeten diesen Vorschlag mit Heß' Alter und dem hohen personellen Aufwand, den die Bewachung eines einzigen Gefangenen jetzt erfordern würde.

Abrassimows Antwort auf den Vorstoß der Westmächte, die im Juni 1966 einging, versetzte diesen Hoffnungen einen massiven Dämpfer. Sie wurde zugleich auch zur Schablone für sowjetische Antworten in den folgenden beiden Jahrzehnten. Der Botschafter schrieb:

»Die Haltung der sowjetischen Seite in der vorliegenden Frage ist unabänderlich festgelegt durch die Verpflichtungen, die die Sowjetunion ebenso wie die Vereinigten Staaten, Großbritannien und Frankreich bei der Verfolgung und Bestrafung der nationalsozialistischen Verbrecher, die die schwersten Verbrechen gegen den Frieden und die Menschlichkeit begingen, übernommen haben. Rudolf Heß, bekanntermaßen früher der engste Vertraute Hitlers, der eine besonders herausgehobene Stellung in der Führung der nationalsozialistischen Partei und des Staates einnahm, wurde vom Internationalen Militärgerichtshof in Nürnberg zu lebenslanger Haft verurteilt. Jedwede Art von Milde im Umgang mit solchen Verbrechern kann vor den Völkern und vor der Geschichte nicht gerechtfertigt werden. Deshalb hält es die Sowjetunion nicht für möglich, dem Vorschlag zu einer vorzeitigen Haftentlassung von Heß zuzustimmen. Ein solcher Schritt würde außerdem diejenigen Kräfte in Westdeutschland ermutigen, die abermals die Sicherheit der friedliebenden Völker Europas bedrohen.«

Abrassimows Stellungnahme (und auch die folgenden Erklärungen von sowjetischer Seite) enthielt auf diese Weise also Nikitschenkos abweichendes Votum von 1946. Heß, lautete seine Schlussfolgerung, habe sich Verbrechen gegen die Menschlichkeit schuldig gemacht, und diese Einschätzung gelte unabhängig vom in Nürnberg ergangenen Urteil.[108] Weitere Appelle im Februar 1968, Mai 1969 und Februar 1970 (als Heß ins Krankenhaus eingeliefert wurde) führten zu ähnlichen sowjetischen Ablehnungen, in denen außerdem auf aktuelle Wahlerfolge der neonazistischen Nationaldemokratischen Partei (NPD) in Westdeutschland verwiesen wurde, deren Verbot die Alliierte Kommandantur in West-Berlin erwogen hatte.[109]

Die sowjetischen Ablehnungen wurmten vor allem die britische Regierung, die in den zurückliegenden Jahren mehr offizielle Appelle für Heß' Freilassung auf den Weg gebracht hatte als alle anderen Regierungen.[110] Wiederholte Anfragen des konservativen Parlamentsabgeordneten John Biggs Davidson im Unterhaus sprachen das Thema an, dass die Ausgaben für Spandau der Aufgabe völlig unangemessen seien und Heß deshalb freigelassen werden sollte.[111] Auch die britische Presse interessierte sich für den Fall, und das Sensationsblatt *Daily Express* holte Wolf Rüdiger Heß im Juni 1967, 26 Jahre nach dem Flug seines Vaters, zu einer »Pilgerfahrt« nach Großbritannien, wo er den Ort in Schottland aufsuchen sollte, an dem sein Vater gelandet war. Wolf Rüdiger Heß erhielt dabei auch ein Andenken überreicht (ein Drahtseil, von dem es hieß, dies sei Heß' Reißleine gewesen), gab öffentliche Erklärungen ab (»Ich bin stolz auf meinen Vater«) und traf sich mit Parlamentsabgeordneten, die mit seinem Anliegen sympathisierten. Mitarbeiter des Außenministeriums vermieden allerdings, zumindest bei diesem Anlass, jeden Kontakt.[112] Dennoch ärgerte man sich im Foreign Office darüber, dass Großbritannien im britischen Sektor von Berlin sowjetischen Interessen diente. Staatssekretär Sir Paul H. Gore-Booth beklagte gegenüber seinem Außenminister Michael Stewart: »Wir nehmen hier an einem grotesken Tanz teil, bei dem wir mit drei anderen Großmächten diskutieren, wie wir diesen schwachsinnigen alternden Nazi bewachen können, der nach menschlichem Ermessen keinen Schaden mehr anrichten kann. Wenn Heß noch ein paar Jahre lebt und die Russen nicht zum Einlenken zu bewegen sind, werden wir letztlich Zehntausende von Pfund ausgegeben haben und dafür nur den nicht wünschenswerten Eintrag im internationalen Lexikon bekommen: ›Heß, R.: in der Haft verstorben.‹«[113]

Doch was war zu tun? Im Foreign Office erwog man Ende 1966 einen einseitigen Rückzug aus Spandau in der Hoffnung, das Viermächteübereinkommen dort werde ohne britische Beteiligung zusammenbrechen. Die britische Kommandantur in Berlin wies umgehend auf die Risiken eines solchen Vorgehens hin: Die Sowjets würden mit oder ohne westliche Beteiligung versuchen, Heß in Spandau festzuhalten, und eine solche Entwicklung würde zu westdeutschem Druck auf die Briten führen, die Strom- und Wasserversorgung des Gefängnisses zu unterbrechen. Falls die Sowjets dann versuchten, Heß nach Ost-Berlin zu bringen, käme es zu einer militärischen Pattsituation, die zu einer Krise eskalieren könnte. Frank Roberts, der damalige britische Botschafter in Bonn, erklärte dazu:

»Auf russischer Seite gibt es in dieser Frage tatsächlich starke Gefühle, die in eine ganz andere Richtung weisen als die Gefühle bei uns. [...] Die Russen sind fest davon überzeugt, dass die führenden Nazis, die für die Zerstörung ihres Landes verantwortlich waren, in vollem Umfang für ihre Verbrechen büßen sollten. Wir mögen mit Heß etwas nachsichtiger umgehen, weil er nach England flog, aber in den Augen der Russen verschlimmert das seine Verbrechen noch, weil es das Ziel seines Englandflugs war, den »überlegenen« Westen für den Kampf gegen die kommunistische Bedrohung zu vereinen.«

Die Russen, warnte Roberts, hätten den Londoner Absichten in der Sache Heß stets misstraut. »Es ist wie beim Schach«, warnte er, »dieses Spiel spielen sie viel besser als wir.« Außerdem gebe es für Heß in Westdeutschland ohnehin keine grundsätzliche Unterstützung mehr – er werde niemals die Märtyrergestalt werden, von der sein Sohn Wolf Rüdiger spreche.[114]

Es bestand die Möglichkeit einer Teillösung des Problems. Auch die Sowjets machten sich Gedanken über den Widersinn der Inhaftierung eines einzigen Mannes in einem Gefängnis, das für Hunderte von Insassen ausgelegt war. Abrassimow hatte im April 1966 dem französischen Botschafter François Seydoux den Gedanken unterbreitet, Heß in eine andere Einrichtung in West-Berlin zu verlegen. Die Alliierte Kommandantur begann mit der Prüfung von Alternativen, obwohl die Frage, ob eine den realen Verhältnissen eher angemessene Vereinbarung Heß' späterer Entlassung nicht im Weg stehen könnte, ungelöst blieb. Mit anderen Worten: Die absurde Situation in Spandau war das beste Argument für die Aufhebung der gesamten Vereinbarung gewesen. Spandau kostete den Berliner Senat im Jahr 1965 mehr als 427.000 D-Mark. Wegen der sechs Wachttürme konnte die Zahl der Wachen im Außenbereich nicht reduziert werden, und es war klar, dass »die öffentliche Meinung im Westen den Sinn der Bewachung [von Heß] mit dem gegenwärtigen Aufwand in Spandau in Frage stellt«. Die beste Alternative war die alte, heruntergekommene Krankenstation auf dem Gefängnisgelände selbst, in der südöstlichen Ecke des Gesamtkomplexes. Die Alliierten müssten sie zuvor vollständig renovieren und mit einer Mauer umgeben, damit der Berliner Senat das Hauptgebäude – so wurde es gewünscht – als Frauengefängnis nutzen konnte, um dem Mangel an Gefängnisplätzen in West-Berlin abzuhelfen. Ein kleineres Gebäude für Heß bräuchte nur zwei Wachttürme, also könnte eine Wachabteilung mit zwölf Mann auskommen, anstelle der bisherigen fünfundzwanzig. Außerdem würden dann auch weniger Wärter und Zivilbedienste gebraucht.[115]

Die Sowjets waren zu einer solchen Lösung bereit, denn dadurch konnte Heß bei angemessenem Aufwand in Spandau bleiben. Hochrangige Mitarbeiter der sowjetischen Botschaft sagten zu französischen Diplomaten in Berlin: »Spandau sollte das Symbol für Deutschlands Niederlage und die Bestrafung der Kriegsverbrecher bleiben.«[116] Nach britischen Schätzungen hätte die Renovierung den Senat von Berlin bis zu einer Million D-Mark gekostet, dem standen eine jährliche Kostenersparnis von 180.000 D-Mark sowie die zusätzliche, dringend benötigte Gefängniskapazität gegenüber.[117] Doch hier ging es auch um Politik. Willy Brandt, dem Regierenden Bürgermeister von Berlin im Jahr 1966, war klar, dass die mit Spandau verbundenen Erinnerungen jede Nutzung für einen anderen Zweck zu einem politischen Problem machten.[118] Der Berliner Senat favorisierte zwar nach wie vor eine Renovierung (im Juni 1968 gab er eine entsprechende öffentliche Stellungnahme ab und verhandelte auf inoffizieller Ebene bis weit ins Jahr 1969 hinein mit den Alliierten), doch die Diskussionen in Bonn führten zu folgendem Konsens:

»Das deutsche Interesse gehe im Grunde dahin, dass die ganze Angelegenheit ›Spandau‹ durch Schließung des Gefängnisses und Entlassung aller Insassen, einschließlich Heß, abgeschlossen werde. [...]
Wenn nunmehr – durch Verlegung von Heß – eine ›Humanisierung‹ der Haft stattfinde und wir am Zustandekommen dieser Verlegung mitwirkten, so sei denkbar, dass die Chance des ›Aus-der-Welt-Schaffens‹ des Gesamtkomplexes erheblich abnehme (und dies mit unserer Mitwirkung).«[119]

Auf Anweisung von Karl Carstens, der seit 1960 Staatssekretär im Auswärtigen Amt war, zögerte Bonn die Beantwortung dieser Frage hinaus. Die letztliche Absage im Jahr 1968 wurde damit begründet, dass ein Umzug in das neue Gebäude die Haftbedingungen für Heß nicht verbessern würde. Sollten die Alliierten die Renovierungskosten selbst übernehmen oder die Ausgaben aus dem Berliner Besatzungsbudget bestreiten, dann konnten sie das tun.[120] Die Westmächte hofften, dass Bonn seine Meinung ändern würde. Die Gespräche mit den Sowjets wie auch mit dem Senat wurden 1969 wieder aufgenommen, vor allem nach dem Juni jenes Jahres, nachdem Abrassimow einen weiteren Appell zu Heß' Freilassung abgewiesen hatte. Die Sowjets hatten inzwischen jedoch ihre Haltung zum Plan mit der Krankenstation geändert, denn der neue Hof für Heß' Spaziergänge wäre von den Fenstern der umgebenden Gebäude aus einzusehen gewesen, und jetzt verweigerten sie Senatsvertretern, die die Anlage inspizieren wollten, den Zutritt.[121] Die Westmächte schlossen daraus, dass sie auf absehbare Zukunft in Spandau festsitzen würden. Heß würde wegen der sowjetischen Haltung nicht freigelassen werden; er würde wegen der Haltung der westdeutschen Regierung auch nicht verlegt werden; deshalb würde er in Spandau bleiben.

Der Totentanz

Ende 1969 erkrankte Rudolf Heß schwer. Vom 24. November 1969 bis zum 13. März 1970 wurde er im britischen Militärkrankenhaus behandelt, weil ein spontan abgeheiltes Geschwür eine Dickdarmverengung verursacht hatte, und dies wiederum hatte eine Bauchfellentzündung ausgelöst, an der Heß fast gestorben wäre. Verschwörungstheoretiker, die dem Schauermärchen anhängen, die Briten hätten Heß (oder seinen Doppelgänger) ermordet, sollten die Spandauer Gefängnisakten jener Jahre studieren, die Heß' Senilität belegen und zu großen Teilen aus Auseinandersetzungen mit dem Gefangenen über das Thema bestehen, dass medizinische Tests und die Unterbringung im Krankenhaus zu seinen eigenen Gunsten erfolgen. Heß widersetzte sich seiner Verlegung mehr als eine Woche lang, obwohl sogar der sowjetische Sanitätsoffizier seinen Gesundheitszustand als kritisch bezeichnete. Die westlichen Alliierten wollten ihn dennoch ins Krankenhaus verlegen und berieten über die juristischen Konsequenzen einer Operation, mit der ein vermeidbarer Tod und ein politischer Sturm verhindert werden sollte, gegen den erklärten Willen des Patienten. Auch die Sowjets, die Heß' Gebrechen niemals trauten, waren bereit, das Leben des Häftlings durch eine von ihm nicht gewollte Operation zu verlängern.[122] Nachdem Heß im britischen Militärkrankenhaus behandelt worden war und sich sein Gesundheitszustand verbessert hatte, sprach er von großem Vertrauen zum Können der britischen Fachärzte und verweigerte sich sogar dem Drängen der eigenen Familie, die einen deutschen Facharzt eingeflogen haben wollte.[123]

Im Jahr 1969 setzte ein neuer Geist der Entspannung ein und prägte die politischen Beziehungen zwischen der Bundesrepublik und der Sowjetunion. Willy Brandt, der im Oktober 1969 zum ersten sozialdemokratischen Regierungschef der Bundesrepublik gewählt wurde, drängte auf Abkommen, durch die die Bonner Beziehungen zur Sowjetunion und den Ostblockstaaten (einschließlich der DDR) eine gesicherte Grundlage erhalten sollten und zugleich die bestehenden Grenzen in Europa anerkannt wurden. Durch seinen Kniefall am Ehrenmal für das Warschauer Ghetto im Dezember 1970 bekannte sich Brandt, der selbst dem Widerstand gegen die Nationalsozialisten angehört hatte, zur deutschen Verantwortung für die Ereignisse der Vergangenheit. Die Sowjets, die sich stets vor dem westdeutschen territorialen Revanchismus gefürchtet hatten, griffen unter Leonid Breschnew, dem seit 1964 amtierenden Generalsekretär der KPdSU, und Außenminister Andrej Gromyko Brandts Signale auf. Gromyko, ein gänzlich humorloser, aber erfahrener Diplomat, hatte als Protegé Molotows bereits bei den Konferenzen von Teheran und Jalta Stalin zugearbeitet.

Jetzt standen auch neue Abkommen zum künftigen Status von West-Berlin auf der Tagesordnung. Der erbitterte Streit um die Existenz West-Berlins war mit dem Bau der Berliner Mauer keineswegs erledigt, und 1968 sowie 1969 kam es zu einer kleinen Krise, in der es um Bundestagssitzungen in West-Berlin ging, um Sitzungen der CDU/CSU-Fraktion im Westteil der Stadt sowie um Behinderungen des zivilen Reiseverkehrs von und nach West-Berlin durch die DDR-Behörden und um Manöver des Warschauer Pakts in der Umgebung Berlins. Dies führte zu neuen

Gesprächen, die im bahnbrechenden Viermächteabkommen über Berlin gipfelten. In dem im September 1971 unterzeichneten Abkommen bestätigten und stärkten die vier Mächte ihre Verantwortung für die Stadt, definierten Berlins rechtlichen Status und garantierten erstmals westdeutschen Privatpersonen den Zugang zur Stadt über gesicherte Straßen- und Eisenbahnverbindungen.[124]

An der Auslegung des Vermächtnisses von Nürnberg durch die Sowjetunion hatte sich jedoch nichts geändert, trotz des durch Heß' Erkrankung verstärkten Interesses der britischen Öffentlichkeit am letzten Gefangenen von Spandau und trotz der in westdeutschen Regierungskreisen keimenden Hoffnungen, Heß' Krankheit könnte, in Verbindung mit Brandts Ostpolitik, seine Freilassung bewirken.[125] Als Heß Ende 1969 ins britische Militärkrankenhaus verlegt wurde, blieben die sowjetischen Wachtposten im Außenbereich von Spandau auf allen sechs Wachttürmen im Dienst (mit ihrer vollständigen Ausrüstung, die aus Kalaschnikow-Schnellfeuergewehren und reichlich Munition bestand, und auch ein geübter Scharfschütze gehörte zu diesem Aufgebot), obwohl Brewster Morris, der US-Gesandte in Berlin, von der »Torheit« sprach, die ablesbar sei an »Wachtposten auf Türmen, die ein bekanntermaßen leeres Gefängnis umschließen«.[126] Anfang Dezember übernahmen turnusmäßig die USA die Verantwortung für den Gefängnisbetrieb, und Oberstleutnant Eugene Bird, der amerikanische Direktor, schlug vor, die Türme unbemannt zu lassen. Die Tatsache, dass die deutschen und britischen Medien von der absurden Situation Wind bekommen hatten, bestärkte ihn in seinem Anliegen.[127] Die amerikanischen Wachtposten, von denen einige glaubten, dass es auf den Türmen bei Nacht spuke, waren über den Vorstoß zweifellos erfreut. Doch Oberstleutnant P. P. Tarutta, der sowjetische Gefängnisdirektor, bestand aufgrund von Anweisungen aus Berlin-Karlshorst – vom dort ansässigen Oberkommando der Gruppe der sowjetischen Streitkräfte in Deutschland – auf einer Bemannung der Wachttürme durch amerikanische Soldaten. Bei zwei Besprechungen der Direktoren, die am 2. und 3. Dezember 1967 in angespannter Atmosphäre stattfanden, erklärte Tarutta:

> »Die sowjetische Seite kann keinerlei Schwächung der Bewachung des Alliierten Gefängnisses Spandau dulden, und dasselbe gilt für jeden Versuch, die Viermächtevereinbarungen zur Sicherheit des Gefängnisses zu ändern. Die Sowjetunion wird gegen alle Versuche protestieren, mit denen die Entscheidung der vier Mächte verletzt wird. [...]
> Ich muss von meiner Seite aus feststellen, dass die Gründe, die die amerikanische Seite [...] immer wieder [...] zu einer Schwächung der Bewachung [...] und zur Verletzung von Übereinkünften der vier Mächte veranlassen, vollkommen unverständlich sind.«[128]

Die von den Westmächten anschließend vorgebrachten Argumente blieben wirkungslos.[129] Die britische Stadtkommandantur in Berlin stellte hierzu fest: »Die Russen könnten die alliierten Bestrebungen ohne weiteres [...] als den Beginn eines Manövers auslegen, mit dem Heß' Freilassung und die Schließung des Gefängnisses erreicht werden soll« – vor allem, weil die Alliierten im vergangenen Mai abermals einen Vorstoß zu Heß' Entlassung unternommen hatten.[130] Amerikanische, daran anschließend britische und schließlich französische Soldaten bewachten ein Gefängnis ohne einen Gefangenen, bis Heß schließlich im März 1970, einem sowjetischen Monat, zurückkehrte. Es war die einzige Stationierung von Soldaten der Westmächte während des Kalten Krieges, auf der die Sowjetunion bestand, und das in einer Stadt, in der die Sowjets die westlichen Alliierten am liebsten gar nicht haben wollten.

Die Alliierten entsprachen dem Anliegen, weil es ein dringenderes Problem gab – die Beisetzung von Heß' sterblichen Überresten im Falle seines Todes. Sogar Heß selbst dachte im Dezember 1969, das Ende sei nahe. Nach 23 Jahren in Haft bat er erstmals darum, seine Frau und seinen Sohn sehen zu dürfen, und unterlag dabei der Vorstellung, sein Herzschlag habe zu einem bestimmten Zeitpunkt ausgesetzt.[131] Er lebte weiter, und die Besuche von Ilse und besonders von Wolf Rüdiger Heß wurden zu regelmäßigen Ereignissen. Doch das Drama erinnerte die Alliierten daran, dass die Vereinbarung von 1954 zur Bestattung von Häftlingen eine Beerdigung in Spandau vorsah. Heß wäre dann zum einzigen dort bestatteten Gefangenen geworden. Der Sarg, ursprünglich für Funk angefertigt, stand schon bereit – eine makabre Wendung der Ereignisse. Schlimmer noch, die Sowjets könnten auf einer Bewachung der Grabstätte bestehen. »Eine Beerdigung in Spandau«, warnte Brewster Morris das US-Außenministerium, »gibt [den] Sowjets [die] Möglichkeit, auf einer Bewachung [der] Grabstätte durch die vier Mächte zu bestehen und so dieses Element sowjetischer Präsenz in West-Berlin zu erhalten.« Morris schlug eine Rückkehr zur Einäscherungs-Vereinbarung von 1947 vor, nach der die Asche von Heß verstreut werden sollte. William Rogers, der Außenminister von Präsident Richard Nixon, war sogar bereit, eine Bestattung von Heß durch die Sowjets in Ost-Berlin zuzulassen.[132]

Auch die Sowjets waren ob der Vereinbarungen zur Bestattungsfrage besorgt, denn sie wussten, dass die Viermächteverwaltung in Spandau mit Heß' Tod auslief, und befürchteten, Heß' Grabstätte könnte sich nach einer Übergabe der Gefängnisanlage an den West-Berliner Senat zu einem Schrein entwickeln. Im Anschluss an die Wachablösung vom 1. Dezember 1969 schlugen die Sowjets vor, Heß' Leichnam einzuäschern und die Urne anschließend der Familie zu übergeben.[133] Die Diskussionen zwischen den Direktoren setzten am 4. Dezember ein, als Bird, dem sich auch der britische Direktor Ralph F. Banfield und der französischen Direktor Max Farion anschlossen, Tarutta vorschlug, Heß' Leichnam für eine Beerdigung außerhalb Berlins an die Familie zu übergeben. Tarutta gab nicht nach: Der Leichnam müsse zuerst eingeäschert werden.[134] Washington war bereit, auf das Angebot einer Kremation einzugehen, weil so das Ende der sowjetischen Präsenz in Spandau gesichert war. Paris und London wiesen es mit Abscheu zurück und blieben bei ihrer Haltung, so lange es nur ging, doch auch die Sowjets zeigten sich unnachgiebig.[135] »[Wir] haben nicht das Recht, die Verwandten entscheiden zu lassen, was mit den sterblichen Überresten des Gefangenen geschehen soll«, sagte Tarutta. »Die Einäscherung der sterblichen Überreste des Gefangenen kommt [dem] Geist [des] Urteils des Nürnberger Militärgerichtshofs am nächsten.« Tarutta erklärte, die Übergabe der Urne sei »ein großes Zugeständnis«, und drängte auf eine umgehende Einigung in dieser Frage.[136]

Die Gespräche kamen drei Monate lang nicht voran, und in diesem Zeitraum sorgte London für weitere Komplikationen, indem es Heß' Rückkehr ins Gefängnis hinauszögerte. Der britische Außenminister Michael Stewart versuchte Heß' lautstarke Fürsprecher in London zu besänftigen (bis zum 6. Februar 1970 hatten 175 Unterhausabgeordnete eine Petition für Heß' Freilassung unterschrieben, am 14. März waren sogar 190 Unterschriften zusammengekommen), indem er den Patienten so lange wie möglich im Krankenhaus behielt. Die britischen Ärzte hoben Heß' alte Gebrechen hervor und dachten sich neue aus, zum Beispiel Stress, was sogar den Amerikanern selbst wie ein »besonders suspekter [...] Einstieg in einen [...] zeitlich unbegrenzten Krankenhausaufenthalt« vorkam. Stewart dachte sogar über einen Vorschlag nach, mit dem, als Gegenleistung für Heß' Freilassung, eine neue sowjetische Handelsniederlassung in einem in sowjetischem Besitz befindlichen Gebäude in der Lietzenburgerstraße im britischen Sektor gestattet würde. Die Sowjets, die davon ausgegangen waren, dass Heß Ende Januar wieder nach Spandau zurückkehren konnte, waren darüber äußerst erbost. Washington und Paris hatten nicht die Absicht, die Sowjets wegen Heß zu verärgern, zumal allgemeinere Verhandlungen zum Status Berlins bereits im Gang waren, und für die Vereinigten Staaten kam auch keine neue sowjetische Handelsniederlassung in West-Berlin in Frage, weil diese mit Sicherheit auch zur Spionage genutzt würde. Sie drängten London, das sowjetische Angebot zur Einäscherung anzunehmen und Heß' Rückkehr ins Gefängnis zuzustimmen.[137]

Die Briten sahen ein, dass die Stabilität der Viermächtebeziehungen in Berlin Vorrang hatte vor dem innenpolitischen Druck für eine Freilassung von Heß. Der stellvertretende Außenminister George Thomson, der mit dem Fall Heß gut vertraut war, schrieb: »Mit einem einseitigen Handeln zur Freilassung von Heß oder einem weiteren Aufenthalt im britischen Militärkrankenhaus ohne Übereinkunft, der zumindest die drei Ärzte der Alliierten zustimmen, stehen wir in vollständigem Widerspruch zu den Abkommen der vier Mächte.«[138] London erklärte sich deshalb bereit, Heß ins Gefängnis zurückzubringen, allerdings nur unter der Bedingung, dass der inzwischen 76 Jahre alte Gefangene eine Reihe neuer ständiger Vergünstigungen erhielt. Ihm sollte gestattet werden, bis um 7 Uhr morgens zu schlafen (zuvor: bis um 6 Uhr). Das Licht sollte gelöscht werden, wann immer er dies wünschte; er sollte eine geräumigere, doppelt so große Zelle erhalten (in der alten Krankenstation des Zellenblocks), und die Tür sollte offenbleiben; er sollte ein Krankenhausbett erhalten; die »Arbeit« sollte sich auf das Bettenmachen und die Pflege von Zimmerpflanzen beschränken, anstrengendere Tätigkeiten waren nicht mehr vorgesehen; es wurden täglich jeweils zwei einstündige Bewegungszeiten angestrebt, und der Speiseplan sollte vom medizinischen Ausschuss des Gefängnisses vorgeschrieben werden. Die Sowjets waren fest entschlossen, die Übereinkunft zur Einäscherung beizubehalten, und stimmten deshalb ihrerseits den neuen Bestimmungen für den Gefängnisalltag zu, nicht ohne vorher den Versuch zu unternehmen, sie als zeitlich begrenzt auszuweisen. Die Direktoren unterzeichneten am 12. März die neue Übereinkunft zur Einäscherung, und Heß kehrte am darauf folgenden Tag nach Spandau zurück.[139] Wegen dieser verzögerten Rückkehr ließen die Sowjets spätere Untersuchungen im Krankenhaus erst zu, wenn zuvor eine Auseinandersetzung geführt worden war, ob nicht die benötigten medizinischen Gerätschaften, zum Beispiel Röntgenapparate, nach Spandau gebracht werden könnten.[140]

In den folgenden Wochen, Monaten und Jahren kam Heß in den Genuss weiterer Annehmlichkeiten. Dazu zählten die Aufbewahrung von kleinen Imbissen und Kaffee in seiner Zelle; Messer und Gabel für seine Mahlzeiten; ein neuer, an der Wand befestigter Heizkörper, den er selbst einstellen konnte; neue Fenster, die er öffnen und schließen konnte; Bewegungsfreiheit innerhalb des Zellenblocks; beliebiges Aufstehen und Zubettgehen nach eigenen Vorstellungen und freie Essenswahl.[141] »Er bekommt reichlich zu essen«, berichtete der französische Direktor Michel Planet 1977, »selbst in den Monaten, in denen die Sowjetunion den Vorsitz führt.«[142] Ab 1972 durfte Heß wöchentlich eine Stunde lang mit dem Gefängnispfarrer sprechen, unter vier Augen in seiner Zelle oder im Garten. 1975 gestatteten die Sowjets, dass Heß an heißen Tagen seine Bewegungszeit nach dem Abendessen in einem schattigen Hof verbrachte und dass er während des Sommers in einer kühleren Zelle schlief. Ab Juni 1977 konnte er sich täglich bis zu vier Stunden lang im Freien bewegen und am Nachmittag und Abend in einer eigens für diesen Zweck vorgesehenen Zelle von doppelter Größe Farbfernsehen schauen.[143] Planet berichtete 1977: »Er ist ein Mann von 83 Jahren, der in guter körperlicher Verfassung und im Vollbesitz seiner geistigen Kräfte ist.«[144]

Abrassimow hatte jedoch 1970 festgestellt, den Sowjets komme es bei der Genehmigung von Annehmlichkeiten vor allem auf Heß' Gesundheit an. Bei Vergünstigungen, die nicht direkt mit der Gesundheit zu tun hatten, zog Moskau nach wie vor die Zügel an. Heß wurden nur 30 Minuten Besuchszeit pro Monat zugestanden, und es erhielt nur jeweils ein Besucher Zutritt. Bis zu seinem Selbstmord erhielt er zwar insgesamt 230 Besuche von seiner Frau, seinem Sohn, seiner Schwiegertochter, seiner Schwester und seinen Neffen, doch ein Besuch durch seine Enkel wurde nie genehmigt. Wiederholte Bitten um eine großzügigere Besuchsregelung stießen auf konsequente sowjetische Ablehnung. Der sowjetische Major W. G. Dejew sagte im Dezember 1974: »Der Gefangene Nummer 7 ist ein Kriegsverbrecher.«[145] Die Sowjets waren außerdem besorgt, dass Heß sich öffentlich rechtfertigen würde, so wie zuvor bereits Raeder, Dönitz und Speer. Mit der Begründung, Heß schreibe über die Zeit des Nationalsozialismus, verweigerten sie ihm zusätzliche Notizbücher und bestanden darauf, dass die fünf Notizbücher, die er seit 1967 mit seinen Aufzeichnungen gefüllt hatte, vernichtet wurden.[146] Die Sowjets gerieten auch in Rage, wenn britische oder amerikanische Funktionsträger, unter ihnen auch inspizierende Berliner Stadtkommandanten, sich mit Heß auf Englisch unterhielten.[147] Moskau hatte gute Gründe für diese Besorgnisse. Oberstleutnant Eugene Bird sammelte während seiner Amtszeit als US-Gefängnisdirektor Material für ein Buch über Heß und zeichnete dafür ausführliche Interviews mit Hitlers einstigem Stellvertreter, die im Zellenblock und im Garten stattfanden, auf Tonband auf; er machte »würdige« Fotos von Heß und entwendete 5.000 frei zugängliche und 440 geheime Dokumente aus dem Gefängnis.[148] Bird wurde im März 1972 in aller Stille entlassen, als seine Vorgesetzten von den zahllosen Verstößen gegen die Gefängnisabkommen der vier Mächte erfuhren. Er veröffentlichte dennoch 1974 sein Buch, in dem Heß' Freilassung gefordert wurde, und startete anschließend eine fragwürdige zweite Karriere als Fürsprecher von Heß.[149]

Aber das wichtigste Problem in den siebziger und frühen achtziger Jahren war das Abkommen zur Einäscherung. Würde es eingehalten werden? Paris hatte nie die Absicht. Noch bevor die Tinte unter dem Abkommen getrocknet war, erklärten französische Diplomaten es für illegal. US-Regierungsvertreter nörgelten: »Der Ausgangspunkt für die französische Kehrtwendung ist die Regierungsspitze«, und britische Beamte gingen davon aus, dass der französische Gefängnisdirektor Max Farion das Abkommen irrtümlicherweise unterschrieben habe, ohne vorherige Genehmigung aus Paris. Die persönlichen Einwände von Außenminister Robert Schuman gegen eine Einäscherung ohne die Zustimmung der Familie waren tatsächlich nicht zu erschüttern.[150] Paris verweigerte mehr als ein Jahrzehnt lang seine Zustimmung, was für den Fall von Heß' Tod jederzeit eine Krise heraufbeschwören konnte. Die amerikanische Botschaft in Paris berichtete:

»Die Franzosen wissen, dass ein Mangel an genauer Planung für das Szenario nach Heß' Tod eine Verwirrung auslösen kann. [...] Sie setzen auf ihre Fähigkeit, die Schuld an dieser Verwirrung der sowjetischen Haltung zuzuschieben, die nach ihrer Einschätzung in Berlin und in Deutschland starke Gefühle moralischer Entrüstung auslösen wird. Sie hoffen, dass die Lage zu diesem Zeitpunkt die Sowjets zwingen wird, das Bestehen auf einer Einäscherung aufzugeben.«

Diese Hoffnung war äußerst optimistisch.[151] Die Franzosen versuchten allerdings noch im Februar 1979 – auf Drängen von Staatspräsident Giscard d'Estaing –, Heß dauerhaft in ein Krankenhaus zu verlegen. Diese außergewöhnliche französische Initiative war ein weiterer Versuch, die Vereinbarung zur Einäscherung zu umgehen, aber, wie die Amerikaner berichteten: »Der französische Phantom-Vorschlag [hat] weniger Leben als eine Totgeburt.«[152]

London war von dem im März 1970 geschlossenen Abkommen zu keiner Zeit begeistert, akzeptierte es aber, weil es diese Lösung einem von den vier Mächten zu bewachenden Heß-Grab in West-Berlin vorzog.[153] Als die Presse im Jahr 1976 von der ausgehandelten Prozedur erfuhr und sie bekanntmachte, wuchsen auch die britischen Bedenken wieder. Wolf Rüdiger Heß verlangte öffentlich, die sterblichen Überreste seines Vaters sollten der Familie übergeben werden, und forderte im Juni 1976 die Botschafter der Westmächte auf, zu verhindern, dass sich Moskau »am Leichnam meines Vaters rächt«. Das Außenministerium der Bundesrepublik, das bis dahin auf Distanz zur Familie Heß geblieben war, schlug jetzt den Botschaften vor, Wolf Rüdiger Heß zu empfangen, und sagte einen öffentlichen Aufschrei voraus, falls dies nicht geschehe. Die Bonner Regierungsvertreter erklärten dem amerikanischen Botschafter: »Eine Einäscherung wäre jetzt, mehr als 30 Jahre nach Kriegsende, kaum zu verstehen.«[154] Aber London konnte Moskau nicht umstimmen. Sir Oliver Wright, der britische Botschafter in der Bundesrepublik, sprach das Thema bei einem Treffen mit Abrassimow im Januar 1977 in Ost-Berlin an. Abrassimow verwarf das Ansinnen, das sich nach seiner Einschätzung »in einer Linie mit [Londons] Wunsch, den Gefangenen freizulassen«, bewegte.[155] Die Westmächte, merkte Dietrich Stobbe, der Regierende Bürgermeister von Berlin, im Februar und März 1979 mit einem Achselzucken an, müssten in dieser Angelegenheit »ihrer Verantwortung nachkommen«, und er fügte hinzu, kein deutsches Krematorium würde ohne Zustimmung der Familie eine Feuerbestattung vornehmen, auch nicht auf einen Befehl der Alliierten Kommandantur hin.[156]

Stobbes Nachfolger Hans-Jochen Vogel drückte sich im April 1981 noch deutlicher aus. Vogel sagte, ganz unabhängig von Heß' Verbrechen entspreche es nicht den westlichen Werten, einen Mann seines Alters gefangenzuhalten, und es sei besonders unmenschlich, über die Wünsche der Familie hinwegzugehen. Der bestehende Plan, sagte er voraus, könnte sich sehr schnell zu einer makabren »Diskussion um einen Leichnam« entwickeln.[157]

Londons Politik war zu diesem Zeitpunkt ein völliges Durcheinander geworden. Britische Regierungsvertreter schlugen im Januar 1979 vor, Heß' Leichnam zur Gatow Air Base zu bringen, von wo ein amerikanischer Hubschrauber (so hofften sie) den Sarg nach Bayern fliegen könnte. Vielleicht würde sich die sowjetische Reaktion ja auf Protestworte beschränken.[158] Im darauf folgenden Monat beschäftigten sich britische Beamte mit der Möglichkeit, eine Spezialeinheit aus dem Forschungsinstitut für chemische und biologische Waffen in Porton Down nach West-Berlin zu entsenden – Männer, die sich mit der Verbrennung infizierter

Tiere beschäftigten.[159] Julian Bullard, stellvertretender Staatssekretär im britischen Außenministerium, hoffte gegen Jahresende darauf, dass vielleicht die Amerikaner die Einäscherung in ihrem Sektor vornehmen und so der Londoner Regierung politischen Flankenschutz bieten würden gegen das, was er als »Heß-Lobby« im Parlament von Westminster bezeichnete.[160]

Diese Lobby war weder zu vernachlässigen, noch wurde sie von Unbekannten geführt. Und sie war in den siebziger Jahren ständig gewachsen. In der ersten Hälfte des Jahrzehnts stand ihr Airey Neave vor, ein ehemaliger Offizier der britischen Armee (den die Deutschen einst in Dünkirchen gefangengenommen hatten). Er hatte den Angeklagten in Nürnberg die Anklageschrift persönlich zugestellt und als Leiter der »Neave-Kommission« große Mengen Beweismaterial zu den nationalsozialistischen Organisationen gesammelt, die in Nürnberg ebenfalls angeklagt wurden.[161] Als Parlamentsabgeordneter aus Abingdon in Nordirland verteidigte Neave unbeirrt den Nürnberger Prozess und seine Urteile. »Ich habe niemals den Nazi Heß verteidigt«, sagte er. Aber Neave leitete die Londoner Bemühungen um Heß' Freilassung aus humanitären Gründen, als dieser 1969 in das britische Militärkrankenhaus eingeliefert wurde. Er empfand Heß' Bestrafung mittlerweile als »Makel in der Bilanz des Prozesses und als fortdauernde Schande für die internationale Rechtspflege.«[162] Die HFRH konnte zwar für eine Demonstration vor dem Tor des Spandauer Gefängnisses nicht mehr als zwanzig Anhänger mobilisieren, doch Neave arrangierte für Wolf Rüdiger Heß im Januar und Februar 1970 Termine im britischen Außenministerium in London, als Rudolf Heß im Krankenhaus war, und gab dem Sohn anschließend den privaten Rat, sein Anliegen auch im Washingtoner Außenministerium vorzutragen (der *Daily Express* übernahm die Reisekosten).[163]

Neave warnte das Foreign Office im Januar 1970, das Unterhaus werde im Fall einer Rückkehr von Heß nach Spandau diesen Vorgang heftig und einhellig verurteilen. Und Neave tat sein Bestes, um eine solche Eruption herbeizuführen. »Wie lange soll diese sinnlose und grausame Haft noch weitergehen?«, fragte er im April 1971 im Unterhaus. »Ein Mann, dessen Zustand keine Einzelhaft zulässt, sitzt jetzt seit über 30 Jahren im Gefängnis. Sollte [die Regierung] den Russen nicht sagen, dass wir nicht beabsichtigen, uns wie Nazis zu benehmen, und selbst handeln werden, in der Absicht, Heß freizulassen?«[164]

Der von Neave ausgeübte Druck löste zwei Alleingänge der britischen Regierung aus, die sich beim sowjetischen Botschafter Michail Smirnowski um Heß' Freilassung bemühte. Im Mai 1971 sprach Außenminister Alec Douglas-Home das Thema an, im Juni der stellvertretende Außenminister Geoffrey Rippon, obwohl die Verhandlungen um das Viermächteabkommen über Berlin in einem sehr kritischen Stadium waren und Moskau Rudolf Heß ganz bestimmt nicht am dreißigsten Jahrestag seines Fluges nach Großbritannien und des deutschen Angriffs auf die Sowjetunion freilassen würde. Bonn, Paris, Washington und auch einige Personen in London waren ob des schlechten Timings fassungslos.[165] Dennoch machte Rippon seinem Gesprächspartner Smirnowski am 17. Juni den folgenden Vorschlag: »Wenn die Russen nach einem Symbol der Entspannung Ausschau hielten, warum ließen sie dann Heß nicht frei? Heß war alt, krank, halb verrückt und konnte keinem Menschen mehr schaden. Es wäre von großer Bedeutung, wenn die Russen sich als großzügig erweisen und ihn freilassen könnten. Er könne sich keine andere Geste vorstellen, die die Russen so wenig kosten und dabei so große Wirkung entfalten würde.« Der Botschafter, berichtete Rippon, war sichtlich »ratlos, als er dieses Argument hörte. Er sagte, es gebe zahlreiche Gründe, die gegen Heß' Freilassung sprechen. Für sein Land, das im letzten Krieg 20 Millionen Menschen verloren habe, sei es kaum vorstellbar, einen solchen Verbrecher freizulassen.«[166]

Douglas-Home kam im Juli 1973 in Helsinki bei sicherheitspolitischen Gesprächen mit Gromyko zu keinem besseren Ergebnis. Gromykos brüske Antwort: »Wenn Sir Alec mit einer negativen Antwort rechnete, als er diese Frage stellte, dann hatte er völlig Recht. Wenn er mit einer positiven Antwort rechnete, lag er völlig falsch.«[167]

Neave und die anderen Befürworter einer Freilassung von Heß wussten, was sie erwarten konnten. Aber im Jahr 1979 fielen die Appelle im Parlament länger aus und wurden zahlreicher. Die Wortführer waren James Douglas-Hamilton (der Sohn des verstorbenen Herzogs von Hamilton) und Cyril Townsend (der Vorsitzende der »Allparteienkampagne Freiheit für Rudolf Heß« [All Party Freedom for Rudolf Hess Campaign]). Diese Erklärungen stellten das Urteil von Nürnberg niemals in Frage. Sie bezogen sich auf Heß' Alter (er wurde 1979 bereits 85 Jahre alt), seine jahrzehntelange Haftzeit und aktuelle Harmlosigkeit; seine »Einzelhaft«; auf die Absurdität der Spandauer Verhältnisse; außerdem auf die Gefahr, Heß zum Märtyrer zu machen. »Drei Bücher mit Briefen, die [Heß] an seine Frau schrieb«, erklärte Douglas-Hamilton, »verkauften sich besser als jedes Werk über den Widerstand gegen Hitler.« Townsend fügte hinzu: »Kein Land, das sich selbst als zivilisiert bezeichnet, kann die Spandauer Scharade endlos fortführen. [...] Großbritannien hat in dieser Angelegenheit eine besondere Verantwortung, und der Rest der Welt weiß das.«[168]

Vielleicht meinten sie es alle nur gut. Den Bemühungen in Großbritannien haftete jedoch der Makel der langjährigen Verbindungen zu Wolf Rüdiger Heß an, der in London das humanitäre Anliegen hervorkehrte, aber daheim in der Bundesrepublik die Rechtmäßigkeit des Urteils offen in Frage stellte. Beamte des britischen Außenministeriums empfingen Wolf Rüdiger Heß im Oktober 1973, um Neave zu beschwichtigen. Im selben Monat erschien jedoch in *Der Freiwillige,* einem üblen Blatt für SS-Veteranen, ein Artikel aus der Feder des Heß-Sohnes, in dem das Urteil von Nürnberg zurückgewiesen wurde.[169] Viele in dieser Angelegenheit aktive Parlamentsabgeordnete hatten auch die Petition der HFRH unterzeichnet.[170] Schlimmer noch, Petitionen für die Freilassung von Rudolf Heß machten 1970 und 1971 auch an so zweifelhaften Orten wie Juan Peróns Argentinien und Francisco Francos Spanien die Runde – in Staaten also, deren Machthaber sich dem nationalsozialistischen Deutschland verbunden gefühlt hatten; Franco hatte sogar eine Division zum Kampf an der Ostfront entsandt. Unter den 2.000 Unterschriften, mit denen die spanische Petition unterstützt wurde, fand sich auch der Namenszug von Ramón Serrano Suñer (Francos Außenminister zu Kriegszeiten, der spanische Freiwillige zum Kampf gegen die Sowjets aufgefordert hatte) und dem ehemaligen SS-Obersturmbannführer Otto Skorzeny, der sich seit den fünfziger Jahren durch den Aufenthalt in Spanien der Strafverfolgung entzog.[171]

In Moskau, wo die regierungsamtliche sowjetische Presse die parlamentarischen Bemühungen im Westen als wölfisch-rassistische Kampagne bezeichnete, die im Schafspelz der Menschenfreundlichkeit auftrete, kamen diese Bestrebungen offensichtlich nicht gut an. Die *Prawda*-Kommentare verglichen Heß' gegenwärtige britische Unterstützer mit deren pronazistischen Landsleuten, zu denen Heß 1941 Verbindung aufnehmen wollte.[172] Die sowjetische Presse wetterte gegen Neonazis und ihre britischen Sympathisanten und nannte dabei Neave und Douglas-Home mit Namen.[173] Selbst über ehemaligen Repräsentanten des Nürnberger Gerichtshofs, die sich inzwischen für Heß' Freilassung eingesetzt hatten – zu diesem Personenkreis gehörten unter anderem die Richter Geoffrey Lawrence und Francis Biddle sowie der Ankläger Telford Taylor –, entlud sich der sowjetische Zorn.[174] Die britischen Lobbyisten wirkten noch glückloser, als Wolf Rüdiger Heß 1984 schließlich *Mein Vater Rudolf Heß* veröffentlichte. In diesem Werk vertrat Heß junior die Ansicht, die Welt solle seinen tugendhaften Vater nicht bedauern, sondern ehren. Er behauptete, die Alliierten hätten bei Heß' Gefängnishaft mit den Sowjets zusammengearbeitet, um die britische Schuld bei der Ablehnung der Friedensmission von 1941 zu vertuschen, durch die der Zweite Weltkrieg verlängert und der Tod von Millionen Menschen verursacht worden sei. Der Kolumnist Bernard Levin, der zuvor wiederholt die Freilassung von Heß aus humanitären Gründen verlangt hatte, bezeichnete dieses Werk von Wolf Rüdiger Heß in der Londoner *Times* als »schamloses und abstoßendes Buch«.[175] Die Frage nach Heß' Schuld und seiner Bestrafung war darin tatsächlich aus dem Blick geraten. Aber würde nicht alles nur noch schlimmer werden, wenn man Heß' Leichnam ohne Einverständnis der Angehörigen einäscherte?

Auch den Amerikanern hatte die Übereinkunft zur Kremation noch nie gefallen. Die amerikanische Vertretung in West-Berlin rekapitulierte: »Wir alle waren der Ansicht, dass [...] der Einsatz der übergeordneten alliierten Befugnis für einen Zweck, der im Nürnberger Urteil nicht ausdrücklich vorweggenommen wurde, [...] moralisch verwerflich sei.« Aber die Verletzung einer Übereinkunft der vier Mächte würde Konsequenzen für den Westteil Berlins haben, dessen rechtlicher Status in Bezug auf die vier Mächte jetzt erstmals seit dem Zweiten Weltkrieg gesichert war. Scott George, der amerikanische Gesandte in West-Berlin, warnte 1974:

»Es wäre wirklich sehr gewagt, wenn wir unter Verletzung von Abkommen der vier Mächte und vor den Augen sowjetischer Soldaten darauf bestehen würden, die Verantwortung für den Leichnam zu übernehmen. [...] Wir müssten die möglichen Konsequenzen der einseitigen Aufhebung einer Viermächteübereinkunft auf uns nehmen. Viele Jahre lang sahen wir die Übereinkunft zu Spandau als veraltet und unangemessen an. Wir würden Heß gern unter Auflagen aus der Haft entlassen, und zwar sowohl aus humanitären wie auch aus praktischen Erwägungen heraus. Wir haben nicht versucht, dies ohne vorherige sowjetische Zustimmung zu tun, weil wir den Eindruck hatten, dass wir im Berliner Gesamtzusammenhang mehr verlieren als gewinnen würden. [...]

Es gibt eine große Zahl von Viermächteübereinkünften zu Berlin, die für uns sehr viel günstiger sind als für die Sowjets. Wir wollen dem Gedanken keinen Glauben schenken, dass es einem Vertragspartner, der ein bestimmtes Abkommen als veraltet oder widerwärtig empfindet, freisteht, sich über diese Abmachung hinwegzusetzen. [...] Den Sowjets läge beispielsweise die Überlegung, dass unser ungehinderter Zugang zu West-Berlin ein der DDR unangenehmer Anachronismus ist, sehr viel näher als der Hinweis auf große Rücksichtnahme auf die Gefühle der Familie von Hitlers Stellvertreter, ja sogar auf die Gefühle der Bevölkerung der Bundesrepublik.«[176]

Die US-Vertretung in Berlin versuchte einen Zeitplan für die Vorgehensweise im Fall von Heß' Tod zu entwickeln, doch die Franzosen und die Briten verweigerten sich diesem Ansinnen. Die amerikanischen Außenminister von Henry Kissinger bis zu George Shultz befürchteten ein katastrophales internationales Gerangel um Heß' Leichnam.[177] Durch das eisige Klima im Kalten Krieg Ende der siebziger Jahre wurde das Problem nur noch dringender. Die Sowjets stationierten 1978 Mittelstreckenraketen vom Typ SS-20; die NATO reagierte mit dem Beschluss, in Europa Pershing-II-Raketen und Marschflugkörper zu stationieren; die Sowjets gingen 1978 gegen Dissidenten wie Anatoli Scharanski vor; die Sowjetunion marschierte Ende 1979 in Afghanistan ein; und die Furcht, dass die Sowjets in Polen einmarschieren könnten, um dort die Solidarność-Bewegung niederzuschlagen, führte zur größten internationalen Anspannung seit den frühen sechziger Jahren. Ein Eklat in Berlin wegen Heß war keineswegs wünschenswert.

Die Stunde der Wahrheit schien Ende 1979 gekommen zu sein. Bei Untersuchungen im britischen Militärkrankenhaus in Berlin wurde im September 1979 festgestellt, dass Heß an einer Prostataerkrankung litt, die ohne chirurgischen Eingriff in einer Zeit, in der er noch relativ gesund war, nach den Worten eines britischen Spezialisten zu »einem tödlichem Ausgang« führen konnte.[178] Aber Heß verweigerte sich einer Operation. In einem Brief, der an die vier Regierungen (nicht an die Gefängnisdirektoren) gerichtet war, erklärte er am 8. September: »Ich will die Operation erst nach meiner Entlassung aus der Gefängnishaft vornehmen lassen.« Und er fuhr fort:

»Da die Deutsche Bundesregierung festgestellt hat, dass ich zu Unrecht verurteilt worden bin, halte ich es für selbstverständlich, dass die für meine Haft zuständigen vier Rechtsstaaten einen Mann, der seit über 30 Jahren sich unschuldig im Gefängnis befindet, schnellstens freilassen. Je eher dies geschieht, desto weniger steigt das mit dem Hinausschieben der Operation verbundene Risiko.«

Hitlers Stellvertreter glaubte also, die Drohung mit dem eigenen Tod sei der Schlüssel zur Erlösung.[179] Er wurde am 10. September aus dem Krankenhaus entlassen und nach Spandau zurückgebracht und war dabei guter Dinge, während die Alliierten sich Sorgen machten, was im Fall seines Todes geschehen würde.[180] Cyrus Vance, der Außenminister Jimmy Carters, schätzte den Brief realistisch ein. Das Schreiben sei »von einsetzender Unvernunft weit entfernt«, grübelte Vance, vielmehr zeige sich hier »Heß' wohlüberlegter Versuch, die medizinische Situation zu nutzen, um seine Freilassung zu ›erzwingen‹«.[181] Vance lag mit Sicherheit richtig. Heß hatte bereits 1974, in dem Jahr, in dem er 80 Jahre alt wurde, aus diesem Anlass fest mit seiner Freilassung gerechnet.[182] Jetzt wollte er sie mit jedem verfügbaren Mittel erreichen.

Die Alliierten gingen mehrgleisig vor. Zunächst einmal sollte Heß operiert werden, und sei es nur aus dem Grund, seinen Tod und eine mögliche Auseinandersetzung um den Leichnam hinauszuschieben. Die Gefängnisdirektoren schrieben als Antwort auf den Brief vom 8. September gemeinsam an Heß, »um Ihre Aufmerksamkeit auf die medizinischen Risiken zu richten, die Sie eingehen, wenn Sie nicht operiert werden.«[183] Francis MacGinnis, der britische Gesandte in Berlin, besuchte Heß am 20. September in seiner Zelle und versicherte ihm bei dieser Gelegenheit, die Bundesregierung halte ihn *nicht* für unschuldig, rate ihm zugleich aber dringend, sich operieren zu lassen.[184] Die Botschaften der Westmächte baten Wolf Rüdiger Heß, seinen Vater zur Operation zu überreden. Das taten sie einerseits in der Hoffnung, Heß' Sohn könnte eine gewisse Wirkung erzielen, andererseits in der (von den Amerikanern formulierten) Annahme, dass »unsere Ausgangsposition in der Öffentlichkeit günstiger wäre«, falls Heß starb, nachdem sein Sohn die Zusammenarbeit mit den Alliierten verweigert hatte. Wolf Rüdiger Heß und Rechtsanwalt Seidl enttäuschten in dieser Hinsicht nicht. Keiner von beiden drängte Heß zur Operation, und Heß sollte diesen Eingriff tatsächlich nie erleben.[185]

Mittlerweile versuchten London und Paris die Einäscherung zu umgehen, indem sie die Sowjets dazu brachten, Heß freizulassen, bevor sich sein Gesundheitszustand verschlechterte. Chancen auf eine sowjetische Zustimmung waren allerdings nach der scharfen Abfuhr, die sich Douglas-Home in Helsinki bei Gromyko geholt hatte, nicht einmal ansatzweise zu erkennen. Bonn hatte sich von 1971 bis 1974 auf nachrangiger Ebene bei Botschafter Falin um eine Lösung bemüht, und im April 1974 (Heß wurde in jenem Monat 80 Jahre alt) schrieb Bundespräsident Gustav Heinemann an die vier Staatsoberhäupter der Siegermächte. Richard Nixon zeigte sich in seiner persönlichen Antwort verständnisvoll, aber Moskaus Reaktion, die über die sowjetische Botschaft zugestellt wurde, fiel anders aus.

»Eine Begnadigung des Nazi-Kriegsverbrechers Rudolf Heß, der ein Symbol für die grausamen Taten und Verbrechen des Nazismus und Faschismus in aller Welt ist und der während seiner langen Haftzeit keine Reue gezeigt hat, würde von der gesamten demokratischen Welt missverstanden werden. Der Gedanke mag einem gefallen oder nicht, aber eine Amnestie für Rudolf Heß wäre gleichbedeutend mit einer Amnestie für den Nazismus und Faschismus.«

Heß' gut belegter Mangel an Reue war zu einem weiteren Grund für seine fortdauernde Haft geworden.[186]

Vance hatte im April 1977 in Moskau gegenüber Gromyko die weniger weitreichende Möglichkeit angesprochen, Heß auf Dauer in ein Krankenhaus zu verlegen, wo er von deutschen Ärzten behandelt werden könnte. Motiviert wurde dieser Vorstoß von einem Selbstmordversuch am Abend des 22. Februar, bei dem Heß versucht hatte, sich mit einem Besteckmesser, das ein Wärter in seiner Zelle liegengelassen hatte, Schnittwunden zuzufügen (danach erhielt der Gefangene nur noch Plastikbesteck).[187] Die Spandauer Direktoren bewerteten den Vorfall als zaghaften Versuch, sie beschlossen, ihn geheimzuhalten, und versuchten Heß das Leben angenehmer zu machen. (Jetzt erhielt der Gefangene sein Farbfernsehgerät.)[188] Aber die Nachricht von dem Selbstmordversuch gelangte dennoch an die bundesdeutsche Presse. Wolf Rüdiger Heß gab am 28. Februar im Hilton-Hotel in West-Berlin eine lebhafte Pressekonferenz, in der er die von der Gefängnisleitung versuchte Geheimhaltung des Selbstmordversuchs ebenso geißelte wie die Kooperation der Alliierten mit den Sowjets bei einem Vorgehen, das er jetzt (völlig unangemessen) als eine »systematische Auslöschungskampagne« bezeichnete.«[189] Die Presseberichterstattung nötigte Bonn zum Handeln. Bundestagspräsident Karl Carstens verlangte in einem Schreiben vom 2. März die dauerhafte Verlegung Heß' in ein Krankenhaus, und Außenminister Hans-Dietrich Genscher drängte Vance am 14. März, etwas zu unternehmen. Doch die Moskauer Demarche von Vance stieß im April auf kühle Ablehnung. Vance selbst berichtete darüber: »Gromyko antwortete mit einem kategorischen, deutlichen ›NEIN!‹.« Der Vorfall war so peinlich, dass Vance darum bat, ihn im Bundestag in jenem Monat nicht zu erwähnen.[190]

Im darauf folgenden Jahr hatten sich die Gemüter zwar wieder beruhigt, doch auch westdeutsche Politiker hatten bei den Sowjets keineswegs mehr

Erfolg. Bundespräsident Walter Scheel, der zu Beginn des Jahrzehnts als Brandts Außenminister dessen Ostpolitik an führender Stelle vertreten hatte, erhielt von Breschnew im Mai 1978 bei dessen Besuch in Bonn zumindest eine höfliche Antwort. Breschnew sagte, »der Fall sei für ihn ein innenpolitisches Problem, deshalb sei es ihm nicht möglich, irgendwelche Zugeständnisse zu machen«. Breschnew fügte hinzu, in der UdSSR sei es üblich, dass lebenslange Haftstrafen vollständig verbüßt würden.[191] Die Alliierten hatten auch im Juni 1978 keinen Erfolg, als sie den Fall Heß gegenüber den sowjetischen Botschaftern in London, Paris und Washington ansprachen. Anatoli Dobrynin, der erfahrene sowjetische Botschafter in Washington, versuchte Moskaus Weigerung die Schärfe zu nehmen, indem er sagte: »In der Sowjetunion vergisst man nicht so leicht, und [Heß'] Inhaftierung sollte nicht als ein Akt der Grausamkeit angesehen werden.«[192]

Was immer also die Alliierten in dieser Angelegenheit nach dem September 1979 unternahmen – es musste scheitern. Die neue britische Premierministerin Margaret Thatcher war über Seidls ständige Bestrebungen, die Rechtsgültigkeit von Heß' Urteil in Frage zu stellen, sichtlich irritiert und ließ das dem Heß-Anwalt auch mitteilen.[193] Aber Thatchers Außenminister Lord Peter Carrington war zu einem erneuten Vorstoß auf hoher ministerieller Ebene für die Freilassung von Heß entschlossen, der abermals beim kompromisslosen Gromyko erfolgen sollte. Diesmal antwortete Gromyko nicht einmal selbst. Stattdessen ließ er im Oktober mündliche Erklärungen vortragen, in denen festgestellt wurde, Heß sei für den Tod von Millionen Menschen verantwortlich, er habe »nicht einmal einen Anflug von Reue« gezeigt und in seiner jüngsten eigenen Stellungnahme behauptet, rechtswidrig inhaftiert zu sein.[194] Im Februar 1980 kam es in Moskau erneut zu einer Demarche der drei Westmächte, und die sowjetische Regierung brauchte für ihre formelle Ablehnung diesmal bis Mitte Juni.[195] Die Franzosen unternahmen am 8. Januar 1980 in Ost-Berlin durch ihren Botschafter Jean-Pierre Brunet noch einen eigenen Vorstoß. Diesmal zeigte sich Abrassimow irritiert darüber, dass die Alliierten Heß' Freilassung so häufig vorgeschlagen hätten, und behauptete sogar (unzutreffenderweise), von Neurath und Raeder hätten ihre Haftzeit vollständig abgesessen.[196] Verärgerte amerikanische Diplomaten werteten diese Bemühungen aus Paris und London als zynische, nur für die Öffentlichkeit bestimmte Auftritte, mit denen man sich für das Eintreten des schlimmsten Falles absichern wollte. Sie bewirkten außerdem keinen Konsens in der Frage, was im Fall von Heß' Tod bei noch laufenden Bemühungen zu tun sei.[197] Die Franzosen weigerten sich sogar, die Frage einer Änderung des Abkommens von 1970 mit den Sowjets auf offizieller Ebene zu besprechen, weil sie befürchteten, eine sowjetische Weigerung würde dessen Rechtsgültigkeit stärken.[198] »Zwischen den einzelnen Hauptstädten gibt es keine gemeinsame Sichtweise mehr zu dem, was getan werden sollte, falls der

Gefangene stirbt«, berichtete die amerikanische Vertretung in West-Berlin. »Falls diese Meinungsverschiedenheiten [...] nicht deutlich vor dem Eintreten des Ereignisses behoben werden, wird am entsprechenden Tag ein Chaos ausbrechen.«[199] Amerikanische Diplomaten gingen davon aus, dass die fortgesetzten Bemühungen um Heß' Freilassung die Sowjets in der Bestattungsfrage nur noch sturer reagieren lassen würden.

Ronald Reagans Amtsantritt Anfang 1981 brachte neuen Schwung in die Diskussionen zwischen den Alliierten, und dafür sorgten Außenminister Alexander Haig und Lawrence Eagleburger, der Abteilungsleiter für Europafragen im State Department. Eagleburger schlug beim NATO-Gipfel im Mai 1981 – kurz nach Heß' Aufenthalt im britischen Militärkrankenhaus wegen einer Lungenentzündung – Folgendes vor: Die Alliierten würden Moskau Änderungsvorschläge zu der Übereinkunft von 1970 unterbreiten, aber die Einäscherung würde im Fall einer Moskauer Weigerung ohne weiteren Streit erfolgen. Ein solches Vorgehen, sagte Eagleburger, »würde unsere bedeutenderen Interessen in Berlin fördern, indem wir den Präzendenzfall des Verstoßes gegen ein Viermächteabkommen mit der UdSSR vermeiden.« Denn der Bruch eines solchen Abkommens, so warnte er, würde einen »gefährlichen Präzedenzfall« schaffen, durch den man die Sowjets sogar zur Anwendung von Gewalt bewegen könnte.[200] Die Franzosen und Briten waren davon nicht überzeugt. Paris hielt seine Bündnispartner hin.[201] Lord Carrington entschied schließlich im Mai 1981 – gegen den Rat seines eigenen Ministeriums –, dass London das Abkommen von 1970 auf keinen Fall umsetzen werde. Er befürchtete ein »Spektakel für die ganze Welt«, falls sich die Deutschen weigerten, den Leichnam einzuäschern, und die Briten diese Aufgabe selbst übernehmen mussten. Nach Julian Bullards Bericht ging der Außenminister davon aus, dass die »die moralischen und politischen Konsequenzen einer solchen Situation zu bedeutsam [seien].«[202]

Haig wandte sich persönlich an Carrington und versuchte, ihn davon zu überzeugen, dass beim gegenwärtigen politischen Klima eine Berlinkrise zu vermeiden sei. Der US-Außenminister schrieb:

»Ich bin der festen Überzeugung, dass dies – unter allen verfügbaren Optionen – unseren übergeordneten Sicherheitsinteressen ebenso am besten dient, wie es auch in moralischer Hinsicht die beste Lösung ist, genannt seien hier vor allem die Sicherheit Berlins, das Heraushalten der Stadt aus dem Komplex der Spannungen zwischen Ost und West sowie die Bewahrung des Friedens. [...] Es ist meine ganz reale Sorge, dass ein Nachgeben gegenüber den Wünschen der Familie [...] und ein vorbeugendes Handeln, mit dem eine denkbare öffentliche Empörung wegen der Einäscherung von Heß' Leichnam vermieden werden soll, und das heißt: ein gezielter Verstoß gegen eine Übereinkunft der vier Mächte, den Gesamtrahmen von üblichen Verfahrensweisen und Rechtsgültigkeit schwächen wird, der als Basis für unsere Position in Berlin gedient hat.

Die Sowjets könnten dann der Versuchung kaum widerstehen, uns ihrerseits mit eigenmächtigen Änderungen von Abkommen zu drohen, ob dies nun die Verwaltung der Luftkorridore betrifft, die Verbindungen Berlins zur Bundesrepublik oder Besuche von Bürgern West-Berlins im Osten.«[203]

Carrington zeigte sich ungerührt. Er schrieb an Haig:

»Ich sehe leider nach wie vor eine große Schwierigkeit, die mit dem 1970 beschlossenen Verfahren verbunden ist, denn es würde auch die Möglichkeit einschließen, dass wir britische Soldaten abstellen müssten, um ein Krematorium im britischen Sektor von Berlin zu besetzen und zu betreiben, und das gegen die ablehnende Haltung der Familie Heß und gegen die Kritik, die innerhalb und außerhalb Deutschlands von vielen Seiten geäußert wird.«

Carrington teilte zwar die Ansicht, man sollte bei den Sowjets die Möglichkeit einer Änderung der Regelung von 1970 sondieren, verweigerte sich aber einer Festlegung auf das alte Verfahren, falls die Sowjets sich querlegten.[204] Das restliche Jahr über stritten sich die drei Westmächte um den Wortlaut der den Sowjets zu unterbreitenden Vorschläge. Es lässt sich kaum sagen, was im Fall von Heß' Tod in jenen Jahren möglicherweise geschehen wäre. Ganz gewiss jedoch ist es eines der seltsamsten Vermächtnisse von Nürnberg, dass der Umgang mit seinen sterblichen Überresten eine so große potenzielle Sprengkraft erlangte.

Die politischen Berater der alliierten Vertretungen in West-Berlin übergaben am 2. April 1982 bei einem Vorstoß auf unterer Ebene in der sowjetischen Botschaft in Ost-Berlin persönlich einen Vorschlag. Er sah vor, den Leichnam des Verstorbenen der Familie Heß für eine Bestattung außerhalb Berlins zu übergeben. Der Text vermied jede Formulierung, die als Rechtfertigung der Person Heß oder des Nationalsozialismus ausgelegt werden konnte. Stattdessen wurde festgestellt, die Vereinbarung von 1970 könnte im Fall ihrer Ausführung genau die Art von Aufmerksamkeit auf sich ziehen, die alle Beteiligten zu vermeiden hofften. Der neue sowjetische Botschaftsrat, ein Mann namens Dmitri Kosobrodow, antwortete: »Natürlich werden wir von diesem Thema überrascht.« Aber er war sichtlich interessiert. Die Sowjets hatten mittlerweile erkannt, dass die Vereinbarung zur Einäscherung nicht vor einer politischen Beerdigung oder einem Heß-Schrein in Bayern schützte.[205]

Der Moskauer Erkenntnisgewinn verband sich mit der Beerdigung von Karl Dönitz im Januar 1981 in Aumühle bei Hamburg, wo der ehemalige Großadmiral am Heiligabend 1980 im Alter von 89 Jahren gestorben war. Tausende Veteranen des Zweiten Weltkriegs und aktive Offiziere (erstere in Uniform, letztere auf Anweisung der Bundesregierung nicht) standen in der bitteren Kälte und sahen, wie zehn Ritterkreuzträger den Sarg von Hitlers Nachfolger zu Grabe trugen. Die Trauerkränze stapelten sich im Schnee, und Veteranen der Marine priesen Dönitz' Heldentum und verwünschten die Nürnberger Urteile und die Bundesregierung. Moskau protestierte erbost gegen diese Veranstaltung.[206] Das sowjetische Außenministerium protestierte außerdem im August 1981 offiziell beim Botschafter der Bundesrepublik in Moskau gegen die Produktion und den Verkauf einer in Silber und Gold (für jeweils knapp 200 und 400 D-Mark) angebotenen Gedenkmedaille, die eine Münchener Firma zur Erinnerung an Heß' vierzigstes Jahr in Haft aufgelegt hatte. Die Sowjets verlangten, dass Bonn den Vertrieb der Medaille stoppte und den Anbieter wegen dieser Popularisierung des Hitlerregimes bestrafte.[207] Kosobrodow sagte zu den alliierten Politikberatern bei der Begegnung Anfang April 1982: »Heute sind die Neonazis zahlreicher als noch gestern.« Er fragte außerdem nach Zusicherungen von Seiten der Familie Heß und der Bundesregierung, dass Heß' Beerdigung im kleinen Rahmen und in aller Stille erfolgen werde. Dies war eine günstigere Reaktion, als man sich auf alliierter Seite hätte vorstellen können. Abrassimow machte am 16. April deutlich, dass die Sowjetunion diese Angelegenheit als dringend empfand, als er dem amerikanischen Botschafter Arthur Burns bei einem gemeinsamen Mittagessen sagte, die Gespräche sollten unverzüglich beginnen. Burns berichtete, Moskau »[messe] der Garantie, dass neofaschistische Gruppen die Gelegenheit, die ihnen der Tod des Gefangenen bietet, nicht für ihre Zwecke nutzen können, [...] erhebliche Bedeutung bei«.[208]

Von Mai bis Oktober 1982, in einem Zeitraum, in dem einige der unversöhnlichsten öffentlichen Ansprachen des Kalten Krieges gehalten wurden, schmiedete man bei in ungewöhnlich freundlicher Atmosphäre verlaufenden Viermächteverhandlungen in der Moskauer Botschaft in Ost-Berlin ein neues »Spandauer Protokoll«.[209] Es sah ganz danach aus, als könnte nichts diese Gespräche scheitern lassen. Die Briten unternahmen im Juli bei Viktor Popow, dem sowjetischen Botschafter in London, einen weiteren Vorstoß für die Freilassung von Heß, obwohl Haig sie gewarnt hatte, der Versuch habe keinerlei Erfolgschance und könne die Verhandlungen in Ost-Berlin gefährden. Ein zorniger Burns berichtete seinem Außenminister:

»Die Briten gehen offensichtlich davon aus, dass der innenpolitische Druck, wegen Heß bei den Sowjets vorstellig zu werden, schwerer wiegt als die Argumente, die wir in Washington und in Bonn vorgebracht haben, dass nämlich ein solcher Appell die Verhandlungen über den Umgang mit Heß' sterblichen Überresten ungünstig beeinflussen könnte. Wir können nur hoffen, dass der britische Appell unsere bisherigen Fortschritte nicht gefährdet.«[210]

Im Herbst folgten weitere Gesuche zur Freilassung von Heß: von Heß selbst (er verband damit sein Ehrenwort, nach der Entlassung zu schweigen), von seinem Sohn Wolf Rüdiger und sogar von Bundeskanzler Helmut Schmidt.[211] Heß schrieb unterdessen zum Thema Tod und Beerdigung an seine Frau Ilse:

»Das Verstreuen der Asche unserer körperlichen Überreste nach dem Tode vom Boot aus ins Meer oder vom Flugzeug aus in die Luft erscheint Dir eigentlich am schönsten, weil es die ›schnelle und unmittelbare Rückkehr in den ewigen Kreislauf‹ sei. Aber beim Verbrennen zu Asche entweichen vermutlich Gase hinaus in den Weltraum und kehren nicht in den ewigen Kreislauf, zumindest unseres Planeten [sic] zurück. Wenn auch nicht die schnellste, so doch die natürlichste Rückkehr in diesen Kreislauf ist doch die ›Be-Erdigung‹. Hier geht nichts verloren.«[212]

Aber Moskau war zu besorgt wegen der Vorbereitungen für eine Beerdigung, um sich wegen solcher Äußerungen zu erregen. Heß erlitt im Juni und Juli 1982 zwei leichte Herzanfälle, und die Sowjets hatten sogar einen Herzspezialisten nach Spandau gebracht. Der amerikanische Rechtsberater John Byerly hielt nach dem ersten Zwischenfall am 29. Juni fest: »Heß' hoher Puls unterstreicht die Tatsache, dass der jetzt 88 Jahre alte Mann jederzeit und ohne Vorwarnung sterben könnte.«[213] Heß lag die beiden letzten Wochen des Septembers 1982 wegen einer Rippenfellentzündung im Krankenhaus.[214] Abrassimow beklagte sich bei einem Mittagessen mit dem britischen Botschafter Jock Taylor heftig über die aktuelle Verurteilung der sowjetischen Präsenz in Afghanistan durch die britische Regierungschefin Thatcher, die ausgebliebe Reduzierung der konventionellen NATO-Streitkräfte in Mitteleuropa sowie über die Ermutigung, die der polnischen Solidarność-Bewegung von Seiten der Alliierten zuteil wurde. Dennoch betonte er, das neue Abkommen über den Umgang mit Heß' sterblichen Überresten müsse unverzüglich unterschrieben werden.[215]

Es wurde innerhalb weniger Tage – am 1. Oktober 1982 – von Vertretern der vier Mächte in Berlin unterzeichnet. Das neue Spandauer Protokoll sah die sofortige Benachrichtigung von Heß' Familie vor; außerdem eine umgehende Autopsie im britischen Militärkrankenhaus und die Überführung des Leichnams nach Bayern; eine kurze, neutral gehaltene offizielle Pressemitteilung zum Tod von Heß; ein Verbot von Presseberichterstattung über das Gefängnis selbst oder das britische Militärkrankenhaus; Absprachen der Alliierten mit der Bundesregierung mit dem Ziel einer Minimierung öffentlicher Demonstrationen; schließlich den zügigen Abriss des Gefängnisses nach Heß' Tod.[216] Das Protokoll war mit einer von Wolf Rüdiger Heß zu unterzeichnenden Erklärung verbunden, mit der er Folgendes versicherte: »Ich bin berechtigt, nach dem Tode meines Vaters, Rudolf Heß, für seine Bestattung zu sorgen. Die Bestattung findet in aller Stille im engsten Familienkreis in Bayern, Bundesrepublik Deutschland, statt. Dabei verspreche ich, dass diese meine Verpflichtung vertraulich bleibt.« Er unterzeichnete die Erklärung am 4. Oktober 1982 (fühlte sich aber nie daran gebunden, weil er keine Kopie des Protokoll-Wortlauts erhielt).[217] Die westdeutschen Behörden versicherten drei Tage später, im Rahmen der bestehenden Gesetze für eine stille Beerdigung zu sorgen, und die bayerische Staatsregierung (die zuvor in diesem Jahr Heß' Freilassung verlangt hatte) erhielt Mitte Oktober warnende Hinweise aus Bonn, eine von einschlägigem Getöse begleitete Beerdigung von Heß würde mit großer Bestürzung aufgenommen werden.[218] Es war alles bereit für einen friedlichen Abschied vom letzten Überbleibsel des Nürnberger Prozesses. Nur ein außergewöhnlicher Unfall konnte diese sorgfältig ausgearbeiteten Pläne durchkreuzen.

Das bittere Ende

Julian Bullard fragte im April 1985, am Vorabend von Heß' 91. Geburtstag, Wjatscheslaw I. Dolgow, den sowjetischen Geschäftsträger in London, warum die Sowjets Mitte der fünfziger Jahre der Entlassung von Neuraths, Raeders und Funks aus Spandau zugestimmt hatten, aber Heß nicht gehenließen, der inzwischen älter war, als alle seine Mithäftlinge bei ihrer Freilassung gewesen waren.[219] Bullard hätte sich diese Frage selbst beantworten können. Moskau ließ diese Männer frei, weil man sich damals beim Blick auf die 1954 ausgehandelten Vereinbarungen für Beerdigungen selbst unbehaglich fühlte. Ab 1982 hatten die Sowjets jedoch ein Abkommen für den Fall von Heß' Tod in der Tasche, das ihren Absichten entsprach, und konnten den Gefangenen deshalb bis zu seinem Tod mühelos hinter Gittern halten. Und Heß' Leben währte nach der Vereinbarung von 1982 – dank zweier Spaziergänge pro Tag, dank gründlicher, wöchentlich vorgenommener medizinischer Untersuchungen, täglicher Messungen von Puls und Blutdruck und aufgrund seines eigenen, exzentrischen Beharrens auf einer Ernährung mit Obst und Blattgemüse – noch fast fünf weitere Jahre. Heß war lebhaft und für sein Alter bei guter Gesundheit. Erst in seinem letzten Lebensjahr litt er unter ersthaften gesundheitlichen Problemen, die sein Herz, seine Prostata und seine Sehfähigkeit betrafen.[220] In diesem letzten Jahr befürchtete er auch ein Abgleiten in die Senilität.[221] Der sich verschlechternde Zustand des Gefangenen führte jedoch nur zu einer Optimierung des Vorgehens im Notfall (Codebezeichnung: PARADOX), bei dem Heß sofort ins britische Militärkrankenhaus verlegt werden sollte, ohne vorherige zeitraubende Konsultation aller vier Gefängnisdirektoren.[222] Selbst wenn Moskau gewillt war, einer Freilassung zuzustimmen: Die in zunehmend schrillem Tonfall verfassten Erklärungen von Wolf Rüdiger Heß und Alfred Seidl, die beide im Jahr 1984 ein jeweils umstrittenes Buch veröffentlichten, machten eine Freilassung auch nach Michail Gorbatschows Aufstieg ins Amt des Generalsekretärs der KPdSU im März 1985 unmöglich. Anderseits bezog die Einkerkerung eines über 90-jährigen Mannes eine größere öffentliche Bedeutung aus der Bestrafung selbst. Verantwortungsbewusste Spitzenpolitiker in der Bundesrepublik sahen den Fall Heß als zunehmend dringliches humanitäres Problem, trotz der Schuld, die

Heß auf sich geladen hatte, und trotz der immer widerwärtiger klingenden Appelle von Wolf Rüdiger Heß und Seidl.

Die sowjetischen Befürchtungen, die extreme Rechte könnte durch Heß' Freilassung wieder aufleben, wurden in den siebziger und achtziger Jahren stets übertrieben. Die von Wolf Rüdiger Heß gelenkte HFRH veranstaltete nach 1973 zahlreiche Demonstrationen, mobilisierte dabei aber niemals mehr als ein paar Tausend Menschen. Zu Heß' 85. Geburtstag versammelten sich nicht mehr als 60 Mitglieder vor dem Tor des Spandauer Gefängnisses.[223] Mitte der achtziger Jahre traten neue rechtsextreme Gruppen auf, aber ihre Aktivitäten zu Heß' Gunsten hielten sich in Grenzen.[224] Das größte Spektakel veranstaltete ein politischer Verein namens Konservative Aktion, der den Fall Heß als Katalysator für ein breit angelegtes Betätigungsfeld sah. Dazu gehörte auch eine positive Deutung des Nationalsozialismus, die mit einer feindseligen Haltung gegenüber den Sowjets und türkischen Einwanderern verbunden war. Im November 1985 richtete der Verein in West-Berlin einen Kongress »Freiheit für Rudolf Heß« aus, bei dem Wolf Rüdiger Heß und Seidl als Redner auftraten. Die amerikanische Vertretung in Berlin stellte hierzu fest, Heß biete der rechtsgerichteten Jugend »eine politisch respektable Gelegenheit«, deutschen Nationalismus unbelastet von der völkermörderischen nationalsozialistischen Vergangenheit zu pflegen.[225] Zum fünfundvierzigsten Jahrestag von Heß' Flug hielt die Konservative Aktion in West-Berlin eine weitere Versammlung ab, und vor dem Gefängnistor standen sich rechts- und linksextreme Gruppen kampfbereit gegenüber.[226]

Heß' Haftzeit führte jedoch nur zu wenigen Gewalttaten. Am 23. Oktober 1986 explodierte um 2 Uhr nachts ein Molotow-Cocktail im Gebäude Nr. 21, dem außerhalb der Gefängnismauern gelegenen Spandauer Verwaltungsbau, in dem sich auch eine Messe befand, und zerstörte die Inneneinrichtung des Gebäudes. Dies war die gewalttätigste Aktion gegen das Gefängnis. Sie wurde von einer schriftlichen Erklärung und einem Telefonanruf des »Befreiungskommandos Rudolf Heß« begleitet, bei dem verlangt wurde, Heß bis zum 24. Oktober freizulassen, sonst werde das gesamte Gefängnis in die Luft gejagt (was wohl das erklärte Ziel
der Befreiung von Heß vereitelt hätte). Die Gruppe kündigte außerdem weitere Angriffe auf die Alliierten an und bedrohte Eberhard Diepgen, den Regierenden Bürgermeister von Berlin, und seine Kinder.[227] Zu Heß' späteren Geburtstagen trafen viele Blumen und Karten ein (nichts davon erreichte den Häftling), aber die deutsche Polizei in West-Berlin hatte viel Schlimmeres erwartet als die kraftlose Demonstration von zwanzig Neonazis aus Hamburg an Heß' 92. Geburtstag im April 1986. Nach Heß' Tod im August 1987 konnten neonazistische Skinheads für eine klägliche Totenwache vor dem Gefängnis nur ganze 25 Aktivisten mobilisieren.[228]

Mit zunehmendem Alter des Gefangenen nahmen dagegen die offiziellen westdeutschen Bemühungen zu, die Heß' Begnadigung anstrebten. Im Bundestag wurde längst nicht so oft über Heß diskutiert wie im britischen Parlament in Westminster, obwohl nach dem 75. Geburtstag des Häftlings im April 1969 die Anfragen zunahmen. Im Mai jenes Jahres stellten Vertreter des Bundestagstags Heß' fortdauernde Haft und die Betriebskosten des Gefängnisses in Frage. Mitarbeiter des Bundeskanzleramts hofften, dass Willy Brandt, nach seinem Einzug ebendort im Oktober 1969, bei der ersten sich bietenden Gelegenheit auch den ersten offiziellen westdeutschen Vorstoß bei der sowjetischen Botschaft zu Heß' Gunsten unternehmen würde. Brandt, so hieß es in Regierungskreisen, verfüge als Gegner des nationalsozialistischen Regimes über die entsprechende persönliche Autorität und genieße in Moskau ein Ansehen, das frühere Bundeskanzler nicht gehabt hätten. Brandt selbst stand dem Gedanken positiv gegenüber. Vielleicht hoffte er auch, dass die Freilassung der letzten deutschen Kriegsverbrecher seine umfassenderen politischen Ziele gegen die Kritik der bundesdeutschen Rechten immunisieren würde. Im Anschluss an wiederholte Anfragen im Bundestag versuchte der Bundeskanzler von 1971 bis 1973 in mehreren Gesprächen mit führenden italienischen Politikern, Herbert Kapplers Freilassung zu erreichen. Bonn setzte sich auch für die drei in Breda inhaftierten Deutschen auf höherer Ebene ein, denn, so formulierte es Brandts Außenminister Walter Scheel, es war aus Bonner Sicht ungerecht, dass diese drei Gefangenen die gesamte Last nationalsozialistischer Verbrechen in den Niederlanden zu tragen hatten.[229] Doch der neue Regierungschef hielt Abstand zum Fall Heß. Der Gefangene verbrachte 1969 und 1970 eine lange Zeit im Krankenhaus, die Sowjets bestanden kompromisslos darauf, dass er ins Gefängnis zurückkehrte, und sie vertraten die Ansicht, dass jeder, der sich für Heß' Freilassung einsetzte, ein Neonazi sei: Das Geschehen in jenen Tagen überzeugte Brandt mit Sicherheit davon, dass eine solche Initiative für Heß das Risiko, das sie für ein Vorhaben von weltweiter Bedeutung mit sich brachte, nicht lohnte.[230] Scheel gab für einen Bericht über Heß in der Hamburger Illustrierten *Stern* im April 1971 eine Erklärung heraus, in der Heß' Freilassung aus humanitären Gründen gefordert wurde, stellte zugleich aber klar, dass Spandau ein Vorrecht der Alliierten bleibe. Mit Blick auf die weiter reichenden Ziele, die Bonn im Umgang mit Moskau verfolgte, fiel es Scheel sehr schwer, das Thema Heß gegenüber Walentin Falin anzusprechen, dem sowjetischen Botschafter in Bonn.[231] Brandt erwog später, bei Breschnews Bonn-Besuch im Mai 1973, auch über Heß zu sprechen, nahm aber auch davon Abstand.[232]

Größere Anstrengungen unternahm Brandts sozialdemokratischer Amtsnachfolger Helmut Schmidt (1974–1982) nach einer am 14. März 1979 im Bundestag gestellten Frage. Schmidt war der erste Bundeskanzler, der Auschwitz besuchte, wo er sich mit der nationalsozialistischen Vergangenheit in einer Rede auseinandersetzte, in der er die These von der Kollektivschuld aller Deutschen zurückwies, zugleich aber erklärte, alle Deutschen müssten sich nach wie vor mit der Hinterlassenschaft des Nationalsozialismus auseinandersetzen. Schmidt war auch der erste Bundeskanzler, der – am 40. Jahrestag im Jahr 1978 – an einer Gedenkveranstaltung zur »Reichskristallnacht« teilnahm.[233] Bei einem Moskaubesuch überraschte er jedoch Breschnew am 29. Juli 1980 mit der direkten Frage, ob es wirklich im Moskauer Interesse sei, wenn ein kranker, 86 Jahre alter Mann im Gefängnis starb, wenn zugleich die ganze Welt wisse, dass es die Sowjets waren, die ihn dort festgehalten hatten. Gromyko war nicht anwesend, um Moskaus Standardantwort zu übermitteln, und Breschnew schien von Schmidts Argument beeindruckt zu sein, obwohl er erst zwei Jahre zuvor eine ähnliche Anfrage von Walter Scheel abgelehnt hatte. Diesmal sicherte er zu, die Frage mit den Mitgliedern des Politbüros zu erörtern.[234] Schmidt hoffte jetzt auf eine Lösung, aber noch vor Breschnews Gegenbesuch in Bonn im Dezember 1981 warnte die sowjetische Botschaft die Bundesregierung, das Thema Heß nicht abermals anzusprechen. Das geschah dann auch nicht, um umfassendere strategische Ziele nicht zu gefährden.[235] Als Schmidt im September 1982 durch ein konstruktives Misstrauensvotum der Opposition gestürzt wurde, schrieb er noch vor dem Ausscheiden aus dem Amt an die vier Staatsoberhäupter und bat um Heß' Freilassung, damit dieser seine letzten Lebensjahre bei seiner Familie verbringen könne, und gab den Text auch an die Presse weiter.[236]

Zum Jahresende rief der Bundestag einstimmig die neue, von der CDU geführte Bundesregierung unter Helmut Kohl auf, sich um die Freilassung von Heß sowie von anderen wegen Kriegsverbrechen verurteilten Deutschen zu bemühen, die seit Kriegsende in Haft saßen. Die Resolution zeigte, dass Heß' Bestrafung bei der Rechten wie bei der Linken für Unmut sorgte.[237] Kohls erste Bemühungen bei Breschnew und dessen Nachfolger Juri Andropow schlugen fehl, und die legendären rhetorischen Ausrutscher des Kanzlers beim offiziellen Gedenken an die nationalsozialistische Vergangenheit waren bei den folgenden Anläufen nicht hilfreich.[238] Kohls Besuch in Israel im Januar 1984 war von seiner Bemerkung zur »Gnade der späten Geburt« überschattet, aus der sich für ihn und andere Deutsche ein anderer Umgang mit der Geschichte ergebe. Die neue Generation, erklärte der Kanzler, »weigert sich, sich selbst kollektiv für die Taten der Väter schuldig zu bekennen«.[239] Kohls desaströser Besuch des Soldatenfriedhofs in Bitburg – auf dem auch Angehörige der Waffen-SS bestattet sind – aus Anlass des Besuchs von US-Präsident Reagan im Mai 1985 war ein deutlicher wahrgenommener Fehler. Seine Bestrebungen, Heß' Freilassung zu erreichen, waren deshalb zum Scheitern verurteilt, als Bonn im Vorfeld von dessen 90. Geburtstag wieder aktiv wurde. In einem auf den 14. März 1984 datierten Brief an die vier Staatsoberhäupter erklärte Kohl, dass die Haft von Heß nicht mehr den Zweck der Bestrafung erfülle und dass seine Freilassung die Erinnerung an das unsägliche Leid, das der Nationalsozialismus Europa und der ganzen Welt zugefügt habe, nicht schmälern würde. Der Kanzler fügte törichterweise noch Seidls und Wolf Rüdiger Heß' alte Feststellung hinzu, Rudolf Heß sei in den Nürnberger Anklagepunkten III und IV freigesprochen worden.[240]

Moskaus Ablehnung veranlasste die Bundesregierung am 25. April 1984, dem Vorabend von Heß' 90. Geburtstag, zu einer öffentlichen Erklärung, mit der dieselben Argumente vorgetragen wurden.[241] Das Problem stieß inzwischen bei der bundesdeutschen, ja sogar bei der Weltpresse auf erhebliches Interesse, einschließlich zahlreicher sachlicher Fehler bei der Berichterstattung. Der *Stern* berichtete unter der Überschrift »Ein Tag im Leben von Nummer 7«, Heß werde nach seinem Tod eingeäschert, und selbst die französische Tageszeitung *Le Monde* und das amerikanische Nachrichtenmagazin *Newsweek* setzten sich inzwischen für Heß' Freilassung ein. Zornige Stellungnahmen aus dem Bundestag und – höchst vorhersagbar – von britischen und amerikanischen Filmschauspielern waren zu verzeichnen. Heß' Fürsprecher waren zum Kampf in aller Öffentlichkeit bereit, aber für Moskau galt das ebenfalls. Die sowjetische Tageszeitung *Iswestija* erklärte bereits am 14. April, Heß habe seinen Glauben an Hitler nie bereut, und fügte hinzu: »Die westdeutsche Bewegung zur Freilassung von Heß zielt [...] auf die Herabwürdigung des Nürnberger Gerichtshofs, auf die Beschönigung der Taten von Hitlers Komplizen und ganz allgemein auf die Rehabilitierung der Anführer des Dritten Reiches.« Die deutliche Sprache legte eine Billigung von höchster Stelle nahe. Aber eine neue Gedenkmünze, die 1984 in München zu Heß' 90. Geburtstag geprägt wurde, lieferte Moskau genau die Munition, die für solche Attacken benötigt wurden.[242]

Dieser Vorgang versprach nichts Gutes für die Demarche der drei Westmächte, mit der die Freilassung des 90-jährigen Heß erreicht werden sollte. Die persönliche Antwort, die Dobrynin Reagans Außenminister George Shultz am 10. Mai 1984 überbrachte, fiel scharf aus:

»Die sowjetische Seite sieht nach wie vor keinerlei Grund für seine Freilassung. Sein Name ist, gemeinsam mit den Namen anderer faschistischer Verbrecher, im Gedächtnis unseres Volkes unmittelbar mit dem Tod von 20 Millionen [...] Sowjetbürgern während des Zweiten Weltkrieges verbunden.

Die Begnadigung dieses kriminellen und unbelehrbaren Fürsprechers [der] menschenfeindlichen Ideologie des Nazismus wäre als eine Art Ermutigung für diejenigen missdeutet worden, die bis heute die bitteren Lehren der Geschichte ignorieren. Die Freilassung von Heß, der ein Symbol für die vom Nazismus begangenen Greueltaten ist, würde weder vom sowjetischen Volk noch von den Völkern anderer Länder, die unter der hitleristischen Aggression gelitten haben, verstanden werden.«

Diese Erklärung, die auch in London und Paris zugestellt wurde, zeigte, dass Moskau zwischen Gnade und Vergebung keinen Unterschied machte. Außerdem war Heß zu einem lebenden Symbol für die Vergangenheit geworden. Die Sowjets waren auch nicht in der Stimmung für einen Meinungsumschwung, denn zum bevorstehenden 40. Jahrestag der deutschen Kapitulation waren in Moskau große Gedenkfeiern geplant.[243]

Die ausgebliebene Gnade und die Instrumentalisierung von Heß als Symbol erboste niemanden so sehr wie den Bundespräsidenten Richard von Weizsäcker, einen gemäßigten CDU-Politiker, der zum meistverehrten Staatsoberhaupt der Bonner Republik wurde und, im Unterschied zu Kohl, ein umsichtiger und eloquenter Redner zur nationalsozialistischen Vergangenheit war. Zum 40. Jahrestag des Kriegsendes und der deutschen Kapitulation hielt er am 8. Mai 1985 eine weltweit berühmt gewordene Rede, mit der er alle Deutschen aufforderte, »der Wahrheit, so gut wir es können, ins Auge zu sehen, ohne Beschönigung und ohne Einseitigkeit«, und die Unmenschlichkeit des Dritten Reiches ohne Einschränkung zu akzeptieren. Er zählte alle Opfer des nationalsozialistischen Deutschland auf, von den Juden, die einen Völkermord erlitten, der »beispiellos in der Geschichte« war, über die Angehörigen der Widerstandsbewegungen in den von Deutschland besetzten Ländern bis zur Arbeiterbewegung und den Kommunisten. Er betrachtete den Nationalsozialismus nicht durch das schmerzliche Prisma des sowjetischen Vordringens und eines geteilten Deutschland – was die deutsche Opferrolle nach 1945 in den Vordergrund gerückt hätte –, sondern akzeptierte die Verantwortung Deutschlands für das eigene Schicksal und überschritt dabei auch die vom Kalten Krieg gezogenen Grenzen. Weizsäcker lehnte die Vorstellung von einer Kollektivschuld ab, akzeptierte aber den Gedanken, dass alle Deutschen eine kollektive Verantwortung für die Erinnerung an das Geschehene und die Aussöhnung mit den ehemaligen Feinden des Nationalsozialismus haben. In den folgenden Jahren wandte sich Weizsäcker auch gegen Versuche rechtsgerichteter Hochschullehrer in der Bundesrepublik, den Holocaust zu relativieren, indem sie ihn mit den Verbrechen anderer Regimes verglichen. »Auschwitz bleibt singulär«, erklärte der Bundespräsident beim 37. Deutschen Historikertag im Oktober 1988, »diese Wahrheit ist unumstößlich.«[244]

Aber Heß' fortdauernde Haft machte Weizsäcker zornig, weil er sie für eine unnötige Grausamkeit hielt. Im Juni 1982, als er noch Regierender Bürgermeister von Berlin war, empfing Weizsäcker Francis MacGinnis, den Leiter der dortigen Vertretung Großbritanniens. Heß war inzwischen 88 Jahre alt, und MacGinnis wollte die Vorgehensweise für den Fall des allgemein erwarteten Todes des Gefangenen besprechen. Weizsäcker, der keine Sympathien für Heß als Person hegte, sprach offen, direkt, ja sogar gefühlsbetont. MacGinnis berichtete über sein Gespräch mit dem Regierenden Bürgermeister: »Eine Sache war glasklar, [...] Heß' Tod würde eine Welle aufgestauter Gefühle freisetzen, in aller Öffentlichkeit. [Von Weizsäcker] sprach höflich, aber mit einer gewissen Leidenschaft, und sagte, im

20. Jahrhundert hätten sich Sieger in keinem anderen Fall so hart verhalten wie hier gegenüber Heß.«[245]

Auch als Bundespräsident änderte Weizsäcker seine Meinung hierzu nicht. In seiner Weihnachtsansprache im Dezember 1985 verlangte er die Freilassung von Nelson Mandela in Südafrika, Andrei Sacharow in der UdSSR und Rudolf Heß in Berlin. Es war eine ungünstige Zusammenstellung, doch Weizsäcker tat dies bewusst, in einem Versuch, die Verantwortung für die Vergangenheit mit einer Bitte um Gnade zu verbinden. Er sagte:

»Er [Heß] war wahrlich kein Kämpfer für Menschenrecht und Freiheit. Als Hitlers Stellvertreter wurde er zu lebenslanger Haft verurteilt. Das entspricht unserem Rechtsempfinden. Doch nun verbüßt er seine Strafe seit 44 Jahren. Er ist ein 92-jähriger Greis. Er hat keine irdischen Hoffnungen mehr.

Welchem Gefühl, welchem menschlichen Wert soll so ein Strafvollzug noch dienen?

In der Hitlerzeit gab es keine Gnade. Und heute? Barmherzigkeit würde das Urteil über begangene Untaten nicht aufheben, sondern nur noch bekräftigen.

›Gnade ist die Stütze der Gerechtigkeit‹, so sagt es ein tiefes und großherziges russisches Sprichwort. Sie sollte ihm zuteil werden im Friedensjahr 1986.«

Heß sollte deshalb Gnade zuteil werden, eine Gnade, in deren Definition berücksichtigt wurde, dass sie vielleicht unverdient war. Weizsäcker wiederholte seine Bitte in Moskau sechs Wochen vor Heß' Tod.[246] Zu diesem Zeitpunkt waren jedoch die einzelnen Bestandteile von Heß' Haft bereits so fest mit der Länge dieser Strafe, den verschiedenen falschen Darstellungen und dem Durcheinander von gemäßigten und reuelos-unnachgiebigen Positionen verschmolzen, dass selbst ein von Weizsäcker nicht das durchschlagen konnte, was zum Gordischen Knoten des Erbes von Nürnberg geworden war. Er zog ihn nur noch fester. Die US-Vertretung in Berlin berichtete: »Ein Appell zur Freilassung von Heß, der von einem Mann kommt, der so respektiert, ja vielleicht sogar so verehrt wird wie von Weizsäcker, wird der ›Freiheit für Heß‹-Bewegung in der Bundesrepublik unweigerlich zusätzlichen Schwung und mehr Seriosität verleihen.«[247] Das ist eine traurige Lehre, die möglicherweise fest mit der internationalen Gerichtsbarkeit verbunden ist.

Heß' eigene Bemühungen waren nicht hilfreich. Im November 1980 und September 1984 bat er die Gefängnisdirektoren um seine Freilassung und führte als Begründung eine Reihe von gesundheitlichen Problemen an, von denen er viele übertrieb. Im Mai 1986, im Alter von 92 Jahren, bat er um Hafturlaub, um seine Enkel besuchen zu können, und gab dabei sein »Ehrenwort«, dass er nach Spandau zurückkehren und keine öffentliche Erklärungen abgeben oder Interviewäußerungen machen werde.[248] Am 25. März 1987, wenige Monate vor seinem Selbstmord und in einer Phase, in der sich sein Gesundheitszustand rapide verschlechterte, schrieb er, er habe nur noch ein Jahr zu leben und bitte darum, diese Zeit mit seinem Sohn und seinen Enkeln verbringen zu dürfen, und am 24. Juni verlangte er nach einer

Kopie des Nürnberger Urteils, um sicher sein zu können, dass er in einem ordentlichen Verfahren zu lebenslanger Haft verurteilt worden war.[249]

Aber Heß blieb bis zum allerletzten Moment ein treuer Gefolgsmann Hitlers. Zu den eher bizarren Hinterlassenschaften von Spandau gehört ein Bündel loser, handgeschriebener Blätter, die der sowjetische Gefängnisdirektor Oberstleutnant Gennadi Tschernych am 25. Juni 1986 in Heß' Zelle entdeckte (kurz nachdem Heß versprochen hatte, im Fall seiner Freilassung keine öffentlichen Erklärungen abzugeben).[250] Eine Begleitnotiz belegte, dass Heß mit Hilfe des französischen Pastors Charles Gabel Informationen aus dem Gefängnis herausgeschmuggelt hatte. Gabel war seit 1977 in Spandau tätig gewesen und hatte die Familie Heß bei ihrer Befreiungskampagne heimlich unterstützt. Er hätte dieses Papierbündel mitnehmen und es einem unbekannten Empfänger, den Heß als »Der Meister« und als »Herr U.« bezeichnete, über einen Briefkasten zukommen lassen sollen. Die Sowjets hatten Gabel schon früher als Sicherheitsrisiko verdächtigt. Sie hatten 1985 vorgeschlagen, die Besuche des Geistlichen auf einen Besuchsraum zu begrenzen, und außerdem sollten hierbei dieselben Vorschriften gelten wie für Heß' andere Besucher. Jetzt erklärten sie, Gabel helfe Heß beim Herausschmuggeln seiner Lebenserinnerungen aus Spandau. Die Franzosen spielten zunächst auf Zeit, doch dann wurde Gabel entlassen, und die letzten Papiere, die Heß zu schmuggeln versucht hatte, wurden versiegelt und landeten im Gefängnisarchiv, weshalb sie auch auf Mikrofilm erhalten sind.[251]

Heß hatte Gabel angewiesen: »Senden Sie das Beiliegende an den Meister, und zwar, indem Sie den Brief, *wenn Sie unterwegs sind*, in einen Briefkasten werfen, also keinesfalls in Berlin.« Beigelegt war eine Reihe handgeschriebener Seiten, denen ein weiteres Begleitschreiben angefügt war:

»Sehr geehrter Herr U.
Ich danke Ihnen vielmals, dass Sie sich bereit erklärt haben. Seien Sie so freundlich, die beiliegenden Ergänzungen noch anzufügen.«

Eine weitere Anweisung lautete wie folgt:

»Am bisherigen Ende meines Berichts danke ich denen, die sich um meine Freilassung bemüht haben, vor allem der [sic] Pastor. Sollte ich vergessen haben, auch meinen Sohn zu nennen, ist an der betreffenden Stelle etwa zu sagen: Vor allem danke ich Herrn Pastor Gabel und meinem Sohn Wolf-Rüdiger, die einander übertroffen haben in fortgesetzten Aktionen.«

Die »beigefügten Ergänzungen«, von denen Heß sprach, bestanden aus 17 unordentlich und eilends, handschriftlich und in einer unfertigen Form niedergeschriebenen Seiten, die wohl ein Teil einer längeren Erklärung hätten sein sollen. Diese Seiten beschäftigten sich mit Hitlers Reaktion auf den Ausbruch des Krieges 1939 und mit dem Angriff auf die Sowjetunion im Jahr 1941. Heß beharrte darauf,

»Ich bereue nichts«: Das Problem Rudolf Hess 317

Abb. 14: Rudolf Heß, Spandaus einsamer Gefangener, bei einem unheimlich anmutenden Spaziergang im Garten des Gefängnisses. © picture-alliance.

dass Hitler den Krieg 1939 nicht gewollt habe, vor allem nicht den Krieg mit Großbritannien. Die britische Garantieerklärung für Polen habe einen Plan zunichte gemacht, der mit Sicherheit eine friedliche Lösung der deutsch-polnischen Grenzkonflikte bewirkt hätte. »Eines kann ich mit absoluter Sicherheit [sagen]«, schrieb Heß, »Hitler hat den Krieg nicht gewollt.« Andererseits behauptete er, sich an eine Diskussion mit Hitler im Winter 1940/41 zu erinnern, bei der sie sich einig gewesen seien, dass die Sowjets die Weltrevolution planten und dass Moskau Deutschland als Schlüsselland für die Bolschewisierung Europas betrachte, vor allem, weil sich Deutschland nach wie vor im Kriegszustand mit Großbritannien befand. Heß fuhr fort: »In Erkenntnis dieser Gefahr aus dem Osten gebe es für uns nur die Folgerung: Dem russischen Angriff zuvorkommen und unsererseits angreifen. Angreifen, so bald wie möglich.«

Deshalb beschloss Heß, nach England zu fliegen, um dort als Vermittler zwischen den nordischen Völkern aufzutreten, und hielt diesen Beschluss vor Hitler geheim. Heß schrieb, trotz der seit 1939 entstandenen Komplikationen wäre alles gutgegangen, wären nicht Hitler, andere Deutsche, die Briten, ja sogar die Amerikaner von einem »Geheimmittel« beeinflusst worden, das die Worte und Taten der Menschen beherrschte. Heß entwickelte den Gedanken von der Existenz dieses Mittels, als er während seiner Haft in Großbritannien alles las, was er in die Finger bekam. Dieses geheimnisvolle Mittel sorgte nach seiner Auffassung dafür, dass die britische Staatsführung gegen Deutschland kämpfte, und veranlasste Hitler zu falschen politischen und strategischen Entscheidungen, die zur Zerstörung des Dritten Reiches führten. Es war sogar verantwortlich für SS-Greueltaten in Konzentrationslagern und Hitlers »Befehl« zur Ermordung der Juden. »Es steht fest«, schrieb Heß, »dass es ein Geheimmittel gibt, durch das Menschen gezwungen werden können, nicht nur zu sprechen, sondern auch zu handeln, wie ihnen befohlen wurde.« Aber was für ein geheimnisvolles Mittel was das, und wer verfügte darüber?

Die siebzehn handschriftlichen Seiten, die Heß mit Pastor Gabels Hilfe 1986 aus dem Gefängnis herauszuschmuggeln versuchte, waren aus dem Gedächtnis niedergeschrieben und beruhten auf dem älteren, sehr viel längeren Schlusswort, das Heß am 31. August 1946 in Nürnberg vorzutragen versucht hatte. An jenem Tag, vierzig Jahre vor der erneuten Niederschrift aus der Erinnerung, kam Heß nach Göring zu Wort, er zog einige Blatt Papier aus der Tasche, auf denen er einen ausführlichen Entwurf seiner geplanten Rede notiert hatte.[252] Er begann mit weitschweifigen Ausführungen über seine britischen Bewacher und ihre »glasigen und wie verträumten Augen«, wurde aber von Lord Lawrence, dem Vorsitzenden Richter, unterbrochen, der ihn darauf hinwies, dass ihm, wie den anderen Angeklagten auch, nur eine kurze, abschließende Erklärung gestattet war. Heß machte dann einen Sprung ans Ende seines Konzepts, an dem er den Führer pries, las diese Passage vor und schwieg. Später dann, beim Mittagessen, hatte Heß eine heftige Auseinandersetzung mit Raeder über die Frage, ob ein Mensch so hypnotisiert werden könnte, dass er Verbrechen beging. Dann kehrte er in seine Zelle zurück und fing an zu tippen.[253]

Heß hatte am 16. Oktober 1946 eine maschinenschriftliche Fassung der gesamten Erklärung fertiggestellt, die er unterschrieb, und dann verfasste er noch ein Begleitschreiben, in dem er darum bat, diesen Text dem britischen Faschistenführer Oswald Mosley zur Übersetzung zuzusenden. Mosley, fügte er noch hinzu, werde für seine Arbeit gut bezahlt werden. Diese Erklärung (fast 50 mit einzeiligem Abstand getippte Seiten, die Heß' Unterschrift trugen) wurde von den amerikanischen Behörden abgefangen und anschließend, neben weiteren Dokumenten, vom Nürnberger Gefängnisdirektor Frederick C. Teich entwendet. Anfang der neunziger Jahre wurde sie im Nationalarchiv der USA wiederentdeckt. Heß' Biographen und die vielen Autoren, die über Nürnberg schrieben, verwendeten diesen Text nicht.[254] Er bietet keine neuen zeitgeschichtlichen Informationen – nur weitere Details zu Heß' Wahnvorstellungen. Aber er belegt, dass Heß dem Gang der Verhandlung in Nürnberg sehr aufmerksam folgte und dass er seine eigene, sehr verworrene Theorie zu der Frage hatte, warum die führenden Vertreter Deutschlands auf der Anklagebank saßen. Der Krieg, die Greueltaten, die Zerstörung, das Chaos, ja sogar seine eigenen chronischen Magenbeschwerden waren ausnahmslos das Werk der Juden, die über das geheimnisvolle Mittel verfügten, das Heß in Großbritannien entdeckt zu haben glaubte.

Der Krieg, hatte Heß in Nürnberg sagen wollen, war eine tragische Verkettung ursprünglich unbeabsichtigter Handlungen. Die nordischen Führer Großbritanniens und Deutschlands wollten ihn nicht, und dennoch zogen sie in den Krieg gegeneinander und bekämpften sich sechs Jahre lang. Auch die amerikanische Staatsführung wollte ihn nicht, doch selbst die Vereinigten Staaten traten in den Krieg ein und kämpften bis zum Schluss. So weitete sich Deutschlands berechtigter Kampf um den benötigten Lebensraum und dessen Verteidigung gegen den aggressiven Kommunismus zu einem allgemeinen Konflikt aus, der die rassisch wertvollsten Teile Europas vernichtete, während der jüdische Bolschewismus den Sieg davontrug. Und das war noch nicht alles. Die deutschen Greueltaten in den Konzentrationslagern (nach Heß' Auffassung waren die Zustände in den Lagern vor dem Krieg sehr human) seien insgeheim von den Juden gesteuert worden, damit die Leichen dann von den Siegern entdeckt würden, die die Greuel öffentlich bekannt machen, die Deutschen vor Gericht stellen und schließlich hinrichten würden, wobei sie zugleich sicherstellten, dass Deutschland niemals wieder aus der Asche auferstehen würde. Zur Ermordung mehrerer Millionen europäischer Juden hatte Heß Folgendes zu sagen:

»Die Juden haben mit Hilfe des [Geheim-] Mittels die Deutschen und Russen im besetzten Gebiet Polen veranlasst, die den Juden so verhassten antisemitischen Polen zu dezimieren. Bei der Stimmung der Deutschen gegen die Juden verwandelte sich dann aber diese Aktion allmählich zu einem Vernichtungsfeldzug gegen die polnischen Juden und schließlich gegen die Juden überhaupt – sehr gegen die Absicht der Juden. Nachdem diese die Kontrolle verloren hatten, bemühten sie sich, daraus wenigstens eine große Propaganda-Aktion gegen Deutschland entstehen zu lassen. Sie trieben es ins Extrem [...].«

Deshalb zogen nach Heß' Überzeugung die Juden den größten Vorteil aus der Zerstörung Deutschlands und dem Vormarsch des Bolschewismus, der hinter allem gesteckt und sogar von der Ermordung von Millionen eigener Landsleute profitiert hatte. Heß ging dann zum Crescendo über:

»Der Zweite Weltkrieg ist zu Ende. Die Nutznießer sind dabei, die Früchte zu ernten. Sie bemühen sich zugleich, ihre Schuld zu verdecken durch die Beschuldigung Anderer. *Ich klage die Verbrecher im Hintergrund an* [Hervorhebung im Original] im Namen der 20 Millionen Toten [sic!] zweier Weltkriege. [...] Ich klage sie an im Namen der Witwen und Waisen, im Namen der Mütter, die ihre Kinder verloren. Ich klage sie an im Namen derer, denen Heim und Habe vernichtet oder genommen wurde. Im Namen der Flüchtlinge, die aus der Heimat getrieben wurden. Im Namen der Verhungerten, der Erfrorenen, der kommunistischem Wahnsinn Erlegenen, im Namen der Opfer der Konzentrationslager. [...] Ich klage die Juden an im Namen der ganzen Menschheit. Die Völker mögen richten. Erst wenn sie gerichtet haben, kann wirklicher und langanhaltender Friede seinen Einzug halten in der gequälten Welt.«

Kein Wunder, dass Heß 1946 damit rechnete, gehängt zu werden. Die anderen Angeklagten distanzierten sich in ihrem Schlusswort von der Wahrheit, Heß dagegen wollte sie annehmen und dann auf den Kopf stellen. Er wäre mit Sicherheit der Erste gewesen, der die Stufen zum Galgen hinaufstieg, wenn ihn Lord Lawrence nicht unterbrochen hätte. Der Führer hatte alles verstanden und war völlig schuldlos. Die jüdische Verschwörung erstreckte sich sogar auf den Holocaust. Und jetzt, vier Jahrzehnte danach, wollte Heß dieselben Wahnideen als seine Abschiedserklärung an die Welt veröffentlicht sehen.[255]

Er hatte seine Gesinnung seit den zwanziger Jahren nicht geändert, und wäre seine Abschiedserklärung jemals bekanntgeworden, hätte sich der Kreis seiner Fürsprecher vielleicht auf seinen schwer zu ertragenden Sohn, seinen griesgrämigen Rechtsanwalt und eine kleine Runde verbohrter Spinner beschränkt. Leider wurde er zu einem scheinbar endlosen politischen Problem. Diesem makabren Ende können wir uns jetzt zuwenden.

Begräbnisse: Ein Epilog

> »Mit dem Tod des letzten Gefangenen hört das Gefängnis auf zu bestehen.«
> *Gesprächsvorlage der britischen Regierung 1982*

Am 17. August 1987 betrat Rudolf Heß um 14.30 Uhr während seines Spaziergangs ein kleines Gartenhaus innerhalb der Spandauer Gefängnismauern. Er hatte sich angewöhnt, dort an milden Nachmittagen die Zeitung zu lesen oder ein Nickerchen zu machen. Die Gefängnisordnung schrieb vor, dass der begleitende Wärter Heß nicht aus den Augen lassen durfte. Die diensthabenden sowjetischen Wärter beobachteten Heß daher durch die Fensterfront des Häuschens. Doch die Wärter der Alliierten hatten dem 93-Jährigen oft etwas Privatsphäre gelassen. Und am Nachmittag des 17. August war der diensthabende Wärter Anthony Jordan, ein Afroamerikaner, dessen Entlassung Heß aus rassistischen Gründen wiederholt gefordert hatte und der daher von seinen Vorgesetzten angewiesen worden war, dem mürrischen Heß mehr Freiheiten zu gewähren.[1] Jordan hatte dem alten Mann in letzter Zeit ein paar unbeobachtete Minuten im Gartenhaus gelassen.

Heß erkannte die Gelegenheit und handelte. Im Gartenhaus befand sich ein plastikummanteltes Verlängerungskabel, das Heß für die dortige Leselampe benutzt hatte. Das Kabelende mit dem Stecker war wie üblich an den Fenstergriff gebunden, der sich etwa 1,20 Meter über dem Boden befand. Heß schlang das andere Ende um den Hals, ließ sich mit dem Rücken an der Wand auf den Boden gleiten und strangulierte sich. Jordan fand ihn ein paar Minuten später. Er entfernte das Kabel, legte Heß mit einem Kissen unter dem Kopf auf den Boden und rief den Sanitätsdienst. Doch alle Versuche zur Wiederbelebung von Heß scheiterten. Um 15.12 kam der Rettungswagen und brachte Heß ins britische Militärkrankenhaus, wo er um 16.10 Uhr für tot erklärt wurde. In seiner Hosentasche wurde ein handschriftlicher Abschiedsbrief gefunden, den er auf die Rückseite eines Briefes seiner Schwiegertochter Andrea gekritzelt hatte, mit dem Vermerk: »Bitte an die Direktoren, dies heimzuschicken. Geschrieben ein paar Minuten vor meinem Tode.«[2]

Zwei Tage später, am 19. August, nahm der britische Pathologe J. Malcolm Cameron vom London Hospital Medical College in Anwesenheit von vier medizinischen Experten der vier Mächte eine Autopsie vor. Es wurden toxikologische Proben genommen und zur Untersuchung an ein Labor in London geschickt. Heß' Tod war auf Ersticken zurückzuführen, auf eine Kompression des Halses und auf Suspension (Erhängen). Die Male, die der Körper neben jenen aufwies, die das Lampenkabel verursacht hatte, deckten sich mit jenen, die bei einer Wiederbelebung entstanden.[3] Um 8 Uhr am nächsten Morgen folgten die vier Gefängnisdirektoren dem geschlossenen Militärtransporter mit Heß' Sarg zum Militärflughafen Gatow. Der Leichnam wurde in einer Hercules-Transportmaschine zu einem Landestreifen auf einem Truppenübungsplatz der Amerikaner bei Grafenwöhr in der Nähe von Nürnberg transportiert. Dort übergaben die Direktoren den Sarg offiziell an Wolf Rüdiger Heß, an Heß' Neffen Wieland Heß und an Alfred Seidl. »Nun«, sagte der amerikanische Gefängnisdirektor Darold Kean zu Wolf Rüdiger, »ich denke, damit ist die Angelegenheit abgeschlossen.« Zurück in Spandau untersuchte die britische Special Investigations Branch (SIB) den Tod von Heß. Ihr Bericht war am 11. September 1987 abgeschlossen. Todesursache war Herzversagen infolge von Ersticken, der Abschiedsbrief war echt, und Anthony Jordan wurde bescheinigt, dass er seinen Dienst korrekt erfüllt und sich an die üblichen Gefängnisgepflogenheiten gehalten hatte. 1985 hatten die Alliierten den sowjetischen Vorschlag zur Installation von Überwachungskameras und zur Unterteilung des Gefängnisses in abgeschlossene Sicherheitsbereiche abgelehnt. So war der am schwersten bewachte Häftlinge in seinen letzten Jahren nicht mehr ganz so streng bewacht worden, und Heß hatte das ausgenutzt und Selbstmord begangen.[4]

Die Familie Heß akzeptierte nie, dass Heß' Tod Selbstmord war. Am 19. August 1987 las Donald Keane Wolf Rüdiger den Abschiedsbrief am Telefon vor. Doch als Wolf Rüdiger am 20. den Leichnam in Empfang nahm, erklärten er und Seidl, an Heß' Tod sei etwas faul.[5] Am 21. August gab die Familie eine zweite Autopsie in Auftrag, die von dem deutschen Pathologen Dr. Wolfgang Spann am Institut für Rechtsmedizin der Universität München vorgenommen wurde. Spann, der den SIB-Bericht nicht kannte und über die näheren Umstände des Falls nichts wusste, kam zu dem Schluss, dass die Male am Hals von Heß nicht durch Erhängen, sondern Erwürgen zustande gekommen waren.[6] Das war alles, was der völlig verbitterte Wolf Rüdiger, Seidl und verschiedene andere Anhänger von Verschwörungstheorien benötigten. Mit Hilfe der *Bild*-Zeitung behaupteten Wolf Rüdiger und Seidl, der Tod habe etwas mit Geheimnissen im Zusammenhang mit Heß' Englandflug vor 46 Jahren zu tun, die die Briten vertuschen wollten. Wolf Rüdiger und Wieland posierten außerdem für ein makabres Foto neben dem offenen Sarg, das in der *Bild* abgedruckt wurde.[7] Die US-Vertretung in West-Berlin meldete sarkastisch: »Die Familie Heß ist seit der Übernahme des Leichnams in Grafenwöhr schwer beschäftigt.«[8]

Doch die Alliierten waren daran nicht ganz unschuldig. Sie hatten die ursprüngliche Mitteilung über den Tod von Heß vermasselt. Der sowjetische Gefängnisdirektor Oberstleutnant Gennadi Tschernik war zum Zeitpunkt von Heß' Selbstmord auf Urlaub in Sibirien, und sein Vertreter an jenem 17. August, der Chefwärter Kolodnikow, hatte keine Genehmigung, eine andere Mitteilung herauszugeben als die vorgefertigte Presseerklärung aus dem Jahr 1982, die allerdings von der Annahme ausging, dass Heß eines natürlichen Todes sterben würde. Kolodnikow drohte mit einem offiziellen Protest, wenn die anderen Direktoren gegen die Vereinbarung vom Oktober 1982 verstießen.[9] So wurde der Presse am Tag von Heß' Tod trotz der Befürchtungen der anderen Direktoren, sich zu blamieren, mitgeteilt, Heß sei »verstorben«, ohne weitere Kommentare, obwohl bereits Gerüchte über einen Selbstmord kursierten.[10] Erst am Abend des 18. August gab die britische Militärverwaltung mit dem Einverständnis der Sowjets bekannt, dass Heß mit einem Kabel um den Hals gefunden worden war.

Auf Beharren der Sowjets wurde jedoch der Abschiedsbrief nicht erwähnt.[11] Die Sowjets tobten, weil Keane Wolf Rüdiger den Brief vorgelesen hatte. Gemäß einer Anweisung aus Moskau legte Kolodnikow am 19. August offiziellen Protest bei den anderen Direktoren ein, Keane habe eigenmächtig gehandelt und gegen die Vereinbarungen der vier Mächte verstoßen. »Das alles«, erklärte Kolodnikow, »verursacht völlig unnötigen Aufruhr und Gerüchte im Zusammenhang mit dem Tod von Rudolf Heß [...] Das ist unsere feste Überzeugung.«[12] Die Sowjets waren zwar bereit, einen Handschriftenexperten hinzuziehen, der den Brief prüfen sollte (was am 25. August geschah), hätten es aber lieber gesehen, wenn alle Beweise für den Selbstmord unterdrückt worden wären und man stattdessen betont hätte, was Heß' Haft für die sowjetische Erinnerung an den Krieg bedeutet hatte. Wie die französische Botschaft in Moskau berichtete, hob die sowjetische Presse Heß' Beteiligung am Aufstieg der Nationalsozialisten hervor, seine Mitverantwortung für den Krieg gegen die Sowjetunion und sogar für die Todeslager. »Sein Name«, hieß es in der offiziellen Erklärung der Kommunistischen Partei der Sowjetunion, »wurde zum Synonym für Völkermord.«[13] Moskau wollte, dass sich die Welt an Heß wegen seiner NS-Verbrechen erinnerte, nicht wegen seiner Haft. Doch diese Hoffnung war schon vor Jahren zunichte gemacht worden. In London hatten sich aufgrund der unflexiblen Haltung Moskaus längst die Boulevardzeitungen des Falles angenommen – ein einsamer Gefangener, dessen Haft laut *Daily Express* »einer fortgesetzten seelischen Folter« gleichkam.[14]

SS-Veteranen durften in der britischen Presse Erklärungen abgeben wie: »Zuzulassen, dass ein ehrbarer, anständiger Mann so dahinvegetierte, ist eine Schande«,[15] doch der Gipfel der alliierten Inkompetenz, mit dem Erbe von Nürnberg umzugehen, wurde erst in den folgenden Tagen erreicht. Die Alliierten, argumentierte die bundesdeutsche Presse, hätten dazu beigetragen, die Behauptungen der Familie Heß zu stützen, er sei ein Märtyrer, weil sie ihn nicht freigelassen hätten, als er alt und senil geworden sei. Die Wärter hätten Heß – der schon mehrere Selbstmordversuche unternommen hatte – aus den Augen gelassen. Und schließlich liefere die anfängliche Unaufrichtigkeit der Alliierten eine geeignete Vorlage für die Anhänger von Verschwörungstheorien.

Es sei absolut unverständlich, erklärte die *Berliner Morgenpost,* warum die Öffentlichkeit nicht nach 24 Stunden genau über den Tod von Rudolf Heß informiert worden sei. [...] Es lasse sich nicht ausschließen, dass alte und junge Nationalsozialisten, so klein ihre Zahl auch sein möge, Gerüchte und Legenden verbreiteten, die Heß zum Märtyrer oder gar zum Helden machten.[16]

Die Alliierten versuchten den Schaden so gut es ging zu begrenzen, ohne sich auf eine direkte Auseinandersetzung mit der Familie Heß einzulassen. Am 18. August hatte Keane darauf bestanden, der Familie eine Kopie des Abschiedsbriefs zu übermitteln, weil das Heß' letzter Wunsch gewesen und der Brief das wichtigste Beweisstück dafür war, dass Heß sich das Leben genommen hatte. Am 20. und 21. August beharrten der britische Gefängnisdirektor Tony le Tissier und der französische Direktor Michel Planet weiter darauf, der Familie eine Kopie zu schicken, »um Zweifel über die Authentizität der Selbstmordabsichten des Häftlings zu beseitigen«. Weil der Abschiedsbrief nicht auf dem offiziellen, mit einem Stempel versehenen Papier geschrieben war, das Heß für Briefe zur Verfügung stand, hatten die Sowjets am 18. August gefordert, das Schreiben zu vernichten, und ihre Forderung am 25. noch einmal bekräftigt.[17] Die Briten entdeckten erst am 28. August, dass die Person »Freiburg«, der Heß im Abschiedsbrief sein Bedauern ausdrückte, Hildegard Fath war, seine letzte Sekretärin, doch die Möglichkeit, damit die Familie in Verlegenheit zu bringen, beunruhigte die Amerikaner zu dem Zeitpunkt nicht:[18]

Indem die Familie Heß gegen die Vereinbarung verstieß, Heß nach der Überführung des Leichnams in aller Stille zu beerdigen, indem sie den Text aus dem Abschiedsbrief in verzerrter Form weitergab, sie Beschuldigungen wegen Mordes und Dienstvergehen erhob und die Angelegenheit über die Springer-Presse in geschmackloser Weise ausbeutete, hat sie gezeigt, dass es seitens der Alliierten keinen Anlass gibt, bei weiteren Maßnahmen Rücksicht auf ihre Gefühle zu nehmen.[19]

Tschernik erklärte sich erst am 15. September, also fast einen Monat nach dem Selbstmord, einverstanden, der Familie den Brief zukommen zu lassen, und auch nur, weil Keane die Katze bereits aus dem Sack gelassen hatte. Doch selbst der Brief konnte Wolf Rüdiger nicht davon überzeugen, dass der Tod seines Vaters tatsächlich ein Selbstmord war.[20]

Die schwelende Kontroverse um die Todesumstände machte ein normales Begräbnis trotz der Vereinbarung von 1982 unmöglich. Am Abend von Heß' Tod erschienen nur etwa 300 Personen (darunter auch einige Skinheads mit Blumen) vor dem Gefängnis und sangen im Fackelschein nationalistische deutsche Lieder.[21] Doch aufgrund des wachsenden öffentlichen Interesses kam es zu weiteren Zwischenfällen. Anthony Jordan erhielt in West-Berlin Todesdrohungen. Neonazis attackierten amerikanische Lastwagen in Frankfurt. 84 Personen wurden an der

Grabstätte der Familie Heß im bayerischen Städtchen Wunsiedel verhaftet. Es waren Gedenkmärsche zur »Ermordung« von Heß geplant.[22] Die Behörden in Wunsiedel fürchteten, dass Neonazis die Stadt überrennen würden, die nun trotz aller entgegengesetzten Bemühungen vor allem als letzte Ruhestätte von Rudolf Heß bekannt werden würde. Dazu kam noch, dass Wolf Rüdiger am 23. August einen Herzinfarkt erlitt. Das Begräbnis musste woanders stattfinden. Und so spielten die bundesdeutschen Behörden am Abend des 23. August mit dem Leichnam von Heß das gleiche Versteckspiel, das die Alliierten Anfang der fünfziger Jahre für von Neurath geplant hatten. Mehrere Leichenwagen verließen das Institut für Rechtsmedizin in München, um die Presse irrezuführen, dann wurde der Sarg mit den sterblichen Überresten in einem normalen Kleinbus an einen geheimen Ort gebracht. Die Beerdigung fand in Anwesenheit von Heß' Schwiegertochter Andrea um Mitternacht statt. Fast acht Monate später wurde der Leichnam exhumiert, mit Polizeieskorte abtransportiert und in einer stillen Zeremonie im Familiengrab in Wunsiedel erneut beigesetzt.[23] Auf dem Grabstein steht »Ich hab's gewagt«, ein Zitat des protestantischen Ritters und Humanisten Ulrich von Hutten aus dem Jahr 1521, das nun Heß' Englandflug von 1941 und seine angebliche Rolle als Kämpfer für den europäischen Frieden adeln sollte.[24]

Wolf Rüdiger widmete den Rest seines Lebens (er starb 2001) der Glorifizierung seines Vaters und veröffentlichte dazu immer seltsamere Bücher. 1987 brachte er eine Sammlung mit den Briefen seines Vaters von 1908 bis 1933 heraus.[25] 1989 erschien ein Buch über den »Mord« an seinem Vater durch den britischen Geheimdienst.[26] Bernard Levin von der *Times,* der dafür plädiert hatte, Heß aus humanitären Gründen freizulassen, konnte nur den Kopf schütteln und erklären: »Der Apfel fällt nicht weit vom Stamm.«[27] Wolf Rüdigers Vermächtnis besteht heute aus dem jährlichen Aufmarsch der Neonazis im August in Wunsiedel, der im Jahr 2004 immerhin 3.800 Personen umfasste. Wenn der alljährliche Marsch den Einwohnern Wunsiedels peinlich ist (2005 gelang es ihnen, die Versammlung zu verbieten), gibt es vielleicht einen Trost für sie: Genau das hatten die Alliierten und die Sowjets eigentlich vermeiden wollen.

Heß' Beerdigung blieb 1987 nicht die einzige. Das Spandauer Gefängnis sollte ebenfalls unter die Erde kommen. Über das Schicksal des Gebäudes war bereits Anfang der sechziger Jahre diskutiert worden, als man dachte, Heß würde zusammen mit Speer und von Schirach entlassen. Damals sollte die Stadt West-Berlin das Gefängnisgrundstück zur eigenen Verwendung erhalten. Doch Ende der siebziger Jahre, als Heß bereits einige Zeit der einzige Häftling war, hatte sich der Charakter des Gefängnisses verändert. Äußerlich war es schon seit Jahren dem Verfall preisgegeben. In einem britischen Bericht hieß es dazu: »Das Hauptgebäude ist stark renovierungsbedürftig, während die Außengebäude praktisch Ruinen sind.« Wichtiger war jedoch die Überlegung, dass das Gefängnis zur Pilgerstätte für Neonazis werden könnte. Die West-Berliner regierenden Bürgermeister teilten diese Bedenken. Dietrich Stobbe, der vermeiden wollte, dass das Gefängnis ein Museum oder eine Touristenattraktion wurde, hatte gegenüber den alliierten Behörden in West-Berlin inoffiziell erwähnt, dass er den gesamten Komplex am liebsten abreißen würde. Im April 1981 wiederholte Stobbes Nachfolger Hans-Jochen Vogel, dass Spandau nach dem Tod von Heß so schnell wie möglich abgerissen werden sollte. Die US-Vertretung in West-Berlin meldete, der Bürgermeister sehe »nichts Gutes, tatsächlich sogar nur Schlechtes, was aus einer langwierigen Debatte über die Zukunft des Spandauer Gefängnisses hervorgehen könne«.[28] Die Alliierten waren der gleichen Ansicht: »Das Gefängnis könnte zwar als dauerhafte Erinnerung an den Nürnberger Prozess und damit den Nationalsozialismus allgemein dienen, es könnte aber auch zum Zentrum für wiederauflebende neonazistische Empfindungen werden.«[29]

Vor 1982 gab es aufgrund mehrerer beiläufiger sowjetischer Kommentare Befürchtungen, die Sowjets könnten das Gefängnis vielleicht als eine Art Denkmal unter der Verwaltung der vier Mächte erhalten wollen. Ein sowjetischer Oberst namens Grischel meinte 1970 bei einer Besprechung in Potsdam gegenüber den britischen Behörden, Spandau könne für Kriegsverbrecher genutzt werden, deren Bestrafung noch ausstehe, oder aber als Denkmal und Warnung für zukünftige Kriegsverbrecher dienen.[30] Im April 1978 erklärte Abrassimow der westlichen Presse, über das Schicksal Spandaus werde von den vier Mächten nach dem Tod von Heß entschieden. Die Franzosen lasen daraus: »Die Sowjets [...] wollen Spandau auf unbegrenzte Zeit als Einrichtung der vier Mächte erhalten.«[31] Die Alliierten mussten sich damals empfänglich für die sowjetischen Wünsche zeigen, weil sie versuchten, die Vereinbarung zur Einäscherung von 1970 zu ändern, die eine unbegrenzte sowjetische Präsenz in Spandau zur Bewachung von Heß' Grab erfordert hätte.[32] Die Briten hatten jedoch bemerkt, dass es »wahrscheinlich eine Auseinandersetzung mit den Russen über den Abriss des Gefängnisgebäudes und die Zukunft des Geländes geben wird [...] Sie schätzen ihre derzeitige Präsenz im westlichen Sektor Berlins, und die regelmäßige Wache beim Spandauer Gefängnis stellt dabei ein wichtiges und auffälliges Element dar«.[33] Tatsächlich hatten die Sowjets keinen rechtlichen Anspruch, weiter in Spandau zu bleiben. Nach allem, was man sagen konnte, war die britische Regierung berechtigt, frei über das Gefängnis zu verfügen, und konnte es daher an die West-Berliner Behörden zurückgeben.[34] Die Kontrollratsdirektive Nummer 35 räumte den Sowjets nach dem Tod oder der Entlassung des letzten Häftlings keine weiteren Rechte am Gefängnis ein. Die Alliierten waren höchstens zu einer kleinen Erinnerungstafel bereit, die anzeigte, wo das Gefängnis gestanden hatte, doch wie die Amerikaner sagten, stand eine »permanente oder semipermanente Präsenz der vier Mächte in Spandau völlig außer Frage«.[35] Das Gefängnis, darin waren sich alle drei westlichen Alliierten einig, sollte zerstört werden, am besten sollten es die Briten unter ihrer Militärhoheit abreißen lassen, um der West-Berliner Regierung Peinlichkeiten zu ersparen.[36]

Als die Sowjets die Angelegenheit in Verbindung mit dem späteren Spandauer Protokoll abwogen, wurde ihnen offensichtlich klar, dass sie keine ständigen Rechte in Spandau besaßen. In der sowjetischen Botschaft bemerkte Kosobrodow dazu: »Der sowjetische Wunsch [...] wäre, dass das Spandauer Gefängnis keine Gedenkstätte oder Pilgerstätte oder etwas derartiges wird, das an das nationalsozialistische Deutschland erinnert.« Moskau erhob keine Ansprüche auf eine fortgesetzte Präsenz nach dem Tod von Heß, stellte aber fest, dass man es gerne sähe, wenn das Gefängnis vor der Rückgabe des Geländes an die West-Berliner Stadtverwaltung abgerissen werden würde.[37] Die alliierten Unterhändler waren zufrieden. Doch bevor sie das Protokoll unterzeichneten, besprachen sie das weitere Schicksal des Gefängnisses mit Richard von Weizsäcker, dem damaligen regierenden Bürgermeister. Von Weizsäcker war zwar empört, dass Heß immer noch in Haft war, stimmte aber dennoch zu, es sei am besten, wenn die Briten das Gefängnis so schnell wie möglich abreißen und durch ein profanes Gebäude ersetzen würden. Das sei, so sagte er Francis MacGinnis, »das geringste Übel«. Er fügte die Spitze hinzu, der Abriss sei »ein Kommentar zu den vergangenen Maßnahmen der vier Mächte, ein Zeichen ihres schlechten Gewissens«.[38] Mit von Weizsäckers Zustimmung nahmen die Alliierten Vorkehrungen für den Abriss des Gefängnisses durch ein deutsches Unternehmen in das Protokoll vom Oktober 1982 auf. Diese Bestimmung sollte eigentlich geheim bleiben, sickerte aber schon bald an die Presse durch.[39] 1984 hoffte man in Moskau, etwas von Spandau in einem sowjetischen Dokumentarfilm zu erhalten, doch die Alliierten lehnten die Anfrage ab, weil sie die sowjetische Propaganda gegen den Revanchismus in der Bundesrepublik fürchteten. Außerdem hatten die Sowjets früher auch keine westlichen Kameras erlaubt.[40]

Nach dem Selbstmord von Heß gestaltete sich der Abriss Spandaus zunächst schwierig. Wegen der sicherheitsfixierten Sowjets hatten es die britischen Behörden in den achtziger Jahren nicht geschafft, ein deutsches Abrissunternehmen zu beauftragen, dass das Gelände vor Heß' Tod begutachtete.[41] Nach dem Selbstmord übernahmen die Briten die Verwaltung des Gefängnisses von den Amerikanern (offiziell am 24. August), doch das Gartenhaus und ein Großteil des Geländes mussten den Ermittlungen der SIB zur Verfügung stehen. Seidl bestand darauf, das Gartenhaus persönlich zu inspizieren, und wollte es erhalten lassen. Die britischen und deutschen Behörden wurden mit Briefen bombardiert, in denen sich Bürger dafür einsetzten, das Gefängnis nicht abzureißen. Viele Aufrufe zur Erhaltung kamen von Spinnern, es gab jedoch auch Denkmalschützer, die in Spandau ein Beispiel für die preußische Militärarchitektur sahen und das Gebäude (mit dieser dubiosen Begründung) erhalten wollten.[42] Selbst der Senat bat aufgrund des historischen Werts um eine fotografische Bestandsaufnahme des Gebäudeinnern (was die Briten genehmigten) und hätte gern den Altar, die Kanzel und die Orgel aus der Gefängniskapelle bewahrt (was von den Briten abgelehnt wurde).[43]

Der Senat erklärte öffentlich, es sei Sache der Alliierten, über das Schicksal des Gefängnisses zu entscheiden. Eine Kontroverse über den Abriss des Gefängnisses würde dem Ansehen der Stadt im In- und Ausland schaden.[44] Unter Ausschluss der Öffentlichkeit beklagte sich der regierende Bürgermeister Eberhard Diepgen bei den Alliierten, er stehe unter zunehmendem Druck, sich für den Erhalt des Gefängnisses einzusetzen, daher sollten die Alliierten den Komplex trotz der laufenden Ermittlungen so bald wie möglich abreißen lassen. Dem amerikanischen Gesandten Harry Gilmore sagte er am 24. August, es sei wichtig, schnell zu handeln, bevor es zu einer öffentlichen Debatte komme.[45] Und am 1. September konstatierten die Briten: »Wir stehen unter dem starken und anhaltenden Druck des Senats, unverzüglich mit den Abrissarbeiten zu beginnen [...] je länger wir warten, desto schwieriger wird sich die Situation entwickeln«, da der Druck auf Diepgen und den Senat, sich für den Erhalt einzusetzen, täglich steige.[46]

Das Gartenhaus, wo Heß sich stranguliert hatte, war das dringlichste Problem. Nach Heß' Selbstmord wurde es bewacht, damit sich das Gefängnispersonal nicht als Souvenirjäger betätigte, dann wurde es abgerissen, und die Überreste wurden zusammen mit dem Verlängerungskabel und Heß' Gehstock am 18. September verbrannt. Zuvor wurde alles ausführlich fotografisch dokumentiert. Die Briten waren mit der Entscheidung nicht völlig zufrieden, erklärten aber: »Jeder, der sich weigert, dem SIB-Bericht zu glauben [...] würde, selbst wenn wir ihm das Häuschen zeigen würden, auch glauben, dass wir es eigens hergerichtet hätten, um unsere Version der Fakten zu stützen.«[47] Von 23 Uhr am 23. August bis um 6 Uhr morgens am 24. August sicherten die britischen Royal Engineers den Gefängniskomplex mit einem 2 Meter hohen Zaun. Bis Ende August war das Hauptgebäude komplett geräumt.[48] Selbst der britische Gefängnisdirektor Le Tissier zog sich Jeans an und half begeistert mit, die alten Möbel die Treppe des Hauptgebäudes hinunterzustoßen. Die Kirchenorgel und die Bänke wurden durch die Fenster der provisorischen Kapelle geworfen und zerschmetterten auf dem gepflasterten Hof.[49] Lastwagen transportierten Schrott und Abrissholz zum Militärflughafen Gatow, wo alles mit anderem Abrissmaterial gemischt wurde, damit es »nicht mehr mit dem Gefängnis zu identifizieren ist, bevor es an den zivilen Sektor geht«.[50]

Heß Besitz aus der NS-Zeit, vor allem seine lederne Fliegerkombi und die fellgefütterten Stiefel, mit denen er nach Schottland geflogen war (nicht aber die Fliegerjacke und der Helm), wurden ebenfalls verbrannt. Fünfzehn Kartons mit seinem persönlichen Besitz (Tausende Briefe, Bücher und Familienfotos) wurden der Familie geschickt, zuvor hatten die Wärter jedoch auf Tscherniks Anweisung mit Toilettenreiniger die Stempelfarbe des Spandauer Gefängnisstempels aus jedem Buch und von der Rückseite jedes Dokuments und Fotos entfernen müssen.[51] Am

25. September übergab Le Tissier persönlich das Original von Heß' Abschiedsbrief an Andrea Heß und Seidl.[52]

Nach Überprüfung der Angebote beauftragten die Briten das deutsche Unternehmen Hafermeister mit dem Abriss. Die Ausschreibung enthielt die Vorgabe, dass die Firma alles unternehmen müsse, um ihre Mitarbeiter davon abzuhalten, Souvenirs mitgehen zu lassen. Noch bevor die Auftragsvergabe bekannt gegeben wurde, erhielt die Firma Drohungen. Aufgrund der SIB-Ermittlungen verzögerte sich der Abriss weiter. Diepgen drängte nun, man solle deutlich machen, dass das Gefängnis abgerissen werde, daher ließ Le Tissier bereits am 2. September 100 Soldaten der Royal Military Engineers (in blauen Overalls als deutsche Bauarbeiter verkleidet) anrücken, die mit der Axt dem Dach des Gebäudes zuleibe rückten. Die Soldaten ließen es sich nicht nehmen, Erinnerungsfotos zu machen.[53] Der eigentliche Abriss begann am 21. September, als mit einer Abrissbirne der Zellenblock der Spandauer Häftlinge demoliert wurde. Ein Lastwagen nach dem anderen transportierte den Schutt aus Spandau zum Militärflughafen Gatow. Dort wurde alles in ein großes Loch gekippt, das dann aufgefüllt und mit Gras und Bäumen bepflanzt wurde.[54] So folgte das 110 Jahre alte Gefängnis seinen Insassen und wurde begraben. Die letzte Sitzung der Gefängnisdirektoren, die 2102., fand am 5. Januar 1988 statt, 41 Jahre und vier Monate nach der Urteilsverkündung von Nürnberg. Am 11. Januar wurden die Originalunterlagen, nachdem sie zuvor auf Mikrofilm kopiert worden waren, in Anwesenheit der Direktoren verbrannt. Und am Freitag, den 15. Januar um 16 Uhr, fast fünf Monate nach dem Selbstmord von Heß, löste sich das Gefängnisdirektorium offiziell auf.[55] Das Anschlusskapitel an den Nürnberger Prozess war damit abgeschlossen.

Nicht einmal ein Jahr nach dem Abriss begannen die Briten mit dem Bau eines Einkaufs- und Freizeitzentrums für ihre Soldaten auf dem Gelände des Spandauer Gefängnisses. Das Britannia Center wurde im September 1990 eröffnet und von den Briten dreieinhalb Jahre genutzt. Nach der deutschen Wiedervereinigung und dem Ende der Viermächteverwaltung in Berlin ging der Komplex an die Berliner zurück, die daraus ein Einkaufszentrum mit Parkplatz machten, das auch heute noch existiert.[56]

Was hat all das bedeutet? Trug die Haft der in Nürnberg verurteilten Männer zur Bedeutung des Prozesses und der Urteile bei? Oder sorgten die mühsame Verwaltung des Gefängnisses durch die vier Mächte, seine Position an der Nahtstelle zwischen Ost und West im Kalten Krieg, die langen Haftstrafen der prominenten Insassen und die zunehmende politische Debatte über die Häftlinge selbst dafür, dass Nürnberg darüber in den Hintergrund geriet?

Weil die Sowjets von 1917 bis 1991 in fast allen Punkten falsch lagen, kann man sich nur schwer vorstellen, dass sie irgendwo Recht hatten. Aber vielleicht lag Andrej Wyschinski gar nicht mal so falsch, als er im November 1945 sein Wodkaglas auf die Nürnberger Richter und Ankläger erhob und einen Trinkspruch auf die Hinrichtung der Männer ausbrachte, die erst noch verurteilt werden mussten. Vielleicht hätten alle Angeklagten von Nürnberg hingerichtet werden sollen. Gitta Sereny schrieb anlässlich von Speers Tod 1981: »Als er starb, fand ich es gut und richtig und, so makaber das klingen mag, überfällig. Das Schicksal hatte ihm noch 35 Jahre nach dem Nürnberger Prozess gewährt, bei dem er eigentlich hätte zum Tode verurteilt werden müssen, so wie andere, deren Schuld vielleicht geringer war als seine.«[57] Es ist möglich, dass sich Speer vor seinem Tod seine ungeheure Schuld eingestand – es ist aber auch möglich, dass er das nicht tat. Auf jeden Fall verschwieg er das Schlimmste in seinen Büchern, die er nach seiner Entlassung schrieb und die zu Bestsellern wurden. Dass er der Wahrheit so lange auswich, ist für Historiker von großem akademischem Interesse, gleichzeitig verschleierte er aber das Thema mehr als nötig.

Dabei ging Speer von den Nürnberger Angeklagten noch am subtilsten vor. Raeder und Dönitz versuchten sich mit ihren eigenen Memoiren zu entlasten und zu rehabilitieren und hatten bei ihren Anhängern auch Erfolg. Raeder musste nach seiner Entlassung aus dem Gefängnis Ehrungen aus Kiel und anderswo ablehnen. Dönitz erhielt ein Heldenbegräbnis, als er ein Jahr vor Speer starb. Bei von Neuraths Rückkehr in sein Heimatdorf in Baden-Württemberg läuteten die Glocken. Und obwohl zu Ehren Hermann Görings keine Statuen errichtet wurden, wie es der ehemalige Reichsmarschall in Nürnberg prophezeit hatte, wird Rudolf Heß', der neben ihm in Nürnberg auf der Anklagebank saß, alljährlich in der Stadt, wo er begraben liegt, mit einem Aufmarsch gedacht, der jedes Jahr mehr Leute anzieht (und mehr Leute abstößt). Die Kriegsverbrecher, die in Nürnberg gehängt und deren Asche in die Isar gestreut wurde, werden nicht so geehrt.

Andererseits hätte die Hinrichtung jedes schuldigen Angeklagten von der Bedeutung dieses historischen Prozesses abgelenkt. Schon am juristischen Verfahren gab es an Nürnberg einiges zu kritisieren. Das Beharren der Sowjets nach dem 1. Oktober 1946, dass alle Angeklagten gehängt werden sollten, basierte auf einer politischen Kultur, die nicht gerade für ehrliche Gerichtsverfahren berühmt war. Ein pauschales Todesurteil für alle hätte einen bitteren Nachgeschmack von Siegerjustiz hinterlassen und wie die sowjetischen Kriegsverbrecherprozesse den Eindruck erweckt, dass es in Nürnberg mehr um Rache als um Gerechtigkeit und Wahrheit ging. Obwohl die Art und Weise, wie die Nürnberger Richter zu ihren Urteilen kamen, Mängel aufwies, fielen die Urteile im positiven Sinne ganz unterschiedlich aus. Und die Haftstrafen mussten, nachdem sie im Oktober 1946 verkündet worden waren, auch verbüßt werden.

Allerdings kann man sich nur schwer ein komplizierteres Arrangement als Spandau vorstellen. Es war klar, dass die Täter, die von den vier Mächten verurteilt worden waren, auch in Gewahrsam aller vier bleiben mussten, doch der Standort des Gefängnisses war ohne Rücksicht darauf gewählt worden, dass diese Entscheidung vier Jahrzehnte lang Bestand haben würde. Der Zusammenbruch der Viermächteverwaltung in Deutschland und das Beharren der Alliierten, dass die Berliner Stadtverwaltung für den Unterhalt des Gefängnisses aufkommen musste, hatten zur Folge, dass das Gefängnis nicht verlegt werden konnte. Die Gefängnisordnung von 1947, ein Kompromiss zwischen sowjetischer Verbitterung und der Erkenntnis der Briten, dass eine Strafe immer auch auf den Strafenden zurückfällt, gab Anlass zu ständigen Reibereien – selbst nach dem Tod des letzten Häftlings. Die Vorschriften für Besuche, Briefe, Mahlzeiten und zur Geheimhaltung waren zwar für ein Gefängnis mit hochrangigen Häftlingen nachvollziehbar, trugen aber auch zum geheimnisvollen Nimbus bei, so dass Spandau immer mehr zu einem Ort des Schreckens wurde, obwohl es eigentlich ein banales Gefängnis mit gewöhnlichen Männern war, die ein banales Leben führten.

Die strengen Sicherheitsvorkehrungen in Spandau sollten dafür sorgen, dass die Häftlinge in Vergessenheit gerieten. Doch prominente Nationalsozialisten, die im wichtigsten Prozess der Geschichte verurteilt worden waren, gerieten nicht so einfach in Vergessenheit. Immer wieder gab es, auch aufgrund der Sensationslust der Medien, Sicherheitslecks. Ein besonders komisches Beispiel stammt vom August 1986, als zwei nicht besonders intelligente britische Wärter die Kleiderkammer aufbrachen und aus dem Safe die Fliegerjacke von Heß und seinen Helm stahlen, außerdem zwei Gebisse, sein Zigarettenetui, seine Taschenuhr und seinen Siegelring. Die beiden wurden 1988 verhaftet, als sie versuchten, die Sachen für 500.000 D-Mark an Wolf Rüdiger Heß zu verkaufen. Die Gegenstände, die eigentlich zusammen mit Heß' übrigen Habseligkeiten zerstört werden sollten, gingen an seine Familie.[58] Doch es gab auch schwerwiegendere Vorfälle. Wärter, Pfleger und sogar Wachen verdienten sich etwas dazu, indem sie heimlich fotografierten und die Bilder an Zeitschriften wie *Revue, Quick, Stern, Bunte* und an die *Berliner Zeitung* verkauften.[59] Der amerikanische Gefängnisdirektor Eugene Bird stahl Dokumente, Tonbandaufnahmen und Fotos aus dem Gefängnis, schrieb mit dem Material ein Buch und setzte sich dann öffentlich für Heß ein. Einige Häftlinge verfügten über geheime Kanäle über die Wärter, Sanitäter oder Pfarrer, die Nachrichten für sie nach draußen schmuggelten. Speer kommunizierte besonders fleißig – über die geheimen Kanäle dirigierte er die Bemühungen um seine Entlassung und seine Rehabilitierung. Funk und Dönitz hatten Kontakt zu ihren Frauen; von Neurath benutzte bei Bedarf Speers Kommunikationsnetz. Selbst Heß schmuggelte über Pastor Gabel Informationen aus dem Gefängnis und ins Gefängnis. Die Sicherheitsvorkehrungen reichten nie aus, um das Gefängnis hermetisch abzuriegeln. Es wundert nicht, dass sich Tschernik 1985 bei Planet beklagte, es sei wirklich »zu schade, dass das Gefängnis nicht in Ost-Berlin liegt«.[60]

Stets jedoch waren die Sicherheitsbestimmungen so streng, dass die Anwälte der Häftlinge argumentierten, die Bestrafung sei politisch motiviert. Wie Winifred von Mackensen bereits 1950 mit den Klagen über die Behandlung ihres Vaters zeigte, konnte selbst ein nicht sonderlich helles Licht das Gefängnis in den gleißenden Schein der Öffentlichkeit rücken. Alle Familien waren empört, dass sie die Häftlinge nicht so oft besuchen durften, wie sie wollten; sie durften keine längeren Briefe schreiben und erhalten, konnten bei Besuchen nicht frei sprechen, durften keine Lebensmittel mitbringen, waren bei Besuchen nicht ungestört und durften sich auch durch das Trenngitter nicht berühren. Diese Einschränkungen, die von den Ehefrauen wie etwa Erika Raeder in den düstersten Farben geschildert wurden, waren für die Boulevardzeitungen der Bundesrepublik ein gefundenes Fressen. Viele Deutsche empfanden im Lauf der Zeit Mitleid für die Häftlinge, die dadurch zunehmend zu einer politischen Belastung für die westlichen Alliierten wurden.

Nichts illustriert das besser als die Diskussionen über den Tod der Häftlinge. Die Alliierten und die Sowjets fürchteten, dass die Gefangenen nach ihrem Tod zu Märtyrern würden. Doch die Viermächteregelungen von 1947 und 1954, die der Entstehung von Pilgerstätten eigentlich einen Riegel vorschieben sollten, erhöhten das Risiko nur. Wenn die sterblichen Überreste von Neuraths und Raeders, wie 1947 vorgesehen, eingeäschert worden wären, hätten die Deutschen in der Bundesrepublik ihren neuen Verbündeten womöglich nie vergeben. Wenn es wirklich einen grotesken Spandauer Friedhof gegeben hätte, wären die Toten eines Tages feierlich umgebettet worden. Zum Glück erkannten die Alliierten und die Sowjets das Problem und entließen von Neurath, Raeder und Funk vorzeitig, damit sie, wie man hoffte, in aller Stille sterben konnten. Bei Heß zeigten sich die Sowjets nicht so großzügig und argumentierten, er verdiene keine vorzeitige Entlassung. Vielleicht hatten sie Recht. Doch es birgt eine ganz besondere Ironie, dass die detaillierten Vorkehrungen für seinen Tod, über die intensiv verhandelt wurde, um zu verhindern, dass Hitlers ehemaliger Stellvertreter zum Märtyrer wurde, völlig wirkungslos waren.

Spandau, wo sich sowohl die Gegner des Kalten Krieges als auch bittere Kriegserinnerungen begegneten, war von Anfang an Spielball der Ost-West-Politik. Die westlichen Alliierten hatten von dem Arrangement in Spandau eigentlich schon von Anfang an genug. Aber da die Sicherheit West-Berlins auf dem Funktionieren der Viermächteregelungen basierte, konnten es die westlichen Alliierten nicht riskieren, die Häftlinge ohne sowjetische Zustimmung in ein anderes Gefängnis im Westen zu verlegen. Und die Sowjets, deren Herrschaft in Osteuropa auch durch den Nürnberger Prozess legitimiert wurde, waren nie bereit, die Häftlinge aus ihrem Einflussbereich zu entlassen, weil sie fürchteten, sie könnten auf freien Fuß gesetzt und womöglich als Helden gefeiert werden. In gewisser Weise hatte die sowjetische

Unnachgiebigkeit auch etwas Gutes. Auf Druck aus Bonn leerten die Westmächte ab 1949 nach und nach ihre Gefängnisse. Die meisten Häftlinge im Westen verbüßten nur einen Bruchteil ihrer Haftstrafen, und viele wie die Generalfeldmarschälle Erich von Manstein und Albert Kesselring machten sich sofort daran, ihr angeschlagenes Ansehen zu reparieren. Zumindest sorgte die Sturheit der Sowjets dafür, dass die Spandauer Häftlinge ihre verdiente Strafe absaßen.

Allerdings hätten die Sowjets nie erwarten dürfen, dass die Urteile, die sie bei ihren Kriegsverbrecherprozessen verhängten, vom Westen ernstgenommen wurden. Zum einen konnten die Sowjets nie eine moralische Überlegenheit für sich beanspruchen. Sie begingen die Dummheit, Verbrechen, die sie selbst begangen hatten, in die Anklage von Nürnberg aufzunehmen. Zehn Jahre nach dem Krieg waren in der Sowjetunion noch fast Zehntausend deutsche Kriegsgefangene interniert, die in fragwürdigen Prozessen verurteilt worden waren. Verbrecher wie Einsatzgruppenführer Friedrich Panzinger und Hitlers letzter Oberbefehlshaber des Heeres Ferdinand Schörner wurden dagegen freigelassen, um als Spione und Agents provocateurs in der Bundesrepublik zu arbeiten. Die Sowjetunion war auch bereit, die Spandauer Häftlinge dem Westen im Austausch für ein geeintes Berlin unter der Herrschaft der DDR zu überlassen, wenn ein derartiges Arrangement zustande gekommen wäre. Aber vor allem basierte das Regime der Sowjetunion auf Terror und hatte eine eigene blutige Vergangenheit; sowjetische Gewehre, Panzer und Raketen waren auf die Bundesrepublik gerichtet, und mehr als einmal war die Sicherheit von über zwei Millionen Deutschen in West-Berlin durch die Sowjets bedroht. Das Beharren Moskaus, die Hauptkriegsverbrecher müssten ihre Haftstrafen komplett verbüßen, konnte nie anders als hohl klingen, ob die fraglichen Gefangenen ihre Strafen nun verdienten oder nicht. Und im Lauf der Zeit klangen die Schuldzuweisungen immer hohler. Konrad Adenauer unternahm angesichts der Berlinkrise 1958 und im Gefolge des Eichmann-Prozesses von 1961 zwar nichts für Speers Freilassung, doch am Ende forderte selbst Richard von Weizsäcker die Begnadigung von Heß.

Traurigerweise waren auch die westlichen Alliierten nicht immun gegen Rachegelüste. Vielleicht hatte es Karl Dönitz verdient, über zehn Jahre im Gefängnis zu sitzen. Doch er war nun einmal zu zehn Jahren verurteilt worden, und die Weigerung Londons, seine 18-monatige Haft vor dem Prozess auf die Gesamtstrafe anzurechnen, hatte einen unangenehmen Beigeschmack und ließ den Verdacht aufkommen, dass hier nach politischen und nicht juristischen Kriterien geurteilt wurde. Die Sargträger bei Dönitz' Beerdigung im Januar 1961 hatten das bestimmt nicht vergessen.

Welche Bedeutung hat Spandau dann? Spandau bedeutet, dass die Mitglieder der Führung eines Landes, unabhängig von ihrer tatsächlichen Schuld und den Bemühungen ihrer internationalen Richter, ihnen angemessen den Prozess zu machen, immer politische Figuren sind. Wenn sie nicht hingerichtet werden, dann werden sie für die Dauer ihrer Haftstrafe und vielleicht auch darüber hinaus zum politischen Problem. Prozesse dauern nicht ewig, Haftstrafen dagegen sind lang. Die Zeit wird zeigen, ob die angenehmeren Haftbedingungen, unter denen zeitgenössische Kriegsverbrecher ihre Strafen absitzen, die Probleme, die in Spandau aufgeworfen wurden, lösen werden. Das bombastische Begräbnis für Slobodan Milošević 2006 lässt dafür allerdings wenig Hoffnung. Mit der Verantwortung, berüchtigte internationale Kriegsverbrecher zu bestrafen, übernimmt die internationale Gemeinschaft eine Aufgabe unbekannten Ausmaßes, weil die Beweise gegen die Angeklagten im Lauf der Zeit von der Politik kleingeredet werden. Am besten geht man diese Verantwortung mit offenen Augen und einem dicken Fell an. Hannah Arendt hatte jedenfalls Recht, als sie über Nürnberg schrieb, dass es für die Ungeheuerlichkeit dieser Verbrechen keine Strafe gibt. Wenn eine Hinrichtung nicht ausreicht, dann reicht eine Haftstrafe erst recht nicht. Die internationale Rechtssprechung, so stark sie auch sein mag, wird nie ausreichen, Verbrechen von solchen historischen Dimensionen zu bestrafen. Denn am Ende müssen sich alle vor der Anklagebank der Geschichte verantworten.

Anhang:
Die Gefängnisordnung für das Spandauer Alliierte Militärgefängnis

ALLIIERTE KOMMANDATURA BERLIN
<u>Gefängnisordnung</u>
Für das Alliierte Gefängnis Spandau
Berlin – Spandau

<u>I. Teil</u>
Behörden

1. <u>Oberste Vollzugsbehörde</u>
Zur Ausführung der Direktive Nr. 35 des Alliierten Kontrollrates wird die Alliierte Kommandatura Berlin zur Obersten Vollzugsbehörde für das Alliierte Gefängnis Spandau, das für die Inhaftierung der Kriegsverbrecher, die seitens des internationalen Militärtribunals zu Gefängnisstrafen verurteilt wurden, bestimmt ist.

2. <u>Höhere Vollzugsbehörde</u>
(i) Das Rechtskomitee der Alliierten Kommandatura Berlin ist die Höhere Vollzugsbehörde für das Alliierte Gefängnis Spandau.

(ii) Es ist [d]ie Verantwortung der Höheren Vollzugsbehörde, die Vollziehung der Urteile anzuordnen, und die Durchführung der Strafen zu kontrollieren, sowie die Verwaltung der Strafanstalt zu beaufsichtigen, die Ernennung des Gefängnispersonal in Vorschlag zu bringen und die Anstalt so häufig zu inspizieren, als daß sie sich stets über alle Angelegenheiten von Belang, einschließlich solcher, die zu einer Revidierung der Bestimmungen dieser Gefängnisordnung Anlaß geben können, auf dem laufenden halten kann.

3. <u>Vollzugsbehörde</u>

(i) Die Vollzugsbehörde ist ein Territorium bestehend aus 4 Offizieren, die ihre Beschlüsse einstimmig fassen werden. Sie sind auf Vorschlag der Höheren Vollzugsbehörde seitens der Obersten Vollzugsbehörde in der Weise zu ernennen, daß jedes Mitglied des Direktoriums Delegierte und Vertreter von einer der vier alliierten Mächte ist. Während Abwesenheit eines Direktoriumsmitgliedes vom Gefängnis, muß dieses durch einen Vertreter vertreten werden.

(ii) Das Gefängnis-Direktorium läßt sich bei der Beschlußfassung auf dessen Sitzungen von den Verfahrensbestimmungen der Alliierten Kommandatura leiten.

(iii) Jedes Mitglied des Direktoriums kann irgendeine die Verwaltung des Gefängnisses betreffende Frage zur Sprache bringen und kann eine sofortige Zusammenkunft des Direktoriums verlangen, um die Frage zu erörtern.

(iv) Im Falle einer Nicht-Einigung unter den Direktoriumsmitgliedern, unterbreitet das Direktorium dem Rechtskomitee der Alliierten Kommandatura einen Bericht über die auseinandergehenden Meinungen.

(v) Der Vorsitz des Direktoriums wird von seinen Mitgliedern wechselseitig geführt in derselben Reihenfolge und zu der gleichen Zeit, wie der Vorsitz der Alliierten Kommandatura wechselt.

(vi) Das Direktorium trägt die Verantwortung für die Leitung der gesamten Dienstroutine und deren Aufsicht, und seine Mitglieder sind dem Gefängnispersonal, den Angestellten und den Arbeitern, die mit den Aufgaben oder Arbeiten der Anstalt beschäftigt sind, vorgesetzt. Das Direktorium gibt gemeinschaftlich notwendige Anweisungen an die Militärwache im Außendienst durch den Kommandeur der Wache.[1]

(vii) Das Direktorium ist für die sichere Verwahrung aller innerhalb der Anstalt befindlichen Häftlinge verantwortlich und ist mit der Befugnis ausgestattet, im Rahmen dieser Bestimmungen zusätzliche Regelungen über die Kontrolle und Führung der Anstalt aufzustellen.

(viii) Das Direktorium hat die von Zeit zu Zeit seitens der Höheren Vollzugsbehörde erlassenen Befehle und Weisungen zu befolgen, sowie auch den Vorsitz-

---

[1] Nach dem Abkommen vom 12. Februar 1947 musste jede externe militärische Abteilung, die zur Bewachung des Gefängnisses abgestellt war, aus zwei Offizieren, zwei Feldwebeln, zwei Unteroffizieren und 44 Wachposten bestehen. Die Wachabteilung sollte in zwei einander ablösenden 24-Stunden-Schichten arbeiten. Die wichtigsten Aufgaben waren die Bewachung des Hauptores und der Dienst auf den sechs Wachtürmen.

führenden dieser Behörde über irgendwelche außerordentliche Vorkommnisse in der Anstalt unverzüglich Bericht zu erstatten.

(ix) Das Direktorium kann Auskunft verlangen und Vorschläge machen betreffend Angelegenheiten des ärztlichen Dienstes und der Seelsorge. Im Falle einer seitens des Stabsarztes, Lehrers oder Geistlichen getroffenen Maßnahme, die nach Bemessen des Direktoriums eine Gefahr für die Sicherheit oder die Ordnung der Verwaltung der Anstalt, bzw. für die zweckmäßige Behandlung der darin befindlichen Häftlinge bildet, hat das Direktorium das Recht, solche Maßnahmen zu widerrufen.

II. Teil
Personal

4. Ärzte

(i) Jede der vier Alliierten Mächte ernennt einen Stabsarzt. Die Vorsitzführung unter den Stabsärzten richtet sich nach der in § 3 (v) in Bezug auf die Direktoriumsmitglieder angegebenen Ordnung.

(ii) Die Stabsärzte sind zum Zwecke der Anstaltsverwaltung der direkten Kontrolle des Direktoriums unterstellt.

5. Seelsorge

Die Höhere Vollzugsbehörde ernennt für die Seelsorge geeignete Geistliche der Alliierten oder der Vereinten Nationen.

6. Ordnungspersonal

(i) Das Ordnungspersonal besteht aus seitens der vier Alliierten Mächte zu ernennenden Zivilgefängniswärtern, deren Anzahl auf Viermächtebasis festgesetzt wird.

(ii) Viermächtevertretung unter den Wärtern ist stets aufrechtzuerhalten, jedoch was Dienstschichten anbelangt, wird nicht jede Nation unbedingt durch eine gleiche Anzahl Wärter vertreten sein.[2]

---
2 Die ersten Bestimmungen für den Wärterdienst aus dem Jahr 1947 sahen vier Teams mit jeweils sieben Wärtern für den Tag- sowie fünf Wärter für den Nachtdienst vor. Im Tag- wie im Nachtdienst sollten dem Team ein Chefwärter und ein stellvertretender Chefwärter aus einem der vier Länder angehören,

7. Büro- und Wirtschaftspersonal

Innerhalb der Anstalt beschäftigtes Büro- und Wirtschaftspersonal besteht aus männlichen Personen der Vereinten Nationen, deren Lebenslauf besonders zu diesem Zwecke überprüft worden ist und Anlaß zu Vertrauen gibt.

8. Deutsches Personal und deutsche Angestellte

Innerhalb der äußeren Mauern des Gefängnisses werden keine Deutschen beschäftigt, sie werden jedoch normalerweise für den Hauswirtschaftsdienst und sonstigen Dienst in den Büros, Offiziers- und Personalunterkunftsstätten und Kantinen außerhalb der Mauern eingestellt.

III. Teil
Verwaltungs- und Strafregeln

9. Allgemeines

(i) Kriegsverbrecher sind im Einklang mit dem Urteil des International Militärtribunals unter Bewachung in Gefangenschaft zu halten.

(ii) Die Häftlinge sind nach ihren Gefängnisnummern anzurufen und sind niemals mit Namen anzusprechen.

(iii) Die Häftlinge werden in Einzelhaft (isolierten, abgesonderten Zellen) gehalten, jedoch Arbeit, Gottesdienst und Spaziergänge sind gemeinschaftlich durchzuführen. Häftlinge dürfen weder miteinander sprechen, noch sich untereinander oder mit anderen verständigen, es sei denn, daß ihnen dies seitens des Direktoriums besonders gestattet ist. Das Direktorium wird einen Tages-Arbeitsstundenplan aufstellen; grundsätzlich wird jeden Tag gearbeitet, außer an Sonntag und gesetzlichen deutschen Feiertagen.[3]

---

außerdem zwei Wärter im Zellenblock und ein Wärter am Haupttor, die von den anderen drei Mächten gestellt wurden. Tagsüber sollten den Teams außerdem zwei Wärter mit Eskortieraufgaben angehören. Ab dem 14. März 1974 arbeiteten nur noch drei Wärter in einer Schicht: ein Chefwärter, ein Wärter im Zellenblock, der den Gefangenen durchgehend beobachten sollte, sowie ein Wärter am Haupttor. Die Beschreibung der Dienstpflichten findet sich in AAPS, Filmrolle 1.

3 Die Viermächtevereinbarung vom 29. April 1954 sah vor: »Die Gefangenen dürfen sich während der Arbeitszeit und beim Spaziergang unterhalten.« Geänderte Bestimmungen von 1954, AAPS, Filmrolle 1.

10. Diziplin

(i) Alle Art nicht-dienstlicher Beziehung des Gefängnispersonal oder der Angestellten einerseits zu den Häftlingen andererseits ist streng verboten.

(ii) Die größte Zurückhaltung gegenüber Verwandten und Freunden der Häftlinge sowie auch gegenüber [entlassenen Häftlingen] und deren Verwandten und Freunden ist zu [pflegen]. Geschäfte irgendwelcher Art mit diesen Personen stellen ein schweres Vergehen dar und werden als Verletzung einer Anordnung der Militärregierung bestraft.

(iii) Personal oder Angestellte dürfen weder aus ihrer Dienststellung noch aus ihrer Verbindung mit der Anstalt in irgendeiner Weise Nutzen zu eigenem Vorteil ziehen. Sie werden die Dienste der Häftlinge für eigene Privatzwecke nicht in Anspruch nehmen.

(iv) Persönliche Umstände und Angelegenheiten der Häftlinge, die im Laufe ihres Dienstes zur Kenntnis des Personals oder der Angestellten gelangen, dürfen keiner Person außer der Vollzugsbehörde eröffnet werden. Die Vollzugsbehörde allein darf auf begründetes Ansuchen hin Mitteilungen über Häftlinge an Dritte erteilen.

(v) Bei der Behandlung der Häftlinge hat das Anstaltspersonal Festigkeit, Ruhe und Bestimmtheit an den Tag zu legen.

11. Sicherheit

(i) Die Vollzugsbehörde regelt den Dienstbetrieb so, daß Sicherheit, Zucht und Ordnung in dem Gefängnis stets gewährleistet werden.

(ii) Jeder Anstaltsangestellte, der eine Gefahr für die Sicherheit der Anstalt zu erkennen glaubt, ist verpflichtet, der Vollzugsbehörde unverzüglich Meldung hierüber zu erstatten.

(iii) Die Eingänge zu den Höfen, Gebäuden und Zellen, sowie auch zu den übrigen Räumen der Anstalt, soweit nicht zusätzliche Bestimmungen und Regelungen bestimmte Ausnahmen zulassen, müssen stets verschlossen gehalten werden.

(iv) Schlüssel, Waffen und Dienstbekleidungsstücke, solange nicht im Gebrauch, werden unter sicherem Verschluß verwahrt. Schlüssel und Waffen sind zu registrieren und bei Aushändigung ist jedesmal hierüber zu quittieren. Verluste sind sofort zu melden, und ein voller Bericht der das Direktoriums über die Umstände, in denen der Verlust vorkommt, hat innerhalb 24 Stunden schriftlich zu erfolgen.

(v) Gegenstände, die ein Entweichen zu fördern geeignet sind, dürfen Häftlingen zu einer Zeit, wo diese nicht unter direkter Aufsicht stehen, nicht überlassen werden.

(vi) Kein Häftling darf ohne angemessene Bewachung seitens der Wärter die Höfe betreten. Die Übersicht darf nicht behindert sein und keine Gegenstände dürfen so nahe bei den Mauern gelassen werden, daß dadurch das Entkommen erleichtert werden könnte.

(vii) Augengläser sind abends vor der Lichtausschaltung den Häftlingen wegzunehmen.

(viii) Alle Lebensmittel für Häftlinge werden aus Alliierten Militärquellen geliefert und täglichen Inspektionen seitens eines Stabsarztes unterzogen. Die Küche ist seitens des Hauptwärters vom Dienst häufig zu kontrollieren, und sämtliche Mahlzeiten werden in den Haftzellen unter Aufsicht der Wärter verabreicht. Die Benutzung von Messer und Gabel ist nicht gestattet, sondern lediglich eines Löffels.

(ix) Das Recht, das Gefängnis frei zu betreten und zu verlassen steht lediglich den Mitgliedern der Obersten Vollzugsbehörde und der Höheren Vollzugsbehörde, den Direktoriumsmitgliedern, den Stabsärzten, den Wärtern und dem übrigen Personal und den Angestellten in Dauerbeschäftigung in der Anstalt zu, die mit einem zu diesem Zwecke ausgestellten Dauerausweis versehen sind.

(x) Sonderausweise für offizielle Besuche sind auf Anordnung der Kommandanten, der stellvertretenden Kommandanten, oder des Rechtskomitees der Alliierten Kommandatura von dem Direktorium auszustellen. Das Direktorium kann auch solche Ausweise auf schriftliches Ersuchen eines Sektorkommandanten, dessen Stellvertretern bei der Alliierten Kommandatura oder eines Mitgliedes des Rechtskomitees der Alliierten Kommandatura ausstellen. Alle solche Sonderausweise werden registriert und vom Direktorium nach Gebrauch einbehalten. Jeder Besucher hat sich nach den Anweisungen des Direktoriumsmitgliedes vom Dienst (Vorsitzführenden) zu richten.

(xi) Während der Nachtzeit darf keine Person die Anstalt betreten, außer Mitgliedern des Direktoriums oder seitens des Direktoriums besonders hierzu ermächtigten in Dauerbeschäftigung stehendem Gefängnispersonal.

(xii) Keine Wagen, ausgenommen solche, die Materialladungen bringen oder abholen, dürfen das Gefängnistor passieren. Andere Wagen haben außerhalb zu parken.

(xiii) Hinreichende Feuerschutzgeräte müssen in gutem Zustande gehalten werden.

(xiv) Häftlinge, sowie ihre Sachen und Zellen, können jederzeit durchsucht werden. Zellen sind mindestens zweimal [täglich] gründlich zu durchsuchen und Fenstergitter sind jeden Abend und Morgen durch Abklopfen zu prüfen. Haftwärter haben über sämtliche durchgeführte Prüfungen und Durchsuchungen Buch zu führen.

(xv) Häftlinge sind zu jeder Zeit am Tage unter strenger Beaufsichtigung der Wärter zu halten, und während der ganzen Nacht sind sie in kurzen Zeitabständen durch [Gucktüren] zu beobachten.

12. Strafvollzug

(i) Einlieferung

Bei Einlieferung hat der Häftling sich völlig zu entkleiden und sein Körper ist zu durchsuchen[.] Vier Wärter haben die Durchsuchung in Anwesenheit des Direktoriums durchzuführen, jedoch nicht in Sicht anderer Häftlinge. Alle Körperteile einschließlich des Afters sind bei der Suche auf Gegenstände zu berücksichtigen, die in die Anstalt mit hinein geschmuggelt werden könnten. Nach dieser Durchsuchung hat der Häftling sich zu baden, seinen Körper gründlich zu reinigen und sich in vorschriftsmäßige Gefängniskleidung einzukleiden.

(ii) Ärztliche Untersuchung

Im Laufe der Einlieferungsformalitäten oder unverzüglich danach, sind die Häftlinge ärztlich zu untersuchen, wonach der Betriebsarzt jeden Häftling sich täglich anzusehen hat. Insofern zahnärztliche Behandlung für notwendig erachtet wird, hat der Stabsarzt für die Hinzuziehung eines Offizieres des zahnärztlichen Dienstes von einer der vier Alliierten Mächte Sorge zu tragen.

(iii) Personalakten

Über jeden Häftling sind Personalakten in deutscher Sprache zu führen, die mit den Einweisungsunterlagen beginnen und Niederschriften, Vermerke, Anzeigen, Verfügungen und sonstige Schriftstücke enthalten, die sich auf den Häftling beziehen. Diese Akten sind zur Einsicht seitens der Obersten Vollzugsbehörde und der Höheren Vollzugsbehörde bereitzuhalten. Genaue Übersetzungen in die englische, in die französische und in die russische Sprache sind den Akten beizulegen.

(iv) Verhalten der Häftlinge

(1) Der Häftling hat sich der Anstaltsgewalt unbedingt zu unterwerfen und alle Bestimmungen und Verhaltensmaßregeln zu beachten, die von Zeit zu Zeit werden aufgestellt werden können. In jeder Zelle muß eine Abschrift der Verhaltensvorschriften aushängen.

(2) Der Häftling hat allen Anstaltsoffizieren und Wärtern, sowie Mitgliedern der oberen Behörden, mit Achtung zu begegnen. Er hat deren Anordnungen und Anweisungen ohne Widerrede zu gehorchen, auch wenn er sie für ungerechtfertigt hält. Fragen, die an ihn gerichtet werden hat er wahrheitsgemäß zu beantworten. Er darf mit einem Offizier oder Wärter nur dann sprechen, wenn er dazu aufgefordert wird oder ein Anliegen vorzubringen hat.

(3) Zur Anstaltszucht gehört straffe Haltung des Häftlings. Der Häftling grüßt den Offizier, Angestellten oder Wärter durch Stillstehen oder Vorübergehen in gerader Haltung, zugleich Abnehmen der Mütze.

(v) Tageseinteilung[4]

---

[4] Der Tagesablauf wurde 1947 wie folgt festgelegt (kleinere Veränderungen gab es 1954, 1956, 1957, 1959, 1960 und 1961; Tagespläne in AAPS, Filmrolle 1):

1.	Aufstehen	6.00 Uhr
2.	Waschen, Bettenmachen, Zellenreinigung, Brillenausgabe	6.00–6.45 Uhr
3.	Frühstück	6.45–7.30 Uhr
4.	Reinigung der Zellen und des Zellenblocks	7.30–8.00 Uhr
5.	Arbeitszeit	8.00–11.45 Uhr
6.	Durchsuchung, Händewaschen	11.45–12.00 Uhr
7.	Mittagessen, Rasieren	12.00–12.45 Uhr
8.	Ruhezeit, Lesen, Schreiben, Rauchen	12.45–14.00 Uhr (Friseur am Montag, Mittwoch, Freitag)
9.	Arbeitszeit	14.00–16.45 Uhr
10.	Durchsuchung, Händewaschen	16.45–17.00 Uhr
11.	Abendessen, Bücherrückgabe und -entleihe	17.00–17.45 Uhr
12.	Ruhezeit, Lesen, Schreiben, Rauchen	17.45–22.00 Uhr
13.	Vorbereitung der Bettruhe, Abgabe der Brillen	21.45–22.00 Uhr
14.	Licht aus	22.00 Uhr

(Nach der Vereinbarung vom 29. April 1954 konnte das Zellenlicht auf Wunsch eines Gefangenen ab 18.45 Uhr jederzeit ausgeschaltet werden.)

Samstags und sonntags: Arbeitsfrei, Spaziergang im Gefängnisgarten	15.30 – 16.00 Uhr
Samstag: Gründliche Reinigung der Zellen und des Zellenblocks	8.00 – 10.30 Uhr
Samstag: Bad, Rasur, Haarschnitt	10.30 – 11.45 Uhr
Samstag: Gottesdienst, Ruhezeit, Lesen, Schreiben, Rauchen	14.00 – 16.45 Uhr

(1) Der Häftling ist an die Tageseinteilung in der Anstalt streng gebunden.

(2) Er hat morgens beim Wecken aufzustehen, sich anzukleiden und sein Lager zu ordnen. Alsdann hat er sich mit nacktem Oberkörper gründlich zu waschen, die Zähne zu putzen und den Mund auszuspülen.

(3) Seine Kleider und Schuhe, sowie seine Zelle und deren Einrichtungsgegenstände, hat er zu den bestimmten Zeiten und in der vorgeschriebenen Weise zu reinigen.

(4) Der Häftling darf sich nicht am Fenster zeigen.

(vi) <u>Ruhevorschriften</u>

(1) Alles Lärmen, wie Heulen, Schreien, Pfeifen, sowie Singen und Musizieren, ist zu unterlassen.

(2) Ohne besondere Erlaubnis des Direktoriums dürfen Häftlinge weder sprechen, noch sich miteinander oder mit anderen verständigen.

(vii) <u>Unerlaubter Besitz</u>

Der Häftling darf keine anderen als die ihm ordnungsmäßig überlassenen Gegenstände im Besitze haben. Findet er etwas, so hat er dieses unverzüglich dem Wärter abzugeben.

(viii) <u>Behandlung von Ausrüstung, Kleidung etc.</u>

Sonntag: Spaziergang, Ruhezeit, Lesen,   8.00 – 16.45 Uhr
Schreiben, Rauchen

Heß durfte sich nach der Änderung der Bestimmungen im Februar 1968 von 9.30 bis 10.00 Uhr in seiner Zelle ausruhen oder im Garten arbeiten, von 10.00 bis 11.00 Uhr spazierengehen, ebenso von 14.30 bis 15.00 Uhr, und von 15.00 bis 16.30 Uhr war ihm freigestellt, in seiner Zelle zu ruhen oder im Garten zu arbeiten. Nach der Änderung vom März 1970 beschränkte sich seine Arbeit im Zellenblock auf die Zellenreinigung von 8.30 bis 9.30 Uhr, darauf folgten, von 9.30 bis 10.30 Uhr, eine Ruhezeit in der Zelle oder leichte Gartenarbeit, sowie ein Spaziergang im Garten von 10.30 bis 11.30 Uhr. Nachmittage an Werktagen bestanden aus einem Gartenspaziergang von 14.30 bis 15.30 Uhr, und für die Zeit von 15.30 bis 16.30 Uhr war Ausruhen oder leichte Gartenarbeit vorgesehen. Zu den Änderungen vom April 1978 gehörten die (offizielle) Weckzeit um 7.00 Uhr, ein Gartenspaziergang von 9.15 Uhr bis 11.15 Uhr, Ruhezeit, Lesen, Schreiben oder Fernsehen von 12.30 bis 14.15 Uhr und schließlich ein Gartenspaziergang von 14.15 bis 16.15 Uhr. Mit dieser Änderung wurden Heß also täglich vier Stunden für Spaziergänge eingeräumt.

(1) Ausrüstung, Kleidung, Arbeitsstoffe sowie irgendwelche Anstaltssachen sind vom Häftling schonend zu behandeln und zu handhaben und allein ihrer Zweckbestimmung gemäß zu benutzen. Er darf keinen Gegenstand in seinem Besitze anderen Häftlingen weitergeben. Eigenmächtiger Umgang mit Feuer oder Licht ist verboten.

(2) Der Häftling haftet für irgendwelchen Schaden, den er mit Vorsatz oder aus Fahrlässigkeit verursacht.

(ix) <u>Pflichtmeldung</u>

Der Häftling hat unverzüglich seinem Wärter jede ernste Krankheit, Verletzung, irgendwelchen Hautausschlag oder Ungeziefer zu melden. Irgendwelche Mitkenntnis von beabsichtigten selbstbeigebrachten Verletzungen oder Selbstmord- oder Angriffs- oder Fluchtabsichten oder von in Zusammenhang mit Ungehorsam oder Meuterei stehender Verabredung ist unverzüglich einem Wärter zu melden.

(x) <u>Vorsprechen beim Direktorium</u>

Der Häftling darf Erlaubnis zu einer Unterredung mit dem Direktorium zu festgesetzten Zeiten, oder in dringenden Fällen außer solchen Zeiten, beantragen. Solche Erlaubnis ist zu erteilen, es sei denn, daß das Direktorium besondere Gründe dagegen hat.

(xi) <u>Persönliche Habe</u>

(1) Die persönliche Habe wird dem Häftling für die Zeit der Gefangenschaft vorenthalten.

(2) Vorbehaltlich der Genehmigung des Direktoriums können gewisse Stücke der Habe dem Häftling überlassen werden, einschließlich Bilder eines oder mehrerer seiner Angehörigen.

(xii) <u>Anstaltsbeköstigung</u>

Der Häftling erhält Anstaltskost mit Kalorienwert der normalen deutschen Anstaltsbeköstigung.

Zusätzliche Nahrungsmittel dürfen nur wegen Krankheit oder schlechten körperlichen Gesundheitszustandes auf ärztliche Anordnung bewilligt werden.[5]

(xiii) Arbeit

(1) Jeder Häftling hat nach bestem Können zu arbeiten und alle ihm zugeteilten Arbeiten innerhalb der festgesetzten Zeit auszuführen. Bei der Arbeitsanweisung ist Rücksicht auf die Körperkräfte, die Fähigkeiten, den Gesundheitszustand und das Alter des Häftlings zu nehmen.

(2) An Sonntagen und seitens der Alliierten Kommandatura festgesetzten Feiertagen ruht die Arbeit, soweit diese nicht zur Durchführung der Hauswirtschaft oder in sonstigen Fällen unaufschiebbaren Arbeitsbedarfs erforderlich ist.

13. Hygiene

Hygiene ist in der ganzen Anstalt auf hohem Niveau zu halten. Häftlinge haben einmal wöchentlich ein heißes Bad zu nehmen. Sie sind vom Anstaltsbarbier zu rasieren und Haare und Bart sind so oft wie nötig zu schneiden.

14. Geistige Angelegenheiten und Moral

(i) Anstaltsbücherei

Die Anstalt wird mit einer passenden Bücherei versorgt, und bei der Verteilung der Bücher werden die Wesensart, die verständigen Vorzüge und Wünsche und das Streben des Häftlings berücksichtigt werden.[6] Bücher, die an Häftlinge mit ansteckenden Krankheiten ausgegeben werden, dürfen anderen Häftlingen nicht zugeteilt werden.

---

5 Nach der vorläufigen Vereinbarung der Gefängnisdirektoren vom 9. Dezember 1947 sollten die Gefangenen – in Übereinstimmung mit der Anordnung (47) 7 der Alliierten Kommandantur für Berlin vom 14. Januar 1947 – nach den Richtlinien der Berliner Lebensmittelkarte Nr. 2 ernährt werden (1167 Gramm, 2202 Kalorien), wenn sie im Garten körperliche Arbeit verrichteten. Traf dies nicht zu, war eine Ernährung nach den Vorschriften für die Berliner Lebensmittelkarte Nr. 3 (1032 Gramm, 1887 Kalorien) vorgesehen. Vgl. Henry Frank, amerikanischer Direktor des Spandauer Gefängnisses, an den Rechtsausschuss der Alliierten Kommandantur, 9. Dezember 1947, AAPS, Filmrolle 1.
6 Nach der Viermächtevereinbarung vom 29. April 1954 wurde die Gefängnisbibliothek um vier Tageszeitungen ergänzt, wobei jeder Direktor eine Zeitung auswählte. Geänderte Bestimmungen von 1954, AAPS, Filmrolle 1.

(ii) Sonstige Beschäftigung

Mit Genehmigung des Direktoriums in jedem einzelnen Falle kann dem Häftling andere Beschäftigung gestattet werden.

(iii) Religion

Religiöse Bücher sind den Häftlingen zugänglich zu machen, und auf Wunsch darf der Häftling den Zuspruch eines Geistlichen seines Glaubens empfangen. Das Direktorium wird angemessene Vorkehrungen treffen, um den Häftlingen zu gestatten, innerhalb des Gefängnisses passenden religiösen Ritus auszuüben.[7]

15. Ärztliche Versorgung

(i) Die Stabsärzte müssen auf Vorgänge und Umstände, die den allgemeinen Gesundheitszustand in der Anstalt stören können, ständig achten, und wo sie eine Gefahr für die gesundheitlichen Verhältnisse der Anstalt zu erkennen glauben, sind sie verpflichtet, dem Direktorium Meldung hierüber zu erstatten.

(ii) Der körperliche und geistige Zustand eines Häftlings während der Inhaftierung ist ständig zu überwachen.

(iii) Zwecks Wahrung der Gesundheit des Häftlings kann das Direktorium nach Anraten eines Stabsarztes von den Bestimmungen der Gefängnisordnung abweichen.

(iv) Häftlinge sind alle 2 Wochen zu wiegen und ihre Gewichte zu notieren.

(v) Ärztliche Anweisungen sind streng zu befolgen, und alle Medizin ist von dem Häftling unter Beaufsichtigung des Stabsarztes, oder auf besondere Anweisung unter Beaufsichtigung eines Helfers, einzunehmen.

(vi) Giftenthaltende oder gefährliche Medikamente sind, falls nicht im Gebrauch, stets unter Verschluß zu halten. Hierfür ist der Stabsarzt vom Dienst verantwortlich.

---

7 Nach der Viermächtevereinbarung vom 29. April 1954 sollten die Direktoren häufigeres Abspielen von Aufnahmen klassischer Musik in der Gefängniskapelle gestatten. Geänderte Bestimmungen von 1954, AAPS, Filmrolle 1.

(vii) Falls die Krankheit es notwendig macht, kann ein Facharzt von den Stabsärzten hinzugezogen werden.

(viii) Fälle von ernster körperliche oder geistiger Krankheit, Selbstmordversuche oder Verdacht einer ernsten Krankheit sind dem Direktorium sofort zu melden.

(ix) Das Direktorium wird dem Geistlichen vom Glauben des Häftlings Mitteilung einer gefährlichen Krankheit machen. Die nächsten Verwandten des Häftlings sind auch, nötigenfalls telegrafisch, zu benachrichtigen. Dem Ersuchen eines Häftlings, daß noch andere Personen benachrichtigt werden sollten, soweit es das Direktorium für angebracht hält, ist stattzugeben.[8]

16. Verkehr mit der Außenwelt

(i) Privatbesuche

(1) Der Häftling darf in Zeitabständen von jeweils 2 Kalendermonaten einen Besuch empfangen, es sei denn, daß das Direktorium aus hinlänglichen Gründen seine Erlaubnis zurückzieht. Das Direktorium setzt Tag und Stunde eines jeden Besuches fest.

(2) Das Direktorium bestimmt, welche Personen den Häftling besuchen dürfen.

(3) Nicht mehr als ein Besucher bzw. ein von einem Kind unter dem Alter von 16 Jahren begleiteter Besucher, darf den Häftling zu gleicher Zeit besuchen. Ein Besuch bei mehreren Häftlingen zugleich ist unzulässig.

(4) Kinder des Häftlings, die noch nicht 16 Jahre alt sind, werden nur in Begleitung eines Erwachsenen vorgelassen, der dafür verantwortlich ist, daß das Kind alle Bestimmungen betreffend das Verhalten von Besuchern befolgt. Andere Personen unter 16 Jahren sind nicht vorzulassen.

---

8 Die Viermächtevereinbarung vom 29. April 1954 sah vor: »In Fällen, in denen der Gesundheitszustand des Gefangenen eine komplizierte medizinische Behandlung erfordert, die im Gefängnis selbst nicht auf zufriedenstellende Weise ausführbar ist, kann der Patient für einen bestimmten Zeitraum in das dem Gefängnis am nächsten gelegene Krankenhaus verlegt werden, das der rechtlichen Zuständigkeit einer der Besatzungsmächte für Deutschland untersteht. Dies kann durch einen gemeinsamen Beschluss der vier Gefängnisdirektoren erfolgen. [...] Die vier Gefängnisdirektoren sind während des Hin- und Rücktransports sowie während des Krankenhausaufenthalts weiterhin für die Bewachung des Gefangenen verantwortlich und sollten alle dafür erforderlichen Maßnahmen treffen.« Geänderte Bestimmungen von 1954, AAPS, Filmrolle 1.

(5) Sonstige Privatbesuche im Zusammenhang mit dringenden Familienangelegenheiten können, den vorgeschriebenen Zeitabstand außer Acht lassend, vom Direktorium genehmigt werden.[9]

(6) Begehrt jemand zum Besuch eines Häftlings zugelassen zu werden, so wird der Häftling gehört, ob ihm der Besuch erwünscht ist.

(7) Bei Krankheit eines Häftlings ist vor Erteilung der Besuchserlaubnis der Stabsarzt darüber zu hören.

(8) Die jeweilige Besuchsdauer ist 15 Minuten, eine längere Besuchsdauer liegt im Ermessen des Direktoriums.[10]

(9) Für die Besuche werden besondere Besuchsräume nebst Warteräumen bereitgestellt und zweckmäßig ausgestattet. Aufstellung von Trennvorrichtungen im Falle eines besonderen Häftlings liegt im Ermessen des Direktoriums.[11]

(10) Besucher sind nur in Fällen ernster Krankheit zu der Zelle des Häftlings zuzulassen.

(11) Unterhaltung zwischen Besuchern und Häftlingen ist stets in Gegenwart eines Wärters oder mehrerer Wärter und eines Vertreters von jedem der vier Direktoriumsmitglieder zu führen.[12]

(12) Der Besucher ist darüber zu belehren, wie er sich bei dem Besuche zu verhalten hat, und daß mangels stichhaltiger Gründe die Unterhaltung mit Häftlingen in

---

9 Die Viermächtevereinbarung vom 29. April 1954 sah vor: »Neben den jetzt gestatteten Verwandtenbesuchen [sind], auf Ersuchen des Gefangenen und mit Zustimmung des Direktoriums, Besuche [...] durch einen Rechtsanwalt [erlaubt], dessen Namen der Gefangene zuvor dem Direktorium mitgeteilt hat, [außerdem] durch jede andere Person, [...] wenn der Gefangene anstelle eines normalen Besuches durch einen Familienangehörigen um diesen Besuch bittet [und] wenn sich das Direktorium nicht aus Sicherheitsgründen gegen den Besuch ausspricht.« Geänderte Bestimmungen von 1954, AAPS, Filmrolle 1.
10 Nach der Vereinbarung zwischen den westlichen Alliierten und der Sowjetunion vom Oktober 1952 war den Gefangenen pro Monat ein 30-minütiger Besuch gestattet. Vgl. Semitschastnow an Kirkpatrick, 4. Oktober 1952, AAPS, Filmrolle 1.
11 Die Viermächtevereinbarung vom 29. April 1954 sah vor: »Die Trenngitter im Besucherraum, die den Sichtkontakt zwischen dem Gefangenen und dem Besucher beeinträchtigen, sollen nicht verwendet werden.« Geänderte Bestimmungen von 1954, AAPS, Filmrolle 1.
12 Die Viermächtevereinbarung vom 29. April 1954 sah vor: »[Die Zensur] bei Besuchen wird berücksichtigen, dass der Gefangene und sein Besucher Familienangelegenheiten des Häftlings sowie seine eigene Gesundheit betreffende Fragen erörtern dürfen.« Geänderte Bestimmungen von 1954, AAPS, Filmrolle 1.

deutscher Sprache zu führen ist. Bedient er sich einer anderen Sprache, so muß dieses den Vertretern der Direktoriumsmitglieder bekannt sein. Ein geeigneter Dolmetscher darf mit Zustimmung des Direktoriums herangezogen werden.

(13) Verständigung durch Zeichen, Gebärden und nicht deutbare Mittel sind verboten.

(14) Jeder Besucher hat sich einer Durchsuchung der äußeren Kleidung zu unterwerfen. Handtaschen und sonstige Behälter sind im Warteraum zurückzulassen.

(15) Ohne Erlaubnis des Direktoriums dürfen Häftlinge von einem Besucher nichts empfangen, noch an denselben etwas übergeben.

(16) In Blockbuchstaben auf Deutsch geschriebene Vorschriften über das Verhalten der Besucher sind in dem Besuchsraum anzuschlagen, und die Aufmerksamkeit der Besucher ist bei jedem Besuch auf diese Vorschriften ausdrücklich hinzulenken. Ist der Besucher nicht imstande, die Vorschriften zu lesen, so sind diese ihm oder ihr in einer für ihn oder sie verständlichen Sprache vorzulesen. Diese Vorschriften müssen eine Bestimmung enthalten, daß, wer irgendwelche Bestimmung verletzt, wegen Verletzung einer Anordnung der Militärregierung verfolgt wird und infolgedessen zu diesem Zweck auf Befehl des Direktoriums in Haft genommen werden kann. Bei Verletzung der Besuchsvorschriften in irgendwelcher Weiße [sic!] ist der Besuch sofort abzubrechen.

(17) Jeder Besucher hat seinen, bzw. ihren Namen in das Besuchsbuch einzutragen, und der Besuch ist in den Akten des Häftlings zu vermerken.[13]

(ii) Schriftverkehr

(1) Der Häftling darf alle vier Wochen nicht mehr als je einen Brief schreiben und empfangen, es sei denn, daß das Direktorium aus hinlänglichen Gründen diese Erlaubnis zurückzieht. Nur in Ausnahmefällen kann das Direktorium das Schreiben eines zusätzlichen Briefes zugestehen.[14]

---

13 Die Viermächtevereinbarung vom 29. April 1954 sah vor: »[Den Gefangenen] wird während der Weihnachtszeit ein zusätzlicher Besuch durch einen Familienangehörigen gestattet.« Geänderte Bestimmungen von 1954, AAPS, Filmrolle 1.
14 Nach der Vereinbarung zwischen den westlichen Alliierten und der Sowjetunion vom Oktober 1952 durften die Gefangenen pro Woche jeweils einen Brief schreiben und empfangen. Vgl. Semitschastnow an Kirkpatrick, 4. Oktober 1952, AAPS, Filmrolle 1. Die Sowjetvertreter stimmten im Juni 1986 einer Erhöhung auf wöchentlich jeweils zwei erhaltene und geschriebene Briefe zu, aber Telefonate gestatteten sie nie. Vgl. Protokoll der Direktorenbesprechung vom 23. Mai 1986, AAPS, Filmrolle 9.

(2) Jeder Brief ist in deutscher Sprache zu schreiben, Ausnahmen sind nur mit Erlaubnis des Direktoriums statthaft. Briefe müssen leserlich sein, Kurzschrift und Geheimschrift sind unzulässig. Es darf zum Schreiben nicht mehr als ein vierseitiger Anstaltsbriefbogen verwendet werden.

(3) Briefe müssen von dem Häftling in einen offenen Umschlag zum Versand abgegeben werden.

(4) Nach Ermessen des Direktoriums darf der Häftling in denselben Zeitabständen, in denen er Briefe schreiben darf, Briefe empfangen.

(5) Das Direktorium überwacht den Schriftverkehr. Abschriften von allen [...] Häftlingen adressierten oder von ihnen abgesandten Briefen werden ihren Personalakten beigelegt.

(6) In den Schreiben dürfen weder Randbemerkungen angebracht, noch Stellen gestrichen werden. Sämtliche eingehende Briefe sind dem Direktorium ungeöffnet vorzulegen.[15]

(7) Sind die Voraussetzungen des Schriftverkehrs im übrigen erfüllt, so kann das Direktorium das Schreiben trotzdem anhalten, wenn nach seinem Ermessen das Schreiben einen Mißbrauch der Schreiberlaubnis darstellt. Die Anstaltsverfügung wird dem Häftling eröffnet, und das Direktorium kann dem Häftling erlauben, das angehaltene Schreiben durch ein neues zu ersetzen. Es kann ihm [...] freie Teile eines wegen seines Inhaltes angehaltenen Schreibens, das für ihn eingegangen ist, bekanntgeben oder aushändigen.

(8) Ob und inwieweit geistig erkrankte Häftlinge zum Schriftverkehr zugelassen werden sollen, entscheidet das Direktorium in Einvernehmen mit dem Stabsarzt.

17. Hausstrafen

(i) Über einen Häftling, der Anstaltsregeln oder Bestimmungen schuldhaft verletzt, verhängt das Direktorium eine Hausstrafe. Bei leichten Verstößen kann sich das Direktorium mit einer Verwarnung begnügen.

---

15 Die Viermächtevereinbarung vom 29. April 1954 sah vor: »[Die Gefangenen dürfen] mit Zustimmung der vier Gefängnisdirektoren [...] in Rechtsfragen mit dem zuvor gegenüber dem Direktorium benannten Rechtsanwalt korrespondieren.« Außerdem: »Die Zensur [wird] berücksichtigen, dass der Gefangene über seine Gesundheit betreffende Fragen sowie über Rechts- und Familienangelegenheiten schreiben darf.« Geänderte Bestimmungen von 1954, AAPS, Filmrolle 1.

Die zulässigen Hausstrafen sind:

(1) Entziehung gewährter Erlaubnisse, einschließlich der Lese- und Schreiberlaubnisse oder einer dieser Erlaubnisse auf eine nach Ermessen des Direktoriums festgesetzte Zeit.

(2) Entziehung der Zellenbeleuchtung bis zu 4 Wochen.

(3) Ausschluß von der Bewegung im Freien bis zu 2 Wochen.

(4) Schmälerung der Kost bis zu 2 Wochen.

(5) Fortnehmen der Zelleneinrichtung oder Kleidung, oder beides zugleich.

(6) Die Zelle kann fortgesetzt beleuchtet bleiben und der Häftling, falls dies für notwendig erachtet wird, gefesselt werden. Bei der Bewegung im Freien ist der gefesselte Häftling von den anderen Häftlingen abgesondert zu halten und darf sich nicht mit ihnen irgendwie verständigen. Fesseln dürfen an den Händen oder an den Füßen angelegt werden. In besonderen Fällen kann im Einvernehmen mit den Stabsärzten eine andere Art Fesselung angeordnet werden.

(ii) Der Stabsarzt hat den gefesselten Häftling unverzüglich und fortan jeden Tag zu besuchen. Seine Besuche und Bemerkungen sind in einem Bericht zusammenzufassen.

(iii) Mehrere Arten von Hausstrafen können zu einer Hausstrafe verbunden werden.

(iv) Schmälerung der Kost besteht darin, entweder eine der drei Mahlzeiten nach der Reihe ausfallen zu lassen oder das Essen auf Brot und Wasser zu beschränken.

(v) Wenn die Hausstrafe hartes Lager mit brot- und wasserkost [sic!] verbindet, ist diese Maßnahme am vierten und achten Tage und für die Folge jeweils an jedem dritten Tage auszusetzen.

(vi) Wenn eine Hausstrafe zeitlich begrenzt ist, so darf dieselbe Strafe erst nach Ablauf einer Woche wieder verhängt werden.

(vii) Keine Strafe ist zu verhängen, falls nach Ansicht aller vier Stabsärzte die Gesundheit des Häftlings dadurch gefährdet wird.

(viii) Die Verhängung einer Hausstrafe ist in ein besonderes Strafbuch einzutragen und in den Personalakten des Häftlings zu vermerken. Jede Eintragung ist von allen vier Direktoriumsmitgliedern abzuzeichnen.

IV. Teil
Flucht und Fluchversuche

(18) <u>Maßnahmen</u>
(i) Der Entwichene ist unverzüglich und nachdrücklich zu verfolgen.

(ii) Das Direktorium hat sofort die Hauptstelle der deutschen Polizei, sowie auch das Ortsrevier, telefonisch zu benachrichtigen. Jedes Direktoriumsmitglied hat unverzüglich seinen Kommandanten, sowie seine öffentliche Sicherheits- und Rechtsabteilung, zu benachrichtigen. Schriftlich [sic!] Berichte an die Oberste Vollzugsbehörde mit vollständiger Personalbeschreibung des Entwichenen sind unverzüglich danach abzusenden.

(iii) Untersuchung des Fluchtfalls ist seitens des Direktoriums sofort einzuleiten, das einen ausführlichen schriftlichen Bericht mit Angabe des Ergebnisses der Untersuchung an die Höhere Vollzugsbehörde einzusenden hat.

V. Teil
<u>Gewaltanwendung, Tragen und Gebrauch der Schusswaffe seitens Wärter und Militärposten.</u>

19. <u>Gewaltanwendung</u>

Wärter und Militärposten dürfen einen Häftling nicht schlagen oder ihn tätlich angreifen, es sei denn, daß dies zur Selbstverteidigung oder um einen Fluchtversuch zu verhindern, geschieht, bzw. wenn die Gefahr ernsterer Personen- oder Sachschäden besteht. Gewalt ist alsdenn nur in dem Maße anzuwenden, als notwendig ist, den Häftling zu überwältigen.

20. <u>Tragen von Knüppeln und Schußwaffen</u>

(i) Innerhalb des Gefängnisses ist den Wärtern das Tragen von Schußwaffen verboten, Polizeiknüppel dagegen sind im Dienst zu tragen.

(ii) Nur mit besonderer Genehmigung des Direktoriums können Schußwaffen getragen werden, zwecks Begleitung der Häftlinge bei Bewegung.

(iii) Militärposten vom Dienst haben stets Schußwaffen zu tragen.

21. <u>Gebrauch von Schußwaffen</u>

(i) Auf den Gebrauch von Schußwaffen ist nur dann zurückzugreifen, wenn dies zur Selbstverteidigung unbedingt notwendig ist, oder wenn die Gefahr ernsterer Personen- oder Sachschäden besteht, oder das Entkommen eines Häftlings durch andere Mittel nicht verhindert werden kann. Der Zweck des Waffengebrauchs ist, den Häftling außerstande zu setzen seine Flucht auszuführen.

(ii) <u>Berichterstattung</u>

(1) Jeder Fall der Gewaltanwendung ist unverzüglich dem Vorsitzenden des Direktoriums zu melden.

(2) Jeder Fall des Waffengebrauches ist unverzüglich dem Vorsitzenden des Direktoriums zu melden, der sofort über das Vorkommnis an den Vorsitzführenden der Höheren Vollzugsbehörde zu berichten hat. Das Direktorium hat alsdann eine Untersuchung anzustellen, nach deren Abschluß es sämtliche Aktion nebst Befundangaben an die Höhere Vollzugsbehörde weiterzuleiten hat.

22. Alles, was kraft dieser Regeln verboten ist, kann seitens des Direktoriums nur nach vorheriger schriftlicher Genehmigung der Höheren Vollzugsbehörde gestattet werden.[16]

---

16 Die Viermächtevereinbarung vom 29. April 1954 sah vor: »Im Falle des Todes eines der Hauptkriegsverbrecher muss der Leichnam des Verstorbenen auf dem Gelände des Spandauer Gefängnisses bestattet werden. Die Bestattung wird nach dem üblichen Ritus der Glaubensrichtung des Verstorbenen erfolgen, und zwar in Gegenwart seiner nächsten Familienangehörigen, sofern diese anwesend zu sein wünschen. Das Direktorium wird den nächsten Angehörigen nach der Bestattung angemessene Möglichkeiten zu Besuchen der Grabstätte einräumen, in Überstimmung mit der Verfahrensweise, die von den vier Gefängnisdirektoren festgelegt werden wird.« Geänderte Bestimmungen von 1954, AAPS, Filmrolle 1.

Anmerkungen

Einleitung

1 Darold Keane (US-Gefängnisdirektor, Spandau) an Donald Koblitz (amerikanischer Rechtsberater, US-Vertretung Berlin), 11. April 1989, National Archives and Records Administration, College Park, Maryland [im Folgenden NARA], Record Group [im Folgenden RG] 84, Entry 1006-A, Box 1, Mappe: Heß/Spandau – Theft/Archives/Death.
2 Memorandum von Koblitz mit Anlage, 11. August 1986, NARA, RG 84, Entry 1006-A, Box 2, Mappe: 1986.
3 Alliiertes Gefängnis Spandau, 29. Juni 1983, nicht nummeriertes Memorandum, NARA, RG 84, Deutschland, Vertretung Berlin, Unterlagen zum Alliierten Gefängnis Spandau, 1947–1987 (Archives of the Allied Prison Spandau) [im Folgenden AAPS], Mikrofilm-Publikationsnummer A3352, Filmrolle 1.
4 Erklärung unterzeichnet von Wolf Rüdiger Heß im Namen seiner Familie am 4. Oktober 1982, und von den vier Direktoren am 8. Oktober, AAPS, Filmrolle 1. Erläutert in Kapitel 6.
5 Protokoll vom 1. Oktober 1982 über das Gespräch zwischen Nelson C. Ledsky (amerikanischer Gesandter, Berlin), Francis R. MacGinnis (britischer Gesandter, Berlin), P. H. Gaschignard (französischer Gesandter, Berlin), V. A. Koptelzew (Botschaft der UdSSR, Ost-Berlin), AAPS, Filmrolle 1.
6 US-Vertretung Berlin (James Williams, politischer Berater) an den Außenminister, Nr. 2861, 18. August 1987, NARA, RG 84, Entry 1006, Box 7, Mappe: Spandau General, 1987.
7 Michael Burton (britischer Gesandter, Berlin) an Jean-Marc Voelckel (französischer Gesandter, Berlin) und Harry Gilmore (amerikanischer Gesandter, Berlin), Nr. 391, 1. September 1987, NARA, RG 84, Entry 1006, Box 3, Mappe: Heß and Spandau 1987.
8 US-Vertretung Berlin (Gilmore) an den US-Außenminister, Nr. 3046, 4. September 1987; US-Vertretung Berlin (Williams) an den US-Außenminister, Nr. 2909, 21. August 1987, beide in NARA, RG 84, Entry 1006, Box 7, Mappe: Spandau General, 1987; US-Vertretung Berlin (Gilmore) an den US-Außenminister, Nr. 2944, 25. August 1987, NARA, RG 84, Entry 1006, Box 6, Mappe: Heß and Spandau 1987, Suicide.
9 2076. Direktorenbesprechung des Alliierten Gefängnisses Spandau, 20. August 1987, AAPS, Filmrolle 9.
10 2079. Direktorenbesprechung des Alliierten Gefängnisses Spandau, 25. August 1987, AAPS, Filmrolle 9.

11　US-Vertretung Berlin (Gilmore) an den US-Außenminister, Nr. 3160, 16. September 1987, NARA, RG 84, Entry 1006, Box 7, Mappe: Rudolf Heß, Suicide 8–17–87; US-Vertretung Berlin (Gilmore) an den US-Außenminister, Nr. 3578, 26. Oktober 1987, NARA, RG 84, Entry 1006-A, Box 1, Mappe: Heß/Spandau – Theft/Archives/Death.
12　Die beste journalistische Darstellung bietet Jack Fishman, *Long Knives and Short Memories: Lives and Crimes of the 7 Nazi Leaders Sentenced at Nuremberg,* New York 1987 (1986). Die besten Memoiren zu Spandau liefert Tony Le Tissier, *Spandauer Jahre 1981–1991: Die Aufzeichnungen des letzten britischen Gouverneurs,* München 1997.
13　Bundesarchiv Koblenz [im Folgenden BA-K], NL 1340.
14　Albert Speer, *Spandauer Tagebücher,* Frankfurt am Main 1975 [im Folgenden *ST*].
15　Zitiert als AAPS. NARA, RG 84, Deutschland, Vertretung Berlin, Unterlagen zum Alliierten Gefängnis Spandau 1947–1987 (Archives of the Allied Prison Spandau), Mikrofilm-Publikationsnummer A3352.
16　Die Unterlagen befinden sich in NARA, RG 84, Entry 1006, Deutschland, Vertretung Berlin, Politische Abteilung, Heß-Akten (Gruppe 50) und NARA, RG 84, Entry 1006-A, Deutschland, Vertretung Berlin, Politische Abteilung, Heß-Akten (Gruppe 18).
17　Vgl. vor allem die Pionierarbeiten von Norbert Frei, *Vergangenheitspolitik: Die Anfänge der Bundesrepublik und die NS-Vergangenheit,* München 1996, und Jeffrey Herf, *Divided Memory: The Nazi Past in the Two Germanys,* Cambridge, MA, 1996.
18　Einen aktuellen Überblick bietet Mary Nolan, »Germans as Victims During the Second World War: Air Wars, Memory Wars«, in: *Central European History* 38, Nr. 1 (2005): S. 7–40. Siehe auch Robert Moeller, *War Stories: The Search for a Usable Past in the Federal Republic of Germany,* Berkeley 2001; Peter Reichel, *Vergangenheitsbewältigung in Deutschland: Die Auseinandersetzung mit der NS-Diktatur von 1945 bis heute,* München 2001; Bill Niven, *Facing the Nazi Past: United Germany and the Legacy of the Third Reich,* London 2002.
19　Zu den weiter gefassten Zielen der strafrechtlichen Verfolgung siehe Donald Bloxham, *Genocide on Trial: War Crimes Trials and the Formation of Holocaust History and Memory,* New York 2001.
20　Ausgenommen die britischen Kanalinseln. Siehe Madeleine Bunting, *The Model Occupation: The Channel Islands under German Rule, 1940–1945,* London 1996; Asa Briggs, *The Channel Islands: Occupation and Liberation,* London 1995.
21　Mark Connelly, *We Can Take It!: Britain and the Memory of the Second World War,* New York 2004.
22　Vgl. z. B. Sarah Farmer, *Martyred Village: Commemorating the 1944 Massacre at Oradour-Sur-Glane,* Berkeley 1999; Claudia Moisel, *Frankreich und die deutschen Kriegsverbrecher: Politik und Praxis der Strafverfolgung nach dem Zweiten Weltkrieg,* Göttingen 2004.
23　George Ginsburgs, *Moscow's Road to Nuremberg: The Soviet Background of the Trial,* Den Haag 1996, S. 37–41.
24　Arieh J. Kochavi, »The Moscow Declaration, the Kharkov Trial and the Question of Policy towards War Criminals in the Second World War«, in: *History* 76, Nr. 3 (1991): S. 401–417; Alexander Victor Prusin, »›Fascist Criminals to the Gallows!‹: The Holocaust and Soviet War Crimes Trials, December 1945–February 1946«, in: *Holocaust and Genocide Studies* 17, Nr. 1 (2003): S. 1–30.

25 Vgl. die russischen Aufsätze aus dem Jahr 1985 in: George Ginsburgs und V. N. Kudriavtsev (Hg.), *The Nuremberg Trial and International Law,* Boston 1990.
26 Zur Diskussion über die Einrichtung von Wahrheitskommissionen anstelle von Prozessen vgl. A. James McAdams (Hg.), *Transitional Justice and the Rule of Law in New Democracies,* Notre Dame, IN, 1997.
27 Hannah Arendt, *Eichmann in Jerusalem: Ein Bericht von der Banalität des Bösen,* München 1964. Zu weiteren Ausführungen siehe Mark Osiel, *Mass Atrocity, Collective Memory, and the Law,* New Brunswick, NJ, 1997.
28 Douglas Lawrence, *The Memory of Judgment: Making Law and History in the Trials of the Holocaust,* New Haven, CT, 2001.
29 Donald Bloxham, *Genocide on Trial,* Oxford 2003.
30 Zu den britischen Überlegungen vgl. Arieh J. Kochavi, *Prelude to Nuremberg: Allied War Crimes Policy and the Question of Punishment,* Chapel Hill 1998, S. 73–80.
31 Zitiert in Osiel, *Mass Atrocity,* S. 39. Priebke wurde 1995 an Italien ausgeliefert, 1996 zwar für schuldig befunden, aber freigesprochen. In einem anschließenden Prozess wurde er 1997 zu 15 Jahren Haft verurteilt, die jedoch aufgrund von Amnestiegesetzen um zehn Jahre verringert wurde. 1998 wurde er schließlich von einem Militärberufungsgericht zu einer lebenslangen Haftstrafe verurteilt, die jedoch aufgrund seines angegriffenen Gesundheitszustandes in einen Hausarrest umgewandelt wurde.
32 Hannah Arendt an Karl Jaspers, 17. August 1946, abgedruckt in: Lotte Köhler und Hans Saner (Hg.), *Hannah Arendt/Karl Jaspers Briefwechsel 1926–1969,* München 1985, S. 90.
33 Gustave M. Gilbert, *Nürnberger Tagebuch: Gespräche der Angeklagten mit dem Gerichtspsychologen,* Frankfurt am Main 1996 (1962), S. 74.
34 Eine Einführung zu diesem Problembereich bietet Gary Jonathan Bass, *Stay the Hand of Vengeance: The Politics of War Crimes Tribunals,* Princeton 2000.
35 Vgl. Ian Buruma, *Erbschaft der Schuld: Vergangenheitsbewältigung in Deutschland und Japan,* München 1994.
36 Francis O. Wilcox an Außenminister Christian Herter, 17. Juni 1960, NARA, RG 59, Entry 1494–I, Lot File 62 D 205, Box 88.
37 Bass, *Vengeance,* S. 271 ff.
38 Zu Bormann siehe Richard Overy, *Verhöre: Die NS-Elite in den Händen der Alliierten 1945,* München, Berlin 2002, S. 108–111. Zu Müller vgl. Timothy Naftali, Norman J. W. Goda, Richard Breitman, und Robert Wolfe, »The Mystery of Heinrich Müller: New Evidence from the CIA«, in: *Holocaust and Genocide Studies* 15, Nr. 3 (2001): S. 453–467.
39 Zum rechtlichen Hintergrund siehe Bradley F. Smith, *The Road to Nuremberg,* New York 1981. Zum diplomatischen Hintergrund vgl. Kochavi, *Prelude to Nuremberg.* Zu früheren, gescheiterten Bemühungen vgl. Bass, *Vengeance,* S. 3–146.
40 Zum Statut für den Internationalen Militärgerichtshof vgl. *Der Prozess gegen die Hauptkriegsverbrecher vor dem Internationalen Militärgerichtshof, Nürnberg, 14. November 1945 – 1. Oktober 1946,* 42 Bde., Nürnberg 1947 [im Folgenden *IMG*], Bd. 1, S. 7–18. Zur Anklage vgl. *IMG,* Bd. 1, S. 29–73.
41 Zu den Überlegungen des Gerichtshofs zu Anklagepunkt IV vgl. Bloxham, *Genocide on Trial,* S. 18–20, 63–64; Michael Marrus, »The Holocaust at Nuremberg«, in: *Yad Vashem Studies* 26 (1998): S. 5–41; Bradley F. Smith, *Der Jahrhundertprozess: Die Motive*

der Richter von Nürnberg. Anatomie einer Urteilsfindung, Frankfurt am Main 1979, S. 73 ff., 150 ff., 155 ff., 254, 330; Telford Taylor, *Die Nürnberger Prozesse: Hintergründe, Analysen und Erkenntnisse aus heutiger Sicht*, München 1994, S. 632–637, 673 f. Eine ganze Reihe von Artikeln in zeitgenössischen juristischen Magazinen, die sich mit dem Verstoß gegen den Rechtsgrundsatz »nulla poena sine lege« befassen, wird zitiert in Norman Tuturow, (Hg.), *War Crimes, War Criminals, and War Crimes Trials: An Annotated Bibliography and Source Book*, New York 1986.

42 Drexel Sprecher, *Inside the Nuremberg Trial: A Prosecutor's Comprehensive Account*, 2 Bde., Lanham, MD, 1999, Bd. 1, S. 102; Bd. 2, S. 1113–1123.
43 Jochen P. Laufer und Georgij P. Kynin, *Die UdSSR und die deutsche Frage, 1941–1948: Dokumente aus dem Archiv für Außenpolitik der Russischen Föderation*, Bd. 2, Berlin 2004, S. 679, Anm. 151 [im Folgenden *UdSSR* mit der Nummer des Dokuments].
44 Sprecher, *Inside the Nuremberg Trial*, Bd. 1, S. 44.
45 Überlegungen zu beiden Prozessen unter diesem Aspekt bei Douglas, *The Memory of Judgment*.
46 Das blieb den vier Militärgouverneuren in Deutschland überlassen, wie in Kapitel 1 noch gezeigt wird.
47 Frank M. Buscher, *The U.S. War Crimes Trial Program in Germany, 1946–1955*, Westport, CT, 1989, S. 31 ff.
48 Adalbert Rückerl, *The Investigation of Nazi Crimes, 1945–1978: A Documentation*, Hamden, CT, 1980, S. 29f; Yveline Pendaries, *Les procès de Rastatt (1946–1954): Le jugement des crimes de guerre en Zone française d'occupation en Allemagne*, Bern 1995. Die Zahlen zu den französischen Prozessen beinhalten nicht die Prozesse in Frankreich oder Nordafrika.
49 Zu den Veteranenverbänden siehe Jay Lockenour, *Soldiers as Citizens: Former Wehrmacht Officers in the Federal Republic of Germany, 1945–1955*, Lincoln 2001.
50 Thomas Alan Schwartz, »John J. McCloy and the Landsberg Cases«, in: Jeffry Diefendorf, Axel Frohn und Hermann-Josef Rupieper (Hg.), *American Policy and the Reconstruction of West Germany, 1945–1955*, New York 1993, S. 433–453.
51 Zahlen aus *The U.S. War Crimes Trial Program*, Anhang B.
52 Andreas Hilger, Ute Schmidt und Günther Wagenleher (Hg.), *Sowjetische Militärtribunale*, Bd. 1, *Die Verurteilung deutscher Kriegsgefangener 1941–1953*, Köln 2001, S. 239.
53 Christina Morina, »Instructed Silence, Constructed Memory: The SED and the Return of German Prisoners of War as ›War Criminals‹ from the Soviet Union to East Germany, 1950–1956«, in: *Contemporary European History* 13, Nr. 3 (2004): S. 323–343.

1. Kapitel
»An den Galgen mit allen«

1 G. M. Gilbert, *Nürnberger Tagebuch*, S. 426 ff.
2 Zur Organisationsstruktur vgl. Christoph Weisz, *OMGUS Handbuch: Die amerikanische Militärregierung in Deutschland 1945–1949*, 2. Aufl., München 1995, S. 681 ff.
3 Zum Abkommen und Statut vgl. *IMG*, Bd. 1, S. 7–18.

4 Die Kontrollratsdirektive Nr. 35 findet sich in *AAPS*, Filmrolle 1.
5 Prusin, »Fascist Criminals to the Gallows!«
6 Diskussionen des Rechtsausschusses DLEG/P(46), 21. und 24. Februar 1946; DLEG/P(46)24 (Überarbeitung), 30. März 1946; Diskussion des Koordinierungsausschusses CORC/P(46)144, 18. April 1946; Fahy an Clay, 23. April 1946, alle in NARA, RG 260, Entry 1790, Box 63.
7 Besprechung des Alliierten Kontrollrats vom 20. September 1946, CONL/M(46)25, NARA, RG 260, Entry 1792, Box 94. Zu Douglas, siehe Taylor, *Nürnberger Prozesse*, S. 696–700; Sholto Douglas (Lord Douglas of Kirtleside), *Combat and Command: The Story of an Airman in Two World Wars*, New York 1963, S. 736–755.
8 Fahy an Clay, 23. April 1946, NARA, RG 260, Entry 1790, Box 63.
9 Besprechung des Alliierten Kontrollrats vom 30. September 1946, CONL/M(46)26, NARA, RG 260, Entry 1792, Box 92.
10 Taylor, *Nürnberger Prozesse*, S. 698
11 Seidl an den Alliierten Kontrollrat, 2. Oktober 1946 (und Marginalien), The National Archives (Kew) [im Folgenden TNA], Foreign Office [im Folgenden FO] 1060/1381.
12 Außerordentliche Sitzung des Alliierten Kontrollrats, 10. Oktober 1946, NARA, RG 260, Entry 1792, Box 92.
13 Vgl. Kapitel 6.
14 Vgl. dazu NARA, RG 260, Entry 1790, Box 63; RG 260, Entry 1792, Box 94.
15 Zu den Ermittlungen zu Görings Tod vgl. NARA, RG 260, Entry 1790, Box 2. Eine Einschätzung bietet Taylor, *Nürnberger Prozesse*, S. 713–720. Zu den Argumenten zur Ablehnung der Gnadengesuche vgl. NARA, RG 260, Entry 1790, Box 63.
16 Zu den Diskussionen des Kontrollrats bis zum 23. Oktober 1946 vgl. NARA, RG 260, Entry 1790, Box 63.
17 Außerordentliche Sitzung des Alliierten Kontrollrats, 10. Oktober 1946, NARA, RG 260, Entry 1792, Box 92.
18 Halbjahresbericht, 4. Januar – 3. Juli 1946, Office of Military Government, US Berlin District, S. 62; Bericht, Office of Military Government, Berlin District, 1. Oktober – 31. Dezember 1946, S. 131, beide in NARA, RG 260, Entry 139, Box 550.
19 Alliierte Kommandantur Berlin, Rechtsausschuss, LEG/R(46)40, 21. September 1946, NARA, RG 84, Entry 1016, Box 12.
20 Alliierte Kommandantur Berlin, Ausschuss für öffentliche Sicherheit und Rechtsausschuss, PUSA/LEG/R(46), 3. Oktober 1946, NARA, RG 84, Entry 1016, Box 12.
21 Alliierte Kommandantur, Anhang A zu BKC/M(46)25, 24. September 1946, Aufzeichnungen der Diskussion der Kommandanten über die Direktive Nr. 35, NARA, RG 84, Entry 1016, Box 12. Zu Thälmann vgl. Nikolaus Wachsmann, *Gefangen unter Hitler: Justizterror und Strafvollzug im NS-Staat*. München 2006.
22 Alliierte Kommandantur, Anhang A zu BKC/M(46)25, 24. September 1946, Aufzeichnungen der Diskussion der Kommandanten über die Direktive Nr. 35, NARA, RG 84, Entry 1016, Box 12.
23 Le Tissier, *Spandauer Jahre*, S. 31 f. Vgl. auch »Die Planierraupe sollte die Erinnerung einebnen«, *Frankfurter Allgemeine Zeitung* [Im Folgenden *FAZ*], 17. Juli 1997.
24 Alliierte Kommandantur Berlin, Ausschuss für öffentliche Sicherheit und Rechtsausschuss, PUSA/LEG/R(46), 3. Oktober 1946, NARA, RG 84, Entry 1016, Box 12.
25 Zum Befehl, die Gefängnisse in Berlin dem Generalstaatsanwalt zu unterstellen, vgl.

Alliierte Kommandantur Berlin, BK/R(46)303, 22. August 1946, NARA, RG 466, Entry 49, Box 27.
26 Abschrift, 3. Mai 1945, Landesarchiv Berlin [im Folgenden LAB], B Rep 59, Bd. 32.
27 Zum allgemeinen Zustand des Gebäudes Ende 1946 und Anfang 1947 vgl. LAB, B Rep 59, Bd. 32.
28 Alliierte Kommandantur Berlin, BK/R(46)3O3, 22. August 1946, NARA, RG 466, Entry 49, Box 27.
29 Stephen Henry (Rechtsabteilung der Kommandantur) an die Personalabteilung, 15/1200 K14/30, 20. Januar 1950, TNA, FO 1012/515. Die genaueste Definition findet sich in der Verfügung Nr. 202 der Militärverwaltung des britischen Sektors vom 30. Dezember 1949, in der es hieß, dass ehemaliges Staatseigentum des Reichs und von Preußen im britischen Sektor der Stadt Berlin als Treuhänder für einen zukünftigen deutschen Staat übergeben wurde, der von den britischen Besatzungsbehörden als geeigneter endgültiger Besitzer anerkannt wurde. Artikel 2(b) schloss davon jeden Besitz aus, der von den Besatzungsbehörden im britischen Sektor Berlins vorübergehend genutzt wurde oder beschlagnahmt worden war. Die endgültige Verfügung über den Besitz »wird in Übereinstimmung mit den Entscheidungen der Besatzungsbehörden im britischen Sektor Berlins geregelt«. Zur Erklärung vgl. David H. Small an Charles N. Brower, 10. März 1970, NARA, RG 84, Entry 1006-A, Box 1.
30 US Army, Bericht der Militärregierung, 14.–20. Oktober 1946, S. 5, NARA, RG 260, Entry 139, Box 558. Die Häftlinge wurden ins Gefängnis Tegel im französischen Sektor verlegt.
31 Details in LAB, B Rep 62, Bd. 20. Spandau war Mitte November 1946 komplett geräumt. Siehe US Army, Bericht der Militärregierung, 11.–17. November 1946, NARA, RG 260, Entry 139, Box 558.
32 US Army, Bericht der Militärregierung, 23.–29. Dezember 1946, NARA, RG 260, Entry 139, Box 558.
33 Alliierte Kommandantur Berlin, Ausschuss für Gebäude und Unterkünfte, Inspektionsbericht über das staatliche Gefängnis Spandau, 15. Oktober 1946, in Anhang B zum Bericht vom 1. Oktober 1946 – 31. Dezember 1946, beide in NARA, RG 260, Entry 139, Box 551.
34 Alliierte Kommandantur Berlin an den Oberbürgermeister von Berlin, BKO(46)426, 25. November 1946, TNA, FO 1012/515 und in NARA, RG 84, Entry 1015, Box 44.
35 Aufträge in LAB, B Rep 059, Bd. 32. Zu den Kosten siehe LAB, B Rep 059, Bd. 31.
36 Bericht der amerikanischen Militärregierung, 14.–20. Oktober 1946, S. 5, NARA, RG 260, Entry 139, Box 548.
37 Memorandum zur Umsetzung des Kontrollratsdirektive Nr. 35, AAPS, Filmrolle 1.
38 Alliierte Kommandantur Berlin, Protokoll der 53. Sitzung der Stellvertretenden Kommandanten, 13. Dezember 1946, BKD/M(46)54, NARA, RG 260, Entry 139, Box 546. Zu den Auseinandersetzungen über die allgemeine Versorgung vgl. Frank Howley, *Berlin Command,* New York 1950.
39 Zu den Sicherheitsmaßnahmen vgl. René Darbois (Gefängnisdirektor von Spandau) an den Rechtsausschuss, FO/I-1/47/14, 20. Februar 1947; Alliierte Kommandantur, Rechtsausschuss, LEG/R(47)13, 22. März 1947; Alliierte Kommandantur, Rechtsausschuss, LEG/R(47)23, 24. April 1947, alle in NARA, RG 260, Entry 139, Box 571. Siehe auch Memorandum des Direktors vom 9. April 1947; Darbois an

den stellvertretenden Leiter der Militärregierung, britischer Sektor, 9. Juni 1947; Alliiertes Gefängnis Spandau, Vorschriften für den Elektrozaun, 16. Dezember 1954, AAPS, Filmrolle 1; Protokoll der Sondersitzung der Direktoren des Gefängnisses Spandau, 9. April 1947, AAPS, Filmrolle 2; Bericht der 21. Besprechung im Wortlaut, 6. Mai 1947, und Bericht der 27. Besprechung der Stellvertreter im Wortlaut, AlliiertenMuseum Berlin, Dokumentensammlung [im Folgenden AMB/SlgD], AK 133/2; Commandement des Transmissions de Berlin/Service du Materiel, Nr. 478/12/0, 4. Januar 1947, Ministère des Affaires étrangères, Bureau des Archives de l'occupation française en Allemagne et Autriche (Colmar) [im Folgenden MAE-AOFAA], GMFB 15/1, Ordner: Prison de Spandau.

40 Magistrat von Groß-Berlin, 4402–I/A.1.49 (Rechtsabteilung), 7. Oktober 1949 an Oberstleutnant G. M. Oborn, Stabschef, Alliierte Kommandantur Berlin, RG 84, Entry 1016, Box 12.

41 Speer, ST, 30. November 1946, S. 39.

42 Die endgültige 15-seitige »Gefängnisordnung für das Spandauer Alliierte Militärgefängnis« befindet sich in AAPS, Filmrolle 1. Sie ist im Anhang abgedruckt, spätere Änderungen sind entsprechend gekennzeichnet und kommentiert.

43 Die genaue Zahl des offiziellen Personals und der Mitarbeiter variiert von Dokument zu Dokument. Die hier genannte Zahl der Wärter und externen Wachsoldaten stammt von der Delegation du Ministère de la Justice, JUS/CG/JJS/AS/N. 141, 10. Januar 1947, MAE-AOFAA, GMFB 15/1, Ordner: Prison de Spandau. Vgl. auch Memorandum [undatiert] zur Umsetzung der Kontrollratsdirektive Nr. 35, AAPS, Filmrolle 1.

44 Alliiertes Gefängnis Spandau, Protokoll, 27. Januar 1947, NARA, RG 260, Entry 139, Box 571.

45 Alliierte Kommandantur Berlin, Rechtsausschuss, LEG/R(46)55, 30. November 1946, in Anhang B zum Bericht für den 1. Oktober 1946 – 31. Dezember 1946, NARA, RG 260, Entry 139, Box 551.

46 Erklärt im Schreiben von Michel Planet (französischer Gefängnisdirektor in Spandau, 1973–1987) an Jean-Pierre Brunet (französischer Botschafter in Bonn), September/Oktober 1977, MAE-AOFAA, GMFB 239/1, Ordner: Divers. Deutsche durften in den Gebäuden außerhalb der Gefängnismauer arbeiten, etwa im Kasino der Direktoren. 1977 gab es 20 Mitarbeiter, die nicht die Nationalität der Alliierten hatten.

47 Darbois an den Rechtsausschuss der Kommandantur, FO/I–1/47/14, 20. Februar 1947 und an den Rechtsausschuss der Alliierten Kommandantur, LEG/R(47)13, undatiert, NARA, RG 260, Entry 139, Box 571.

48 Alliierte Kommandantur Berlin, Rechtsausschuss, LEG/R(46)58, 4. Dezember 1946, im Anhang B zum Bericht für den 1. Oktober 1946 – 31. Dezember 1946, NARA, RG 260, Entry 139, Box 551.

49 Darbois an den Rechtsausschuss, BO/I/1/47, 12. Februar 1947, NARA, RG 260, Entry 139, Box 571.

50 McLain an S. H. Souter (Leiter der Dienststelle Gefängnisse, HICOG), 21. November 1949, NARA, RG 466, Entry 48, Box 14.

51 AHQ/10102/Sec. G, 25. März 1947, TNA, FO 1032/2217.

52 Protokoll der Direktorenbesprechung, 10. Januar 1947, AAPS, Filmrolle 1.

53 Alliiertes Gefängnis Spandau an den Rechtsausschuss der Alliierten Kommandantur, A/I–1/47/153, 9. Dezember 1947, AAPS, Filmrolle 1. Memorandum von Maxwell Miller an alle Direktoren, undatiert [Dezember 1948], AAPS, Filmrolle 2.

54 Alliierte Kommandantur Berlin, BK(AHC)(51)58, 16. Juli 1951, NARA, RG 466, Entry 48, Box 14.
55 US Army, Bericht der Militärregierung, 27. Oktober 1946, NARA, RG 260, Entry 139, Box 558.
56 OSS, Abteilung für Ermittlungen und Analyse, »Soviet Intentions to Punish War Criminals«, 30. April 1945, NARA, RG 238, Entry 69, Box 39.
57 Der OSS verwies vor allem auf Generalleutnant Erich von Bogen (Kommandeur der 302. Infanteriedivision), Generalmajor Günther Klammt (Kommandeur der 260. Infanteriedivision) und Generalleutnant Hans Traut (Kommandeur der 78. Infanteriedivision), die alle von einer sowjetischen Ermittlungskommission, der Außerordentlichen Staatlichen Kommission, der Kriegsverbrechen bezichtigt wurden.
58 Prusin, »Fascist Criminals to the Gallows!«, S. 1–30.
59 V. N. Kudriavtsev, »The Nuremberg Trial and the Strengthening of the International Legal Order«, in: Ginsburgs und Kudriavtsev, *The Nuremberg Trial and International Law*, S. 1–8.
60 Molotows Note lautete: »Die sowjetische Regierung hält es für unbedingt erforderlich, dass jeder Anführer im faschistischen Deutschland, der im Lauf des Krieges bereits in die Hände der Behörden der Staaten gefallen ist, die gegen Hitler-Deutschland kämpfen, unverzüglich vor ein internationales Sondergericht gestellt und mit aller strafrechtlichen Härte bestraft wird.« Das konnte sich nur auf Heß beziehen. Siehe Kochavi, *Prelude to Nuremberg*, S. 36 f. Vgl. auch Stalins Aide-mémoire vom November 1942, in dem Heß an vorderster Stelle erwähnt wird, *UdSSR*, Bd. 1, Dok. 34.
61 Zitiert in Kochavi, *Prelude to Nuremberg*, S. 224 f. Nikitschenko bezog sich in seiner Äußerung auf die Moskauer Deklaration von Stalin, Churchill und Franklin D. Roosevelt vom 1. November 1943, in der gewarnt wurde, dass Kriegsverbrecher vor Gericht gestellt und bestraft werden würden, und auf die kurzen Gespräche über Kriegsverbrecherprozesse im Februar 1945 in Jalta.
62 Overy, *Verhöre*, S. 19. Zu Wyschinski siehe Taylor, *Nürnberger Prozesse*, p. 254. Siehe auch Robert G. Storey, *The Final Judgment? Pearl Harbor to Nuremberg*, San Francisco 1966, S. 107 f.
63 *IMG*, 21. November 1945, Bd. 2, S. 115–183. Eine ausführliche Würdigung findet sich bei Sprecher, *Inside the Nuremberg Trial*, Bd. 1, Kapitel 14.
64 *IMG*, 4. Dezember 1945, Bd. 3, S. 106–173.
65 Sprecher, *Inside the Nuremberg Trial*, Bd. 2, S. 1113–1123.
66 *IMG*, 8. Februar 1946, Bd. 7, S. 166.
67 *IMG*, 18. Februar 1946, Bd. 7, S. 612. Später ignorierten die Sowjets die Tatsache, dass die meisten Opfer in Babi Jar Juden waren. Siehe Judith Miller, *One, by One, by One: Facing the Holocaust*, New York 1990, S. 187–190. Zu Auschwitz siehe *IMG*, 18. Februar 1946, Bd. 7, S. 600 und 27. Februar 1946, Bd. 8, S. 342 ff.
68 Vgl. die entsprechenden Kommentare in Rudenkos Eröffnungsrede in *IMG*, 8. Februar 1946, Bd. 7, S. 166–235.
69 Vgl. Nikitschenkos Direktive aus Moskau mit dem Vermerk »Gen. Stalin ist einverstanden« in: *UdSSR*, Bd. 2, Dok. 164, S.625–630.
70 Zur abweichenden Meinung vgl. *IMG*, Bd. 1, S. 387–411. Zur späteren Meinung in der Sowjetunion siehe A. M. Larin, »The Verdict of the International Tribunal«, in: Ginsburgs und Kudriavtsev, *The Nuremberg Trial and International Law*, S. 76–87.

71 *UdSSR,* Bd. 1, Dok. 34, 35.
72 Zu Heß' Verhalten vgl. Gilbert, *Nürnberger Tagebücher,* S. 136 f.
73 Taylor, *Nürnberger Prozesse,* S. 646 f.
74 *IMG,* Bd. 1, S. 400.
75 *IMG,* Bd. 1, S. 402.
76 Umfragen in der amerikanischen Besatzungszone zeigten, dass mit fortdauerndem Verfahren immer weniger Deutsche den Prozess in den Zeitungen verfolgten. Im März 1946 hielten nur 52 Prozent der Befragten in der amerikanischen Zone alle Angeklagten für schuldig. Nur 55 Prozent erachteten die Urteile im Oktober 1946 als gerecht, 9 Prozent fanden die Urteile zu hart und 21 Prozent zu milde. Siehe Anna J. Merritt und Richard L. Merritt, *Public Opinion in Occupied Germany: The OMGUS Surveys, 1945–1949,* Urbana 1970, S. 33ff, 93 f.
77 Einheitsfront der antifaschistisch-demokratischen Parteien Deutschlands an den Alliierten Kontrollrat, Berlin, 5. Dezember 1945 (Pieck unterzeichnete für die Kommunistische Partei Deutschlands [KPD]). Stiftung Archiv der Parteien und Massenorganisationen der DDR im Bundesarchiv [im Folgenden SAPMO] (Berlin), DY 3, Bd. 4. In dem Brief beklagten die Parteien, dass unter den 250 zum Prozess zugelassenen Journalisten nur fünf Deutsche waren und kein Journalist für eine kommunistische oder sozialistische Parteizeitung arbeitete. Die Parteien des Demokratischen Blocks waren die KPD (Kommunistische Partei Deutschlands), die SPD (Sozialdemokratische Partei Deutschlands), die CDU (Christlich-Demokratische Union Ost) und die LPD (Liberal-Demokratische Partei Deutschlands).
78 *Der Morgen,* 21. Dezember 1945; *Neue Zeit,* 22. Dezember 1945.
79 *UdSSR,* Bd. 2, Dok. 168, S. 635 f.
80 Walter Ulbricht, »Jetzt soll das Volk urteilen«, in: *Neues Deutschland,* 3. Oktober 1946. Siehe auch *Tägliche Rundschau,* 4. Oktober 1946, zur kommunistischen Meinung in Europa und der Welt.
81 »Die Massenkundgebung der SED: Volksstimmen zum Nürnberger Urteil«, in: *Neues Deutschland,* 3. Oktober 1946.
82 Walter Ulbricht, »Jetzt soll das Volk urteilen«, in: *Neues Deutschland,* 3. Oktober 1946.
83 »Volksstimmen zum Nürnberger Urteil«, in: *Neues Deutschland,* 3. Oktober 1946.
84 Die langatmige Rede findet sich zusammen mit weiteren Reden ähnlichen Inhalts in SAPMO, NY 4036, Bd. 429. Siehe auch Piecks Kommentare am 3. Oktober 1946 in Thüringen in: *Neues Deutschland,* 4. Oktober 1946.
85 *Tägliche Rundschau,* 5. Oktober 1946, 9. Oktober 1946.
86 Protokoll der zweiten Besprechung der Viermächtekommission für die Haft der Hauptkriegsverbrecher, 1. Oktober 1946, Com/Det/M(46)2, TNA, FO 1060/1385.
87 Der Kommentar stammt von Paskewitsch, dem sowjetischen Vertreter im Rechtsausschuss. Siehe Alliierte Kommandantur/Rechtsausschuss LEG/R(47)3, 30. Januar 1947, NARA, RG 84, Entry 1016, Box 12.
88 Der Entwurf der Haftbestimmungen vom 30. Januar 1947 findet sich in Alliierte Kommandantur, Rechtsausschuss LEG/R(47)3, 30. Januar 1947, NARA, RG 84, Entry 1016, Box 12.
89 Speer, *ST,* 4. Otober 1946, S. 18, 13. Oktober 1946, S. 21, 30. November 1946, S. 39, 19. Dezember 1946, S. 44, 6. Januar 1947, S. 54.

90 Verhör von Erich Raeder durch Oberstleutnant Follestad, 26. Februar 1947, NARA, RG 138, Entry 10, Box 4; Gespräch zwischen Kraus (stellvertretender Verteidiger) und Raeder, 19. Dezember 1946, NARA, RG 238, Entry 20, Box 5. (Das Zitat wurde aus der amerikanischen Version rückübersetzt, da die Originalquelle nicht zur Verfügung stand. Anm. d. Ü.)

91 Bericht von Teich, 4. Dezember 1946, NARA, RG 238, Entry 22, Box 16.

92 Zur Direktive Nr. 19, »Concerning Principles for Administration of German Prisons«, siehe NARA, RG 260, Entry 31, Box 645. Zum amerikanischen Memorandum vom 28. September 1945 siehe Alliierte Kontrollbehörde, Rechtsausschuss, DLEG/P(28), NARA, RG 260, Entry 1790, Box 53. Zu Karrasow vgl. Auszug aus dem Protokoll vom 10. Oktober 1945, DLEG/M(10)627, NARA, RG 260, Entry 1790, Box 53. Zur Direktive vom 4. Oktober 1946, die Haftvorschriften für Spandau in Übereinstimmung mit der Direktive Nr. 19 zu gestalten, vgl. Auszug aus der 11. Besprechung der stellvertretenden Kommandanten, 4. März 1947, NARA, RG 260, Entry 139, Box 571.

93 Vgl. Alliierte Kommandantur/Rechtsausschuss LEG/R(47)3, 30. Januar 1947, NARA RG 84, Entry 1016, Box 12.

94 Zu Churchills Haltung vgl. Kochavi, *Prelude to Nuremberg*, S. 73–80. Zu den Kommentaren von Barnes und Attlee vgl. Overy, *Verhöre*, S. 27, 37.

95 Johnston an Harris (Rechtsausschuss, Alliierte Kommandantur), G/324, 7. February 1947, TNA, FO 945/336.

96 Alliierte Kommandantur Berlin, Anhang A zu BKD/M(47)10, 1. März 1947, NARA RG 84, Entry 1016, Box 12.

97 Wörtlich nach BKO(47)8, 14. Februar 1947, AMB/SlgD, AK 133/2.

98 Anhang A zu BKD/M(47)8, 17. Februar 1947, NARA, RG 84, Entry 1016, Box 12.

99 Howley, *Berlin Command*, S. 125 f.

100 Zitiert nach BKO(47)8, 14. Februar 1947, AMB/SlgD, AK 133/2; Alliierte Kommandantur Berlin, Anhang A zu BKD/M(47)8, 17. Februar 1947, NARA, RG 84, Entry 1016, Box 12.

101 Wörtlich nach BKO(47)8, 14. Februar 1947, AMB/SlgD, AK 133/2.

102 Zu Heß vgl. Speer *ST*, 16. Februar 1947, S. 63; Leutnant Charles Backstrom an Oberst Andrus, 12. Oktober 1947, NARA, RG 238, Entry 20, Box 5, S. 766. Heß wollte den Handkuss nur noch als Ehrbezeugung bei wichtigen Persönlichkeiten zulassen.

103 Besprechung der stellvertretenden Kommandanten, 28. Februar 1947, AMB/SlgD, AK 133/2.

104 Alliierte Kommandantur Berlin, Anhang A zu BKD/M(47)10, 1. März 1947, NARA, RG 84, Entry 1016, Box 12.

105 Alliierte Kommandantur/Rechtsausschuss, LEG/R(47)11, 19. Februar 1947, NARA, RG 84, Entry 1016, Box 12.

106 Anhang A zu BKD/M(47)8, 17. Februar 1947, NARA, RG 84, Entry 1016, Box 12.

107 Besprechung der stellvertretenden Kommandanten, 21. Februar 1947, AMB/SlgD, AK 133/2; Alliierte Kommandantur Berlin, Anhang A zu BKD/M(47)9, 24. Februar 1947, NARA, RG 84, Entry 1016, Box 12.

108 Burton C. Andrus, *The Infamous of Nuremberg*, London 1969, S. 25–61.

109 Andrus, *Infamous of Nuremberg*, S. 62–91; Overy, *Verhöre*, S. 64–89.

110 Alliierte Kommandantur Berlin, Anhang A zu BKD/M(47)8, 17. Februar 1947, NARA, RG 84, Entry 1016, Box 12.

111 Alliierte Kommandantur Berlin, Anhang A zu BKC/M(47)5, 25. Februar 1947, NARA, RG 260, Entry 1790, Box 53.
112 Alliierte Kommandantur Berlin, Anhang A zu BKD/M(47)9, 24. Februar 1947; Alliierte Kommandantur Berlin, Anhang A zu BKD/M(47)10, 1. März 1947, beide in NARA, RG 84, Entry 1016, Box 12.
113 Alliierte Kommandantur Berlin, Anhang A zu BKD/M(47)10,1. März 1947, NARA, RG 84, Entry 1016, Box 12. Siehe auch Auszug aus der 11. Besprechung der stellvertretenden Kommandanten, 4. März 1947, NARA, RG 260, Entry 139, Box 571.
114 Alliierte Kommandantur Berlin, Protokoll der 11. Besprechung der stellvertretenden Kommandanten, 4. März 1947, BKD/M(47)11, NARA, RG 84, Entry 1016, Box 12.
115 Alliierte Kommandantur Berlin, Anhang A zu BKD/M(47)10, 1. März 1947; Alliierte Kommandantur Berlin, Anhang A zu BKC/M(47)6, 9. März 1947, beide in NARA, RG 84, Entry 1016, Box 12.
116 Alliierte Kommandantur Berlin, BK/ACC(47)8, 31. März 1947, NARA, RG 260, Entry 1790, Box 53.
117 Howley an Clay, Office of Military Government, Berlin Sector, Leg. Br. AAB, APO 742-A, US Army, 8. April 1947, NARA, RG 84, Entry 1016, Box 12, Ordner: Prison Regulations
118 Auszug aus dem Protokoll des Koordinierungsausschusses des Alliierten Kontrollrats, 14. April 1947, NARA, RG 260, Entry 1790, Box 53.
119 Speer, *ST*, 18. und 19. April 1947, 16. Mai 1947, S. 97, 106. Vgl. auch *ST*, 14. März 1947, S. 82.
120 Alliierte Kontrollbehörde, Rechtsausschuss, Protokoll vom 21. und 24. April 1947, DLEG/M(47)18, 25. April 1947, NARA, RG 260, Entry 1806, Box 189; Alliierte Kontrollbehörde, Koordinierungsausschuss, CORC/P(47)116, 7. Mai 1947, NARA, RG 260, Entry 1797, Box 146.
121 Bloxham, *Genocide on Trial*, S. 28–32.
122 Protokoll der Besprechung des Koordinierungsausschusses vom 16. Mai 1947, CORC/M(47)26, NARA, RG 260, Entry 1796, Box 137.
123 Zusammenfassung von CORC/P(47)116, 16. Mai 1947, NARA, RG 260, Entry 1790, Box 53.
124 Vollständiger Text der Gefängnisordnung in AAPS, Filmrolle 1, und im Anhang. Zur Akzeptanz siehe Bericht Nr. 47–11, Office of Military Government Berlin Sector, 1. bis 15. Juni 1947, NARA, RG 260, Entry 139, Box 558; Kommandatura Interalliée, Bureau du Chef d'État Major Président, BI/Memo(47)29, 16. Juni 1947, NARA, RG 84, Entry 1016, Box 12.
125 Zusammenfassung von CORC/P(47)116, 16. Mai 1947, NARA, RG 260, Entry 1790, Box 53.
126 Speer, *ST*, 11. November 1946, 1. Dezember 1946, S. 36, 41.
127 Alliierte Kommandantur Berlin, Anhang A zu BKD/M(47)8, 17. Februar 1947, NARA, RG 84, Entry 1016, Box 12.
128 Alliierte Kommandantur Berlin, Anhang A zu BKD/M(47)9, 24. Februar 1947, NARA, RG 84, Entry 1016, Box 12.
129 Speer, *ST*, 16. Mai 1947, S. 106.
130 Speer, *ST*, 30. Juni 1947, S. 107.
131 Overy, *Verhöre*, S. 30f; *UdSSR*, Bd. 2, Dok. 20, 44.

132 Frankreich, Ministère des Affaires étrangères. *Documents diplomatiques français*, 1946, Bd. 1, Paris 2003, Dok. 256, 379; Bd. 2 (Paris 2004), Dok. 228.
133 Bloxham, *Genocide on Trial*, S. 28 ff.
134 Memorandum von Telford Taylor an den Kriegsminister, 29. Juli 1946, NARA, RG 260, Entry 22, Box 22.
135 Robert H. Jackson an Präsident Harry Truman, 7. Oktober 1946, NARA, RG 238, Entry 69, Box 46.
136 Robert H. Jackson an Präsident Harry Truman, 7. Oktober 1946, NARA, RG 238, Entry 69, Box 46.
137 Truman an Jackson, 17. Oktober 1946, NARA, RG 238, Entry 69, Box 46.
138 Telford Taylor (Hauptankläger für Kriegsverbrechen) an Keating, 20. Mai 1947, NARA, RG 260, Entry 23, Box 26.
139 Alliierte Kommandantur Berlin, Anhang zu BKD/M(47)26, 10. Juni 1947, Section 281, NARA, RG 260, Entry 1790, Box 53.
140 Zur Planung vgl. TNA, FO 1012/786 (Operation Traffic). Zur Geheimhaltung und Vorgehensweise vgl. die Unterlagen von der Kommandantenbesprechung vom 25. Juni 1947 und 11. Juli 1947, außerdem C. W. Harris, 15/3040, 29. März 1947, AMB/SlgD AK 133/2.
141 Speer, *ST*, 19. Juli 1947, S. 110.
142 Vgl. die 9. und 10. Besprechung der Viermächtekommission zur Haft der Kriegsverbrecher, 25. Juni und 19. August 1947, TNA, FO 1060/1385.
143 Bericht von Associated Press, 16. Januar 1947, NARA, RG 260, Entry 139, Box 571.

2. Kapitel
Eine dauerhafte Institution

1 Zitiert bei Speer, *ST*, 28. Juli 1950, S. 241.
2 Speer, *ST*, 26. Juli 1947, S. 111.
3 Die vier Siegermächte einigten sich am 30. November 1945 über Luftkorridore für Berlin und richteten die Luftsicherheitszentrale Berlin (Berlin Air Safety Center, BASC) ein, die im Februar 1946 ihre Tätigkeit aufnahm. Vgl. hierzu I. D. Hendry und M. C. Wood, *The Legal Status of Berlin*, Cambridge 1987, S. 110–114.
4 *UdSSR*, Bd. 1, Dok. 144, S. 534–536.
5 Zum Potsdamer Abkommen und seinen Auswirkungen vgl. Carolyn Woods Eisenberg, *Drawing the Line*, New York 1996, S. 80 ff.
Das reale Geschehen in den Westzonen war sehr viel komplizierter. Die Briten in Hannover förderten die CDU zum Nachteil der Nachkriegs-SPD, und die französischen Besatzungsbehörden unterstützten bei den Parteien der französischen Zone den Regionalismus. Vgl. Barbara Marshall, *The Origins of Postwar German Politics*, London 1988; Daniel E. Rogers, *Politics after Hitler: The Western Allies and the German Party System*, New York 1995; Edgar Wolfrum, *Französische Besatzungspolitik und deutsche Sozialdemokratie*, Düsseldorf 1991.
7 Scott D. Parish und Mikhail M. Narinsky, »New Evidence on the Soviet Rejection of the Marshall Plan, 1947: Two Reports«, Cold War International History Project Working Paper No. 9, Washington, D.C.: Woodrow Wilson Center 1994.

8 Vojtech Mastny, *The Cold War and Soviet Insecurity: The Stalin Years*, New York 1996, S. 47 ff.
9 Vgl. hierzu Stefan Karner (Hg.), *Gefangene in Russland: Die Beiträge des Symposions auf der Schalleburg 1995*, Graz 1995; Klaus-Dieter Müller, Konstantin Nikischkin und Günther Wagenlehner (Hg.), *Die Tragödie der Gefangenschaft in Deutschland und in der Sowjetunion 1941–1956*, Köln 1998.
10 Dies wird auch vom Inspektionsbericht von Lionel Fox bestätigt, dem Vorsitzenden der Gefängniskommission für England und Wales, 23. April 1951, TNA, FO 1060/544.
11 Speer, *ST*, 27. Juli 1947, S. 112.
12 Speer, *ST*, 2.–4. August 1947, 8. Februar 1948, S. 112, S. 137.
13 Speer, *ST*, 29. August 1948, S. 162.
14 Speer, *ST*, 10. April 1948, 24. Oktober 1948, 3. November 1948, 3. Januar 1949, S. 151, S. 165 f., S. 168, S. 170.
15 Diensttagebuch des Chefwärters, Eintrag vom 29. Januar 1948, AAPS, Filmrolle 22.
16 Speer, *ST*, 11. und 18. Oktober 1947, S. 118 f., S. 122.
17 Casalis an Ganeval, 2. Oktober 1947, MAE-AOFAA, GMFB 15/1, Mappe: Prison de Spandau.
18 Speer, *ST*, 12. Dezember 1947, 12. Februar 1948, S. 129 f., S. 137 f. Die sowjetischen Unterlagen zu Spandau sind unter Verschluss, doch der ehemalige Spandauer Wärter Georgij Morew, der von 1942 bis 1945 für die sowjetische Spionageabwehr (SMERSH) arbeitete, äußerte sich zu seiner von 1953 bis 1955 dauernden Dienstzeit in Spandau, für die er aus seiner Heimatstadt Briansk angeworben wurde. Morews Erinnerungen waren im russischen Online-Magazin *Trud* nachzulesen (Nr. 074, 22. April 2004, http://www.trud.ru; abgerufen im Januar 2006). Ich danke Arsen Djatej für diesen Hinweis und die Übersetzung des Textes.
19 Speer, *ST*, 3. und 4. Februar 1949, S. 175 f.
20 Vgl. hierzu die Protokolle der Direktorenbesprechungen vom 19. April 1948, 29. April 1948, 18. Mai 1948, 5. Juli 1948, 12. Juli 1948, 21. Juli 1948, AAPS, Filmrolle 2; Speer, *ST*, 5. Mai 1948, S. 153 f.
21 Speer, *ST*, 12. Februar 1948, S. 137 f.
22 Diensttagebuch des Chefwärters, Einträge vom Februar und März 1948, AAPS, Filmrolle 22.
23 Protokoll der Besprechung des Medical Board, 6. August 1947, AAPS, Filmrolle 10.
24 Speer, *ST*, 12. Dezember 1947, S. 129 f.; Protokoll der Direktorenbesprechung, 7. Dezember 1950, AAPS, Filmrolle 2; Aktennotiz des Wärters Francis David, 21. November 1950, AAPS, Filmrolle 21.
25 Diensttagebuch des Chefwärters, 19. Januar 1948, AAPS, Filmrolle 22.
26 Speer, *ST*, 18. Dezember 1947, S. 132.
27 Speer, *ST*, 20. Januar 1953, S. 334 f.
28 Vgl. Nikolai Sysojews Bericht aus dem Jahr 1970 zur Bewaffnung der sowjetischen Wachen im Außenbereich, in »Victors: Guarding the Number 2 Nazi«, *Bratishka* (Brotherhood: Journal for Members of Special Forces), Oktober 2004, http://www.bratishka.ru (abgerufen im Januar 2006). Ich danke Arsen Djatej für diesen Hinweis und die Übersetzung des Textes.
29 Protokoll der Direktorenbesprechung vom 2. August 1947, AAPS, Filmrolle 2; Office of Military Government, Berlin Sector, Semi-Monthly Progress Report, 1.–15. August 1947, NARA, RG 260, Entry 139, Box 571.

30 Protokoll der Direktorenbesprechung vom 4. November 1947, AAPS, Filmrolle 2.
31 Speer, *ST*, 25. April 1948, S. 152.
32 Vgl. die Erinnerungen der Zensorin Margarita Nerutschewa in »Wosmesdije [Vergeltung]«, *Sibirskije Ogni [Sibirische Lichter]*, Nr. 2 (2000), *http://sibogni.ru/archive/2/215* (abgerufen im Januar 2006). Nerutschewa arbeitete nach 1957 als sowjetische Zensorin in Spandau. Neben Deutsch beherrschte sie auch Französisch und Englisch. Ich danke Arsen Djatej für diesen Hinweis und die Übersetzung des Textes.
33 Speer, *ST*, 14. Oktober 1947, 5. Dezember 1947, 7. Dezember 1947, S. 119 f., S. 127.
34 Protokolle der Direktorenbesprechungen vom 18. August 1949 und 8. September 1949, AAPS, Filmrolle 2.
35 Speer, *ST*, 5. Dezember 1947, S. 127.
36 Vgl. BK/AHC (50)37, 21. Juli 1950; Inspektionsbericht von Lionel Fox, dem Vorsitzenden der Gefängniskommission für England und Wales, 23. April 1951, TNA, FO 1060/544.
37 Taylor, *Nürnberger Prozesse*, S. 457.
38 Funk behauptete 1946 in Nürnberg immer noch, die wirtschaftliche Schwäche Deutschlands in den frühen zwanziger und dreißiger Jahren sei »in der Hauptsache [...] durch die Tributlasten [hervorgerufen]« worden, durch die als Folge des Ersten Weltkriegs auch ein Transfer von »Deutsche-Mark-Valuta in großen Beträgen in das Ausland« entstand, »ohne hierfür Gegenwerte zu erhalten«. Die deutschen Reparationslasten waren allerdings nicht annähernd so hart, wie es in der Öffentlichkeit vermittelt wurde, und Berlin umging Zahlungen, wann immer dies möglich war, und bediente sich dabei aller verfügbaren Mittel, zu denen auch die kalkulierte Ruinierung der eigenen Währung gehörte. Funk selbst hatte sich gegen den Dawes-Plan von 1924 ausgesprochen – ein internationales Abkommen, das die Erleichterung der bereits begrenzten deutschen Reparationslasten zum Ziel hatte – und tat dies eher aus allgemeinpolitischen denn aus finanzpolitischen Gründen. Die Kriegsschäden in Frankreich und Belgien, die durch die deutschen Reparationen beglichen werden sollten, wurden größtenteils auf Kosten der Steuerzahler jener Länder behoben. Funks oben zitierte Bemerkungen vom 4. Mai 1946 sind in *IMG*, Bd. 13, S. 92, dokumentiert. Zur Legendenbildung in Sachen Reparationen, zu der auch Funk mit seinen Äußerungen beitrug, vgl. Sally Marks, »The Myth of Reparations«, in: *Central European History* 18 (1978) 3, S. 231–255.
39 Zu Funks Äußerung vom 4. Mai 1946 über Goebbels vgl. *IMG*, Bd. 13, S. 106.
40 *IMG*, 4. Mai 1946, Bd. 13, S. 109.
41 *IMG*, 6. Mai 1946, Bd. 13, S. 165.
42 Gerhard L. Weinberg, *The Foreign Policy of Hitler's Germany*, Bd. 2: *Starting World War II, 1937–1939*, Atlantic Highlands/N.J. 1994, S. 26.
43 Taylor, *Nürnberger Prozesse*, S. 457.
44 Dokument 3944-PS (Beweisstück US-846; eidesstattliche Erklärung von Emil Puhl), in: *IMG*, 7. Mai 1946, Bd. 13, S. 191 f.
45 Dokument 4045-PS (eidesstattliche Erklärung von Oswald Pohl), *IMG*, 5. August 1946, Bd. 20, S. 345–348, Zitate auf S. 345, S. 346 und S. 347.
46 *IMG*, 7. Mai 1946, Bd. 13, S. 193, S. 197.
47 *IMG*, 31. August 1946, Bd. 22, S. 441.
48 NARA, RG 238, Entry 33, Box 6, S. 1824 f., S. 1931–1935, S. 1992 f.

49 Funk an die Gefängnisdirektoren von Spandau, 16. Mai 1950, Akte Funk, AAPS, Filmrolle 13.
50 Funks Beschwerde ist dokumentiert in seiner Nachricht an die Gefängnisdirektoren, 26. Juni 1949, AAPS, Filmrolle 13. Deren Reaktion ist dem Protokoll der Direktorenbesprechung vom 16. Juni 1949 zu entnehmen, AAPS, Filmrolle 2.
51 Protokoll der Direktorenbesprechungen vom 14., 21. und 29. Oktober 1948, AAPS, Filmrolle 2. Die Rumpf-Kommandantur leitete Funks Petition im November 1949 an die Alliierte Hohe Kommission weiter, die in Westdeutschland an die Stelle des Kontrollrats getreten war, doch die Kommission unternahm in dieser Angelegenheit nichts. Vgl. BK/AHC(49)2, 18. November 1949, NARA, RG 466, Entry 59, Box 2.
52 Protokoll der Direktorenbesprechung vom 15. Januar 1953, AAPS, Filmrolle 3. Vgl. auch Protokoll der Direktorenbesprechung vom 28. Mai 1953 und Funks Schreiben an die Alliierten Hohen Kommissare, 12. Dezember 1953, AAPS, Filmrolle 3.
53 Fishman, *Long Knives,* S. 159–163.
54 Vgl. hierzu den entsprechenden Abschnitt in der Akte Funk, AAPS, Filmrolle 14.
55 Memorandum der Sanitätsoffiziere Leutnant Charles Roska und Leutnant Roy Martin, 19. Oktober 1946, 6850th Internal Security Detachment, Akte Funk, AAPS, Filmrolle 10.
56 Memorandum von Roska und Martin an die Viermächtekommission, 25. Oktober 1946, mit einem handschriftlichen, für Andrus bestimmten Vermerk am Ende, Akte Funk, AAPS, Filmrolle 10.
57 Protokoll der Außerplanmäßigen Besprechung des Medical Board, 6. Januar 1948, AAPS, Filmrolle 10.
58 Ganeval an Koenig, 2. September 1947, MAE-AOFAA, GMFB 15/1, Mappe: Prison de Spandau.
59 Protokoll der Besprechung des Medical Board, 28. Juli 1947, AAPS, Filmrolle 10.
60 Protokoll der Besprechung des Medical Board, 29. Januar 1948, AAPS, Filmrolle 10.
61 Protokoll der Sondersitzung der alliierten Gefängnisärzte, 5. Mai 1948, AAPS, Filmrolle 10.
62 Protokoll der Besprechung des Medical Board, 3. September 1947, AAPS, Filmrolle 10.
63 Protokolle der Besprechungen des Medical Board, 8. Februar, 31. Mai und 30. November 1949 und des Berlin Command, Medical Service, AAN Louis Pasteur, 28. Oktober 1949, AAPS, Filmrolle 10.
64 Protokoll der Besprechung des Medical Board, 31. Januar 1951, AAPS, Filmrolle 10.
65 Protokolle der Direktorenbesprechungen vom 19. August und 26. August 1954 sowie der Sondersitzung vom 13. September 1954, AAPS, Filmrolle 3.
66 Memorandum von K. D. Treasure (britischer Vertreter für Rechtsfragen bei der Alliierten Kommandantur) an das Sekretariat, April 1948, AMB/SlgD AK 135/7.
67 Alliierte Kommandantur Berlin, Rechtsausschuss (Legal Committee), LEG/R(48)6, 31. März 1948, NARA, RG 260, Entry 139, Box 571.
68 Protokoll der Direktorenbesprechung, 6. November 1947, AAPS, Filmrolle 2.
69 Speer, *ST,* 4.und 16. August 1947, 24. und 25. August 1948, S. 112, S. 160, S. 161; Diensttagebuch des Chefwärters, 22. Oktober 1948, AAPS, Filmrolle 22.
70 Diensttagebuch des Chefwärters, 22. September 1948, AAPS, Filmrolle 22.
71 Krankenakte von Neurath, AAPS, Filmrolle 12.
72 Von August 1947 bis Dezember 1948, Krankenakte Dönitz, AAPS, Filmrolle 12.

73 Speer, *ST,* 26. März 1948, S. 149.
74 Speer, *ST,* 24. und 25. August 1948, 28. September 1948, S. 160, S. 161, S. 164.
75 Krankenakte Heß, 4. Dezember 1948, AAPS, Filmrolle 15.
76 Protokoll der Besprechung des Medical Board, 29. Januar 1948, AAPS, Filmrolle 10.
77 Protokoll der Besprechung des Medical Board, 26. Februar 1948, AAPS, Filmrolle 10.
78 Protokoll der Besprechung des Medical Board, 28. April 1948, AAPS, Filmrolle 10.
79 Protokoll der Besprechung des Medical Board, 29. Oktober 1948, Filmrolle 10.
80 Speer, *ST,* 3. Januar 1949, S. 170.
81 Zum Beispiel im Diensttagebuch des Chefwärters, 8. Juni 1948, AAPS, Filmrolle 22.
82 Diensttagebuch des Chefwärters, 10. Juni 1948, AAPS, Filmrolle 22.
83 Diensttagebuch des Chefwärters, 4. Juli 1948, AAPS, Filmrolle 22.
84 Zur längsten Debatte im Unterhaus des britischen Parlaments vgl. Great Britain, Parliament, House of Commons, *Parliamentary Debates (Hansard): Official Report* [im Folgenden: *Hansard* (Commons)], 5th Series, Bd. 457, Spalte 57 ff., 26. Oktober 1948. Zur Rolle Churchills vgl. Ulrich Brochhagen, *Nach Nürnberg: Vergangenheitsbewältigung und Westintegration in der Ära Adenauer.* Hamburg 1994, S. 29 f.
85 *Neues Deutschland,* 11. November 1949, S. 1. Zu den politischen Problemen im Zusammenhang mit dem Manstein-Prozess vgl. J. H. Hoffman, »German Field Marshals as War Criminals? A British Embarrassment«, in: *Journal of Contemporary History* 23 (1988) 1, S. 17–35; Donald Bloxham, »Punishing German Soldiers during the Cold War: The Case of Erich von Manstein«, in: *Patterns of Prejudice* 33 (1999) 4, S. 25–45.
86 Diensttagebuch des Chefwärters, 1., 9., 14., 21., 23. und 26. August 1948, AAPS, Filmrolle 10.
87 Protokoll der Direktorenbesprechung, 5. August 1948 und später im August, Protokolle der Direktorenbesprechungen vom 9. September 1948, 21. und 25. Oktober 1948, 12. November 1948, AAPS, Filmrolle 2.
88 Brief von Neuraths an die Gefängnisdirektion, 17. Oktober 1948, Akte von Neurath, AAPS, Filmrolle 12.
89 Auszug aus dem Memorandum des Rechtsausschusses an den Vorsitzenden, den Stabschef und die Alliierte Kommandantur, 1. Januar 1949, NARA, RG 466, Entry 48, Box 14.
90 Miller an den Direktor des OMGBS, Auszug aus dem Bericht vom 18. November 1948, NARA, RG 466, Entry 48, Box 14.
91 Fishman, *Long Knives,* S. 163 f., S. 257.
92 Zitiert bei Christopher Sykes, *Nancy: The Life of Lady Astor.* London 1972, S. 382, S. 386, S. 396 f.
93 Sykes, *Nancy,* S. 487, S. 494.
94 Die beiden Briefe Baronin von Neuraths vom 14. November 1947 sind archiviert unter TNA, FO 371/64710. Die auf Deutsch geschriebenen Briefe lagen dem Autor nur in einer englischen Übersetzung vor, sind hier also rückübersetzt. Vgl. auch die gedruckte Fassung bei Fishman, *Long Knives,* S. 167–169. Zu Lady Astors Reise nach Deutschland vgl. Sykes, *Nancy,* S. 494 f. Zu Henderson vgl. Weinberg, *Foreign Policy,* Bd. 2, S. 60.
95 Zitiert bei Fishman, *Long Knives,* S. 170 f.
96 Vgl. Theo Schwarzmüller, *Zwischen Kaiser und »Führer«: Generalfeldmarschall August von Mackensen.* Paderborn 1999, S. 299–306; Norman J. W. Goda, »Black Marks: Hitler's Bribery of His Senior Officers during World War II«, in: *Journal of Modern History* 72 (2000) 2, S. 430 f.

97 Susan Zuccotti, *Under His Very Windows: The Vatican and the Holocaust in Italy*. New Haven 2000, S. 128. Vgl. auch Meir Michaelis, Mussolini and the Jews: *German-Italian Relations and the Jewish Question in Italy, 1922–1945*. London 1978, S. 307 ff.
98 NARA, RG 549, Entry 2223, Box 21.
99 Wolfgang Gerlach, *Als die Zeugen schwiegen. Bekennende Kirche und die Juden*. Berlin ²1993. S. 165–167, S. 241–245, S. 348–352.
100 Jon David K. Wynecken, »Memory as Diplomatic Leverage: Bishop Theophil Wurm and War Crimes Trials, 1948–1952«, Diskussionspapier, vorgestellt bei der Jahrestagung der German Studies Association, 30. September 2004; vgl. auch Frei, *Vergangenheitspolitik*, S. 144–148.
101 Wurm an König Georg VI., 7. Januar 1947; Wurm an Sir Ivone Kirkpatrick, 22. Januar 1951; Wurm an Lord Chichester, 7. Februar 1951, Landeskirchliches Archiv (Stuttgart) [im Folgenden: LKA-S], D 1 [Nachlass Wurm], Bd. 304.
102 Dieser Punkt wird erörtert in Klemens von Klemperer, *Die verlassenen Verschwörer. Der deutsche Widerstand auf der Suche nach Verbündeten 1938–1945*. Berlin 1994.
103 Wurm an Chichester, 21. August 1946; Wurm an Chichester, 30. Juli 1948; Chichester an Wurm, 11. September 1948; Wurm an Chichester, 29. September 1951; LKA-S, D 1, Bd. 235. Zu diesem allgemeinen Problem in der Anglikanischen Kirche vgl. Tom Lawson, »Constructing a Christian History of Nazism: Anglicanism and the Memory of the Holocaust, 1945–49«, in: *History and Memory* 16 (2004) 21, S. 146–176.
104 Wurm an Chichester, 17. Juni 1947, LKA-S, D 1, Bd. 235.
105 Von Mackensen Erklärung zu ihrem Besuch vom 2. Februar 1948 und Wurms Antwort befinden sich in TNA FO 371/70853. Zu von Neurath vgl. Speer, *ST*, 3. Februar 1949, S. 176; Memorandum der Direktoren vom 16. März 1948, AAPS, Filmrolle 1.
106 Notiz von Newton, 30. Januar 1948, TNA, FO 371/70853.
107 Frage von Thomas C. Skeffington-Lodge, 20. September 1948, *Hansard (Commons)*, Bd. 456, Sp. 489.
108 Tom Bower, *Blind Eye to Murder: Britain, America and the Purging of Nazi Germany – A Pledge Betrayed*. London 1983, S. 285.
109 Zu Brauchitsch vgl. *Hansard* (Commons), Bd. 457, Sp. 62, 26. Oktober 1948; zum koscheren Schlachten vgl. *Hansard* (Commons), Bd. 460, Sp. 85, 24. Januar 1949.
110 *Hansard* (Commons), Bd. 445, Sp. 673 ff., 4. Dezember 1947.
111 Stokes an Bevin, 27. Oktober 1948, TNA, FO 371/70853.
112 Notiz von Basil Marsden-Smedley, 30. August 1948; Notiz von W. R. Cox, 30. August 1948, TNA, FO 371/70853.
113 General Sir Brian Robertson (Hauptquartier der Alliierten Kontrollkommission für Deutschland), British Element, Berlin, HQ/10102/Sec G No. 19, 26. Oktober 1948, an Ernest Bevin, als Antwort auf eine Mitteilung Bevins vom 25. September 1948, in: TNA, FO 371/70853.
114 Notiz von M. H. O'Grady, 3. November 1948, TNA, FO 371/70853.
115 Robertson an Bevin, HQ/10102/Sec G No. 19, 26. Oktober 1948, TNA, FO 371/70853.
116 Memorandum zur Diskussion bei der Besprechung der amerikanischen, britischen und französischen Militärgouverneure, 4. November 1948, NARA, RG 260, Entry 1954, Box 1. Auf Clays Vorschlag wird auch im Protokoll von M. H. O'Grady Bezug genommen, 4. Dezember 1948, TNA, FO 371/70853. Zu Koenig vgl. Jean Edward Smith

(Hg.), *The Papers of General Lucius D. Clay: Germany, 1945–1949*, 2 Bde., Bloomington 1974 [künftig: *Clay Papers*], Bd. 2, Dok. 593.

117 Unsigned Memorandum Regarding Prisoners Convicted by the International Military Tribunal and Confined in Spandau Prison, 26. Oktober 1949, NARA, RG 59, Entry 1368, LF 61 D 33, Box 1.

118 Clay an Department of the Army, CC-6781, 18. November 1948; Robert Murphy an Charles Saltzman, Abteilungsleiter im Außenministerium, 3. Dezember 1948, NARA, RG 260, Entry 1954, Box 1; US-Protokoll der 5. Besprechung des britischen, französischen und amerikanischen Militärgouverneurs, 30. November 1948, NARA, RG 260, Entry 1955, Box 4; Notiz von M. H. O'Grady, 4. Dezember 1948, TNA, FO 371/70853.

119 Notiz von M. H. O'Grady, 4. Dezember 1948; Robertson ans britische Außenministerium, German Section, No. 2551, 2. Dezember 1948, TNA, FO 371/70853.

120 Memorandum, Direktor OMGBS an den US-Direktor, Gefängnis Spandau, 2. Dezember 1948, NARA, RG 466, Entry 48, Box 14.

121 Oberst Frank Howley an Generalmajor G. P. Hays, den stellvertretenden Militärgouverneur, 2. Dezember 1948, NARA, RG 466, Entry 10-A, Box 29.

122 Protokoll der Direktorenbesprechungen vom 3. und 7. Dezember 1948, AAPS, Filmrolle 2.

123 *Clay Papers*, Bd. 2, Dok. 651.

124 Protokoll der Direktorenbesprechung vom 27. Dezember 1948, AAPS, Filmrolle 2.

125 *Clay Papers*, Bd. 2, Dok. 651.

126 Auszug aus dem Memorandum des Rechtsausschusses an den Vorsitzenden, den Stabschef und die Alliierte Kommandantur, 1. Januar 1949, NARA, RG 466, Entry 48, Box 14; LEG/R(49)2, 29. Januar 1949, AMB/SlgD, AK 135/6.

127 *Clay Papers*, Bd. 2, Dok. 651. Wörtliche Niederschrift der 9. Besprechung des britischen, französischen und amerikanischen Militärgouverneurs, 1. März 1949; wörtliche Niederschrift der 11. Besprechung des britischen, französischen und amerikanischen Militärgouverneurs, 16. März 1949; James Riddleberger an Murphy, 18. März 1949, alle zu finden in NARA, RG 260, Entry 1954, Box 1.

128 Speer, *ST*, 7. Dezember 1948, S. 168.

129 Protokoll der Besprechung des Medical Board, 28. Februar 1949, AAPS, Filmrolle 10.

130 Speer, *ST*, 3. Januar 1949, 12. März 1949, S. 170, S. 200. In internen Diskussionen der Kommandantur von 1949 wird irrtümlicherweise davon ausgegangen, Speer sei von den Amerikanern verhaftet worden. Speer wechselte vor seinem Prozess in Nürnberg wiederholt zwischen britischer und amerikanischer Haft, erstmals festgenommen wurde er jedoch von britischen Soldaten im Mai 1945 in Flensburg. Vgl. hierzu Overy, *Verhöre*, S. 129–132.

131 Speer, *ST*, 10. Januar 1949, 1. August 1949, S. 171, S. 210.

132 Wörtliche Niederschrift der 9. Besprechung der britischen, französischen und amerikanischen Militärgouverneure, 1. März 1949; wörtliche Niederschrift der 11. Besprechung der britischen, französischen und amerikanischen Militärgouverneure, 16. März 1949; James Riddleberger an Murphy, 18. März 1949, NARA, RG 260, Entry 1954, Box 1.

133 Seydoux ans Quai d'Orsay, No. 1086, 2. März 1949, MAE-AOFAA, GMFB 15/1, Mappe: Prison de Spandau.

134 Protokoll der Direktorenbesprechungen vom 30. Dezember 1948, 13. Januar 1949, 3., 12. und 25. März 1949, 19. Mai 1949, 4. August 1949, AAPS, Filmrolle 2.
135 Unsigned Memorandum vom 22. November 1949 (es beschreibt den Spandau-Besuch Chauncey Parkers, eines Vertreters der International Bank), NARA, RG 59, Entry 1368, LF 61 D 33, Box 1.
136 Magistrat von Groß-Berlin 4402/I/A.1.49 (Rechtsabteilung) an Oberstleutnant G. M. Oborn, Stabschef, Alliierte Kommandantur Berlin, 7. Oktober 1949, NARA, RG 84, Entry 1016, Box 12; Gerlach an Souter, 31. Oktober 1949, NARA, RG 466, Entry 49, Box 27. Zu Reuters persönlichem Engagement vgl. HICOG Berlin an HICOG Frankfurt (für McCloy), CN-12506, 22. Oktober 1949, NARA, RG 466, Entry 48, Box 14. Die Korrespondenz zwischen dem Gefängnisdirektorium und der Stadtverwaltung von Berlin zu Reparaturfragen und Gehaltstabellen befindet sich in der amtlichen Korrespondenzakte der Spandauer Gefängnisdirektoren, AAPS, Filmrolle 21. Die monatlichen Ausgabenberichte befinden sich in AAPS, Filmrolle 9.
137 Ganeval an die Französische Hohe Kommission, 12. November 1949, MAE-AOFAA, GMFB 363 (XA/1/3).
138 Gerlach an Souter, Mai 1950, NARA, RG 466, Entry 48, Box 14.
139 Prison Interalliée de Spandau à Monsieur Président du Comité Légal, FO/IV–1/48/29, 10. Februar 1948, AAPS, Filmrolle 2.
140 Alliierte Kommandantur, Office of the Chairman Chief of Staff, BH/AHC(50)5, 15. Januar 1950, NARA, RG 466, Entry 48, Box 14.
141 HICOG Berlin an HICOG Frankfurt, CN-15475, 15. November 1949 – 40. Besprechung der Kommandantur, 10. November 1949, NARA, RG 466, Entry 48, Box 14; Alliierte Kommandantur Berlin/Office of the Chairman Chief of Staff, BK/AHC(49)1 (unterzeichnet von Evan Taylor), 16. November 1949, TNA, FO 371/85897.
142 Auszug aus der 38. Besprechung der Stellvertretenden Kommandanten, 21. Oktober 1949, NARA, RG 466, Entry 48, Box 14.
143 Auszug aus der Besprechung der Alliierten Kommandantur, 18. November 1949, NARA, RG 466, Entry 48, Box 14.
144 HICOG Berlin an HICOG Frankfurt, CN-17130, 1. Dezember 1949, NARA, RG 466, Entry 48, Box 14. Zu den Franzosen vgl. François-Poncet an Quai d'Orsay, Nr. 1008–10, 15. Dezember 1949, MAE-AOFAA, GMFB 363 (XA/1/3).
145 Bourne an den juristischen Berater, Britische Hohe Kommission, GOC/30, 30. Januar 1951, TNA, FA 1060/544. Vgl. hierzu auch die Liste der informellen Verbesserungen in MAE-AOFAA, GMFB 363 (XA/1/3).
146 Vgl. hierzu die Liste von Verbesserungen am Schluss des Index of Basic and Reference Material for Study and Analysis of the Interalliied Prison Spandau, 7. Januar 1951, in NARA, RG 466, Entry 48, Box 14.
147 Protokoll der Direktorenbesprechung vom 3. August 1950, AAPS, Filmrolle 2.
148 Wörtliche Niederschrift der Besprechung der Kommandanten, 13. April 1951, AMB/SlgD, AK 135/5.
149 Diskussionen in TNA, FO 1060/544, 545. Die Wünsche der Gefangenen, alleine zu essen und keine neuen Tätigkeiten wie zum Beispiel Schreinerarbeiten ausführen zu müssen, sind festgehalten im Anhang B zu BK/LEG(51)32, AMB/SlgD, AK 135/5.
150 Auszug aus dem Protokoll der Besprechung der Kommandanten, 13. April 1951, sowie aus der wörtlichen Niederschrift der Besprechung der Kommandanten, 13. April 1951, AMB/SlgD, AK 135/5.

151 Zu Thorwalds Verbindungen vgl. das Memorandum von [Name unkenntlich gemacht] an Richard Helms, 10. November 1950, NARA, RG 263, Entry ZZ-18, Box 23, Namensakte Reinhard Gehlen, Bd. 1, Mappe 2. Die Namensakte Gehlen enthält auch Informationen zu den Verbindungen zur CIA. Zur sowjetischen Durchdringung der Organisation Gehlen vgl. Felfe, Heinz: Damage Assessment Report, sowie Felfe, Heinz: KGB Exploitation in: NARA, RG 263, Entry ZZ-19, Box 1.
152 Protokoll der Direktorenbesprechung vom 12. November 1951, AAPS, Filmrolle 2.
153 Protokoll der Direktorenbesprechung vom 31. Januar 1952, AAPS, Filmrolle 2.
154 Protokoll der Direktorenbesprechung vom 28. Februar 1952, AAPS, Filmrolle 2. Vgl. auch das Protokoll der Direktorenbesprechung vom 19. März 1953, AAPS, Filmrolle 3.
155 Protokoll der Direktorenbesprechung vom 24. März 1952, AAPS, Filmrolle 3.
156 Protokoll der Direktorenbesprechung vom 26. Februar 1953, AAPS, Filmrolle 3.
157 Protokoll der Direktorenbesprechung vom 10. Januar 1952, AAPS, Filmrolle 2.
158 Protokoll der Direktorenbesprechung vom 10. März 1952, AAPS, Filmrolle 2.
159 Protokolle der Direktorenbesprechungen vom 2., 16. und 24. Oktober 1952, 22. Dezember 1952, AAPS, Filmrolle 3.
160 Protokolle der Direktorenbesprechungen vom 18. Dezember 1952 und 8. Januar 1953, AAPS, Filmrolle 3.
161 Protokoll der Direktorenbesprechung vom 20. März 1952, AAPS, Filmrolle 2.

3. Kapitel
Von Neuraths Asche: Dere Kampf um die Erinnerung

1 John L. Heineman, *Hitler's First Foreign Minister: Constantin Freiherr von Neurath, Diplomat and Statesman*. Berkeley 1979, S. 2.
2 Heineman, *von Neurath*, S. 75.
3 *IMG*, 25. Juni 1946, Bd. 17, S. 34, unter Bezug auf Äußerungen von Neuraths, die im *Völkischen Beobachter* vom 17. September 1933 zitiert wurden.
4 *IMG*, 25. Juni 1946, Bd. 17, S. 39.
5 Heineman, *von Neurath*, S. 115.
6 Zitiert nach Hans-Adolf Jacobsen, *Misstrauische Nachbarn*, S. 91.
7 Heineman, von Neurath, S. 148.
8 Weinberg, *Foreign Policy*, Bd. 2, S. 39 f.
9 *IMG*, 25. Juni 1946, Bd. 17, S. 62–67.
10 Die Äußerung findet sich in Heineman, *von Neurath*, S. 190–218.
11 Fishman, *Long Knives*, S. 165.
12 *IMG*, 24. Juni 1946, Bd. 16, S. 723 f.
13 *IMG*, 25. Juni 1946, Bd. 17, S. 74. Dokumente in *IMG*, Bd. 33, S. 252–271. Vgl. auch Heineman, *von Neurath*, S. 206 f.
14 Elke Fröhlich (Hg.), *Die Tagebücher von Joseph Goebbels,* Teil II: *Diktate 1941–1945,* Bd. 4: *April–Juni 1942.* München 1995. Einträge vom 19. April 1942 und 15. April 1942, S. 131, S. 104 f.
15 Details im Bundesarchiv (Berlin) [künftig: BA-B], R 43 II, Bd. 985c; Heineman, *von Neurath,* S. 214.

16 KZ-Gedenkstätte Vaihingen/Enz, *Das Konzentrationslager »Wiesengrund«: Vom Arbeitslager zum Sterbelager.* Vaihingen/Enz ⁴2002. Das Lager Vaihingen in Württemberg war ein Außenlager des Konzentrationslagers Natzweiler-Struthof im Elsass. Im Vergleich zur brutalen Steinbrucharbeit, die die meisten Lagerinsassen verrichten mussten, hielten diejenigen Gefangenen, die zur Arbeit auf dem Anwesen von Neuraths abgestellt wurden, ihr Schicksal für günstig.
17 Heineman, *von Neurath,* S. 220 ff.
18 Wurm an Chichester, 30. Dezember 1949, LKA-S, D 1, Bd. 235. Es handelt sich hier um eine Rückübersetzung aus einer englischen Übersetzung von Wurms Brief.
19 Hans-Peter Schwarz, *Adenauer. Der Aufstieg: 1876–1952.* Stuttgart 1986, S. 357–424.
20 Ivone Kirkpatrick, *The Inner Circle: The Memoirs of Ivone Kirkpatrick.* London 1959.
21 Elke Scherstjanoi (Hg.), *Das SKK-Statut: Zur Geschichte der sowjetischen Kontrollkommission in Deutschland 1949 bis 1953. Eine Dokumentation.* München: Saur 1998.
22 Zur allgemeinen Information vgl. Ronald Granieri, *The Ambivalent Alliance: Konrad Adenauer, the CDU/CSU, and the West 1949–1966.* New York 2002, S. 32 f.
23 Vgl. hierzu z. B. die Äußerungen des pensionierten Generals Hans Speidel gegenüber dem US-General Alfred Gruenther am 9. April 1952, zitiert in: *Akten zur auswärtigen Politik der Bundesrepublik Deutschland* [künftig: AAP-BRD, Angabe mit Jahreszahl und Nummer des Dokuments], 1952. München 2000, Dok. 100. Zur allgemeinen Information über die Frage des Umgangs mit Kriegsverbrechern vgl. Brochhagen, *Nach Nürnberg,* S. 32 ff., sowie Frei, *Vergangenheitspolitik,* S. 133 ff.
24 Bundesministerium des Innern, *Dokumente zur Deutschlandpolitik,* Serie II, Bd. 3. München 1997 [künftig: DzD, Angabe mit Serie, Band und Dokumentnummer], Dok. 402. Die unbegründeten Anführungszeichen, in die das Wort »Kriegsverbrecher« hier gesetzt ist, stammen von Blankenhorn. Die Bundesrepublik hatte erst ab 1951 ein Außenministerium, und Adenauer übernahm dann auch (bis 1955) das Amt des Außenministers, in dem Blankenhorn als Chef der politischen Abteilung fungierte.
25 Zu den Zahlen für 1950 vgl. Buscher, *The U.S. War Crimes Trial Program,* Anhang B. Zu den Zahlen für Juli 1951 vgl. das Memorandum von Herbert Dittmann (dem stellvertretenden Leiter der politischen Abteilung), 10. Juli 1951, *AAP-BRD, 1951,* Dok. 126.
26 Memorandum von Dittmann, 10. Juli 1951, *AAP-BRD, 1951,* Dok. 126. Zu diesem Zeitpunkt zählte man in Bonn 227 in Wittlich inhaftierte Deutsche und weitere 479 in Frankreich inhaftierte Personen. Im April 1950 hatten die Franzosen 273 Gefangene in Wittlich und weitere 864 Häftlinge in Frankreich.
27 Nicht unterzeichnetes, an Herbert Blankenhorn gerichtetes Memorandum, undatiert [1950], Politisches Archiv des Auswärtigen Amtes (Berlin) [künftig: PA-AA], B[estand] 10, Bd. 2100.
28 Großbritannien, Parlament, House of Lords, *The Parliamentary Debates (Hansard),* 5th Series, London 1949 [künftig: *Hansard* (Lords)], 5. Mai 1949, Bd. 162, Sp. 376 ff.
29 Alaric Searle, »A Very Special Relationship: Basil Liddell Hart, Wehrmacht Generals, and the Debate on West German Rearmament«, in: *War in History* 5 (1998) 3, S. 327–357. Das Buch von Liddell Hart, vom dem hier gesprochen wird, ist *Jetzt dürfen sie reden. Hitlers Generale berichten.* Stuttgart 1950.
30 Vgl. Lord Maurice Hankey, *Politics, Trials and Errors.* Chicago 1950.
31 Chichesters Briefe befinden sich in TNA, FO 371/85897.
32 Vgl. die Korrespondenz im Zusammenhang mit Winifreds Memorandum in TNA, FO 371/85898.

33 Dibelius an den Präsidenten des Direktorats (Le Cornu), 19. Mai 1951, Akte von Neurath, AAPS, Filmrolle 12.
34 Protokoll der Direktorenbesprechung, 28. Mai 1951, AAPS, Filmrolle 2; Mathewson (Berlin) an McCloy, CN-54065, 28. Mai 1951, NARA, RG 466, Entry 10-A, Box 29. Zwei Tage später wandte sich Generalmajor Geoffrey Bourne, der britische Stadtkommandant von Berlin, mit Zustimmung seines französischen und amerikanischen Kollegen mit einem entsprechenden Vorschlag an den Berliner Vertreter der Sowjetischen Kontrollkommission, Sergej Alexejewitsch Dengin, hatte aber keinen Erfolg. Vgl. Bourne an die Rechtsabteilung der Britischen Hohen Kommission, GOC/30, 30. Mai 1951, TNA, FO 1060/545. Am Tag der goldenen Hochzeit durfte schließlich von Neuraths Sohn Konstantin als einziges Familienmitglied (fünfzehn Minuten lang) zu Besuch kommen, denn Marie war krank, und die Sowjets verweigerten den beiden Kindern einen gemeinsamen Besuch. McCloy an Adenauer, 30. Juli 1951, BA-K, B 305, Bd. 158.
35 Speer, *ST,* 25. April 1951, S. 266. Zitat in Winifred von Mackensen an Margret Speer, 1. Mai 1951, BA-K, NL 1340/Sig. 107.
36 *Die Welt,* 21. Juni 1951; Helmuth Fischinger (Neuraths Anwalt) an Wurm, 26. Juni 1951, LKA-S, D 1, Bd. 304.
37 Vgl. zum Beispiel Adenauer an François-Poncet, 20. Juni 1950, PA-AA, B 10, Bd. 2100.
38 Adenauer an McCloy (einschließlich der Korrespondenz mit Wurm), 13. Juni 1951, zu 515–01 E II/6110/51, BA-K, B 305, Bd. 158; Adenauer an McCloy, 515–01 11539/51, 21. Oktober 1951, NARA, RG 466, Entry 59, Box 21.
39 Stephen Henry, Rechtsabteilung der Britischen Militärregierung in Berlin, an N. H. Moller, Büro des Rechtsberaters, Britische Hohe Kommission, 6. Mai 1950 (weitergeleitet ans Foreign Office als Nr. 708, 8. Mai 1950), TNA, FO 1060/449.
40 Kirkpatrick an Robertson, CG 1745/14/184, 24. Mai 1950, und Robertson an Kirkpatrick, HC/1544, 18. März 1950, beide in TNA, FO 371/85897.
41 Acheson an HICOG Frankfurt, CN-35590, 23. März 1950, NARA, RG 466, Entry 10-A, Box 29.
42 Kirkpatrick an FO, No. 362, 22. Juli 1950, TNA, FO 1060/429.
43 Fishman, *Long Knives,* S. 161–163.
44 Neuropsychiatrischer Bericht über den Gefangenen Nr. 6, 22. April 1950, Maxwell McKnight an Joseph Slater, 3. Mai 1950, mit beigefügter medizinischer Beurteilung, NARA, RG 466, Entry 59, Box 5.
45 Büro des Leiters des Medizinischen Dienstes, 279th Station Hospital, Berlin Military Post, U.S. Army, 12. April 1950, NARA, RG 466, Entry 59, Box 4. Der Befund für Heß verwies auf eine »Gedächtnisstörung, die zu keinem bekannten [...] Erscheinungsbild [...] passt, bei einem möglicherweise sehr intelligenten Mann von großer Willensstärke«.
46 Maxwell McKnight an Joseph Slater, 11. Mai 1950, NARA, RG 466, Entry 59, Box 5. Vgl. hierzu auch das Foreign-Office-Memorandum PC 2931/33/188, 20. Dezember 1950, TNA, FO 1060/544.
47 McCloy an Robertson, 2. Mai 1950, NARA, RG 466, Entry 48, Box 14.
48 Tab 15b Other Business, 31. Mai 1950, NARA, RG 466, Entry 59, Box 5; Alliierte Hohe Kommission für Deutschland/Alliiertes Generalsekretariat/AGSEC(50)1155, 2. Juni 1950, TNA, FO 371/85897. Zu McCloys Kommentar vgl. Kirkpatrick an FO, Nr. 1027,

11. Juli 1950, sowie Kirkpatrick an FO, Nr. 362, 21. Juli 21 1950, beide in TNA, FO 371/85897.
49 Zur britischen Haltung vgl. die Berichte in TNA, FO 1042/544, hier vor allem Law Committee, Memorandum by the U.K. Member, Spandau Prison Regulations, Paper A (Januar 1950) sowie Ref L15/8/105, 9. Dezember 1950. Zur französischen Haltung vgl. die Berichte Ganevals an François-Poncet vom 22. Juni und vom 1. Juli 1950, MAE-AOFAA, GMFB 363 (XA/1/3); zur amerikanischen Position vgl. Draft Allied Kommandantura Berlin, Legal Committee, LEG/R(50), 13. Juli 1950, NARA, RG 466, Entry 10-A, Box 29; Kirkpatrick an FO, Nr. 362, 21. Juli 1950, TNA, FO 1060/429.
50 Bonn (McCloy) an den US-Außenminister, CN-31506, 20. Juli 1950, NARA, RG 466, Entry 59, Box 6.
51 Kirkpatrick an FO, Nr. 362, 21. Juli 1950, TNA, FO 371/85897.
52 George P. Hays, Stellvertretender Hoher Kommissar der Vereinigten Staaten für Deutschland (für McCloy), an Adenauer, AGSEC(50)1691, 9. August 1950, PA-AA, B 10, Bd. 2100.
53 Der Brief wird erwähnt in Kirkpatrick an Foreign Office, Nr. 391, 9. August 1950; Memorandum von Newton, 3. Oktober 1950, beide in TNA, FO 371/85898.
54 Kirkpatrick an Foreign Office, Nr. 362, 21. Juli 1950, TNA, FO 371/85898.
55 Memorandum von Newton, 3. Oktober 1950, TNA, FO 371/85898.
56 Memorandum von Sir Alfred Brown (Rechtsberater der Britischen Hohen Kommission), 12. Januar 1951, sowie von Brown an den für Rechtsfragen zuständigen leitenden Offizier der britischen Militärregierung in Berlin, 22. Januar 1951, beide in TNA, FO 1060/544.
57 Vgl. den Brief des Leiters der Rechtsabteilung bei der Französischen Hohen Kommission, 23. Februar 1951, MAE-AOFAA, GMFB 363 (XA/1/3).
58 McCloy an Adenauer, 22. Februar 1951, BA-K, B 305, Bd. 158.
59 Memorandum 515–01 E II/Neurath/51, nicht unterschrieben und ohne Datum, BA-K, B 305, Bd. 158.
60 Adenauer an McCloy, 29. Januar 1951, BA-K, B 305, Bd. 158.
61 McCloy an Adenauer, 30. Juli 1951, BA-K, B 305, Bd. 158.
62 Wurm an Blankenhorn, 16. August 1951, BA-K, B 305, Bd. 158.
63 Adenauer an McCloy, 21. Oktober 1951, 515–01 11539/51, NARA, RG 466, Entry 59, Box 21.
64 Memorandum von Dr. Heinz von Trützschler, 6. Mai 1952, PA-AA, B 10, Bd. 2106.
65 Jay Baird, *To Die for Germany: Heroes in the Nazi Pantheon*. Bloomington 1990, S. 41–72.
66 Baird, *To Die for Germany*, S. 71 f.
67 Sprecher, *Inside the Nuremberg Trial*, Bd. 2, S. 1435.
68 Alliierter Kontrollrat, Alliiertes Sekretariat, ASEC(46)942, 23. Oktober 1946, TNA, FO 1012/607.
69 W. Wallace Kirkpatrick, Leiter der Rechtsabteilung, Alliierte Kommandantur, an Oberst W. H. Peters, Hauptquartier European Command, Abteilung Militärjustiz, Unterabteilung Kriegsverbrechen, U.S. Army, APO 742, 25. Oktober 1951, NARA, RG 466, Entry 16-B, Box 8.
70 Die Gefängnisdirektoren und die Sanitätsoffiziere einigten sich im August 1947 auf eine von den vier Mächten vorzunehmende Autopsie, eine Erklärung zur Todesursache

und die Einäscherung des Toten, ohne weitere Einzelheiten festzulegen. Der Rechtsausschuss der Kommandantur billigte die grundlegende Empfehlung im Oktober, die Direktoren taten dies im Dezember. Die im Text beschriebenen Einzelheiten wurden im Januar und Februar 1948 von den Direktoren in Spandau und dem Rechtsausschuss der Kommandantur erarbeitet. Vgl. hierzu Henry H. Frank (U.S.-Direktor in Spandau) an den Rechtsausschuss, AO/I–3/47/91, 11. August 1947, MAE-AOFAA, GMFB 363 (XA/1/3); Kommandantura Interalliée de Berlin, Comité Legal, LEG/R(47)35, 10. Oktober 1947; Kommandantura Interalliée de Berlin, Comité Legal, LEG/I(48)45, 28. Januar 1948 und Anlagen SP/BGC/2, 16/1948, sowie den vertraulichen, nicht unterzeichneten Vermerk aus dem Spandauer Gefängnis (er stammt möglicherweise von Darbois), 13. Januar 1948, alles enthalten in MAE-AOFAA, GMFB 15/1.

71 Zur Diskussion zwischen den stellvertretenden Kommandanten vgl. Annexe à BKD/M(41)51, 9. Dezember 1947, angefügt an Peter C. Bullard an Wesley Pape, 17. Dezember 1947, und die »Note [der Rechtsabteilung der Französischen Hohen Kommission] pour le Général [Ganeval]«, 24. Februar 1951, beide in MAE-AOFAA, GMFB 363 (XA/1/3). Zum Problem der Geheimhaltung vgl. Kommandantura Interalliée de Berlin, Comité Legal, LEG/I(48)45 und Anhänge, MAE-AOFAA, GMFB 363 (XA/1/3), und Darbois' Protest, angefügt an SP/BGC/2 16–1948 in MAE-AOFAA, GMFB 15/1.

72 Office of the U.S. Commander, Berlin, APO 742, 12. Juni 1950, Memorandum an Dr. Pape von J. J. Ewell, Oberstleutnant GSC, bevollmächtigter Offizier (und alle dazugehörigen Begleitdokumente), NARA, RG 466, Entry 16-B, Box 8.

73 Zu den politischen Verbindungen zwischen den amerikanischen und den westdeutschen Behörden vgl. Eisenberg, *Drawing the Line*.

74 »Accord concernant la disposition à prendre pour les restes d'un détenus décedé«, 14. Oktober 1949, MAE-AOFAA, GMFB 15/1; erklärt in Fredrick A. O. Schwarz, General Counsel (Allgemeine Rechtsabteilung der Hohen Kommission), an das US-Außenministerium, Despatch 608, 14. August 1953, NARA, RG 59, Entry 1311, LF 59 D 609, Box 17.

75 Confidential Brief Tab N. 3 zu HICOM/P(51)22, 15. März 1951; Secret Office Memorandum, AHCO Parker an McCloy, 16. März 1951, beide in NARA, RG 466, Entry 48, Box 14.

76 Mathewson an McCloy, CN-50257, 7. April 1951; McCloy an das US-Außenministerium, CN-51742, 26. April 1951, beide in NARA, RG 466, Entry 48, Box 14. Weitere Überlegungen in TNA/FO 1060/545.

77 Zu Bourne vgl. seine Ref. 191/21/51 in MAE-AOFAA, GMFB 363 (XA/1/3). Zu Bevin vgl. Foreign Office Nr. 242 an Sir Gordon Macready, 25. Juni 1951, TNA, FO 1060/545.

78 Kirkpatrick an FO, Nr. 670, 15. Juli 1951, TNA, FO 1060/545.

79 McCloy an das US-Außenministerium, CN-54411, 1. Juni 1951; McCloy an das US-Außenministerium, CN-31233, 19. Juli 1951, beide in NARA, RG 466, Entry 48, Box 14; Kirkpatrick an Foreign Office, Nr. 725, 23. Juli 1951, AMB/SlgD, AK 135/5.

80 Alliierte Kommandantur Berlin (Büro des Chairman Secretary), BK/AHC(52)16, 18. Februar 1952, NARA, RG 466, Entry 48, Box 14; Kirkpatrick an Foreign Office, Nr. 1252, 30. November 1951, und Susins Antwort vom 6. November 1951, beide in TNA/ FO 1060/545. Zur goldenen Hochzeit: Bourne an Carolet, 30. Mai 1951, MAE-AOFAA, GMFB 363 (XA/1/3).

81 Diskussion zwischen Adenauer und Acheson, 21. November 1951, *AAP-BRD, Adenauer und die Hohen Kommissare,* Bd. 1, S. 526–528.
82 Acheson-Telegramm CN-40478, 21. Dezember 1951; Alliierte Kommandantur Berlin, BK/AHC(52)1, 5. Januar 1952; Information für das US-Mitglied, 18. Januar 1952, alle in NARA, RG 466, Entry 48, Box 14.
83 Neate (Generalsekretär) an den Chairman Secretary, Alliierte Kommandantur AGSEC/SP(52)4, 29. Januar 1952, NARA, RG 466, Entry 48, Box 14; Lyon an USCOB, Oberst Legere, 19. Februar 1952, NARA, RG 466, Entry 16-B, Box 8.
84 Undatierte Übersetzung in TNA, FO 1060/545.
85 Vgl. Frank Roberts an Kirkpatrick, 4. Januar 1952, und Kirkpatrick an Roberts, L 15/6/411, 25. Januar 1952, beide in TNA, FO 1060/545; vgl. auch das Geheime Memorandum, HICOM/SP/M(52)1, 24. Januar 1952, und Hagen (Leiter der Gefängnisabteilung) an McDonald (Rechtsausschuss), 30. Januar 1952, NARA, RG 466, Entry 48, Box 14; Memorandum McCloys an Mathewson, 25. Januar 1952, NARA, RG 466, Entry 16-B, Box 8.
86 Lyon an das US-Außenministerium, Gesprächsniederschrift mit Bezug zum Spandauer Gefangenen von Neurath, 31. Januar 1952, NARA, RG 466, Entry 16-B, Box; Maurice Bathurst an W. D. Allen, FO, Nr. 437, 22. Februar 1952, TNA, FO 1060/545.
87 Foreign Office an die britische Hohe Kommission, Nr. 126, 30. Januar 1952, TNA, FO 1060/545.
88 Lyon an USCOB, Oberst Legere, 19. Februar 1952, NARA, RG 466, Entry 16-B, Box 8; Protokoll der Besprechung des Medical Board, 12. Februar 1952, AAPS, Filmrolle 10.
89 Lyon an Bonn, CN-43475, 20. Februar 1952, NARA, RG 466, Entry 48, Box 14.
90 McCloy an Department of State, CN-6/22, 22. Februar 1952, NARA, RG 466, Entry 48, Box 14.
91 McCloy an Department of State, CN-9976, 3. April 1952, NARA, RG 466, Entry 48, Box 14. Protokoll der Direktorenbesprechung vom 3. April 1952, AAPS, Filmrolle 3. Dass es sich hier um eine schwere Herzattacke handelte, wird teilweise auch durch die Tatsache belegt, dass dies der erste Herzanfall ist, den der zurückgezogen lebende Speer in seinem Tagebuch erwähnt. Vgl. Speer, *ST,* 1. April 1952, S. 281 (»Aber er ist der einzige Mithäftling, dessen Fehlen ein Verlust für mich wäre«).
92 Lyon-Memorandum vom 11. April 1952, NARA, RG 466, Entry 16-B, Box 8.
93 Acheson an die Botschaft der USA in Moskau, CN-47100, 2. Mai 1952, NARA, RG 466, Entry 48, Box 14.
94 Zur Übereinkunft selbst und zu den Verhandlungen, die zu den vertraglichen Vereinbarungen führten, vgl. United States, Department of State, *Foreign Relations of the United States* [künftig: *FRUS*], 1952–1954, Bd. 7. Washington, D.C. 1986, S. 1–168. Eine Zusammenfassung des Geschehens bietet Hans-Peter Schwarz, *Geschichte der Bundesrepublik Deutschland,* Bd. 2: *Die Ära Adenauer 1949–1957.* Stuttgart 1981, S. 149–166.
95 Acheson-Rundschreiben CN-47869, 15. Mai 1952, NARA, RG 466, Entry 48, Box 14.
96 Buscher, *The U.S. War Crimes Trial Program,* S. 76 f.
97 Vgl. das Memorandum des Außenministertreffens, 25. Mai 1952, in FRUS, 1952–1954, Bd. 7, Dok. 48.
98 Vgl. die Kommentare François-Poncets vom 5. Februar 1952, in: *FRUS 1952–1954,* Bd. 7, Dok. 7. Adenauer und François-Poncet hatten bereits im November 1950 eine heftige Auseinandersetzung über die Frage des Umgangs mit Kriegsverbrechern gehabt. Damals

hatte der französische Hohe Kommissar gemahnt, die öffentliche Meinung in Frankreich sei in dieser Frage, ganz unabhängig von den Empfindlichkeiten in Deutschland, nicht weniger empfindlich, zumal die in Frankreich einsitzenden Gefangenen ja ihre Verbrechen dort begangen hätten. Vgl. hierzu Adenauers Diskussion mit den Hohen Kommissaren, 16. November 1950, *AAP-BRD, Adenauer und die Hohen Kommissare 1949–1950*, Bd. 1, Dok. 19. Die Franzosen hielten unmittelbar vor Abschluss des Deutschlandvertrags neben den 152 in Wittlich einsitzenden Deutschen noch 311 deutsche Staatsbürger in Frankreich selbst fest. Schuman konterte Adenauers Bestreben, in den Deutschlandvertrag Bestimmungen für die Freilassung des letzteren Personenkreises aufzunehmen, mit der Antwort, die Frage des Umgangs mit diesen Gefangenen sei bilateralen deutsch-französischen Gesprächen vorbehalten und die Zahl der Gefangenen sei mit Blick auf die Dauer der deutschen Okkupation durchaus korrekt. Vgl. hierzu das Protokoll des Londoner Außenministertreffens, 18. Februar 1952, *AAP-BRD, Adenauer und die Hohen Kommissare, 1949–1950*, Bd. 2, Anlage 23, auch abgedruckt in *AAP-BRD 1952*, Dok. 52.

99 *FRUS, 1952–1954*, Bd. 7, Dok. 48; *AAP-BRD, Adenauer und die Hohen Kommissare 1949–1950*, Bd. 2, Anlage 26. Schuman akzeptierte auch Adenauers Vorschlag, deutsch-französische Gespräche über die in Frankreich inhaftierten Kriegsverbrecher abzuhalten.

100 Patricia F. Hancock, German Political Department, FO an M. F. P. Herschenroder (Rechtsberater, britische Hohe Kommission), 30. Mai 1952, und Herschenroder an Hancock, Nr. 339, 5. Juni 1952, beide in TNA, FO 1060/546.

101 McCloys Vorschlag vom 3. April führte zu einer weniger drastischen persönlichen Demarche von Generalmajor Cyril F. Coleman bei Dengin am 10. April mit dem Vorschlag, dass von Neurath nach einer weiteren Herzattacke »unter Bewachung durch die vier Mächte in ein Krankenhaus außerhalb des Spandauer Gefängnisses verlegt werden sollte«. Dengin versprach, diesen Vorschlag zu prüfen, doch die Antwort ließ bis zum 23. Mai auf sich warten, und dann bezeichnete Dengin die medizinischen Einrichtungen in Spandau als angemessen, außerdem bessere sich von Neuraths Gesundheitszustand ohnehin. Churchill schlug daraufhin vor, das sowjetische Nein zum britischen Vorschlag vom 10. April öffentlich bekanntzumachen. Er sagte: »Es hätte mit Sicherheit eine günstige Wirkung auf die öffentliche Meinung in Deutschland, wenn dies bekannt würde.« Eden warnte, von einer Demostration der alliierten Machtlosigkeit in der Sache von Neurath seien keine wünschenswerten Auswirkungen zu erwarten und die damit verbundene Publicity würde auch jede weitere Demarche bei den Sowjets zu Fragen der Haftbedingungen beeinträchtigen. Zu McCloys Vorschlag vom 3. April vgl. Kirkpatrick an FO, Nr. 433, 4. April 1952, TNA, FO 1060/546. Zum amerikanischen Vorschlag vom 15. April und der britischen Weigerung vgl. Herschenroder an Robert McCheyne Andrew, German Political Department, FO, 23. April 1952, TNA, FO 1060/546. Zu Churchills Vorschlag vgl. seine Notiz vom 8. Juni 1952, Serial M. 321/52, und Edens Antwort vom 12. Juni 1952, PM/52/61, beide in TNA, PREM 11/793.

102 Acheson an HICOG Berlin, CN-70117, 4. Juni 1952, NARA, RG 466, Entry 48, Box 14.

103 Hancock an Herschenroder, 30. Mai 1952, TNA, FO 1060/546.

104 Brochhagen, *Nach Nürnberg*, S. 64, S. 71.

105 Speer, *ST*, 22. und 23. April 1952, S. 285.
106 Das französische Aide-mémoire vom 10. Juni ist enthalten in Acheson an HICOG Bonn, a-1991, 16. Juni 1952, sowie in Samuel Reber an das US-Außenministerium, CN-49365, 12. Juni 1952, in NARA, RG 466, Entry 48, Box 14.
107 Adenauers Diskussion mit Churchill, 4. Dezember 1951, AAP-BRD 1951, Dok. 196. Zu diesem Zeitpunkt saßen rund 200 Deutsche in Werl ein. Churchill sagte Adenauer, er arbeite in aller Stille an der Freilassung Erich von Mansteins, der am 19. Dezember 1949 zu zwölf Jahren Gefängnis verurteilt worden war und nach Churchills Worten während der Haft sogar Golf gespielt hatte. Eden sicherte Adenauer zu, alle Gefangenen in Werl könnten mit einer Revision ihrer Verfahren rechnen, deshalb würden einige Häftlinge sofort freigelassen werden. Adenauer bat um eine Freilassung bis Weihnachten.
108 Gifford an die US-Botschaft in Paris und an HICOG Bonn, CN-30861, 16. Juli 1952; Dunn an HICOG Bonn und an die US-Botschaft in London, CN-30915, 17. Juli 1952; Donelly an Department of State, CN-1975, 14. August 1952, alle in NARA, RG 466, Entry 48, Box 14.
109 Hans-Jürgen Döscher, *Verschworene Gesellschaft: Das Auswärtige Amt unter Adenauer zwischen Neubeginn und Kontinuität*. Berlin 1995, S. 231–233.
110 Vgl. hierzu den Originalentwurf zu von Trützschlers Schreiben an John F. Golay (den US-Sekretär beim Alliierten Generalsekretariat, Amerikanische Hohe Kommission), 4. Juni 1952, Anlage zum Memorandum von Moppe an Blankenhorn und Hallstein, 30. Juni 1952, PA-AA, B 10, Bd. 2106, und von Trützschler an Golay, 515–01 E II 7375/52, 4. Juni 1952, TNA, FO 1060/546. Trützschler schrieb, dass nach seinem Kenntnisstand die Zellen Tag und Nacht beleuchtet seien, die Gefangenen nicht miteinander sprechen dürften, nur mit einem Familienangehörigen korrespondieren sowie nur zwei oder drei Besucher pro Jahr empfangen dürften. Auf diese Falschbehauptungen wurde hingewiesen in Donnelly an Adenauer, AGSEC(52)839, 29. August 1952, TNA, FO 1060/546.
111 Adenauer an Kirkpatrick, 515–01 d II 8773/52, 9. Juli 1952, PA-AA, B 10, Bd. 2106 und TNA, FO 1060/546.
112 Vgl. zu diesem Entwurf HICOM/P(52)40, 1. August 1952, MAE-AOFAA, HC 281/17.
113 Kirkpatricks Brief vom 1. September 1952 an Tschuikow ist zu finden unter PA-AA, B 10, Bd. 2106, sowie in TNA, FO 1060/546. Zur öffentlichen Bekanntmachung vgl. *Neue Zeitung*, 11. September 1952; Memorandum von J. G. Ward, 11. September 1952, sowie Notiz von M. A. Robb, 8. Oktober 1952, TNA, FO 1060/546.
114 Zur Analyse des sowjetischen Angebots vgl. Rolf Steininger, *Eine Chance zur Wiedervereinigung? Die Stalin-Note vom 10. März 1952. Darstellung und Dokumentation auf der Grundlage unveröffentlichter britischer und amerikanischer Akten*. Bonn 1985; Jürgen Zarusky (Hg.), *Die Stalin-Note vom 10. März 1952: Neue Quellen und Analysen*. München 2002. Vgl. auch die Zusammenfassung in Granieri, *Ambivalent Alliance*, S. 49–54.
115 Semitschastnow an François-Poncet, 5. Oktober 1952, abgedruckt in *Neue Zeitung*, 9. Oktober 1952.
116 Donnelly an Tschuikow, 23. Oktober 1952, NARA, RG 466, Entry 48, Box 14; François-Poncet an Tschuikow, 23. Oktober 1952, MAE-AOFAA, GMFB 15/1, Mappe: Modifications.

117 Memorandum von Dr. Born, 515–01 d II 13714/52, 11. November 1952, PA-AA, B 10, Bd. 2106.
118 Adenauer an Donnelly, zu 515–01 d II 13714/52, 11. November 1952, PA-AA, B 10, Bd. 2106.
119 Information für das amerikanische Mitglied des Rechtsausschusses, Tagesordnung vom 28. November 1952, NARA, RG 466, Entry 48, Box 14.
120 Memorandum vom 13. Januar 1953, zu 515–01 d II 13714/53, PA-AA, B 10, Bd. 2106; Adenauer an François-Poncet, 515–01 d E II 20851/53, 24. September 1953, AMB/SlgD, AK 135/4.
121 Lyon an das US-Außenministerium, CN-40536, 22. Januar 1953, NARA, RG 466, Entry 48, Box 14. Memorandum von Trützschlers, 515–01 E II Raeder/53, 21. Januar 1953; Samuel Reber an Adenauer, AGSEC(53)95, 6. Februar 1953, BA-K, B 305, Bd. 159.
122 Speer, *ST,* 26. Februar 1953, S. 338; Protokoll der Direktorenbesprechung, 19. Februar 1953, AAPS, Filmrolle 3.
123 Churchills Notiz an Eden, 5. Dezember 1952, Ser. M 561/52, TNA, PREM 11/793. Churchills Kommentare beziehen sich auf die Zusammenfassung eines Inspektionsberichts von Lionel Fox, dem Vorsitzenden der Gefängniskommission für England und Wales, 23. April 1951, in dieser Mappe. Die vollständige Fassung findet sich in TNA, FO 1060/544. Fox hielt die Haftbedingungen für besonders inhuman und verwies auf den Mangel an produktiver Arbeit neben der Gartenarbeit, auf das Fehlen von Zeitungen und eines Radios – also von Informationsmitteln zur Wahrnehmung der Außenwelt – und auf das Fehlen normaler Möglichkeiten, sich zu unterhalten, etwa in einem Gemeinschaftsraum oder bei gemeinsamen Mahlzeiten. Die Zusammenfassung des Fox-Berichts hielt die Verbesserungen bei der Besuchsregelung und im Briefverkehr fest. Churchill vertrat die Ansicht, Publicity könnte das Schicksal der Gefangenen erleichtern, aber Eden riet in seiner Antwort vom 17. Dezember 1952 erneut zur Vorsicht, denn: »Ich befürchte, dass Publicity sich nicht als nützlich erweisen würde. Wenn wir für Aufregung sorgen würden, könnten wir nur das Gesicht verlieren, wenn das angestrebte Ziel nicht erreicht wird. [...] Die Russen lassen sich durch Publicity nicht beeinflussen. [...] Die kleinen Erfolge, die wir bei der Lockerung der Gefängnisordnung erreicht haben, sind durch nichtöffentliche Absprachen zustandegekommen. Wenn wir die Russen zu sehr unter Druck setzen, werden wir wohl auch auf diesem Gebiet das Terrain, das wir gewonnen haben, wieder verlieren.« Churchill antwortete: »Ich verstehe Ihre Schwierigkeiten.«
124 Information für das US-Mitglied des Rechtsausschusses, Tagesordnung vom 1. April 1953, NARA, RG 466, Entry 48, Box 14.
125 Adenauer-Dulles-Diskussion, 7. April 1953, *AAP-BRD 1953,* Bd. 1, Dok. 114.
126 Information für das US-Mitglied des Rechtsausschusses, Tagesordnung vom 20. April 1953, NARA, RG 466, Entry 48, Box 14.
127 Information für das US-Mitglied des Rechtsausschusses, Tagesordnung vom 27. Mai 1953, NARA, RG 466, Entry 48, Box 14. Der Hinweis bezieht sich auf die Bermuda-Konferenz vom 4. bis 8 Dezember 1953, an der Eisenhower, Churchill, der französische Ministerpräsident Joseph Laniel und ihre Außenminister teilnahmen. Sie sprachen über den EVG-Vertrag, Korea, Atomenergiefragen und einen Vier-Mächte-Gipfel. Vgl. Klaus Larres, *Churchill's Cold War: The Politics of Personal Diplomacy.* New Haven 2002, S. 309 ff.; Martin Gilbert, *Winston Churchill,* Bd. 7: *Never Despair.* Boston 1988, S. 916–942.

128 Alliierte Hohe Kommission für Deutschland/The Council HICOM/P(53)13, 25. Juli 1953, NARA, RG 466, Entry 48, Box 14.
129 Die Sowjets lösten im Juni 1953 die Sowjetische Kontrollkommission auf und ersetzten sie durch ein Büro der Hohen Kommission der Sowjetunion in Deutschland mit Hauptquartier in Berlin. Semjonow nahm seine Arbeit am 5. Juni 1953 auf, und Tschuikow wurde am 10. Juni von seinen Pflichten in Deutschland entbunden. Vgl. Scherstjanoi, *Das SKK-Statut*, S. 97–99.
130 Conant an S. Houston Ley, einen Assistenten der Allgemeinen Rechtsabteilung (General Counsel), 26. Mai 1953, NARA, RG 466, Entry 48, Box 14; Conant an John Foster Dulles, Nr. 436, 28. Juli 1953, NARA, RG 59, Entry 1311, LF 59 D 609, Box 17.
131 Zu von Neuraths Herzattacke und dem Plan, im Todesfall den Leichnam an die Angehörigen zu übergeben, vgl. Lyon an Dulles, Nr. 133, 29. Juli 1953; Lyon an Dulles, Nr. 143, 30. Juli 1953; Dulles an HICOG Berlin und Bonn, Nr. 391, 30. Juli 1953, alle in NARA, RG 59, Entry 1311, LF 59 D 609, Box 17.
132 Speer, *ST*, 5. August 1953 und 9. September 1953, S. 348, S. 349. Zur Zensur von Mitteilungen über den eigenen Gesundheitszustand in Neuraths Briefen und bei Besuchen vgl. die Protokolle der Direktorenbesprechungen vom 2. April 1953 und 9. September 1953, AAPS, Filmrolle 3.
133 Aufzeichnung zur Diskussion zwischen Dengin und Coleman, 31. Juli 1953, AMB/SlgD, AK 135/4.
134 Zu Dengin und Alabjew vgl. HICOG Berlin an Department of State, Nr. 133, 26. August 1953, NARA, RG 466, Entry 48, Box 14; Protokoll der Direktorenbesprechung vom August 1953, AAPS, Filmrolle 3. Andere, im Sinne von Neuraths angestrebte Verbesserungen sollten ein zusätzlicher Brief und Besuch pro Monat sein, die Verlegung in eine bequemere Zelle, die bis dahin als Gefängniskapelle benutzt wurde, eine Nachttischlampe und nächtliche Kontrollen mit einer Taschenlampe anstelle der in der Zelle installierten 40-Watt-Lampe. Von Neurath erhielt schließlich mit sowjetischer Zustimmung ein Krankenhausbett, einen kleinen Bettvorleger, einen Lehnstuhl, eine verstellbare Lichtquelle und nächtliche Kontrollen mit einer Taschenlampe. Vgl. W. Wallace Kirkpatrick, Leiter der Rechtsabteilung, HICOG Berlin, an Department of State, Nr. 153, 4. August 1953, NARA, RG 59, Entry 1311, LF 59 D 609, Box 17; Protokoll der Direktorenbesprechung vom 3. September 1953, AAPS, Filmrolle 3. Zum Streit um die Verpflegung vgl. die Protokolle der Direktorenbesprechungen vom 9. und 23. September 1953, AAPS, Filmrolle 3.
135 Zu den Hohen Kommissaren vgl. Conant an Department of State, Nr. 605, 1. August 1953, NARA, RG 59, Entry 1311, LF 59 D 609, Box 17.
136 Für Semjonow bestimmter, undatierter Briefentwurf, NARA, RG 466, Entry 48, Box 14; François-Poncet an Semjonow, 1. August 1953; Haute Commission en Allemagne, Secrétariat Général Alliée, AGSEC(53)698, 11. August 1953, beide in MAE-AOFAA, GMFB 15/1, Mappe: Modifications. Semjonow antwortete am 29. August 1953 und wies das Ansinnen mit einem Hinweis auf frühere Vier-Mächte-Vereinbarungen sowie auf Semitschastnows Ablehnung vom 4. Oktober 1952 zurück. Semjonow an François-Poncet, 29. August 1953, MAE-AOFAA, GMFB 15/1, Mappe: Modifications.
137 Kommandantura Interalliée de Berlin, Bureau de Secrétaire Président, BK/AHC(53)71, 13. August 1953, MAE-AOFAA, GMFB 15/1, Mappe: Modifications; Lyon an HICOG Bonn, CN-31621, 12. August 1953, NARA, RG 466, Entry 48, Box 14.

138 Bericht über eine Besprechung zwischen dem Vorsitzenden Stadtkommandanten (GB) und dem Regierenden Bürgermeister am 23. Oktober 1953, MAE-AOFAA, GMFB 15/1, Mappe: Modifications. Vgl. auch W. Wallace Kirkpatrick an Frederick O. Schwarz, 29. Oktober 1953, NARA, RG 466, Entry 16-B, Box 8.
139 Draft BK/O(53), MAE-AOFAA, GMFB 15/1, Mappe: Modifications.
140 Report by the Legal Advisers Concerning the Disposal of Remains of Spandau Prisoners in the Event of Death, Second French Draft, 24. Februar 1954, TNA, FO 371/109331.
141 Zu diesem Briefentwurf vgl. das Memorandum von H. W. Evans, 7. Januar 1954; Briefentwurf an Semjonow beigefügt zu Hoyer Millar an Berlin, Nr. 14, 9. Januar 1954; Herschenroder an Evans, L/15/8/105, 20. Januar 1954, alle in TNA, FO 371/109330; François-Poncet an Semjonow, 11. Januar 1954 (in Karlshorst zugestellt durch die französische Verbindungsmission), MAE-AOFAA, GMFB 15/1, Mappe: Modifications.
142 Notiz von Evans, 1. April 1954, TNA, FO 371/109331.
143 Die britische und die französische Regierung ergriffen die Initiative zu dieser Konferenz, um einen Eindruck von den Absichten der sowjetischen Regierung nach Stalins Tod zu bekommen. Zum Hintergrund dieses Geschehens vgl. Anthony Eden, *Full Circle*. Boston 1960, S. 59 ff.
144 Memorandum von Sir Frank Roberts an Anthony Eden, 4. Februar 1954, TNA, FO 371/109331. Vgl. hierzu auch die zahlreichen deutschen Zeitungsartikel in dieser Archivmappe und in FO 371/109330. Zum Evangelischen Pressedienst vgl. Hohe Kommission für Deutschland/Alliiertes Generalsekretariat, AGSE(54)11, 11. Januar 1954, TNA, FO 371/109330.
145 Entwürfe zum Vorschlag vom Dezember 1953 finden sich in BA-K, B 305, Bd. 154. Der ursprüngliche Vorschlag sah die Freilassung von über 70-jährigen Häftlingen vor, aber da von Neurath und Raeder ohnehin älter als 75 Jahre waren, wurde das Entlassungsalter auf 75 Jahre angehoben, um das humanitäre Argument zu stärken. Adenauers Brief wird beschrieben in: Hoyer Millar an Foreign Office, Nr. 23, 9. Januar 1954, TNA, FO 371/109330. Adenauer schlug auch die Einrichtung eines Sonderausschusses der vier Mächte vor, der sich ausschließlich mit dem Spandauer Gefängnis beschäftigen sollte.
146 Zu den Presseberichten über Adenauers Note an Kirkpatrick vgl. *Die Welt*, 11. Januar 1954; *Bonner Rundschau*, 11. Januar 1954; *Bonner General-Anzeiger*, 11. Januar 1954; Vgl. auch Herschenroder an Evans, L 15/8/05, 19. März 1954, TNA, FO 371/1099331.
147 Dulles an HICOG Bonn, Nr. 2139, 20. Januar 1954, NARA, RG 59, Entry 1311, LF 59 D 609, Box 17. Zu Dulles und der Berliner Außenministerkonferenz vgl. Eden, *Full Circle*, S. 61-63.
148 Notiz von Sarner, 12. Januar 1954; Notiz von Hancock, 18. Januar 1954; Memorandum von Hancock, 20. Januar 1954; Memorandum von Sir Frank Roberts, 21. Januar 1954; Kirkpatrick an Sir Frank Roberts, 22. Januar 1954, alle in TNA, FO 371/109330; Memorandum von Roberts an Eden, 4. Februar 1954, TNA, FO 371/109331.
149 Von Papen an Churchill, 8. Januar 1954, und Churchills Nachricht an Eden, 21. Januar 1954, Ser. M. 18/54, beide in TNA, PREM 11/793 sowie in INA, FO 371/109330.
150 Dulles (aus West-Berlin) an Dowling, CN-37885, 12. Februar 1954, NARA, RG 466, Entry 10-A, Box 166.
151 Eden an Foreign Office, Nr. 202, 17. Februar 1954, TNA, FO 371/109331; Eden an Churchill, P. M./54/38, 1. März 1954, TNA, PREM 11/793.

152 Eden, *Full Circle*, S. 76 f.
153 Kommentar am Schluss von Eden an Churchill, PM/54/38, 1. März 1954, TNA, FO 371/109331.
154 Bathurst an Evans, L 5/8/105, 5. März 1954, TNA, 371/109331. Der Brief, auf den Semjonow nicht geantwortet hatte, findet sich in Hoyer Millar an FO, Nr. 22, 11. Januar 1954, TNA, PREM 11/793.
155 Foreign Office an die britische Botschaft in Moskau, Nr. 390, 24. März 1954; Hoyer Millar an FO, Nr. 253, 26. März 1954, beide in TNA, FO 371/199331; Parkman an die Amerikanische Hohe Kommission, CN-39187, 24. März 1954, NARA, RG 466, Entry 10-A, Box 166.
156 Speer, *ST,* 27. März und 31. März 1954, S. 362, S. 366.
157 Zu Lewis' Fragen im britischen Unterhaus, die am 24. März 1954 einsetzen und sich bis in den April hinein fortsetzen, vgl. TNA, FO 371/109331, FO 371/109332. Zu den SED-Kontakten zu Lewis im Jahr 1960 vgl. SAPMO, DY 30 [Büro Norden], Bd. 5.
158 Hoyer Millar an FO, Nr. 189, 27. März 1954; François-Poncet an Adenauer, AGSEC(54)206, 30. März 1954, TNA, FO 371/109330.
159 Zur ersten Gesprächsrunde vgl. Generalleutnant Sir William Oliver (Kommandant des Britischen Sektors von Berlin) an die britische Botschaft in Bonn, Telegramm Nr. 133, 6. April 1954; Zusammenfassender Bericht zur Besprechung der Vertreter der vier Mächte über das Gefängnis Spandau am 6. April 1954 am Sitz der Alliierten Kontrollbehörde; Protokoll der Besprechung der Vetreter der vier Mächte über das Gefängnis Spandau am 6. April 1954 um 11 Uhr am Sitz der Alliierten Kontrollbehörde, alle in NARA, RG 466, Entry 48, Box 15; General Oliver an FO, Nr. 38. 9. April 1954, TNA, FO 371/109332.
160 Die zweite Gesprächsrunde wird dokumentiert in Oliver an die britische Botschaft in Bonn, Nr. 156, 26. April 1954; Zusammenfassender Bericht zur Zweiten Besprechung der Vertreter der vier Mächte über das Gefängnis Spandau am 26. April 1954 am Sitz der Alliierten Kontrollbehörde; Berlin-Telegramm Nr. 157 von Bathurst an Bonn, 26. April 1954, alle in NARA, RG 466, Entry 48, Box 15; Oliver an FO, Nr. 169, 26. April 1954, TNA, FO 371/109333.
161 Zur dritten Gesprächsrunde vgl. das Berlin-Telegramm Nr. 160 an Bonn, 27. April 1954; Zusammenfassender Bericht zur Dritten Besprechung der Vertreter der vier Mächte über das Gefängnis Spandau am 27. April 1954 am Sitz der Alliierten Kontrollbehörde; Wortprotokoll der Dritten Besprechung der Vertreter der vier Mächte über das Gefängnis Spandau am 27. April 1954 am Sitz der Alliierten Kontrollbehörde, alle in NARA, RG 466, Entry 48, Box 15; Bathurst an Hoyar Millar, L 15/8/21, 29. April 1954, TNA, FO 371/109333.
162 Hoyar Millar an Berlin, Nr. 96, 29. April 1954, NARA, RG 466, Entry 48, Box 15.
163 Die Briten wählten *Die Welt,* die Amerikaner die *Frankfurter Allgemeine Zeitung,* die französische Wahl war *Der Kurier,* und die Sowjets überraschten ihre westlichen Gesprächspartner mit der Auswahl der westlichen *Berliner Zeitung,* der sie den Vorzug vor einem der kommunistischen Blätter gaben. Zu den neuen Bestimmungen für die Einweisung in ein Krankenhaus vgl. die Protokolle der Direktorenbesprechungen vom 10., 24. und 26. Mai 1954 sowie vom 25. Juni 1954, AAPS, Filmrolle 3.
164 Die vierte Gesprächsrunde ist dokumentiert in Parkman an das US-Außenministerium, CN-40417, 30. April 1954, NARA, RG 466, Entry 48, Box 15. Zur endgültigen

Textfassung des Abkommens vgl. Agreement Made between the Representatives of the High Commissioners in Germany of the Signatory Powers of the London Agreement and the Charter of the International Military Tribunal Concerning Changes in the Regime of Spandau Prison, 29. April 1954, NARA, RG 466, Entry 48, Box 15. Die endgültigen Vereinbarungen trafen die Gefängnisdirektoren im September 1954. Vgl. hierzu das Protokoll der Direktorenbesprechung, 16. September 1954, sowie Action to be taken in Event of Death of a Prisoner in Allied Prison Spandau, AAPS, Filmrolle 3.

165 Hoyer Millar an Bathurst mit Kopie an Roberts, 166/1/80/54, 29. April 1954; AGSEC(54)283, 3. Mai 1954; Adenauer an Hoyer Millar, 204–515–01 d/2089/54, 15. Mai 1954, alle in TNA, FO 371/109334.
166 Konstantin von Neurath an Blankenhorn, BKA, 15. Juni 1954, BA-K, B 305, Bd. 158.
167 Speer, *ST,* 24. Mai 1954, S. 385.
168 BK/AHC(54)39, 31. Juli 1954, AMB/SlgD, AK 135/3. Zu den Verzögerungen bei der Operation Funks vgl. Knight an Dowling, CN-42065, 16. Juni 1954; Charles H. Owsley, Despatch Nr. 69, 27. Juli 1954, beide in NARA, RG 466, Entry 10-A, Box 166.
169 Protokoll der Direktorenbesprechung, 8. Juli 1954, AAPS, Filmrolle 3.
170 Bericht Mogilnikows, 7. Juli 1954, Spandau Governors' Official Correspondence File, AAPS, Filmrolle 21; HICOG Berlin an das US-Außenministerium, 16. Juli 1954, NARA, RG 466, Entry 48, Box 15.
171 Speer, *ST,* 8. Juli 1954, S. 387.
172 Protokolle der Direktorenbesprechungen vom 15. und 23. Juli 1954, AAPS, Filmrolle 3; Thomas D. McKiernan an die Amerikanische Hohe Kommission, 16. Juli 1954, NARA, RG 466, Entry 10-A, Box 166.
173 BK/AHC(54)39, 31. Juli 1954, AMB/SlgD, AK 135/3.
174 Vgl. Jack Fishman, *The Seven Men of Spandau.* New York 1954. Zur britischen Diskussion über das Buch vgl. TNA, FO 371/109335. In der Ausgabe der westdeutschen Illustrierten *Quick* vom 15. August 1954 erschien ein Artikel über Spandau mit aus dem Gefängnis herausgeschmuggelten Fotos, von denen eines auch den für Begräbnisse vorgesehenen Teil des Gefängnishofs zeigte. Alliierte Kommandantur Berlin, Rechtsausschuss, LEG/R(54)27, 18. August 1954, MAE-AOFAA, GMFB, 15/1, Mappe: Modifications.
175 Protokoll der Direktorenbesprechung vom 15. Juli 1954, AAPS, Filmrolle 3; HICOG Berlin an das US-Außenministerium, 16. Juli 1954, NARA, RG 466, Entry 48, Box 15; Charles H. Owsley, Despatch Nr. 69, 27. Juli 1954, NARA, RG 466, Entry 10-A, Box 166; De Margerie (Berlin) an die französische Hohe Kommission, Nr. 722/723, 24. Juli 1954, und François-Poncet an Quai d'Orsay, Nr. 707/710, 13. August 1954, MAE-AOFAA, GMFB 15/1, Mappe: Modifications. Vgl. auch die Empfehlungen der Stadtkommandanten in BK/AHC(54)39, AMB/SlgD, AK 135/3.
176 Parkman an Dowling, CN-31128, 4. August 1954, NARA, RG 466, Entry 10-A, Box 166.
177 Speer, *ST,* 2. September 1954, S. 391.
178 Protokoll der Direktorenbesprechung vom 2. September 1954, AAPS, Filmrolle 3.
179 Speer, *ST,* 6. September 1954, S. 391; Protokoll der Direktorenbesprechung vom 9. September 1954, AAPS, Filmrolle 3.

180 Protokoll der Direktorenbesprechung vom 9. September 1954, AAPS, Filmrolle 3. Blankenhorn an die deutschen Gesandtschaften im Ausland, undatiert, 204/1078/54 E, BA-K, B 305, Bd. 158; *Die Welt*, 30. September 1954; Alabjew wollte nach diesem Artikel weitere Besuche Winifreds in Spandau untersagen. Protokolle der Direktorenbesprechungen vom 21. und 28. Oktober 1954, AAPS, Filmrolle 3.

181 Georgij Morews Erinnerungen waren im russischen Online-Magazin *Trud* nachzulesen (Nr. 074, 22. April 2004, http://www.trud.ru; abgerufen im Januar 2006). Ich danke Arsen Djatej für diesen Hinweis und die Übersetzung des Textes. (Vgl. Kap. 2. Anm. 18.)

182 Adenauer an Hoyer Millar in dessen Eigenschaft als Vorsitzender der Alliierten Hohen Kommission, undatiert, 204–515–01 d/3631/54, BA-K, B 305, Bd. 158. Vgl. auch TNA, FO 371/109335.

183 Parkman an Dowling, CN-31620, 18. August 1954, NARA, RG 466, Entry 10-A, Box 166; Owsley Despatch Nr. 95, 16. August 1954, NARA, RG 466, Entry 10-A, Box 169; De Margerie (Berlin) an die französische Hohe Kommission, Nr. 722/723, 24. Juli 1954, und François-Poncet an Quai d'Orsay, Nr. 707/710, 13. August 1954, MAE-AOFAA, GMFB 15/1, Mappe: Modifications.

184 Owsley Despatch Nr. 95, 16. August 1954, NARA, RG 466, Entry 10-A, Box 169.

185 Memorandum von Referat 204, 204/1078/54 E, 3. November 1954, BA-K, B 305, Bd. 158.

186 Speer, *ST*, 4., 6. und 8. November 1954, S. 397–399.

187 *Manchester Guardian*, 4. November 1954; *Neue Züricher Zeitung*, 5. November 1954.

188 Vgl. hierzu Chruschtschow an Ulbricht, 14. Juli 1955, SAPMO, DY 30 [Büro Ulbricht], Bd. 3749.

189 »Last Hours at Spandau«, *The Times*, 7. November 1954.

190 Auswärtiges Amt, Dienststelle Berlin [Roedel], an AA, 209–210–84/54g, Br. Nr. 694, 10. November 1954; Botschaft der Bundesrepublik Deutschland in Den Haag, 515–00 Kontr. Nr. 3365, 11. November 1954, beide in BA-K, B 305, Bd. 158.

191 *FAZ*, 8. November 1954; HICOG Bonn an das US-Außenministerium, Nr. 1013, 12. November 1954, NARA, RG 59, Entry 1311, LF 59 D 609, Box 17.

192 Pressebericht vom 9. November 1954, BA-K, B 305, Bd. 158.

193 Beide Texte wurden abgedruckt in »Von Neurath freed«, *The Times*, 8. November 1954.

194 Hausenstein (Paris) ans Auswärtige Amt, 200–00 I Tgb. Nr. 4557/54, 12. November 1954, BA-K, B 305, Bd. 158.

195 Botschaft der Bundesrepublik Deutschland in Den Haag, 515–00 Kontr. Nr. 3365, 11. November 1954, BA-K, B 305, Bd. 158.

196 Diplomatische Vertretung der Bundesrepublik Deutschland in London ans Auswärtige Amt, 246–01, Nr. 22647/54, 12. November 1954, Ba-K, B 305, Bd. 158.

197 Pfeiffer (Botschaft der BRD), 246–00 K. Nr. 4411/54, 22. November 1944, BA-K, B 305, Bd. 158.

198 Pressebericht vom 9. November 1954, BA-K, B 305, Bd. 158.

199 HICOG Bonn an das US-Außenministerium, Nr. 1013, 12. November 1954, NARA, RG 59, Entry 1311, LF 59, D 609, Box 17.

200 Hans Peter Mensing (Hg.), *Konrad Adenauer – Theodor Heuss: Unter vier Augen, Gespräche aus den Gründerjahren 1949–1959*. Berlin 1997, S. 363, Anm. 29.

201 Vgl. hierzu den Artikel von Paul Sethe in der *FAZ*, 12. November 1954.
202 Undatiertes Rundschreiben Blankenhorns, 204/1078/54 E, BAK, Bd. 305, Bd. 158.
203 Heuss an das PEN-Zentrum deutscher Autoren im Ausland (London), 9. Dezember 1954, BA-K 305, Bd. 158. Vgl. hierzu auch seine Äußerungen im Briefverkehr mit Adenauer, nachzulesen in: Hans Peter Mensing (Hg.), *Theodor Heuss und Konrad Adenauer – Unserem Vaterlande zugute: Der Briefwechsel, 1948–1963*. Berlin 1989, S. 197, S. 473.
204 Einzelheiten zu Raeders Freilassung finden sich in BA-K, B 305, Bd. 159; zu Funk vgl. NARA, RG 59, Entry 1311, LF 59 D 609, Box 19; Kap. 4 und 5 dieses Buches.
205 Heineman, *von Neurath*, S. 327, Anm. 95.

4. Kapitel
Hitlers Nachfolger: Die Geschichte zweier Admirale

1 Zum Schiffsbau unter Raeder siehe Jost Dülffer, *Weimar, Hitler und die Marine: Reichspolitik und Flottenbau 1920–1939*, Düsseldorf 1973.
2 *IMG*, 20. Mai 1946, Bd. 14, S. 191–198.
3 Vortrag Raeders bei Hitler vom 16. Oktober 1939 mit der Denkschrift vom 15. Oktober, *IMG*, Bd. 34, Dokument 157-C, S. 608–641.
4 Carl-Axel Gemzell, *Hitler, Raeder und Skandinavien: Der Kampf für einen maritimen Operationsplan*, Lund 1965.
5 Zusammenfassung bei Norman J. W. Goda, *Tomorrow the World: Hitler, Northwest Africa and the Path toward America*, College Station 1998, S. XX–XXI.
6 Norman J. W. Goda, »Black Marks: Hitler's Bribery of His Senior Military Officers during World War II«, in: *Journal of Modern History* 72, Nr. 2 (2000), S. 413–452.
7 *IMG*, 17. Mai 1946, Bd. 14, S. 86f, Bezug auf Dokument 653-D, *IMG*, Bd. 35, S. 310–314.
8 *IMG*, 20. Mai 1946, Bd. 14, S. 180f.
9 *IMG*, 6. Dezember 1945, Bd. 3, S. 299, Taylor, *Nürnberger Prozesse*, S. 300.
10 *IMG*, 17. Mai 1946, Bd. 14, S. 106.
11 *IMG*, 20. Mai 1946, Bd. 14, S. 212, Bezug auf Dokument 881-D, *IMG*, Bd. 35, S. 634.
12 *IMG*, 20. Mai 1946, Bd. 14, S. 227, 230, Bezug auf Dokument 157-C, *IMG*, Bd. 34, S. 608–641.
13 *IMG*, 20. Mai 1946, Bd. 14, S. 231.
14 *IMG*, 20. Mai 1946, Bd. 14, S. 238f.
15 Eine gute Darstellung bieten Peter Padfield, *Dönitz: Des Teufels Admiral*, Berlin 1984; und Michael Salewski, *Die deutsche Seekriegsleitung*, Bd. 2: *1942–1945*, Frankfurt am Main 1975.
16 Zitiert in Padfield, *Dönitz*, S. 366.
17 *IMG*, Dokument 443-D, Bd. 35, S. 106.
18 Ansprache von Dönitz am 15. Februar 1944, *IMG*, Dokument 640-D, Bd. 35, S. 243; Ansprache von Dönitz am 21. Juli 1944, *IMG*, Dokument 2878-PS, Bd. 31, S. 250f.
19 Zitiert bei Charles Thomas, *The German Navy in the Nazi Era*, Annapolis 1990, S. 243; siehe auch Padfield, *Dönitz*, S. 440.

20 Douglas C. Peifer, *Drei deutsche Marinen: Auflösung, Übergänge und Neuanfänge 1945–1960*, Bochum 2007, S. 33.
21 Zur Ernennung siehe David Grier, »The Appointment of Karl Dönitz as Hitler's Successor«, in: Alan Steinweis und Daniel E. Rogers (Hg.), *The Impact of Nazism: New Perspectives on the Third Reich and Its Legacy*, Lincoln 2003, S. 182–198.
22 Die Zahl der britischen Seeleute auf Handelsschiffen, die im Zweiten Weltkrieg auf hoher See durch Feindeshand starben, beträgt 30.248 Mann. Bei der Besatzung amerikanischer Handelsschiffe waren es etwa 8.651 Mann, womit die amerikanische Handelsflotte laut Statistik die höchste Gefallenenquote bei den US-Streitkräften aufweist. Zu den britischen Gefallenen vgl. Stephen W. Roskill, *The War at Sea, 1939–1945*, Bd. 3/2, London 1961, S. 305. Zu den amerikanischen Gefallenen vgl. Robert M. Browning, *U.S. Merchant Vessel War Casualties of World War II*, Annapolis 1996; Arthur R. Moore, *A Careless Word – A Needless Sinking: A History of the Staggering Losses Suffered by the U.S. Merchant Marine, Both in Ships and Personnel during World War II*, King's Point, NY, 1983.
23 Jane Gilliland, »Submarines and Targets: Suggestions for New Codified Rules of Submarine Warfare«, in: *Georgetown Law Journal* 73, Nr. 3 (1985): S. 975–1005. Eine Zusammenfassung des Falles Dönitz findet sich bei Sprecher, *Inside the Nuremberg Trial*, Bd. 2, S. 981–996.
24 Zur *Athenia* vgl. *IMG*, 10. Mai 1946, Bd. 13, S. 432f; Padfield, *Dönitz*, S. 224f. Deutsche und italienische U-Boote versenkten insgesamt 2.919 alliierte und neutrale Schiffe, die eine Gesamttonnage von fast 14,4 Millionen Tonnen hatten. Vgl. die Anhänge in Clay Blair, *Der U-Boot-Krieg*, 2 Bde., München 1998 und 1999.
25 *IMG*, Dokument 191-C, Bd. 34, S. 776 ff.
26 *IMG*, Dokument 021-C, Bd. 34, S. 177 ff.
27 *IMG*, Dokument 642-D, Bd. 35, S. 267–270.
28 *IMG*, Dokument 423-D, Bd. 35, S. 94–104.
29 *IMG*, Dokument 630-D, Bd. 35, S. 216 ff.
30 Zu Möhle vgl. *IMG*, Bd. 5, S. 266–269. Zu Heisig vgl. *IMG*, Dokument 566-D, Bd. 35, S. 160 ff.
31 *IMG*, Dokument 158-C, Bd. 34, S. 641–644. Padfield, *Dönitz*, S. 289–295, zeichnet die Entwicklung im Zusammenhang mit dem *Laconia*-Befehl nach.
32 Zu Kranzbühler vgl. Padfield, *Dönitz*, S. 507 f.
33 *IMG*, 9. Mai 1946, Bd. 13, S. 298.
34 *IMG*, 10. Mai 1946, Bd. 13, S. 325. Vgl. auch John Cameron (Hg.), *Trial of Heinz Eck, August Hoffmann, Walter Weisspfennig, Hans Richard Lenz and Wolfgang Schwender (The Peleus Trial)*, London 1948.
35 *IMG*, 13. Mai 1946, Bd. 13, S. 484.
36 Zu den Torpedos vgl. *IMG*, 9. Mai 1946, Bd. 13, S. 299, zum *Laconia*-Befehl vgl. *IMG*, 10. Mai 1946, Bd. 13, S. 420, zu den KZ-Häftlingen vgl. *IMG*, 10. Mai 1946, Bd. 13, S. 380.
37 *IMG*, 10. Mai 1946, Bd. 13, S. 373 ff, Bezug auf Dokument 526-PS.
38 *IMG*, 10. Mai 1946, Bd. 13, S. 435.
39 *IMG*, 16. Juli 1946, Bd. 18, S. 380. Eine Zusammenfassung von Dönitz' Verteidigung findet sich bei Taylor, *Nürnberger Prozesse*, S. 464–476.
40 Das Urteil steht in *IMG*, Bd. 1, S. 350–355. Vgl. auch Taylor, *Nürnberger Prozesse*, S. 654 ff.

41 Speer, *ST*, 4. Februar 1949, S. 176 f.
42 Speer, *ST*, 6. Dezember 1946, S. 42 f, 18. März 1947, S. 83, 11. Mai 1947, S. 104 f, 11. Oktober 1947, S. 119, 3. Februar 1949, S. 175.
43 Speer, *ST*, 11. Dezember 1951, S. 273.
44 Hansen an McCloy, Kirkpatrick und François-Poncet, 1. November 1950, BA-K, B 305, Bd. 159; »Eine Bitte für Raeder«, in: *FAZ*, 14. November 1950.
45 Vgl. dazu Lyon an die US-Botschaft Bonn und das Außenministerium, CN-40536, 22. Januar 1953; Samuel Reber an S. Houston Lay, 21. Januar 1953, beide in NARA, RG 466, Entry 48, Box 14; von Trützschlers Memorandum, 515–01 E II Raeder/53, 21. Januar 1953; Alliierte Hohe Kommission für Deutschland an Adenauer, AGSEC(53)95, 6. Februar 1953, beide in BA-K, B 305, Bd. 159; *Die Welt*, 22. Januar 1953.
46 *Die Welt*, 23. September 1953.
47 Zu Chichester und Hankey, *Hansard* (Lords), 5th Series, 5. Mai 1949, Bd. 162, Spalte 376 ff. Zu Liddell Hart vgl. *FAZ*, 13. März 1951.
48 Erika Raeder an Fräulein Adenauer, 22. Mai 1952; von Trützschlers Memorandum, 204–515–01 Raeder/54 E, 19. Februar 1954; Erika Raeder an Cecil B. Lyon, 8. Januar 1954; Erika Raeder an Semeonow, 8. Januar 1954, alle in BA-K, B 305, Bd. 159. Vgl. auch Hoyer Millar an FO, Nr. 58, 21. Januar 1954, TNA, FO 371/109330.
49 *Empire News*, 29. November 1953.
50 »Raeder wurde nichts geschenkt«, in: *Wochenend*, 23. Januar 1954. Vgl. auch die Verwendung des Norwegen-Arguments durch Karl Silex, Chefredakteur des Berliner *Tagesspiegel*, 21. April 1955.
51 Winston Churchill, *Der Zweite Weltkrieg*, Bd. 1, *Der Sturm zieht auf*, Bern 1948, 2. Buch, S. 182–186, 253.
52 Zur Einschätzung Hansens durch die Amerikaner vgl. Clare H. Timberlake (amerikanischer Generalkonsul Hamburg) an das US-Außenministerium, Nr. 268, 20. Januar 1953, NARA, RG 59, Entry 1311, LF 59 D 609, Box 17. Zu Hansens Kommentaren zu Raeder vgl. Hansen an McCloy, Kirkpatrick und François-Poncet, 1. November 1950; Hansen an François-Poncet, 14. November 1950, beide in BA-K, B 305, Bd. 159. Vgl. auch »Eine Bitte für Raeder«, *FAZ*, 14. November 1950.
53 François-Poncet an Hansen, 4. November 1950, BA-K, B 305, Bd. 159.
54 Boehm an Trygve Lie, 12. April 1951, BA-K, B 305, Bd. 159. Kopien an Adenauer, Thomas Dehler (Justizminister der BRD) und an alle vier Hohen Kommissare.
55 *Die Welt*, 17. Mai 1954.
56 Hansen an die Hohen Kommissare, 20. Dezember 1953, TNA, FO 371/109330.
57 Ostpreußische Landsmannschaft in der Interessengemeinschaft der Ostvertriebenen an Heuss, 15. März 1951, BA-K, B 305, Bd. 159.
58 Grier, »Admiral Karl Dönitz«, S. 190 f.
59 Frei, *Vergangenheitspolitik*, S. 330. Zur zeitgenössischen Diskussion vgl. Omer Bartov, »The Wehrmacht Exhibition Controversy: The Politics of Evidence«, in: Omer Bartov, Atina Grossmann und Mary Nolan (Hg.), *Crimes of War: Guilt and Denial in the Twentieth Century*, New York 2002, S. 41–60.
60 *DzD*, 2. Reihe, Bd. 3, Dok. 402, S. 1061.
61 Die Adenauer-Denkschrift ist dem Schreiben Conant an Dulles beigelegt, Nr. 2201, 11. Januar 1954, NARA, RG 59, Entry 1311, LF 59 D 609, Box 17.
62 Protokoll der Direktorenbesprechung vom 2. August 1947, AAPS, Filmrolle 2.

63 Speer, *ST*, 20. Januar 1953, S. 335; Speer an seine Kinder, 19. Februar 1953, BA-K, NL 1340, Sig. 136, Bd. 5.
64 Zum Brief vom März 1953 vgl. Parkman (US-Vertretung Berlin) an Dowling, CN-30555, 19. Juli 1954, NARA, RG 466, Entry 10-A, Box 166. Vgl. auch Speer, *ST*, 11. April 1953, S.342, 7. September 1953, S. 349.
65 Vgl. Parkman an Außenminister, Nr. 37, 19. Juli 1954, NARA, RG 59, Entry 1311, LF 59 D 609, Box 17.
66 Anthony Sedon, *Churchill's Indian Summer: The Conservative Government, 1951–1955*, London 1981, S. 386 f.
67 Vgl. das Grundsatzpapier von Hancock, 20. Januar 1954, TNA, FO 371/109330.
68 Kirkpatrick an Sir Frank Roberts, 22. Januar 1954, TNA, FO 371/109330.
69 Memorandum von Roberts, 21. Januar 1954, TNA, FO 371/109330.
70 Bathurst an Hoyer Millar, L 15/8/21, 12. April 1954, TNA, FO 371/109333.
71 Hoyer Millar an Evans, Foreign Office, C 1661/69, 14. April 1954, TNA, FO 371/109333.
72 Notiz von Evans, 22. April 1954, TNA, FO 371/109333.
73 Speer, *ST*, 20. Januar 1953, S. 335, 9. April 1954, S. 367.
74 Speer, *ST*, 6. November 1954, S. 398, 8. November 1954, S. 399.
75 Von der Lippe an von Trützschler, 9. November 1954, BA-K, B 305, Bd. 159.
76 »Und Spandau?«, in: *FAZ*, 25. Juli 1955.
77 Karl Kühlenthal an AA, 1. August 1955, BA-K, B 305, Bd. 159.
78 Kranzbühler-Memorandum, 5. Januar 1955, TNA, LCO 2/4429.
79 Von Trützschler an Hallstein, 25. Juni 1955, BA-K, B 305, Bd. 155.
80 Kranzbühler an Conant (Kopien an die anderen drei Botschafter), 5. Mai 1955, BA-K, B 305, Bd. 155.
81 Vgl. vor allem Wolfgang Freiherr von Welcks Telegramm an Hallstein vom 20. Juli 1955, in dem ein Gespräch zwischen von Welck und Hoyer Millar wiedergegeben ist, BA-K, B 305, Bd. 159. Vgl. auch Brentano an Conant, Hoyer Millar und François-Poncet, 21. Juli 1955 (Entwurf), 204–799/55, BA-K, B 305, Bd. 159.
82 Memorandum von Karl Hans Born, 204/799/55, für von Trützschler, 21. Juni 1955, BA-K, B 305, Bd. 155.
83 Von Trützschler an Hallstein, 25. Juni 1955, BA-K, B 305, Bd. 155.
84 Hallstein an Conant, Hoyer Millar und François-Poncet, 204/799/55, 20. Mai 1955, BA-K, B 305, Bd. 155.
85 Hallstein an Dehler, 204–799/55, undatiert; von Trützschler an Hallstein, 25. Juni 1955, beide in BA-K, B 305, Bd. 155.
86 Memorandum von Born, 204/799/55, für von Trützschler, 21. Juni 1955, BA-K, B 305, Bd. 155.
87 »Dönitz wird nicht entlassen«, in: *Die Welt*, 27. Mai 1955.
88 Von Hassel an Adenauer, 9. Juli 1955, BA-K, B 305, Bd. 159.
89 Speer, *ST*, 26. Oktober 1954, S. 397.
90 Kirkpatrick an G. S. Coldstream, 14. Januar 1955, TNA, LCO 2/4429.
91 US-Außenministerium an HICOG Bonn, Nr. 2286, 28. Februar 1955, NARA, RG 59, Entry 1311, LF 59 D 609, Box 17.
92 Linebaugh an John W. Auchincloss, 4. November 1955; US-Außenministerium an HICOG Bonn, Nr. 2336, 4. März 1955; US-Außenministerium an die Botschaften in

London und Paris, CA-8436, 2. Juni 1955; Dillon (Paris) an Dulles, Nr. 5411, 9. Juni 1955, alle in NARA, RG 59, Entry 1311, LF 59 D 609, Box 17.
93 Kirkpatrick an Coldstream, 24. Juni 1955; C. W. B. Rankin an A. M. Palliser, 23. Januar 1956, beide in TNA, LCO 2/4429.
94 Britisches Militärkrankenhaus an den britischen Direktor E. R. Vickers, 1. Februar 1955, 13. Mai 1955, 25. Mai 1955, und Geheimer Bericht von Hauptmann Protheroe, 19. September 1955, AAPS, Filmrolle 10.
95 Kranzbühler an Brentano, 11. Juli 1955, BA-K, B 305, Bd. 159.
96 Parkman an den Außenminister, Nr. 724, 11. Mai 1955, NARA, RG 59, Entry 1311, LF 59 D 609, Box 17.
97 Conant an US-Außenministerium, Nr. 3609, 24. Mai 1955, NARA, RG 59, Entry 1311, LF 59 D 609, Box 17.
98 Von Welck an Hallstein, 20. Juli 1955, BA-K, B 305, Bd. 159.
99 Brentano erklärte Ende Juli, Bonn habe seit von Welcks Besuch bei Hoyer Millar im Juni nichts Neues erfahren. Vgl. Brentano an Kranzbühler, 204/799 + 1079/55, 30. Juli 1955, BA-K, B 305, Bd. 155.
100 François-Poncet an Quai d'Orsay, Nr. 2878/81, 23. Juli 1955, und Nr. 2940/43, 26. Juli 1955, MAE-AOFAA, GMFB 15/4, Mappe: Raeder.
101 Conant an Dulles, Nr. 299, 26. Juli 1955; Dulles an die US-Botschaft in Bonn, Nr. 277, 27. Juli 1955; Aldrich (Paris) an Dulles, Nr. 330, 27. Juli 1955; Butterworth (London) an Dulles, Nr. 468, 8. August 1955, alle in NARA, RG 59, Entry 1311, LF 59 D 609, Box 17.
102 Adenauer an Anita Diestel, 22. Juli 1955, BA-K, B 305, Bd. 159.
103 Deutsche Presse-Agentur GmbH, Chefredaktion, Nr. 914–918, Inf. 914, 14. Juni 1955, BA-K, B 305, Bd. 155.
104 Kranzbühler an Adenauer, 11. Juli 1955, BA-K, B 305, Bd. 159.
105 Brentano an Kranzbühler, 204/799 + 1079/55, 30. Juli 1955, BA-K, B 305, Bd. 155.
106 Lynch an das US-Außenministerium, Nr. 19, 2. August 1955, NARA, RG 59, Entry 1311, LF 59 D 609, Box 17. Zu ähnlichen Kommentaren anderer Marineoffiziere vgl. Peifer, *Drei deutsche Marinen*, S. 190 f.
107 Dowling an Dulles, Nr. 617, 23. August 1955, NARA, RG 59, Entry 1311, LF 59 D 609, Box 17. Briefe der drei Mächte gingen am 26. August an Puschkin. Siehe Conant an Puschkin (Kopie), 26. August 1955, BA-K, B 305, Bd. 159.
108 Memorandum vom 25. September 1955, BA-K, B 305, Bd. 159.
109 *Der Tag*, 27. September 1955.
110 Vermerk 204/1079/55, undatiert, BA-K, B 305, Bd. 159.
111 Kapitän zur See a. D. Heinz Bonatz (Vorsitzender der Marine-Offizier-Hilfe) an Hallstein, 9. Dezember 1955, BA-K, B 305, Bd. 155.
112 Vgl. z. B. *Chicago Daily Tribune*, 30. September 1955.
113 Bericht von Oberst R. H. Stevens, 19. Januar 1956 (das Zitat ist eine Umschreibung von Stevens), und C. W. B. Rankin an Stevens, 25. Januar 1956, TNA, LCO 2/4425.
114 Kranzbühler an Stevens, 8. Dezember 1955, TNA, LCO 2/4429.
115 Wiedergegeben in Dowling an Dulles, Nr. 2352, 18. Januar 1956, NARA, RG 59, Entry 1311, LF 59 D 609, Box 17. Vgl. auch A. M. Palliser an Rankin, 25. Januar 1956, TNA, FO 371/124690.
116 Palliser an Rankin, 25. Januar 1956; Notiz Harrisons vom 25. Januar 1956, TNA, FO 371/124690.

117 Vgl. Kirkpatricks Notiz vom 7. März 1956 zu Hankey an Außenminister Selwyn Lloyd, 24. Februar 1956, TNA, FO 371/124691.
118 Protokoll der Besprechung des Medical Board, 29. Februar 1956, und nachfolgende Berichte AAPS, Filmrolle 10.
119 Bathurst an das Foreign Office, Nr. 22021, 15. Februar 1956, TNA, FO/124690; Guffler an das US-Außenministerium, Nr. 748, 749, 14. Februar 1956; US-Außenministerium an US-Botschaft in Bonn, Nr. 2308, 15. Februar 1956, beide in NARA, RG 59, Entry 1311, LF 59 D 609, Box 19.
120 Hoyer Millar an das Foreign Office, Nr. 99, 15. Februar 1956, TNA, FO 371/124690.
121 Memorandum von C. M. Rose, 16. Februar 1956, TNA, FO 371/124690.
122 Conant an Dulles, Nr. 2831, 17. Februar 1956; Conant an Dulles, Nr. 2924, 23. Februar 1956, beide in NARA, RG 59, Entry 1311, LF 59 D 609, Box 19.
123 Guffler an Dulles, Nr. 792, 29. Februar 1956, NARA, RG 59, Entry 1311, LF 59 D 609, Box 19.
124 Raeder an Adenauer, 1. November 1955, BA-K, B 305, Bd. 159. Raeder nannte jeden Spandauer Häftling mit Namen, ausgenommen Albert Speer.
125 Dass der Entzug der Ehrenbürgerwürde Raeders möglicherweise nicht rechtmäßig war, basierte auf Formfehlern. Vgl. »Raeder Ehrenbürger Kiels?«, in: *FAZ*, 3. März 1956; »Die Ehrenbürgerschaft Raeders«, in: *FAZ*, 6. März 1956.
126 Zu Heuss vgl. »Die Ehrenbürgerschaft Raeders«, in: *FAZ*, 6. März 1956. Zu Erika Raeder siehe das Memorandum von Dr. Born, Abteilung 2/20, Ref. 204/1079/56, 13. März 1956, BA-K, B 305, Bd. 159.
127 Vermerk Referat 204–204/1079/56, 5. März 1956, BA-K, B 305, Bd. 159.
128 Zum Presseecho vgl. von Stechow (BRD-Botschaft in Kopenhagen) an AA, Nr. 286/56, 14. März 1956, BA-K, B 305, Bd. 159.
129 »Verzicht auf die Ehrenbürgerschaft«, in: *FAZ*, 17. April 1956. Zur Ehrendoktorwürde siehe Memorandum von D. D. Brown (Privatsekretär von Kirkpatrick), L 15/8/105, 19. Januar 1951, TNA, FO 1060/544.
130 »Verzicht auf die Ehrenbürgerschaft«, in: *FAZ*, 17. April 1956. Zu den Bemühungen Bonns vgl. Memorandum von Born, Referat 204/1079/56, 13. März 1956, BA-K, B 305, Bd. 159.
131 Eine Kopie befindet sich in BA-K, B 305, Bd. 154. Zur Zenker-Affäre vgl. auch Dieter Krüger, »Das schwierige Erbe: Die Traditionsansprache des Kapitäns zur See Karl-Adolf Zenker 1956 und ihre parlamentarischen Folgen«, in: Werner Rahn (Hg.), *Deutsche Marinen im Wandel: Vom Symbol nationaler Einheit zum Instrument internationaler Sicherheit*, München 2005, S. 549–564.
132 Vgl. das Schreiben des Stadtrats an Adenauer, 29. Januar 1954, BA-K, B 305, Bd. 154.
133 Die Beschlagnahmung betraf Dönitz' Besitz in Berlin-Dahlem. Die Westberliner Entnazifizierungskammer hatte im September 1951 das Verfahren gegen die Spandauer Häftlinge aufgenommen, die noch über Besitz in Westberlin verfügten (Dönitz, Speer, Funk und von Schirach), mit dem Bestreben, Geldstrafen zu verhängen oder den Besitz zu beschlagnahmen, allerdings waren die Fälle der Spandauer Häftlinge nur einige wenige unter etwa 6000 laufenden Verfahren. Das ursprüngliche Urteil zu Dönitz' Geldstrafe erfolgte am 11. November 1955, danach hatte Dönitz einen Monat Zeit, um Berufung einzulegen. Zum Beginn des Verfahrens vgl. Lyon an das amerikanische Hohe Kommissariat Bonn, CN-44839, 20. März 1952, NARA, RG 466, Entry

59, Box 25. Vgl. auch die Anordnung zur Beschlagnahmung vom 28. November 1955 in der Akte von Dönitz, AAPS, Filmrolle 12, und die *FAZ* vom 17. und 19. Januar 1956. Allgemein dazu siehe Donald Abenheim, *Reforging the Iron Cross: The Search for Tradition in the West German Armed Forces,* Princeton 1988, S. 187 ff.

134 Hoyer Millar an FO, Nr. 33, 21. Januar 1956, TNA, FO 371/124690.
135 Zur Frage der Kontrolle des Verteidigungsministers durch das Parlament vgl. David Clay Large, *Germans to the Front: West German Rearmament in the Adenauer Era,* Chapel Hill 1996, S. 247–251.
136 Hoyer Millar an FO, Nr. 33, 21. Januar 1956, TNA, FO 371/124690.
137 *Große Anfrage der Fraktion SPD – Drucksache 2125,* 10. Februar 1956, BA-K, B 305, Bd. 156. Siehe auch *FAZ,* 15. Februar 1956.
138 Grewe an Hallstein, 204/799/56, 6. März 1956, BA-K, B 305, Bd. 155.
139 Heye an Hallstein, 24. März 1956; Heye an Hallstein, 2. April 1956, beide in BA-K, B 305, Bd. 156.
140 Memorandum von Born an Grewe, 26. März 1956, 204/799/56, BA-K, B 305, Bd. 155.
141 Carstens an Hallstein, 204 (508)/799/56, 6. April 1956, BA-K, B 305, Bd. 155.
142 Grewe an Hallstein, 204/799/56, 6. März 1956, BA-K, B 305, Bd. 155.
143 Vgl. dazu Goda, »Black Marks«, S. 413–452.
144 *Verhandlungen des Deutschen Bundestages, Stenographische Berichte,* 2. Wahlperiode 1953, Bd. 28, Bonn 1956, S. 7207–7235.
145 Memorandum der Abt. 2, Referat 211 an Hallstein, 508/1079/56, 26. Mai 1956; Hallstein an Blank, 26. Mai 1956, beide in BA-K, B 305, Bd. 159.
146 Brentano an Bonatz, vertraulicher Entwurf, 508/799/56, Mai 1956, BA-K, B 305, Bd. 156.
147 Vgl. das Memorandum von Carstens an Hallstein, Abt. 2 (Ref. 508: Dr. Born), 508/799/56, 8. Mai 1956, BA-K, B 305, Bd. 156.
148 Memorandum des US-Außenministeriums vom 4. Juni 1956, NARA, RG 59, Entry 1311, LF 59 D 609, Box 19.
149 Zu Dönitz' Kommentar vgl. US-Vertretung Berlin (Martin J. Hillenbrand, Leiter der politischen Abteilung) an das US-Außenministerium, Nr. 92, 2. August 1956, NARA, RG 59, Entry 1311, LF 59 D 609, Box 19. In den Unterlagen des Bundesarchivs, die sich mit Hitlers Geschenken an seine Untergebenen befassen, finden sich keine Dokumente zu diesem Gemälde. Jonathan Petropoulos, *Art as Politics in the Third Reich,* Chapel Hill 1996, S. 236, berichtet, dass Speer Dönitz 1943 das Gemälde *Glazer Bergland* schenkte, doch das Bild, auf das sich Dönitz bezog, war vermutlich ein anderes. Der Brief von Speer an Dönitz ist auf den Dezember des Jahres datiert, Dönitz hatte jedoch im September Geburtstag. Außerdem hegte Dönitz in Spandau eine heftige Abneigung gegen Speer, daher ist es unwahrscheinlich, dass er ausgerechnet ein Geschenk Speers als eines von zwei Besitztümern nennen würde, die er gerne zurückhaben wollte. Andererseits existieren Aufzeichnungen über Kunstwerke, die Hitler verschiedenen Staatsbediensteten, hochrangigen Parteimitgliedern und Offizieren schenkte, darunter Generalfeldmarschall August von Mackensen, Generalfeldmarschall Walther von Brauchitsch, Generalfeldmarschall Hugo Sperrle und Raeder. Vgl. BA-B, R 43 II, Bd. 985, 985a, 1087a und 1092. Zu Kunstwerken, die Hitler verschenkte, aber in den Unterlagen nicht aufgeführt sind, darunter ein weiteres Gemälde für Raeder, vgl. Petropoulos, *Art,* S. 275 f.

150 Carstens an Hallstein, Abteilung 2 (Ref. 508: Dr. Born) 508/799/56, 22. Mai 1956; Memorandum von Hergt, Referat 508, 508/799/56, 28. Juli 1956, beide in BA-K, B 305, Bd. 156.
151 Memorandum von Carstens, Abteilung 2, Ref. 508, 508/799/56, 29. August 1956, BA-K, B 305, Bd. 156.
152 Memorandum von Hergt, Ref. 508, 508/799/56, 3. August 1956, BA-K, B 305, Bd. 156. Eine ähnlich oberflächliche Diskussion fand am nächsten Tag, dem 4. August 1956, zwischen Grewe und dem französischen Geschäftsträger Roland de Margerie statt. Vgl. Memorandum von Dr. Schmidt-Dumont an Carstens, 508/799/56, 8. August 1956, BA-K, B 305, Bd. 156.
153 US-Vertretung Berlin (Hillenbrand) an das US-Außenministerium, Nr. 92, 2. August 1956, NARA, RG 59, Entry 1311, LF 59 D 609, Box 19.
154 Notiz von D. J. McCarthy, 16. August 1956, TNA, FO 371/124692.
155 Edward H. Peck (Berlin) an E. J. W. Barnes (Bonn), 31. August 1956, TNA, FO 371/124692.
156 Vermerk von Barnett, 5. September 1956, TNA, FO 71/124692.
157 E. J. W. Barnes (Bonn) an Chester Martin Anderson (Westliche Abteilung), 10. September 1956; Anderson an Barnes, Nr. WG1662/37, 19. September 1956; F. J. Leishman (Washington) an Anderson, 1661/21/56, 10. September 1956; Peck (Berlin) an die britische Botschaft in Bonn, 10. September 1956, alle in TNA, FO 371/124692.
158 Guffler an Dulles, Nr. 228, 14. September 1956; Guffler an Dulles, Nr. 234, 17. September 1956; Guffler an Dulles, Nr. 254, 25. September 1956, alle in NARA, RG 59, Entry 1311, LF 59 D 609, Box 19.
159 Protokoll der Direktorenbesprechung, 29. September 1956, AAPS, Filmrolle 4; Hauptmann Ralph A. George (amerikanischer Gefängnisdirektor in Spandau) an den US-Kommandanten von Berlin, 27. November 1956, NARA, RG 466, Entry 48, Box 15; John Robey (politischer Berater, britische Militärverwaltung in Berlin) an das Foreign Office, Nr. 1661, 2. Oktober 1956; Rome an das Foreign Office, Nr. 206, 27. September 1956, beide in TNA, FO 371/124692. Zur Unnachgiebigkeit der Sowjets vgl. auch Guffler an Dulles, Nr. 266, 28. September 1956; Guffler an Dulles, Nr. 276, 29. September 1956, beide in NARA, RG 59, Entry 1311, LF 59 D 609, Box 19.
160 Rome an das Foreign Office, Nr. 203, 25. September 1956; Rome an Foreign Office, Nr. 211, 1. Oktober 1956, beide in TNA, FO 371/124692.
161 Grewe an Dienststelle des Auswärtigen Amtes in Berlin, 26. September 1956, BA-K, B 305, Bd. 156; Hoyer Millar an FO, Nr. 735, 28. September 1956, TNA, FO 371/124692.
162 Memorandum von Carstens, Abteilung 2, Referat 508, LR Hergt, 508/799/56, 8. November 1956, BA-K, B 306, Bd. 156; Peck an Barnes, Nr. 1661, undatiert, TNA, FO 371/124692.
163 Zu den Einzelheiten vgl. das Memorandum von Rose, 1. Oktober 1956; Robey an das Foreign Office, Nr. 1661, 2. Oktober 1956, beide in TNA, FO 371/124692; George an den US-Kommandanten von Berlin, 27. November 1956, NARA, RG 466, Entry 48, Box 15. Vgl. auch die Artikel in den folgenden Tageszeitungen: *Die Welt*, 2. Oktober 1956; *Der Tag*, 2. Oktober 1956; *Telegraf*, 2. Oktober 1956; *Der Tagesspiegel*, 2. Oktober 1956; *Münchener Merkur*, 2. Oktober 1956.

164 *Der Kurier*, 5. Oktober 1956; *Der Tagesspiegel*, 2. Oktober 1956; Peck an Barnes, Nr. 1661, undatiert, TNA, FO 371/124692.
165 Vickers gab eineinhalb Jahre später zu, dass er Dönitz gedroht hatte. Vgl. Guffler an Dulles, Nr. 1224, 5. Mai 1958, NARA, RG 59, Entry 1311, LF 59 D 609, Box 19.
166 Memorandum von Carstens, Abteilung 2, Referat 508, LR Hergt, 508/799/56, 8. November 1956, BA-K, B 305, Bd. 156.
167 *Die Welt*, 2. Oktober; *Münchener Merkur*, 2. Oktober 1956.
168 Robey an das Foreign Office, Nr. 1661, 2. Oktober 1956, TNA, FO 371/124692.
169 Erich Raeder, *Mein Leben*, Bd. 1, *Bis zum Flottenabkommen mit England*, Tübingen 1956, Bd. 2, *Von 1935 bis Spandau 1955*, Tübingen 1957, Bd. 2, S. 18 (Versailler Vertrag) 24 (Auswirkungen des Flottenabkommens).
170 Raeder, *Mein Leben*, Bd. 1, S. 309, Bd. 2, S. 149 f.
171 Raeder, *Mein Leben*, Bd. 2, S. 190.
172 Raeder, *Mein Leben*, Bd. 2, S. 201–217.
173 Raeder, *Mein Leben*, Bd. 2, S. 307, 316.
174 Taylor, *Nürnberger Prozesse*, S. 654 ff, 684 ff; IMG, Bd. 1, S. 350–355.
175 Karl Dönitz, *Zehn Jahre und zwanzig Tage: Erinnerungen*, Bonn 1958, S. 304 f.
176 Dönitz, *Zehn Jahre und zwanzig Tage*, S. 184, 305.
177 Dönitz, *Zehn Jahre und zwanzig Tage*, S. 302 ff.
178 Dönitz, *Zehn Jahre und zwanzig Tage*, S. 311.
179 Dönitz, *Zehn Jahre und zwanzig Tage*, S. 440, 442.
180 Zur *Laconia* vgl. Dönitz, *Zehn Jahre und zwanzig Tage*, S. 252–261; zu Nürnberg vgl. S. 55.
181 Karl Dönitz, *Mein wechselvolles Leben*, korrig. Ausg., Göttingen 1975.
182 Speer, ST, 24. März 1959, S. 506 f.

5. Kapitel
Die gescheiterte Flucht: Albert Speers zwanzig Jahre

1 Vor 1933 waren etwa 50 Prozent der Einwohner Schwanenwerders Juden, die jüdischen Einwohner wurden jedoch nach 1936 vertrieben. Auch für Hitler war ein Grundstück gekauft und reserviert worden. Zum Grundbesitz auf Schwanenwerder vgl. Janin Reif, Horst Schumacher und Lothar Uebel, *Schwanenwerder: Ein Inselparadies in Berlin*, Berlin 2000.
2 Der Briefwechsel zwischen der Verwaltung des ehemaligen Reichsbahnvermögens und Speers Anwalt Hans Flächsner befindet sich in Speers Akte, AAPS, Filmrolle 13. 1953 überschrieben Anwälte in Speers Auftrag sein Vermögen an seine Frau und seine Kinder, um einer Beschlagnahmung zu entgehen. Speer kam auf die Idee, als ihm von Neurath Ende 1952 erzählte, sein Besitz sei geschützt, weil die lokalen Behörden in Baden-Württemberg die Rechte seiner Frau auf die Hälfte des Eigentums anerkannt hätten und er die beschlagnahmte Hälfte seiner Tochter übertragen hätte. Von Neuraths Anwalt Dr. Helmuth Fischinger beriet Speers in dieser Angelegenheit. Vgl. Speers Schreiben an Rudolf Wolters vom 21. Dezember 1952 in BA-K, NL 1340/Sig. 95, und die Korrespondenz aus den Jahren 1953 und 1956 in BA-K, NL 1340/Sig. 96; sowie

Speer, *ST*, 16. Juni 1953, S. 346. Die Entnazifizierungsverfahren in Berlin wurden im September 1951 in Gang gebracht, verzögerten sich jedoch aufgrund von Speers Haft. Zu der Zeit besaß Speer auch noch ein Grundstück in Berlin-Nikolassee im Wert von 64.000 Reichsmark. Weil Speer das Grundstück in Schwanenwerder nicht mehr gehörte, wurde es beim Verfahren auch nicht erwähnt. Siehe BAK, NL 1340/Sig. 94. Marie-Annes Ankunft in New York ist in der *New York Times* vom 29. März 1938 aufgeführt. Ich danke Dr. Geoffrey Megargee vom United States Holocaust Memorial Museum für seine Unterstützung bei den Recherchen zu Marie-Anne.

3 Gitta Sereny, *Albert Speer: Sein Ringen mit der Wahrheit*, München 2001, S. 195–199, 207–212.
4 Albert Speer, *Erinnerungen,* Berlin 1969; ders, *Der Sklavenstaat: Meine Auseinandersetzung mit der SS,* Stuttgart 1981; und die *Spandauer Tagebücher.*
5 Der Satz stammt von Dan van der Vat, *Der gute Nazi: Albert Speers Leben und Lügen,* Berlin 1997, S. 149.
6 Joachim Fest, *Speer: Eine Biographie*, Berlin 1999, S. 10 f.
7 Vgl. zum Beispiel Speer, *ST*, 17. September 1965, S. 638 f.
8 Wolters an Walter Rohland, 5. November 1975, ThyssenKrupp-Konzernarchiv (Duisburg) [im Folgenden TKA], Nachlass Walter Rohland, NRO/26.
9 In erster Linie Matthias Schmidt, *Albert Speer: Das Ende eines Mythos. Speers wahre Rolle im Dritten Reich*, Bern 1982. Vgl. auch Sereny, *Albert Speer* und van der Vat, *Der gute Nazi.*
10 Zur Korrektur und Wiederherstellung der *Chronik* vgl. Sereny, *Albert Speer*, S. 268–275.
11 Hitlers Rede vor dem Nationalsozialistischen Deutschen Studentenbund am 4. Dezember 1930 in Berlin. Die Rede, in der er rassische Einheit und Idealismus forderte, lockte etwa 5000 Studenten an und ist abgedruckt bei Constantin Goschler (Hg.), Institut für Zeitgeschichte, *Hitler: Reden, Schriften, Anordnungen (Februar 1925 bis Januar 1933)*, Bd. 4, Teil 1, München 1994, Dok. 37, S. 145 ff.
12 Traudl Junge, *Bis zur letzten Stunde: Hitlers Sekretärin erzählt ihr Leben,* München 2002, S. 97.
13 Jochen Thies, *Architekt der Weltherrschaft: Die Endziele Hitlers,* Düsseldorf 1981; Jost Dülffer, Jochen Thies und Josef Henke, *Hitlers Städte: Baupolitik im Dritten Reich – Eine Dokumentation,* Köln 1978.
14 Van der Vat, *Der gute Nazi*, S. 155.
15 So beklagte sich Speer bei Hitler über das »mangelnde Verständnis« des Berliner Oberbürgermeisters Julius Lippert für seine Bauvorhaben, woraufhin dieser abgesetzt wurde. Zusätzlich leitete Speer den Fall an Heinrich Himmler weiter. Schmidt, *Speer*, S. 62–65.
16 Van der Vat, *Der gute Nazi*, 5. Kapitel (»Neugestaltung Berlins«); Schmidt, *Speer,* Kapitel 12; Michael Thad Allen, *The Business of Genocide: The SS, Slave Labor, and the Concentration Camps,* Chapel Hill 2002, S. 59 f.
17 Schmidt, *Speer*, S. 216–224.
18 Susanne Willems, *Der entsiedelte Jude: Albert Speers Wohnungsmarktpolitik für den Berliner Hauptstadtbau*, Berlin 2002.
19 Speer übernahm auch Todts übrige Aufgaben im Baubereich. Die gründlichste Analyse seiner Arbeit als Minister bietet das Militärgeschichtliche Forschungsamt (Hg.) [im Folgenden MGFA], *Das Deutsche Reich und der Zweite Weltkrieg*, Bd. 5: *Organisation*

und Mobilisierung des deutschen Machtbereichs, Bd. 5/2: *Kriegsverwaltung, Wirtschaft und personelle Ressourcen 1942–1944/45*, 2. Teil: Albert Speer und die Rüstungspolitik im totalen Krieg, Stuttgart 1999.
20 Allen, *Business of Genocide*, S. 173–177.
21 Schmidt, *Speer*, S. 142–145; Allen, *Business of Genocide*, S. 189ff.
22 MGFA, *Das Deutsche Reich und der Zweite Weltkrieg*, Bd. 5: *Organisation und Mobilisierung des deutschen Machtbereichs*, Bd. 5/2, S. 379.
23 Siehe Susanne Willems' Forschungsergebnisse unter http://www.wdr.de/tv/speer_und_er/02Nachspiel02AufsatzWillems.phtml [abgerufen im Januar 2006].
24 Wolters an Walter Rohland, 5. November 1975, TKA, NR0/26.
25 Van der Vat, *Der gute Nazi*, S. 377f.
26 *IMG*, 20. Juni 1946, Bd. 16, S. 531.
27 *IMG*, 19. Juni 1946, Bd. 16, S. 478f; Taylor, *Nürnberger Prozesse*, S. 519.
28 *IMG*, 19. und 20. Juni 1946, Bd. 16, S. 483, 503.
29 *IMG*, 19. Juni 1946, Bd. 16, S. 487.
30 Vgl. Sauckels Direktive zur Rekrutierung von Zwangsarbeitern im besetzten Frankreich, 31. August 1943, Dokument NI-449, NARA, RG 238, Entry 171, Box 7a.
31 *IMG*, 20. Juni 1946, Bd. 16, S. 535ff, 544–554.
32 Fest, *Speer*, S. 346–356. Das Dekret steht in *IMG*, Bd. 41, S. 430ff.
33 Sereny, *Albert Speer*, S. 585f.
34 Bericht von Oberbergrat Dr. Schensky, 31. Oktober 1944, Dokument NI-296, NARA, RG 238, Entry 171, Box 4.
35 *IMG*, 20. Juni 1946, Bd. 16, S. 542ff. Der Mythos wird von Schmidt widerlegt, *Speer*, S. 147–151; vgl. auch van der Vat, *Der gute Nazi*, S. 417.
36 *IMG*, 21. Juni 1946, Bd. 16, S. 594f, 598ff, 601.
37 *IMG*, Bd. 16, S. 571.
38 *IMG*, 21. Juni 1946, Bd. 16, S. 586.
39 *IMG*, Bd. 16, S. 616.
40 Taylor, *Nürnberger Prozesse*, S. 521, 525f.
41 Taylor, *Nürnberger Prozesse*, S. 650.
42 Wolters an Walter Rohland, 5. November 1975, TKA, NR0/26.
43 Van der Vat, *Der gute Nazi*, S. 148ff, 371, 408, 510ff, 551.
44 Sereny, *Albert Speer*, S. 686f.
45 Sereny, *Albert Speer*, S. 739–742. Die 25.000 Kassiber werden erwähnt in Wolters an Walter Rohland, 5. November 1975, TKA, NR0/26.
46 MGFA, *Das Deutsche Reich und der Zweite Weltkrieg*, Bd. 5/2, S. 301, 322ff, 394.
47. Biographische Informationen bei Manfred Rasch, *Findbuch zum Nachlaß Walter Rohland (1898–1981) und zum Bestand Ruhr-Consulting GmbH*. Duisburg, Thyssen-Krupp AG, 2001, S. 3–63. Zu den erwähnten Dokumenten vgl. United States, *Trials of War Criminals before the Nuernberg Military Tribunals under Control Council Law No. 10, Nuernberg, Oktober 1946–April 1949* [im Folgenden *TWC-CC10*], Bd. 6 [Fall Flick], Washington 1952.
48 Zum Affidavit Rohlands in Nürnberg im Februar 1947 vgl. NARA, RG 238, Entry 183, Box 120.
49 Vgl. Rohlands Aussage vom 24. Mai 1945 in TKA, NR0/109; Rasch, *Rohland*, S. 48–51.

50 Foreign Economic Administration, Supplementary Data for Biographical Report, NARA, RG 238, Entry 14, Box 40. Zu weiteren biographischen Informationen siehe OSS, Research and Analysis Branch, Biographical Report, im gleichen Ordner.
51 Zu Rohland im Camp Dustbin und in Nürnberg vgl. NARA, RG 549, Entry 2223, Box 28. Rohland schildert den Aufenthalt dort in seinem Tagebuch von 1946, TKA, NRO/III.
52 *TWC-CC10*, Bd. 6 [Fall Flick]; *TWC-CC10*, Bd. 9 [Fall Krupp].
53 Zu Rohland vgl. Rasch, *Rohland*, S. 54 f. Allgemein vgl. S. Jonathan Wiesen, *West German Industry and the Challenge of the Nazi Past 1945–1955*, Chapel Hill 2001.
54 Wiesen, *West German Industry*, S. 224 f.
55 NARA, RG 549, Entry 2223, Box 29.
56 Zum Handel vgl. Mommsen an Botschafter Alexander Smirnow, 21. Mai 1957, BA-K, NL 1340/Sig. 128, Bd. 3. Allgemein vgl. Peter Kopf, *Die Mommsens: Von 1848 bis heute – die Geschichte einer Familie ist die Geschichte der Deutschen*, Hamburg 2004, S. 342–368; Karsten Rudolph, *Wirtschaftsdiplomatie im Kalten Krieg: Die Ostpolitik der westdeutschen Großindustrie 1945–1991*, Frankfurt am Main 2004.
57 Zitiert in Helmut Weihsmann, *Bauen unterm Hakenkreuz: Architektur des Untergangs*, Wien 1998, S. 209. Zur Nibelungen-Brücke vgl. S. 948, 955.
58 Speer an Margret, 6. Oktober 1950, 12. Oktober 1950, 12. Dezember 1950, BA-K, NL 1340/Sig. 133, Bd. 2; Speer an Margret, 2. Dezember 1951, BA-K, NL 1340/Sig. 134, Bd. 3; Speer an Margret, 25. März 1953, BA-K, NL 1340/Sig. 136, Bd. 5; Margret Speer an Winifred von Mackensen, 29. Oktober 1950, BA-K, NL 1340/Sig. 107, Bd. 2.
59 Sereny, *Albert Speer*, S. 738.
60 Speer an Margret, Februar 1949, BA-K, NL 1340/Sig. 132, Bd. 1. Da Speer 1950 dachte, er sei im Fall eines Krieges in Deutschland für die Sowjets von Wert, drängte er Margret, in den Westen zu gehen. Die Sowjets würden versuchen, seine Familie zu entführen, um ihn gefügig zu machen, warnte er, aber er habe nicht die Absicht, für sie zu arbeiten. »Meine ganze Sympathie«, schrieb er, »gilt dem Westen. Für uns gibt es nur einen Feind – den Kommunismus.« Vgl. Speer an Margret, 21. Juni 1950, und Speer an Margret, 21. Juli 1950, beide in BA-K, NL 1340/Sig. 133, Bd. 2.
61 Speer an Margret, 7. Mai 1949, BA-K, NL 1340/Sig. 132, Bd. 1.
62 Speer an Margret, 8. November 1950, BA-K, NL 1340/Sig. 133, Bd. 2.
63 Speer an Margret, 2. April 1950; Speer an Margret, 14. Oktober 1950; Speer an Margret, 4. September 1950, alle in BA-K, NL 1340/Sig. 133, Bd. 2. Zu Trevor-Roper vgl. den Brief vom 4. September 1950 und Hugh R. Trevor-Roper, *Hitlers letzte Tage*, Zürich 1948. Speer versuchte sogar einmal, eine eidesstattliche Versicherung von dem in Ungnade gefallenen ehemaligen Staatschef der Vichy-Regierung, Marschall Henri Philippe Pétain, zu erlangen, der zu lebenslanger Haft und Verbannung verurteilt worden war. Pétain sollte Speer seine freundliche Haltung gegenüber den Franzosen bestätigen.
64 Speer an Schütz, 19. August 1952, BA-K, NL 1340/Sig. 179.
65 Wolters an Margret Speer, 14. Februar 1951, BA-K, NL 318/Sig. 28. Das Treffen ist auch in Wolters' Terminkalender von 1951 eingetragen, TKA, NRO/III.
66 Speer an Margret, 21. Juni 1950, BA-K, NL 1340/Sig. 133, Bd. 2. Die MAN war kein pronationalsozialistisches Unternehmen, von der Belegschaft waren nur 4 Prozent in der NSDAP. Vgl. Wiesen, *West German Industry*, S. 228; Paul Erker, *Industrie-Eliten in der NS-Zeit: Anpassungsbereitschaft und Eigeninteresse von Unternehmern in der Rüstungs-*

und Kriegswirtschaft, 1936–1945, Passau 1994, S. 37. Haspel blieb nach dem Krieg trotz seines rücksichtslosen Einsatzes von Zwangsarbeitern zur Erreichung der Produktionsziele Vorstandsvorsitzender bei Daimler. Neil Gregor, *Stern und Hakenkreuz: Daimler-Benz im Dritten Reich,* Berlin 1997, S. 216 ff.

67 Vgl. die Einträge vom Juni und Juli 1951, BA-K, NL 318/Sig. 32. Zu Rohland vgl. Wolters an Margret Speer, 14. Februar 1951, BA-K, NL 318/Sig. 28. Zu Margrets Briefen an verschiedene Banken in den Jahren 1950 bis 1952 vgl. BA-K, NL 1340/Sig. 96.
68 Kranzbühler an Kempf, 11. September 1951, BA-K, NL 318/Sig. 28.
69 Wolters an Margret Speer, 9. Oktober 1951, BA-K, NL 318/Sig. 28.
70 Kranzbühler an Wolters, 13. Februar 1952, BA-K, NL 318/Sig. 28. Vgl. auch Hans Speidel an Kranzbühler, 23. Februar 1952, BA-K, NL 318/Sig. 28.
71 Speer an seine Kinder, 16. Dezember 1952, BA-K, NL 1340/Sig. 135, Bd. 4.
72 Speer an Margret, 13. April 1953. BA-K, NL 1340/Sig. 136, Bd. 5.
73 Vgl. die hervorragenden Darstellungen in van der Vat, *Der gute Nazi,* 16. Kapitel (»Papas Tochter«), und Sereny, *Albert Speer,* S. 150–154.
74 Die Briefe befinden sich in BA-K, NL 1340/Sig. 136, Bd. 5, und werden bei Sereny analysiert, Sereny, *Albert Speer,* S. 761 ff. Vgl. auch van der Vat, *Der gute Nazi,* S. 454 ff, der Speers Antwort mit dem Beginn der Niederschrift seiner Memoiren 1953 in Verbindung bringt.
75 Speer an Margret, 22. Juni 1952, BA-K, NL 1340/Sig. 135, Bd. 4.
76 Speer an Hilde, 10. Oktober 1952, BA-K, NL 1340/Sig. 135, Bd. 4.
77 Speer an Margret, 7. Dezember 1952, BA-K, NL 1340/Sig. 135, Bd. 4.
78 Speer an Hilde, 23. Juni 1952, 10. Oktober 1952, BA-K, NL 1340/Sig. 135, Bd. 4.
79 Speer an Hilde, 10. Oktober 1952, BA-K, NL 1340/Sig. 135, Bd. 4.
80 Speer an Hilde, 12. November 1952, BA-K, NL 1340/Sig. 135, Bd. 4.
81 Sereny, *Albert Speer,* S. 738.
82 Kempf an Wolters, 22. Februar 1954, BA-K, NL 1340/Sig. 98, Bd. 1.
83 Kempf an Flächsner, 31. März 1954, BA-K, NL 1340/Sig. 98, Bd. 1.
84 Kempf an Wolters, 11. November 1954, BA-K, NL 1340/Sig. 98, Bd. 1.
85 Referat 204, 204–515–01 d/2817/55, 19. August 1955, Entwurf für eine Erklärung des Herrn Bundeskanzlers zum Problem Spandau bei deutsch-sowjetischen Besprechungen in Moskau, BA-K, B 305, Bd. 154.
86 Zahlen des deutschen Außenministeriums vom September 1955 in Anlage 2 zum Memorandum von Born an den Staatssekretär, 204–515 d/3081/55, 31. August 1955, BA-K, B 305, Bd. 54.
87 Wolters an Kempf, 28. März 1955, BA-K, NL 1340/Sig. 98, Bd. 1.
88 Kempf an Wolters, 2. Mai 1955, BA-K, NL 1340/Sig. 98, Bd. 1.
89 Speer hoffte, dass Adenauer Margrets bisherige Zurückhaltung nicht als übermäßigen Stolz empfand, da die anderen Frauen seiner Meinung nach einen erheblichen Vorsprung hatten. Speer an Margret, 23. Oktober 1953, BA-K, NL 1340/Sig. 136, Bd. 5; Speer an Margret, 28. Januar 1954, BA-K, NL 1340/Sig. 137, Bd. 6.
90 Das Schreiben (im Original auf Englisch) an den britischen Hohen Kommissar Hoyer Millar befindet sich in TNA, FO 1060/520.
91 Bathurst-Memorandum vom 17. Oktober 1955 und J. W. S. Perkins (Bonn) an Bathurst, 12. Dezember 1955, beide in TNA, FO 1060/520.
92 Die ausführlichen medizinischen Berichte von 1956 finden sich in AAPS, Filmrolle 10. Zu Funks Verlegung ins Krankenhaus siehe Protokoll der Direktorenbesprechung vom 10. August 1956, AAPS, Filmrolle 4.

93 Vgl. die Korrespondenz über Funks Gesundheitszustand in den Monaten Juni bis Dezember in NARA, RG 59, Entry 1311, LF 59 D 609, Box 19, vor allem Guffler an den Außenminister, Nr. 148, 22. August 1956. Siehe auch das Protokoll der Direktorenbesprechung vom 8. Februar 1957, AAPS, Filmrolle 4.
94 Hillenbrand an das US-Außenministerium, Nr. 654, 14. Januar 1957, NARA, RG 59, Entry 1311, LF 59 D 609, Box 19.
95 Speer, *ST*, 27. Dezember 1956, S. 453, und 12. Februar 1957, S. 457.
96 Zu Funks Freilassung vgl. die britische Korrespondenz von Januar bis Mai 1957 in TNA, FO 371/130852, und die amerikanischen Unterlagen in NARA, RG 59, Entry 1311, LF 59 D 609, Box 19.
97 Speer, *ST*, 17. Mai 17, S. 461.
98 Brochhagen, *Nach Nürnberg*, S. 112f, Kapitel 8 und 16.
99 Brentano an Steel, Bruce und Couve de Murville, 23. April 1957, BA-K, B 305, Bd. 152.
100 Memorandum vom 16. Mai 1957, Referat 204, IR Hergt; Memorandum für Brentano, Referat 204, 204/916/57, 30. Oktober 1957, BA-K, B 305, Bd. 152.
101 Brentanos Gesuch vom 14. November 1957 ist enthalten in Bruce an den US-Außenminister, Nr. 1600, 21. November 1957, NARA, RG 59, Entry 1311, LF 59 D 609, Box 19.
102 US-Außenministerium an die US-Botschaft Bonn, Nr. 2181, 2. Februar 1956, NARA, RG 59, Entry 1311, LF 59 D 609, Box 19.
103 O'Shaugnessy an das US-Außenministerium, Nr. 2382, 19. Dezember 1956; O'Shaugnessy an den Außenminister, Nr. 754, 28. August 1956, beide in NARA, RG 59, Entry 1311, LF 59 D 609, Box 19.
104 Dulles an Bruce, Nr. 1851, 7. Januar 1957, NARA, RG 59, Entry 1311, LF 59 D 609, Box 19.
105 Zu Funks Entlassung vgl. die britische Korrespondenz von Januar bis Mai 1957 in TNA, FO 371/130852, und die amerikanischen Unterlagen in NARA, RG 59, Entry 1311, LF 59 D 609, Box 19.
106 Der vollständige amerikanische Bericht findet sich in Guffler an den US-Außenminister, Nr. 312, 9. September 1957, NARA, RG 59, Entry 1311, LF 59 D 609, Box 19. Zu den anderen Berichten vgl. die Akte von Heß, AAPS, Filmrolle 14.
107 Zur Haltung der französischen Botschaft vgl. Couve de Murville an Quai d'Orsay, Nr. 1690/92, MAE-AOFAA, GMFB 15/1, Mappe: Liquidation éventuelle de la Prison de Spandau; der Kommentar der Franzosen in Berlin ist in Hillenbrand an den Außenminister wiedergegeben, Nr. 70, 22. Juli 1957, NARA, RG 59, Entry 1311, LF 59 D 609, Box 19.
108 Guffler an den Außenminister, Nr. 312, 9. September 1957, NARA, RG 59, Entry 1311, LF 59 D 609, Box 19.
109 Speer, *ST*, 10. August 1957, S. 466.
110 Couve de Murville an Pineau, 3. Mai 1957, MAE-AOFAA, GMFB 15/1, Mappe: Liquidation éventuelle de la Prison de Spandau.
111 Couve de Murville an Pineau, 4. November 1957, MAE-AOFAA, GMFB 15/1, Mappe: Liquidation éventuelle de la Prison de Spandau; US-Botschaft Bonn an das US-Außenministerium, Nr. 832, 13. November 1957, NARA, RG 59, Entry 1311, LF 59 D 609, Box 17.
112 Zum Abbau von Personal und Wärtern vgl. die Protokolle der Direktorenbesprechungen vom April und November 1957, AAPS, Filmrolle 4; US-Vertretung Berlin

an die US-Botschaft Bonn, G-191, 16. Januar 1960, NARA, RG 84, Entry 1006, Box 7, Mappe: Spandau Allied Prison. Das offizielle Protokoll der stellvertretenden Kommandanten vom 19. November 1957 befindet sich in MAE-AOFAA, GMFB 15/1, Mappe: Liquidation éventuelle de la Prison de Spandau.
113 US-Botschaft in Bonn an das US-Außenministerium, Nr. 832, 13. November 1957; Guffler (Berlin) an das US-Außenministerium, Nr. 30, 11. Juli 1957; US-Botschaft Bonn an US-Außenministerium, Nr. 832, 13. November 1957, alle in NARA, RG 59, Entry 1311, LF 59 D 609, Box 17.
114 Bruce an den Außenminister, Nr. 1885, 13. Dezember 1957; US-Außenministerium an Bruce, Nr. 1708, 27. Dezember 1957; Bruce an den Außenminister, Nr. 2134, 13. Januar 1958, alle in NARA, RG 59, Entry 1311, LF 59 D 609, Box 19. Vgl. auch Burton (Bonn), Aktennotiz vom 9. Januar 1958, TNA, FO 1042/42.
115 Peck an Barnes, 10. Januar 1958, TNA, FO 1042/42.
116 *FAZ*, 8. Januar 1958, Bericht dazu bei Geze (französische Vertretung Berlin) an die französische Botschaft Bonn, Nr. 14, 8. Februar 1958, MAE-AOFAA, GMFB 15/1, Mappe: Liquidation éventuelle de la Prison de Spandau.
117 Ledwidge an de Guenyveau, 22. Januar 1958, MAE-AOFAA, GMFB 15/1, Mappe: Liquidation éventuelle de la Prison de Spandau.
118 Zu Ledwidges Treffen vgl. Berlin-Telegramm Nr. 28 an die britische Botschaft Bonn, 22. Januar 1958, TNA, FO 1042/42. Vgl. auch Wilkinson an Peck, 28. Januar 1958, und Notiz von Buxton an Barnes, 7. Februar 1958, in der gleichen Mappe.
119 Sitzung des Politbüros vom 5. Februar 1958, SAPMO, DY 30/J IV 2/2, Bd. 579.
120 Hope Harrison, *Driving the Soviets Up the Wall: Soviet-East German Relations, 1953–1961*, Princeton 2003, S. 99 f.
121 Ulbricht an Puschkin, 11. Mai 1956, SAPMO, DY 30 [Büro Ulbricht], Bd. 3496.
122 Ulbricht an Puschkin, 11. Mai 1956, SAPMO, DY 30 [Büro Ulbricht], Bd. 3496.
123 SAPMO, DY 30/IV A 2/2.028 [Büro Norden], Bd. 67.
124 Marc Trachtenberg, *A Constructed Peace: The Making of the European Settlement, 1945–1963*, Princeton 1999, S. 232 f.
125 MGFA, *Anfänge westdeutscher Sicherheitspolitik 1945–1956*, Bd. 3: *Die NATO-Option*, München 1993, S. 707–714.
126 MGFA, *Anfänge westdeutscher Sicherheitspolitik*, Bd. 3, S. 716–717, 733.
127 Protokoll Nr. 14/58, 25. März 1958, SAPMO, DY 30/J IV 2/2, Bd. 586, und das Arbeitsprotokoll derselben Sitzung, DY 30/J IV 2/2A, File 619. Adenauer hatte diese kühnen Äußerungen bei einer parlamentarischen Anfrage zur nuklearen Bewaffnung getätigt, um Strauß zu unterstützen. Gleichzeitig hatte er den Wunsch ausgeführt, größere diplomatische und strategische Freiheit gegenüber den USA zu erlangen, mit dem Ziel, den 17 Millionen Deutschen in der sowjetischen Zone als Teil des deutschen »Volkes« die Freiheit zu bringen, vgl. *Verhandlungen des deutschen Bundestages, Stenographische Berichte,* Bd. 40, Bonn 1958, S. 1099 ff.
128 Telegramm Nr. 40 an die britische Botschaft in Bonn, 8. Februar 1958, TNA, FO 1042/42; Bruce an das US-Außenministerium, Nr. 2527, 13. Februar 1958, NARA, RG 59, Entry 1311, LF 59 D 609, Box 19.
129 Ledwidge an Barnes, 10. März 1958 und Notiz von Barnes, 11. März 1958, TNA, FO 1042/42. Vgl. auch B. J. Garnett (britische Militärverwaltung) an Wilkinson (britische Botschaft in Bonn), 12. Mai 1958, TNA, FO 1042/42.

130 Aufzeichnungen des Gesprächs zwischen Bruce und Perwuchin, 26. April 1958, MAE-AOFAA, GMFB 15/1, Mappe: Liquidation éventuelle de la Prison Spandau; Dulles an McCloy, 15. Juli 1958, und Bruce an Dulles, 31. Juli 1958, beide in John J. McCloy Papers (Amherst College) [im Folgenden McCloy Papers], Serie 14, Box GY2, Mappe 9. Vgl. auch Harry Schwartz an das US-Außenministerium, 6. Mai 1958, NARA, RG 84, Entry 1006, Box 7, Mappe: Spandau Allied Prison. Das Memorandum des Gesprächs befindet sich in derselben Mappe.
131 Speer, *ST*, 4. Dezember 1957, 4. April 1958, S. 472f, 480.
132 Wolters an Margret Speer, 16. Mai 1957, BA-K, NL 1340/Sig. 100, Bd. 3.
133 Speer an seine Familie, 10. Februar 1960, BA-K, NL 1340/Sig. 143, Bd. 12; Speer an Hilde, Dezember 1963, BA-K, NL 1340/Sig. 146, Bd. 15. Speers Behauptung in seinen *Spandauer Tagebüchern,* er habe dem Roten Kreuz geschrieben und sich für Heß eingesetzt, lässt sich nicht durch Briefe in seinen Unterlagen oder seiner Akte im Spandauer Gefängnis bestätigen. Speer, *ST*, 23. November 1959, S. 518.
134 Wolters an Kempf, 27. Mai 1957, BA-K, NL 1340/Sig. 98, Bd. 1.
135 Vgl. Wolters an Herbert Rimpl, 17. Februar 1958, und Wolters an Rimpl, 17. März 1958, beide in BA-K, NL 318/Sig. 31. Zu Schliekers früherem Besuch bei Unterstaatssekretär Robert Murphy in Washington vgl. auch Speer, *ST*, Dezember 31, 1956, S. 454. Zur Abstimmung mit Margret Speer vgl. die Korrespondenz zwischen Mommsen und Margret Speer vom Mai und Juni 1955, BA-K, NL 1340/Sig. 107, Bd. 2. Zu Offies Arbeit für die OPC siehe Michael Warner, »Origins of the Congress of Cultural Freedom, 1949–1950«, in: *Studies in Intelligence* (CIA) 35, Nr. 5 (1995) (eine freigegebene Version steht im Internet unter *http://www.cia.gov/csi/studies/95unclass/Warner.html* [abgerufen im Mai 2006]; Peter Grose, *Operation Rollback: America's Secret War Behind the Iron Curtain,* Boston 2000.
136 Mommsen an Puschkin, 18. November 1955, BA-K, NL 1340/Sig. 107, Bd. 2.
137 Zur Korrespondenz über das Gespräch mit Smirnow vgl. Mommsen an Margret Speer, 24. Mai 1957, BA-K, NL 1340/Sig. 107, Bd. 2; Wolters an Margret Speer, 27. Mai 1957, BA-K, NL 1340/Sig. 100, Bd. 3; Mommsen an Smirnow, 21. Mai 1957, BA-K, NL 1340, Sig. 128, Bd. 3.
138 Wolters an Kempf, 17. Dezember 1957, Wolters an Kempf, 23. Dezember 1957, BA-K, NL 1340/Sig. 98, Bd. 1.
139 Offie an Schlieker, 4. Dezember 1957, BA-K, NL 1340/Sig. 127, Bd. 2.
140 Van der Vat, *Der gute Nazi,* S. 447 f.
141 Wolters an Margret Speer, 28. Juli 1954, BA-K, NL 318/Sig. 29.
142 Wolters an Kempf, 12. Dezember 1957, BA-K, NL 1340/Sig. 98, Bd. 1; Wolters an Margret Speer, 16. Januar 1958, BA-K, NL 1340/Sig 100, Bd. 3. Zu den Argumenten für eine Begnadigung vgl. das Memorandum von Schütz an Globke, 7. März 1958, BA-K, NL 1340/Sig 105, Bd. 8.
143 Wolters an Hans Dustmann, 1. Februar 1958, BA-K, NL 318/Sig. 31.
144 Am Bau der Anlage waren 4.000 Männer und Frauen aus den Konzentrationslagern Sachsenhausen und Ravensbrück beteiligt. Weihsmann, *Bauen unterm Hakenkreuz,* S. 730–734, 773 f.
145 Weihsmann, *Bauen unterm Hakenkreuz,* S. 791–810.
146 Brigitte Jacob und Wolfgang Schäche, »Rimpl, Herbert«, Grove Art Online, Oxford University Press, http://www.groveart.com [abgerufen im Juli 2004].

147 Der Briefwechsel befindet sich in BA-K, NL 318/Sig. 31. Die Beträge sind ebenfalls dort aufgeführt.
148 Speer an seine Familie, 10. Juli 1958, BA-K, NL 1340/Sig. 141, Bd. 10.
149 Schütz an Wolters, 28. März 1958, BA-K, NL 1340/Sig. 100, Bd. 3.
150 Schütz an Globke, 6. Juni 1958, BA-K, NL 1340/Sig. 105, Bd. 8.
151 Schütz an Hilde Speer, 6. Juni 1958, Schütz an Wolters, 11. August 1958, BA-K, NL 1340/Sig. 105, Bd. 8; Schütz an Margret Speer, 6. Juni 1958, BA-K, NL 1340/Sig. 107, Bd. 2. Siehe auch Rohlands Korrespondenz mit Gustav Hilger, August 1958, in BA-K, NL 1340/Sig. 107, Bd. 2.
152 Couve de Murville an Quai d'Orsay, Nr. 1112/15, 8. Mai 1958, MAE-AOFAA, GMFB 17/4; US-Botschaft in Bonn an das US-Außenministerium, Nr. 1995, 6. Mai 1958, Anlage 2, NARA, RG 59, Entry 1311, LF 59 D 609, Box 19; Bruce an Dulles, 31. Juli 1958, McCloy Papers, Serie 14, Box GY2, Folder 9; Kommuniqué der US-Botschaft, eingegangen am 5. Mai 1958; B. J. Garnett an Wilkinson, 12. Mai 1958; Wilkinson an Hancock, 21. Mai 1958; Memorandum von R. F. Stretton, 14. Juli 1958; Notiz von Buxton, 31. Juli 1958, alle in TNA, FO 1042/42.
153 Schütz an Wolters, 11. August 1958, BA-K, NL 1340/Sig. 105, Bd. 8. Siehe auch Schütz an Margret Speer, 6. Juni 1958, BA-K, NL 1340/Sig. 107, Bd. 2.
154 Mommsen an Kroll, 15. August 1958, BA-K, NL 1340/Sig. 121, Bd. 3.
155 Kroll an Mommsen, 28. August 1958, BA-K, NL 1340/Sig. 121, Bd. 3.
156 Speer, *ST*, 20. September 1958, S. 499.
157 Wolters an Hilde Speer, 2. September 1958, BA-K, NL 1340/Sig. 120, Bd. 2.
158 Zumindest finden sich keine Unterlagen dazu in PA-AA, Botschaft der BRD in Moskau, Bd. 4118–4119, die sich mit Berlin im Herbst 1958 befassen.
159 »Bonn verhandelt über Spandau«, in: *Die Welt*, 13. Oktober 1958. Die sowjetische Erklärung steht in *Die Welt*, 16. Oktober 1958. Vgl. auch die Analyse in Bruce an das US-Außenministerium, Nr. 225, 13. Oktober 1958, NARA, RG 84, Entry 1006, Box 7, Mappe: Spandau Allied Prison.
160 Wiedergegeben in Chalvron (Berlin) an Quai d'Orsay, Nr. 301, Oktober 16, 1958, MAE-AOFAA, GMFB 15/1, Mappe: Liquidation éventuelle de la Prison de Spandau.
161 Bericht von Stretton, 29. September 1948; Wilkinson an Anderson, Nr. 1661, 2. Oktober 1958; Wilkinson an Anderson, Nr. 1661, 13. Oktober 1959; Auszug aus dem Protokoll der Beratungen der vier Mächte in Bonn, 15. Oktober 1958, alle in TNA, FO 1042/43.
162 Note des sowjetischen Außenministeriums, Nr. 222/3eo-frg, 18. September 1958, PA-AA, Botschaft der BRD in Moskau, Bd. 4118.
163 Adenauers Treffen mit Smirnow wird beschrieben in Knappstein an Kroll, Nr. 507, 16. Oktober 1958, PA-AA, Botschaft der BRD Moskau, Bd. 4118. Krolls Gespräch mit Gromyko steht in Krolls Bericht Nr. 737, 18. Oktober 1958, an gleicher Stelle. Vgl. auch das sowjetische Aide-mémoire vom 14. Oktober 1958.
164 Hilde Speers Bericht über ihr Gespräch mit Hans Gawlik am 20. April 1959, BA-K, NL 1340/Sig. 120, Bd. 2.
165 Offie an Schlieker, 4. Dezember 1957, BA-K, NL 1340/Sig. 127, Bd. 2.
166 Wolters an Kempf, 17. Dezember 1957; Wolters an Kempf, 23. Dezember 1957, BA-K, NL 1340/Sig. 98, Bd. 1. Schlieker war auch für die Veröffentlichung einer Artikelserie in der Illustrierten *Quick* im Februar 1958 verantwortlich, die Schütz nicht verhindern konnte, weil er erst spät darüber informiert wurde. Wolters an Dietrich Kenneweg

(Chefredakteur von *Quick*), 22. Januar 1958, BA-K, NL 1340/Sig. 100, Bd. 3; Wolters an Kempf, 12. Februar 1958, BA-K, NL 1340/Sig. 98, Bd. 1. Auch Speer notierte, dass die Serie seiner Sache nicht förderlich sei, »Funk und seine Freunde haben Schauermärchen erzählt.« Speer, *ST*, 4. April 1958, S. 479.
167 Offie an Schlieker, 13. Oktober 1958, BA-K, NL 1340/Sig. 127, Bd. 2.
168 Wolters an Hilde Speer, 21. Oktober 1958 und 4. November 1958, BA-K, NL 1340/Sig. 120, Bd. 2.
169 Harrison, *Driving the Soviets Up the Wall*, S. 105 ff. Der Status Berlins nach dem Krieg wurde allerdings gar nicht im Potsdamer Abkommen festgelegt, sondern bei der Konferenz von Jalta.
170 Brentano an alle Vertretungen, Dipex Nr. 3, 22. November 1958, PA-AA, Botschaft der BRD in Moskau, Bd. 4118.
171 Note Nr. 200/3e0-FRG des sowjetischen Außenministeriums an die Botschaft der BRD in Moskau, 27. November 1958, PA-AA, Botschaft der BRD Moskau, Bd. 4119.
172 Aufzeichnung über eine Besprechung mit Herrn Pope von der britischen Botschaft Bonn, 10. Dezember 1959, BA-K, B 305, Bd. 151; Memorandum von Herbert Northe, 16. Dezember 1958, PA-AA, B 12, Bd. 185.
173 Speer, *ST*, 28. November 1958, 15. Februar 1959, S. 501, 505.
174 Speer an Kempf, 19. April 1959, BA-K, NL 1340/Sig. 160, Bd. 8.
175 *Der Spiegel*, 27. Mai 1959.
176 Zur sowjetischen Haltung vgl. Harrison, *Driving the Soviets Up theWall*, S. 121–124; Jack Schick, *The Berlin Crisis 1958–1962*, Philadelphia 1971, S. 91.
177 Vgl. z. B. Kempf an Hilde Speer, 25. November 1958, BA-K, NL 1340/Sig. 119, Bd. 1.
178 Wolters an Kempf, 23. Dezember 1957, BA-K, NL 1340/Sig. 98, Bd. 1; Schütz an Weitz, 2. Mai 1958, BA-K, NL 1340/Sig. 105, Bd. 8.
179 Memorandum von Gawlik, 27. Mai 1959, BA-K, B 305, Bd. 152.
180 Vgl. die entsprechenden Unterlagen in TNA, FO 371/154293.
181 Weitz an Brentano, 11. November 1959, BA-K, B 305, Bd. 151.
182 Kempf an Heinz Lorenz, 4. Dezember 1959, BA-K, NL 1340/Sig. 104, Bd. 7.
183 Speer, *ST*, 18. Dezember 1959, 22. August 1960, 24. August 1960, S. 519, 530, 531 f. Im Eintrag vom 24. August macht sich Speer Gedanken über Eichmann, nutzt den Fall Eichmanns jedoch zur Untermauerung seines Arguments, er habe die Bedeutung des Nationalsozialismus nur allmählich verstanden. »Nachgrübelnd in Spandau habe ich erst allmählich vollends begriffen, dass ich nicht einem wohlmeinenden Massentribunen, nicht dem Neubegründer deutscher Größe und auch nicht dem gescheiterten Eroberer eines europäischen Großreichs gedient habe, sondern einem krankhaften Hasser [...] Alles kann ich mir vielleicht verzeihen: Sein Architekt gewesen zu sein, das lässt sich vertreten; dass ich als sein Rüstungsminister tätig war, dafür könnte ich mich rechtfertigen. Es ist auch eine Position denkbar, von der aus sich die Beschäftigung von Millionen Kriegsgefangenen oder Zwangsarbeitern in der Industrie verteidigen lässt [...] Aber schlechterdings ohne Schutz stehe ich da, wenn ein Name wie Eichmann fällt.«
184 Ritter an AA, Pol 503–80, 16. Dezember 1959; Ritter an AA, Pol 503–80, 17. Dezember 1959, beide in BA-K, B 305, Bd. 151. Zu Hildes Vorbereitung vgl. ihre Korrespondenz mit Annemarie Kempf 1959, BA-K, NL 1340/Sig. 119, Bd. 1, und Wolters im selben Jahr in BA-K, NL 1340/Sig. 120, Bd. 2.

185 *Die Welt*, 27. September 1959; *Frankfurter Neue Presse*, 28. September 1959. Vgl. auch die Titelgeschichte vom 8. November im *Manchester Guardian*.
186 Roberts an George Coldstream, 3. Dezember 1959, TNA, LCO 2/4429; Bericht von Pridham, 5. Dezember 1959, TNA, FO 371/146064.
187 Roberts an Coldstream, 25. April 1960, TNA, LCO 2/4429.
188 Vgl. allgemein dazu TNA, FO 371/146064.
189 Coldstream an Tompkins, 10. Dezember 1959, TNA, FO 371/146064. Zu Hilde Speers Bericht über die Reise vom 2. bis 14. Dezember 1959 an Wolters vgl. BA-K, NL 1340/Sig. 120, Bd. 2.
190 Speer an seine Familie, 10. Februar 1960, BA-K, NL 1340/Sig. 143, Bd. 12.
191 Wolters an Hilde Speer, 5. November 1959, BA-K, NL 1340/Sig. 120, Bd. 2.
192 Speer an seine Familie, 10. Februar 1960, BA-K, NL 1340/Sig. 143, Bd. 12.
193 Bezug auf einen Brief an die Abteilung 5, XXIV 396/60, 7. April 1960, BA-K, B 305, Bd. 151.
194 Hildes Bericht an Wolters über ihre Parisreise vom 18. bis 30. März 1960 steht in BA-K, NL 1340/Sig. 120, Bd. 2. Vgl. auch das Memorandum von Gawlik, ZRS-E 209/55, 16. Mai 1960, PA-AA, B 12, Bd. 185.
195 Zu den deutsch-britischen Absichten und zum Gipfel vgl. das Memorandum von Pridham, 12. Dezember 1959; Bericht von J. E. (John) Killick, 14. Dezember 1959, TNA, FO 371/146064. Vgl. auch Botschaft der BRD London an AA, 16. Dezember 1959, BA-K, B 305, Bd. 151; Bericht von Wilberforce, 28. April 1960, und Bericht von Drinkall, 28. April 1960, beide in TNA, FO 371/154293. Zu Perwuchin vgl. Memorandum an Rumbold, 17. Februar 1960, TNA, FO 371/154293.
196 Botschaft der BRD London (Ritter) an AA, Pol. 503-80, 16. Dezember 1959, BA-K, B 305, Bd. 151.
197 Aufzeichnung über die Berliner Besprechungen vom 17. Dezember 59, BA-K, B 305, Bd. 151. Zu den Erwartungen vgl. Aufzeichnung über eine Besprechung mit Mr. Pope (von Wagner, dem Vertreter des Deutschen Roten Kreuzes, Generalsekretariat), 10. Dezember 1959, BA-K, B 305, Bd. 151. Weitz musste beim Besuch der sowjetischen Botschaft in Ost-Berlin feststellen, dass die Sowjets beim Thema Spandau nicht so entgegenkommend waren, wie er gedacht hatte. Perwuchin war nicht zu sprechen, und sein Vertreter Grimitzki behauptete fälschlicherweise, Spandau falle nicht in die Zuständigkeit der Botschaft.
198 Stretton an Pridham, 23. Dezember 1959, und Bericht von Pridham, 4. Januar 1960, TNA, FO 371/154293.
199 Referat 700, 700-83.60, 22. März 1960, BA-K, B 305, Bd. 151.
200 Botschaft der BRD London an AA, Pol 503-80, 16. Dezember 1959, BA-K, B 305, Bd. 151; Memorandum von Reute, Referat 704, 704-82.08/94.29-56/60, 12. Januar 1960, PA-AA, B 12, Bd. 185.
201 Stretton an Wilberforce, Nr. 1661, 29. April 1960, TNA, FO 371/154293.
202 Memorandum von Reute, Referat 704, 704.82.08/94.29/56/60, 12. Januar 1960, BA-K, B 305, Bd. 151.
203 Memorandum von Reinkemeyer, Referat 704, 704-83.000/94.29-1289/60, 18. Oktober 1960, PA-AA, B 12, Bd. 185.
204 Chruschtschow an Adenauer, 24. Dezember 1962, PA-AA, B 2, Bd. 145.

205 Brentano an Reuter, 2. April 1960, BA-K, B 305, Bd. 151. Der Brief wurde zurückbeordert und nicht verschickt.
206 Hans-Peter Schwarz (Hg.), *Konrad Adenauer: Reden 1917–1967: Eine Auswahl*, Stuttgart 1975, S. 409 f.
207 Brochhagen, *Nach Nürnberg*, S. 284 f, 292 ff.
208 Harrison, *Driving the Soviets Up the Wall*, S. 161. Zur Beteiligung der DDR vgl. Brochhagen, *Nach Nürnberg*, S. 279–290.
209 Zu den Propagandamaßnahmen der DDR im Fall Globke vgl. SAPMO, DY 30/IV 2/2.028 [Büro Norden], Bd. 1, 2, 9, 21, 36.
210 Brochhagen, *Nach Nürnberg*, S. 298–316. Brentano hatte Adenauer klargemacht: »Wir werden uns aus Anlass dieses schaurigen Prozesses eindeutig von diesen Verbrechen distanzieren müssen.« Bonn unterstützte den Prozess in der Öffentlichkeit und auch das israelische Gesetz zur Verfolgung von Nationalsozialisten, obwohl es mit dem Grundsatz *nulla poena sine lege* brach. Außerdem war man nicht bereit, Eichmanns deutschen Anwalt Robert Servatius zu bezahlen, weil man Schlagzeilen wie »Bonn verteidigt Eichmann« fürchtete. Brentano schickte einen Beobachter zum Prozess, der allerdings keine offizielle Position bekleidete, und bereitete Adenauers Kommentare im Fernsehen sehr sorgfältig vor. Adenauer war bei seiner Reise nach Washington im April zu Gesprächen mit Präsident John F. Kennedy über Berlin mit Antworten auf mögliche Anfragen der Presse nach dem Eichmann-Prozess bestens ausgerüstet. Brochhagen, *Nach Nürnberg*, S. 338, 340, 344. Vgl. auch die Unterlagen zum Eichmann-Prozess, zu Mengele und den Entschädigungszahlungen in PA-AA, B 2, Bd. 82.
211 Brentano an Reuter, 2. April 1960, BA-K, B 305, Bd. 151. Der Brief wurde zurückbeordert und nicht verschickt.
212 Memorandum von Forsters, Referat 700, 700–81.15, 2. Juni 1960, BA-K, B 305, Bd. 151; Memorandum von Forsters, Referat 700, 700–84.29 VS-NfD, 15. Juli 1960, PA-AA, B 12, Bd. 185.
213 ZRS-XXIV 596/60, 30. Juli 1960, BA-K, B 305, Bd. 151.
214 Hildes Bericht an Wolters über ihre Parisreise vom 18. bis 30. März 1960, BA-K, NL 1340/Sig. 120, Bd. 2.
215 Bericht von Wilberforce, 28. April 1960; Bericht von Drinkall, 28. April 1960, beide in TNA, FO 371/154293. Vgl. dazu auch die Unterlagen vom Juni 1960 in PA-AA, B 12, Bd. 185.
216 Stretton an Wilberforce, 29. April 1960, und folgende Dokumente, TNA, FO 371/154293.
217 Flächsner an Hilde Speer, 13. Mai 1960, BA-K, NL 1340/Sig. 121, Bd. 3.
218 Hilde Speer an Karl Frank (ehemaliger Finanzminister), 21. Dezember 1960, BA-K, NL 1340/Sig. 121, Bd. 3. Der gleiche Brief ging an General Hans Speidel.
219 Abteilung V, ZRS-XXIV–596/60, 21. Oktober 1960; Abteilung V, ZRS-XXIV 596/60, 12. Dezember 1960, beide in BA-K, B 305, Bd. 151, auch in PA-AA, B 12, Bd. 185. Darin heißt es fälschlicherweise, dass Speer von den Amerikanern und von Schirach von den Briten verhaftet wurde.
220 ZRS-XXIV 596/60, 9. November 1960; ZRS-XXIV 596/60, 1. Dezember 1960, beide in BA-K, B 305, Bd. 151.

221 Allgemein zu 1961 vgl. TNA, FO 1042/75; François Seydoux (französischer Botschafter in Bonn) an Quai d'Orsay, 5. Januar 1961, MAE-AOFAA, GMFB 15/4, Mappe: Speer. Zu Mommsen vgl. Carstens an Mommsen, StS. 289/61, 23. März 1961, PA-AA, B 2, Bd. 82.
222 Zur Geschichte der Militärmissionen vgl. Dorothee Mußgnug, *Alliierte Militärmissionen in Deutschland, 1946–1990*, Berlin 2001.
223 »Denial of Soviet Access to the Spandau Prison«, 7. November 1961 (auf Grundlage einer britischen Untersuchung), NARA, RG 84, Entry 1006, Box 7, Mappe: Spandau Allied Prison. Die westlichen Alliierten hatten stets die Position vertreten, dass sie sich an alle Vereinbarungen der vier Mächte gehalten hätten. Die Sowjets beanspruchten diese Haltung auch für sich, obwohl sie aus der Kommandantur ausgezogen waren.
224 Oberstleutnant Oscar Drake (US-Gefängnisdirektor von Spandau), an POL (Day), 13. September 1962, NARA,RG84, Entry 1006, Box 7, Mappe: Spandau Prison 1958–1963. Im November 1961 gab es Überlegungen, den Sowjets den Zugang zu Spandau zu verweigern, aber nur, wenn die Sowjets den Zugang zu den Militärmissionen in Ost-Berlin verwehrten und aus der Berliner Luftsicherheitszentrale auszogen.
225 David E. Murphy, Sergei Kondrashev und George Bailey, *Die unsichtbare Front: Der Krieg der Geheimdienste im geteilten Berlin,* Berlin 1997, S. 503.
226 US-Vertretung in Berlin an die US-Botschaft in Bonn, 28. November 1962, NARA, RG 84, Entry 1006, Box 7, Mappe: Spandau Prison 1958–1963; Speer, *ST,* 26. November 1962, S. 563 f.
227 Außenminister Richard Butler an Botschafter Frank Roberts (Bonn), Nr. 471, 17. Dezember 1963, TNA, FO 371/172201.
228 Alaric Searle, *Wehrmacht Generals, West German Society, and the Debate on Rearmament, 1949-1959,* Westport, CT, 2003, S. 246–256. 1957 wurde Schörner zu einer viereinhalbjährigen Haftstrafe verurteilt, saß aber wegen seiner angeblichen schlechten gesundheitlichen Verfassung nur einen Teil davon ab. Zur Einschätzung von Schörners vorzeitiger Entlassung aus sowjetischer Gefangenschaft, erstellt vom US-Army Counter Intelligence Corps, vgl. NARA, RG 319, Entry 134-B, Box 542.
229 NARA, RG 263, Entry A1–86, Box 32, CIA-Akte: Friedrich Panzinger.
230 NARA, RG 263, Entry ZZ-19, Box 1, Akte: Felfe, Heinz: KGB-Einsatz.
231 Brewster Morris (amerikanischer Gesandter in Berlin) an das US-Außenministerium, CN-1170, 29. Juni 1962, NARA, RG 84, Entry 1006, Box 7, Mappe: Spandau Prison 1958–1963. Siehe auch Seydoux an Quai d'Orsay, Nr. 2895/98, 19. Juni 1962 und Nr. 3042–43, 27. Juni 1962, MAE-AOFAA, GBFB 15/4, Mappe: Speer.
232 Carstens an Schröder, St.S./ 902/62, 25. Oktober 1962, PA-AA, B 2, Bd. 82; Memorandum von Carstens' Gespräch mit Smirnow, 20. Mai 1963, und Memorandum zu Naumann und Sonntag, 24. Juli 1964, PA-AA, B 2, Bd. 145. Vgl. auch PA-AA, B 2, Bd. 158 zu diesem Fall. Die Studenten wurden schließlich gegen den KGB-Maulwurf Heinz Felfe ausgetauscht (der 1961 von den deutschen Behörden verhaftet wurde). Durch einen Kommunikationsfehler Felfes war die Verhaftung von Pripolzew erst möglich gewesen. Vgl. NARA, RG 263, Entry ZZ-18, Box 23, Akte: Heinz Felfe, Bd. 4.
233 Gespräch zwischen Smirnow und Carstens, 20. Mai 1963, PA-AA, B 2, Bd. 145.
234 Geheimes Memorandum von Stretton, 26. März 1958, TNA, FO 1042/42; *Hansard* (Commons), 5th Series, Bd. 585, Spalte 133f, 1. April 1958. Zur Scheidung vgl. die Pro-

tokolle der Direktorenbesprechungen von 1950, AAPS, Filmrolle 2; Akte Schirach, AAPS, Filmrolle 12.
235 Klaus von Schirach an das Deutsche Rote Kreuz, 1. Januar 1963, BA-K, B 305, Bd. 152.
236 Protokoll der außerordentlichen Sitzung, 4. Dezember 1963, AAPS, Filmrolle 5; TNA, FO 371/172201.
237 Vgl. Speers Briefe an Hilde und seinen Schwiegersohn Ulf Schramm vom Dezember 1963 und Januar 1964, BA-K, NL 1340/Sig. 146–147, Bd. 15–16. Vergl. Speer, *ST*, 4. Dezember 1963, 6. Dezember 1963, 9. Dezember 1963, S. 586 ff.
238 Butler an Roberts, Nr. 471, 17. Dezember 1963, TNA, FO 371/172201; Christian Aumale (Chargé d'Affaires, Bonn) an Quai d'Orsay, Nr. 819/25, 27. Januar 1964, MAE-AOFAA, GMFB 17/4.
239 Julian Bullard (britische Botschaft Bonn) an Philip Mallet, 13. Dezember 1963, TNA, FO 371/172201.
240 Vgl. die Korrespondenz von Rusk und von Ball in NARA, RG 84, Entry 1006, Box 7, Mappe: Spandau Prison 1958–1963.
241 Bullard an das britische Außenministerium, 28. Januar 1964; Bullard an H. K. Mathews, britischer Militärkommandant Berlin, 3. Februar 1964, TNA, FO 371/177995. Das Gerücht über von Schirach lässt sich vielleicht auf seine Äußerungen gegenüber der sowjetischen Zensorin in Spandau zurückführen, Margarita Nerutschewa, die von den Häftlingen den Spitznamen »die hübsche Margret« erhalten hatte. Speer, *ST*, 13. November 1961, S. 547.
242 Text in TNA, FO 371/177995.
243 Trevelyan an das britische Außenministerium, Nr. 1202, 16. Juni 1964, TNA, FO 371/177995. Deppner hatte die Erschießung von 65 sowjetischen Kriegsgefangenen befohlen. Sein Freispruch vom 22. Januar 1964 in München basierte tatsächlich auf der Annahme, dass Deppner damit auf Greueltaten gegen Deutsche an der Ostfront reagiert hatte. Zu den französischen und deutschen Kommentaren vgl. Französische Botschaft Bonn (Margerie) an Quai d'Orsay, Nr. 4247/49, 17. Juni 1964, MAEAOFAA, GMFB, 17/4. Die Deutschen argumentierten, Deppner sei aus Mangel an Beweisen freigesprochen worden und nicht wegen der von den Sowjets genannten Gründe.
244 Mommsen an Wolters, 11. Februar 1964, BA-K, NL 318/Sig. 31.
245 Speer an Hilde, 2. November 1963, 29. November 1963, BA-K, NL 1340/Sig. 146, Bd. 15. Vgl. mit Speer, *ST*, 2. November 1963, S. 583, wo er schreibt, von Schlabrendorff übernehme nun seinen Fall.
246 McCloy an Dulles, 27. Juni 1958; McCloy an Tyler, 6. November 1963, McCloy Papers, Serie 14, GY2, Mappe 9.
247 Weder London noch Paris waren über das Vorhaben informiert worden. Vgl. das Treffen von Schlabrendorff, William Tyler (EUR) und Grover Penberthy (BTF), 19. März 1964, NARA, RG 84, Entry 1006, Box 7, Mappe: Spandau Prison 1964. Es gibt einen kurzen Hinweis in Speer, *ST*, 4. April 1964, S. 612. Zu Tylers öffentlicher Versicherung vom 8. März 1963 vgl. PA-AA, B 38–II A 1, Bd. 157.
248 Speer an Hilde, 8. April 1964, BA-K, NL 1340/Sig. 147, Bd. 16. Zu Powers siehe Craig R. Whitney, *Spy Trader: Germany's Devil's Advocate and the Darkest Secrets of the Cold War*, New York 1993, S. 27 ff.
249 Speer an Margret (offiziell), 26. April 1964; Speer an Hilde, 7. Juni 1964, BA-K, NL1340/Sig. 147, Bd. 16. Siehe auch Speer, *ST*, 4. August 1964, S. 616.

250 Speer an Hilde, 28. Oktober 1964, BA-K, NL 1340/Sig. 147, Bd. 16; Sereny, *Albert Speer*, S. 785 f.
251 Speer an Hilde, 6. März 1966, BA-K, NL 1340/Sig. 149, Bd. 18.
252 Zum Geld vgl. BA-K, NL 318/Sig. 31. Zu Brandt und Hilde Speer vgl. van der Vat, *Der gute Nazi*, S. 476, 485. Zu Brandts Meinung über Speer vgl. Willy Brandt, *Erinnerungen*, Frankfurt am Main 1989, S. 145. Als Regierender Bürgermeister von Berlin hatte Brandt sich 1964 bei Robert Kennedy, damals US-Justizminister, für Speer eingesetzt und gesagt, er wolle der Familie helfen, außerdem sei Speers Freilassung gerechtfertigter als die der anderen. Vgl. John Calhoun (US-Vertretung Berlin) an Robert Creel (Leiter der Dienststelle für deutsche Angelegenheiten im Außenministerium), 10. Juni 1964, NARA, RG 84, Entry 1006, Box 7, Mappe: Spandau Prison 1964.
253 Presse- und Informationsamt der Bundesregierung, Az. 210-4 IV, 26. September 1966, PA-AA, B 38, Bd. 157.
254 Sereny, *Albert Speer*, S. 856–863.

Kapitel 6
»Ich bereue nichts«: Das Problem Rudolf Heß

1 Zu Kappler vgl. Robert Katz, *Rom 1943–1944: Besatzer, Befreier, Partisanen und der Papst*. Essen: Magnus-Verlag 2006. Zu Reder vgl. Christian Ortner, *Am Beispiel Walter Reder: Die SS-Verbrechen in Marzabotto und ihre Bewältigung*. Wien 1985. Zum selektiven Gedächtnis vgl. Tony Judt, »The Past is Another Country: Myth and Memory in Postwar Europe«, in: *The Politics of Retribution in Europe: World War II and Its Aftermath*, hg. von István Deák, Jan T. Gross und Tony Judt. Princeton 2000, S. 293–323.
2 Churchill-Notiz an Eden, Ser. M 561/52, 5. Dezember 1952, TNA, PREM 11/793.
3 *FAZ*, 12. Juli 1973.
4 *The Times*, 27. November 1979. Vgl. auch Peter Schupljak, »Wahrnehmung und Legenden: Das Bild von Rudolf Heß in sowjetischen Publikationen«, in: Kurt Pätzold/Manfred Weißbecker, *Rudolf Heß: Der Mann an Hitlers Seite*. Leipzig 1999, S. 393–409.
5 Pätzold/Weißbecker, *Rudolf Heß*, S. 33–54.
6 Ian Kershaw, *Hitler 1889–1936*. Stuttgart 1998, S. 298–304 und S. 321–330.
7 Pätzold/Weißbecker, *Rudolf Heß*, S. 54–56. Der genannte Brief (vom 29. Juni 1924) ist abgedruckt in *Rudolf Heß, Briefe, 1908–1933*, S. 341–343; Heß über Hitler (S. 343): »Ich bin ihm ergeben mehr denn je! Ich liebe ihn!« Zu Hitler vgl. Kershaw, *Hitler 1889–1936*, S. 298–304 und S. 321–326.
8 Dietrich Orlow, *The History of the Nazi Party*, Bd. 1: *1919–1933*. Pittsburgh 1969, S. 150 f., S. 202; Weinberg, Gerhard L. (Hg.), *Hitler's Second Book*. New York 2003, S. XIV. Deutsche Ausgabe: Weinberg, Gerhard L. (Hg.), *Hitlers Zweites Buch. Ein Dokument aus dem Jahr 1928*. Stuttgart: DVA 1961.
9 Pätzold/Weißbecker, *Rudolf Heß*, S. 63 f., S. 67.
10 Pätzold/Weißbecker, *Rudolf Heß*, S. 71, S. 87.
11 *IMG*, 7. Februar 1946, Bd. 7, S. 140–143.

12 *IMG*, 18. Dezember 1945, Bd. 4, S. 130; ab September 1935 verlangte er auch Rücksprache bei der Ernennung von Reichs- und Länderbeamten, vgl. *IMG*, 7. Februar 1946, Bd. 7, S. 145.
13 Pätzold/Weißbecker, *Rudolf Heß*, S. 90–93, S. 102 (Zitat). (Das Zitat stammt aus der in Anm. 15 genannten Rede.)
14 Eine Überlegung, die sich bei Pätzold/Weißbecker, *Rudolf Heß*, S. 156 ff., findet.
15 Redetext in Rudolf Heß, *Reden*. München 1938, S. 15–32 (»Von der Revolution zum Aufbau«), Zitate auf S. 25 und S. 30. Die Rede wird in Pätzold/Weißbecker, *Rudolf Heß*, S. 122–125, ausführlich erörtert.
16 Pätzold/Weißbecker, *Rudolf Heß*, S. 190.
17 Pätzold/Weißbecker, *Rudolf Heß*, S. 245–247, Zitat auf S. 246.
18 *IMG*, 7. Februar 1946, Bd. 7, S. 147; Pätzold/Weißbecker, *Rudolf Heß*, S. 217.
19 *IMG*, 13. Dezember 1945, Bd. 3, S. 584; Pätzold/Weißbecker, *Rudolf Heß*, S. 147–155; Peter Longerich, *Hitlers Stellvertreter: Führung der Partei und Kontrolle des Staatsapparates durch den Stab Heß und die Partei-Kanzlei Bormann*. München 1992, S. 93–99.
20 *IMG*, 7. Februar 1946, Bd. 7, S. 147.
21 Pätzold/Weißbecker, *Rudolf Heß*, S. 216–218, »Fensterscheiben«-Zitat auf S. 218.
22 *IMG*, 7. Februar 1946, Bd. 7, S. 147–153.
23 Gerhard L. Weinberg (Hg.), »National Socialist Organization and Foreign Policy Aims in 1927«, in: *The Journal of Modern History* 36 (1964) 3, S. 428–433.
24 Pätzold/Weißbecker, *Rudolf Heß*, S. 217 f.
25 Pätzold/Weißbecker, *Rudolf Heß*, S. 216.
26 Pätzold/Weißbecker, *Rudolf Heß*, S. 234 f.
27 *IMG*, 14. Dezember 1945, Bd. 3, S. 641–656; *IMG*, 7. Februar 1946, Bd. 7, S. 156 (Zitat).
28 Max Domarus (Hg.), *Hitler. Reden und Proklamationen 1932–1945*. Bd. 2: *Untergang (1939–1945)*. Neustadt a. d. Aisch 1963, S. 1551.
29 Pätzold/Weißbecker, *Rudolf Heß*, S. 259 f.
30 Roy Conyers Nesbit/Georges van Acker, *The Flight of Rudolf Hess: Myth and Reality*. Phoenix Mill 1999, S. 32–69. Mit größerer Vorsicht zu gebrauchen sind Rainer F. Schmidt, *Rudolf Heß: Der Botengang eines Toren?*, Düsseldorf 1997, sowie Peter Padfield, *Hess: Flight for the Führer*, London 1991, die beide behaupten, der britische Geheimdienst habe Heß nach Großbritannien gelockt. Mit größter Vorsicht zu lesen ist John Costello, *Ten Days that Saved the West*. London 1991.
31 Heß gewann diese Überzeugung in den Gesprächen mit seinem Freund Albrecht Haushofer, dem Sohn von Karl Haushofer, Heß' Mentor in geopolitischen Fragen. Vgl. hierzu James Douglas-Hamilton, »Hess and the Haushofers«, in: David Stafford (Hg.), *Flight from Reality: Rudolf Hess and His Mission to Scotland, 1941*. London 2002, S. 78–103.
32 Zu Kirkpatricks Berichten über die Gespräche mit Heß vgl. *IMG*, Dokumente 117-M, 118-M und 119-M, Bd. 38, S. 177–184; zu Lord Simon vgl. *IMG*, Dokument Hess-15, Bd. 40, S. 279–292.
33 Zu Hitler und Großbritannien vgl. Gerhard L. Weinberg, *Germany, Hitler and World War II: Essays in German and World History*. New York 1996. Zu Hitlers Reaktion auf Heß' Flug vgl. Elke Fröhlich (Hg.), *Die Tagebücher von Joseph Goebbels*, Teil I, *Aufzeichnungen 1923–1941*, Bd. 9: *Dezember 1940–Juli 1941*, 13.–16. Mai 1941, München 1998, S. 309–317.
34 Die Bewertung des gesamten Vorgangs findet sich in Rudolf Hess: The Report of British

Observation and Findings, May 10, 1941 – October 8, 1945, Hess Personal File, AAPS, Filmrolle 14.
35 Zitiert im Bericht der Kommission zur Untersuchung des Angeklagten Heß vom 17. November 1945, *IMG,* Bd. 1, S. 175–182, hier: S. 177.
36 Zu Heß' Aufenthalt in England vgl. Nesbit/van Acker, *The Flight of Rudolf Hess,* S. 70–80, S. 99–119.
37 Vgl. die Einleitung des Herausgeber sowie Lothar Kettenacker, »Mishandling a Spectacular Event: The Rudolf Hess Affair«, in: Stafford (Hg.), *Flight from Reality,* S. 1–18, S. 19–37. Vgl. außerdem Stalins Telegramm vom 19. Oktober 1942 an Iwan Majskij, den sowjetischen Botschafter in London, in: *UdSSR,* Bd. 1, Dok. 30, ebenso Dok. 34 und 35.
38 Schupljak, »Wahrnehmungen und Legenden«, S. 398 ff.; John Erickson, »Rudolf Hess: A Post-Soviet Postscript«, in: David Stafford (Hg), *Flight from Reality,* S. 38–60.
39 Varianten dieser Geschichte basieren auf Hugh Thomas, *Der Mord an Rudolf Heß.* München 1979; Hugh Thomas, *Hess: A Tale of Two Murders.* London 1988. Das Argument wurde vollständig widerlegt in Le Tissier, *Spandauer Jahre 1981–1991,* S. 79–82, S. 173–189, tauchte aber wieder auf in Lynn Picknett, Clive Prince und Stephen Prior, *Double Standards: The Rudolf Hess Cover Up.* Boston 2001.
40 *UdSSR,* Bd. 1, Dok. 34 und 35; Kochavi, *Prelude to Nuremberg,* S. 36f; Overy, *Verhöre,* S. 112 f., S. 590 (Anm 3).
41 Overy, *Verhöre,* S. 407–419.
42 *IMG,* Bd. 1, S. 175–185, Zitate auf S. 182, S. 181, S. 179.
43 *IMG,* 30. November 1945, Bd. 2, S. 545.
44 Zu Heß und Göring: Taylor, *Nürnberger Prozesse,* S. 217, sowie *IMG,* 22. November 1945, Bd. 2, S. 196, S. 204 f.; zu Heß' Erklärung vor Gericht vom 30. November 1945: Taylor, *Nürnberger Prozesse,* S. 218, und *IMG,* Bd. 2, S. 548 f.
45 Heß an Ilse, 2. Oktober 1946, in: Ilse Heß, *Ein Schicksal in Briefen.* Leoni 1971, S. 114 f.
46 Speer, *ST,* 20. November 1946, S. 37. Vgl. auch Speer, *ST,* 1. Januar 1959, S. 503 f. Siehe außerdem die Einträge vom 27. Dezember 1949, S. 226, sowie vom 20. April 1950, S. 232.
47 Zitiert in Nesbit/van Acker, *The Flight of Rudolf Hess,* S. 116 f.
48 Speer, ST, 1. Januar 1959, S. 503.
49 Sprecher, *Inside the Nuremberg Trial,* Bd. 2, S. 787–789; »Stalin and the Nuremberg Trial«, *Moscow News,* 24. März 1995.
50 *IMG,* 5. Juli 1946, Bd. 17, S. 597–602; Zitate auf S. 600 und S. 602.
51 *IMG,* 25. Juli 1946, Bd. 19, S. 390–437, Zitate auf S. 390.
52 *IMG,* 25. Juli 1946, Bd. 19, S. 396–406.
53 *IMG,* 25. Juli 1946, Bd. 19, S. 418.
54 *IMG,* 25. Juli 1946, Bd. 19, S. 434 und 430.
55 *IMG,* 31. August 1946, Bd. 22, S. 420–425; Zitate auf S. 420, S. 422, S. 425.
56 Zu seiner Arbeit an dieser Erklärung vgl. Rudolf Heß: Progress Notes, Einträge vom 22., 23. und 24. August 1946, Akte Heß, AAPS, Filmrolle 14; Heß an Ilse, 2. September 1946, *Schicksal in Briefen,* S. 111 f. Zum vollen Wortlaut des Nürnberger Schlussworts vgl. NARA, RG 238, Entry 22, Box 2, Mappe: Hess.
57 Taylor, *Nürnberger Prozesse,* S. 646 f.
58 Speer, *ST,* 24. April 1947, S. 101.

59 Diensttagebuch des Chefwärters, 18. Juli 1947, AAPS, Filmrolle 22. Zu seinen Beschwerden vgl. Akte Heß, AAPS, Filmrolle 14; Krankenakte Heß, AAPS, Filmrolle 15.
60 Diese Episode ist beschrieben in W. A. E. Bullen an Chisholm, 27. August 1951, AAPS, Filmrolle 14.
61 Speer, *ST,* 9. April 1950, 20.–25. Dezember 1950, 17. Juni 1952, 21. Juli 1956, S. 231, S. 249 f., S. 306 f., S. 437
62 Speer, *ST,* 19. April 1952, S.284.
63 Speer, *ST,* 14. Juni 1952, S. 305.
64 Protokolle der Direktorenbesprechungen vom 16. Juni 1952 und 3. September 1953, AAPS, Filmrolle 3.
65 Krankenakte Hess, AAPS, Filmrolle 15.
66 Bericht von Maurice Walsh, fachärztlicher Berater für Neuropsychiatrie, 27. Mai 1948, Akte Heß, AAPS, Filmrolle 14; Bericht von Hauptmann Robert I. Levy, Psychiater, US-Militärkrankenhaus, 23. August 1955, Akte Heß, AAPS, Filmrolle 14. Der Bericht von Hauptmann John Hitchcock, April 1964, Krankenakte Heß, AAPS, Filmrolle 15, geht nicht von einer Psychose aus, enthält aber die Feststellung: »Ich glaube, dass er Selbstmord begehen würde, wenn sich die Gelegenheit ergäbe.«
67 Diensttagebuch des Chefwärters, 13.-15. Juni 1952, AAPS, Filmrolle 23; A. S. Whitaker an Vickers, 22. September 1953, Akte Heß, AAPS, Filmrolle 14; Speer, *ST,* 13.–15. Juni 1952, S. 288, S. 305 f.
68 Zu den Strafen vgl. Diensttagebuch des Chefwärters, 15.–18. November 1947, AAPS, Filmrolle 22. Vgl. auch die Protokolle der Direktorenbesprechungen vom 20. Oktober 1947, 6. November 1947, 18. Dezember 1947, 9. Januar 1948, 24. Februar 1949, 11. Januar 1951, AAPS, Filmrolle 2; 15. Juni 1952, 23. September 1953, AAPS, Filmrolle 3; 29. Oktober 1955, 12. Januar 1956, 7. und 18. Februar 1957, 8. August 1957, AAPS, Filmrolle 4; Speer, *ST,* 25. Februar 1949, 13. Juni 1952, 26. März 1957, S. 198, S. 288 und 305, S. 458.
69 Protokoll der Direktorenbesprechung vom 16. Juli 1956, AAPS, Filmrolle 4. Im Oktober 1956 gab es einen ähnlichen Vorfall, als Heß sich weigerte, eine Toilette zu reinigen. Vgl. die Protokolle der Direktorenbesprechungen in diesem Monat, AAPS, Filmrolle 4.
70 Diensttagebuch des Chefwärters, 20., 23. und 25. Dezember 1950, AAPS, Filmrolle 22; Diensttagebuch des Chefwärters, 2. Februar 1952, AAPS, Filmrolle 23; Diensttagebuch des Chefwärters, 7. Juli 1956, AAPS, Filmrolle 24; Speer *ST,* 25. Februar 1949, 20., 23. und 25. Dezember 1950, 2. Mai 1955, 17. Juli 1956, 26. März 1957, S. 198, S. 249 f., S. 415, S. 436 f., S. 458.
71 Speer, *ST,* 13. und 15. Juni 1952, 23. und 26. April 1955, 2. Mai 1955, S. 288 und S. 305, S. 413 f. und S. 414 f., S. 415 f.; Protokoll der Direktorenbesprechung vom 3. September 1953, AAPS, Filmrolle 3.
72 Zu Heß' Gewicht vgl. das Protokoll der Direktorenbesprechung vom 25. November 1959, AAPS, Filmrolle 4. Zum Selbstmordversuch vgl. Notiz vom 25. November 1959, Krankenakte Heß, AAPS, Filmrolle 15; Speer, *ST,* 27. November 1959, S. 518 f.
73 Krankenakte Heß, Dezember 1959, AAPS, Filmrolle 15; Speer, ST, 23. November 1959, 11. Dezember 1959, 10. Juli 1960, S. 519.
74 Speer, *ST,* 16. März 1964, 24. Oktober 1964, 19. November 1964, S. 610 f., S. 621, S. 624.

75 Speer, ST, 25. Dezember 1963, 10. Februar 1965, S. 589 (Zitat), S. 629. Vgl. Krankenakte Heß, 2. April 1945, AAPS, Filmrolle, dort ist festgehalten, dass der Patient drei Monate lang keine Krämpfe verspürte.
76 Zu Roberts' Besuch vgl. AAP-BRD 1966, Bd. 1, Dok. 9. Zu Ilse Heß vgl. Heß an Ilse, *Schicksal in Briefen*, S. 594.
77 Die Chronologie der Bemühungen von Seiten der Familie ist nachzulesen in: Wolf Rüdiger Heß, *Mein Vater Rudolf Heß: Englandflug und Gefangenschaft*. München 1984, S. 353 ff.
78 Die an Waldheim gerichtete Petition ist auf den 16. Juli 1979 datiert und befindet sich in NARA, RG 84, Entry 1006, Box 4, Mappe: Hess and Spandau 1980–1982, General File 2. Vgl. auch Gamal Badr (stellvertretender Direktor für Wissenschaft und Forschung) an Seidl, 7. November 1979, in derselben Mappe.
79 NARA, RG 84, Entry 1006, Box 1, Mappe: Plans (Spandau and Hess); NARA, RG 84, Entry 1006, Box 1, Mappe: Admin. Case Hess vs. Land Berlin; NARA, RG 84, Entry 1006, Box 4, Mappe: Hess and Spandau General 1979.
80 Zur westdeutschen Presse vgl. den ausführlichen Artikel »400 Soldaten bewachen Häftling Nr. 7« von Ursula von Kardorff in der *Süddeutschen Zeitung* vom 3. April 1968, der die starken Übertreibungen enthält, 400 Soldaten und 50 Wärter seien für die Bewachung Heß' notwendig, und dieses »absurde Buß-Theater« koste die bundesdeutschen Steuerzahler Jahr für Jahr 800.000 D-Mark.
81 Zum Besuch Seidls vgl. die Notizen des britischen Chefwärters, 20. November 1964, Akte Heß, AAPS, Filmrolle 14; Speer, ST, 18. November 1964, 7. Februar 1965, S. 622 f., S. 629 (Zitat).
82 Protokoll der Direktorenbesprechung vom 26. April 1967; sowjetische Stellungnahme zur 1088. Direktorenbesprechung vom 9. Mai 1967; Protokoll der Direktorenbesprechung vom 8. Mai 1969, alle in AAPS, Filmrolle 5; Protokoll der Direktorenbesprechung vom 26. Oktober 1973, AAPS, Filmrolle 6.
83 Stoessel an US-Außenminister, Nr. 14265, 14. August 1979, NARA, RG 84, Entry 1006, Box 4, Mappe: Hess and Spandau General 1979.
84 Seidl erhielt 1968 den Bayerischen Verdienstorden und 1973 das Große Bundesverdienstkreuz, dem 1976 auch noch der Stern hinzugefügt wurde.
85 Seidl an Strauß, 23. April 1957, PA-AA, B 83, Bd. 1465; Strauß an Brandt, 22. Dezember 1966, PA-AA, B 83, Bd. 1466.
86 Gawlick an Seidl, 3. Januar 1961 und V4-ZRS-E 21–57, 28. Februar 1966, beide in PA-AA, B 83, Bd. 1466.
87 Zur Petition vgl. Seidl an de Gaulle, Entwurf, 6. April 1966, PA-AA, B 83, Bd. 1465. Die endgültige Fassung der Petition ist datiert auf den 18. Mai 1966 und befindet sich in PA-AA, B 83, Bd. 1466.
88 IA-3-84.20-94.07, 12. Mai 1966, PA-AA, B 83, Bd. 1465.
89 V4-ZRS-E21/57, 17. Mai 1966, PA-AA, B 83, Bd. 1465.
90 PA-AA, B 83, Bd. 1466, passim.
91 David Gladstone (Britische Botschaft Bonn) an D. A. T. Stafford (Western Department, FCO), Nr. 1661, 18. August 1967, TNA, FCO 33/296. De Gaulle beantwortete, im Unterschied zu Lyndon Johnson und dem britischen Premierminister Harold Wilson, eine humanitäre Bittschrift zu Heß' Gunsten, die im Februar 1967

von führenden Vertretern der evangelischen und katholischen Kirche in der Bundesrepublik verfasst worden war, persönlich, um in westdeutschen Kirchenkreisen ein positives Bild zu wahren. Vgl. hierzu Martin J. Hillenbrand (US-Botschaft Bonn) an das US-Außenministerium, Nr. 9627, 17. Februar 1967, sowie nachfolgende Dokumente, NARA, RG 84, Entry 1006, Box 8, Mappe: Spandau Prison Jan–June 1967.

92 Heß missbilligte in seinem Brief an Ilse vom 13. Oktober 1946 zunächst Seidls Gnadengesuch in Nürnberg als »einen würdelosen Akt«, billigte es dann aber doch noch, als er den herausfordernden Ton des Gesuchs erkannte, in dem die Legitimität des Gerichts bestritten wurde. Hess an Ilse, 13. Oktober 1946, 28. Dezember 1946; *Schicksal in Briefen,* S. 118 f.

93 Speer, *ST,* 18. August 1965, S. 637.

94 Wolf Rüdiger Heß, *Mein Vater Rudolf Heß,* S. 355; Pätzold/Weißbecker, *Rudolf Heß,* S. 464.

95 Ilse Heß, *England–Nürnberg–Spandau.* Leoni 1952; später wiederabgedruckt in Schicksal in Briefen.

96 Heß an Ilse, 2. September 1946, 2. Oktober 1946, 10. März 1947, *Schicksal in Briefen,* S. 111–113, S. 114 f., S. 121–123.

97 Seidl an Gawlick, 20. Februar 1958, PA-AA, B 83, Bd. 1465, enthält Ilses Petition vom 15. Januar.

98 Kopie in PA-AA, B 83, Bd. 1466. Vgl. auch Wolf Rüdiger Heß, *Hess – Weder Recht noch Menschlichkeit: Das Urteil von Nürnberg – Die Rache von Spandau – Eine Dokumentation.* Leoni 1974, S. 25 ff.; Wolf Rüdiger Heß, *Mein Vater Rudolf Heß,* S. 380.

99 Pätzold/Weißbecker, *Rudolf Heß,* S. 349. Zu den Erklärungen vgl. Wolf Rüdiger Heß, *Mein Vater Rudolf Heß,* S. 385 ff.; *Sunday Express,* 27. April 1969, 7. April 1974, 23. Dezember 1979 (für Taylor); *Bild am Sonntag,* 10. April 1977 (für Shawcross). Vgl. auch Hartley Shawcross, *Life Sentence: The Memoirs of Lord Shawcross.* London 1995, S. 129 f.

100 Anzeigen in der *FAZ* vom 7. Mai 1981, 3. Oktober 1981, 6. Mai 1982, 7. Oktober 1982.

101 Zur Gründung und verschiedenen Aktivitäten vgl. Pätzold/Weißbecker, *Rudolf Heß,* S. 348 f.; Wolf Rüdiger Heß, *Mein Vater Rudolf Heß,* S. 356 ff.

102 W. R. Heß, *Heß – weder Recht noch Menschlichkeit;* W. R. Heß, *Mein Vater Rudolf Heß.*

103 W. R. Heß, »The Life and Death of My Father Rudolf Heß«, Videovorführung bei der 11. Konferenz des Institute for Historical Review im Jahr 1992, *http://www.ihr.org/jhr/v.13/v13n1p24_Hess.html* [abgerufen im Juni 2004].

104 Memorandum an den Außenminister, eingegangen am 22. August 1967, PA-AA, B 83, Bd. 1466. Vgl. auch die westdeutschen Kommentare, die einem Schreiben von Kenneth Rush (der amerikanischen Botschafter in Bonn) an den US-Außenminister zu entnehmen sind, Nr. 14349, 31. Oktober 1969, NARA, RG 59, Entry 1613, Box 2108, Mappe: Pol 27–12. Zu Kiesinger, der regelmäßig zum Ziel von Attacken aus der DDR wurde, vgl. Daniel E. Rogers, »The Chancellors of the Federal Republic of Germany and the Political Legacy of the Holocaust«, in: *The Impact of Nazism: New Perspectives on the Third Reich and Its Legacy,* hrsg. von Alan Steinweis und Daniel E. Rogers. Lincoln 2003, S. 236 f.

105 Der Vorstoß wird beschrieben in NARA, RG 84, Entry 106, Box 8, Mappe: Spandau Prison (Januar bis Juni 1966).

106 Jean-Claude Winckler (der französische Gesandte in Berlin) an François Seydoux (den französischen Botschafter in Bonn), Nr. 128/EU, 6. März 1965, MAE-AOFAA, GMFB 17/4.
107 Schlussfolgerung in U.S. Intra-Berlin Message Nr. 32 vom 29. Januar 1966, MAE-AOFAA, GMFB 17/4.
108 Text in US-Botschaft Bonn an den US-Außenminister, Nr. 1092, 16. Juni 1966, NARA, RG 84, Entry 1006, Box 8, Mappe: Spandau Prison (Januar bis Juni 1966). Abrassimow hatte bereits im Februar 1966, unmittelbar nach einer informellen britischen Erklärung, mit der Feststellung reagiert, eine Amnestie für Heß komme nicht in Frage, und außerdem bezweifelt, dass Heß gesundheitliche Probleme habe. Vgl. Carstens-Memorandum St.S. 375/66 VS-Vertr., 23. Februar 1966, PA-AA, B 2, Bd. 158. Ein weiterer Versuch der Alliierten im August 1966, kurz vor Speers und Schirachs Entlassung, stieß auf ähnliche Ablehnung. Vgl. zu diesem Versuch NARA, RG 59, Entry 1004, Prefix LR 16, Box 28.
109 George C. McGhee (amerikanischer Botschafter in Bonn) an das US-Außenministerium, Nr. A-1098, 15. März 1968; Brewster Morris (amerikanischer Gesandter in Berlin) an den US-Außenminister, Nr. 4381, 13. Juni 1969, beide in NARA, RG 59, Entry 1004, Prefix LR 22, Box 28; Generalmajor James Bowes-Lyon (Kommandant des britischen Sektors von Berlin) an die britische Botschaft in Bonn, Nr. 190, 13. Juni 1969, TNA, FO 1042/331; Sir Archibald Duncan Wilson (britischer Botschafter in Moskau) an FCO, 14/2, 16. März 1970, TNA, FCO 33/1164; *AAP-BRD 1968*, Bd. 1, Dok. 96. Die NPD-Wahlergebnisse bei Bundestags- und Landtagswahlen von 1966 bis 1968 werden erörtert in Lee McGowan, *The Radical Right in Germany 1870 to the Present*. New York 2002, S. 156–158. Ihren größten Erfolg auf Bundesebene erzielte die NPD bei der Bundestagswahl vom 28. September 1969, bei der sie 1,42 Millionen Stimmen erhielt und damit auf einen Stimmenanteil von 4,3 Prozent kam. Zur NPD in Berlin vgl. *AAP-BRD 1970*, Bd. 3, Dok. 593.
110 Vgl. Le Tissier, *Spandauer Jahre 1981–1991*, S. 104. Der Autor kommt auf insgesamt 27 Appelle der Westmächte für Heß' Freilassung, wobei die britische Regierung an 24 dieser Vorstöße beteiligt war. Auf Ministerebene gab es außerdem nach 1970 dreizehn britische Alleingänge zum gleichen Thema.
111 Der parlamentarische Druck, der von 1966 bis 1969 sporadisch ausgeübt wurde und eine Schließung des Spandauer Gefängnisses anstrebte, kam meist von John Biggs-Davidson und konzentrierte sich auf die Absurdität der Spandauer Verhältnisse, ohne sich weitergehend mit Heß' Schuld zu beschäftigen. Vgl. *Hansard* (Commons), Bd. 730, S. 1234 f. (mündliche Antworten); Bd. 734, S. 104 (schriftliche Antworten); Bd. 735, S. 206 (schriftliche Antworten); Bd. 736, S. 170 (schriftliche Antworten); Bd. 750, S. 161 f. (schriftliche Antworten); Bd. 757, S. 12 (schriftliche Antworten); Bd. 762–3, S. 21 (mündliche Antworten); Bd. 782, S. 936 f. (mündliche Antworten).
112 TNA, FCO 33/295.
113 P. H. Gore-Booth: Vertrauliches Memorandum an den Außenminister, 11. Januar 1967, TNA, FCO 33/295.
114 H. T. Morgan (Britische Militärregierung Berlin) an Alex Campbell (Leiter des Western Department, FCO), 29. Dezember 1966; Frank Roberts an Gore-Booth, 19. Januar 1967; Roberts an Gore-Booth, 9. Februar 1967, alle in TNA, FCO 33/295.
115 Die umfassendste Akte zu diesem Thema ist MAE-AOFAA, GMFB 17/2. Vgl. auch

AK Berlin, Rechtsausschuss, LEG/R(66)12, 1. Juli 1966, NARA, RG 84, Entry 1006, Box 8, Mappe: Spandau Prison (Januar bis Juni 1966); Memorandum: »Transfer of Prisoner No. 7 (Hess) to the Hospital Building at Spandau Prison«, 21. Oktober 1966, AP/M(66)37, AAPS, Filmrolle 5. Vgl. auch US-Vertretung Berlin (David Klein) an US-Botschaft Bonn, A-418, 25. September 1969, NARA, RG 59, Entry 1613, Box 2108, Mappe: Pol 27–12.

116 Winckler an Seydoux, Nr. 1825, 29. September 1966, MAE-AOFAA, GMFB 17/2.

117 Re-accommodation [Wiederunterbringung] of Prisoner No. 7 (Rudolf Hess) in Old Hospital Building, Spandau Allied Prison, 8. Dezember 1966, TNA, FCO 33/395. Vgl. auch die Kostenberechnungen in NARA, RG 84, Entry 1006, Box 8, Mappe: Spandau Prison (Januar bis Juni 1967); Senator für Bundesangelegenheiten, Bevollmächtigter des Landes Berlin beim Bund an Auswärtiges Amt (Redenz, V/4 ZRS), I/1–0352–01, 9. Dezember 1966, PA-AA, B 83, Bd. 1466.

118 Dies erwähnte er gegenüber den alliierten Stadtkommandanten. Vgl. Winckler an Seydoux, Nr. 1452, 10. Juli 1966, MAE-AOFAA, GMFB 17/2.

119 Abteilung V, V 4 – ZRS – 22/66, 26. September 1966, PA-AA, B 83, Bd. 1466. Zur öffentlichen Erklärung des Justizsenators Hans-Günther Hoppe vom Juni 1968 vgl. auch US-Vertretung Berlin (Klein) an US-Botschaft Bonn, A-418, 25. September 1969, NARa, RG 59, Entry 1613, Box 2108, Mappe: Pol 27–12. Vgl. auch Protokolle der Besprechungen des Medical Board vom 26. November 1969 bis März 1970, AAPS, Filmrolle 11.

120 R. Hanbury-Tenison (Britische Botschaft Bonn) an H. T. Morgan (Western Department, FCO), 14/1, 12. Juni 1968, TNA, FCO 33–297. Dokumente zur Ablehnung durch Bonn finden sich in PA-AA, B 38, Bd. 259.

121 Zusätzliche Diskussion in TNA, FO 1042/331; MAE-AOFAA, GMFB 17/2.

122 Sondersitzung vom 19. November 1969, AAPS, Filmrolle 5. Heß verweigerte sich im Sommer 1967 auch einer vorbeugenden Röntgenuntersuchung, und die Direktoren hatten sich im September 1968 auf neue Vorgehensweisen für eine Notverlegung des Gefangenen in das britische Militärkrankenhaus geeinigt, falls Behandlungsformen erforderlich wurden, die im Gefängnis nicht zu leisten waren. Zu den politischen Auswirkungen von Heß' gesundheitlichen Problemen in jener Zeit vgl. NARA, RG 59, Entry 1613, Box 2108, Mappe: Pol 27–12.

123 Vgl. Heß' Brief vom 10. Januar 1970, in Bowes-Lyon an FCO und an die Britische Botschaft in Bonn, Nr. 26, 17. Januar 1970, TNA, FCO 33/1162.

124 Zum Gesamtinhalt des Viermächteabkommens vom 3. September 1971 vgl. Presse- und Informationsamt der Bundesregierung (Hg.), *Die Berlin-Regelung. Das Viermächte-Abkommen über Berlin und die ergänzenden Vereinbarungen*. Bonn 1971.

125 Zum britischen Interesse am Fall Heß vgl. TNA, FCO 33/1161–1164, und Terence Prittie, »The Power and the Pity«, in: *The Guardian*, 24. Januar 1970. Zu den westdeutschen Hoffnungen vgl. Rush an den US-Außenminister, Nr. 15345, 28. November 1969, NARA, RG 59, Entry 1004, Prefix LR 30, Box 28. Das öffentliche Interesse in der Bundesrepublik war zu jenem Zeitpunkt tatsächlich geringer als das öffentliche Interesse in Großbritannien. Vgl. D. S. Broucher (Britische Militärregierung Berlin) an FCO, 14/1, 6. Oktober 1970, TNA, FCO 33/1164, der zu dem Schluss kommt: »Man kann wohl sagen, dass das im Fall Heß geschaffene Interesse in Großbritannien tendenziell größer war als in Deutschland selbst.«

126 Morris an den US-Außenminister, Nr. 2033, 28. November 1969, NARA, RG 59, Entry 1613, Box 2108, Mappe: Pol 27–12. Zur Bewaffnung der sowjetischen Wachen im Jahr 1970 vgl. Nikolai Sysojews Bericht in »Victors: Guarding the Number 2 Nazi«, *Bratishka* (Brotherhood: Journal for Members of Special Forces), Oktober 2004, *http:// www.bratishka.ru* (abgerufen im Januar 2006). Ich danke Arsen Djatej für diesen Hinweis und die Übersetzung des Textes.
127 Bowes-Lyon an Britische Botschaft Bonn, Nr. 394, 2. Dezember 1969, TNA, FO 1042/331.
128 Protokoll der Direktorenbesprechung vom 2. Dezember 1969 und der außerplanmäßigen Besprechung vom 3. Dezember 1969, AAPS, Filmrolle 5. Zum sowjetischen Drängen auf Heß' Rückkehr beim ersten Anzeichen einer Besserung seines Gesundheitszustandes vgl. Protokolle der Sitzungen der Ärztekommission vom 29. Dezember 1969 und vom 14. Januar 1970, AAPS, Filmrolle 11.
129 Morris an den US-Außenminister, Nr. 2087, 19. Dezember 1969; Morris an den US-Außenminister, Nr. 2070, 11. Dezember 1969, beide in NARA, RG 59, Entry 1613, Box 2108, Mappe: Pol 27–12; West Berlin Priority Telegram Nr. 228 an FCO, 30. Dezember 1969, TNA, FCO 1042/331.
130 Bowes-Lyon an die britische Botschaft in Bonn, Nr. 394, 2. Dezember 1969, TNA, FO 1042/331.
131 Heß' Bitten, Familienbesuch ohne Beobachtung durch Aufseher im selben Raum empfangen zu dürfen, auch über die gestatteten 30 Minuten hinaus, und dass ihnen außerdem ein Weihnachtsessen gewährt werde, lehnten die Sowjets ab, doch die Direktoren erlaubten (aus diesem Anlass) einen gemeinsamen Besuch von Ilse und Wolf Rüdiger Heß. Vgl. hierzu die Materialien in der Akte Heß, AAPS, Filmrolle 14; Protokolle der Direktorenbesprechungen vom 11. und 18. Dezember 1969, AAPS, Filmrolle 5; Morris an den US-Außenminister, 30. Dezember 1969, NARA, RG 59, Entry 1613, Box 2108, Mappe: Pol 27–12.
132 Rogers an US-Botschaft Bonn, US-Vertretung Berlin, Nr. 198295, 26. November 1969; Rogers an US-Botschaft Bonn, US-Vertretung Berlin, Nr. 200011, 1. Dezember 1969; Morris an den US-Außenminister, Nr. 2020, 27. November 1969, alle in NARA, RG 59, Entry 1613, Box 2108, Mappe: Pol 27–12.
133 Morris an den US-Außenminister, Nr. 2034, 28. November 1969, NARA, RG 59, Entry 1613, Box 2108, Mappe: Pol 27–12; Memorandum of Discussion at Spandau Prison Mess, 1. Dezember 1967, NARA, RG 59, Entry 1004, Prefix LR 56, Box 28.
134 Morris an den US-Außenminister, Nr. 2036, 11. Dezember 1969, NARA, RG 59, Entry 1613, Box 2108, Mappe: Pol 27–12; Protokolle der Direktorenbesprechungen vom 4. und 11. Dezember 1969, AAPS, Filmrolle 5.
135 Rogers an US-Botschaft Bonn, US-Vertretung Berlin, Nr. 207163, 13. Dezember 1969, NARA, RG 59, Entry 1613, Box 2108, Mappe: Pol 27–12; Charles N. Brower (Assistant Legal Adviser für den Bereich Europa) an Martin J. Hillenbrand (Abteilungsleiter für Europa), undatiert, NARA, RG 59, Entry 1004, Prefix LR 50, Box 28.
136 Protokolle der Direktorenbesprechungen vom 22. Januar 1970, 7. Februar 1970, 28. Februar 1970, AAPS, Filmrolle 5.
137 Die britischen Überlegungen sind dokumentiert in TNA, FCO 33/1161, 1162, 1163, 1164. Vgl. auch Rush an den US-Außenminister, Nr. 293, 13. Januar 1970; Rogers an Rush, Nr. 6245, 14. Januar 1970, beide in NARA, RG 59, Entry 1004, Prefixes LR 76 und LR 78, Box 28. Zu subjektiven britischen medizinischen Diagnosen vgl. Brower an

David H. Small (Rechtsberater, US-Vertretung Berlin) und Donald Wehmeyer (politischer Berater, US-Botschaft Bonn), 16. Januar 1970; Rush an den US-Außenminister, Nr. 1303, 5. Februar 1970, beide in NARA, RG 59, Entry 1004, Prefixes LR 82 und LR 96, Box 28. Die fragliche Immobilie war rechtlich bereits seit den zwanziger Jahren im Besitz des sowjetischen Staates gewesen.

138 George Thomson an Stewart, 6. Februar 1979, TNA, FCO 33/1163.
139 Zur allgemeinen Information vgl. TNA, FCO 33/1162, 1163, 1164. Vgl. auch das Protokoll des Medical Board Meeting, 25. Februar 1970, AAPS, Filmrolle 11; Protokoll der Direktorenbesprechung vom 13. März 1970, AAPS, Filmrolle 6. Die neuen Bestimmungen vom März 1970 finden sich in AAPS, Filmrolle 1. Zu den Verhandlungen und zur Verbindung der Haftbedingungen für Heß mit dem Abkommen zur Einäscherung vgl. Morris an US-Botschaft Bonn, Nr. 247, 14. Februar 1970; Morris an US-Botschaft Bonn, Nr. 361, 5. März 1970; Morris an den US-Außenminister, Nr. 388, 12. März 1970, alle in NARA, RG 59, Entry 1004, Prefix LR 105, LR 125, LR 126, Box 28; Bowes-Lyon an FCO, Nr. 70, 9. März 1970, TNA, FCO 33/1164.
140 Vgl. hierzu zum Beispiel das Gerangel um Testuntersuchungen auf Magenkrebs im August und September 1973. Heß unterzog sich diesen Tests schließlich im britischen Militärkrankenhaus. TNA, FCO 33/2223.
141 Morris an US-Botschaft Bonn, A-236, 5. Mai 1970, NARA, RG 59, Entry 1004, Prefix LR 132, Box 28.
142 Exposé von Michel Planet (dem französischen Gefängnisdirektor von 1973 bis 1987) für Jean-Pierre Brunet (den französischen Botschafter in Bonn), September/Oktober 1977, MAE-AOFAA, GMFB 239/1, Mappe: Divers. Dieser Bericht fasst die aktuellen Hafterleichterungen zusammen, die Heß zu diesem Zeitpunkt genoss.
143 Protokoll der Direktorenbesprechungen vom 29. Dezember 1972, 18. Januar 1973, 29. Mai 1975, AAPS, Filmrolle 6; Tagesplan des Häftlings (Prisoner's Daily Schedule), 20. April 1978, und Gefängnisordnung (Regulations), datiert auf den 7. Juni 1977, AAPS, Filmrolle 1.
144 Exposé von Michel Planet für Jean-Pierre Brunet, September/Oktober 1977, MAE-AOFAA, GMFB 239/1, Mappe: Divers.
145 Zu den Besuchszeiten vgl. die Diskussionen in TNA, FCO 33/1164; Protokoll der Direktorenbesprechung vom 27. Dezember 1973, AAPS, Filmrolle 6. Zur Zahl der Besuche vgl. Pätzold und Weißbecker, *Rudolf Heß*, S. 354. Zu Dejews Kommentar vgl. das Protokoll der Direktorenbesprechung vom 12.Dezember 1974, AAPS, Filmrolle 6.
146 Bird wurde wegen dieser Verletzungen seiner dienstlichen Pflichten im Januar 1972 entlassen. Vgl. das Protokoll der Direktorenbesprechung vom 28. Mai 1974, AAPS, Filmrolle 6. Sein Buch, das hier nicht verwendet wurde, erschien 1974 unter dem Titel *Prisoner Number 7, Rudolf Hess: The Thirty Years in Jail of Hitler's Deputy Führer* [dt. Titel, ebenfalls 1974, *Hess: Der Stellvertreter des Führers*].
147 Vgl. hierzu zum Beispiel die Protokolle der Direktorenbesprechungen vom 24. Januar 1974 und 8. Februar 1974, AAPS, Filmrolle 6.
148 Die Auflistung findet sich im U.S. Berlin Command Report von Oberstleutnant Thomas J. Ambrose, 26. April 1972, NARA, RG 84, Entry 1006-A, Box 5.
149 Die Geschichte von Eugene Bird wird dokumentiert im Memorandum of Conversation, 22. März 1972, NARA, RG 59, Entry 1004, Prefix LR 149, 149A, Box 28.

150 Michel Planet erwähnte Schumans Ansichten zu diesem Thema in einer offen formulierten, auf Oktober 1979 datierten Notiz, »Deux problèmes subsistent en ce qui concerne Hess«, in MAE-AOFAA, GBFB 233/6. Zur anfänglichen französischen Reaktion vgl. Morris an den US-Außenminister, Nr. 5125, 28. November 1969; Morris an den US-Außenminister, Nr. 737, 8. Mai 1970; Morris an das US-Außenministerium, A-002, 6. Januar 1971, alle in NARA, RG 59, Entry 1004, Prefix LR 52, LR 134, LR 137, LR 137A, Box 28; Arthur Hartman (US-Botschafter in Paris) an den US-Außenminister, Nr. 29292, 19. September 1979, NARA, RG 84, Entry 1006, Box 1, Mappe ohne weitere Bezeichnung. Vgl. außerdem David L. N. Goodchild (Britische Militärregierung Berlin) an FCO, 14/1, 21. Mai 1970, sowie 14/1, 19. November 1970, TNA, FO 33/1164. Das zuletzt genannte Dokument beschreibt die offizielle französische Rechtsauffassung, nach der die 1954 von der Hohen Kommission (durch die dazu befugten Vertreter der Berliner Gesandtschaften) unterzeichnete Bestattungsvereinbarung nicht von deren Untergebenen (den Gefängnisdirektoren) rückgängig gemacht werden konnte. Schuman erklärte auch, dass eine Einäscherung gegen den Willen der Familie gegen die im Dezember 1966 verabschiedete UN-Konvention über bürgerliche und politische Rechte verstoße.

151 Hartman an den US-Außenminister, Nr. 29292, 19. September 1979, NARA, RG 84, Entry 1006, Box 1, Mappe ohne weitere Bezeichnung.

152 US-Vertretung Berlin (James Nelson, US-Politikberater Berlin) an US-Außenminister, Nr. 290, 12. Februar 1979, NARA, RG 84, Entry 1006, Box 3, Mappe: Hess and Spandau General 1979.

153 Vgl. hierzu die Diskussionen in TNA, FCO 33/1164.

154 Martin J. Hillenbrand (US-Botschafter in Bonn) an den US-Außenminister, Nr. 10294, 16. Juni 1976, NARA, RG 84, Entry 1006, Box 1, Mappe: Plans (Spandau and Hess).

155 Diese sowjetische Antwort musste als endgültig angesehen werden. Vgl. Scott George (US-Gesandter in Berlin) an den US-Außenminister, Nr. 1659, 21. Juni 1977; Stoessel an den US-Außenminister, Nr. 1587, 27. Januar 1977; David Anderson (US-Gesandter Berlin) an US-Botschaft Bonn, Nr. 0047, 8. Januar 1979, alle in NARA, RG 84, Entry 1006, Box 1, Mappe ohne weitere Bezeichnung.

156 Französische Vertretung Berlin (Landy) an Quai d'Orsay, Nr. 152/53, 24. Februar 1979, MAE-AOFAA, GMFB 239/1, Mappe: TG au Départ; US-Vertretung Berlin an den US-Außenminister, Nr. 546, 19. März 1979, NARA, RG 84, Entry 1006, Box 3, Mappe: Hess and Spandau General 1979.

157 Französische Vertretung Berlin (Gaschignard) an Quai d'Orsay, Nr. 97, 23. April 1981, MAE-AOFAA, GMFB 239/1, Mappe: TG au Départ.

158 Stoessel an den US-Außenminister, Nr. 728, 16. Januar 1979, NARA, RG 84, Entry 1006, Box 1, Mappe ohne weitere Bezeichnung.

159 Jeffrey James (stellvertretender britischer politischer Berater in Berlin) an Nelson (amerikanischer politischer Berater in Berlin) und Perin (französischer politischer Berater in Berlin), Intra-Berlin Message Nr. 63, 8. Februar 1979; Nelson an den US-Außenminister, Nr. 291, 12. Februar 1979, beide in NARA, RG 84, Entry 1006, Box 1, Mappe ohne weitere Bezeichnung.

160 Transkript vom 12. Dezember 1979 in NARA, RG 84, Entry 1006, Box 4, Mappe: Hess and Spandau General 1979.

161 Sprecher, *Inside the Nuremberg Trial*, Bd. 2, S. 1135 ff.

162 Zu den Zitaten vgl. »Protests and Hess Goes Back to Gaol«, *The Times*, 14. März 1970; Airey Neave, *On Trial at Nuremberg*. Boston 1978, S. 316.
163 Zu der Demonstration im April 1969 vgl. *Der Tagesspiegel*, 27. April 1969. Zu Wolf Rüdigers Besuch bei George Thomson (dem Kanzler des Herzogtums Lancaster) am 5. Januar 1970 vgl. TNA, FCO 33/1161, 1162. Zu dem Besuch in Washington vgl. das Memorandum of Conversation, 6. Februar 1970, NARA, RG 59, Entry 1004, Prefix LR 98, Box 28. Zur Finanzierung der Reise vgl. Britische Botschaft Washington (Freeman) an FCO, Nr. 418., 9. Februar 1970, TNA, FCO 33/1163.
164 *Hansard* (Commons), Bd. 816, Sp. 17, 26. April 1971 (mündlich). Zu Neaves Warnungen vgl. die Notiz von Morgan, 22. Januar 1970; Stewart an die britischen Vertretungen in Bonn und Berlin, Nr. 40, 5. Februar 1970, beide in TNA, FCO 33/1162. Vgl. auch *Hansard* (Commons), Bd. 795, Sp. 26–28, 2. Februar 1970 (mündlich); Bd. 796, Sp. 148, 18. Februar 1970 (schriftlich); Bd. 797, Sp. 22, 2. März 1970 (mündlich); Bd. 808, Sp. 13, 7. Dezember 1970 (schriftlich); Bd. 814, Sp. 12–13, 22. März 1971 (schriftlich); Bd. 845, Sp. 286, 10. November 1972 (schriftlich); Bd. 846, Sp. 109, 14. November 1972 (schriftlich); Bd. 872, Sp. 40, 8. April 1974 (schriftlich); sowie Le Tissier, *Spandauer Jahre 1981–1991*, S. 101. Vgl. auch TNA, FCO 33/1564 und 1565 zu Neaves Korrespondenz mit dem Foreign Office.
165 Vgl. zum Beispiel das AA-Memorandum, II A 1-84.29, 2. Februar 1971, PA-AA, B 38, Bd. 345. John Kenneth Drinkall, der Leiter des Western Department im Londoner Außenministerium, sagte im Januar 1971 über den von Neave ausgeübten Druck: »Der gewählte Zeitpunkt ist im Kontext der Berlingespräche völlig falsch. [...] Offen gesagt, habe ich Mr. Neaves ständige Sticheleien in dieser Angelegenheit inzwischen gründlich satt.« Vgl. sein Memorandum vom 21. Januar 1971, TNA, FCO 33/1564.
166 Niederschrift zu Rippons Mittagessen mit dem sowjetischen Botschafter, 18. Juni 1971, TNA, FCO 33/1564. Vgl. auch die Besprechung von Außenminister Alec Douglas-Home mit dem sowjetischen Botschafter Michail Smirnowski am 4. Mai 1971, die ebenfalls in dieser Akte dokumentiert ist. Vgl. auch die britische Intra-Berlin Message Nr. 680 vom 24. Oktober 1975, NARA, RG 84, Entry 1006-A, Box 4.
167 Niederschrift zum Gespräch von Douglas-Home mit Gromyko am 4. Juli 1973, TNA, FCO 33/2223.
168 Vgl. hierzu vor allem *Hansard* (Commons), Bd. 898, Sp. 205–214, 20. Oktober 1975 (mündlich); Bd. 953, Sp. 985–996, 7. Juli 1978 (mündlich). Die drei Bände mit Briefen: *England – Nürnberg – Spandau – Ein Schicksal in Briefen* (1952), *Gefangener des Friedens – Neue Briefe aus Spandau* (1955) sowie *Antwort aus Zelle Sieben – Briefwechsel mit dem Spandauer Gefangenen* (1967) wurden in dem Band *Schicksal in Briefen* gemeinsam wiederabgedruckt.
169 Die Begegnung vom 10. Oktober war ursprünglich mit Douglas-Home geplant, der jedoch im letzten Augenblick erkrankte. Lord Balniel trat an seine Stelle. Heß traf sich am 12. Oktober dann mit Anthony Royle. Diese Treffen sollten teilweise auch der Beschwichtigung von Neave und seiner parlamentarischen Lobby dienen. Vgl. TNA, FCO 33/2224. Der Artikel, um den es hier geht, ist: »Freiheit für meinen Vater!«, in: *Der Freiwillige*, Oktober 1973, S. 4–7.
170 W. R. Heß, *Mein Vater Rudolf Heß*, S. 357–361.
171 Informationen zu diesen Bewegungen finden sich unter PA-AA, B 38, Bd. 345.
172 Sir Duncan Wilson (britischer Botschafter in Moskau) an das FCO, Nr. 13, 7. Januar

1970, sowie Nr. 20, 8. Januar 1970, TNA, FCO 33/1161. Vgl. hierzu auch die Moskauer Radiokommentare in jenem Monat in TNA, FCO 33/1162.
173 Vgl. die Beispiele vom Juni 1971, die durch Neaves Bemühungen ausgelöst wurden, in TNA, FCO 33/1564.
174 Bericht der Botschaft der Bundesrepublik Deutschland in Moskau, Nr. 2202/71, 7. Juli 1971, PA-AA, B 38, Bd. 345.
175 W. R. Heß, *Mein Vater Rudolf Heß*, S. 11–19; Le Tissier, *Spandauer Jahre 1981–1991*, S. 102.
176 George an die amerikanische Botschaft in Bonn und an den US-Außenminister, Nr. 1277, 22. Juni 1976, NARA, RG 84, Entry 1006, Box 1, Mappe: Plans (Spandau and Hess).
177 Vgl. z. B. Kissinger an die amerikanische Botschaft in Bonn und an die Vertretung in Berlin, Nr. 20972, 28. Januar 1976, NARA, RG 84, Entry 1006, Box 1, Mappe: Plans (Spandau and Hess); Vance an die US-Botschaften in Paris, Bonn, London und Moskau, Nr. 245914, 19. September 1979, NARA, RG 84, Entry 1006, Box 1, Mappe ohne weitere Bezeichnung; Stoessel an den US-Außenminister, Nr. 3496, 27. Februar 1979, NARA, RG 84, Entry 1006, Box 3, Mappe: Hess and Spandau General 1979.
178 Urologische Notiz und ärztliche Meinung zum Gefangenen Nummer 7, 8. September 1979, AAPS, Filmrolle 11.
179 Dies wurde in einer ausführlichen Diskussion mit den britischen Ärzten deutlich, »Interview to Obtain Operation Consent«, 12. September 1979, AAPS, Filmrolle 11.
180 Brief von Heß an die Regierungen der Vier Gewahrsams-Mächte, 8. September 1979, AAPS, Filmrolle 7. Alles Obenstehende einschließlich des Textes von Heß' Brief findet sich auch in Anderson an den US-Außenminister, Nr. 2017, 11. September 1979, NARA, RG 84, Entry 1006, Box 4, Mappe: Hess and Spandau General 1979. Heß versuchte außerdem, diese Erklärung an Seidl und seinen Sohn zu schicken. Vgl. Akte Heß, AAPS, Filmrolle 14.
181 Vance an die amerikanische Botschaft in Bonn, Nr. 240469, 13. September 1979, NARA, RG 84, Entry 1006, Box 4, Mappe: Hess and Spandau General 1979. Heß verweigerte die Operation weiterhin, aber ärztliche Berichte gegen Jahresende 1980 sowie Anfang 1981 beschrieben ihn als recht gut gelaunt. Er wirke »jünger als sein gegenwärtiges Alter von 86 Jahren« und habe einen guten Appetit, trotz seiner lange auftretenden rätselhaften Bauchkrämpfe, außerdem bewege er sich auch bei kaltem Wetter an der frischen Luft. Report on the State of Health of Prisoner No. 7, 23. Dezember 1980; Report on the State of the Health of Prisoner No. 7, 5. Februar 1981, beide in AAPS, Filmrolle 11.
182 Exposé von Michel Planet an Jean-Pierre Brunet, September/Oktober 1977, MAE-AOFAA, GMFB 239/1, Mappe: Divers.
183 Protokoll der Direktorenbesprechung vom 25. September 1979, AAPS, Filmrolle 9.
184 Anderson an den US-Außenminister, Nr. 2147, 26. September 1979, NARA, RG 84, Entry 1006, Box 4, Mappe: Hess and Spandau General 1979.
185 Undatierter Telegrammentwurf des US-Außenministeriums, bestimmt für die amerikanische Botschaft in Bonn, NARA, RG 59, Entry 1004, Prefix LR 214, Box 28; Anderson an den US-Außenminister, Nr. 2025, 12. September 1979, NARA, RG 84, Entry 1006, Box 4, Mappe: Hess and Spandau General 1979; British Intra-Berlin Message Nr. 592 vom 4. November 1980, NARA, RG 84, Entry 1006, Box 4, Mappe: Hess and

Spandau 1980–1982, General File 3. Zu den Erklärungen von Seidl und Wolf Rüdiger Heß vgl. die Akte Heß, AAPS, Filmrolle 14.

186 Alan Burner (britische Botschaft Bonn) an FCO, 19. April 1973, TNA, FCO 33/2223; Peter Semler (stellvertretender politischer Berater, US-Vertretung Berlin) an George, 15. Juli 1975, NARA, RG 84, Entry 1006, Box 1, Mappe: Plans (Spandau and Hess).

187 Protokoll der Direktorenbesprechung, 23. Februar 1977, AAPS, Filmrolle 8.

188 Exposé von Michel Planet an Jean-Pierre Brunet, September/Oktober 1977, MAE-AOFAA, GMFB 239/1, Mappe: Divers.

189 George an den US-Außenminister, Nr. 569, 25. Februar 1977; Stoessel an den US-Außenminister, Nr. 3432, 25. Februar 1977; US-Gesandtschaft in Berlin an den US-Außenminister, Nr. 581, 26. Februar 1977; George an den US-Außenminister, Nr. 598, 1. März 1977, alle in NARA, RG 84, Entry 1006, Box 10, Mappe: Spandau Prison and Hess, 1977.

190 Stoessel an den US-Außenminister, Nr. 4244, 9. März 1977; Vance an die US-Botschaft in Bonn, Nr. 59153, 17. März 1977; Stoessel an den US-Außenminister, Nr. 4886, 18. März 1977; Vance an die US-Gesandtschaft in Berlin, Nr. 76344, 6. April 1977, alle in NARA, Rg 84, Entry 1006, Box 10, Mappe: Spandau Prison and Hess, 1977.

191 US-Botschaft Bonn an den Außenminister, Nr. 10773, 15. Juni 1978 (Information durch von Braunmühl, den Verbindungsmann der Bundesregierung zu den Botschaften der Alliierten, NARA, RG 84, Entry 1006, Box 3, Mappe: Hess and Spandau General, 1978. Scheel hatte im November 1975 das Problem Heß auch im Gespräch mit Nikolai Podgorny, dem Vorsitzenden des Präsidiums des Obersten Sowjets (dem Staatsoberhaupt der UdSSR), erwähnt und im Juli 1977 an die vier Staatsoberhäupter geschrieben (Königin Elisabeth II., Präsident Carter und Präsident Giscard d'Estaing antworteten persönlich); und er schrieb im März 1979 abermals an die drei westlichen Staatsoberhäupter. Das Bundespräsidialamt unter Scheel hielt bei diesen Bemühungen aus bisher unbekannten Gründen engen Kontakt zu Wolf Rüdiger Heß, was diese Initiativen zumindest erschwerte. Heß' Sohn erfuhr von Scheel von den sowjetischen Erklärungen über den Mangel an Reue bei seinem Vater, und dies führte dann zu Bemühungen von Scheel und Wolf um eine private Begegnung in Spandau, bei der der Sohn den Vater offensichtlich dazu bewegen sollte, sein Bedauern wegen der Ereignisse der Vergangenheit zu erklären. Vgl. das Memorandum für Zbigniew Brzezinski, 5. August 1977, NARA, RG 59, Entry 1004, Prefix LR 212, Box 28; Stoessel an den US-Außenminister, Nr. 6508, 10. April 1978, NARA, RG 84, Entry 1006, Box 3, Mappe: Hess and Spandau General 1978. Zu den Bemühungen von 1979 vgl. NARA, RG 84, Entry 1006, Box 3, Mappe: Hess and Spandau General 1979, und hier ganz besonders Warren Christopher (stellvertretender Außenminister) an die US-Botschaft in Bonn, Nr. 92850, 13. April 1979, in dieser Mappe.

192 Christopher an die US-Botschaft in Bonn, Nr. 150183, 13. Juni 1978, NARA, RG 84, Entry 1006, Box 3, Mappe: Hess and Spandau General 1978. Zur sowjetischen Antwort in London vgl. British Intra-Berlin Message Nr. 54 vom 5. Februar 1979, NARA, RG 84, Entry 1006, Box 3, Mappe: Hess and Spandau General 1979.

193 Thatcher ließ Seidl am 21. Dezember 1979 entsprechend informieren. Vgl. hierzu den Brieftext in W. R. Heß, *Mein Vater Rudolf Heß*, S. 428.

194 Vgl. zu diesem Versuch Anderson an den US-Außenminister, Nr. 2419, 25. Oktober 1979; Vance an die US-Botschaft in Bonn und die US-Vertretung in Berlin, Nr. 254607, 16. Oktober 1979, beide in NARA, RG 84, Entry 1006, Box 4, Mappe: Hess and

Spandau General 1979. Zum Vorstoß in New York vgl. US-Botschaft in Bonn (Woessner) an den US-Außenminister, Nr. 16845, 20. September 1979, in derselben Mappe. Der französische Außenminister Jean François-Poncet sprach mit Gromyko in New York über Heß, aber Carringtons Begegnung mit Gromyko dort verlief so ungünstig, dass Carrington Heß überhaupt nicht zur Sprache brachte.

195 Vance an die US-Botschaften in Paris, Bonn, London und Moskau, Nr. 245914, 19. September 1979, NARA, RG 84, Entry 1006, Box 1, Mappe ohne weitere Bezeichnung.

196 Dufour an Brunet, Nr. 1450, 4. Januar 1980; MAE-AOFAA, GMFB/239/1, Mappe: Telegrammes de Paris; Anderson an den US-Außenminister, Nr. 12065, 12. Januar 1981, NARA, RG 84, Entry 1006, Hess Files, Box 4.

197 Transkript vom 12. Dezember 1979 in NARA, RG 84, Entry 1006, Box 4, Mappe: Hess and Spandau General 1979.

198 Stéphane Chmelewski (französischer stellvertretender politischer Berater in Berlin), französische Intra-Berlin Message Nr. 36 vom 30. Januar 1979, MAE-AOFAA, GMFB 239/1, Mappe: Intra-Berlin.

199 John C. Kornblum (amerikanischer stellvertretender politischer Berater in Berlin) an den französischen und britischen stellvertretenden Berater (Chmelewski und James), Intra-Berlin Communication Nr. 463 vom 11. September 1980, NARA, RG 84, Entry 1006, Box 1, Mappe ohne weitere Bezeichnung.

200 Eagleburger an Haig, 30. Juni 1981; US-Botschaft in Rom an den US-Außenminister, Nr. 10658, 4. Mai 1981, beide in NARA, RG 84, Entry 1006, Box 1, Mappe ohne weitere Bezeichnung.

201 Haig an die US-Botschaft in Paris, Nr. 105183, 24. April 1981, NARA, RG 84, Entry 1006, Box 1, Mappe ohne weitere Bezeichnung.

202 Eagleburger an Haig, 30. Juni 1981; US-Botschaft in Rom an den US-Außenminister, Nr. 10658, 4. Mai 1981, beide in NARA, RG 84, Entry 1006, Box 1, Mappe ohne weitere Bezeichnung.

203 Haig an Carrington, 6. Juli 1981, NARA, RG 84, Entry 1006, Box 1, Mappe ohne weitere Bezeichnung.

204 Carrington an Haig, 19. November 1981, NARA, RG 84, Entry 1006, Box 1, Mappe ohne weitere Bezeichnung.

205 Zur Besprechung vom 2. April 1982 vgl. Nelson Ledsky (US-Gesandter in Berlin) an die US-Botschaft in Bonn und den Außenminister, Nr. 773, 5. April 1982, NARA, RG 84, Entry 1006, Box 1, Mappe ohne weitere Bezeichnung, die auch den Text des Vorschlags der Alliierten enthält.

206 *New York Times*, 7. Januar 1981. Zur sowjetischen Antwort vgl. US-Botschaft Bonn an den US-Außenminister, Nr. 8286, 16. April 1982, NARA, RG 84, Entry 1006, Box 1, Mappe ohne weitere Bezeichnung. Vgl. auch Abrassimows Kommentare in der *Süddeutschen Zeitung*, 10. Februar 1981.

207 Vgl. MAE-AOFAA, GMFB 17/1, Mappe: Médaille, die auch das Protokoll der Besprechung in der Botschaft der Bundesrepublik in Moskau sowie die offizielle sowjetische Stellungnahme enthält.

208 Ledsky an den US-Außenminister, Nr. 863, 19. April 1982, NARA, RG 84, Entry 1006, Box 1, Mappe ohne weitere Bezeichnung.

209 Ledsky an den US-Außenminister und die US-Botschaft in Bonn, Nr. 1241, 2. Juni 1982; Ledsky an den US-Außenminister und die US-Botschaft in Bonn, Nr. 1325, 14. Juli 1982; Ernie Nagy (amerikanischer politischer Berater in Berlin) an Michael Wood (britischer politischer Berater in Berlin) und Auchere (französischer politischer Berater in Berlin), Intra-Berlin Communication Nr. 261, 23. Juni 1982, alle in NARA, RG 84, Entry 1006, Box 1, Mappe: Pol 27–12A; Wood an Nagy und Fabbri (den amtierenden französischen politischen Berater), Intra-Berlin Message Nr. 319, 21. Juli 1982, NARA, RG 84, Entry 1006, Box 1, Mappe: Plans (Spandau and Hess).

210 Burns an den US-Außenminister, Nr. 14693, 8. Juli 1982; Haig an die US-Botschaft in Bonn, Nr. 127730, 11. Mai 1982, beide in NARA, RG 84, Entry 1006, Box 1, Mappe: Pol 27–12A.

211 Zu Schmidts Brief vgl. NARA, RG 84, Entry 1006, Box 2, Mappe: Pol 27–12A, passim.

212 Heß an seine Frau Ilse, September 1982, NARA, RG 84, Entry 1006, Box 2, Mappe: Pol 27–12A.

213 John Byerly (US-Rechtsberater in Berlin) an Richard Hoover (EUR/CE), US-Außenministerium, 2. Juli 1982, NARA, RG 84, Entry 1006, Box 4.

214 Report on the State of Health of Prisoner No. 7, 30. September 1982, AAPS, Filmrolle 11. Heß war vom 15. bis zum 27. September 1982 im Krankenhaus.

215 Byerly-Memorandum vom September 1982, NARA, RG 84, Entry 1006, Box 2, Mappe 27–12A.

216 Protokoll vom 1. Oktober 1982, NARA, RG 84, Entry 1006, Box 1, Mappe: Plans (Spandau and Hess). Vgl. auch AAPS, Filmrolle 1; MAE-AOFAA, GMFB 233/2.

217 Zum Text der Erklärung von Wolf Rüdiger Heß vgl. AAPS, Filmrolle 1. Kosobrodow bestand darauf, dass die Familie keine Kopie des Protokolls erhielt. Vgl. hierzu die britische Intra-Berlin Message Nr. 406, 6. Oktober 1982, MAE-AOFAA, GMFB 239/1, Mappe: Intra-Berlin.

218 Memorandum von Taylor, 7. Oktober 1982, NARA, RG 84, Entry 1006, Box 2, Mappe: Pol 27–12A; Burns an den US-Außenminister, Nr. 15017, 13. Juni 1983, NARA, RG 84, Entry 1006, Box 2, Mappe: Hess and Spandau 1983–1985.

219 Ledsky an den US-Außenminister, Nr. 1498, 15. Mai 1984; British Intra-Berlin Message Nr. 152, 18. April 1983, NARA, RG 84, Entry 1006, Box 5, Mappe: Hess und Spandau 1983–1985, General File 2.

220 Eine tatsächliche Verschlechterung setzte im Sommer 1986 mit wiederkehrenden Phasen von Tachykardie (Herzjagen) ein. Deshalb wurde ein EKG-Gerät ins Gefängnis gebracht, und es kam zu Diskussionen über das Einsetzen eines Herzschrittmachers. Heß beendete seine regelmäßige körperliche Betätigung im März 1987, und in jenem Monat berichtete ein Herzspezialist, dass »man ihm sein Alter ansieht«. Heß hatte in seinem letzten Lebensjahr auch zunehmende Probleme mit der Prostata – er bat im März 1987 um einen Katheter –, aber die Perspektiven für einen chirurgischen Eingriff waren nicht mehr gut. Sein Augenlicht ließ ab 1984 merklich nach, und in seinem letzten Jahr hatte er große Probleme mit dem Lesen, obwohl ihm eine neue Brille verschrieben worden war. Vgl. hierzu die Diskussionen der Sanitätsoffiziere von 1983 bis 1987, AAPS, Filmrolle 11; Medical Report on Allied Prisoner No. 7, 1. März 1987, AAPS, Filmrolle 9.

221 Le Tissier, *Spandauer Jahre 1981–1991*, S. 107.
222 Vgl. hierzu die Verfahrensweise, wie sie im März 1987 beschrieben wurde, in AAPS, Filmrolle 9.
223 Veranstaltungen gab es in Bonn (Mai 1973), Bad Godesberg (Dezember 1974), Neustadt (April 1975), München (Mai 1975), Essen (Oktober 1975), Hamburg (November 1975), Bonn (Mai 1976), Wiesbaden (November 1976) und Augsburg (Mai 1981, zum 40. Jahrestag des Fluges nach Großbritannien).
224 McGowan, *The Radical Right in Germany*, S. 155 ff.
225 John C. Kornblum (US-Gesandter in Berlin) an den US-Außenminister, Nr. 3796, 19. Dezember 1985, NARA, RG 84, Entry 1006, Box 5, Mappe: Hess and Spandau 1983–1985, General File 2. Vgl. zum Heß-Kongress auch die *Tageszeitung*, 29. November 1985.
226 Bericht von Michel Planet, 13. Mai 1986, MAE-AOFAA, GMFB 238/7, Mappe: Articles de Presse.
227 NARA, RG 84, Entry 1006, Box 5, Mappe: Hess and Spandau 1986, passim. NARA, RG 84, Entry 1006, Box 6, Mappe: Hess and Spandau 1987. Zu dem Anschlag vgl. Le Tissier, *Spandauer Jahre 1981–1991*, S. 116–119, sowie MAE-AOFAA, GMFB 238/7. Der umfassende Bericht vom 6. November 1986 und die Notiz vom 23. Oktober finden sich in AAPS, Filmrolle 8.
228 US-Vertretung in Berlin an den US-Außenminister, Nr. 1354, 29. April 1986, NARA, RG 84, Entry 1006, Box 5, Mappe: Hess and Spandau 1986; US-Vertretung in Berlin an den US-Außenminister, Nr. 2874, 19. August 1987, NARA, RG 84, Entry 1006, Box 6, Mappe: Hess and Spandau: Suicide 1987.
229 Zu Kappler und den Gefangenen von Breda vgl. Scheels Gespräch mit Werner Kießling, dem Präsidenten des Verbandes der Heimkehrer, Kriegsgefangenen und Vermisstenangehörigen Deutschlands, 2. November 1971, PA-AA, B 38, Bd. 345. Vgl. auch *AAP-BRD* 1971, Bd. 1, Dok. 104, 114; *AAP-BRD* 1973, Bd. 3, Dok. 365.
230 Kenneth Rush an den US-Außenminister, Nr. 14349, 31. Oktober 1969, RG 59, Entry 1613, Box 2108, Mappe: Pol. 27–12. Zu den Fragen im Bundestag vgl. *Verhandlungen des deutschen Bundestages,* Bd. 70, 9. Mai 1969, S. 12869–12871, sowie 14. Mai 1971. Private Anfragen von Bundestagsabgeordneten und Anfragen aus Landesparlamenten in den Jahren 1970 und 1971 finden sich in PA-AA, B 38, Bd. 345. Zu Brandt vgl. die Anlage zu II A 1–84.20/0–2213/69 geh., 27. November 1969, PA-AA, B 38, Bd. 345, und nachfolgende Dokumente, in denen sich die sowjetische Haltung spiegelt. Zu Scheels Zögern, das Thema Spandau bei Falin anzusprechen, vgl. Scheel an Fritz Baier, Juli 1971, PA-AA, B 38, Bd. 345.
231 LR I Zenter an die Gruner & Jahr GmbH, 20. April 1971, PA-AA, B 38, Bd. 345.
232 Was die britische Botschaft hierzu wusste, findet sich in PRO, FCO 33/2223.
233 Rogers, »The Chancellors of the Federal Republic«, S. 242. Vgl. auch Jochen Thies, *Helmut Schmidts Rückzug von der Macht*. Stuttgart 1988, S. 196.
234 US-Botschaft in Bonn (Woessner) an den US-Außenminister, Nr. 12668, 8. August 1980; Stoessel an den US-Außenminister, Nr. 12668, 5. Juli 1980, beide in NARA, RG 84, Entry 1006, Box 1, Mappe ohne weitere Bezeichnung.
235 Burns an den US-Außenminister, Nr. 24051, 7. Dezember 1981, beide in NARA, RG 84, Entry 1006, Box 1, Mappe ohne weitere Bezeichnung.

236 Dokumente in NARA, RG 84, Entry 1006, Box 4, Mappe: Hess and Spandau 1980–1982, General File 3.
237 *Verhandlungen des Deutschen Bundestages*, Bd. 123, 15. Dezember 1982, S. 8820.
238 Zu dem Gespräch mit Andropow vgl. den Brief von Kohl an W. R. Heß vom 12. Juli 1983, abgedruckt in W. R. Heß, *Mein Vater Rudolf Heß*, S. 438 f.
239 Herf, *Zweierlei Erinnerung*, S. 414–417 (Zitat auf S. 414).
240 Text in Schultz an die US-Botschaft in Bonn,Nr. 92585, 29. März 1984, NARA, RG 84, Entry 1006, Box 5, Mappe: Hess and Spandau 1983–1985, General File 2. Dieser Fauxpas erfolgte, nachdem Kohl am 30. September 1983 in einem Brief an Wolf Rüdiger Heß geschrieben hatte, die Bundesregierung könne sich nur aus humanitären Gründen für Heß' Freilassung einsetzen. Vgl. W. R. Heß, *Mein Vater Rudolf Heß*, S. 369 bzw. S. 441. Kohl richtete im August 1986 einen weiteren öffentlichen Appell an die Siegermächte, in dem er erklärte, Gnade bedeute nicht gleichzeitig auch Vergebung und Heß' Freilassung wäre ein Akt der Menschlichkeit. Vgl. *FAZ*, 2. August 1986.
241 Text in Burns an den US-Außenminister, Nr. 12115, 8. Mai 1984, NARA, RG 84, Entry 1006, Box 5, Mappe: Hess and Spandau 1983–1985, General File 2.
242 Alles zusammengefasst in NARA, RG 84, Entry 1006, Box 5, Mappe: Hess and Spandau 1983–1985, General File 2. Zur *Iswestija*-Veröffentlichung vgl. Arthur Hartman (US-Botschafter in Moskau) an den US-Außenminister, Nr. 4680, 16. April 1984, NARA, RG 84, Entry 1006, Box 5, Mappe: Hess and Spandau 1983–1985, General File 2.
243 Amerikanische Intra-Berlin Communication, Nr. 160, 15. Mai 1984, NARA, RG 84, Entry 1006, Box 5, Mappe: Hess and Spandau 1983–1985, General File 2. Die sowjetischen Antworten an London und Paris befinden sich in derselben Mappe.
244 Richard von Weizsäcker, »Bamberger Rede«, S. 16; Herf, *Zweierlei Erinnerung*, S. 419–424.
245 MacGinnis an Ledsky, 4. Juni 1982, sowie die Anlage zu MacGinnis' Gespräch mit Weizsäcker, NARA, RG 84, Entry 1006, Box 1, Mappe: Plans (Spandau and Hess).
246 Richard von Weizsäcker, *Reden und Interviews 2, 1. Juli 1985–30. Juni 1986*, S. 178; Richard von Weizsäcker, *Vier Zeiten. Erinnerungen*. Berlin 1997, S. 343 f.
247 Kornblum an den US-Außenminister, Nr. 3863, 27. Dezember 1985, NARA, RG 84, Entry 1006, Box 5, Mappe: Hess and Spandau 1983–1985, General File 2.
248 Heß an die Spandauer Gefängnisdirektoren, 11. November 1980, 17. September 1984, 23. Mai 1986, Akte Heß, AAPS, Filmrolle 14. Zum zuletzt genannten Antrag vgl. Protokoll der Direktorenbesprechung vom 23. Juni 1986, AAPS, Filmrolle 8.
249 Heß an die Spandauer Gefängnisdirektoren, 25. März 1987, 24. Juni 1987, AAPS, Filmrolle 9.
250 Protokoll der Direktorenbesprechung vom 27. Juni 1986, AAPS, Filmrolle 8.
251 Zu Tschernychs Vorschlag, Gabel genauer zu überwachen, vgl. Planet an die französische Botschaft in Bonn, Nr. 173/POL, 3. Mai 1985, MAE-AOFAA, GMFB 238/7, Mappe: Prison de Spandau – Sécurité. Die Papiere, ein Durcheinander aus Essenslisten, Lektürenotizen, Grübeleien und Heß' Abschiedswort für die Geschichtsbücher, befinden sich in der Akte Heß, AAPS, Filmrolle 14. Das Auffinden der Papiere durch Tschernych wird beschrieben in Kornblum an das US-Außenministerium, Nr. 2371, 30. Juli 1986, NARA, RG 84, Entry 1006, Box 5, Mappe: Hess and Spandau 1986. Vgl. außerdem das Protokoll der Direktorenbesprechung, 4. Juli 1986, AAPS, Filmrolle 8. Durch ein ungünstiges Zusammentreffen war Gabel nur einen Monat zuvor von

Weizsäcker selbst für das Bundesverdienstkreuz vorgeschlagen worden und erhielt den Orden im August 1986. Es gibt keinerlei Hinweis darauf, dass von Weizsäcker von Gabels Schmuggeleien wusste, aber die Auszeichnung war mit Gabels gesamtem Dienst in Spandau verbunden. Zu Gabels Sympathien für Heß und die Familie Heß wie auch zu seiner Zurückweisung des Schmuggelei-Vorwurfs vgl. Charles Gabel, *Verbotene Gespräche. Als Militärgeistlicher bei Rudolf Heß, 1977–1986*. München 1988. Eintrag zum 16. Juli 1986, S. 286–290.
252 Taylor, *Nürnberger Prozesse*, S. 619 f.; *IMG*, 31. August 1946, Bd. 22, S. 420–425 (»geheimnisvolles Mittel«: S. 421–423). Kopien des handgeschriebenen Entwurfs befinden sich in NARA, RG 238, Entry 20, Box 2, Mappe: Hess.
253 Rudolf Hess, Progress Notes, 12. August – 1. September 1946 (von Oberstleutnant William H. Dunn, Gefängnispsychiater in Nürnberg), Akte Heß, AAPS, Filmrolle 14.
254 Zum vollständigen Text (zwei Teile von jeweils mehr als 24 maschinenschriftlichen Seiten) und dem Begleitbrief, in dem von Mosley die Rede ist, vgl. NARA, RG 238, Entry 20, Box 2, Mappe: Hess. Ich danke Robert Wolfe von der National Archives and Records Administration für Informationen zur Odyssee dieser Papiere.
255 Heß bat die Direktoren am 7. Juli 1986 um die Rückgabe des Berichts, der in einer Jackentasche in seinem Schrank versteckt gewesen war. Er sagte, dies sei eine Studie, die sich mit der Frage seiner Schuld beschäftige, und er habe vorgehabt, sie nach der Fertigstellung und dem Tippen den Direktoren zu übergeben. Er hoffe, schrieb er, dass sie Michail Gorbatschow zugestellt werden könne. Der Bitte wurde nicht entsprochen. Vgl. Heß an die Gefängnisdirektoren, 7. Juli und 17. Juli 1986; Protokolle der Direktorenbesprechungen vom 10. Juli und 25. Juli 1986, alle in AAPS, Filmrolle 8.

Begräbnisse: Ein Epilog

1 Die letzte Beschwerde wegen der angeblichen Unhöflichkeit Jordans gegenüber Heß war Heß an Darold Keane, 4. April 1987; Heß an die Gefängnisdirektoren, 12. Mai 1987, beide in AAPS, Filmrolle 9. Zur Weigerung der Direktoren, Jordan zu entlassen, vgl. Protokoll der Direktorenbesprechung, 1. Mai 1987, AAPS, Filmrolle 9. Der Vorfall lieferte die Grundlage für spätere Verschwörungstheorien, Jordan habe Heß ermordet. Vgl. den Artikel von Jean-Paul Méfret im *Figaro*, 1. April 1989.
2 Der Abschiedsbrief steht in Tony Le Tissier, *Spandauer Jahre,* S. 139. Vgl. auch den 49-seitigen Untersuchungsbericht der britischen Special Investigations Branch in NARA, RG 84, Entry 1006, Box 3, Mappe: Heß and Spandau 1987 [im Folgenden SIB-Bericht]. Eine Kopie des Abschiedsbrief befindet sich in AAPS, Filmrolle 9.
3 Camerons Bericht in AAPS, Filmrolle 9.
4 SIB-Bericht. Zum Abschiedsbrief vgl. US-Vertretung Berlin an das US-Außenministerium, Nr. 2861, 18. August 1987, NARA, RG 84, Entry 1006, Box 7, Mappe: Spandau General 1987. Zur Übergabe des Leichmans vgl. Le Tissier, *Spandauer Jahre*, S. 142–151. Zu den sowjetischen Vorschlägen vgl. MAE-AOFAA, GMFB 238/7, Mappe: Sécurité.
5 US-Vertretung Berlin (James Williams, politischer Berater) an den US-Außenminister, Nr. 2875, 19. August 1987, NARA, RG 84, Entry 1006, Box 7, Mappe: Rudolf Heß, Suicide 8/17/87.

6 Der Obduktionsbericht ist im Internet einsehbar, http://www.rudolfhess.org [abgerufen im Juni 2004].
7 NARA, RG 84, Entry 1006, Box 3, Mappe: Heß and Spandau 1987, verschiedene Passagen zur Presse. Zur zweiten Autopsie und vor allem zu Seidl vgl. US-Botschaft Bonn an das US-Außenministerium, Nr. 26033, 24. August 1987, NARA, RG 84, Entry 1006, Box 7, Mappe: Rudolf Heß, Suicide 8/17/87.
8 US-Vertretung Berlin (Williams) an den US-Außenminister, Nr. 2909, August 21, 1987, NARA, RG 84, Entry 1006, Box 7, Mappe: Rudolf Heß, Suicide 8/17/87.
9 Protokoll der Direktorenbesprechung, 17. August 1987, 18. August 1987, AAPS, Filmrolle 9.
10 Le Tissier, *Spandauer Jahre*, S. 136f; US-Vertretung Berlin (Williams) an das US-Außenministerium, Nr. 2861, 18. August 1987, NARA, RG 84, Entry 1006, Box 7, Mappe: Spandau General 1987.
11 US-Vertretung Berlin (Williams) an den US-Außenminister, Nr. 2861, 18. August 1987, NARA, RG 84, Entry 1006, Box 7, Mappe: Rudolf Heß, Suicide 8/17/87; Protokoll der Direktorenbesprechung, 18. August 1987 (18. 55 Uhr), AAPS, Filmrolle 9.
12 Protokoll der Direktorenbesprechung, 19. August 1987, AAPS, Filmrolle 9.
13 Yves Pagniez (französischer Botschafter in Moskau) an Quai d'Orsay, Nr. 3093, 19. August 1987, MAE-AOFAA, GMFB 264/1, Mappe: Moscou.
14 »Hess's Private Cell of Torture«, in: *Daily Express*, 18. August 1987.
15 Der ehemalige Sturmbannführer Walter Kruger (so im Daily Telegraph – evtl. hieß er auch Krüger) vom I. SS-Panzerkorps, zitiert im *Daily Telegraph*, 18. August 1987.
16 *Berliner Morgenpost*, 19. August 1987.
17 Protokoll der Direktorenbesprechung vom 18. August 1987 (12. 30 Uhr), 20. August, 21. August 1987, AAPS, Filmrolle 9.
18 Protokoll der Direktorenbesprechung vom 28. August 1987, AAPS, Filmrolle 9.
19 US-Vertretung Berlin (Williams) an den US-Außenminister, Nr. 2909, 21. August 1987, NARA, RG 84, Entry 1006, Box 7, Mappe: Rudolf Heß, Suicide 8/17/87.
20 Protokoll der Direktorenbesprechung vom 15. September 1987, AAPS, Filmrolle 9.
21 »Nazi Vigil as Hess Dies Alone«, in: *Daily Express*, 18. August 1987; *Die Tageszeitung* vom 19. August 1987 zählte weniger als hundert.
22 Pätzold und Weißbecker, *Rudolf Heß*, S. 359–361.
23 Le Tissier, *Spandauer Jahre*, S. 152.
24 Pätzold und Weißbecker, *Rudolf Heß*, S. 357ff.
25 Wolf Rüdiger Heß (Hg.), *Rudolf Heß: Briefe 1908–1933*, München 1990.
26 Wolf Rüdiger Heß, *Mord an Rudolf Heß? Der geheimnisvolle Tod meines Vaters in Spandau*, Leoni am Starnberger See 1989; Wolf Rüdiger Heß, *Ich bereue nichts*, Graz und Stuttgart 1994.
27 Le Tissier, *Spandauer Jahre*, S. 187.
28 Anderson (US-Gesandter Berlin) an den US-Außenminister, Nr. 950, 24. April 1981, NARA, RG 84, Entry 1006, Box 1, nicht bezeichnete Mappe.
29 US-Botschaft Bonn (Woessner) an den US-Außenminister, Nr. 1509, 26. Januar 1981, und James an Chmelewsky und Kornblum, 29. Januar 1981, beide in NARA, RG 84, Entry 1006, Box 1, Mappe: Plans (Spandau and Heß).
30 Goodchild an FCO, 14/1, 29. Mai 1970, TNA, FCO 33/1164.
31 Abrassimows Kommentar stammt vom 4. April 1978. Siehe George an den US-Außen-

minister, Nr. 773, 5. April 1978, NARA, RG 84, Entry 1006, Box 1, nicht bezeichnete Mappe. Zur französischen Einschätzung vgl. Brunet an Jean François-Poncet, 1270/EU, 23. November 1979, MAE-AOFAA, GMFB 239/1, Mappe: TG de Bonn; und Perrin an Quai d'Orsay, Nr. 75/79, 26. Januar 1979, MAE-AOFAA, GMFB 239/1, Mappe: TG au Depart.

32 US-Intra-Kommunikation Berlin, Nr. 58, 9. Februar 1982, MAE-AOFAA, GMFB 239/1, Mappe: Intra-Berlin.

33 »Planning Paper: The Closure of Spandau Prison«, Originalversion des britischen FCO vom Februar 1979 in MAE-AOFAA, GMFB 239/1, Mappe: Divers. Die Version von 1981, die auf weiteren Diskussionen der Botschaften in Bonn basiert, befindet sich in NARA, RG 84, Entry 1006, Box 1, Mappe: Plans (Spandau and Heß).

34 Das, was einer Definition der britischen Hoheitsrechte am nächsten kam, war die Verordnung Nummer 202 der britischen Militärregierung vom 30. Dezember 1949, in der es hieß, dass der ehemalige staatliche Besitz des Deutschen Reichs und Preußens, der sich im britischen Sektor Berlins befand, an die Stadt Berlin als Treuhänder für einen zukünftigen deutschen Staat überging, den die britischen Besatzungsbehörden als geeignet für die endgültige Eigentümerschaft anerkannten. Der Artikel 2(b) schloss davon jeden Besitz aus, der von den Besatzungsbehörden im britischen Sektor Berlins vorübergehend genutzt wurde oder beschlagnahmt war. Über die endgültige Eigentümerschaft dieses Besitzes sollte »in Übereinstimmung mit den Entscheidungen der Besatzungsbehörden im britischen Sektor Berlins« verfügt werden. Mit dem Tod von Heß endete der Viermächtestatus des Gefängnisses. Zur Erklärung vgl. David H. Small an Charles N. Brower, 10. März 1970, NARA, RG 84, Entry 1006-A, Box 1. Vgl. auch die ausführlichen Überlegungen in MAE-AOFAA, GMFB 239/1 (Avenir de la prison de Spandau).

35 Peter Semler (stellvertretender politischer Berater, US-Vertretung Berlin) an Robert K. German (US-Botschaft Bonn), 19. Oktober 1976, NARA, RG 84, Entry 1006, Box 1, Mappe: Plans (Spandau and Heß).

36 »Planning Paper: The Closure of Spandau Prison«, britische Version aus dem Jahr 1981 auf Grundlage der Gespräche der Botschaften in Bonn, NARA, RG 84, Entry 1006, Box 1, Mappe: Plans (Spandau and Heß).

37 Nelson C. Ledsky (US-Gesandter Berlin) an den US-Außenminister, Nr. 1032, 5. Mai 1982, NARA, RG 84, Entry 1006, Box 1, Mappe: Pol 27–12A.

38 MacGinnis an Ledsky, 4. Juni 1982, und MacGinnis an Ledsky, 22. Juli 1982, jeweils mit Anlagen über die Gespräche mit von Weizsäcker, NARA, RG 84, Entry 1006, Box 1, Mappe: Plans (Spandau and Heß).

39 NARA, RG 84, Entry 1006, Box 5, Mappe: Heß and Spandau 1983–1985, General File 2.

40 Französische Intra-Berlin-Nachricht Nr. 260, 17. August 1984; US-Intra-Berlin-Nachricht Nr. 291, 20. August 1984, beide in MAE-AOFAA, GMFB 238/7. CBS News fragte 1981 wegen einer Dokumentation an, die BBC 1983. Britische Intra-Berlin-Nachricht Nr. 191, 22. Juli 1983, MAE-AOFAA, GMBF, 238/7.

41 Britische Intra-Berlin-Nachricht Nr. 147, 11. April 1986, NARA, RG 84, Entry 1006, Box 5, Mappe: Heß and Spandau 1986.

42 Britische Intra-Berlin-Nachricht Nr. 396, 4. September 1987, NARA, RG 84, Entry 1006, Box 6, Mappe: Heß and Spandau: Suicide 1987.

43 Harry Gilmore (US-Gesandter Berlin) an den US-Außenminister, Nr. 3046, 8. Sep-

tember; Britische Intra-Berlin-Nachricht Nr. 398, 8. September 1987, beide in NARA, RG 84, Entry 1006, Box 3, Mappe: Heß and Spandau 1987.
44 Text in US-Vertretung Berlin an den US-Außenminister, Nr. 2861, 18. August 1987, NARA, RG 84, Entry 1006, Box 7, Mappe: Spandau General 1987.
45 Gilmore an den US-Außenminister, Nr. 2940, 25. August 1987, NARA, RG 84, Entry 1006, Box 3, Mappe: Heß and Spandau 1987.
46 Britische Intra-Berlin-Nachricht Nr. 391, 1. September 1987, NARA, RG 84, Entry 1006, Box 3, Mappe: Heß and Spandau 1987.
47 Britische Intra-Berlin-Nachricht Nr. 305, 26. August 1987, NARA, RG 84, Entry 1006, Box 3, Mappe: Heß and Spandau 1987. Vgl. auch Protokoll der Direktorenbesprechung vom 18. September 1987, AAPS, Filmrolle 9.
48 Protokoll der Direktorenbesprechung, 31. August 1987, AAPS, Filmrolle 9.
49 Le Tissier, *Spandauer Jahre*, S. 153–156.
50 Protokoll der Direktorenbesprechung vom 25. August 1987, AAPS, Filmrolle 9.
51 Protokoll der Direktorenbesprechung vom 29. September 1987, AAPS, Filmrolle 9.
52 Le Tissier, *Spandauer Jahre*, S. 159f, Protokoll der Direktorenbesprechung vom 25. September 1987, AAPS, Filmrolle 9.
53 Gilmore an den US-Außenminister, Nr. 3046, 8. September 1987, NARA, RG 84, Entry 1006, Box 3, Mappe: Heß and Spandau 1987; Le Tissier, *Spandauer Jahre*, S. 156f; Protokoll der Direktorenbesprechung, 2. September 1987, 3. September 1987, AAPS, Filmrolle 9.
54 Gilmore an den US-Außenminister, Nr. 3046, 8. September 1987; US-Vertretung Berlin an den US-Außenminister, Nr. 3160, 16. September 1987, beide in NARA, RG 84, Entry 1006, Box 3, Mappe: Heß and Spandau 1987; Gilmore an den US-Außenminister, Nr. 3578, 26. Oktober 1987, NARA, RG 84, Entry 1006-A, Box 1, Mappe: Heß/Spandau - Theft/Archives/Death.
55 Protokoll der Direktorenbesprechung, 6. Januar 1987, AAPS, Filmrolle 9.
56 »Die Planierraupe sollte die Erinnerung einebnen«, in: *FAZ*, 17. Juli 1997.
57 Gitta Sereny, *Das deutsche Trauma: Eine heilende Wunde*, München 2000, S. 363.
58 Zum Diebstahl vgl. Protokoll der Direktorenbesprechung, 29. August 1986, AAPS, Filmrolle 8; GOC HQ Berlin British Sector Report vom 26. Januar 1987, NARA, RG 84, Entry 1006, Box 6, Mappe: Heß and Spandau 1987. Vgl. auch NARA, RG 84, Entry 1006, Box 6, Mappe: Heß and Spandau:1988–1989; Le Tissier, *Spandauer Jahre*, S. 113ff.
59 Diskussionen der Kommandantur wegen der Weitergabe von Informationen an *Quick* (Ausgabe vom 18. August 1954) und an den *Stern* (Ausgabe vom 14. Mai 1967) in AMB/SlgD, AK 135/3. Vgl. auch die Unterlagen in NARA, RG 84, Entry 1006-A, Box 2, Mappe: 1986; Kornblum an den US-Außenminister, Nr. 2371, 30. Juli 1986, NARA, RG 84, Entry 1006, Box 5, Mappe: Heß and Spandau 1986; MAEAOFAA, GMFB 238/7, Mappe: Prison de Spandau – Sécurité; Protokoll der Direktorenbesprechung, 29. August 1986, AAPS, Filmrolle 8; Le Tissier, *Spandauer Jahre*, S. 106.
60 Der Kommentar bezieht sich auf den Artikel vom 3. Januar 1985 in *Bunte*, »Der einsamste Mensch der Welt«, die Fotos von Heß waren aus dem Gefängnis geschmuggelt worden. Tschernik meinte, wenn das Gefängnis im Ostblock wäre, hätte er den Schuldigen sofort ausfindig gemacht. Nach diesem Leck verlangte er auch die Einteilung des Gefängnisses in geschlossene Sicherheitsbereiche und die Installation von Über-

wachungskameras. Planet an die französische Botschaft Bonn, Nr. 16/Pol., 11. Januar 198[4], MAE-AOFAA, GMFB 238/7, Mappe: Prison de Spandau – Sécurité. Tscherniks cholerische Reaktion auf den Diebstahl von Heß' Sachen findet sich in der selben Mappe. Ein weiterer Artikel mit dem Titel »Gnadenlos« erschien am 12. Mai 1986 ebenfalls in *Bunte*. Am 11. Juli 1986 erschien in *Quick* der Artikel »Beim Lesen muss ich tief durchatmen« mit Informationen über den Gesundheitszustand von Heß.

Literatur

Archive

USA

*National Archives and Records Administration
(College Park, Maryland)*

RG 59 – Records of the Department of State
Zitierte Bestände:
- Bestand 1004: Select Documents Released under the Nazi War Crimes and Imperial Japanese Government Disclosure Acts, 1923–1999
- Bestand 1311: Records of the Assistant Legal Adviser for European Affairs; Subject Files of the Assistant Legal Adviser for European Affairs Relating to Germany and Austria, 1945–1960, Lot File 59 D 609
- Bestand 1368: Records of the Legal Adviser Relating to War Crimes; Country Files, 1943–1950, Lot File 61 D 33
- Bestand 1494–I: Office of the Legal Adviser; Division of United Nations Affairs, 1945–1959, Lot File 62 D 205
- Bestand 1613: Subject Numeric Files: Central Foreign Policy Files, 1967–1969

RG 84 – Records of Foreign Service Posts of the Department of State
Zitierte Bestände:
- Bestand 1006: Germany, Berlin Mission, Political Section, Hess Files, Group 50
- Bestand 1006-A: Germany, Berlin Mission, Political Section, Hess Files, Group 18
- Bestand 1015: Germany; Records of the U.S. Mission, Berlin; Allied Komandatura Secretariat; Miscellaneous Papers and Files, Group 37 A, 1945–1990
- Bestand 1016: Records of the U.S. Mission, Berlin; Allied Kommandatura Secretariat; Subject Files, Group 6, 1945–1990
- Berlin Mission, Records Relating to Spandau Prison, 1947–1987, Microfilm Publication A3352

RG 238 – National Archives Collection of World War II War Crimes Records
Zitierte Bestände:
- Bestand 14: United States Counsel for the Prosecution of Axis Criminality; German Dossiers
- Bestand 20: Office of the Chief of Counsel for War Crimes, Attwood Collection
- Bestand 22: Office of the Chief of Counsel for War Crimes, Records Received from the Collection of Colonel F. C. Teich
- Bestand 33: Office of the Chief of Counsel for War Crimes; Evidence Division; Library Section; Records Relating to Military Tribunal Case 6
- Bestand 69: Miscellaneous Unidentified Records
- Bestand 171: Office of the Chief of Counsel for War Crimes; Executive Counsel; Documentation Branch; Nuernberg, Industrialists (NI) Series
- Bestand 183: Office of the Chief of Counsel for War Crimes; Executive Counsel; Evidence Division; Interrogation Branch; Interrogations and Summaries of Interrogations of Defendants and Witnesses

RG 260 – Records of United States Occupation Headquarters, World War II, Office of Military Government, U.S. Zone (Germany) (OMGUS)
Zitierte Bestände:
- Bestand 22: Records of the Executive Office; Records of the Chief of Staff; Records Maintained for Military Governor, Lieutenant General Lucius D. Clay, 1945–1949
- Bestand 23: Records of the Executive Office; Records of the Chief of Staff; Correspondence and Other Records Maintained by Major General Frank Keating, Assistant Deputy Military Governor, 1946–1947
- Bestand 31: Records of the Office of Adjutant General; Records Created by the Office of Adjutant General; Allied Control Directives and Related Records, 1945–1949
- Bestand 139: Records of the Executive Office; Records of the Control Office; Records of the Historical Division; Records Relating to the Office of Military Government, Berlin Sector; Subject Files, 1945–1949
- Bestand 1790: Records of the U.S. Element of Inter-Allied Organizations; Records of the U.S. Element, Allied Control Authority, General Records, 1945–1949
- Bestand 1792: Records of the U.S. Element of Inter-Allied Organizations; Records of the U.S. Element, Allied Control Authority; Records of the Control Council (CONL), General Records, 1945–1948
- Bestand 1796: Records of the U.S. Element of Inter-Allied Organizations; Records of the U.S. Element, Allied Control Authority; Records of the U.S. Element of the Coordinating Committee (CORC), Verbatim Minutes, 1945–1948
- Bestand 1797: Records of the U.S. Element of Inter-Allied Organizations; Records of the U.S. Element, Allied Control Authority; Records of the U.S. Element of the Coordinating Committee (CORC), Minutes of Meetings, 1945–1948
- Bestand 1806: Records of the U.S. Element of Inter-Allied Organizations; Records of the U.S. Element, Allied Control Authority; Records of U.S. Elements of other ACA Organizations; Records of the Legal Directorate, General Records, 1945–1948
- Bestand 1954: Records of U.S. Elements of Inter-Allied Organizations; Records of the U.S. Element of the Tripartite Control Office; Records of the U.S. Element of the Tripartite Secretariat, Records of Meetings, 1948–1949

- Bestand 1955: Records of U.S. Elements of Inter-Allied Organizations; Records of the U.S. Element of the Tripartite Control Office; Records of the U.S. Element of the Tripartite Secretariat, General Records, 1948–1949

RG 263 – Records of the Central Intelligence Agency
Zitierte Bestände:
- Bestand A1–86: First Release of Name Files under the Nazi War Crimes and Japanese Imperial Government Disclosure Acts, 1923–1999
- Bestand ZZ-18: Second Release of Name Files under the Nazi War Crimes and Japanese Imperial Government Disclosure Acts, 1936–2000
- Bestand ZZ-19: Second Release of Subject Files under the Nazi War Crimes and Japanese Imperial Government Disclosure Acts, 1946–2003

RG 319 – Records of the Army Staff
Zitierte Bestände:
- Bestand 134-B: Assistant Chief of Staff, G-2, Intelligence; Army Intelligence and Security Command; Records of the Investigative Records Repository; Security Classified Intelligence and Investigative Dossiers: Personal Name Files, 1939–1976

RG 466 – Records of the U.S. High Commissioner in Germany
Zitierte Bestände:
- Bestand 10-A: Office of the U.S. High Commissioner for Germany; Bonn; Executive Director; Security Segregated General Records, 1949–1952
- Bestand 16-B: Office of the Executive Secretary; Miscellaneous Files Relating to Berlin
- Bestand 48: Prisons Division; Security Segregated Records of the Prisons Division, 1945–1957
- Bestand 49: Prisons Division; General Records of the Prisons Division, 1945–1957
- Bestand 59: U.S. Secretary; Allied High Commission; General Records (Subject Files), 1949–1952

RG 549 – Records of the U.S. Army Headquarters Europe
Zitierte Bestände:
- Bestand 2223: Records of the Judge Advocate General,War Crimes Branch; Index to War Crimes Case Files, 1946–1947

Amherst College Library, Archives and Special Collections
Papers of John J. McCloy

Großbritannien

The National Archives (Kew)

FO – Records of the Foreign Office
- FO 371: Political Department, General Correspondence 1906–1966

- FO 936: Control Office for Germany and Austria and Foreign Office, German Section: Establishments: Files, 1947–1957
- FO 945: Control Office for Germany and Austria and Foreign Office, German Section: General Department, 1943–1948
- FO 1005: Control Commission for Germany (British Element), Records Library, 1943–1959
- FO 1008: Office of the United Kingdom High Commissioner for Germany, 1950–1955
- FO 1012: Control Office for Germany and Austria and Foreign Office: Control Commission for Germany (British Element), Berlin: Records, 1944–1952
- FO 1032: Economic and Industrial Planning Staff and Control Office for Germany and Austria and Successor: Control Commission for Germany (British Element), Military Sections and Headquarters Secretariat: Registered Files, 1942–1952
- FO 1042: Embassy, Bonn, West Germany: General Correspondence, 1954–1972
- FO 1049: Control Office for Germany and Austria and Foreign Office: Control Commission for Germany (British Element), Political Division, 1943–1951
- FO 1060: Records of the Foreign Office, Control Office for Germany and Austria and Foreign Office: Control Commission for Germany (British Element), Legal Division, and UK High Commission, Legal Division: Correspondence, Case Files and Court Registers, 1944–1958

FCO: Records of the Foreign and Commonwealth Office
- FCO 33: Western Department and Western European Department: Registered Files, 1967–1975
- FCO 90: Office of the Deputy Commandant, British Military Government, Berlin: Registered Files, 1972–1978

LCO: Records of the Lord Chancellor's Office
- LCO 2: Registered Files, 1850–1984

PREM: Records of the Prime Minister's Office
- PREM 11: Prime Minister's Office: Correspondence and Papers, 1951–1964

Frankreich

Ministère des Affaires étrangères, Bureau des Archives de l'occupation française en Allemagne et Autriche (Colmar)

GMFB: Gouvernement militaire français de Berlin
HC: Cabinet du Haut-Commissariat de la République française en Allemagne
GFCC: Groupe français au Conseil de Contrôle
KI: Kommandatura interalliée de Berlin

Deutschland

AlliiertenMuseum Berlin

Dokumentensammlung
Ü4/Bundesarchiv Berlin
R 43: Reichskanzlei
DP 1: Ministerium der Justiz (DDR)
DP 3: Generalstaatsanwalt der DDR
DP 2: Oberstes Gericht der DDR

Bundesarchiv Koblenz

B 136: Bundeskanzleramt
B 141: Bundesjustizministerium
B 305: Zentrale Rechtsschutzstelle
NL 318: Nachlass Rudolf Wolters
NL 1340: Nachlass Albert Speer

Politisches Archiv des Auswärtigen Amtes, Berlin

B 2: Büro Staatssekretäre
B 10: Politische Abteilung 2
B 12: Abteilung 7, Ostabteilung
B 38: Referat IIA1 (Wiedervereinigung, Berlinfragen)
B 83: Referat 503/V4, Strafrecht
B 86: Referat 506/507/V7, Kriegsfolgen
Botschaft der BRD in Moskau

Stiftung Archiv der Parteien und Massenorganisationen der DDR im Bundesarchiv (Berlin)

DY 3: Demokratischer Block – Verbindungsbüro
DY 6: Nationalrat der Nationalfront
DY 30: Sozialistische Einheitspartei Deutschlands
NY 4036: Nachlass Wilhelm Pieck
NY 4182: Nachlass Walter Ulbricht

Landesarchiv Berlin

B Rep 35: British Military Government, Legal Branch
B Rep 59: Strafvollzugsamt/Justizvollzugsamt Berlin
B Rep 62: Gefängnis Tiergarten/Abwicklungsstelle Strafgefängnis Spandau

Landeskirchliches Archiv (Stuttgart)

D 1: Nachlass Landesbischof Wurm

ThyssenKrupp Konzernarchiv (Duisburg)

NRO: Nachlass Walter Rohland

Zeitungen und Zeitschriften

Berlin Observer
Berliner Morgenpost
Berliner Zeitung
Bild
Bild am Sonntag
Bonner Rundschau
Bratischka
Bunte
Chicago Daily Tribune
Daily Express
Daily Mail
Daily Mirror
Daily Telegraph
Der Freiwillige
Der Kurier
Der Morgen
Der Spiegel
Der Tag
Der Tagesspiegel
Die Welt
Empire News
Figaro
Frankfurter Allgemeine Zeitung
Frankfurter Neue Presse
General-Anzeiger (Bonn)
Iswestija
La Lanterne
Le Monde
Manchester Guardian (ab 1959 *The Guardian*)
Moscow News
Münchner Merkur
Nationalzeitung
Neue Zeit
Neue Zeitung
Neue Zürcher Zeitung
Neues Deutschland
Newsweek
Prawda
Quick
Revue
Stars and Stripes
Stern
Süddeutsche Zeitung
Sunday Express
Tagesspiegel
Tageszeitung
Tägliche Rundschau

Telegraf
The Guardian
The New York Times
The Times

Trud (Russland)
Yorkshire Post
Völkischer Beobachter
Wochenend

Veröffentlichte amtliche Dokumente und Quellensammlungen

Auswärtiges Amt, *Akten zur auswärtigen Politik der Bundesrepublik Deutschland: Adenauer und die Hohen Kommissare*. 2 Bde. München: Oldenbourg 1989–1990.
Auswärtiges Amt, *Akten zur auswärtigen Politik der Bundesrepublik Deutschland 1949/1950*. München: Oldenbourg 1997.
Auswärtiges Amt, *Akten zur auswärtigen Politik der Bundesrepublik Deutschland 1951*. München: Oldenbourg 1999.
Auswärtiges Amt, *Akten zur auswärtigen Politik der Bundesrepublik Deutschland 1952*. München: Oldenbourg 2000.
Auswärtiges Amt, *Akten zur auswärtigen Politik der Bundesrepublik Deutschland 1953*. 2 Bde. München: Oldenbourg 2001.
Auswärtiges Amt, *Akten zur auswärtigen Politik der Bundesrepublik Deutschland 1963*. 3 Bde. München: Oldenbourg 1994.
Auswärtiges Amt, *Akten zur auswärtigen Politik der Bundesrepublik Deutschland 1964*. 2 Bde. München: Oldenbourg 1995.
Auswärtiges Amt, *Akten zur auswärtigen Politik der Bundesrepublik Deutschland 1965*. 3 Bde. München: Oldenbourg 1996.
Auswärtiges Amt, *Akten zur auswärtigen Politik der Bundesrepublik Deutschland 1966*. 2 Bde. München: Oldenbourg 1997.
Auswärtiges Amt, *Akten zur auswärtigen Politik der Bundesrepublik Deutschland 1967*. 3 Bde. München: Oldenbourg 1998.
Auswärtiges Amt, *Akten zur auswärtigen Politik der Bundesrepublik Deutschland 1968*. 2 Bde. München: Oldenbourg 1999.
Auswärtiges Amt, *Akten zur auswärtigen Politik der Bundesrepublik Deutschland 1969*. 2 Bde. München: Oldenbourg 2000.
Auswärtiges Amt, *Akten zur auswärtigen Politik der Bundesrepublik Deutschland 1970*. 3 Bde. München: Oldenbourg 2001.
Auswärtiges Amt, *Akten zur auswärtigen Politik der Bundesrepublik Deutschland 1971*. 3 Bde. München: Oldenbourg 2002.
Auswärtiges Amt, *Akten zur auswärtigen Politik der Bundesrepublik Deutschland 1972*. 3 Bde. München: Oldenbourg 2003.
Auswärtiges Amt, *Akten zur auswärtigen Politik der Bundesrepublik Deutschland 1973*. 3 Bde. München: Oldenbourg 2004.
Baumgartner, Gabriele/Hebig, Dieter, *Biographisches Handbuch der SBZ/DDR 1945–1990*. 2 Bde. München: Saur, 1996–1997.

Birke, Adolf E./ Booms, Hans/Merker, Otto (Hg.), *Akten der britischen Militärregierung, Sachinventar 1945–1955.* 11 Bde. London: Deutsches Historisches Institut, 1993.
Bundesministerium des Innern, *Dokumente zur Deutschlandpolitik.* Reihe II–VI. München: Oldenbourg 1961–2005.
Commission de Publication des Documents diplomatiques français/Institut Historique Allemand, *Les Rapports Mensuels d'André François-Poncet, Haut-Commissaire française en Allemagne 1949–1955.* 2 Bde. Paris: Imprimerie Nationale 1996.
Deutscher Bundestag, *Verhandlungen des Deutschen Bundestages,* Stenographische Berichte, 1.–11. Wahlperiode, Bonn: Bonner Universitäts-Buchdruckerei Gebr. Scheur 1950–1988.
Deutsches Institut für Zeitgeschichte, *Dokumente zur Außenpolitik der Regierung der Deutschen Demokratischen Republik.* 10 Bde. Berlin (Ost): Staatsverlag der DDR 1954–1963.
Deutsches Institut für Zeitgeschichte, *Dokumente zur Außenpolitik der Deutschen Demokratischen Republik.* 22 Bde. Berlin (Ost): Rütten & Loening 1965–1988.
Deutsches Institut für Zeitgeschichte, *Dokumente zur Deutschlandpolitik der Sowjetunion.* 3 Bde. Berlin (Ost): Rütten & Loening 1957–1968.
Forschungsinstitut der deutschen Gesellschaft für auswärtige Politik Bonn, *Dokumente zur Berlin-Frage.* 2 Bde. München: Oldenbourg 1962–1987.
Great Britain, Parliament, House of Commons, *Parliamentary Debates (Hansard): Official Report,* 5th Series. London: H. M. Stationery Office 1909–1981.
Great Britain, Parliament, House of Commons, *Parliamentary Debates (Hansard): Official Report,* 6th Series. London: H. M. Stationery Office 1981–.
Great Britain. Parliament. House of Lords, *Parliamentary Debates (Hansard): Official Report.* 5th Series. London: H. M. Stationery Office 1909–.
Internationaler Militärgerichtshof, *Der Prozess gegen die Hauptkriegsverbrecher vor dem Internationalen Militärgerichtshof. Nürnberg 14. November 1945 – 1. Oktober 1946.* 42 Bde. Hrsg. von Lawrence D. Egbert und Paul A. Joosten. Gemäß den Weisungen des Internationalen Militärgerichtshofs vom Sekretariat des Gerichtshofs unter der Autorität des Obersten Kontrollrats für Deutschland veröffentlicht. Nürnberg 1947–1949.
Laufer, Jochen P./Kynin, Georgij P., *Die UdSSR und die deutsche Frage, 1941–1948: Dokumente aus dem Archiv für Außenpolitik der Russischen Föderation.* 3 Bde. Berlin: Duncker und Humblot 2004.
Lohmann, Walter/Hildebrand, Hans H., *Die deutsche Kriegsmarine.* 3 Bde. Bad Nauheim: Padzon 1956.
Merritt, Anna J./Merritt, Richard L., *Public Opinion in Occupied Germany: The OMGUS Surveys, 1945–1949.* Urbana: University of Illinois Press 1970.
Merritt, Anna J./Merritt, Richard L., *Public Opinion in Semisovereign Germany: The HICOG Surveys, 1949–1955.* Urbana: University of Illinois Press 1980.
Ministère des Affaires étrangères, *Documents diplomatiques français, 1945.* 2 Bde. und Anhang. Paris: Imprimerie Nationale 1996–2000.
Ministère des Affaires étrangères, *Documents diplomatiques français, 1946.* 2 Bde. und Anhang. Paris: Imprimerie Nationale 1996–2004.
Möller, Horst/Hildebrand, Klaus (Hg.), *Die Bundesrepublik Deutschland und Frankreich: Dokumente 1949–1963.* 3 Bde. München: Saur 1997.

Rasch, Manfred, *Findbuch zum Nachlaß Walter Rohland (1898–1981) und zum Bestand Ruhr-Consulting GmbH.* Duisburg: ThyssenKrupp AG 2001.
Salewski, Michael, »Von Raeder zu Dönitz: Der Wechsel im Oberbefehl der Kriegsmarine 1943«, in: *Militärgeschichtliche Mitteilungen* 14 (1973): S. 101–146.
Scherstjanoi, Elke (Hg.), *Das SKK-Statut: Zur Geschichte der sowjetischen Kontrollkommission in Deutschland 1949 bis 1953. Eine Dokumentation.* München: Saur 1998.
Smith, Bradley F., *The American Road to Nuremberg: The Documentary Record, 1944–1945.* Stanford, CA: Hoover Institution Press 1982.
Smith, Jean Edward (Hg.), *The Papers of General Lucius D. Clay: Germany 1945–1949.* 2 Bde. Bloomington: Indiana University Press 1974.
Tuturow, Norman (Hg.), *War Crimes, War Criminals, and War Crimes Trials: An Annotated Bibliography and Source Book.* New York: Greenwood 1986.
United States Department of State, *Foreign Relations of the United States: The Conference of Berlin (The Potsdam Conference), 1945.* 2 Bde. Washington, DC: U.S. Government Printing Office 1960.
United States Department of State, *Foreign Relations of the United States – 1947.* Bd. 2: *Council of Foreign Ministers – Germany and Austria.* Washington, DC: U.S. Government Printing Office 1972.
United States Department of State, *Foreign Relations of the United States – 1948.* Bd. 2: *Germany and Austria.* Washington, DC: U.S. Government Printing Office 1973.
United States Department of State, *Foreign Relations of the United States – 1949.* Bd. 3: *Council of Foreign Ministers: Germany and Austria.* Washington, DC: U.S. Government Printing Office 1974.
United States Department of State, *Foreign Relations of the United States – 1950.* Bd. 3: *European Security and the German Question.* Washington, DC: U.S. Government Printing Office 1982.
United States Department of State, *Foreign Relations of the United States – 1952–1954.* Bd. 7: *Germany and Austria.* Washington, DC: U.S. Government Printing Office 1986.
United States Department of State, *Foreign Relations of the United States – 1958–1960.* Bd. 8–9: *The Berlin Crisis.* Washington, DC: U.S. Government Printing Office 1993.
United States Department of State, *Foreign Relations of the United States – 1961–1963.* Bd. 14–15: *Berlin Crisis.* Washington, DC: U.S. Government Printing Office 1994.
United States Department of State, *Foreign Relations of the United States – 1964–1968.* Bd. 15: *Berlin, Germany.* Washington, DC: U.S. Government Printing Office 1999.
United States Office of the United States Chief of Counsel for Prosecution of Axis Criminality, *Nazi Conspiracy and Aggression.* 8 Bde. Washington, DC: U.S. Government Printing Office 1946.
United States, *Trials of War Criminals before the Nuernberg Military Tribunals under Control Council Law No. 10, Nuernberg, October 1946–April 1949.* 13 Bde. Washington, DC: U.S. Government Printing Office, 1949–1953.
Vogel, Walter/Weisz, Christoph, *Akten zur Vorgeschichte der Bundesrepublik Deutschland.* 5 Bde. München: Oldenbourg 1976–1981.
Weisz, Christoph (Hg.), *OMGUS Handbuch: Die amerikanische Militärregierung in Deutschland 1945–1949.* 2. Aufl. München: Oldenbourg 1995.

Erinnerungen, Reden, Briefe und Sekundärliteratur

Abenheim, Donald, *Reforging the Iron Cross: The Search for Tradition in the West German Armed Forces*. Princeton: Princeton University Press 1988.
Abrassimow, Pjotr A., *Westberlin – gestern und heute*. Berlin: Staatsverlag der DDR 1981.
Abrassimow, Pjotr. A., *300 Meter vom Brandenburger Tor: Erinnerungen eines Botschafters*. Berlin: Quadriga 1985.
Acheson, Dean, *Present at the Creation: My Years in the State Department*. New York: Norton 1969.
Adenauer, Konrad, *Briefe*. 5 Bde. Berlin: Siedler 1984–2004.
–, *Erinnerungen*. 4 Bde. Stuttgart: DVA 1964–1968.
–, *Teegespräche*. 4 Bde. Berlin: Siedler 1984–1992.
Adomeit, Hannes, *Imperial Overstretch: Germany in Soviet Strategy from Stalin to Gorbachev*. Baden-Baden: Nomos 1998.
Ahonen, Pertti, »The Expellee Organizations and West German Ostpolitik, 1949–1969.« Dissertation, Yale University 1999.
–, »Franz Josef Strauß and the German Nuclear Question, 1956–1962«, in: *Journal of Strategic Studies* 18 (1995) 2, S. 25–51.
Alderman, Sidney F., »Negotiating on War Crimes Prosecutions, 1945«, in: Raymond Dennett/Joseph E. Johnson (Hg.), *Negotiating with the Russians*. Boston: World Peace Foundation 1951.
Allen, Michael Thad, *The Business of Genocide: The SS, Slave Labor, and the Concentration Camps*. Chapel Hill: University of North Carolina Press 2002.
Amos, Heike, *Die Westpolitik der SED 1948/49–1961*. Berlin: Akademie Verlag 2000.
Andrus, Burton C., *The Infamous of Nuremberg*. London: Leslie Frewin 1969.
Arendt, Hannah, *Eichmann in Jerusalem: Ein Bericht von der Banalität des Bösen*. Von der Autorin durchges. u. erg. deutsche Ausg., München: Piper 1964.
Assmann, Aleida/Frevert, Ute, *Geschichtsvergessenheit / Geschichtsversessenheit: Vom Umgang mit deutschen Vergangenheiten nach 1945*. Stuttgart: DVA 1999.
Ausland, John C., *Kennedy, Khrushchev, and the Berlin-Cuba Crisis, 1961–64*. Oslo: Scandinavian University Press 1996.
Baird, Jay, *To Die for Germany: Heroes in the Nazi Pantheon*. Bloomington: Indiana University Press 1990.
Baring, Arnulf (Hg.), *Sehr verehrter Herr Bundeskanzler! Heinrich von Brentano im Briefwechsel mit Konrad Adenauer*. Hamburg: Hoffmann und Campe 1974.
Bartov, Omer, »The Wehrmacht Exhibition Controversy: The Politics of Evidence«, in: Omer Bartov/Atina Grossmann/Mary Nolan (Hg.), *Crimes of War: Guilt and Denial in the Twentieth Century*. New York: The New Press 2002, S. 41–60.
Bass, Gary Jonathan, *Stay the Hand of Vengeance: The Politics of War Crimes Tribunals*. Princeton: Princeton University Press 2000.
Bethge, Eberhard/Jasper, Ronald C. D. (Hg.), *An der Schwelle zum gespaltenen Europa: Der Briefwechsel zwischen George Bell und Gerhard Leibhild 1939–1951*. Stuttgart: Kreuz-Verlag 1974.
Biddle, Francis, *In Brief Authority*. Garden City/NY: Doubleday 1962.
Bird, Eugene K., *Hess: Der Stellvertreter des »Führers«. Englandflug und britische Gefangenschaft, Nürnberg und Spandau*. München: Desch 1974.

Blair, Clay, *Der U-Boot-Krieg.* 2 Bde. München: Heyne 1998.
Blankenhorn, Herbert, *Verständnis und Verständigung: Blätter eines politischen Tagebuchs 1949–1979.* Frankfurt am Main: Propyläen 1980.
Bloxham, Donald, *Genocide on Trial: War Crimes Trials and the Formation of Holocaust History and Memory,* New York: Oxford University Press 2001.
–, »Punishing German Soldiers during the Cold War: The Case of Erich von Manstein«, in: *Patterns of Prejudice* 33 (1999) 4, S. 25–45.
–, »The Genocidal Past in Western Germany and the Experience of Occupation, 1945–6«, in: *European History Quarterly* 34 (2004) 4, S. 305–336.
Bonwetsch, Bernd/Filitow, Alexej, »Chruschtschow und der Mauerbau: Die Gipfelkonferenz der Warschauer-Pakt-Staaten vom 3.–5. August 1961«, in: *Vierteljahreshefte für Zeitgeschichte* 48 (2000), S. 155–198.
Bosch, William J., *Judgment on Nuremberg: American Attitudes toward the Major German War-Crime Trials.* Chapel Hill: University of North Carolina Press 1970.
Bower, Tom, *Blind Eye to Murder: Britain, America and the Purging of Nazi Germany – A Pledge Betrayed.* London: Granada 1983.
Boyle, Peter G. (Hg.), *The Churchill-Eisenhower Correspondence, 1953–1955.* Chapel Hill: University of North Carolina Press 1990.
Brandt, Willy, *Erinnerungen.* Frankfurt am Main: Propyläen 1989.
Briggs, Asa, *The Channel Islands: Occupation and Liberation.* London: B. T. Batsford 1995.
Brochhagen, Ulrich, *Nach Nürnberg: Vergangenheitsbewältigung und Westintegration in der Ära Adenauer.* Hamburg: Junius 1994.
Browning, Robert M., *U.S. Merchant Vessel War Casualties of World War II.* Annapolis/MD.: Naval Institute Press 1996.
Bunting, Madeleine, *The Model Occupation: The Channel Islands under German Rule, 1940–1945.* London: Harper Collins 1996.
Buruma, Ian, *Erbschaft der Schuld: Vergangenheitsbewältigung in Deutschland und Japan.* München: Hanser 1994.
Buscher, Frank M., *The U.S. War Crimes Trial Program in Germany, 1946–1955.* Westport/CT: Greenwood Press 1989.
Calvocoressi, Peter, *Fall Out: World War II and the Shaping of Postwar Europe.* New York: Longman 1997.
Cameron, John (Hg.), *Trial of Heinz Eck, August Hoffmann, Walter Weißpfennig, Hans Richard Lenz and Wolfgang Schwendel (The Peleus Trial).* London: Hodge 1948.
Carrington, Peter Lord, *Reflecting on Things Past.* New York: Harper and Row 1988.
Carstens, Karl, *Erinnerungen und Erfahrungen.* Hrsg. von Kai von Jena und Reinhard Schmoeckel. Boppard: Boldt 1994.
Churchill, Winston, *Der Zweite Weltkrieg,* 6 Bde. Bern: Scherz 1948–1954.
Clay, Lucius D., *Decision in Germany.* New York: Doubleday 1950.
Conant, James, *My Several Lives: Memoirs of a Social Inventor.* New York: Harper and Row 1970.
Connelly, Mark, *We Can Take It!: Britain and the Memory of the Second World War.* New York: Longman 2004.
Costello, John, *Ten Days that Saved the West.* London: Bantam 1991.
Dastrup, Boyd L., *Crusade in Nuremberg: Military Occupation 1945–1949.* Westport, CT: Greenwood Press 1985.

Dewhurst, Claude H., *Close Contact*. Boston: Houghton Mifflin 1954.
Domarus, Max (Hg.), *Hitler. Reden und Proklamationen 1932–1945*. Bd. 2: *Untergang (1939–1945)*. Neustadt a. d. Aisch: Verlagsdruckerei Schmidt 1963.
Dönitz, Karl, *Zehn Jahre und zwanzig Tage: Erinnerungen*. Bonn: Athenäum Verlag 1958.
–, *Mein wechselvolles Leben*. Korrig. Ausg., Göttingen: Musterschmidt 1975.
Döscher, Hans-Jürgen, *Verschworene Gesellschaft: Das Auswärtige Amt unter Adenauer zwischen Neubeginn und Kontinuität*. Berlin: Akademie Verlag 1995.
Douglas, Lawrence, *The Memory of Judgment: Making Law and History in the Trials of the Holocaust*. New Haven, CT: Yale University Press 2001.
Douglas, Sholto (Lord Douglas of Kirtleside), *Combat and Command: The Story of an Airman in Two World Wars*. New York: Simon and Schuster 1963.
Douglas-Hamilton, James, »Hess and the Haushofers«, in: David Stafford (Hg.), *Flight from Reality: Rudolf Hess and His Mision to Scotland, 1941*. London: Pimlico 2002, S. 78–103.
Dubiel, Helmut, *Niemand ist frei von der Geschichte: Die nationalsozialistische Herrschaft in den Debatten des Deutschen Bundestages*. München: Hanser 1999.
Dülffer, Jost, *Weimar, Hitler und die Marine: Reichspolitik und Flottenbau 1920–1939*. Düsseldorf: Droste 1973.
–/ Thies, Jochen/Henke, Josef, *Hitlers Städte: Baupolitik im Dritten Reich – Eine Dokumentation*, Köln: Bohlau 1978.
Dzhirkvelov, Ilya, *Secret Servant: My Life with the KGB and the Soviet Elite*. London: Collins 1987.
Eden, Anthony, *Full Circle*. Boston: Houghton Mifflin 1960.
Eisenberg, Carolyn Woods, *Drawing the Line: The American Decision to Divide Germany*. New York: Cambridge University Press 1996.
Erickson, John, »Rudolf Hess: A Post-Soviet Postscript«, in: David Stafford (Hg.), *Flight from Reality: Rudolf Hess and His Mission to Scotland, 1941*. London: Pimlico 2002, S. 38–61.
Erker, Paul, *Industrie-Eliten in der NS-Zeit: Anpassungsbereitschaft und Eigeninteresse von Unternehmern in der Rüstungs- und Kriegswirtschaft, 1936–1945*. Passau: Wissenschaftsverlag 1994.
Ermarth, Michael (Hg.), *America and the Shaping of German Society, 1945–1955*. Providence/RI: Berg 1993.
Farmer, Sarah, *Martyred Village: Commemorating the 1944 Massacre at Oradour-Sur-Glane*. Berkeley: University of California Press 1999.
Felken, Detlef, *Dulles und Deutschland: Die amerikanische Deutschlandpolitik, 1952–1959*. Berlin: Bouvier 1993.
Fest, Joachim, *Speer: Eine Biographie*, Berlin: Alexander Fest Verlag 1999.
Fishman, Jack, *The Seven Men of Spandau*. London: W. H. Allen 1954 und New York: Rinehart 1954.
Fishman, Jack, *Long Knives and Short Memories. Lives and Crimes of the Seven Nazi Leaders Sentenced at Nuremberg*. New York: Richardson and Steirman 1987 (1986).
Foschepoth, Josef/Steininger, Rolf (Hg.), *Die britische Deutschland- und Besatzungspolitik 1945–1949: Eine Veröffentlichung des Deutschen Historischen Instituts London*. Paderborn: Schöningh 1985.
François-Poncet, André, *Von Versailles bis Potsdam: Frankreich und das deutsche Problem*

der Gegenwart 1919–1945. Mainz: Kupferberg 1949. (Französischer Titel: *De Versailles à Potsdam: La France et le problème allemand contemporain, 1919–1945.* Paris: Flammarion 1948.)

Frei, Norbert, *Vergangenheitspolitik. Die Anfänge der Bundesrepublik und die NS-Vergangenheit.* München: C. H. Beck 1996. (Englischer Titel: *Adenauer's Germany and the Nazi Past: The Politics of Amnesty and Integration.* New York: Columbia University Press 2002.)

Frei, Norbert, *Karrieren im Zwielicht: Hitlers Eliten nach 1945.* Frankfurt am Main: Campus 2001.

Fröhlich, Elke (Hg.), *Die Tagebücher von Joseph Goebbels,* Teil I, *Aufzeichnungen 1923–1941,* Bd. 9: *Dezember 1940–Juli 1941.* München: Saur 1998.

– (Hg.), *Die Tagebücher von Joseph Goebbels,* Teil II: *Diktate 1941–1945,* Bd. 4: *April–Juni 1942.* München: Saur 1995.

Fulbrook, Mary, *German National Identity after the Holocaust.* Cambridge: Blackwell 1999.

Gabel, Charles A., *Verbotene Gespräche. Als Militärgeistlicher bei Rudolf Heß, 1977–1986.* München: Langen Müller 1988. (Französischer Titel: *Conversations interdites avec Rudolf Hess 1977–1986.* Paris: Plon 1988.)

Gemzell, Carl-Axel, *Hitler, Raeder und Skandinavien: Der Kampf für einen maritimen Operationsplan.* Lund: Gleerup 1965.

Geraghty, Tony, *BRIXMIS: The Untold Exploits of Britain's Most Daring Cold War Spy Mission.* London: Harper Collins 1997.

Gerlach, Wolfgang, *Als die Zeugen schwiegen. Bekennende Kirche und die Juden.* Berlin: Institut Kirche und Judentum ²1993.

Gilbert, Gustave, M., *Nürnberger Tagebuch: Gespräche der Angeklagten mit dem Gerichtspsychologen.* Frankfurt am Main: Fischer 1996 (1962).

Gilbert, Martin, *Winston S. Churchill,* Bd. 7: *Never Despair 1945–1965.* Boston: Houghton Mifflin 1988 und London: Heinemann 1988.

Gilliland, Jane, »Submarines and Targets: Suggestions for New Codified Rules of Submarine Warfare«, in: *Georgetown Law Journal* 73 (1985) 3, S. 975–1005.

Ginsburgs, George, *Moscow's Road to Nuremberg: The Soviet Background of the Trial.* Den Haag: Martinus Nijhoff 1996.

–/ Kudriavtsev, V. N. (Hg.), *The Nuremberg Trial and International Law.* Boston: Martinus Nijhoff 1990.

Goda, Norman J. W., *Tomorrow the World: Hitler, Northwest Africa and the Path Toward America.* College Station: Texas A&M University Press 1998.

–, »Black Marks: Hitler's Bribery of His Senior Officers during World War II«, in: *Journal of Modern History* 72 (2000) 2, S. 413–452.

–, »Justice and Politics in Karl Dönitz's Release from Spandau«, in: Alan Steinweis/ Daniel E. Rogers (Hg.), *The Impact of Nazism.* Lincoln: University of Nebraska Press 2003, S. 199–214.

Goldensohn, Leon, *Die Nürnberger Interviews: Gespräche mit Angeklagten und Zeugen.* Hrsg. und eingeleitet von Robert Gellately. Düsseldorf/Zürich: Artemis & Winkler 2005.

Golytsyn, Anatoly, *New Lies for Old: The Communist Strategy of Deception and Disinformation.* New York: Dodd Mead 1984.

Goschler, Constantin (Hg.), Institut für Zeitgeschichte, *Hitler: Reden, Schriften, Anordnungen (Februar 1925 bis Januar 1933)*, 7 Bde. München: Saur 1992–1999.
Granieri, Ronald, *The Ambivalent Alliance: Konrad Adenauer, the CDU/CSU, and the West 1949–1966*. New York: Berghahn Books 2002.
Grathwol, Robert P./Moorhus, Donita M., *American Forces in Berlin 1945–1994: Cold War Outpost*. Washington, D.C.: Department of Defense 1994.
–/ Moorhus, Donita M., *Berlin and the American Military: A Cold War Chronicle*. New York: New York University Press ²1999.
Gregor, Neil, *Stern und Hakenkreuz: Daimler-Benz im Dritten Reich*. Berlin: Propyläen 1997.
Grier, David, »The Appointment of Karl Dönitz as Hitler's Successor«, in: Alan Steinweis/ Daniel E. Rogers (Hg.), *The Impact of Nazism*. Lincoln: University of Nebraska Press 2003, S. 182–198.
Grose, Peter, *Operation Rollback: America's Secret War Behind the Iron Curtain*. Boston: Houghton Mifflin 2000.
Gromyko, Andrej, *Erinnerungen*. Düsseldorf: Econ 1989.
Hankey, Lord Maurice, *Politics, Trials and Errors*. Chicago: Henry Regnery 1950.
Harrison, Hope, *Driving the Soviets Up the Wall: Soviet-East German Relations, 1953–1961*. Princeton: Princeton University Press 2003.
Hartrich, Edwin, *The Fourth and Richest Reich*. London: Macmillan 1980.
Heineman, John L., *Hitler's First Foreign Minister: Constantin Freiherr von Neurath, Diplomat and Statesman*. Berkeley: University of California Press 1979.
Hendry, I. D./ Wood, M. C., *The Legal Status of Berlin*, Cambridge: Grotius 1987.
Herf, Jeffrey, *Zweierlei Erinnerung: Die NS-Vergangenheit im geteilten Deutschland*. Berlin: Propyläen 1998.
Heß, Ilse, *England–Nürnberg–Spandau*. Leoni: Druffel 1952.
–, *Gefangener des Friedens – Neue Briefe aus Spandau*. Leoni: Druffel 1955.
–, *Antwort aus Zelle Sieben – Briefwechsel mit dem Spandauer Gefangenen*. Leoni: Druffel 1967.
–, *Ein Schicksal in Briefen*. Leoni: Druffel 1971.
Heß, Rudolf, *Reden*. München: Franz Eher Nachf. 1938.
–, *Briefe 1908–1933*. Hrsg. von Wolf Rüdiger Heß. München/Wien: Langen Müller 1987.
Heß, Wolf Rüdiger, *Hess – Weder Recht noch Menschlichkeit: Das Urteil von Nürnberg – Die Rache von Spandau – Eine Dokumentation*. Leoni: Druffel 1974.
–, *Mein Vater Rudolf Heß: Englandflug und Gefangenschaft*. München: Langen Müller 1984.
–, *Mord an Rudolf Heß? Der geheimnisvolle Tod meines Vaters in Spandau*. Leoni: Druffel 1989.
–, *Ich bereue nichts*. Graz: Leopold Stocker Verlag ³1998.
–, »The Life and Death of My Father Rudolf Heß«, Videovorführung bei der 11. Konferenz des Institute for Historical Review im Jahr 1992, http://www.ihr.org/jhr/v.13/ v13n1p24_Hess.html [abgerufen im Juni 2004].
Hilger, Andreas/Schmidt, Ute/Wagenleher, Günther (Hg.), *Sowjetische Militärtribunale*. Bd. 1: *Die Verurteilung deutscher Kriegsgefangener 1941–1953*. Köln: Böhlau 2001.
Hillenbrand, Martin J., *Fragments of Our Time: Memoirs of a Diplomat*. Athens: University of Georgia Press 1998.

Hoffman, J. H., »German Field Marshals as War Criminals? A British Embarrassment«, in: *Journal of Contemporary History* 23 (1988) 1, S. 17–35.
Holloway, David, *The Soviet Union and the Arms Race*. New Haven: Yale University Press 1983.
Howley, Frank, *Berlin Command*. New York: Putnam 1950.
Jacob, Brigitte/Schäche, Wolfgang, »Rimpl, Herbert«. In: Grove Art Online, Oxford University Press [abgerufen im Juli 2004], http://www.groveart.com.
Jacobsen, Hans-Adolf, *Misstrauische Nachbarn. Deutsche Ostpolitik 1919–1970. Dokumentation und Analyse*. Düsseldorf: Droste 1970.
Jasper, Donald C. D., *George Bell: Bishop of Chichester*. London: Oxford University Press 1967.
Judt, Tony, »The Past is Another Country: Myth and Memory in Postwar Europe«, in: *The Politics of Retribution in Europe: World War II and Its Aftermath*, hg. von István Deák, Jan T. Gross und Tony Judt. Princeton: Princeton University Press 2000, S. 293–323.
Junge, Traudl, *Bis zur letzten Stunde: Hitlers Sekretärin erzählt ihr Leben*, München: Claassen 2002.
Karner, Stefan (Hg.), *Gefangene in Russland: Die Beiträge des Symposions auf der Schallaburg 1995*, Graz: Ludwig Boltzmann-Institut für Kriegsfolgen-Forschung 1995.
Katz, Robert, *Rom 1943–1944: Besatzer, Befreier, Partisanen und der Papst*. Essen: Magnus-Verlag 2006.
Keithly, David M., *Breakthrough in the Ostpolitik: The 1971 Quadripartite Agreement*. Boulder: Westview Press 1983.
Kelley, Douglas M., *22 Cells at Nuremberg*. New York: Greenberg 1947.
Kershaw, Ian, *Hitler 1889–1936*. Stuttgart: DVA 1998.
–, *Hitler 1936–1945*. Stuttgart: DVA 2000.
Kettenacker, Lothar, »Mishandling a Spectacular Event: The Rudolf Hess Affair«, in: David Stafford (Hg.), *Flight from Reality*. London: Pimlico 2002, S. 19–37.
Kilmuir, Earl of (Sir David Maxwell Fyfe), *Political Adventure: The Memoirs of the Earl of Kilmuir*. London: Weidenfeld & Nicolson 1962.
Kipp, Yvonne, Eden, *Adenauer und die deutsche Frage: Britische Deutschlandpolitik im internationalen Spannungsfeld 1951–1957*. Paderborn: Schöningh 2002.
Kirkpatrick, Ivone, *The Inner Circle: The Memoirs of Ivone Kirkpatrick*. London: Macmillan 1959.
Klemperer, Klemens von, *Die verlassenen Verschwörer. Der deutsche Widerstand auf der Suche nach Verbündeten 1938–1945*. Berlin: Siedler 1994.
Kochavi, Arieh J., *Prelude to Nuremberg: Allied War Crimes Policy and the Question of Punishment*. Chapel Hill: University of North Carolina Press 1998.
Kochavi, Arieh J., »The Moscow Declaration, the Kharkov Trial and the Question of Policy towards War Criminals in the Second World War«, in: *History* 76 (1991) 3, S. 401–417.
Köhler, Lotte/Saner, Hans, *Hannah Arendt, Karl Jaspers: Briefwechsel 1926–1969*. München: Piper 1985.
König, Helmut, *Die Zukunft der Vergangenheit: Der Nationalsozialismus im politischen Bewusstsein der Bundesrepublik*. Frankfurt am Main: Fischer 2003.
Kopf, Peter, *Die Mommsens: Von 1848 bis heute – die Geschichte einer Familie ist die Geschichte der Deutschen*. Hamburg: Europa 2004.

Kosthorst, Daniel, *Brentano und die deutsche Einheit: Die Deutschland- und Ostpolitik des Außenministers im Kabinett Adenauers 1955–1961.* Düsseldorf: Droste 1993.
Krieger, Wolfgang, *Lucius D. Clay und die amerikanische Deutschlandpolitik 1945–1949.* Stuttgart: Klett-Cotta 1987.
Krüger, Dieter, »Das schwierige Erbe: Die Traditionsansprache des Kapitäns zur See Karl-Adolf Zenker 1956 und ihre parlamentarischen Folgen«, in: Werner Rahn (Hg.), *Deutsche Marinen im Wandel: Vom Symbol nationaler Einheit zum Instrument internationaler Sicherheit.* München: Oldenbourg 2005, S. 549–564.
Kunze, Gerhard, *Grenzerfahrungen: Kontakte und Verhandlungen zwischen dem Land Berlin und der DDR 1949–1989.* Berlin: Akademie Verlag 1999.
KZ-Gedenkstätte Vaihingen/Enz, *Das Konzentrationslager »Wiesengrund«: Vom Arbeitslager zum Sterbelager.* Vaihingen/Enz: IPA Verlag ⁴2002.
Large, David Clay, *Germans to the Front: West German Rearmament in the Adenauer Era.* Chapel Hill: University of North Carolina Press 1996.
Larres, Klaus, *Churchill's Cold War: The Politics of Personal Diplomacy.* New Haven: Yale University Press 2002.
Lawson, Tom, »Constructing a Christian History of Nazism: Anglicanism and the Memory of the Holocaust, 1945–49«, in: *History and Memory* 16 (2004) 21, S. 146–176.
Lemke, Michael, *Die Berlinkrise 1958 bis 1963: Interessen und Handlungsspielräume der SED im Ost-West-Konflikt.* Berlin: Akademie Verlag 1995.
Le Tissier, Tony, *Spandauer Jahre 1981–1991: Die Aufzeichnungen des letzten britischen Gouverneurs.* München: Herbig 1997.
Liddell Hart, Basil, *Jetzt dürfen sie reden. Hitlers Generale berichten.* Stuttgart: Stuttgarter Verlag 1950. (Originaltitel: *The Other Side of the Hill: Germany's Generals, Their Rise and Fall, With Their Own Account of Military Events.* London: Cassell 1948.)
Lockenour, Jay, *Soldiers as Citizens: Former Wehrmacht Officers in the Federal Republic of Germany, 1945–1955.* Lincoln: University of Nebraska Press 2001.
Longerich, Peter, *Hitlers Stellvertreter: Führung der Partei und Kontrolle des Staatsapparates durch den Stab Heß und die Partei-Kanzlei Bormann.* München: Saur 1992.
Mahncke, Dieter, *Berlin im geteilten Deutschland.* München: Oldenbourg 1973.
Marks, Sally, »The Myth of Reparations«, in: *Central European History* 18 (1978) 3, S. 231–255.
Marrus, Michael, *The Nuremberg War Crimes Trial 1945–1946: A Documentary History.* Boston: Bedford 1997.
–, »The Holocaust at Nuremberg«, in: *Yad Vashem Studies* 26 (1998), S. 5–41.
Marshall, Barbara, *The Origins of Postwar German Politics.* London: Croom and Helm 1988.
Mastny, Vojtech, *The Cold War and Soviet Insecurity: The Stalin Years.* New York: Oxford University Press 1996.
McAdams, A. James, *Germany Divided: From the Wall to Reunification.* Princeton: Princeton University Press 1993.
– (Hg.), *Transitional Justice and the Rule of Law in New Democracies.* Notre Dame: University of Notre Dame Press 1997.
McGowan, Lee, *The Radical Right in Germany 1870 to the Present.* New York: Longman 2002.

Mensing, Hans-Peter (Hg.), *Theodor Heuss und Konrad Adenauer – Unserem Vaterlande zugute: Der Briefwechsel, 1948–1963*. Berlin: Siedler 1989.

– (Hg.), *Konrad Adenauer – Theodor Heuss: Unter vier Augen, Gespräche aus den Gründerjahren 1949–1959*. Berlin: Siedler 1997.

Merseburger, Peter, *Willy Brandt 1913–1992: Visionär und Realist*. Stuttgart: DVA 2002.

Michaelis, Meir, *Mussolini and the Jews: German-Italian Relations and the Jewish Question in Italy, 1922–1945*. London: Clarendon Press 1978.

Militärgeschichtliches Forschungsamt (Hg.), *Anfänge westdeutscher Sicherheitspolitik 1945–1956*, Bd. 3: *Die NATO-Option*. München: Oldenbourg 1993.

– (Hg.), *Das Deutsche Reich und der Zweite Weltkrieg*, Bd. 5: *Organisation und Mobilisierung des deutschen Machtbereichs*. 2 Teilbände, Stuttgart: DVA 1988 und 1999.

Miller, Judith, *One by One by One: Facing the Holocaust*. New York: Simon and Schuster 1990.

Moeller, Robert G., *War Stories: The Search for a Usable Past in the Federal Republic of Germany*, Berkeley: University of California Press 2001.

Moisel, Claudia, *Frankreich und die deutschen Kriegsverbrecher: Politik und Praxis der Strafverfolgung nach dem Zweiten Weltkrieg*. Göttingen: Wallstein 2004.

Moore, Arthur R., *A Careless Word – A Needless Sinking: A History of the Staggering Losses Suffered by the U.S. Merchant Marine, Both in Ships and Personnel during World War II*. King's Point/NY: American Merchant Marine Museum 1983.

Morina, Christina, »Instructed Silence, Constructed Memory: The SED and the Return of German Prisoners of War as ›War Criminals‹ from the Soviet Union to East Germany, 1950–1956«, in: *Contemporary European History* 13 (2004) 3, S. 323–343.

Müller, Klaus-Dieter/Nikischkin, Konstantin/Wagenlehner, Günther (Hg.), *Die Tragödie der Gefangenschaft in Deutschland und in der Sowjetunion 1941–1956*, Köln: Bohlau 1998.

Murphy, David E./Kondraschow, Sergej A./Bailey, George, *Die unsichtbare Front: Der Krieg der Geheimdienste im geteilten Berlin*. Berlin: Propyläen 1997.

Mußgnug, Dorothee, *Alliierte Militärmissionen in Deutschland, 1946–1990*. Berlin: Duncker und Humblot 2001.

Naftali, Timothy/Goda, Norman J. W./Breitman, Richard/Wolfe, Robert, »The Mystery of Heinrich Müller: New Evidence from the CIA«, in: *Holocaust and Genocide Studies* 15 (2001) 3, S. 453–467.

Naimark, Norman M., *The Russians in Germany: A History of the Soviet Zone of Occupation, 1945–1949*. Cambridge/MA: Belknap Press of Harvard University Press 1995.

Neave, Airey, *On Trial at Nuremberg*. Boston: Little Brown 1978.

Nerutschewa, Margarita, »Wosmesdije [Vergeltung]«, in: *Sibirskije Ogni [Sibirische Lichter]*, Nr. 2 (2000), http://sibogni.ru/archive/2/215 (abgerufen im Januar 2006).

Nesbit, Roy Conyers/van Acker, Georges, *The Flight of Rudolf Hess: Myth and Reality*. Phoenix Mill: Sutton Publishing 1999.

Ninkovitch, Frank, *Germany and the United States: The Transformation of the German Question since 1945*. Boston: Twayne 1988.

Niven, Bill, *Facing the Nazi Past: United Germany and the Legacy of the Third Reich*. London: Routledge 2002.

Nolan, Mary, »Germans as Victims During the Second World War: Air Wars, Memory Wars«, in: *Central European History* 38 (2005) 1, S. 7–40.

Orlow, Dietrich, *The History of the Nazi Party*, Bd. 1: *1919–1933*. Pittsburgh: University of Pittsburgh Press 1969.
Ortner, Christian, *Am Beispiel Walter Reder: Die SS-Verbrechen in Marzabotto und ihre Bewältigung*. Wien: DÖW 1985.
Osiel, Mark, *Mass Atrocity, Collective Memory, and the Law*. New Brunswick, NJ: Transaction 1997.
Overy, Richard, *Verhöre: Die NS-Elite in den Händen der Alliierten 1945*. Berlin: Propyläen 2002.
Padfield, Peter, *Dönitz: Des Teufels Admiral*. Berlin: Ullstein 1984.
–, *Hess: Flight for the Führer*. London: Weidenfeld & Nicholson 1991.
Parish, Scott D./Narinsky, Mikhail M., »New Evidence on the Soviet Rejection of the Marshall Plan, 1947: Two Reports«, Cold War International History Project Working Paper No. 9, Washington, D.C.: Woodrow Wilson Center 1994.
Pätzold, Kurt/Weißbecker, Manfred, *Rudolf Heß: Der Mann an Hitlers Seite*. Leipzig: Militzke 1999.
Peifer, Douglas C., *Drei deutsche Marinen: Auflösung, Übergänge und Neuanfänge 1945–1960*, Bochum: Winkler 2007.
Pendaries, Yveline, *Les procès de Rastatt (1946–1954): Le jugement des crimes de guerre en zone française d'occupation en Allemagne*. Bern: Lang 1995.
Persico, Joseph E., *Nuremberg: Infamy on Trial*. New York: Viking 1994.
Petropoulos, Jonathan, *Art as Politics in the Third Reich*. Chapel Hill: University of North Carolina Press 1996.
Picknett, Lynn/Prince, Clive/Prior, Stephen, *Double Standards: The Rudolf Hess Cover Up*. Boston: Little Brown 2001.
Pittman, Avril (Hg.), *From Ostpolitik to Reunification: West German-Soviet Political Relations since 1974*. New York: Cambridge University Press 1992.
Poltorak, A. I., *The Nuremberg Epilogue*. (Übersetzung aus dem Russischen: David Skwirsky.) Moskau: Progress Publishers 1971.
Presse- und Informationsamt der Bundesregierung (Hg.), *Die Berlin-Regelung. Das Viermächte-Abkommen über Berlin und die ergänzenden Vereinbarungen*. Bonn: Presse- und Informationsamt der Bundesregierung 1971.
Prusin, Alexander Victor, »Fascist Criminals to the Gallows! The Holocaust and Soviet War Crimes Trials, December 1945–February 1946«, in: *Holocaust and Genocide Studies* 17 (2003) 1, S. 1–30.
Raeder, Erich, *Mein Leben*. 2 Bde. Tübingen: Fritz Schlichtenmayer 1956 und 1957.
Rahn, Werner (Hg.), *Deutsche Marinen im Wandel: Vom Symbol nationaler Einheit zum Instrument internationaler Sicherheit*. München: Oldenbourg 2005.
Reichel, Peter, *Vergangenheitsbewältigung in Deutschland: Die Auseinandersetzung mit der NS-Diktatur von 1945 bis heute*. München: C. H. Beck 2001.
Reif, Janin/Schumacher, Horst/Uebel, Lothar, *Schwanenwerder: Ein Inselparadies in Berlin*, Berlin: Nicolai 2000.
Roberts, Frank, *Dealing with Dictators: The Destruction and Revival of Europe 1930–1970*. London: Weidenfeld and Nicholson 1991.
Rogers, Daniel E., *Politics after Hitler: The Western Allies and the German Party System*, New York: New York University Press 1995.
–, »The Chancellors of the Federal Republic of Germany and the Political Legacy of

the Holocaust«, in: *The Impact of Nazism: New Perspectives on the Third Reich and Its Legacy*, hrsg. von Alan Steinweis und Daniel E. Rogers. Lincoln: University of Nebraska Press 2003, S. 231–247.

Rohland, Walter, *Bewegte Zeiten: Erinnerungen eines Eisenhüttenmannes*. Stuttgart: Seewald 1978.

Roskill, Stephen W., The War at Sea, 1939–1945. 3 Bde. London: HMSO 1957–1961.

Rudolph, Karsten, *Wirtschaftsdiplomatie im Kalten Krieg: Die Ostpolitik der westdeutschen Großindustrie 1945–1991*. Frankfurt am Main: Campus 2004.

Rückerl, Adalbert, *Die Strafverfolgung von NS-Verbrechen 1945–1978: Eine Dokumentation*. Heidelberg, Karlsruhe: Mueller, Juristischer Verlag 1979.

Rupieper, Hermann-Josef, *Der besetzte Verbündete: Die amerikanische Deutschlandpolitik 1949–1955*. Opladen: Westdeutscher Verlag 1991.

Salewski, Michael, *Die deutsche Seekriegsleitung*. 3 Bde. Frankfurt am Main: Bernard und Graefe 1970–1975.

Schechter, Jerrold L./Deriabin, Peter S., *The Spy Who Saved the World: How a Soviet Colonel Changed the Course of the Cold War*. New York: Scribners 1992.

Schick, Jack, *The Berlin Crisis 1958–1962*. Philadelphia: University of Pennsylvania Press 1971.

Schirach, Baldur von, *Ich glaubte an Hitler*. Hamburg: Mosaik 1967.

Schmidt, Matthias, *Albert Speer: Das Ende eines Mythos. Speers wahre Rolle im Dritten Reich*. Bern: Scherz 1982.

Schmidt, Rainer F., *Rudolf Heß: Der Botengang eines Toren? Der Flug nach Großbritannien vom 10. Mai 1941*. Düsseldorf: Econ 1997.

Schöllgen, Gregor, *Willy Brandt: Die Biographie*. Berlin: Propyläen 2001.

Schunk, Sharif Regina, »Ostpolitik and German Public Opinion, 1964–1972: A Study of Political Attitudes and Political Change in the Federal Republic of Germany«, Dissertation, American University 1974.

Schupljak, Peter, »Wahrnehmung und Legenden: Das Bild von Rudolf Heß in sowjetischen Publikationen«, in: Kurt Pätzold/Manfred Weißbecker, *Rudolf Heß: Der Mann an Hitlers Seite*. Leipzig 1999, S. 393–409.

Schwartz, Thomas Alan, *America's Germany: John J. McCloy and the Federal Republic of Germany*. Cambridge, MA: Harvard University Press 1991.

Schwartz, Thomas Alan, »John J. McCloy and the Landsberg Cases«, in: Jeffry Diefendorf/Axel Frohn/Hermann-Josef Rupieper (Hg.), *American Policy and the Reconstruction of West Germany, 1945–1955*. New York: Cambridge University Press 1993, S. 433–453.

Schwarz, Hans-Peter, *Geschichte der Bundesrepublik Deutschland*, Bd. 2: Die Ära Adenauer: Gründerjahre der Republik 1949–1957. Stuttgart: DVA 1981.

–, *Adenauer. Der Aufstieg: 1876–1952*. Stuttgart: DVA 1986.

– (Hg.), *Konrad Adenauer – Reden 1917–1967: Eine Auswahl*. Stuttgart: DVA 1975.

Schwarzmüller, Theo, *Zwischen Kaiser und »Führer«: Generalfeldmarschall August von Mackensen*. Paderborn: Schoeningh 1999.

Searle, Alaric, *Wehrmacht Generals, West German Society, and the Debate on Rearmament, 1949–1959*, Westport, CT: Praeger 2003.

–, »A Very Special Relationship: Basil Liddell Hart, Wehrmacht Generals, and the Debate on West German Rearmament«, in: *War in History* 5 (1998) 3, S. 327–357.

Seidl, Alfred, *Der Fall Rudolf Heß: Dokumentation des Verteidigers*. München: Universitas 1984.

Seldon, Anthony, *Churchill's Indian Summer: The Conservative Government, 1951–1955.* London: Hodder and Stroughton 1981.
Semjonow, Wladimir S., *Von Stalin bis Gorbatschow: Ein halbes Jahrhundert in diplomatischer Mission 1939–1991.* Berlin: Nicolai 1995.
Sereny, Gitta, *Albert Speer: Sein Ringen mit der Wahrheit.* München: Goldmann 2001 (Kindler 1996).
–, *Das deutsche Trauma: Eine heilende Wunde.* München: Bertelsmann 2000.
Shawcross, Sir Hartley, *Life Sentence: The Memoirs of Lord Shawcross.* London: Constable 1995.
Smith, Bradley F., *Der Jahrhundert-Prozess: Die Motive der Richter von Nürnberg – Anatomie einer Urteilsfindung.* Frankfurt am Main: Fischer 1979. (Engl. Originaltitel: *Reaching Judgement at Nuremberg.* New York: Basic Books 1977.)
–, *The Road to Nuremberg.* New York: Basic Books 1981.
Smith, Jean Edward, *Lucius D. Clay: An American Life.* New York: Holt 1990.
Speer, Albert, *Erinnerungen,* Berlin: Propyläen 1969.
–, *Spandauer Tagebücher.* Frankfurt am Main: Ullstein 1975.
–, *Der Sklavenstaat: Meine Auseinandersetzung mit der SS.* Stuttgart: DVA 1981.
Sprecher, Drexel, *Inside the Nuremberg Trial: A Prosecutor's Comprehensive Account.* 2 Bde. Lanham, MD: University Press of America 1999.
Stafford, David (Hg.), *Flight from Reality: Rudolf Hess and His Mission to Scotland, 1941.* London: Pimlico 2002.
Steinert, Marlis, *Die 23 Tage der Regierung Dönitz.* Düsseldorf: Econ 1967. (Titel der englischen Ausgabe: *Capitulation 1945.* New York: Walker 1969.)
Steininger, Rolf, *Eine Chance zur Wiedervereinigung? Die Stalin-Note vom 10. März 1952. Darstellung und Dokumentation auf der Grundlage unveröffentlichter britischer und amerikanischer Akten.* Bonn: Verlag Neue Gesellschaft 1985.
Storey, Robert G., *The Final Judgment? Pearl Harbor to Nuremberg.* San Francisco: Naylor 1966.
Sutterlin, James S./Klein, David, *Berlin: From Symbol of Confrontation to Keystone of Stability.* New York: Praeger 1989.
Sykes, Christopher, *Nancy: The Life of Lady Astor.* London: Collins 1972.
Taylor, Telford, *Die Nürnberger Prozesse. Hintergründe, Analysen und Erkenntnisse aus heutiger Sicht.* München: Heyne 1994. (Engl. Originaltitel: *Anatomy of the Nuremberg Trials. A Personal Memoir.* New York: Knopf 1992.)
Tent, James, *Mission on the Rhine: Reeducation and Denazification in American-Occupied Germany.* Chicago: University of Chicago Press 1982.
Teschke, John P., *Hitler's Legacy: West Germany Confronts the Aftermath of the Third Reich.* New York: Peter Lang 1999.
Thies, Jochen, *Architekt der Weltherrschaft: Die »Endziele« Hitlers.* Düsseldorf: Droste 1981.
–, *Helmut Schmidts Rückzug von der Macht. Das Ende der Ära Schmidt aus nächster Nähe.* Stuttgart: Verlag Bonn Aktuell 1988.
Thomas, Charles, *The German Navy in the Nazi Era.* Annapolis: Naval Institute Press 1990.
Thomas, Hugh, *Der Mord an Rudolf Heß.* München: Schneekluth 1979. (Originaltitel: *The Murder of Rudolf Hess.* London: Hodder and Stoughton 1979.)
–, *Hess: A Tale of Two Murders.* London: Hodder and Stoughton 1988.

Trachtenberg, Marc, *A Constructed Peace: The Making of the European Settlement, 1945–1963*. Princeton: Princeton University Press 1999.
Trainin, A. N., *Hitlerite Responsibility under Criminal Law*. London: Hutchinson 1945.
Trevor-Roper, Hugh R., *Hitlers letzte Tage*. Zürich: Amstutz 1948.
Tusa, Ann/Tusa, John, *The Nuremberg Trial*. London: Macmillan 1983.
van der Vat, Dan, *Der gute Nazi: Albert Speers Leben und Lügen*. Berlin: Henschel 1997.
Vercel, Michel C., *Les rescapés de Nuremberg: les »seigneurs de la guerre« après le verdict*. Paris: Édicions Albin Michel 1966.
Vollnhals, Clemens (Hg.), *Entnazifizierung: Politische Säuberung und Rehabilitierung in den vier Besatzungszonen, 1945–1949*. München: dtv 1991.
Wachsmann, Nikolaus, *Gefangen unter Hitler: Justizterror und Strafvollzug im NS-Staat*. München: Siedler 2006.
Warner, Michael, »Origins of the Congress of Cultural Freedom, 1949–1950«, in: *Studies in Intelligence* 38 (1995) 5, freigegebene Online-Version (abgerufen im April 2006), http://www.cia.gov/csi/studies/95unclass/Warner.html.
Weihsmann, Helmut, *Bauen unterm Hakenkreuz: Architektur des Untergangs*. Wien: Promedia 1998.
Weinberg, Gerhard L., *The Foreign Policy of Hitler's Germany*. 2 Bde. Atlantic Highlands, NJ: Humanities Press 1994.
–, *Germany, Hitler and World War II: Essays in German and World History*. New York: Cambridge University Press 1996.
– (Hg.), *Hitlers Zweites Buch. Ein Dokument aus dem Jahr 1928*. Stuttgart: DVA 1961.
– (Hg.), *Hitler's Second Book*. New York: Enigma 2003.
– (Hg.), »National Socialist Organization and Foreign Policy Aims in 1927«, in: *The Journal of Modern History* 36 (1964) 3, S. 428–433.
Weinke, Annette, *Die Verfolgung von NS-Tätern im geteilten Deutschland: Vergangenheitsbewältigungen 1949–1959*. Paderborn: Schöningh 2002.
Weizsäcker, Richard von, *Reden und Interviews 2, 1. Juli 1985 – 30. Juni 1986*, Bonn: Presse- und Informationsamt der Bundesregierung 1986.
–, »Die ›Bamberger Rede‹ des Bundespräsidenten Richard von Weizsäcker zur Eröffnung des 37. Historikertages am 12. Oktober 1988 im Dominikanerbau zu Bamberg«. Bamberg 1988 (= Schriften der Stadt Bamberg 2), S. 11–18.
–, *Vier Zeiten. Erinnerungen*. Berlin: Siedler 1997.
West, Rebecca, *A Train of Powder*. New York: Viking 1965.
Whitney, Craig R., *Spy Trader: Germany's Devil's Advocate and the Darkest Secrets of the Cold War*. New York: Times Books 1993.
Wiesen, Jonathan S., *West German Industry and the Challenge of the Nazi Past 1945–1955*. Chapel Hill: University of North Carolina Press 2001.
Willems, Susanne, *Der entsiedelte Jude: Albert Speers Wohnungsmarktpolitik für den Berliner Hauptstadtbau*. Berlin: Edition Hentrich 2002.
Willis, F. Roy, *The French in Germany 1945–1949*. Stanford: Stanford University Press 1962.
Wise, David, *Molehunt: The Secret Search for Traitors that Shattered the CIA*. New York: Random House 1992.
Wolfrum, Edgar, *Französische Besatzungspolitik und deutsche Sozialdemokratie: Politische Neuansätze in der »vergessenen Zone« bis zur Bildung des Südweststaates 1945–1952*. Düsseldorf: Droste 1991.

Wyden, Peter, *Wall: The Inside Story of Divided Berlin*. New York: Simon and Schuster 1989.
Wynecken, Jon David K., »Memory as Diplomatic Leverage: Bishop Theophil Wurm and War Crimes Trials, 1948–1952«, Diskussionspapier, vorgestellt bei der Jahrestagung der German Studies Association, 30. September 2004.
Zarusky, Jürgen (Hg.), *Die Stalin-Note vom 10. März 1952: Neue Quellen und Analysen*. München: Oldenbourg 2002.
Zuccotti, Susan, *Under His Very Windows: The Vatican and the Holocaust in Italy*. New Haven: Yale University Press 2000.

Register

Abrassimow, Pjotr 287–290, 295, 297, 304, 307 f., 326, 415
Acheson, Dean 116, 135, 143–148
Adenauer, Konrad 34, 103, 114, 130–134, 136–139, 144, 147–153, 157–160, 164, 166, 169, 170, 184, 186, 188 f., 191 f., 194 f.f., 199, 202, 260, 208 f., 232, 235 f.f., 239, 241 f., 244–247, 249 f., 253, 255–258, 333
Alabjew, Wiktor 118 ff., 145 f., 155, 164 ff.
Alliierte Hohe Kommission = Hohe Kommissare 21, 115, 130, 138, 145 ff., 149, 151 ff., 157, 185, 379
Alliierte Kommandantur 42 f., 45 f., 48, 51, 59–62, 64, 67–70, 76, 76 f., 92–95, 97, 99, 107 f., 11 f., 115 f., 130, 136, 140 f., 144, 154, 164 ff., 259, 283, 288 f., 297, 345
Alliierte Kontrollbehörde 38, 64, 66, 70
Alliierter Kontrollrat 22, 38–42, 56 f., 61, 67 f., 76, 89, 107 f., 111, 140, 158
Alliierte Kontrollratsdirektive Nummer 19 60, 66
Alliierte Kontrollratsdirektive Nummer 35 39–42, 48, 59, 69, 140, 326
Andrus, Burton C. 48, 65, 90
Arendt, Hannah 23 f., 334
Attlee, Clement 40, 61, 75
Auschwitz 54, 106, 162, 203, 223, 257, 311, 314
Babi Jar, Massaker 54, 361
Bathurst, Maurice 161 ff., 168, 189–192, 236
Bausch, Paul 205, 209
Bell, George Kennedy Allen, Bischof von Chichester 103 f., 107 f., 133
Bergen-Belsen 93, 162, 256

Berlin-Blockade 22, 48, 74, 76 f., 80, 96–100, 105–108, 113 ff., 120, 230
Berliner Außenministerkonferenz = Außenministerkonferenz 1954 157–160, 188 f., 235 f., 251
Berliner Magistrat 45 f., 48, 98, 114, 116, 239
Berliner Senat 239, 283, 289 f., 293
Bevin, Ernest 107
Biddle, Francis 30 f., 55, 183, 226, 280, 286, 300
Bird, Eugene 292 f., 296, 331, 418
Bismarck, Otto von 124, 205
Blank, Theodor 192, 201, 204, 206 ff., 232
Blankenhorn, Herbert 132, 139, 164, 170, 188, 374
Bormann, Martin 26, 31
Brandt, Willy 229, 266, 290 ff., 304, 344, 409
Brauchitsch, Walther von 97, 106, 393
Brentano, Heinrich von 192, 194 f., 208 f., 237–239, 246–249, 251, 254, 257 f., 285, 406
Breschnew, Leonid 265, 291, 304, 311 f.
Bruce, David 237, 243, 247, 249
Bulganin, Nikolai 34
Bullard, Julian 298, 305, 309
Bundestag 184, 186, 201, 241 f., 303, 311 ff.
Camp Ashcan 65, 223
Camp Dustbin 223, 228, 398
Carstens, Karl 202, 258, 260 f., 263, 290, 303
Carter, Jimmy 302, 422
Casalis, Georges 79, 96, 134, 137
Central Intelligence Agency (CIA) 118, 244 f.

Chamberlain, Neville 101, 186
Charkow, Massaker 21
Christlich-Demokratische Union
 (CDU) 75, 205 f., 245, 291, 312, 314,
 362, 365
Christlich-Soziale Union (CSU) 284, 291
Chruschtschow, Nikita 168, 239 ff., 244,
 250 f., 254 ff., 265
Churchill, Winston 24, 26, 61, 74 f., 97,
 101, 133, 144, 148, 152, 157, 159 f., 186,
 197, 214, 269, 274 f., 277, 361, 379 ff.
Clay, Lucius D. 40 f., 67, 69, 108–113, 121
Conant, James 154 f., 193, 195
Darbois, René 98, 111, 117 ff., 134, 141, 165
De Gaulle, Charles 254, 257, 284 f., 413 f.
Dengin, Sergej Alexejewitsch 143, 148, 155,
 165, 375, 379
Deutsch-britisches Flottenabkommen 173,
 176 f., 179, 214
Deutsches Rotes Kreuz 20, 252, 254, 262
Diepgen, Eberhard 310, 328 f.
Dobrynin, Anatoli 264 f., 304, 313
Dollfuß, Engelbert 125
Dönitz, Karl 32, 38, 42, 58, 63 f., 73, 79, 81,
 83, 93 ff., 105, 112, 119, 158, 172, 175, 177,
 216, 223, 231 f., 235 f., 238, 261, 282, 296,
 306 f., 330 f., ,333
Donnedieu de Vabres, Henri 30 f., 55, 177,
 183, 226, 280
Douglas, Sir Sholto 39–42
Dulles, John Foster 153, 155, 158 ff., 170, 195,
 238, 241, 243, 264
Eden, Anthony 147 f., 152, 159 f., 197, 379 ff.
Eichmann, Adolf 18, 23, 25 f., 30, 253, 256,
 333, 404, 406
Eisenhower, Dwight D. 40, 153 f., 265
Erhard, Ludwig 285
Ermächtigungsgesetz 124, 242
Europäische Menschenrechtskom-
 mission 282
Europäische Verteidigungsgemeinschaft
 (EVG) 146, 160
Fath, Hildegard 277 f., 324
Fest, Joachim 219 f.
Flächsner, Hans 223 ff., 227, 231, 234 f., 264
Flick, Friedrich 72, 226, 228 f., 231

François-Poncet, Jean 116, 131, 135, 143, 148,
 152, 154, 166 f., 187, 194 ff., 286, 378 f.
Frank, Hans 30, 37, 41, 55, 87, 273, 279
Frankfurter Allgemeine Zeitung 191, 384
Freie Demokratische Partei (FDP) 138,
 206
Frick, Wilhelm 30, 127, 273
Fritzsche, Hans 31, 37, 53, 55, 59
Funk, Walther 31, 38, 42, 58, 59, 63, 70, 79,
 81–93, 100, 105, 112, 119, 135–138, 140,
 154, 158, 164, 166, 168, 171, 180, 185,
 197 f., 221, 236–239, 243, 282, 287, 293,
 309, 331 f., 367, 392
Gabel, Charles 316, 318, 331, 426 f.
Ganeval, Jean 79, 90, 114, 116, 136
Genfer Konvention 27 f., 181, 226
Genscher, Hans-Dietrich 303
Gestapo 26, 44, 130, 221, 260
Giscard d'Estaing, Valéry 296, 422
Globke, Hans 241, 247 f., 255 ff.
Goebbels, Joseph 26, 53, 84, 127, 170, 217,
 220, 223, 242, 271 f., 274
Gorbatschow, Michail 309, 427
Göring, Hermann 24 f., 30 f., 37, 41 f., 46,
 53, 55, 85, 127 ff., 170, 221, 224, 241, 246,
 268, 271–274, 277, 318, 330
Grewe, Wilhelm 202, 209, 235, 394
Gromyko, Andrej 291, 299, 302 ff., 312, 423
Haager Abkommen = Haager Kon-
 vention 27 f., 224
Haig, Alexander 305 ff.
Halifax, Lord (Edward Frederick Lindley
 Wood) 101 f., 105
Hallstein, Walter 164, 192, 197, 200 f.,
 207 f.
Hankey, Maurice 133, 186, 193, 197 f., 202
Hansen, Gottfried 185 ff., 201, 260
Harris, C. W. 43, 61, 66
Heinemann, Gustav 303
Henderson, Sir Neville 101
Heß, Andrea 321, 325, 329
Heß, Ilse 271 f., 278, 280, 282, 285, 293,
 307, 417
Heß, Rudolf 15–17, 19, 23, 37, 41, 50, 53,
 55 f., 58 f., 63, 73, 78 ff., 83, 87, 94 f., 105,
 112, 131, 158, 237–240, 243, 252, 255, 258,

263, 268–320, 321–333, 343, 363, 375, 416 f., 420 f., 424, 426 f.
Heß, Wolf Rüdiger 285 f., 288, 293, 297–300, 302 f., 308 ff., 313, 322, 331, 417, 422, 426
Heuss, Theodor 163 f., 187 f., 199 f.
Heydrich, Richard 26, 127 f.
Heye, Hellmuth 201 f., 204 f., 207, 209, 212
Himmler, Heinrich 26, 53, 85 f., 126 f., 178 f., 221, 274, 396
Hinde, William R. 62 f., 67, 72
Hindenburg, Paul von 102, 123 f., 173
Hitler, Adolf 15, 21, 26, 29, 31 f., 53 f., 56, 63, 73, 84, 88, 102, 106, 117, 124–127, 139 f., 149, 170, 172–182, 184, 187, 189, 203, 205–209, 214 ff., 219–225, 229 f., 232, 234 f., 241 f., 246, 260 f., 263 f., 268, 270–276, 279, 281, 283, 299, 313, 316 ff., 393, 395 f.
Hitler-Stalin-Pakt = Pakt mit Hitler 21, 54, 283
Hoßbach-Protokoll = Hoßbach-Sitzung = Hoßbach-Niederschrift 125, 149, 174, 176, 178, 214
Howley, Frank 62, 64, 66 f., 99, 110
Hoyer Millar, Frederick 157, 163, 190, 192, 194 f., 198
Internationaler Militärgerichtshof Nürnberg = Nürnberger Prozess = Prozess gegen die Hauptkriegsverbrecher = Nürnberg 15 f., 18, 20, 24–27, 29, 32–35, 37–43, 45 f., 48, 52–57, 59 f., 63–73, 83–91, 99, 103, 106, 111, 113, 118, 212 f., 124, 126–129, 131 ff., 136, 140 f., 148 f., 151, 159 f., 169, 171, 174, 176, 178, 180 f., 184 f., 187, 188, 191 f., 195, 201 ff., 211, 214, 216, 218–221, 223, 231 f., 234 ff., 239, 241 ff., 246, 253 f., 266 ff., 272, 278 ff., 283 f., 286–288, 292, 294, 298 ff., 306 f., 309, 313, 315–319, 323, 326, 329, 332 ff.
– Anklagepunkt I: Gemeinsamer Plan oder Verschwörung 27 f., 30 f., 128, 177 f., 226
– Anklagepunkt II: Verbrechen gegen den Frieden 27 f., 30 ff., 53, 87, 128, 177, 179, 183, 226
– Anklagepunkt III: Kriegsverbrechen 27 f., 30 ff., 87, 128, 313, 177, 179, 183
– Anklagepunkt IV: Verbrechen gegen die Menschlichkeit 27 f., 30 f., 87, 128, 149
Jackson, Robert H. 53, 71, 225 f., 231, 234, 277
Jodl, Alfred 30, 37, 41
Jordan, Anthony 321 f., 324, 427
Kaltenbrunner, Ernst 30, 40, 127, 178
Katyn, Massaker 29
Keitel, Wilhelm 30, 37, 41, 128, 179
Kempf, Annemarie 227, 231, 235, 243, 252
Kennedy, John F. 259, 264, 406
Kesselring, Albert 33 f., 65, 184, 333
Kiesinger, Kurt Georg 284, 286
Kirkpatrick, Sir Ivone 107 f., 131, 135–138, 149 f., 154 f., 157 f., 189, 192 f., 195, 198, 213
Koenig, Pierre 40, 108 f., 113, 131
Kohl, Helmut 312, 426
Kommandobefehl 177, 182 f., 214
Kommunistische Partei Deutschlands (KPD) 44, 57, 75, 362
Kotikow, Alexander 43 f., 62, 76, 97, 111, 113
Kotsiuba, Iwan 239 f., 242, 245, 247
Kranzbühler, Otto 181 ff., 191 f., 194 f., 197, 202, 208–211, 231 f., 234, 253
Kroll, Hans 247–250
Krupp, Alfried von Bohlen und Halbach 71, 226, 228
Laconia-Befehl 180, 182 f., 216
Lawrence, Sir Geoffrey 30, 37, 55, 183, 226, 279 f., 286, 300, 318, 320
Le Cornu, R. B. 111, 118, 134
Le Tissier, Tony 324, 328 f.
Lenin, Wladimir Iljitsch Uljanow 62 f.
Ley, Robert 65, 274
Lloyd, Selwyn 197 f., 249, 257
Londoner Flottenabkommen (1930) 179
Londoner Viermächteabkommen = Londoner Abkommen (1945) 23, 28, 39,

69, 71, 109, 114, 155, 158, 182, 251, 292, 298, 305
Londoner Viermächtekonferenz = Verhandlungen der vier Mächte 27, 53, 157
Mackensen, Winifred von 100, 102, 113, 132, 137, 166 f., 230, 247, 286, 332
MacGinnis, Francis 302, 314, 327
Malmedy, Massaker 21, 238
Manstein, Erich von 33 f., 97, 107, 184, 333
Maxwell-Fyfe, Sir David (Lord Kilmuir) 125, 176, 182, 191 f., 225 f., 253
McCloy, John Jay 33, 115, 130, 134–139, 142 f., 145, 147 f., 232, 234, 264
McNarney, Joseph T. 40
Mengele, Josef 256
Mikojan, Anastas 244, 248, 250
Militärgefängnis Landsberg 15, 34, 63, 83, 131 f., 137, 143, 147 f., 185, 188, 232, 237 f., 245, 247, 264, 271
Militärgefängnis Werl 34, 83, 107, 131 ff., 147 f., 159, 184 f., 188 f., 198, 232, 237 f., 380
Militärgefängnis Wittlich 34, 83, 131, 147 f., 185, 188, 232, 237 f., 374, 379
Miller, Maxwell 98 f., 110 f., 134
Milošević, Slobodan 24, 26, 334
Molotow, Wjatscheslaw Michailowitsch 53, 144 ff., 159 f., 189, 291, 361
Mommsen, Ernst Wolf 229, 243–246, 248, 250, 258, 263 f.
Montgomery, Bernard Law 21, 40
Müller, Heinrich 26
Mussolini, Benito 123, 273
Neurath, Konstantin von 25, 31, 38, 58 f., 70, 79, 81, 83, 89, 94, 99 ff., 103–106, 112 f., 119, 122–171, 172, 184 f., 188–192, 196, 198, 202, 206, 209, 218, 230, 232, 234 ff., 247, 261, 273, 275, 287, 304, 309, 325, 330 ff., 374, 379, 382
Neurath, Marie von 100 ff., 104, 034, 144, 166, 375
Nikitschenko, Iona T. 30, 53–58, 87, 177, 183, 226, 269, 280, 288
Nimitz, Chester W. 182 f., 187
Nixon, Richard 293, 303
Nordatlantikvertrag-Organisation (NATO) 26, 121, 192, 195, 197, 241 f., 245, 247, 249, 251, 256, 301, 305, 308
Ohlendorf, Otto 33, 88, 143
Organisation Gehlen 118, 260
Papen, Franz von 31, 37, 55, 57, 59, 123, 128, 159, 171
Pieck, Wilhelm 56 ff.
Planet, Michel 295, 324, 331
Pohl, Oswald 33, 85–89, 103, 136, 143, 279, 284
Powers, Francis Gary 25
Priebke, Erich 24
Puschkin, Georgi 167 f., 191, 194, 196, 241, 244 f.
Raeder, Erich 31, 37, 53, 58, 60, 70, 78 ff., 83, 89 f., 92, 96, 100, 105, 112 f., 116, 119, 133, 140, 152, 158, 171–178, 183–208, 214, 218, 230, 235 f., 261, 282, 296, 304, 309, 318, 330, 332, 383, 393
Raeder, Erika 113, 117, 185 f., 194, 200, 230, 332
Reagan Ronald 312
Reichspogromnacht = Judenpogrom 1938 = Reichskristallnacht 84, 103, 175 f., 219, 273, 312
Reuter, Ernst 114 f., 156
Ribbentrop, Joachim von 30, 37, 41, 53, 65, 126, 128, 274 f.
Riesser, Marion 227
Roberts, Sir Frank 159, 282, 289
Robertson, Brian 107 ff., 113, 116, 131, 135 f.
Rohland, Walter 227 ff., 231, 243 f., 265
Roosevelt, Franklin D. 74, 215
Rosenberg, Alfred 30, 128, 176, 273
Sauckel, Fritz 30, 37, 224
Schacht, Hjalmar 31, 37, 55, 57, 59, 71, 84, 273
Scheel, Walter 304, 311 f., 422
Schirach, Baldur von 32, 37, 58 f., 70, 79, 83, 105, 112 f., 119, 158, 190, 237, 239 f., 243, 252, 258, 261 ff., 266, 282, 285, 287, 325, 392
Schleicher, Kurt von 124
Schlieker, Willy 228 f., 243–246, 250, 403
Schmid, Carlo 202 ff., 206 f.
Schmidt, Helmut 229, 307, 311 f.

Schütz, Werner 231, 245–248, 250, 253
Seidl, Alfred 41, 87, 279, 281–285, 302, 309 f., 322, 327, 329
Semitschastnow, Iwan 138, 145 f., 150 f.
Semjonow, Wladimir 154 ff.,159 ff.,166
Seyß-Inquart, Arthur 30, 41
Shawcross, Sir Hartley 53, 286
Smirnow, Alexander 244 f., 248, 250, 258, 260 f.,298 f.
Sokolowski, Wassili 40 ff., 76
Sozialdemokratische Partei Deutschlands (SPD) 75, 201 f., 205, 362, 365
Sozialistische Einheitspartei Deutschlands (SED) 56 ff., 62, 75, 168, 240
Speer, Albert 19, 32, 37, 40, 48, 50, 58 ff., 63, 68, 70, 72 ff.,78 ff., 82 f., 94 ff., 104, 112 f., 121, 148, 152, 155, 158, 160, 164, 166, 184, 188 f., 193, 197, 216, 217–267, 278 f., 281 ff., 284 f., 287, 296, 325, 330 f.
Speer, Hilde 323, 234, 247 f., 250, 252–255, 257, 262, 264 f.
Speer, Margret 113, 227, 229–232, 234, 236, 243 ff., 266
Stalin, Josef 29, 55 f., 63, 74 ff., 240, 276 f., 291

Strauß, Franz Josef 241, 244, 248
Streicher, Julius 31, 42, 127
Stresemann, Gustav 124
Taylor, Telford 71, 84 f., 176, 226, 280, 300
Thälmann, Ernst 44
Thatcher, Margaret 304, 308
Trützschler, Heinz von 139, 149, 235
Truman, Harry 71, 75
Tschernych, Gennadi 316
Tschuikow, Wassili 109, 137 f., 145, 150 f., 153
Ulbricht, Walter 56 f., 168, 240 ff., 256
Versailler Vertrag = Versailles 123, 173, 176, 214, 279
Völkerbund 124 f., 273
Vogel, Hans-Jochen 297, 326
Volkskommissariat für Innere Angelegenheiten (NKWD) 29
Weizsäcker, Richard von 314 f., 327, 333
Wolters, Rudolf 220 f., 223, 226 f., 229, 231 f., 235 f., 243, 245–248, 250, 254, 265 f.
Wurm, Theophil 102 ff.,107, 128, 133 f., 139
Wyschinski, Andrej 53, 329
Zenker, Karl-Adolf 200 f., 204 ff., 208

Geschichte

Christopher A. Bayly
Die Geburt der modernen Welt
Eine Globalgeschichte 1780–1914
2008, 650 Seiten
ISBN 978-3-593-38724-6

»Eine gewaltige Studie ...
Bayly hat sich eine herkulische
Aufgabe vorgenommen und
meistert sie mit Bravour.«
Frankfurter Allgemeine Zeitung

Joachim Radkau
Technik in Deutschland
Vom 18. Jahrhundert bis heute
2008, 533 Seiten, ISBN 978-3-593-38689-8

»Ein großartiges Buch« **VDI-Nachrichten**

Rebekka Habermas
Diebe vor Gericht
Die Entstehung der modernen Rechtsordnung
im 19. Jahrhundert
2008, 412 Seiten, ISBN 978-3-593-38774-1

»Eine bahnbrechende Studie ...« **Frankfurter Rundschau**

Frankfurt · New York

Mehr Informationen unter
www.campus.de

Nationalsozialismus und Zeitgeschichte

Inge Marszolek, Marc Buggeln (Hg.)
Bunker
Kriegsort, Zuflucht, Erinnerungsraum
2008, 328 Seiten
ISBN 978-3-593-38603-4

Gernot Böhme, William R. LaFleur, Susumu Shimazono (Hg.)
Fragwürdige Medizin
Unmoralische Forschung in Deutschland, Japan und den USA im 20. Jahrhundert
2008, 302 Seiten, ISBN 978-3-593-38582-2

Jörg Requate
Der Kampf um die Demokratisierung der Justiz
Richter, Politik und Öffentlichkeit in der Bundesrepublik
2008, 455 Seiten, ISBN 978-3-593-38761-1

Margarete Dörr
»Der Krieg hat uns geprägt«
Wie Kinder den Zweiten Weltkrieg erlebten
2007, 2 Bände im Schuber, 1085 Seiten, ISBN 978-3-593-38447-4

Mehr Informationen unter
www.campus.de

Frankfurt · New York